westermann

Markus Bauder, Thomas Paaß, Christian Seifritz

Holzer Stofftelegramme Industriekauffrau/-mann

Betriebswirtschaft, Steuerung und Kontrolle

16. Auflage

Bestellnummer 14944

Die in diesem Produkt gemachten Angaben zu Unternehmen (Namen, Internet- und E-Mail-Adressen, Handelsregistereintragungen, Bankverbindungen, Steuer-, Telefon- und Faxnummern und alle weiteren Angaben) sind i. d. R. fiktiv, d. h., sie stehen in keinem Zusammenhang mit einem real existierenden Unternehmen in der dargestellten oder einer ähnlichen Form. Dies gilt auch für alle Kunden, Lieferanten und sonstigen Geschäftspartner der Unternehmen wie z. B. Kreditinstitute, Versicherungsunternehmen und andere Dienstleistungsunternehmen. Ausschließlich zum Zwecke der Authentizität werden die Namen real existierender Unternehmen und z. B. im Fall von Kreditinstituten auch deren IBANs und BICs verwendet.

Zusatzmaterialien zu „Holzer Stofftelegramme Industriekauffrau/-mann Betriebswirtschaft, Steuerung und Kontrolle"

Für Lehrerinnen und Lehrer:

Lösungen zum Schulbuch: 978-3-427-14949-1
Lösungen zum Schulbuch Download: 978-3-427-38005-4

BiBox westermann **inkl. E-Book**

BiBox Einzellizenz für Lehrer/-innen (Dauerlizenz): 978-3-427-15839-4
BiBox Kollegiumslizenz für Lehrer/-innen (Dauerlizenz): 978-3-427-15841-7
BiBox Kollegiumslizenz für Lehrer/-innen (1 Schuljahr): 978-3-427-15847-9

Für Schülerinnen und Schüler:

BiBox Einzellizenz für Schüler/-innen (1 Schuljahr): 978-3-427-15845-5

BiBox Klassensatz PrintPlus (1 Schuljahr): 978-3-427-83000-9

BiBox westermann **inkl. E-Book**

Druck und Bindung: Westermann Druck GmbH, Georg-Westermann-Allee 66, 38104 Braunschweig

ISBN 978-3-427-**14944**-6

Vorwort

Dieses Buch gewährleistet ein systematisches **Fitnesstraining für Unterricht + Klassenarbeit + Prüfung.** Die Stoffinhalte und deren Reihenfolge entsprechen grundsätzlich den **Lehrplänen für Baden-Württemberg.**

Alle Kapitel der BWL sowie viele Kapitel der Steuerung und Kontrolle bestehen jeweils aus:

Stofftelegramm	Stoffinhalte in Kurzform
Aufgaben	typische Fragestellungen zum Stoffgebiet
Prüfungsaufgaben	passende kapitelzugehörige, originalgetreue Prüfungsaufgaben der letzten Jahre (ab Sommer 2021 komplett)

Einsatzmöglichkeiten:

- systematische **Nachbearbeitung** eines Stoffgebietes
- eigenverantwortliche **Kontrolle** anhand der Übungsaufgaben in Kombination mit dem Lösungsbuch
- gezielte Vorbereitung auf **Klassenarbeit und Abschlussprüfung**
- **Übungsphasen** während des Unterrichts
- Sammlung von **Hausaufgaben**

Das **Lösungsbuch (Bestell-Nr. 14949)** mit ausführlichen Antworten ist getrennt erhältlich.

Verfasser und Verlag wünschen Ihnen viel Erfolg beim Lernen, in der Klassenarbeit und Prüfung. Wir freuen uns, wenn das vorliegende Buch für Sie eine entscheidende Hilfe darstellt.

Aus Gründen der besseren Lesbarkeit wird auf die gleichzeitige Verwendung der Sprachformen männlich, weiblich und divers (m/w/d) verzichtet. Sämtliche Personenbezeichnungen gelten gleichermaßen für alle Geschlechter.

Inhaltsverzeichnis

Betriebswirtschaft – Geschäftsprozesse

Prüfungsaufgaben komplett Sommer 2021 bis Sommer 2023

Betriebswirtschaft – Geschäftsprozesse

1 Kundenaufträge bearbeiten

1.1 Begriffe und Grundsätze der Organisation

Stofftelegramm

Organisation	System von Dauerregelungen (endgültig, stabil)
Improvisation	Regelung von Einzelfällen (vorübergehend, provisorisch, ungeplant, unerwartet)
Aufbauorganisation	Legt die Aufgaben und Zuständigkeiten von Mitarbeitern fest. Gliederung des Betriebes in **Stellen** und **Abteilungen.** Ergebnis ist das Organigramm.
Ablauforganisation	Festlegung der zeitlichen und räumlichen Arbeitsabläufe. Wer macht was, wann, wo und womit? (z. B. Bearbeitung eines Kundenauftrags)
Voraussetzungen der Organisation	• regelmäßig sich wiederholende, gleichartige Aufgaben • Teilbarkeit der Aufgabe • exakte Beobachtung der einzelnen Betriebsvorgänge
Grundsätze der Organisation	• Wirtschaftlichkeit • keine Überorganisation (zu viele Anweisungen, Regelungen; Folge: Starrheit, keine Flexibilität mehr) • keine Unterorganisation (zu viel Improvisation; Folge: Zuständigkeiten unklar)

1.2 Aufbauorganisation

Stofftelegramm

Gesamtaufgabe des Unternehmens

↓

Zergliederung der Aufgaben in Teilaufgaben = Aufgabenanalyse, kann erfolgen nach: Objekten, Funktionen, Prozessen (siehe Geschäftsprozesse)

Objekte	Funktionen (Verrichtungen)
Gesamtaufgabe wird nach Objekten aufgegliedert; z. B. Warengruppen (Badezimmermöbel, Schlafzimmermöbel, Kinderzimmer), Kundengruppen, Verkaufsgebieten	Gesamtaufgabe wird nach betrieblichen Aufgaben aufgegliedert; z. B. Einkauf, Produktion, Verkauf, Personal, Finanzen, Lager, Controlling

Zusammenfassung der Teilaufgaben

• Zusammenfassung von Aufgaben zu überschaubaren **Bereichen** – i. d. R. mehrere Personen (Stellen) • Rangbildung; z. B. Abteilungsleiter, Gruppenleiter, Mitarbeiter	Bündelung von Aufgaben, die von einer **Person** bewältigt werden können
↓	↓
Abteilungsbildung	Stellenbildung

Stelle → = kleinste organisatorische Einheit eines Unternehmens
= Aufgabenbereich einer Person (evtl. auch teilbar)

Stellenbeschreibung → = exakte Angaben über eine Stelle:

- Stellenbezeichnung
- Stellenanforderungen
- Aufgaben der Stelle
- Tätigkeitsbeschreibung
- Befugnisse (z. B. Vollmachten, Prokura usw.)
- Stelleneingliederung in Hierarchie
- Befähigungen
- Vergütung

Vorteile der Stellenbeschreibung:

- jeder Mitarbeiter kennt seine Aufgaben, Zuständigkeits- und Verantwortungsbereiche → keine Zuständigkeitsstreitigkeiten
- erleichterte Stellenausschreibung
- schnelle Einarbeitung neuer Stelleninhaber
- Grundlage für Personalentwicklungsplanung
- Basis für Lohn- und Gehaltseinstufung

Organigramm → zeigt die vollständige Aufbaustruktur des Unternehmens; z. B. Stellen, Gruppen, Abteilungen

Leitungs-Weisungssysteme

Beziehungen zwischen Vorgesetzten und Untergebenen
= System von Über- und Unterordnung; z. B.
Geschäftsleitung – Abteilungsleitung – Gruppenleitung – Mitarbeiter – Azubi

Einliniensystem

Jede Stelle bezieht Weisungen von nur einer übergeordneten Stelle (Instanz).

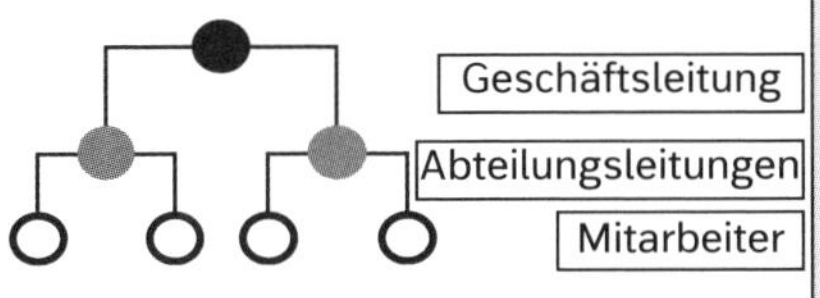

Vorteile

- eindeutige Anordnungsbefugnisse
- keine Kompetenzschwierigkeiten
- leichte Kontrolle

Nachteile

- Überlastung der Geschäftsleitung, ggf. Gefahr von Fehlentscheidungen aufgrund fehlender Detailkenntnisse/ Spezialisierung
- Informationsverluste aufgrund langer Kommunikations-/Instanzenwege
- Gefahr der Bürokratisierung, z. B. Betonung des hierarchischen Denkens

Stabliniensystem

Zuordnung von Stabsstellen (beraten + informieren, keine Weisungsbefugnis; z. B. Rechtsabteilung)

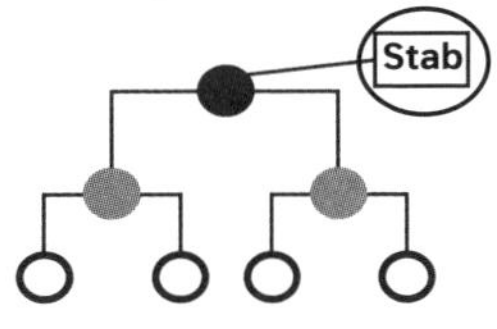

Vorteile

- Vorteile des Einliniensystems
- Entlastung Geschäftsleitung
- Entscheidungsverbesserung

Nachteile

- Reibereien zwischen Stab und Linie
- hohe Kosten
- Trennung von Verantwortung (Linie) und Entscheidungsvorbereitung (Stäbe)

1.3 Ablauforganisation

Stofftelegramm

Festlegung der zeitlichen und räumlichen Arbeitsabläufe. Wer macht was, wann, wo und womit?

1. Ermittlung der Arbeitsschritte und Zeiten für diese Arbeitsschritte.
2. Festlegung der Reihenfolge
3. Die Darstellung von funktionsorientierter Ablauforganisation kann mithilfe von Arbeitsablaufdiagrammen erfolgen, s. u.
4. Analyse der Arbeitsabläufe → Aufdeckung von Schwachstellen
   - Aufdecken unnötiger Bearbeitungs- und/oder Wartezeiten
   - lange Wegstrecken
   - unnötige Doppelarbeiten
5. Optimierung der Arbeitsabläufe:
   - Streichen von unnötigen Prozessschritten
   - Änderung der Reihenfolge
   - Zusammenfassen von Aufgaben
   - Verlagern von Aufgaben (Outsourcing)
   - Automatisieren von Aufgaben

Arbeitsablaufdiagramm										
Abteilung:		Lager					Datum:	20.05.20..		
Arbeitsfolge:		Lieferung annehmen					START:	Ware ist im Lager eingetroffen		
							ENDE:	Ware ist eingelagert		
	Ablaufschritt	Bearbeitung	Transport	Kontrolle	Warten	Lagerung	Weg in m	Zeit in Min.	Bemerkung/ evtl. Verbesserungsvorschlag	
Nr.	Symbole	○	⇨	▭	D	▽				
1	Lieferung prüfen			●				10	Lieferschein/ Bestellung	
2	Ware annehmen	●						15		
3	Wareneingang melden	●						5	Wareneingangsschein	
4	Ware auspacken	●						120		
5	Ware exakt prüfen			●				40	Stichproben; Mängel melden	
6	Lagerort vergeben	●						5		
7	Ware einlagern		●					120		
8	...									
Gesamt								315		

Zeitanalyse des Ist-Ablaufs						
	Ablaufschritt	Bearbeitung	Transport	Kontrolle	Warten	Lagerung
	Symbole / Gesamt	○	⇨	▭	D	▽
Zeit in Min.	**315**	145	120	50		

1.4 Geschäftsprozesse

Stofftelegramm

Definition „Geschäftsprozess“

Geschäftsprozess = logische Folge
- zusammenhängender,
- abgeschlossener,
- wiederholbarer Tätigkeiten,

die zur Erfüllung einer betrieblichen Aufgabe (zur Zielerreichung) notwendig sind. Geschäftsprozesse bringen dem Kunden einen Nutzen.

Merkmale von Geschäftsprozessen

- Geschäftsprozesse = **Vielzahl** von **betrieblichen Tätigkeiten**, die durch **Verzweigungen** und **Bedingungen** miteinander verknüpft sind
- Geschäftsprozesse = **ziel- und ergebnisorientiert** (Leistung muss mess- und kontrollierbar sein)
- Ein **Kerngeschäftsprozess** besteht aus einer Vielzahl von **Subprozessen** (Teilprozessen).
- Geschäftsprozesse haben eine Ereignis-, Funktions-, Organisations- und Informations**sicht**.
- Ein Geschäftsprozess beginnt und endet mit mindestens einem Ereignis (**Start-, Endereignis**).
  - Auf ein Ereignis folgt eine Funktion oder ein Operator.
  - An einer Funktion hängt ein Informationsobjekt.

Ziele und Vorteile der Prozessorientierung

- Erhöhung der **Kunden-, Lieferanten- und Mitarbeiterzufriedenheit**
- **Generalisten** betreuen Gesamtprozess (Kunde hat nur einen Ansprechpartner)
- **Qualitätsverbesserungen** in allen Bereichen
- **Veranschaulichung** komplexer Sachverhalte (grafische Darstellung mit Prozessketten)

Beispiele für Geschäftsprozesse

- Angebotserstellung
- Auftragsvergabe
- Beschaffung
- Mahnwesen
- Personaleinstellung
- Zahlungsabwicklung
- Fakturierung
- Eingangsrechnungsbearbeitung
- Rechnungsbuchung
- Rechnungskontrolle
- Anfrageprüfung
- Produktionsplanung ...

Voraussetzungen der Prozessorientierung

- Anpassung der gesamten Organisation an teamorientierte Strukturen: Anstelle der **funktionsorientierten Organisation** (Einkauf, Produktion, Verkauf, Personalwesen ...) muss die **prozessorientierte Organisation** (Prozessverantwortliche arbeiten funktionsübergreifend) eingeführt werden.
- leistungsfähige EDV, insbesondere Schnittstellenproblematik beachten = hoher Aufwand

Symbole für Geschäftsprozesse

Symbole	Erklärungen	Beispiele
Funktion	**Was soll gemacht werden?** Funktion = Tätigkeit, die von einer Organisationseinheit vollzogen wird Formulierung: Substantiv + Verb **Bsp.:** *Ware prüfen, Angebote vergleichen*	Rechnung entgegennehmen + Eingang notieren
Ereignis	**Was hat sich ereignet, ist gemacht worden?** • Ereignis = Zustand • Ein Ereignis stößt i. d. R. eine Tätigkeit (Funktion) an. • Ein Ereignis kann auch das Ergebnis einer Tätigkeit (Funktion) sein. • Ein Ereignis ist nie eine Entscheidung. Entscheidungen treffen = Funktionen Formulierung: Substantiv + Partizip **Bsp.:** *Bestellung ist geschrieben und versandt, Anfrage ist erstellt, Lieferer hat gezahlt*	Rechnung ist eingetroffen
Organisations-einheit	**Welche Stelle soll etwas machen?** • Organisationseinheiten = **betriebliche Stellen** oder Abteilungen, die Tätigkeiten (Funktionen) verantwortlich ausführen • Wichtig: **Stellenbeschreibungen** • Stellen werden durch einzelne Personen oder Teams besetzt. Organisationseinheiten sind daher keine Orte oder Personen.	Einkaufsstelle Vertrieb
Informations-objekt	**Welche Informationen unterstützen die Tätigkeiten bzw. werden durch diese erstellt?** Ein Informationsobjekt wird zur Ausführung einer Funktion benötigt oder ist das Ergebnis einer Funktion. **Bsp.:** *Begleitschreiben, Bestellungen, Angebot*	Bestellung

Symbole	Erklärungen	Beispiele
Prozessweg-weiser	Teilprozess/Unterprozess: Prozesswegweiser Verbindung von einzelnen Geschäftsprozessen möglich.	TP 2 Angebotsvergleich und Bestellung
Kontrollfluss ↓	Zeigt die möglichen Durchgänge der EPK. Sollte i. d. R. so angeordnet sein, dass er von oben nach unten verläuft.	
Informationsfluss ← → ↔	**Wie verläuft der Datenfluss zwischen Informationsobjekt und Funktion?**	Die Pfeilrichtung gibt an, ob: • ← Lesen (Angebote lesen) • → Schreiben (Angebote mit Eingangsstempel versehen) • ↔ Lesen und Schreiben (Angebote mithilfe einer Tabellenkalkulation vergleichen)

Logische Verknüpfungsoperatoren

Symbole	Erklärungen	Beispiele
OR	**Logisches ODER** Die eine Möglichkeit schließt nicht automatisch die andere aus. Wenn man die Wahl zwischen dem Kauf eines Mountainbikes oder eines Rennrades hat, kann man das Mountainbike **oder** das Rennrad oder beide wählen.	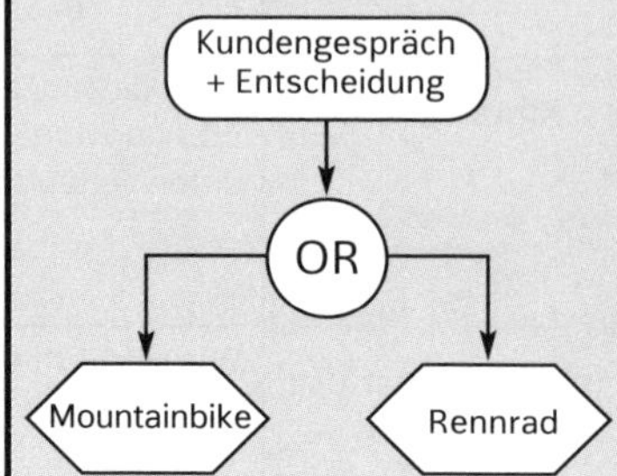
XOR	**Logisches ENTWEDER ... ODER** Nur eine Möglichkeit ist gegeben.	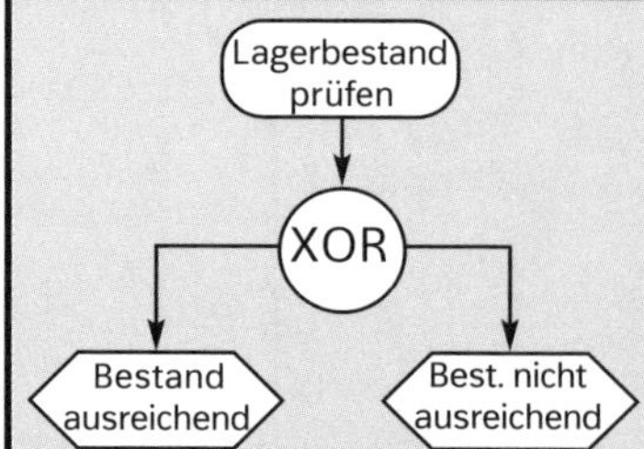
AND	**Logisches UND** Beide Möglichkeiten müssen zutreffen. Nur wenn die Kapazität **und** der Lagerbestand ausreichen, können wir dem Kunden zusagen.	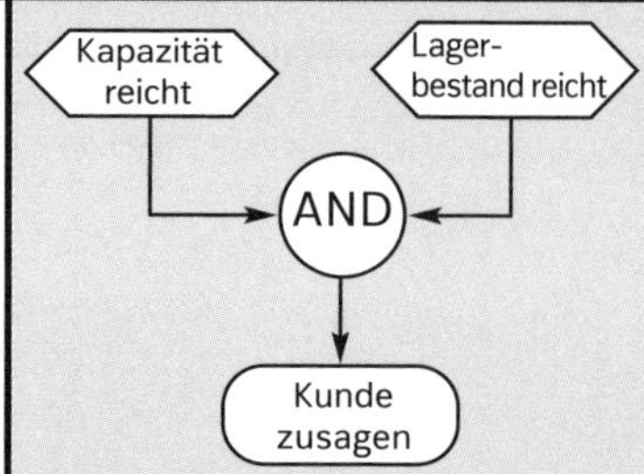

Beispiel Prozessstruktur „Auftragsabwicklung“

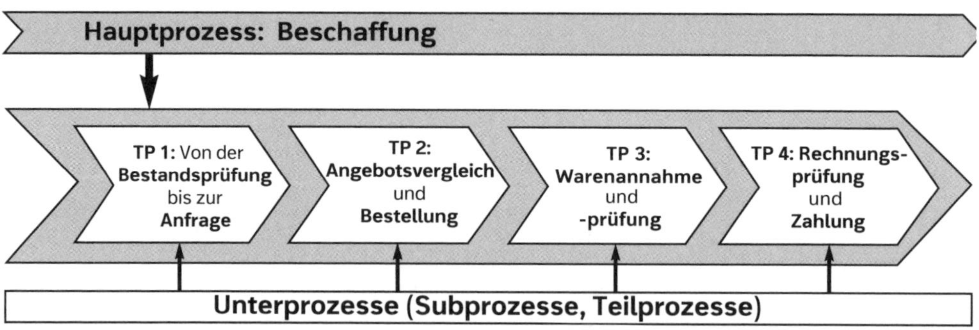

Teilprozess 2: Angebotsvergleich und Bestellung

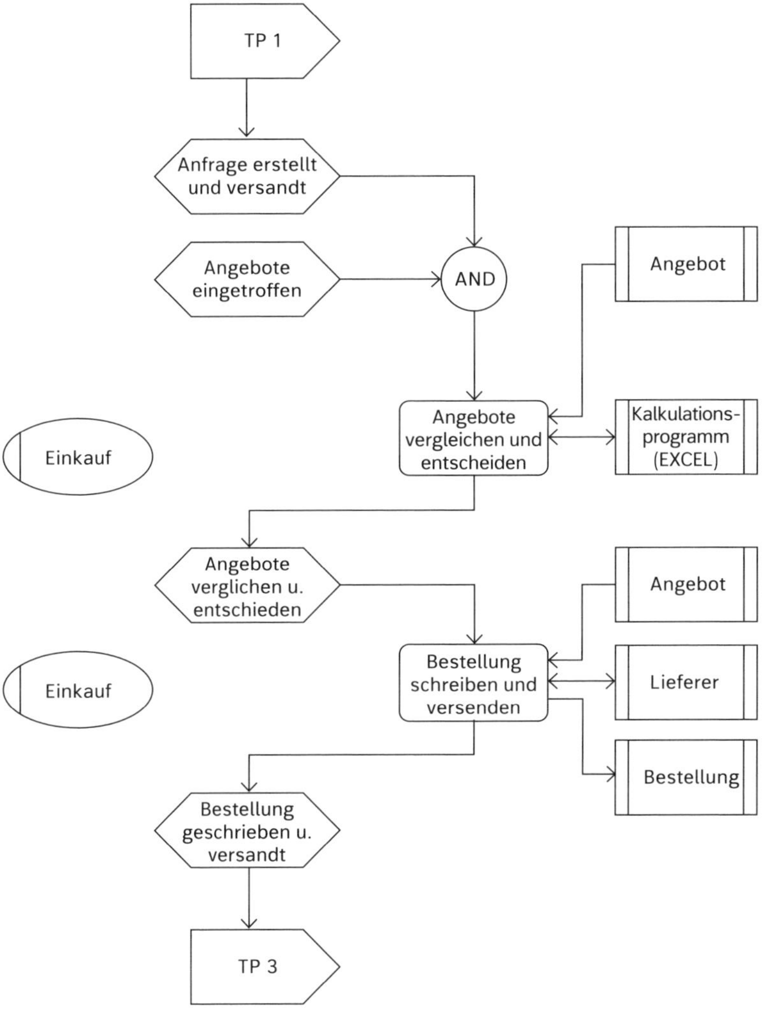

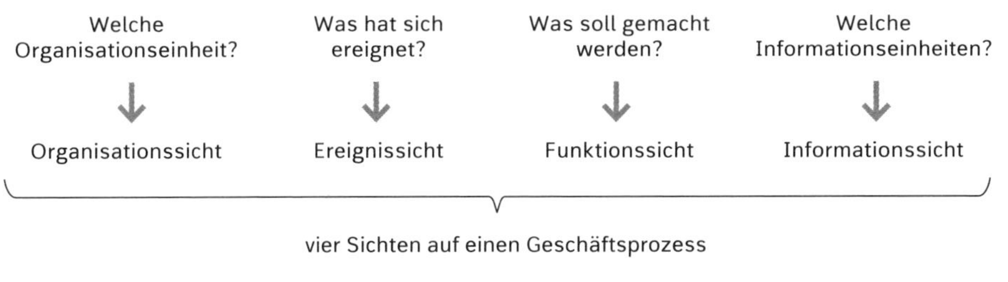

1.5 Willenserklärungen und Rechtsgeschäfte

Stofftelegramm

Willenserklärungen (WE)

- begründen rechtliche Wirkungen → notwendig zur Entstehung von Rechtsgeschäften
- mündlich, schriftlich, schlüssiges Handeln, evtl. Schweigen

Rechtsgeschäfte

Einseitige Rechtsgeschäfte	**Mehrseitige Rechtsgeschäfte**
nur eine Willenserklärung einer Partei notwendig	mindestens zwei übereinstimmende Willenserklärungen notwendig **Antrag** + **Annahme** Antrag: erste Willenserklärung Annahme: zustimmende Willenserklärung
a) Empfangsbedürftige WE: Erst rechtswirksam, wenn der Empfänger die Willenserklärung erhalten hat. **Beispiele:** • *Kündigung* • *Vollmachtserteilung* • *Mahnung* • *Rücktrittserklärung*	**a) Einseitig verpflichtende Verträge:** Nur eine Partei ist zu einer Leistung verpflichtet. **Beispiele:** • *Schenkungsvertrag* • *Schuldanerkenntnis* • *Schuldversprechen* • *Bürgschaft*
b) Nicht empfangsbedürftige WE: Sind bereits mit Abgabe rechtswirksam. **Beispiele:** • *Testament* • *Auslobung (§ 657 BGB): öffentliche Belohnung Versprechen für bestimmte Handlung*	**b) Mehrseitig verpflichtende Verträge:** mehrere Parteien zur Leistung verpflichtet **Beispiele:** • *Kaufvertrag* • *Ehevertrag* • *Pachtvertrag* • *Mietvertrag* • *Arbeitsvertrag* • *Ausbildungsvertrag usw.*

Aufgaben

1. Welche Konsequenz haben Willenserklärungen im kaufmännischen Sinne?
2. Wie können Willenserklärungen abgegeben werden?
3. Wie nennt man Willenserklärungen, die zu einem Vertrag führen?
4. Nennen Sie je ein Beispiel für die Abgabe einer Willenserklärung durch
   a) schlüssiges Handeln, b) Schweigen.

5. Welche Arten von Rechtsgeschäften liegen bezüglich der erforderlichen Willenserklärungen vor?
   a) Kündigung
   b) Schenkung
   c) Kaufvertrag
   d) Arbeitsvertrag
   e) Testament
   f) Anfechtung
   g) Bürgschaft
   h) Schuldversprechen

6. a) Die Kündigungsfrist des Angestellten Schlampp beträgt sechs Monate zum Quartalsende. Der Arbeitgeber schickt das Kündigungsschreiben (Kündigung zum 31.12.) am 30.06. per Post an Schlampp ab, der es am 01.07. in seinem Briefkasten vorfindet. Ist die Kündigung rechtzeitig erfolgt? Begründung.
   b) Wie wäre Fall a) zu beantworten, wenn Schlampp kündigen will und das Kündigungsschreiben bereits am 28.06. abschickt, die Post den Brief am 30.06. um 10:00 Uhr in den Briefkasten des Arbeitgebers wirft und dieser aufgrund einer Geschäftsreise den Brief erst am 02.07. öffnet?

7. Der 98-jährige Gustav Hämmerle hat sein Testament handschriftlich erstellt, ohne jemanden darüber zu informieren. Liegt ein Rechtsgeschäft vor? Begründung.

1.6 Form der Rechtsgeschäfte

Stofftelegramm

Grundsatz: **Formfreiheit.** Ausnahme: **Formzwang** in bestimmten Fällen:

Schriftform → Eigenhändige Unterschrift notwendig. **Beispiele:**

- *Kündigung*
- *Bürgschaft (Ausnahme: Formfreiheit, wenn Bürge als Kaufmann i. S. des HGB die Bürgschaft im Rahmen seines Geschäfts abgibt)*
- *Testament*
- *Schuldversprechen*
- *Grundstücks- und Wohnungsmietverträge auf länger als ein Jahr*
- *Schuldanerkenntnis*

Öffentliche (notarielle) Beglaubigung → Bestätigung der Echtheit der **Unterschrift** durch einen berechtigten Beamten (**Notar**)

schriftliche Anmeldung zum Handelsregister oder Grundbucheintrag

Öffentliche (notarielle) Beurkundung → Bestätigung der **Unterschrift** und des **Inhalts** der Erklärung z. B. durch einen **Notar**

- Grundstückskaufverträge
- Schenkungsversprechen
- Erbverzicht
- Ehevertrag
- Hauptversammlungsbeschlüsse einer AG

Aufgaben

1. In welcher Form können Rechtsgeschäfte fixiert werden?
2. Warum ist die Formfreiheit die übliche und ausreichende Form bei Rechtsgeschäften?
3. Warum ist bei bestimmten Rechtsgeschäften Formzwang notwendig?
4. Welche Form ist die beweissicherste? Begründung.
5. Welche Konsequenz ergibt sich für ein Rechtsgeschäft, das nicht in der vorgeschriebenen Form abgeschlossen wurde?

6. Welche Formvorschriften gelten bei folgenden Rechtsgeschäften?
   a) Grundstückskauf
   b) Kauf eines Fließbands für 2 Mio. EUR
   c) Anmeldung zum Handelsregister
   d) Testament
   e) Schenkungsversprechen
   f) Hauptversammlungsbeschluss einer großen AG
   g) Bürgschaft, die ein Kaufmann i. S. des HGB im Rahmen seines Handelsgewerbes abgibt
   h) Bürgschaft eines Privaten
   i) Schuldanerkenntnis
   j) Kündigung

1.7 Rechtsfähigkeit und Geschäftsfähigkeit

Stofftelegramm

Rechtsfähigkeit → **Fähigkeit von Personen, Träger von Rechten und Pflichten zu sein**

Natürliche Personen:
- Alle natürlichen Personen (Menschen) sind rechtsfähig.
- Rechtsfähigkeit ab Geburt bis Tod

Juristische Personen des Privatrechts:
- Kapitalgesellschaften (AG, GmbH, eG):
  - Entstehung durch Eintrag im Handelsregister (AG, GmbH) bzw. Genossenschaftsregister
  - Der Eintrag im Handels- bzw. Genossenschaftsregister ist konstitutiv.
- Eingetragene Vereine: Entstehung durch Eintrag im Vereinsregister (konstitutiv)

Juristische Personen des öffentlichen Rechts:
- Bund, Länder, Kreise, Gemeinden
- gesetzliche Krankenkassen
- Universitäten
- Industrie- und Handelskammern
- Berufsgenossenschaften
- Landesversicherungsanstalten

Geschäftsfähigkeit → Fähigkeit, rechtsgeschäftliche Willenserklärungen abzugeben

Aufgaben

1. Der 99-jährige Gustav Gregorius stirbt. In seinem Testament sind seine beiden Hunde, vier Katzen und seine Kuh Isolde als glückliche Erben eingesetzt. Nehmen Sie Stellung.

2. Was versteht man unter Rechtsfähigkeit?

3. Wer ist rechtsfähig?

4. Erklären Sie die Begriffe natürliche und juristische Person.

5. In welchen Fällen handelt es sich um eine juristische Person?
   a) Gemeinde Eierbach
   b) Vorstandsmitglied einer AG
   c) OHG
   d) GmbH
   e) Einzelunternehmung
   f) AG
   g) eingetragener Verein
   h) KG
   i) Universität
   j) Steuerberater
   k) IHK

6. Wer vertritt juristische Personen des Privatrechts?

1.8 Eigentum und Besitz

Stofftelegramm

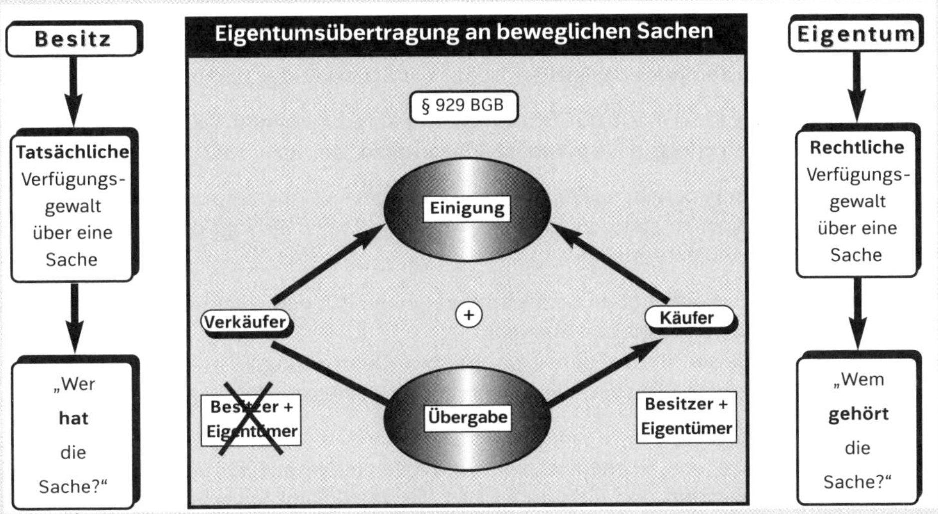

Eigentumsübertragung

a) Bewegliche Sachen:	Einigung + Übergabe bzw.
	Einigung + Besitzkonstitut bzw.
	Einigung + Abtretung des Herausgabeanspruchs
b) Unbewegliche Sachen:	notariell beurkundete Einigung (= Auflassung)
	+
	Eintrag im Grundbuch
c) Rechte:	Einigung + Abtretung der Forderung (Zession)

Gutgläubiger Eigentumserwerb → = Eigentumserwerb vom Nichteigentümer

Der Käufer wird Eigentümer, wenn er den Verkäufer für den Eigentümer hält (in „gutem Glauben“ kauft).

Kein gutgläubiger Eigentumserwerb möglich bei
- gestohlenen Sachen
- verloren gegangenen Sachen
- sonst abhandengekommenen Sachen

Aufgaben

1. Definieren Sie kurz die Begriffe Eigentum und Besitz.
2. Wie wird Eigentum an beweglichen bzw. unbeweglichen Sachen üblicherweise übertragen?
3. A unterschreibt am 15.07. einen Kaufvertrag über eine Stereoanlage, die erst am 30.07. lieferbar ist. Den Kaufpreis begleicht er sofort mit Scheck. Ist er damit Eigentümer?
4. A kauft ein Rennrad für 1.500,00 EUR, welches er sofort mitnimmt. Die Zahlung soll innerhalb von 14 Tagen erfolgen. Ab wann ist A Eigentümer des Fahrrads?
5. Maier verkauft und übergibt an Flegel einen PC. Flegel soll innerhalb von vier Wochen zahlen. Nach acht Wochen steht die Zahlung noch aus. Maier verlangt daher den PC wieder zurück. Klären Sie die Rechtslage.
6. Maier verkauft und übergibt an Schweinberger einen PC, den Letzterer noch vor Zahlung an Schmidt weiterveräußert und übergibt.
   a) Wer ist nach diesen Transaktionen Eigentümer? Begründung.
   b) Wie wäre die Situation zu beurteilen, wenn Schmidt wusste, dass Schweinberger den PC noch nicht bezahlt hat?
7. Lötterle leiht sich von Schnaufer eine wertvolle Lederhose für einen Faschingsball. Noch nüchtern verkauft und übergibt er das Prachtstück an Bayer. Wer ist Eigentümer? Begründung.
8. Stiehler entwendet in einer Buchhandlung das Werk „So wird man reich", liest es und verkauft es für 30,00 EUR an den gutgläubigen Sepp Ehrlich.
   Wer ist Eigentümer? Begründung.
9. Gudermann kauft von Raff den jungen Rauhaardackel Stupsi, den er zwei Tage später abholen will. Zwischenzeitlich bietet der Hundenarr Drexler den doppelten Preis und nimmt das Tier gleich mit.
   Wer ist Eigentümer? Begründung.
10. Gudermann sucht den Tierhändler Kauffmann auf und kauft den Rauhaardackel Hopsi, den er zwei Tage später abholen will. Aus Erfahrung klug geworden, sichert er sich ab. Wie?
11. Hans Klau stiehlt seinem Bekannten Werner Reich einen 500-Euro-Schein, bucht anschließend beim Reisebüro Samurai eine Flugreise nach Bangkok und leistet mit dem gestohlenen Geldschein eine Anzahlung.

    Reichs Nachforschungen ergeben, dass sich der Schein beim Reisebüro Samurai befindet. Er fordert die Herausgabe.
    Klären Sie die Rechtslage.
12. K beabsichtigt, von V ein Grundstück zu kaufen. V erklärt sich mit dem Schreiben vom 10.05. einverstanden, der Kaufvertrag wird in Anwesenheit beider Vertragsparteien am 30.05. vor dem Notar beurkundet. Die Umschreibung im Grundbuch erfolgt am 20.07.
    a) Wann wurde der Kaufvertrag rechtswirksam abgeschlossen?
    b) Wann wurde K Eigentümer?

1.9 Der Kaufvertrag

Stofftelegramm

Abschluss des Kaufvertrages → **Antrag + Annahme:**

- Bestellung + Bestellungsannahme bzw.
- Angebot + Bestellung

(=)

Verpflichtungsgeschäft

Pflichten Käufer:

- rechtzeitige Zahlung
- Warenabnahme

Pflichten Verkäufer:

- rechtzeitige, mangelfreie Übergabe
- Eigentumsübertragung

→ Erfüllung der Pflichten aus dem Kaufvertrag

(=)

Erfüllungsgeschäft

Anfrage →

- rechtlich unverbindlich (Bitte um Infos über Preise, Lieferbedingungen ..., also Bitte um Abgabe eines Angebots)
- an bestimmte Person gerichtet

Angebot (Bestellung)

- **Inhalt**
  - Art: Bezeichnung des Produkts, z. B. Laserdrucker Brother HL-2240D
  - Menge: genaue Definition; 1 Stück, 1.000 Liter, 5 Tonnen usw.
  - Preis: Preise (Nettopreise) mit und ohne Abzüge (Bruttopreise), Steuer

    a) Abzüge: Rabatte (unabhängig von der Zahlungsfrist)
    - Mengenrabatt (je größer die Menge, desto kleiner der Preis)
    - Treuerabatt (langjährige Kunden)
    - Sonderrabatt (meist einmalig – z. B. Lagerräumungsrabatt)
    - Wiederverkäuferrabatt (Weiterverkäufer)

    b) Bonus: nachträglich gewährter Preisnachlass, z. B. Rückvergütung aufgrund des Überschreitens bestimmter Umsatzgrenzen
  - Lieferungsbedingungen: Warenschulden sind Holschulden = Käufer zahlt Frachtkosten, Verpackungskosten
  - Zahlungsbedingungen: Geldschulden sind Schickschulden = Käufer zahlt z. B. Überweisungsgebühr

    Skonto: Preisnachlass für die schnelle Zahlung des Geldschuldners
  - Leistungsort und Gerichtsstand: siehe Erfüllungsort (s. u.)

- **Bindung**:
  a) **Gesetzliche Bindungsfrist:**
    – Anwesende: solange das Gespräch dauert
    – Abwesende: bis im Normalfall die Antwort erwartet werden kann (briefliches Angebot ca. 1 Woche)
    Grundsatz: Antwort auf mindestens gleich schnellem Weg!

  b) **Vertragliche Bindungsfrist:** befristetes Angebot, z. B. „gültig bis ..."

  c) **Freizeichnungsklauseln:** Einschränkung der Bindung, z. B.
    – „Preis freibleibend" – „solange Vorrat reicht" – „unverbindlich"

- **Bindung erlischt:**
  – Ablehnung durch Empfänger
  – verspätete Annahme
  – Abänderung durch Empfänger (= neuer Antrag)
  – rechtzeitiger Widerruf

Anpreisung

- an Allgemeinheit gerichtet
- gilt nicht als Angebot
- **Beispiele:**
  – *Schaufensterauslagen*
  – *Zeitungsinserate*
  – *Rundfunk- und Fernsehwerbung ...*

Erfüllungsort → = Ort der Pflichterfüllung durch Käufer (Geldschuldner) bzw. Verkäufer (Warenschuldner)

Gesetzlicher Erfüllungsort:	Wohn-(Geschäfts-)Sitz des „Schuldners"
• Erfüllungsort für die Zahlung:	Sitz des Geldschuldners (Käufers)
• Erfüllungsort für die Lieferung:	Sitz des Warenschuldners (Verkäufers)

Bedeutung des Erfüllungsortes für die Geldschuld:
- fristgemäß überweisen (Dauer des Geldtransfers ist zu berücksichtigen)
- Gefahr und Kosten der Zahlung trägt Käufer (Geldschuld = Schickschuld)
- Erfüllungsort bestimmt Gerichtsstand bei HGB-Kaufleuten: Zahlungsklage somit am Sitz des Käufers

Bedeutung des Erfüllungsorts für die Warenschuld:
- Gefahrübergang: Bis zur fristgemäßen Übergabe an Transportunternehmen oder den Käufer trägt Verkäufer Gefahr und Kosten des Transports (Versendungskosten: Verpackung, Transport), danach Käufer;
  Ausnahme: Verbrauchsgüterkauf
- Gerichtsstand: Erfüllungsort bestimmt Gerichtsstand bei HGB-Kaufleuten; Klage wegen Warenmängel somit am Sitz des Verkäufers

Lieferung mit eigenem Lkw: Verkäufer trägt Transportgefahr – unabhängig vom Erfüllungsort.

Zusendung unbestellter Ware = Antrag (Angebot)

- **Kaufvertrag** entsteht, wenn der Käufer seine Annahme erklärt, den Kaufpreis zahlt oder die Ware in Gebrauch nimmt.
- **Stillschweigen** des Empfängers bedeutet:
  - Bestehende Geschäftsverbindung: Schweigen = Annahme
  - Fehlende Geschäftsverbindung: Schweigen = Ablehnung
  - Privatmann: (Verstoß gegen UWG!) Schweigen = Ablehnung

DER GESETZLICHE ERFÜLLUNGSORT

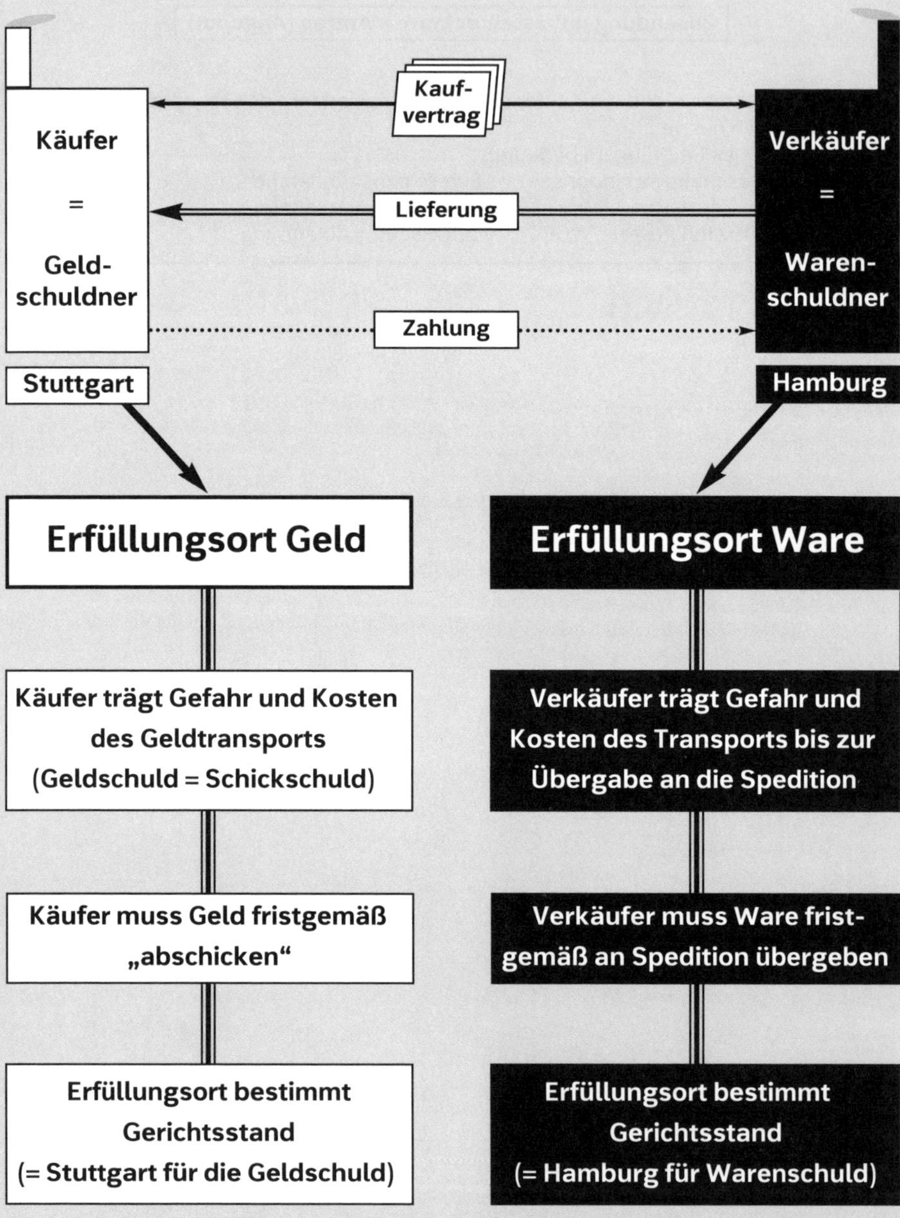

Verbrauchsgüterkauf: Der Verkäufer (Unternehmer) trägt die Gefahr des Transports bis Übergabe an den Käufer (Verbraucher) – vgl. § 474 Abs. 2 BGB in Verbindung mit § 447 BGB.

Ergänzungen zum Thema Angebot:

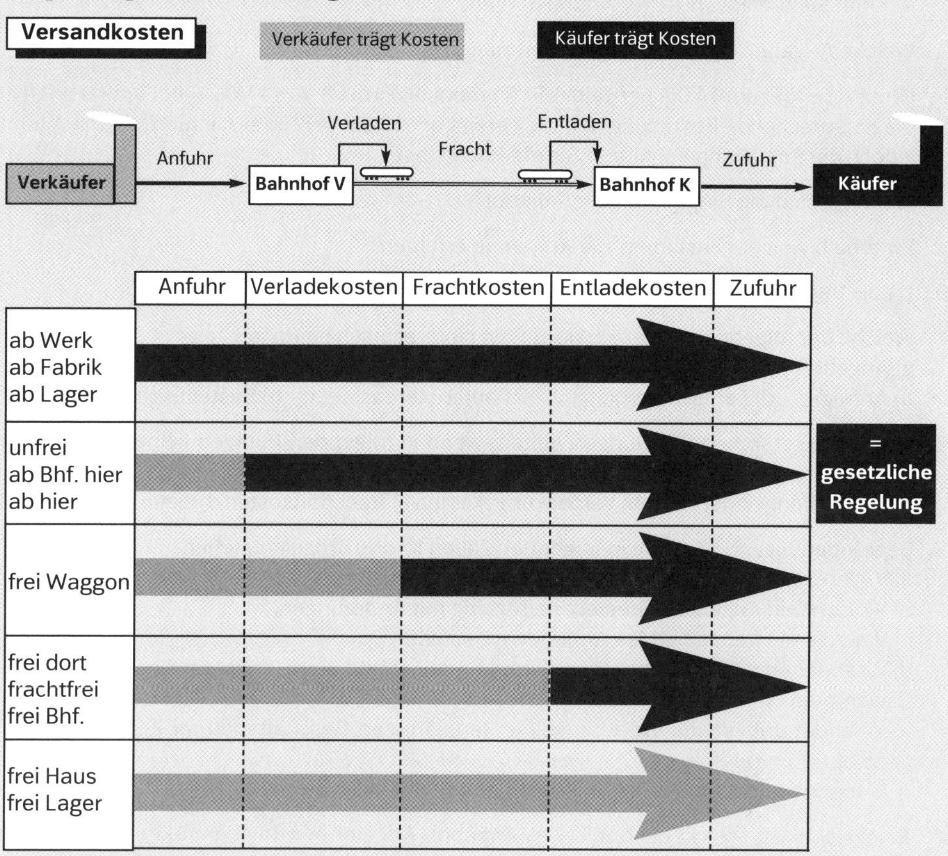

Verpackungskosten → Gesetzliche Regelungen:

Verkaufsverpackung: trägt Verkäufer (**Bsp.:** *Pralinenschachtel*)

Versandverpackung: trägt Käufer (**Bsp.:** *Kartons, Kisten, Fässer*)

Beschaffenheit der Ware
- → Gesetzliche Regelung: Ware mittlerer Art und Güte
- → Stückschulden (Speziessachen = genaue Leistung, z. B. das Dressurpferd „Totilas", Ölgemälde „Mona Lisa")

Lieferzeit + **Zahlung**
- → Gesetzliche Regelung: auf Verlangen sofort
- → I. d. R. vertragliche Regelungen und Absprachen

Aufgaben

1. Was versteht man unter Verpflichtungs- und Erfüllungsgeschäft?
2. Wie entsteht ein Kaufvertrag?
3. Welche Pflichten entstehen bei Abschluss des Kaufvertrages?

4. Unterscheiden Sie rechtlich Anfrage, Angebot und Anpreisung.

5. Nennen Sie drei Beispiele für Anpreisungen.

6. Welche Angaben sollte ein Angebot enthalten?

7. Firma A sendet am 14.06. per Telex ein Angebot an Firma B. Am 17.06. gibt Firma B brieflich die entsprechende Bestellung auf, die bereits am 18.06. bei Firma A eintrifft. Firma A lehnt jedoch die Bestellung ab. Klären Sie die Rechtslage.

8. Wann erlischt die Bindung an ein Angebot?

9. Innerhalb welcher Frist muss die Annahme erfolgen?

10. Ist die Bestellung rechtlich ein Antrag oder eine Annahme?

11. Welche der folgenden Willenserklärungen sind rechtlich bindend?
    a) Angebot c) Bestellung e) freibleibendes Angebot g) Anpreisungen
    b) Anfrage d) Fernsehwerbung f) Schaufensterauslagen h) Bestellungsannahme

12. Welche gesetzlichen Regelungen gelten, wenn in folgenden Punkten keine vertraglichen Vereinbarungen getroffen wurden?
    a) Beschaffenheit der Ware b) Verpackungskosten c) Transportkosten d) Lieferzeit e) Zahlung

13. Begründen Sie, ob bzw. wie in folgenden Fällen Kaufverträge entstehen.
    a) V (Verkäufer) macht ein Angebot, K (Käufer) bestellt zu spät.
    b) V macht ein Angebot, K bestellt rechtzeitig mit Änderungen.
    c) V macht ein freibleibendes Angebot, K bestellt.
    d) V sendet an die ihm unbekannte Firma K unbestellte Ware. K meldet sich nicht und bewahrt die Ware auf.
    e) V sendet unbestellte Ware an seinen langjährigen Geschäftspartner K. K meldet sich nicht.
    f) V sendet unbestellte Ware an Privatmann K, der stillschweigt.

14. Josef Hektik verschickt ein briefliches Angebot. Am gleichen Tag bemerkt er, dass er sich verkalkuliert hat. Was tun?

15. Wo befindet sich der gesetzliche Erfüllungsort? Welche Bedeutung hat er?

16. Geschäftssitz: Verkäufer V. in Leipzig, Käufer K. in Stuttgart.
    Welche Versandkosten trägt V. bei folgenden Vereinbarungen?
    a) gesetzliche Regelung d) frei Waggon g) ab Werk
    b) frei dort e) frachtfrei h) unfrei
    c) ab hier f) frei Haus i) frei Bahnhof

1.10 Störungen bei der Vertragserfüllung

Stofftelegramm

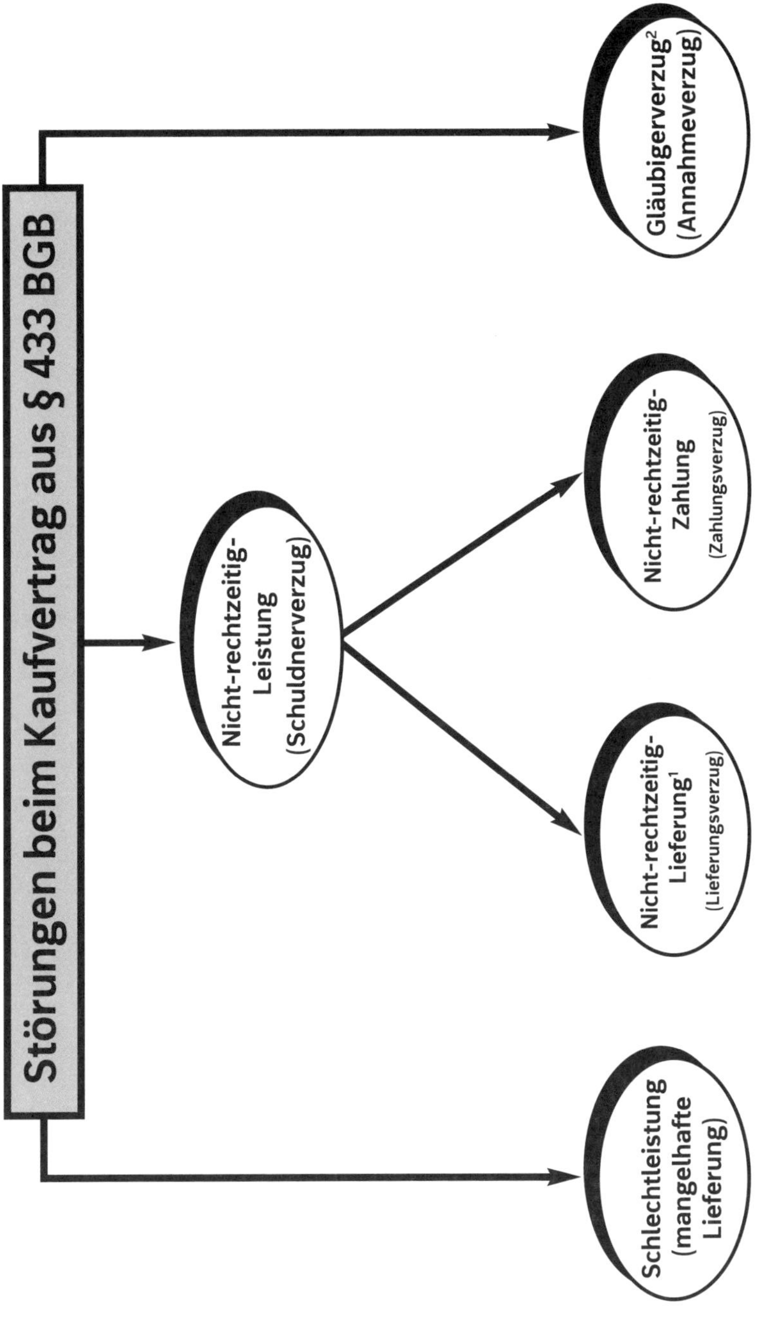

[1] Ist in Kapitel 3 „Beschaffungsprozesse" Thema, wird aber hier mit behandelt.
[2] Nicht Gegenstand des Lehrplans.

1.10.1 Mangelhafte Lieferung (Schlechtleistung)

Stofftelegramm

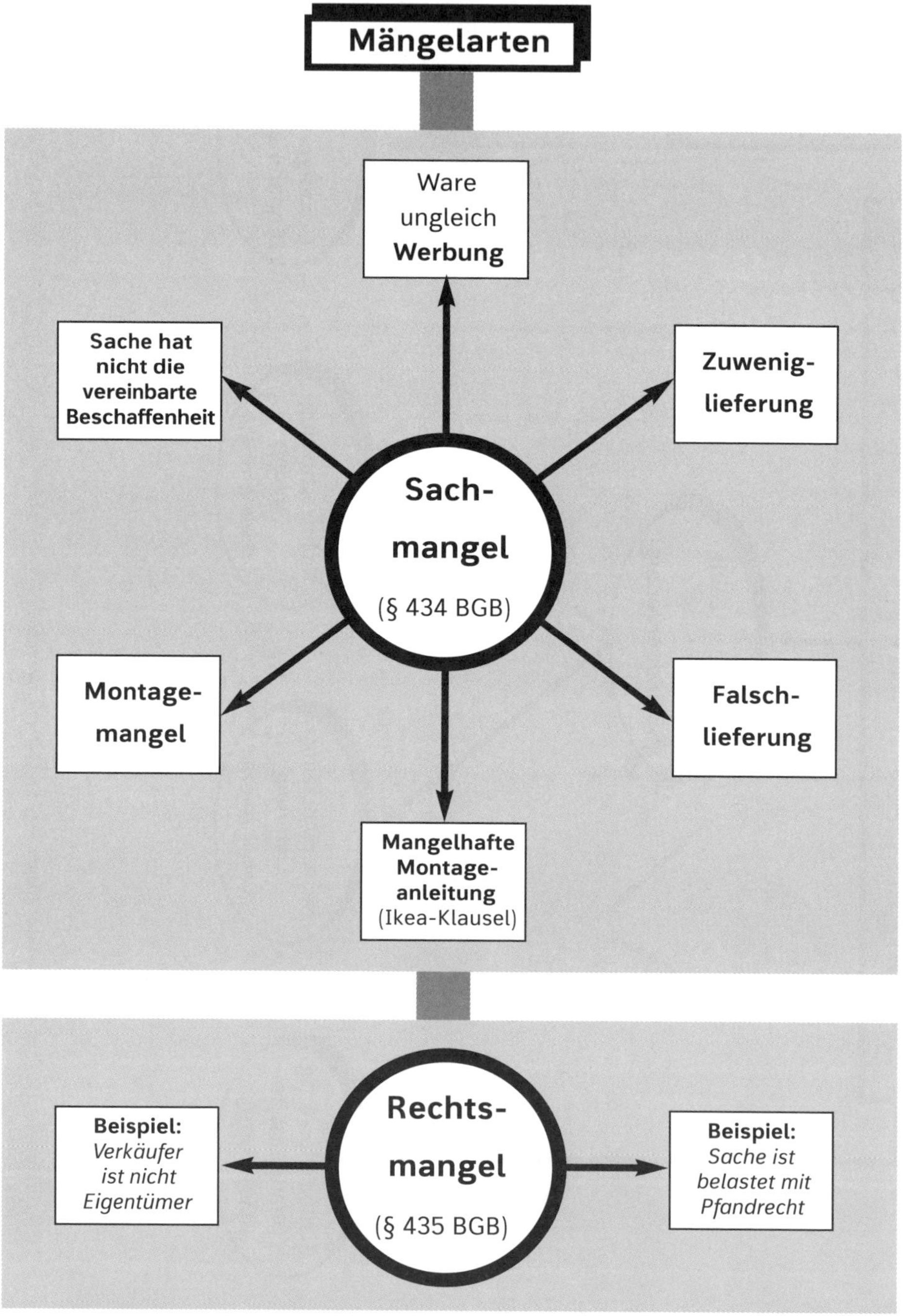

– Rechte des Käufers gemäß § 437 ff. BGB –

vorrangig

Nacherfüllung

§ 439 BGB

- auch bei **geringfügigen Mängeln**
- **verschuldensunabhängig**
- § 439 Abs. 3 BGB: Verkäufer kann Nachbesserung und/oder Neulieferung verweigern, wenn **unverhältnismäßig hohe Kosten** anfallen würden.
- § 440 BGB: Nacherfüllung fehlgeschlagen nach **zwei erfolglosen Nachbesserungsversuchen**
- § 275 BGB: Anspruch auf Leistung entfällt, soweit diese **unmöglich**

Nachbesserung ← Käufer hat **Wahlrecht** → **Neulieferung**

Zusätzlich möglich, sofern **Verschulden** vorliegt: → **Schadenersatz neben der Leistung**

Die mangelhafte Lieferung (Schlechtleistung) – Rechte des Käufers –

nachrangig

Nachrangig (nach erfolglosem Ablauf einer gesetzten **Nacherfüllungsfrist**)

Rücktritt vom Vertrag
§§ 440, 323, 326 BGB

nicht bei geringfügigen Mängeln

Minderung
§ 441 BGB

+ evtl. Schadenersatz neben Leistung

Voraussetzungen (§ 323 Abs. 2, 440, 441 BGB)

angemessene **Nachfrist**

Entbehrlich in folgenden Fällen:
- Verkäufer **verweigert** Nacherfüllung
- zwei Nacherfüllungsversuche **fehlgeschlagen**
- Nacherfüllung für Verkäufer bzw. Käufer **unzumutbar**
- **Fixgeschäft, Zweckkauf**
- **besondere Umstände** ...

Schadenersatz statt Leistung
§§ 280, 281, 283, 440 BGB

auch neben Rücktritt möglich

Ersatz vergeblicher Aufwendungen[1]
anstelle Schadenersatz statt der Leistung § 284 BGB

nicht bei geringfügigen Mängeln

Voraussetzungen (§ 281 Abs. 2, 440, 284 BGB)

angemessene **Nachfrist**

Entbehrlich in folgenden Fällen:
- Verkäufer **verweigert** Nacherfüllung
- zwei Nacherfüllungsversuche **fehlgeschlagen**
- Nacherfüllung für Verkäufer **unzumutbar**
- **besondere Umstände** ...

Verschulden (Vertretenmüssen) → § 280 Abs. 1 BGB

[1] *Zum Beispiel Zinsen für Überbrückungskredit, Mietaufwendung Fahrzeugleihe.*

Verjährung der Mängelansprüche (§ 438 BGB)

Verkäufer kann Erfüllung der Rechte, die dem Käufer wegen Mangelhaftigkeit der Kaufsache zustehen, **verweigern, wenn sie verjährt sind (Verjährungseinrede)**.

2 Jahre

Regelmäßige kaufrechtliche Verjährungsfrist für Mängel

3 Jahre

Arglistig verschwiegene Mängel
(Verjährung bei Bauwerken ... jedoch nicht vor Ablauf der dort bestimmten Frist von 5 Jahren)

5 Jahre

- **Bauwerksmängel**
- Mängel an in Gebäuden eingebauten Sachen

30 Jahre

Mangel =

- **dingliches Herausgaberecht** eines Dritten bzw.
- in **Grundbuch** eingetragenes Recht

Beginn der Verjährung:

Mit **Ablieferung** (bei **Grundstücken** mit **Übergabe**); **arglistig verschwiegene Mängel**: Schluss des Jahres, in dem Gläubiger **Kenntnis** erlangte

Rückabwicklung einer bereits mangelhaft hergestellten Sache entlang der Lieferkette (§ 478 f. BGB)

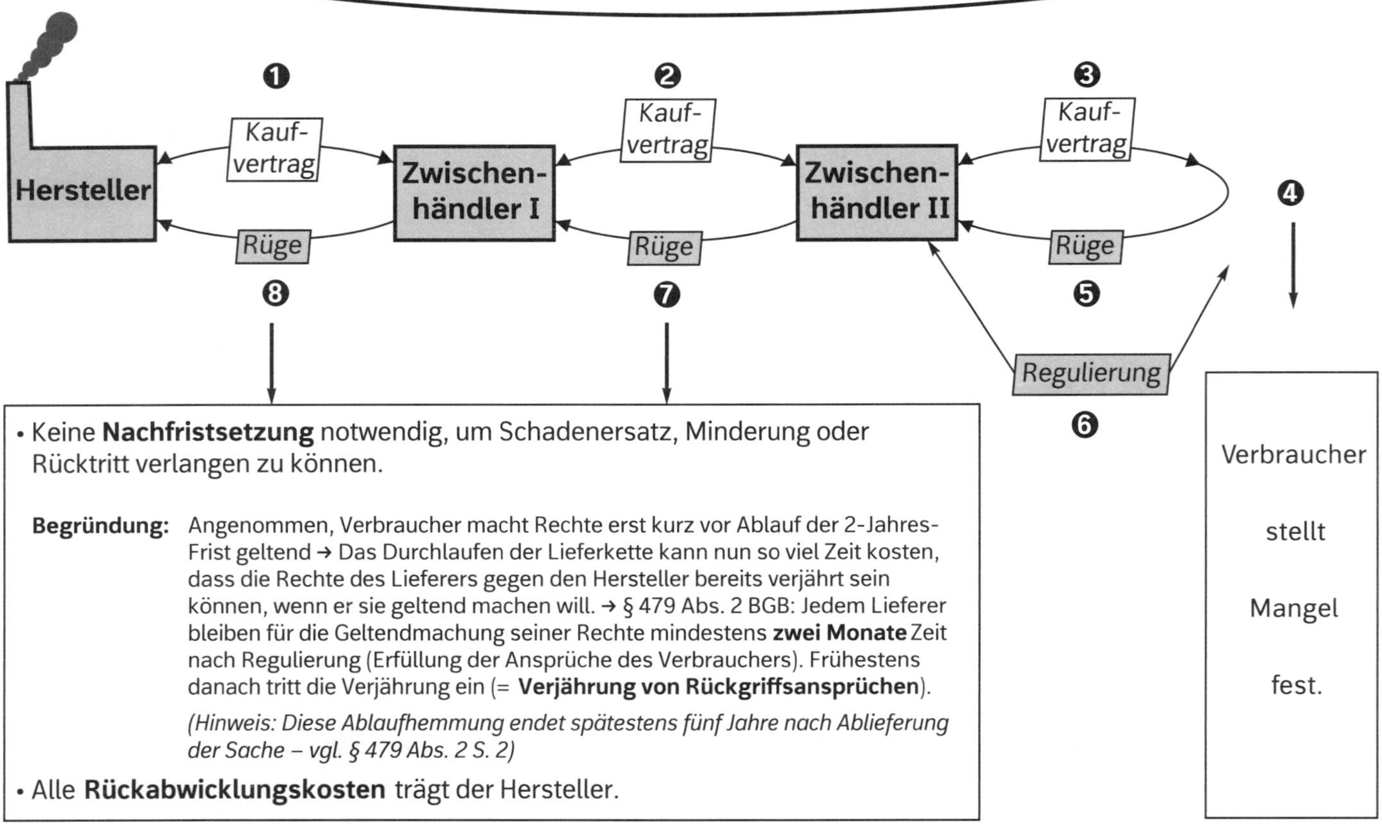

- Keine **Nachfristsetzung** notwendig, um Schadenersatz, Minderung oder Rücktritt verlangen zu können.

  Begründung: Angenommen, Verbraucher macht Rechte erst kurz vor Ablauf der 2-Jahres-Frist geltend → Das Durchlaufen der Lieferkette kann nun so viel Zeit kosten, dass die Rechte des Lieferers gegen den Hersteller bereits verjährt sein können, wenn er sie geltend machen will. → § 479 Abs. 2 BGB: Jedem Lieferer bleiben für die Geltendmachung seiner Rechte mindestens **zwei Monate** Zeit nach Regulierung (Erfüllung der Ansprüche des Verbrauchers). Frühestens danach tritt die Verjährung ein (= **Verjährung von Rückgriffsansprüchen**).

  (Hinweis: Diese Ablaufhemmung endet spätestens fünf Jahre nach Ablieferung der Sache – vgl. § 479 Abs. 2 S. 2)

- Alle **Rückabwicklungskosten** trägt der Hersteller.

Aufgaben

1. Welche Arten von Mängeln gibt es?
2. a) Welche Pflichten hat der Käufer (Kaufmann i. S. des HGB) bei mangelhafter Lieferung?
   b) Ein Käufer versäumt, rechtzeitig zu rügen. Folgen?
3. Käufer K kauft von Händler V einen Neuwagen. Vier Wochen nach Übergabe funktioniert die **Klimaanlage** auf langen Fahrten nicht ordnungsgemäß. Der Mangel war für V trotz intensiver Prüfung des Pkw nicht zu erkennen. Welche Rechte kann K gegen V geltend machen und welche Voraussetzungen sind dabei zu beachten?
4. K kauft von V ein Videogerät. Beim Anschluss an sein Fernsehgerät stellt K **kleinere Farbflecken** fest, die auch V nicht aufgefallen waren.
   Kann K Nachbesserung und/oder Neulieferung verlangen? Begründung.
5. K kauft von V einen Neuwagen. Nach einigen Wochen stellt K **erhebliche Mängel** fest. Außerdem ist ihm durch die Mängel ein **Schaden** in Höhe von 200,00 EUR entstanden. Unter welchen Voraussetzungen kann K im Normalfall das Recht **„Schadenersatz statt Leistung"** geltend machen?
6. K kauft von V einen neuen Pkw (Marke „X") des Produzenten P, der in **Werbebroschüren** mit dem Slogan „Mit durchschnittlich fünf Litern pro 100 km sind Sie bei X dabei" wirbt. Nach Übergabe stellt K fest, dass der tatsächliche Verbrauch des „X" bei sieben Litern liegt. Welche Rechte stehen K zu?
7. Der normalgewichtige K kauft von V das neue Mountainbike „Biky". Schon des Öfteren gab es Reklamationen bei V hinsichtlich Bruch von „Biky"-Pedalen. Bei seiner ersten Ausfahrt des K bricht ein **Pedal**, K stürzt und verletzt sich. Ein Taxi bringt ihn ins nächste Dorf zum Arzt. **Taxikosten**: 40,00 EUR; **Arztkosten**: 70,00 EUR. Welche Rechte kann K geltend machen?
8. K kauft von V ein Fitnessgerät für den Selbstaufbau. Aufgrund der fehlerhaften **Montageanleitung** baut K das Gerät falsch zusammen. Welche Rechte kann er geltend machen?
9. V verkauft einen 30 Jahre alten Ohrring aus „echtem Gold" an K. K entdeckt später, dass der Ring nicht aus Gold, sondern nur aus vergoldetem Messing war. V konnte hiervon nichts wissen. Welche Rechte stehen K zu?
10. K (Privatmann) kauft von Händler V ein neues Motorrad. Drei Monate nach Übergabe streikt der Motor. Es ist nicht feststellbar, ob der Mangel aufgrund eines Materialfehlers bereits bei **Übergabe** programmiert war oder auf **fehlerhafte Bedienung** des K zurückzuführen ist. Kann K Gewährleistungsrechte geltend machen?
11. K kauft am 10. Mai 01 von V einen Rasenmäher, der am gleichen Tag geliefert wird. Infolge eines Produktionsfehlers versagt am 10. November 02 der Motor. K verlangt einen neuen Rasenmäher, V beruft sich auf **Verjährung**. Klären Sie die Rechtslage.
12. K kauft am 10. Mai 01 von V eine Maschine, die am gleichen Tag geliefert wird. V verschweigt **arglistig** einen Mangel. K entdeckt den Mangel am 10. Juli 04 und macht Gewährleistungsansprüche geltend. Rechtslage?
13. Am 10. Mai 01 lässt K von V eine Dachsanierung durchführen. Am 20. Mai 06 stellt K erhebliche Mängel – bedingt durch fehlerhafte Sanierungsarbeit – fest. Sind seine Mängelansprüche **verjährt**? Begründung.
14. Privatmann K kauft von Händler V einen Gebrauchtwagen. Vertraglich wird vereinbart, dass die Mängelgewährleistungsansprüche gemäß § 437 BGB ein Jahr nach Ablieferung verjähren. Nach 15 Monaten stellt K einen Mangel fest. Sind seine Gewährleistungsansprüche **verjährt**?

1.10.2 Nicht-rechtzeitig-Lieferung

Stofftelegramm

Nicht-rechtzeitig-Lieferung • Rechte des Käufers

Beide Rechte gleichzeitig anwendbar!

§ 286 BGB – Lieferung verlangen + evtl. Schadenersatz (Verzögerungsschaden)

Voraussetzungen

- **Fälligkeit**
- **Verschulden**
- **Mahnung** → **entbehrlich**, wenn: (§ 286 Abs. 2 BGB)
  - Verkäufer verweigert Lieferung
  - Liefertermin kalendermäßig bestimmt, bestimmbar, Fixkauf, Zweckkauf
  - besondere Gründe, z. B.
    - **Selbstmahnung** des Schuldners mit eigener Ankündigung des Lieferungstermins
    - **eilbedürftige Pflichten** (z. B. Reparatur Wasserrohrbruch; Warnpflichten, die sofort erfüllt werden müssen, um drohende Schäden zu verhindern)

§ 281 BGB – Schadenersatz statt Leistung (Nichterfüllungsschaden)

Voraussetzungen

- **Fälligkeit**
- **Verschulden**
- angemess. **Nachfrist** → **entbehrlich**, wenn: (§ 281 Abs. 2 BGB)
  - Verkäufer verweigert Lieferung
  - besondere Umstände ...

Anstelle Schadenersatz Lief. möglich:

Ersatz vergeblicher Aufwendungen (§ 284 BGB)

z. B. Vertragskosten ...

§ 323 BGB – Rücktritt vom Vertrag

Voraussetzungen

- **Fälligkeit**
- angemess. **Nachfrist** → **entbehrlich**, wenn: (§ 323 Abs. 2 BGB)
  - Verkäufer verweigert Lieferung
  - Liefertermin kalendermäßig bestimmt, bestimmbar, Fixkauf, Zweckkauf
  - besondere Umstände ...

abstrakt Schaden umfasst auch den entgangenen Gewinn	← **Schadenersatz-berechnung** →	**konkret** Schaden eindeutig berechenbar (z. B. bei Deckungskauf)

Eine Schadenersatzberechnung ist umgehbar, wenn von vorneherein eine **Vertragsstrafe (Konventionalstrafe)** vereinbart wird.

Aufgaben

1. V liefert nicht rechtzeitig. Welche **Rechte** hat der Käufer und welche **Voraussetzungen** sind zu beachten?
2. K verlangt aufgrund Nicht-rechtzeitig-Lieferung des V weiterhin Lieferung sowie Ersatz des **Verzögerungsschadens**. Wann kann K auf eine Mahnung verzichten?
3. K verlangt aufgrund Nicht-rechtzeitig-Lieferung des V **Schadenersatz statt Leistung.** Wann kann K auf Setzung einer angemessenen **Nachfrist** verzichten?
4. K möchte aufgrund Nicht-rechtzeitig-Lieferung des V vom Vertrag **zurücktreten**. Wann kann er auf Setzung einer **Nachfrist** verzichten?
5. K möchte seine Rechte aufgrund Nicht-rechtzeitig-Lieferung des V geltend machen und verlangt nach Ablauf einer angemessenen Nachfrist **Rücktritt vom Vertrag und Schadenersatz statt Leistung.** Ein Verschulden des V liegt vor. Kann K beide Rechte gleichzeitig geltend machen? Begründung.
6. Käufer K vereinbarte im Kaufvertrag mit Verkäufer V die Lieferung von zehn PCs. Ein Liefertermin wurde nicht vereinbart. Nachdem V mit einem anderen Käufer einen höheren Preis ausgehandelt hat, weigert er sich, die Lieferung vorzunehmen. Kann K seine erlittene **Gewinneinbuße** von V ersetzt verlangen? Begründung.
7. Der Inhaber einer Pizzeria P entdeckt um 15:00 Uhr einen **Wasserrohrbruch**, der zur Überschwemmung eines Teils des Restaurants führte. Telefonisch teilt er dem Klempner X mit, dass er um 18:00 Uhr öffnen müsse, um nicht Umsatzeinbußen zu erleiden. Klempner X sagt sofortige Reparatur zu. Ärgerlicherweise erscheint X erst um 19:00 Uhr. **Entgangener Gewinn** für die Pizzeria: 1.000,00 EUR. P verlangt **Schadenersatz.** Rechtslage?
8. Unternehmer K hat mit Verkäufer V einen **Just-in-time-Vertrag** geschlossen. V muss demzufolge zu bestimmten Zeitpunkten liefern, um die Produktion nicht zu gefährden. Als eine Lieferung ausbleibt, kommt es zum vorübergehenden Produktionsstillstand. Kann K ohne Nachfristsetzung **Schadenersatz statt Leistung** verlangen? Begründung.
9. Händler V verkauft telefonisch einen Anzug des ehemaligen Beatles-Schlagzeugers Ringo Starr für 5.000,00 EUR. K möchte den Anzug am nächsten Morgen abholen. Der nicht im Laden tätige Sohn des Händlers holt ohne zu fragen am Abend den Anzug aus dem verschlossenen Schrank im Laden und nimmt ihn auf eine 14-tägige Reise nach Mallorca mit. K setzt V eine Nachfrist von acht Tagen und verlangt bei ergebnislosem Ablauf **Schadenersatz statt Leistung** in Höhe von 3.000,00 EUR, weil er den Anzug einem Beatles-Fan zum Preis von 8.000,00 EUR versprochen habe. Zusätzlich **trete er vom Vertrag zurück.** V ist nicht einverstanden und besteht weiterhin auf Abnahme und Zahlung. Rechtslage?
10. K bestellt bei V 50 Kisten Champagner. V liefert nicht. Zwischenzeitlich sind die Champagnerpreise stark gefallen. K deckt sich daher bei X erheblich preisgünstiger ein und informiert V. Letzterer verlangt Abnahme und Zahlung, weil K keine Nachfrist gesetzt habe. Rechtslage?
11. Was versteht man unter a) abstraktem, b) konkretem Schaden?
12. Wie kann die Schadensberechnungsproblematik umgangen werden?
13. Was versteht man unter einer Konventionalstrafe?

1.10.3 Nicht-rechtzeitig-Zahlung

Stofftelegramm

Nicht-rechtzeitig-Zahlung • Rechte des Gläubigers

§ 286 BGB – Zahlung verlangen + evtl. Schadenersatz (Verzögerungsschaden)

Voraussetzungen

- **Fälligkeit**
- **Verschulden**
- **Mahnung** → (§ 286 Abs. 2 BGB) **entbehrlich**, wenn:
  - 30 Tage nach Rechnungszugang vergangen sind
  - Schuldner verweigert Zahlung
  - Zahlungstermin kalendermäßig bestimmt, bestimmbar
  - besondere Gründe, z. B. **Selbstmahnung** des Schuldners mit eigener Ankündigung des Zahlungstermins; Schuldner entzieht sich einer Mahnung.

§ 281 BGB – Schadenersatz statt Leistung (Nichterfüllungsschaden)

Voraussetzungen

- **Fälligkeit**
- **Verschulden**
- angemess. **Nachfrist** → (§ 281 Abs. 2 BGB) **entbehrlich**, wenn:
  - Schuldner verweigert Zahlung
  - besondere Umstände ...

Anstelle Schadenersatz Lief. möglich:

Ersatz vergeblicher Aufwendungen (§ 284 BGB)

z. B. Vertragskosten ...

Beide Rechte gleichzeitig anwendbar!

§ 323 BGB – Rücktritt vom Vertrag

Voraussetzungen

- **Fälligkeit**
- angemess. **Nachfrist** → (§ 323 Abs. 2 BGB) **entbehrlich**, wenn:
  - Schuldner verweigert Zahlung
  - Zahlungstermin kalendermäßig bestimmt, bestimmbar
  - besondere Umstände ...

Verzugszinsen (§ 288 BGB)	
Grundsatz:	Basiszinssatz +5 %
Unternehmer:	Basiszinssatz +9 %

- Fälligkeit der Leistung → Zeitpunkt, ab dem ein Käufer die Leistung verlangen kann

Der Zeitpunkt der Leistung ist kalendermäßig ...	Beispiele	Verzug automatisch ...
bestimmt	• Kaufpreis zahlbar bis zum 20.05.20.. • Kaufpreis zahlbar im Juni 20..	• mit Ablauf des 20.05.20.. • mit Ablauf des Monats Juni 20..
berechenbar	Kaufpreis zahlbar innerhalb von 15 Tagen nach Rechnungsdatum (01.01.20..)	mit Ablauf des 16.01.20..
		Verzug **nicht** automatisch ...
nicht bestimmt/ berechenbar	• zahlbar sofort • zahlbar ab 15.05.20.. • zahlbar 14 Tage nach Rechnungserhalt	• Fälligkeit + Zugang der Rechnung + **Mahnung** • Fälligkeit + Zugang der Rechnung automatisch nach 30 Tagen

- Verschulden des Verkäufers:
  - vorsätzliches Handeln – Verkäufer will die Rechtsverletzung
  - fahrlässiges Handeln – Verkäufer lässt die erforderliche Sorgfalt außer Acht
  - kein Verschulden bei höherer Gewalt (z. B. Schneesturm, Streik, Blitzeinschlag)

Berechnung der Verzugszinsen (§§ 288, 247, 187, 188 BGB):

kaufmännische Zinsformel[1] $= Z = \frac{K \cdot p \cdot t}{360 \cdot 100}$

Anmerkungen:
Z = Zinsen
K = Kapitaleinsatz
p = Jahreszinssatz
t = Laufzeit in Tagen

Jahreszinssatz (§ 288 BGB):
Grundsatz → Basiszinssatz + 5 %
Unternehmer → Basiszinssatz[1] + 9 %

Aufgaben

1. Käufer K zahlt nicht rechtzeitig.
   Welche **Rechte** hat der Verkäufer und welche **Voraussetzungen** sind zu beachten?

2. Privatmann Wetzel kauft von Privatmann Bauer ein Auto.
   Wie viel Prozent **Verzugszinsen** kann Bauer verlangen, wenn Wetzel nicht rechtzeitig zahlt?

[1] *Die kaufmännische Zinsformel rechnet mit 30 Tagen pro Monat.*
[2] *Den Basiszinssatz legt die Europäische Zentralbank immer zum 01.01. und 01.07. fest.*

3. Privatmann Wetzel kauft von Firma Schnorr ein Fernsehgerät.
   Wie viel Prozent **Verzugszinsen** kann Firma Schnorr verlangen, wenn Wetzel nicht rechtzeitig zahlt?

4. Firma Schnorr kauft bei der „Elek-GmbH" zehn Fernsehgeräte.
   Wie viel Prozent **Verzugszinsen** kann die Elek-GmbH verlangen, wenn Firma Schnorr nicht rechtzeitig zahlt?

5. Die Elek-GmbH liefert an Firma Schnorr zehn Fernsehgeräte. Firma Schnorr erhält die Rechnung am **10.01.**
   a) Es wurde **kein Zahlungsziel** vereinbart.
      Ab wann befindet sich Firma Schnorr in Verzug, wenn **keine Mahnung** versandt wurde?
   b) Es wurde **kein Zahlungsziel** vereinbart.
      Ab wann befindet sich Firma Schnorr in Verzug, wenn am 20.01. eine **Mahnung** versandt wurde?
   c) **Zahlungsziel:** Zahlung bis spätestens 24.01.
      Ab wann befindet sich Firma Schnorr in Verzug?

6. Die Elek-GmbH liefert an **Privatmann** Wetzel ein Fernsehgerät. Wetzel erhält die Rechnung am 10.01. Es wurde **kein Zahlungsziel** vereinbart.
   Ab wann befindet sich Wetzel in Verzug?

7. a) Am 06.08.2020 übermittelt der Lieferant Roll on GmbH der AP-Cruser KG ein Angebot für Räder per E-Mail. Die Bestellung der AP-Cruser KG erfolgt am 17.08.2020 per E-Mail. Noch am selben Tag sendet die Roll on GmbH der AP-Cruser KG die Auftragsbestätigung zu **(Anlage 1).**
      - Begründen Sie, wann der Kaufvertrag zustande kommt.
      - Nennen Sie die vertraglichen Verpflichtungen, die die AP-Cruser KG mit dem Abschluss des Kaufvertrages zu erfüllen hat.
   b) Die Räder werden einschließlich der Rechnung am 02.09.2020 von der Roll on GmbH geliefert. Am 04.11.2020 geht bei der AP-Cruser KG eine Zahlungsaufforderung der Roll on GmbH ein **(Anlage 2)**.
      Prüfen Sie, ob der geforderte Überweisungsbetrag berechtigt ist **(Anlagen 1 und 2)**.

Anlage 1

Roll on GmbH

Roll on GmbH, Seestr. 12, 78315 Radolfzell

AP-Cruser KG
Q6, 6
68159 Mannheim

Ihr Zeichen,	Ihre Nachricht vom	Unser Zeichen, unsere Nachricht vom	Telefondurchwahl	Name	Datum
AP-EK	17.08.2020	AM	–27	A. Müller	17.08.2020

Auftragsbestätigung Nr. 5341

Sehr geehrte Damen und Herren,

wir bedanken uns für Ihren Auftrag vom 17.08.2020. Gemäß unserem Angebot Nr. 2/333 vom 06.08.2020 liefern wir Ihnen

Nr.	Art-Nr.	Beschreibung	Menge	Einheit	Stückpreis (netto)	Rabatt %	USt %	Gesamtpreis
1	EA 2234	Rad „Offroad“	500	Stück	66,00 EUR	0		33.000,00 EUR
							19	6.270,00 EUR
								39.270,00 EUR

zu folgenden Bedingungen:

Liefertermin: 02.09.2020

Lieferung: frei Haus

Zahlung: 2 % Skonto innerhalb 14 Tagen ab Rechnungsdatum, spätestens bis zum 30.09.2020 rein netto Kasse

Mit freundlichem Gruß

i. A. Andreas Müller

Andreas Müller, Verkaufsleiter

Geschäftsräume	Kontakt	Bankverbindung
Seestr. 12 78315 Radolfzell Geschäftsführer: Ernst Günther Amtsgericht Konstanz HRB 12796 USt-ID: DE142773808	Tel: +49 07732 9253-0 Fax: +49 07732 9253-80 E-Mail: info@roll-on.de Internet: www.roll-on.de	Bank: See-Bank Bankort: Singen am Hohentwiel BIC: SEEBDE012 IBAN: DE96 9602 0190 0000 3456 78

Anlage 2

Roll on GmbH

Roll on GmbH, Seestr. 12, 78315 Radolfzell

AP-Cruser KG
Q6, 6
68159 Mannheim

Ihr Zeichen,	Ihre Nachricht vom	Unser Zeichen, unsere Nachricht vom	Telefondurchwahl	Name	Datum
AP-EK	17.08.2020	AM, R5341 vom 02.09.2020	–35	S. Heim	04.11.2020

Erste Mahnung

Sehr geehrte Damen und Herren,

am 02.09.2020 erhielten Sie von uns die Rechnung Nr. R5341 sowie die Lieferung mit nachfolgenden Positionen:

Nr.	Art-Nr.	Beschreibung	Menge	Einheit	Stückpreis (netto)	Rabatt %	USt %	Gesamtpreis
1	EA 2234	Rad „Offroad"	500	Stück	66,00 EUR	0		33.000,00 EUR
							19	6.270,00 EUR
								39.270,00 EUR

Bislang konnten wir noch keinen Zahlungseingang feststellen. Wir erlauben uns daher, Ihnen zuzüglich zum ausstehenden Rechnungsbetrag Verzugszinsen zu berechnen. Überweisen Sie bitte auf das unten aufgeführte Konto bis spätestens 11.11.2020 den Gesamtbetrag von 39.900,00 EUR.

Mit freundlichem Gruß

i. A. Susanne Heim

Susanne Heim, Debitorenbuchhaltung

Geschäftsräume	Kontakt	Bankverbindung
Seestr. 12 78315 Radolfzell Geschäftsführer: Ernst Günther Amtsgericht Konstanz HRB 12796 USt-ID: DE142773808	Tel: +49 07732 9253-0 Fax: +49 07732 9253-80 E-Mail: info@roll-on.de Internet: www.roll-on.de	Bank: See-Bank Bankort: Singen am Hohentwiel BIC: SEEBDE012 IBAN: DE96 9602 0190 0000 3456 78

1.11 Verjährung

Stofftelegramm

Hinweis: Laut Lehrplan ist nur die regelmäßige Verjährungsfrist zu behandeln.

Die Verjährungsfristen (§ 194 ff. BGB)

Wirkung der Verjährung (§ 214 BGB): Nach Eintritt der Verjährung ist Schuldner berechtigt, die Leistung zu verweigern (**Leistungsverweigerungsrecht**)

3 Jahre (§ 195 BGB)

= regelmäßige Verjährungsfrist

Beginn: Schluss des Jahres, in dem Anspruch entstand und Gläubiger Kenntnis hat (§ 199 BGB)

Sonderregelungen im Gewährleistungsrecht

- betrifft die meisten Ansprüche
- Höchstfrist ohne Rücksicht auf Kenntnis: 10 Jahre (§ 199 Abs. 4)

(**Sonderregelungen für Schadenersatzansprüche**)

sofern **regelmäßig wiederkehrende Leistungen**

10 Jahre (§ 196 BGB)

Beginn: Entstehung Anspruch (§ 200 BGB)

u. a. Rechte an **Grundstücken** sowie Ansprüche auf Gegenleistung (Zahlung) bei Grundstücken ...

30 Jahre (§ 197 BGB)

§ 200 f. BGB	**Beginn mit**
• Herausgabeansprüche aus Eigentum und anderen dinglichen Rechten (z. B. Pfandrecht)	Entstehung Anspruch
• familien- + erbrechtliche Ansprüche	Entstehung Anspruch
• rechtskräftig festgestellte Ansprüche (Urteil)	Rechtskraft der Entscheidung
• Ansprüche aus vollstreckbaren Vergleichen bzw. Urkunden (Vollstreckungsbescheid)	Errichtung des vollstreckbaren Titels
• vollstreckbare Ansprüche aus Insolvenzen	Feststellung im Insolvenzverfahren

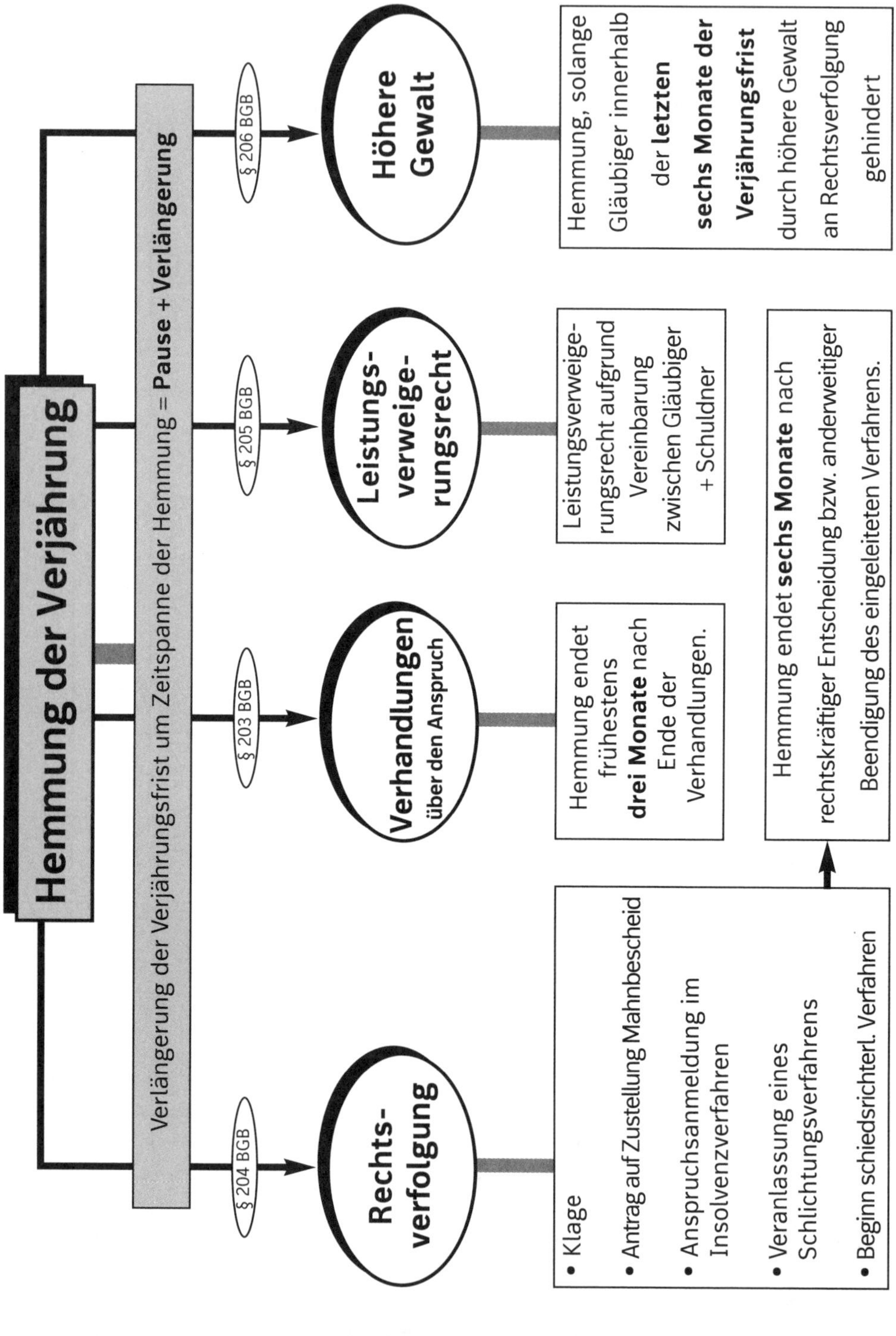
Hemmung der Verjährung
Verlängerung der Verjährungsfrist um Zeitspanne der Hemmung = Pause + Verlängerung
§ 204 BGB
Rechts-verfolgung
• Klage
• Antrag auf Zustellung Mahnbescheid
• Anspruchsanmeldung im Insolvenzverfahren
• Veranlassung eines Schlichtungsverfahrens
• Beginn schiedsrichterl. Verfahren
Hemmung endet sechs Monate nach rechtskräftiger Entscheidung bzw. anderweitiger Beendigung des eingeleiteten Verfahrens.
§ 203 BGB
Verhandlungen über den Anspruch
Hemmung endet frühestens drei Monate nach Ende der Verhandlungen.
§ 205 BGB
Leistungs-verweige-rungsrecht
Leistungsverweige-rungsrecht aufgrund Vereinbarung zwischen Gläubiger + Schuldner
§ 206 BGB
Höhere Gewalt
Hemmung, solange Gläubiger innerhalb der letzten sechs Monate der Verjährungsfrist durch höhere Gewalt an Rechtsverfolgung gehindert

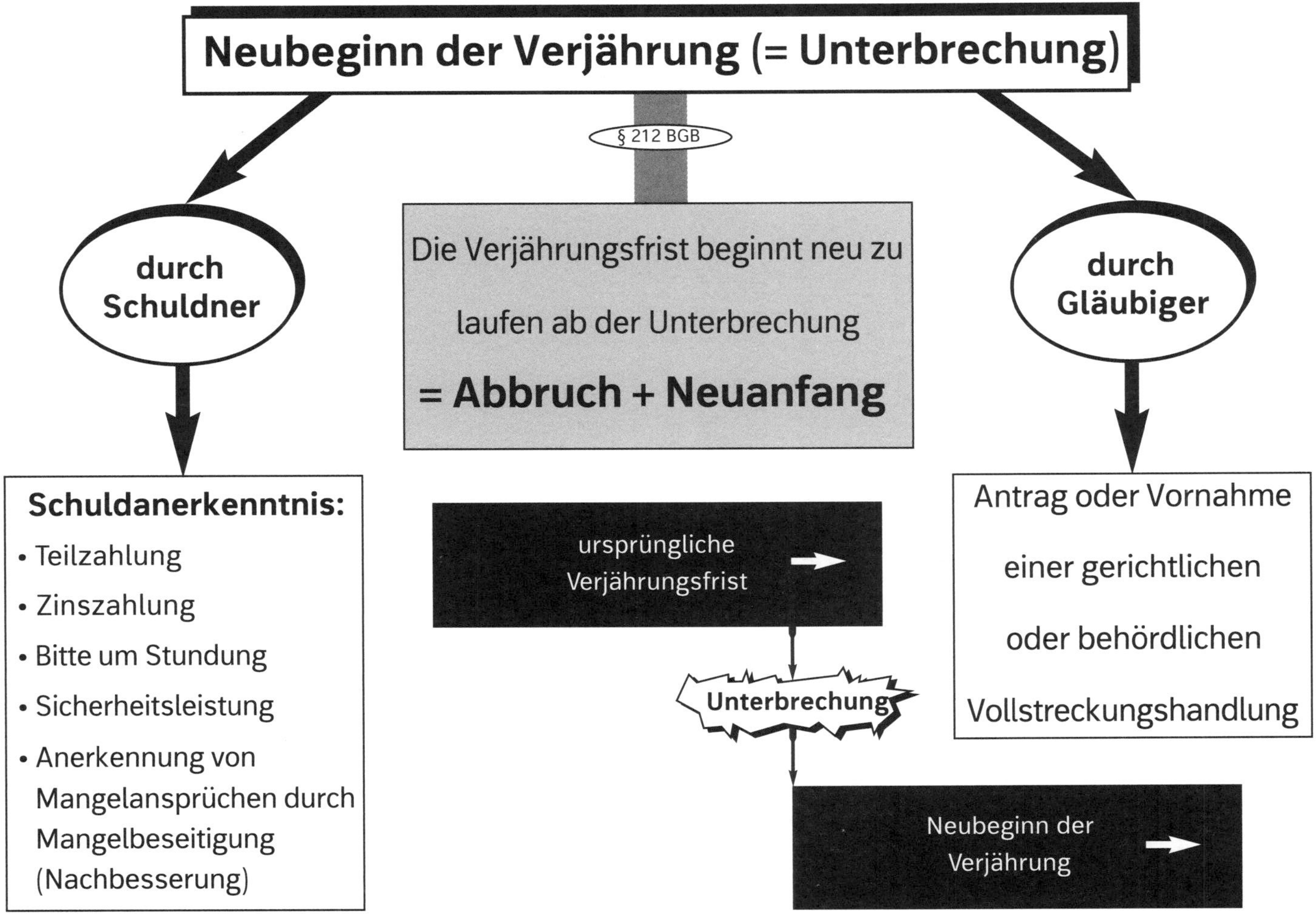
Neubeginn der Verjährung (= Unterbrechung)
§ 212 BGB
durch Schuldner
Schuldanerkenntnis:
• Teilzahlung
• Zinszahlung
• Bitte um Stundung
• Sicherheitsleistung
• Anerkennung von Mangelansprüchen durch Mangelbeseitigung (Nachbesserung)
Die Verjährungsfrist beginnt neu zu laufen ab der Unterbrechung
= Abbruch + Neuanfang
ursprüngliche Verjährungsfrist
Unterbrechung
Neubeginn der Verjährung
durch Gläubiger
Antrag oder Vornahme einer gerichtlichen oder behördlichen Vollstreckungshandlung

Aufgaben

1. a) Welche Verjährungsfristen gelten für welche Forderungen?
   b) Wann beginnen die Verjährungsfristen jeweils zu laufen?

2. Was bedeutet **Neubeginn** der Verjährung? Nennen Sie zwei Beispiele.

3. Was bedeutet **Hemmung** der Verjährung? Nennen Sie zwei Beispiele.

4. K kauft von V am 20.02.10 einen Ferrari. Wann ist die Forderung verjährt?

5. • V liefert an K eine Spezialmaschine.
   • Fälligkeit des Kaufpreises: 10.06.07

   Am 20.12.10 (kurz vor Ende der Verjährungsfrist) hat K immer noch nicht bezahlt. K und V beginnen mit Verhandlungen über die Zahlungsmodalitäten, weil hierüber noch diverse Unklarheiten bestehen. Am 20.03.11 bricht V die Verhandlungen ab und verlangt sofortige Zahlung. K verweigert die Zahlung und beruft sich auf Verjährung.

   Klären Sie die Rechtslage.

6. Welche Wirkung hat die Einreichung des Antrags auf Mahnbescheid auf die Verjährung?

7. Welche Wirkung haben folgende Aktionen auf die Verjährung?
   a) Antrag auf Zwangsvollstreckung
   b) Veranlassung eines Schlichtungsverfahrens
   c) Zinszahlung des Schuldners
   d) Bitte um Stundung durch den Schuldner
   e) Klageeinreichung
   f) Höhere Gewalt verhindert Rechtsverfolgung
   g) Teilzahlung des Schuldners
   h) Antrag und Zustellung des Mahnbescheids

1.12 Eigentumsvorbehalt

Stofftelegramm

Eigentumsvorbehalt	• Lieferer behält sich Eigentum bis zur vollständigen Bezahlung der Ware vor. • Käufer wird Besitzer, Verkäufer bleibt Eigentümer bis zur vollständigen Zahlung. • Vertragsklausel: „Die Ware bleibt bis zur vollständigen Zahlung unser Eigentum."
Eigentumsvorbehalt erlischt, wenn ...	... Ware vollständig bezahlt ist ... Veräußerung der Ware an gutgläubigen Dritten ... Verarbeitung, Verbrauch oder Zerstörung der Ware ... Verbindung der Ware mit unbeweglicher Sache (z. B. Gebäude)
Verlängerter Eigentumsvorbehalt	• Forderungsabtretung bei Weiterverkauf der Ware durch Käufer • Bei Weiterverarbeitung: Sicherungsübereignung des hergestellten Gegenstandes an den Lieferer
Erweiterter Eigentumsvorbehalt	Der Eigentumsvorbehalt bezieht sich auf **alle Lieferungen** an einen Käufer.

Aufgaben

1. a) Was versteht man unter Eigentumsvorbehalt?
   b) Wann erlischt der Eigentumsvorbehalt?

2. Erklären Sie: a) verlängerter, b) erweiterter Eigentumsvorbehalt.

3. a) Weshalb bietet der einfache Eigentumsvorbehalt bei Rohstofflieferungen keine ausreichende Sicherheit für den Lieferer?
   b) Welche günstigeren Alternativen bieten sich an? Begründung.

1.13 Das außergerichtliche Mahnverfahren

Stofftelegramm

Möglicher Ablauf (viele Alternativen denkbar):

1. Mahnung:
- höfliche Zahlungserinnerung
- evtl. Beilage der Rechnungskopie

↓ erfolglos ↓

2. Mahnung:
- Mahnung in der Form eines höflichen Briefes
- ausdrückliche Zahlungsaufforderung, evtl. Setzen einer Zahlungsfrist
- evtl. erneute Beilage der Rechnungskopie
- evtl. Mahngebühren
- evtl. Verzugszinsen

↓ erfolglos ↓

3. Mahnung:
- Setzen einer letzten Zahlungsfrist
- evtl. Androhung:
  - Postnachnahme
  - Einschalten eines Inkassoinstitutes
  - Einschalten der Rechtsabteilung
  - evtl. Mahngebühren
  - evtl. Verzugszinsen

↓ erfolglos ↓

4. Mahnung:
- letzte Mahnung mit Androhung des gerichtlichen Mahnverfahrens (Mahnbescheid)
- evtl. Mahngebühren
- evtl. Verzugszinsen

↓ erfolglos ↓

Zustellung Mahnbescheid = Beginn des gerichtlichen Mahnverfahrens

1.14 Abwicklung eines Kundenauftrags

Stofftelegramm

Abwicklung eines Kundenauftrags (Handelswaren)

- **Anfragebearbeitung:**
  - Anfrage ist rechtlich unverbindlich
  - Wollen wir liefern? (Kunde kreditwürdig? Evtl. Bonitätsprüfung)
  - Können wir liefern? (Verfügbarkeitsprüfung, Art der Handelsware, Liefertermin ...)
- **Angebot:** Näheres zum Thema Angebot vgl. BWL Kapitel 1.9.
- **Bestellung des Kunden**
  Grundsätzlich zu prüfen:
  - KV zustande gekommen? 1. WE = 2. WE?
Angebot = Bestellung?
  - Kundenbonität (z. B. offene Posten in der Buchhaltung)
  - Verfügbarkeit (Bestellmenge – verfügbarer Lagerbestand = Nettobedarf)
  - Lieferzeit (Beschaffungszeit + Versand) = Auftragszeit
  - Wiederbeschaffungszeit
  - Übereinstimmung von Angebot und Bestellung
- **Kundenauftrag erfassen:**
  - Vergabe Auftragsnummer
  - Kundennummer aus Kundendatei heraussuchen bzw. neue Kundennummer vergeben
  - Erfassung der Auftragsdaten im Einzelnen (Liefertermin ...)
- **Auftragsbestätigung**
- **Versandvorbereitung, Fakturierung**

Versandvorbereitung	Fakturierung
• Lieferschein erstellen • Kommissionierung (Zusammenstellen best. Artikel) im Lager anhand Lieferschein • Versandauftrag für Versandabteilung erstellen • Versandpapiere erstellen (Versandabteilung) • Auslieferung	• Fakturierung = Erstellung Ausgangsrechnung • Basis = Lieferschein • Buchung als offener Posten (Debitor = Forderung)

- **Zahlungseingang prüfen (Sicherung der Liquidität):**
  - Soll (Rechnung) mit Ist (Kontoauszug) vergleichen
  - Abgleich der Beträge (Kontoauszug und Rechnung)
  - Skontoabzug prüfen (Frist, Betrag)

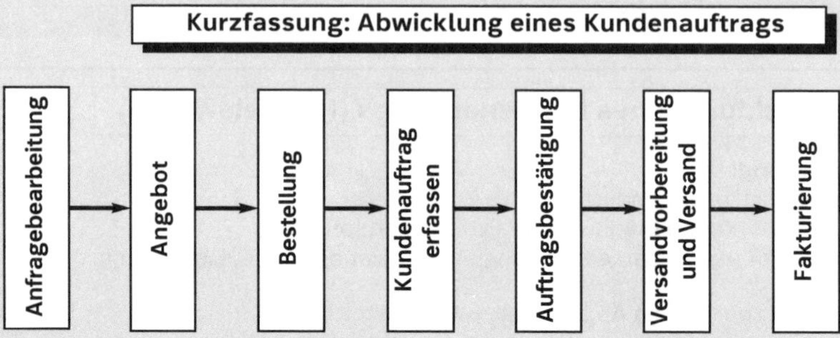

Buchungen: Ausgangsrechnung, Zahlungseingang, Rücksendungen, Preisnachlässe

→ *Vgl. „Steuerung und Kontrolle".*

1.15 Prüfungsaufgaben

Prüfungsaufgaben Sommer 2013 (Aufgabe 1)

Die LaSo GmbH ist ein mittelständisches Unternehmen, das sich auf die Endmontage sowie den Handel von Werkzeugen und Gebrauchsteilen spezialisiert hat. Sie sind für die Auftragsabwicklung im Verkaufsinnendienst zuständig. Zu Ihren Kunden gehören u. a. Handwerker, Fachmärkte sowie Baumärkte. Die LaSo GmbH setzt eine Integrierte Unternehmenssoftware ein. Die Ablauforganisation der LaSo GmbH ist nach dem Konzept der Geschäftsprozesse gegliedert.

1.1 Aufgrund einer Anfrage der Bau und Ausbau GmbH erstellten wir ein Angebot über 100 Stative Flutlichtstrahler (**Anlage 1**). Daraufhin meldet sich Herr Eckert, Einkäufer der Bau und Ausbau GmbH, und fordert, unter Hinweis auf Konkurrenzangebote unser Angebot zu verbessern. Zur Vorbereitung des Telefonats mit Herrn Eckert notieren Sie sich drei Argumente, welche die Attraktivität unseres Angebotes bestätigen.

1.2 Am 02.04.2013 ist eine Bestellung der Bau und Ausbau GmbH per Fax eingetroffen (**Anlage 2**). Erläutern Sie dem Ihnen zugewiesenen Auszubildenden, welche Sachverhalte Sie grundsätzlich prüfen, bevor Sie eine Bestellung als Kundenauftrag erfassen.

Zeigen Sie bei den sich hier abzeichnenden Schwierigkeiten die Lösungsvorschläge auf, wie Sie den Auftrag dennoch ausführen könnten. Verwenden Sie hierzu die **Anlagen 2, 3 und 4**.

1.3 Erklären Sie dem Auszubildenden, weshalb in diesem Fall eine Auftragsbestätigung rechtlich erforderlich ist.

1.4 Welches Feld in der Artikelkarte ändert sich, wenn der Auftrag im System erfasst wurde? Wie viel Stative würden Sie in dieser Situation bestellen? Begründen Sie Ihre Entscheidung (**Anlage 4**).

1.5 Die Lieferung wird dem Kundenwunsch entsprechend gemäß unserem Angebot (**Anlage 1** und **3**) ausgeführt. Über die bestellte Menge wurde am 18.04.2013 eine Ausgangsrechnung mit der Rechnungsnummer 37244 zugesandt. Stellen Sie die Debitorenbuchung dar, die bei der Fakturierung vom System erstellt wird.

1.6 Sie werden für zwei Tage pro Woche der Abteilung Rechnungswesen zugeordnet. Im Zuge des anstehenden Qualitäts-Audits werden dort die Abläufe in Ereignisgesteuerten Prozessketten (EPK) abgebildet.

1.6.1 Sie vervollständigen die EPK zur Zahlungsüberwachung um die fehlenden Elemente a–e (**Anlage 5**).

1.6.2 Die Arbeitsanweisung zur Funktion „Abweichung prüfen" enthält bislang keine Toleranzgrenzen, außerhalb welcher der Sachbearbeiter reagieren soll. Sie schlagen mögliche Grenzen vor und begründen diese stichwortartig. Berücksichtigen Sie dabei, dass die Kosten für den Teilprozess „Abweichung Zahlungsbedingungen" bei 96,00 EUR pro Vorgang liegen.

1.6.3 Sie zeigen mit einem Buchungssatz, wie der Zahlungsausgleich vom System erfasst wird (**Anlage 6**, vgl. 1.5).

1.7 Die LaSo GmbH hat eine Mängelrüge von der Bau und Ausbau GmbH erhalten (**Anlage 7**).

1.7.1 Prüfen Sie den geltend gemachten Gewährleistungsanspruch dieses Kunden.

1.7.2 Formulieren Sie eine Antwort-E-Mail unter Berücksichtigung der langjährigen Geschäftsbeziehungen.

Anlage 1

LaSo GmbH
Werkzeuge und Teile

LaSo GmbH, Im Industriegebiet 11, 72336 Balingen

Bau und Ausbau GmbH
Postfach 8573
74080 Heilbronn

Kundennummer: 24006
Lieferschein-Nr.:
Rechnungs-Nr.:
Auftrags-Nr.:

Ihr Zeichen	Ihre Nachricht vom	Unser Zeichen	Unsere Nachricht vom	Telefondurchwahl	Name	Datum
AE	25.03.2013	HS		-121	Hr. Schleck	28.03.2013

Angebot Nr. 21005

Sehr geehrte Damen und Herren,

vielen Dank für Ihre Anfrage. Wir bieten Ihnen freibleibend an:

Art.-Nr.	Beschreibung	Menge	Einheit	VK-Preis	Rabatt	MwSt. %	Betrag
221075	Stativ Flutlichtstrahler (Farbe: rot)	100	Stück	19,90 EUR	20 %	19	1.592,00 EUR
				Netto-Betrag			1.592,00 EUR
				19 % USt.			302,48 EUR
				Brutto-Betrag			1.894,48 EUR

Lieferbedingungen: Frei Haus
Zahlungsbedingungen: 3 % Skonto innerhalb von 14 Tagen, 60 Tage Ziel
Verpackung: inklusive
Voraussichtliche Lieferung bis: 18.04.2013

Wir freuen uns auf die Zusammenarbeit mit Ihnen.
Mit freundlichem Gruß

LaSo GmbH
i. A. Horst Schleck

Geschäftsräume	Kontakt		Bankverbindung	
Im Industriegebiet 11	Tel.:	+49 7433 121-121	Bank:	Sparkasse Zollernalb
72336 Balingen	Fax:	+49 7433 121-123	Bankort:	Balingen
Geschäftsführer: Gerd Hall	E-Mail:	info@laso.com	BLZ:	663 512 60
Amtsgericht Stuttgart HRB 39432	Internet:	www.laso.com	Konto-Nr.:	24 999 111

Anlage 2

Bau und Ausbau GmbH
Postfach 8573
71106 Magstadt

LaSo GmbH
Im Industriegebiet 11
72336 Balingen

02.04.2013

Bestellung, Ihr Angebot 21005 vom 28.03.2013

Sehr geehrte Damen und Herren,

bitte liefern Sie uns zum 15.04.2013

Artikelnr.	Artikel	Preis/Stück	Preis gesamt
221075	100 Stativ Flutlichtstrahler (Farbe: Rot)	15,92 EUR	1.592,00 EUR
zzgl. USt.			302,48 EUR
			1.894,48 EUR

Lieferbedingung: frei Haus verpackt
Zahlung: 14 Tage 3 % Skonto, 60 Tage rein netto.
Für eine zuverlässige und fristgerechte Lieferung bedanken wir uns im Voraus.

Mit freundlichen Grüßen

Eckert

A. Eckert

Kalenderübersicht: 03.04.2013–18.04.2013															
Arbeitstage: Montag–Freitag															
3.	4.	5.	6.	7.	8.	9.	10.	11.	12.	13.	14.	15.	16.	17.	18.
Mi	Do	Fr	Sa	So	Mo	Di	Mi	Do	Fr	Sa	So	Mo	Di	Mi	Do

Anlage 3

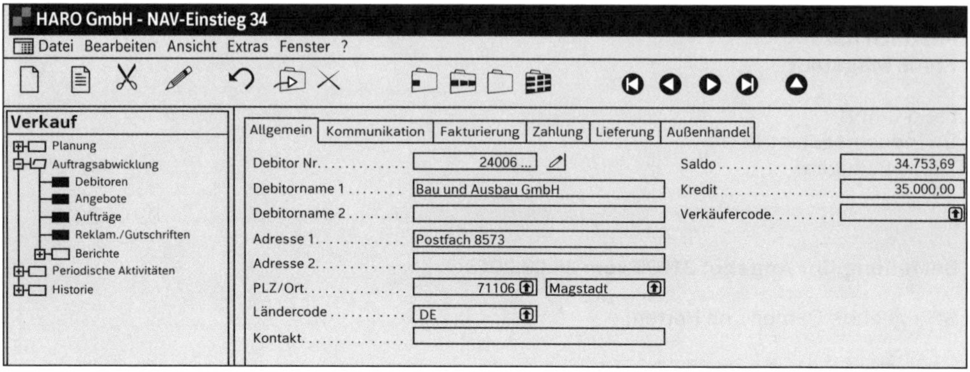

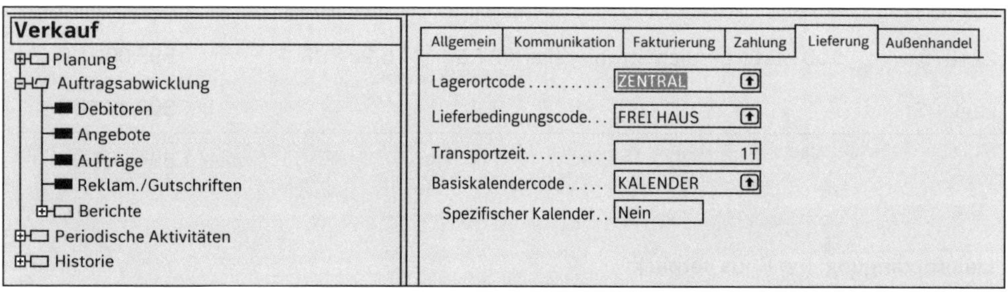

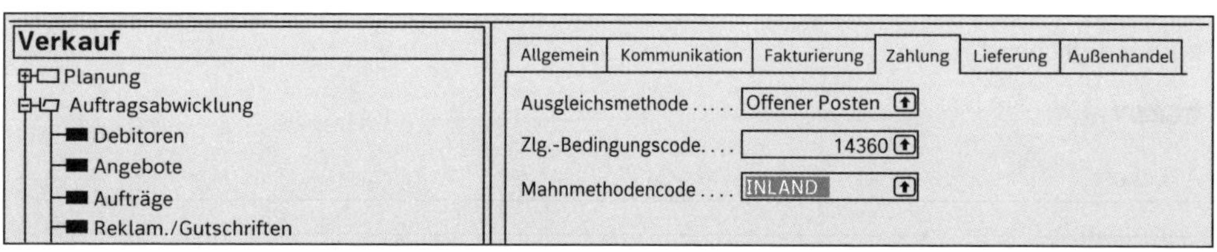

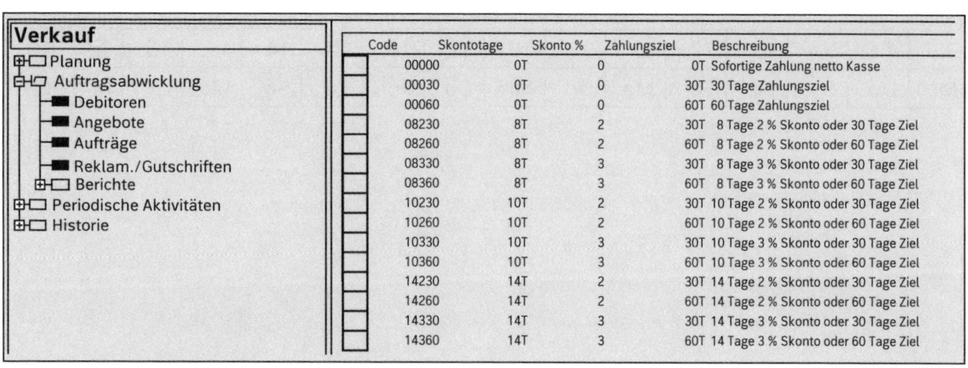

Code	Skontotage	Skonto %	Zahlungsziel	Beschreibung
00000	0T	0	0T	Sofortige Zahlung netto Kasse
00030	0T	0	30T	30 Tage Zahlungsziel
00060	0T	0	60T	60 Tage Zahlungsziel
08230	8T	2	30T	8 Tage 2 % Skonto oder 30 Tage Ziel
08260	8T	2	60T	8 Tage 2 % Skonto oder 60 Tage Ziel
08330	8T	3	30T	8 Tage 3 % Skonto oder 30 Tage Ziel
08360	8T	3	60T	8 Tage 3 % Skonto oder 60 Tage Ziel
10230	10T	2	30T	10 Tage 2 % Skonto oder 30 Tage Ziel
10260	10T	2	60T	10 Tage 2 % Skonto oder 60 Tage Ziel
10330	10T	3	30T	10 Tage 3 % Skonto oder 30 Tage Ziel
10360	10T	3	60T	10 Tage 3 % Skonto oder 60 Tage Ziel
14230	14T	2	30T	14 Tage 2 % Skonto oder 30 Tage Ziel
14260	14T	2	60T	14 Tage 2 % Skonto oder 60 Tage Ziel
14330	14T	3	30T	14 Tage 3 % Skonto oder 30 Tage Ziel
14360	14T	3	60T	14 Tage 3 % Skonto oder 60 Tage Ziel

Anlage 4

Lager

- Lager
  - Artikel
  - Lagerhaltungsdaten
  - Berichte
- Inventur
- Bewertung

Allgemein | Fakturierung | Beschaffung | Planung | Außenhandel

Nr.	221075	Lagerbestand	65
Beschreibung	Stativ Flutlichtstrahler	Menge in Bestellung	0
Basiseinheitencode	STÜCK	Menge in Fertigung	0
		Menge in Auftrag	0

Lager

- Lager
  - Artikel
  - Lagerhaltungsdaten
  - Berichte
- Inventur
- Bewertung
- Historie

Allgemein | Fakturierung | Beschaffung | Planung | Außenhandel

Lagerabgangsmethode	Durchschnitt	Produktbuchungsgruppe	HW
EK-Preis (neuester)	9,95	MwSt.-Produktbuchung...	UST19
Einstandspreis	9,95	Lagerbuchungsgruppe	HW
Einstandspreis (durchsc...	9,95		
VK-Preis	19,90		
VK-Preis/DB - Berechnung	DB = VK – EP		
Handelsspanne	50		
Gemeinkostensatz EUR	0,00		
Gemeinkostensatz %	0		

Lager

- Lager
  - Artikel
  - Lagerhaltungsdaten
  - Berichte
- Inventur
- Bewertung
- Historie

Allgemein | Fakturierung | Beschaffung | Planung | Außenhandel

Beschaffungsmethode .... Einkauf

Einkauf		**Produktion**	
Kreditorennr.	44006	Produktionsart	Lagerfertigung
Kreditoren-Artikelnr.	81505	Arbeitsplannr.	
Einkaufseinheitencode	STÜCK	Bauk.-Stücklistennr.	
Beschaffungszeit	10T	Losgröße	0
		Losgrößenrundungsfaktor	0
		Buchungsmethode	Manuell

Lager

- Lager
  - Artikel
  - Lagerhaltungsdaten
  - Berichte
-
- Bewertung
- Historie

Allgemein | Fakturierung | Beschaffung | Planung | Außenhandel

Wiederbeschaffungsverf...	Bestellpunkt	Bedarfszusammenfassung...	
Lagerbestand berücksich...	☑	Meldebestand	25
Lagerhaltungsdaten vorh...	☑	Sicherheitsbestand	5
		Optimale Bestellmenge	125
		Maximalbestand	0

Anlage 5

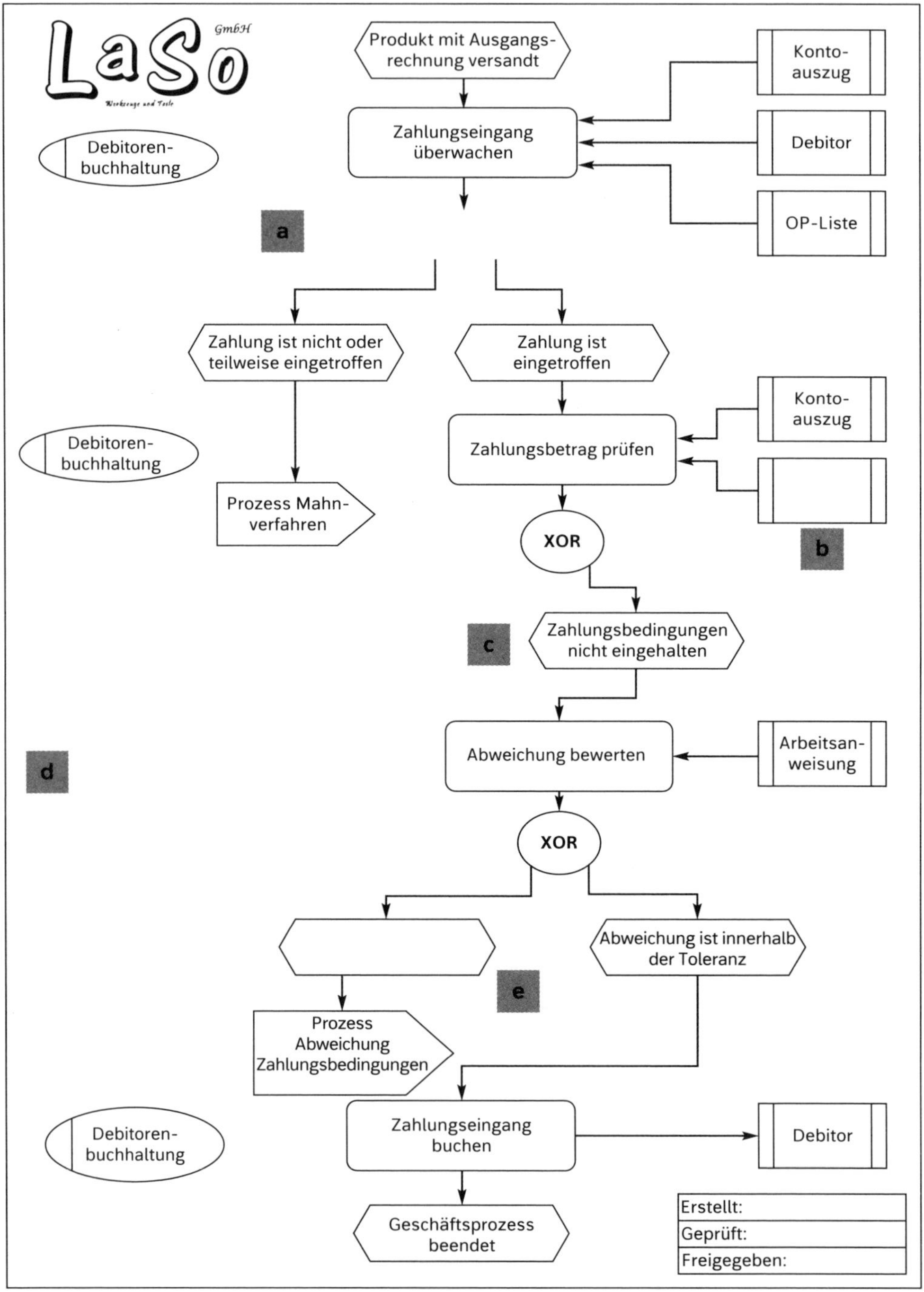
LaSo GmbH
Debitoren-buchhaltung
Produkt mit Ausgangs-rechnung versandt
Zahlungseingang überwachen
Konto-auszug
Debitor
OP-Liste
a
Zahlung ist nicht oder teilweise eingetroffen
Zahlung ist eingetroffen
Debitoren-buchhaltung
Prozess Mahn-verfahren
Zahlungsbetrag prüfen
Konto-auszug
b
XOR
c
Zahlungsbedingungen nicht eingehalten
d
Abweichung bewerten
Arbeitsan-weisung
XOR
Abweichung ist innerhalb der Toleranz
e
Prozess Abweichung Zahlungsbedingungen
Debitoren-buchhaltung
Zahlungseingang buchen
Debitor
Geschäftsprozess beendet
Erstellt:
Geprüft:
Freigegeben:

Anlage 6

	Auszug 1		**Konto**	**24999111**
	Ater Kontostand		EUR	8.456,00
Tag	Text	Wert	Belastung	Gutschrift
19.04.	Ulmer Metallbau GmbH KD 94255 RG 4433	19.04.	5.714,12	
21.04.	Georg Liebherr KD 1244 RG 39123	21.04.	2.925,60	
30.04.	Bau und Ausbau GmbH, Magstadt KD 24006 RG 37244	30.04.		1.837,65
	Neuer Kontostand	**30.04.**		**1.653,93**
******	Kreditlimit 20.000,00			
******	Zinssatz 10,75 %			

Anlage 7

Bau und Ausbau GmbH
Postfach 8573
71106 Magstadt

LaSo GmbH
Im Industriegebiet 11
72336 Balingen

02.05.2013

Mängelrüge

Sehr geehrte Damen und Herren,

vielen Dank für Ihre Lieferung von Stativen Art.-Nr. 221075 am 18.04.2013.

Unsere Überprüfung ergab folgende Beanstandung:

> Statt der bestellten 100 Stative mit der Art.-Nr. 221075 (Farbmerkmal: Rot) lieferten Sie alle Stative in einer blauen Ausführung.

Wir sind bereit, die gelieferten blauen Stative gegen einen Preisnachlass in Höhe von 20 % zu behalten. Wir bitten um schnelle Bearbeitung unserer Reklamation.

Mit freundlichem Gruß

Eckert

A. Eckert

Prüfungsaufgaben Sommer 2014 (Aufgabe 2)

Die LaSo GmbH mit Sitz in Balingen ist ein mittelständischer Endmontage- und Handelsbetrieb für Werkzeuge und Teile. Der wertmäßig größere Teil des Sortiments wird aus eingekauften Komponenten selbst hergestellt. Abgerundet wird das Sortiment durch Handelsware. Dabei handelt es sich um einfache Werkzeuge für den Einsatz im professionellen Bereich oder für anspruchsvolle Privatkunden. Die Wettbewerbslage ist gekennzeichnet durch starke Konkurrenten. Dem Unternehmen ist es aber gelungen, durch Prozessoptimierungen den Umsatz in gleicher Höhe zu halten. Dennoch ist die Liquiditätslage angespannt.

Sie sind in der Abteilung V-BW (Verkauf Baden-Württemberg) für die Bearbeitung von Kundenaufträgen zuständig.

2.1 Sie erhalten eine telefonische Anfrage der Friedrich Kunst e. K. Für eine Sonderaktion ab dem 13.05.2014 benötigt die Firma 600 Schraubendreher-Sets. Bei diesem Kunden stellten wir in letzter Zeit verspätete Zahlungseingänge fest. Aufgrund der langjährigen Geschäftsbeziehungen soll diese Anfrage ernsthaft geprüft werden.

- Bereiten Sie den telefonischen Rückruf mit dem Kunden vor. Grundlage für dieses Gespräch sind die Informationen aus der integrierten Unternehmenssoftware (IUS) (**Anlage 1**).
- Notieren Sie stichwortartig, welche Aspekte bei diesem Gespräch zu klären sind, damit diese Anfrage zu einem Auftrag führen kann. Formulieren Sie jeweils einen Lösungsvorschlag.

2.2 Sie haben sich mit der Friedrich Kunst e. K. geeinigt, den Auftrag über 600 Schraubendreher-Sets angenommen und bestätigt. Nach der Auftragserfassung in der IUS wird vom System ein Bestellvorschlag erzeugt (**Anlage 2**).

Prüfen Sie diesen und erläutern Sie das hierfür angewandte Bestellverfahren, die Bestellmenge und das Bestelldatum.

2.3 Der Auftrag an den Kunden Friedrich Kunst e. K. wird termingetreu mit Lieferschein ausgeliefert und die Rechnung am selben Tag verschickt.

Notieren Sie die Buchungssätze, die vom IUS-System der LaSo GmbH in der Finanz- und in der Lagerbuchhaltung automatisch erstellt werden.

2.4 Aus unserem Kontoauszug geht hervor, dass unser Kunde Friedrich Kunst e. K. eine fällige Rechnung vom 22.04.2014 über 9.139,69 EUR bezahlt hat.

Prüfen Sie den Zahlungseingang unter Verwendung der **Anlagen 1 und 3**. Erstellen Sie den Buchungssatz für diesen Zahlungseingang.

2.5 Aufgrund des schlechten Zahlungsverhaltens mehrerer Kunden haben Sie nach Rücksprache mit der Buchhaltung die Aufgabe, die Offene-Posten-Liste zu prüfen. Hierbei stoßen Sie auf die Rechnung unseres Kunden Stefan Kurz GmbH über 35.600,00 EUR, die seit dem 03.03.2014 fällig ist. Der Kunde hat auf die zwei bisherigen Mahnungen nicht reagiert.

Formulieren Sie am 06.05.2014 die 3. Mahnung, in der Sie den fälligen Rechnungsbetrag einschließlich der vertraglichen Verzugszinsen von 6,0 % p. a. fordern und auf weitere Schritte hinweisen.

Für Ihre internen Aufzeichnungen vermerken Sie den Verjährungstermin für diese Forderung unter Angabe der Rechtsgrundlagen (**Anlage 4**).

2.6 In den letzten Wochen gingen Beschwerden der Kunden ein über die verzögerte Auslieferung von Bestellungen sowie Abweichungen von Rechnungsbeträgen und Lieferscheinen.

Die Abteilungsleiterin Frau Graf bittet Sie, den Arbeitsablauf „Kommissionierung von Aufträgen“ zu analysieren und mögliche Verbesserungen zu formulieren.

Vervollständigen Sie das Arbeitsablaufdiagramm **(Anlage 5)** um die fehlenden Ablaufarten und Verbindungslinien.

Zur Analyse des Ist-Zustands addieren Sie die Zeiten für Bearbeitung, Transport usw. Verwenden Sie dafür die Tabelle in **Anlage 6**.

Lagerarbeiter Hartwig Wicker schlägt vor, Schritt 10 so zu ändern, dass zusätzlich die Lagerabgänge in der IUS erfasst werden sowie die Ausgangsrechnung über die IUS ausgedruckt und der Sendung beigelegt wird. Bewerten Sie diesen Vorschlag. Begründen Sie Ihre Einschätzung.

Schlagen Sie zwei Arbeitsschritte vor, auf die verzichtet werden kann, und begründen Sie Ihre Auswahl.

Anlage 1: Informationen aus der IUS

24002 Friedrich Kunst e. K. - Debitorenkarte

Allgemein | Kommunikation | Fakturierung | Zahlung | Lieferung | Außenhandel

Debitor Nr.	24002		
Debitorname 1.	Friedrich Kunst e.K.	Saldo	55.300,27
Debitorname 2.		Kreditlimit	60.000,00
Adresse 1.	Mausweg 24	Verkäufercode.	
Adresse 2.			
PLZ/Ort	72510 Stetten a.k.M.		
Ländercode	DE		
Kontakt.			

24002 Friedrich Kunst e. K. - Debitorenkarte

Allgemein | Kommunikation | Fakturierung | Zahlung

Ausgleichsmethode	Offener Posten
Zlg.-Bedingungscode	14360

Zahlungsbedingungen

Code	Skontotage	Skonto %	Zahlungsziel	Beschreibung
14260	14T	2	60T	14 Tage 2 % Skonto oder 60 Tage Ziel
14330	14T	3	30T	14 Tage 3 % Skonto oder 30 Tage Ziel
14360	14T	3	60T	14 Tage 3 % Skonto oder 60 Tage Ziel

Artikelübersicht

Nr.	Beschreibung	Lagerbestand	Basiseinheit...	EK-Preis	VK-Preis	Beschaffungszeit	Kreditorennr.	Kred.-Artikelnr.
221036	Schraubendreher-Set	450	STÜCK	11,20	22,40	4T	44005	526348

Anlage 2: Auftrags- und Bestelldaten aus der IUS

GmbH
Werkzeuge und Teile

LaSo GmbH
Werkzeuge und Teile

LaSo GmbH * Im Industriegebiet 11 * 72336 Balingen

Friedrich Kunst e. K.
Mausweg 24
72510 Stetten a. k. M.
Deutschland

Name:	
Telefon:	07433 121-121
Telefax:	07433 121-123
E-Mail:	info@laso.com
Internet:	www.laso.com
Bank:	Sparkasse Zollernalb
BLZ:	553 512 60
Konto:	24 999 111
IBAN:	DE47 6535 1260 0024 9991 11
Kunden-Nr.:	24002
Bestell-Nr.:	
Datum:	06.05.2014

Auftragsbestätigung Nr. 22017

Sehr geehrte Damen und Herren,

wir bestätigen Ihren Auftrag über folgende Artikel:

Artikel-Nr.	Bezeichnung	Menge	Einheit	Preis	Rabatt %	MwSt. %	Betrag
221036	Schraubendreher-Set	600	Stück	22,40	10	19	12.096,00

Netto-Betrag	12.096,00
19 % MwSt.	2.298,24
Brutto-Betrag	14.394,24

Zahlungsbedingungen: 14 Tage 3 % Skonto oder 60 Tage Ziel
Lieferbedingung: frei Haus
Liefertermin: 13.05.2014

Ihren Auftrag werden wir sorgfältig ausführen.

Mit freundlichen Grüßen

LaSo GmbH

i. A.

221036 Schraubendreher-Set – Artikelkarte

Allgemein | Fakturierung | Beschaffung | Planung | Außenhandel

Wiederbeschaffungsverf...	Bestellpunkt	Bedarfszusammenfassung ..	1W
Lagerbestand berücksic...	☑	Meldebestand	120
Lagerhaltungsdaten vor...	☑	Sicherheitsbestand	30
		Optimale Bestellmenge	500
		Maximalbestand	0

STANDARD Standard Buch.-Blatt – Bestellvorschlag

Name .... STANDARD

Art	Nr.	Beschreibung	Menge	Einheltenc...	EK-Preis	Bestelldatum	Fälligkeitsdatum	Kr
Artikel	221036	Schraubendreher-Set	500	STÜCK	11,20	08.05.14	12.05.14	

Anlage 3: Kontoauszug

Bankauszug

Konto: 24999111 Datum: 07.05.2014 Auszug: 45 Blatt: 1

Nr.	Datum	Text	Wert	Betrag in Euro	
1	07.05.	Friedrich Kunst e. K. Rechnung vom 22.04.	07.05.	8.865,50	+

Kontoinhaber
LaSo GmbH
Im Industriegebiet 11
72336 Balingen

Alter Kontostand	30.04.	1.099,41	+
Neuer Kontostand	07.05.	9.964,91	+

Anlage 4: Auszug aus dem Bürgerlichen Gesetzbuch

§ 194 Gegenstand der Verjährung

(1) Das Recht, von einem anderen ein Tun oder Unterlassen zu verlangen (Anspruch), unterliegt der Verjährung.
(2) Ansprüche aus einem familienrechtlichen Verhältnis unterliegen der Verjährung nicht, soweit sie auf die Herstellung des dem Verhältnis entsprechenden Zustands für die Zukunft oder auf die Einwilligung in eine genetische Untersuchung zur Klärung der leiblichen Abstammung gerichtet sind.

§ 195 Regelmäßige Verjährungsfrist

Die regelmäßige Verjährungsfrist beträgt drei Jahre.

§ 199 Beginn der regelmäßigen Verjährungsfrist und Verjährungshöchstfristen

(1) Die regelmäßige Verjährungsfrist beginnt, soweit nicht ein anderer Verjährungsbeginn bestimmt ist, mit dem Schluss des Jahres, in dem
1. der Anspruch entstanden ist und
2. der Gläubiger von den Anspruch begründenden Umständen und der Person des Schuldners Kenntnis erlangt oder ohne grobe Fahrlässigkeit erlangen müsste.

(2) Schadensersatzansprüche, die auf der Verletzung des Lebens, des Körpers, der Gesundheit oder der Freiheit beruhen, verjähren ohne Rücksicht auf ihre Entstehung und die Kenntnis oder grob fahrlässige Unkenntnis in 30 Jahren von der Begehung der Handlung, der Pflichtverletzung oder dem sonstigen, den Schaden auslösenden Ereignis an.
(3) Sonstige Schadensersatzansprüche verjähren
1. ohne Rücksicht auf die Kenntnis oder grob fahrlässige Unkenntnis in zehn Jahren von ihrer Entstehung an und
2. ohne Rücksicht auf ihre Entstehung und die Kenntnis oder grob fahrlässige Unkenntnis in 30 Jahren von der Begehung der Handlung, der Pflichtverletzung oder dem sonstigen, den Schaden auslösenden Ereignis an.

Maßgeblich ist die früher endende Frist.
(3a) Ansprüche, die auf einem Erbfall beruhen oder deren Geltendmachung die Kenntnis einer Verfügung von Todes wegen voraussetzt, verjähren ohne Rücksicht auf die Kenntnis oder grob fahrlässige Unkenntnis in 30 Jahren von der Entstehung des Anspruchs an.
(4) Andere Ansprüche als die nach den Absätzen 2 bis 3a verjähren ohne Rücksicht auf die Kenntnis oder grob fahrlässige Unkenntnis in zehn Jahren von ihrer Entstehung an.
(5) Geht der Anspruch auf ein Unterlassen, so tritt an die Stelle der Entstehung die Zuwiderhandlung.

Anlage 5: Arbeitsablaufdiagramm

ARBEITSABLAUFDIAGRAMM							
ABTEILUNG:	V-V			DATUM:			13.04.2009
ARBEITS-FOLGE:	Aufträge kommissionieren	START:	Kommissionierauftrag geht ein				
		ENDE:	Auftrag ist verschickt				
		Symbole					
Nr.	Ablaufschritt	○	⇨	▭	D	▽	Zeit in Min.
1.	Kommissionierliste über integrierte Unternehmenssoftware (IUS) ausdrucken	X					5
2.	Lagerhaltigkeit der Artikel an IUS prüfen						7
3.	Rollbehälter aus Ladezone holen		X				2
4.	Artikel gemäß Kommissionierliste von Lagerplätzen holen und in Rollbehälter legen						20 (Durchschnittswert)
5.	Rollbehälter zu Versandleiter bringen		X				2
6.	Versandleiter prüft Inhalt			X			10
7.	Rollbehälter zurück an Sammelplatz stellen		X				2
8.	Rollbehälter zu Verpackungsplatz bringen						2
9.	Auftrag verpacken	X					6
10.	Lieferschein über IUS ausdrucken und in Paket einlegen	X					1
11.	Paket verschließen, Transportetiketten ausdrucken und aufkleben						3
12.	Rollbehälter in Ladezone		X				2
13.	E-Mail-Nachricht an Buchhaltung: Erfassung der Lagerabgänge und Rechnungsstellung	X					2
14.	Ablage Kommissionierliste					X	1

Anlage 6: Analyse des Ist-Ablaufs

Ablaufart	Bearbeitung ○	Transport ⇨	Kontrolle ▭	Warten D	Ablage ▽	Summe
Zeit in Min.						

Prüfungsaufgaben Winter 2015/2016 (Aufgabe 1)

Sie sind in der Auftragssachbearbeitung des Werkzeugherstellers Moser AG in Schwäbisch Hall beschäftigt. Das Unternehmen arbeitet mit einer integrierten Unternehmenssoftware (IUS). Die Geschäftsleitung der Moser AG hat Ihnen eine Artvollmacht erteilt, mit welcher Sie alleinverantwortlich Kaufverträge bis zu einer Höhe von 50.000,00 EUR mit Kunden abschließen können. Kreditlimitüberziehungen der Kunden dürfen nur von der Abteilungsleiterin Frau Jäckel genehmigt werden. Zurzeit arbeitet die Auszubildende Frauke Weber in Ihrem Bereich.

1.1 Ihnen liegt eine Anfrage der Kundin Bau und Ausbau GmbH vor. Bei der Erstellung des Angebots erscheint am Bildschirm die Aufforderung „Kreditlimit prüfen" (**Anlage 1**).

- Beschreiben Sie Ihre Vorgehensweise, wie Sie in dieser Situation reagieren.
- Unterbreiten Sie zwei Vorschläge, wie der Auftrag dennoch ausgeführt werden kann.

1.2 Am 28.10.2015 senden Sie der Kundin Bau und Ausbau GmbH ein Angebot per Fax zu (**Anlage 2**). Noch am selben Tag meldet sich Herr Nolte von der Bau und Ausbau GmbH telefonisch und bedankt sich für die Zusendung des Angebots. Er würde das Angebot annehmen, wenn er auf die Kerzenschlüssel lang (Art.-Nr.-2210002) einen Rabatt in Höhe von 10 % erhalten würde.

Prüfen Sie rechnerisch anhand der Artikelkarte (**Anlage 3**), ob Sie dem Wunsch des Kunden entsprechen können, wenn Sie einen Handlungskostenzuschlag von 50 % auf den Einstandspreis der Handelsware kalkulieren und mindestens einen Gewinnzuschlag von 15 % erreichen müssen. Die sonstigen Angebotsbedingungen bleiben gleich (**Anlage 2**).

1.3 Sie erhalten am 30.10.2015 eine Bestellung der Bau und Ausbau GmbH mit 10 % Rabatt auf Kerzenschlüssel lang. Auf Wunsch der Abteilungsleiterin akzeptieren wir diese Änderung. Sie ändern das in der IUS vorliegende Angebot ab und wandeln es in einen Auftrag um.

Begründen Sie, was Sie in diesem Fall tun müssen, damit ein rechtsgültiger Kaufvertrag zustande kommt.

1.4 Die Auszubildende Weber möchte von Ihnen wissen, welche vertraglichen Verpflichtungen die Moser AG mit dem Abschluss des Kaufvertrages zu erfüllen hat. Beantworten Sie die Frage unter Nennung der jeweiligen Paragrafen (**Anlage 4**).

1.5 Zur Auslieferung der Handelswaren an die Bau und Ausbau GmbH am 04.11.2015 öffnen Sie in der IUS den Auftrag, aktualisieren die Kopfzeilen, kontrollieren den gewährten Zeilenrabatt von 10 % für die Kerzenschlüssel lang und aktivieren den Befehl „liefern und fakturieren".

- Nennen Sie die Dokumente, die daraufhin mit der IUS erzeugt werden können.
- Erstellen Sie die beiden Buchungssätze (mit Kontonummern, Kontobezeichnungen, Beträgen), die von der IUS bei bestandsorientierter Buchung automatisch erzeugt werden (**Anlage 3**).
- Beschreiben Sie, welche Felder sich durch diese Buchungen in der Artikelkarte des Kerzenschlüssels lang (Art.-Nr. 2210002) verändern.

1.6 Am 04.11.2015 wurde die beauftragte Ware an die Bau und Ausbau GmbH ausgeliefert. Hierzu geht am 05.11.2015 eine Reklamation bei der Moser AG ein (**Anlage 5**).

- Prüfen Sie die Kundenreklamation in sachlicher und rechtlicher Hinsicht unter Nennung der jeweiligen Paragrafen.
- Formulieren Sie anschließend mit Datum 05.11.2015 eine angemessene Antwort-E-Mail an die Bau und Ausbau GmbH.

1.7 Der Kontoauszug der Moser AG weist einen Zahlungseingang der Kundin Bau und Ausbau GmbH aus (**Anlage 6**).

Prüfen und buchen Sie den Zahlungseingang.

1.8 Frau Jäckel hat Ihnen bei der Kurzeinweisung einen Standardprozess für Kundenauftragsbearbeitung im Bereich Handelsware für Stammkunden gegeben (**Anlage 7**).

1.8.1 Erklären Sie der Auszubildenden Frau Weber die Bedeutung der Ereignisgesteuerten Prozessketten (EPK) und beschreiben Sie ihr dabei die verwendeten grafischen Symbole.

1.8.2 Kreditlimitüberschreitungen müssen von Frau Jäckel gesondert genehmigt werden. Wird die Genehmigung nicht erteilt, dann kommt der Teilprozess „Ablehnung“ zur Anwendung. Ergänzen Sie den Kundenauftragsbearbeitungsprozess um die Kreditlimitprüfung. Verwenden Sie hierzu die entsprechenden Symbole und die erforderlichen Operatoren (**Lösungsblatt – Anlage 8**).

Anlage 1

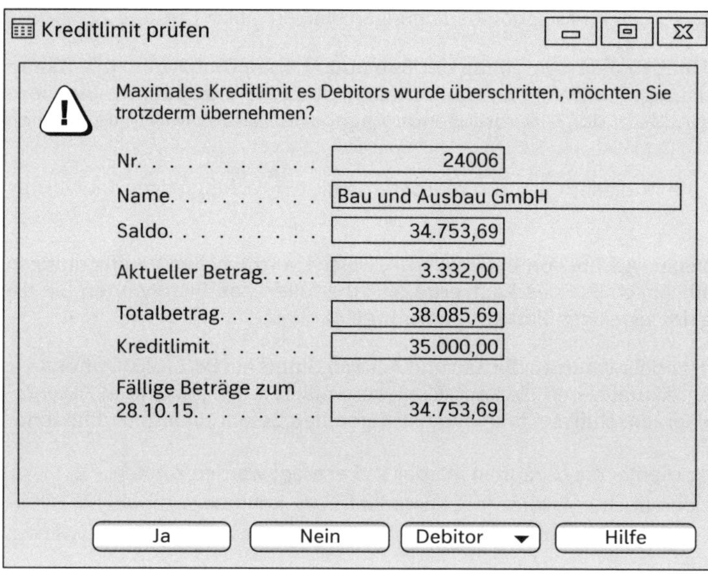

Anlage 2: Angebot (Auszug)

Datum: 28.10.2015

Angebot Nr. 21001

Sehr geehrte Damen und Herren,

vielen Dank für Ihre Anfrage. Die gewünschten Artikel bieten wir Ihnen wie folgt freibleibend an:

Artikel-Nr.	**Bezeichnung**	**Menge**	**Einheit**	**Preis**	**Rabatt %**	**MwSt. %**	**Betrag**
221002	Kerzenschlüssel lang	100	Stück	19,00		19	1.900,00
221003	Kerzenschlüssel mittel	300	Stück	3,00		19	900,00
				Netto-Betrag in Euro			**2.800,00**
				19 % MwSt.			532,00
				Brutto-Betrag in Euro			**3.332,00**

Zahlungsbedingungen: 14 Tage 3 % Skonto oder 60 Tage Ziel
Lieferbedingung: frei Haus
Voraussichtliche Lieferung bis: 04.11.2015

Wir freuen uns auf Ihren Auftrag.

Mit freundlichen Grüßen

Anlage 3: Artikelkarten Kerzenschlüssel

221002 Kerzenschlüssel lang – Artikelkarte

Allgemein | Fakturierung | Beschaffung | Planung | Außenhandel

Lagerabgangsmethode	Durchschnitt	Produktbuchungsgruppe	HW
EK-Preis (neuester)	9,50	MwSt.-Produktbuchung	UST19
Einstandspreis	9,50	Lagerbuchungsgruppe	HW
Einstandspreis (durchs.	9,50		
VK-Preis	19,00		
VK-Preis/DB - Berechn.	DB = VK – EP		
Handelsspanne	50		
Gemeinkostensatz in Euro	0,00		
Gemeinkostensatz in %	0		

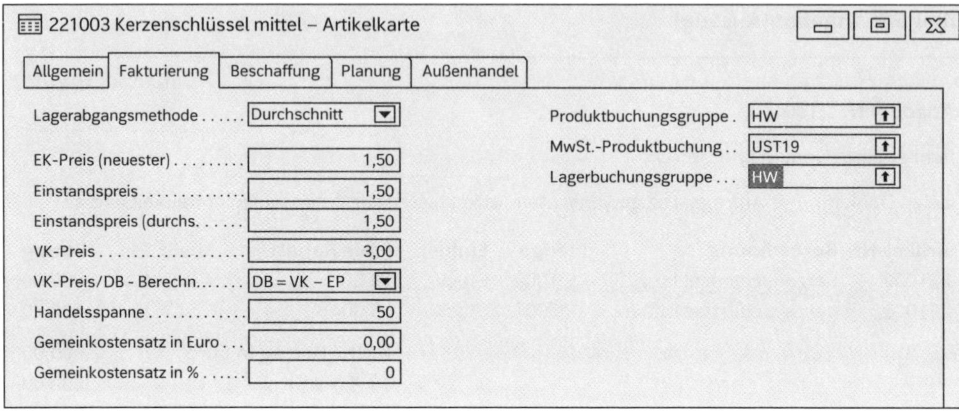

Anlage 4: Gesetzestexte

Auszug aus dem BGB

§ 145 Bindung an den Antrag

Wer einem anderen die Schließung eines Vertrags anträgt, ist an den Antrag gebunden, es sei denn, dass er die Gebundenheit ausgeschlossen hat.

§ 242 Leistung nach Treu und Glauben

Der Schuldner ist verpflichtet, die Leistung so zu bewirken, wie Treu und Glauben mit Rücksicht auf die Verkehrssitte es erfordern.

§ 243 Gattungsschuld

(1) Wer eine nur der Gattung nach bestimmte Sache schuldet, hat eine Sache von mittlerer Art und Güte zu leisten.

[...]

§ 266 Teilleistungen

Der Schuldner ist zu Teilleistungen nicht berechtigt.

§ 269 Leistungsort

(1) Ist ein Ort für die Leistung weder bestimmt noch aus den Umständen, insbesondere aus der Natur des Schuldverhältnisses, zu entnehmen, so hat die Leistung an dem Ort zu erfolgen, an welchem der Schuldner zur Zeit der Entstehung des Schuldverhältnisses seinen Wohnsitz hatte.

[...]

§ 271 Leistungszeit

(1) Ist eine Zeit für die Leistung weder bestimmt noch aus den Umständen zu entnehmen, so kann der Gläubiger die Leistung sofort verlangen, der Schuldner sie sofort bewirken.

(2) Ist eine Zeit bestimmt, so ist im Zweifel anzunehmen, dass der Gläubiger die Leistung nicht vor dieser Zeit verlangen, der Schuldner aber sie vorher bewirken kann.

§ 433 Vertragstypische Pflichten beim Kaufvertrag

(1) Durch den Kaufvertrag wird der Verkäufer einer Sache verpflichtet, dem Käufer die Sache zu übergeben und das Eigentum an der Sache zu verschaffen. Der Verkäufer hat dem Käufer die Sache frei von Sach- und Rechtsmängeln zu verschaffen.

[...]

§ 434 Sachmangel

[...]

(3) Einem Sachmangel steht es gleich, wenn der Verkäufer eine andere Sache oder eine zu geringe Menge liefert.

§ 439 Nacherfüllung

(1) Der Käufer kann als Nacherfüllung nach seiner Wahl die Beseitigung des Mangels oder die Lieferung einer mangelfreien Sache verlangen.

[...]

§ 440 Besondere Bestimmungen für Rücktritt und Schadensersatz[1]

Außer in den Fällen des § 281 Abs. 2 und des § 323 Abs. 2 bedarf es der Fristsetzung auch dann nicht, wenn der Verkäufer beide Arten der Nacherfüllung gemäß § 439 Abs. 3 verweigert oder wenn die dem Käufer zustehende Art der Nacherfüllung fehlgeschlagen oder ihm unzumutbar ist. Eine Nachbesserung gilt nach dem erfolglosen zweiten Versuch als fehlgeschlagen, wenn sich nicht insbesondere aus der Art der Sache oder des Mangels oder den sonstigen Umständen etwas anderes ergibt.

Auszug aus dem HGB

§ 377 Untersuchungs- und Rügepflicht

(1) Ist der Kauf für beide Teile ein Handelsgeschäft, so hat der Käufer die Ware unverzüglich nach der Ablieferung durch den Verkäufer, soweit dies nach ordnungsmäßigem Geschäftsgang tunlich ist, zu untersuchen und, wenn sich ein Mangel zeigt, dem Verkäufer unverzüglich Anzeige zu machen.

(2) Unterläßt der Käufer die Anzeige, so gilt die Ware als genehmigt, es sei denn, daß es sich um einen Mangel handelt, der bei der Untersuchung nicht erkennbar war.

[...]

[1] *Alte Fassung, seit dem 01.01.2018 liegt eine neue Fassung vor.*

Anlage 5

Bau und Ausbau GmbH

Bau und Ausbau GmbH, Postfach 8573, 71106 Magstadt

Werkzeugfabrik Moser AG
Industriestraße 27 – 33
74668 Schwäbisch Hall

Magstadt, 05.11.2015

REKLAMATION

Unsere Referenznummer: 37221
Ihre Auftragsnummer: 22020
Ihre Lieferscheinnummer: 87345

Lieferdatum/Uhrzeit: 04.11.2015
Spedition: Wachser
Name des Fahrers: Herr Förster

Fehlerbeschreibung

Position	Artikelnummer	Menge	Fehlercode	Fehlerart
01	221002	100	003	falscher Artikel geliefert

Anstatt des Artikels 221002 wurden kurze Kerzenschlüssel (Art.-Nr. 221001) geliefert.

Sehr geehrte Damen und Herren,

leider ist Ihnen bei Ihrer Lieferung der oben genannte Fehler unterlaufen. Wir treten bezüglich der oben genannten Position vom Kaufvertrag zurück und bitten um Gutschrift von 1.710,00 EUR zzgl. 19 % USt. 324,90 EUR, insgesamt brutto 2.034,90 EUR.

Freundliche Grüße

Kazenmaier

Anlage 6

Bankauszug P-Bank Schwäbisch Hall

Konto: 61720091 Datum: 09.11.2015 Auszug: 10 Blatt: 1

Nr.	Buch	Wert	Buch-Nr.	Vorgang/Buchungsinformation	Kontokorrent	Betrag in Euro	
1	10.11.	10.11.	15245	Gutschrift	Bau und Ausbau GmbH Auftr.-Nr. 22020	3.012,72	+
2							
3							
4							
5							
6							
7							
8							
9							
10							
11							
12							

Kontoinhaber
Moser AG
Industriestraße 27 – 33
74668 Schwäbisch Hall

Alter Kontostand	104.586,45	+
Neuer Kontostand	107.599,17	+

Anlage 7

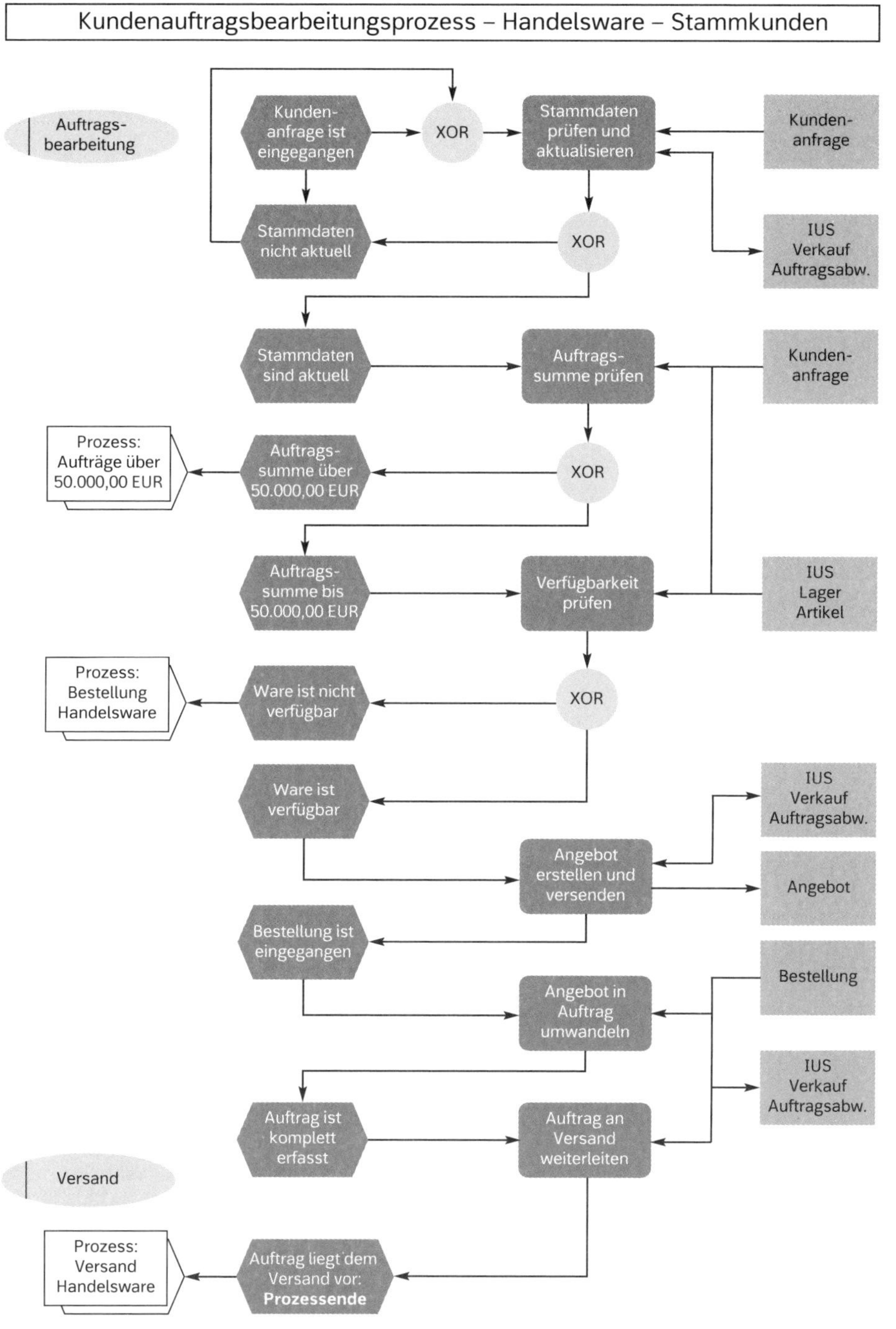
Kundenauftragsbearbeitungsprozess – Handelsware – Stammkunden
Auftrags-bearbeitung
Kunden-anfrage ist eingegangen
XOR
Stammdaten prüfen und aktualisieren
Kunden-anfrage
Stammdaten nicht aktuell
XOR
IUS Verkauf Auftragsabw.
Stammdaten sind aktuell
Auftrags-summe prüfen
Kunden-anfrage
Prozess: Aufträge über 50.000,00 EUR
Auftrags-summe über 50.000,00 EUR
XOR
Auftrags-summe bis 50.000,00 EUR
Verfügbarkeit prüfen
IUS Lager Artikel
Prozess: Bestellung Handelsware
Ware ist nicht verfügbar
XOR
Ware ist verfügbar
IUS Verkauf Auftragsabw.
Angebot erstellen und versenden
Angebot
Bestellung ist eingegangen
Bestellung
Angebot in Auftrag umwandeln
IUS Verkauf Auftragsabw.
Auftrag ist komplett erfasst
Auftrag an Versand weiterleiten
Versand
Prozess: Versand Handelsware
Auftrag liegt dem Versand vor: Prozessende

Anlage 8

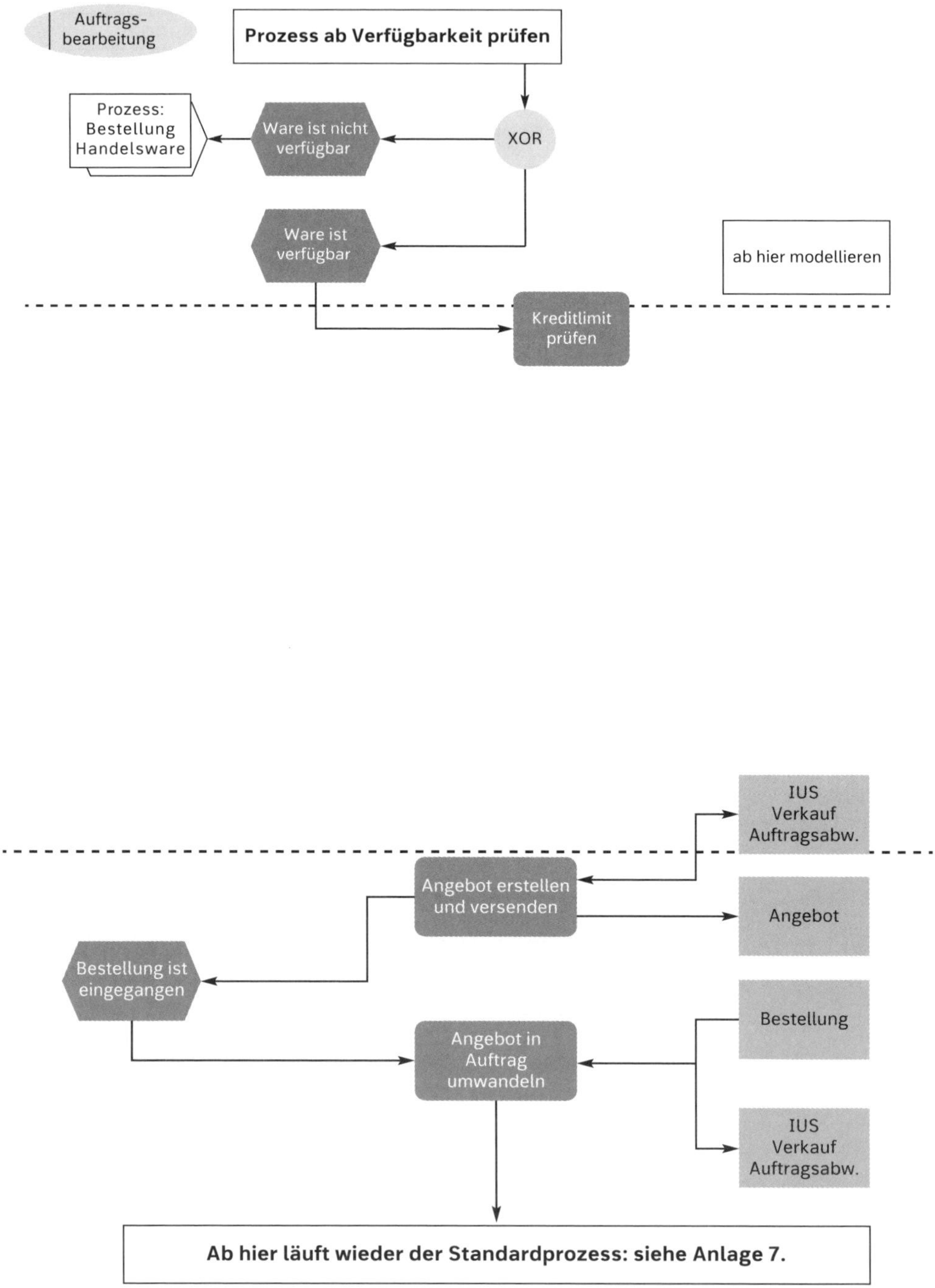
Auftrags-
bearbeitung
Prozess ab Verfügbarkeit prüfen
Prozess:
Bestellung
Handelsware
Ware ist nicht
verfügbar
XOR
Ware ist
verfügbar
ab hier modellieren
Kreditlimit
prüfen
IUS
Verkauf
Auftragsabw.
Angebot erstellen
und versenden
Angebot
Bestellung ist
eingegangen
Bestellung
Angebot in
Auftrag
umwandeln
IUS
Verkauf
Auftragsabw.
Ab hier läuft wieder der Standardprozess: siehe Anlage 7.

2 Leistungserstellungsprozesse

2.1 Aufgaben, Ziele und Schnittstellen der Produktionswirtschaft

Stofftelegramm

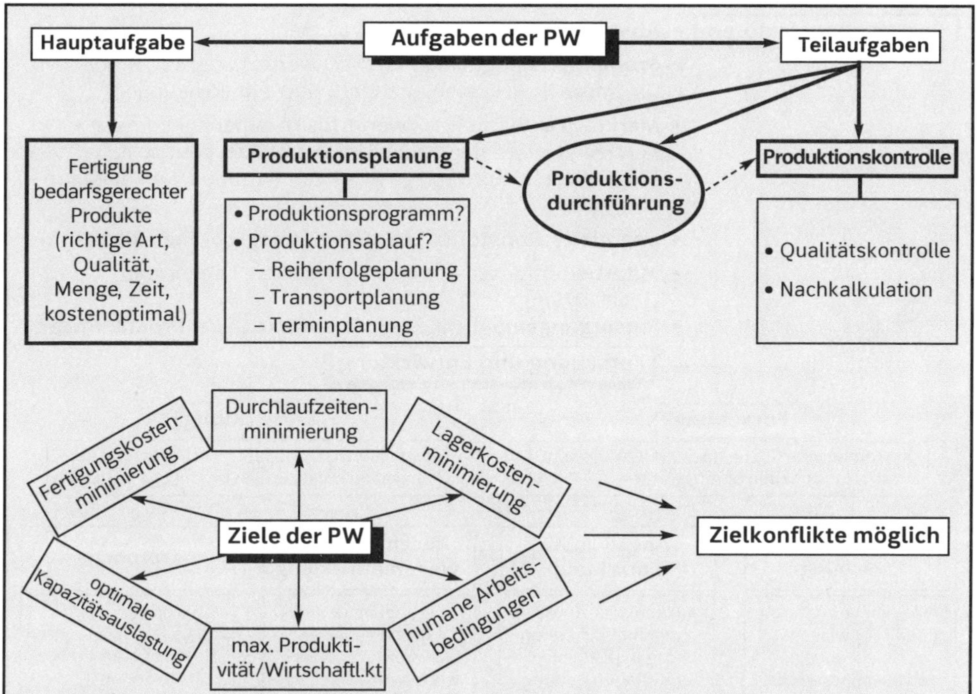

Schnittstellen der PW Merke: Absatzplan → **Produktionsplan** → Materialplanung

- Schnittstellen zur **Absatzwirtschaft:** Infos aus dem Absatzbereich (Absatzpläne) bestimmen letztlich den Produktionsplan.
- Schnittstellen zur **Materialwirtschaft:** Produktionsplan = Basis für Materialbedarfsermittlung
- Schnittstellen zur **Finanzwirtschaft:** Finanzierung der Betriebsmittel; RHB-Stoffe

Aufgaben

1. Nennen Sie die Hauptaufgabe und die drei Teilaufgaben der Produktionswirtschaft.
2. Nennen Sie fünf Ziele der Produktionswirtschaft.
3. Beschreiben Sie zwei mögliche Zielkonflikte innerhalb der Produktionswirtschaft.
4. Beschreiben Sie drei Schnittstellen der Produktionswirtschaft mit anderen Funktionen.
5. Wovon ist der Produktionsplan in erster Linie abhängig?

2.2 Produktionsprogramm – Forschung und Entwicklung

Stofftelegramm

Produktionsprogramm

Bestimmungsfaktoren

- **Absatzmöglichkeiten** (Marktvolumen)
- **Produktionsmöglichkeiten** (Stichworte: Kapazität, Produktivität, Know-how, Kosten, Standort, Umweltbedingungen ...)
- **Marktattraktivität** (Stichworte: Risiko neuer Konkurrenz, Kunden-, Lieferantenmacht, Umsatzrendite, preispolit. Möglichkeiten, notwendige Absatzorganisation, Konjunkturabhängigkeit ...)
- **Energien + Rohstoffe** (Beschaffungsmöglichkeiten, Kosten ...)
- **Mitarbeiter** (Beschaffungsmöglichkeiten, Lohnniveau, Qualifikation)
- **Entsorgungsmöglichkeiten, finanzielle Lage, Produktimage**

Forschung und Entwicklung

Forschung: systematische Suche nach neuem Wissen und neuen Erkenntnissen

- **Grundlagenforschung**
  - dient der Vermehrung des Grundwissens
  - noch nicht auf einen Verwertungszweck ausgerichtet
  - Unis bzw. Großunternehmen (Zuschüsse)
  - Forschungsgesellschaften
- **Angewandte Forschung**
  - auf konkrete Anwendungsmöglichkeiten bezogen (zielgerichtete Aufgabenstellung)
  - typisch für Unternehmen

Entwicklung: ingenieurwissenschaftliche Umsetzung der Forschungsergebnisse in Produkte + Verfahren

- **Neuentwicklung/Weiterentwicklung**
  - Übertragung der Forschungsergebnisse auf wirtschaftlich verwertbare Anwendungsmöglichkeiten
  - neues oder verbessertes Produkt entsteht
- **Erprobung**
  - überprüfen
  - Arbeiten zur Herstellung der Marktreife („Null-Serien")

Ein Ergebnis der Forschungs- und Entwicklungsarbeit sind die Produktdokumente, evtl. auch ein Prototyp.

Aufgaben

1. Erklären Sie kurz die Begriffe Forschung und Entwicklung.
2. Beschreiben Sie kurz die beiden grundsätzlichen Arten der Forschung und Entwicklung.

2.3 Produktdokumente

Stofftelegramm

Konstruktionszeichnung: grafische Darstellung der Produkte in verschiedenen Ansichten, auch 3-D in Form von Gesamt- und Einzelteilezeichnungen

Aus der Konstruktionszeichnung werden folgende Dokumente abgeleitet:

- Grafischer Baum: (Erzeugnisstruktur) Zeigt den logischen Aufbau der Produkte aus Einzelteilen und Baugruppen

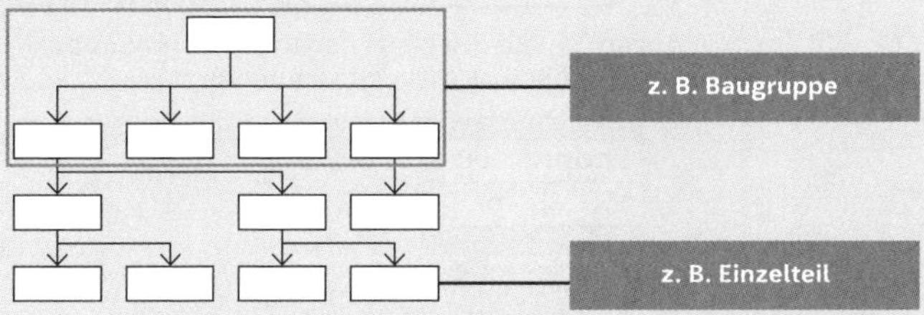

- Stücklisten: Verzeichnisse über die in der Zeichnung enthaltenen Teile. Aus der Konstruktionsstückliste (Basisstückliste) werden je nach Bedarf (Einkauf, Kalkulation, Materialdisposition, Lager, Produktion, Fremdbezug, Eigenfertigung) durch Stücklistenauflösung folgende Stücklisten erstellt:
  - Mengenübersichtsstückliste (Vorkalkulation, Materialdisposition, Fremdbedarfslisten)
  - Strukturstückliste (zeigt den strukturellen Aufbau eines Produkts nach konstruktiv zusammengehörenden Baugruppen)
  - Baukastenstückliste (Gesamtstruktur wird in einstufige Strukturen zerlegt)
- Teileverwendungsnachweis: Die Sichtweise auf das Produkt ändert sich von unten nach oben. Frage: In welchen Teilen, Baugruppen wird die gerade betrachtete Komponente verwendet? Wichtig bei Lieferproblemen. Kann das Produkt noch fertig produziert werden?

Aus Zeichnungsdaten, Stücklistendaten und Betriebsdaten werden Arbeitspläne erstellt.

Arbeitspläne: Zeigen die Reihenfolge der Arbeitsschritte für ein Produkt. Grundlage ist der Basisarbeitsplan. Dieser gibt für die Herstellung eines Produkts an,
- in welcher Reihenfolge,
- an welchem Ort,
- welche Tätigkeit,
- bei welcher Vergütung (Lohngruppe),
- in welcher Zeit durchgeführt wird.

Zeitberechnung aus dem Arbeitsplan heraus:
Herstellungszeit = Rüstzeit + Bearbeitungszeit · Menge
Basiert der Arbeitsplan auf Dezimalminuten, ist die Basis 100.
1 Std. = 100 Dezimalminuten

Beispiel (anonymes Produkt):
Erzeugnisstruktur → Stücklisten

Erzeugnisstruktur

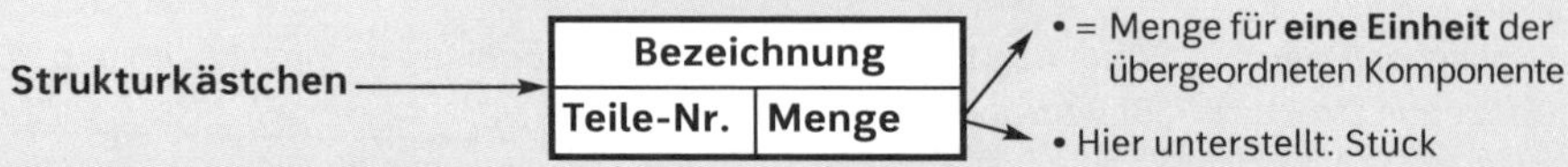

Strukturstufe: Gibt über die Anzahl der Ebenen, aus denen ein Erzeugnis besteht, Auskunft. Wichtig: Die oberste Erzeugnisebene hat immer die Strukturstufe 0.

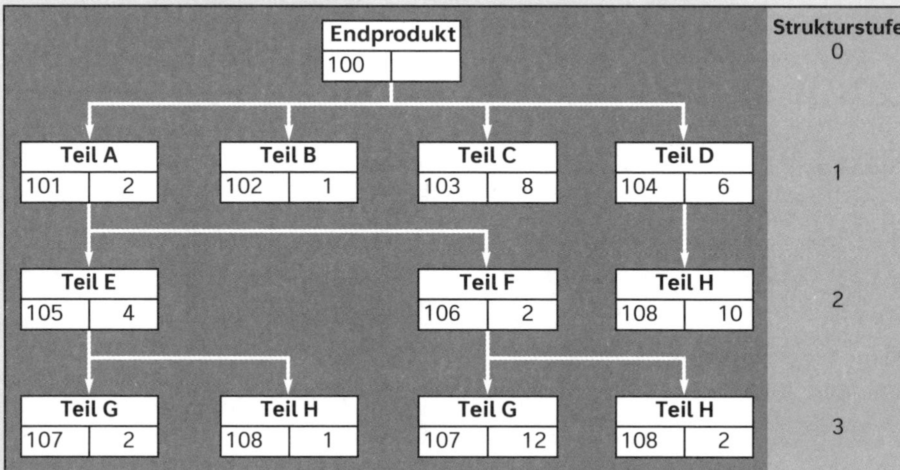

Erläuterungen:
- Für den Zusammenbau des Endproduktes werden in der Strukturstufe 1 die Teile A (2 Stück), B (1 Stück), C (8 Stück) und D (6 Stück) benötigt.
- **Eine** Mengeneinheit von Teil A (Strukturstufe 1) setzt sich wiederum zusammen aus den Teilen E (4 Stück) und F (2 Stück) der Strukturstufe 2.

Strukturstückliste

Teile-Nr.: 100

Bezeichnung: Endprodukt (z. B.Tisch)

Strukturstufe 1	2	3	Teile-Nr.	Bezeichnung	Menge je Einheit	Gesamtmenge	(Rechenweg)
x			101	A	2	2	
	x		105	E	4	8	(4 · 2)
		x	107	G	2	16	(2 · 4 · 2)
		x	108	H	1	8	(1 · 4 · 2)
	x		106	F	2	4	(2 · 2)
		x	107	G	12	48	(12 · 2 · 2)
		x	108	H	2	8	(2 · 2 · 2)
x			102	B	1	1	
x			103	C	8	8	
x			104	D	6	6	
	x		108	H	10	60	(10 · 6)

Baukastenstückliste

- Zerlegung der Gesamtstruktur in einstufige Strukturen
- Die Menge bezieht sich auf eine Einheit des übergeordneten Erzeugnisses.

Baukastenstückliste		
Teile-Nr.:	100	
Bezeichnung:	Endprodukt	
Teile-Nr.	**Bezeichnung**	**Menge**
101	Teil A	2
102	Teil B	1
103	Teil C	8
104	Teil D	6

Baukastenstückliste		
Teile-Nr.:	105	
Bezeichnung:	Teil E	
Teile-Nr.	**Bezeichnung**	**Menge**
107	Teil G	2
108	Teil H	1

Baukastenstückliste		
Teile-Nr.:	101	
Bezeichnung:	Teil A	
Teile-Nr.	**Bezeichnung**	**Menge**
105	Teil E	4
106	Teil F	2

Baukastenstückliste		
Teile-Nr.:	104	
Bezeichnung:	Teil D	
Teile-Nr.	**Bezeichnung**	**Menge**
108	Teil H	10

Baukastenstückliste		
Teile-Nr.:	106	
Bezeichnung:	Teil F	
Teile-Nr.	**Bezeichnung**	**Menge**
107	Teil G	12
108	Teil H	2

Teile-Nr.: 100

Mengenübersichtsstückliste

Bezeichnung: Endprodukt (z. B. Tisch)

- Jedes Teil wird nur einmal mit seiner kumulierten Menge aufgeführt.
- Der logische Aufbau des Erzeugnisses wird nicht dargestellt.

Teile-Nr.	Bezeichnung	Kumulierte Menge
101	A	2
102	B	1
103	C	8
104	D	6
105	E	8
106	F	4
107	G	64
108	H	76

2.4 Bedarfsarten und Bedarfsermittlung

Stofftelegramm

Primärbedarf
- Bedarf an **Enderzeugnissen**, Ersatzteilen oder **Handelswaren**
- = Ausgangspunkt aller Mengenplanungen
- = Auslöser: Kundenauftrag

Sekundärbedarf
- Bedarf an Komponenten (Baugruppen, Einzelteile, Rohstoffe) des Enderzeugnisses (Primärbedarfs)
- Ermittlung aus Stücklisten (**Stücklistenauflösung:** Zerlegung der Stücklisten in ihre einzelnen Komponenten)

Tertiärbedarf
- Bedarf an Hilfs- und Betriebsstoffen

Die Lagerbestandsführung rechnet mit Beständen, die
- tatsächlich auf Lager sind,
- bestellt, aber noch nicht geliefert wurden,
- reserviert sind, aber noch nicht entnommen wurden.

Bestandsarten im Lager	Erklärung
Effektiver Lagerbestand (ELB)	... tatsächlich körperlich im Lager vorhanden.
Sicherheitsbestand (SB)	... dient dem Ausgleich von Unsicherheiten in der • Beschaffung (Lieferengpässe), • Produktion (Produktionsfehler), • im Absatz (Verkaufsschwankungen). Wird i. d. R. für den „normalen“ Verbrauch nicht eingeplant.
Reservierter Bestand (RB)	... ist tatsächlich im Lager, aber schon für bestehende Aufträge verplant.
Verfügbarer Lagerbestand (VLB)	... steht sicher für die Produktion zur Verfügung. Formel: VLB = ELB – SB – RB
Bestellbestand (BB)	... ist tatsächlich noch nicht im Lager, steht aber mit hoher Wahrscheinlichkeit zur Verfügung und kann verplant werden, da er schon bestellt wurde. Fremdbauteile und Handelsware = Lieferanten Eigenbauteile = eigene Produktion
Disponierbarer Lagerbestand (DLB)	... kann mit hoher Wahrscheinlichkeit für die Produktion verwendet werden. Formel: DLB = ELB – SB – RB + BB DLB = VLB + BB

Von einem Fremdbauteil sind folgende Bestandswerte gegeben:

Effektiver Lagerbestand 100 Stück, Sicherheitsbestand 20 Stück, Reservierter Bestand 40 Stück, Bestellbestand 20 Stück.

Aufgabe:

1. Berechnen Sie den Verfügbaren LB (VLB) und den Disponierbaren LB (DLB).
2. Stellen Sie den Sachverhalt grafisch dar.

Lösung:

1. VLB = ELB – SB – RB
   VLB = 100 – 20 – 40
   VLB = 40 Stück

   DLB = ELB – SB – RB + BB
   DLB = 100 – 20 – 40 + 20
   DLB = 60 Stück
   Alternativ:
   DLB = VLB + BB
   DLB = 40 + 20
   DLB = 60 Stück

   Durch entsprechendes Umstellen der Formeln sind auch andere Lagerbestände berechenbar.

2.

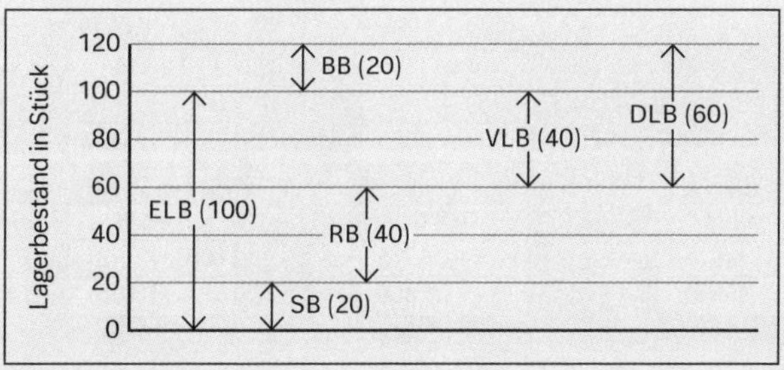

Bruttobedarf → • Gesamtbedarf an → Erzeugnissen (Primärbedarf) bzw. → Komponenten (Sekundärbedarf)
• = Auslöser: Kundenauftrag
• Frei disponierbare Lager- und Bestellbestände (bestellte, aber noch nicht gelieferte Mengen) werden nicht berücksichtigt.

– Lagerbestand

Nettobedarf → • Bruttobedarf minus frei disponierbare Lager- bzw. Bestellbestände
• = Bedarf, der zu fertigen bzw. zu beschaffen ist

Bruttobedarfsrechnung

Beispiel: *Bruttobedarf des Endprodukts = Kundenauftrag über 50 Stück*
Berechnen Sie den Bruttobedarffür alle Teile des Endproduktes

Strukturkästchen →

Bezeichnung	
Teile-Nr.	Menge laut Stückliste
	Bruttobedarf

Bruttobedarf = Nettobedarf[1] übergeordnete Komponente · Stücklistenmenge untergeordnete Komponente

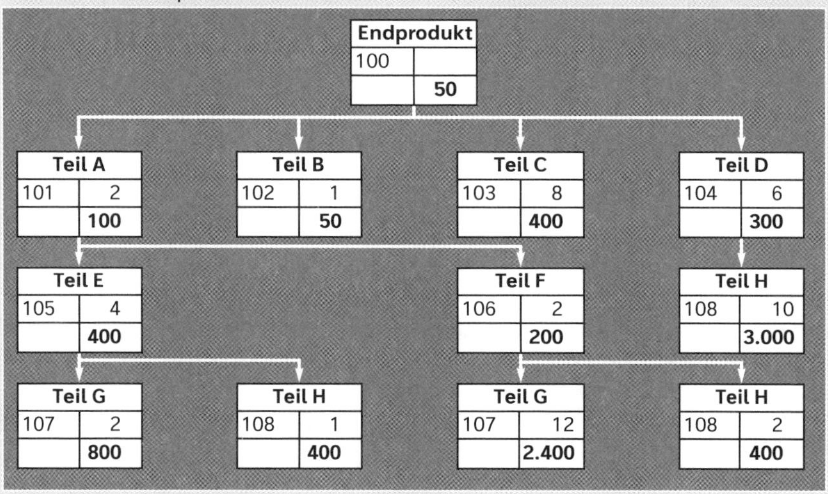

Erläuterungen:
- Bruttobedarf Teil G (links): 50 · 2 · 4 · 2 = **800** (bzw.: 400 · 2)
- Bruttobedarf Teil H (rechts ganz unten): 50 · 2 · 2 · 2 = **400** (bzw.: 200 · 2)

Strukturkästchen

Nettobedarfsrechnung

Bezeichnung	
Teile-Nr.	Menge laut Stückliste
disponierter Lagerbestand	Bruttobedarf
	Nettobedarf

Disponierte Lagerbestände:

Endprodukt:	0
Teil A:	30
Teil B:	10
Teil C:	150
Teil D:	60
Teil E:	80
Teil F:	40
Teil G:	200
Teil H:	700

Formeln:
Bruttobedarf, z. B. Endprodukt = Bestellung, Produktionsauftrag, hier 50 Stück
Nettobedarf, z. B. Endprodukt = Bruttobedarf – disponierbarer Lagerbestand
50 = 50 – 0
Bruttobedarf, z. B. Teil A = Nettobedarf[1] übergeordnete Komponente · Stücklistenmenge untergeordnete Komponente
100 = 50 · 2

[1] *In diesem Fall entspricht der Nettobedarf der übergeordneten Komponente dem Bruttobedarf, weil kein disponierbarer Lagerbestand vorhanden ist.*

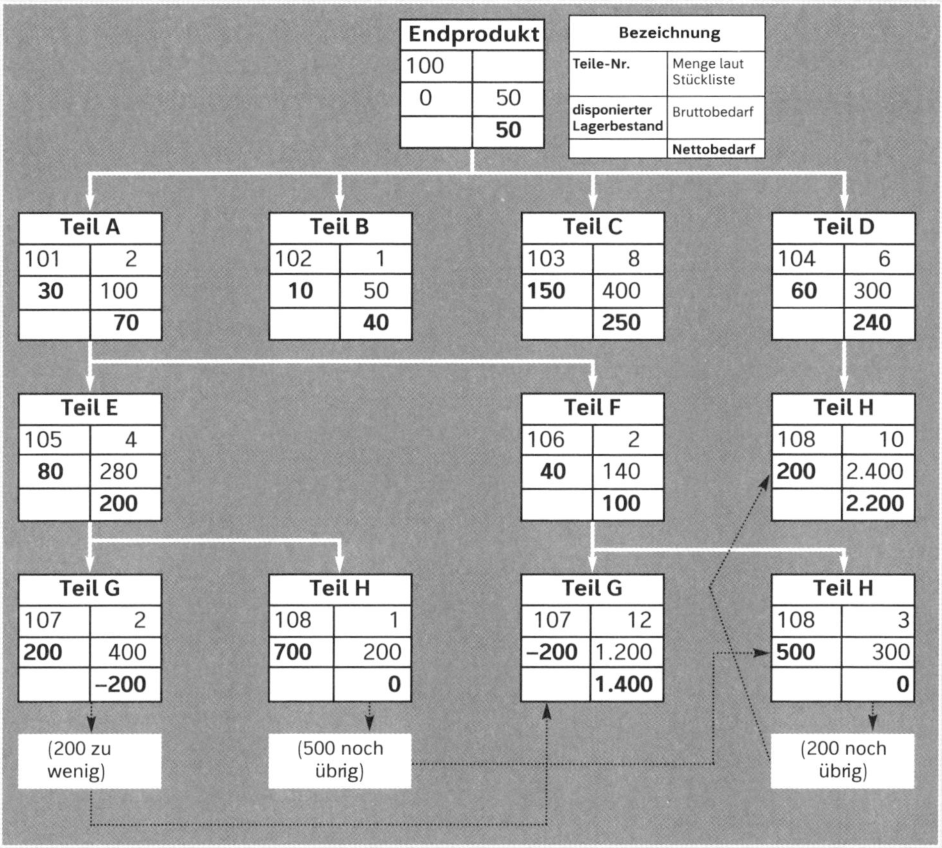

Erläuterungen:

- Allgemeine Formel: Bruttobedarf = Nettobedarf übergeordnete Komponente · Stücklistenmenge untergeordnete Komponente
  Nettobedarf = Bruttobedarf – disponierbarer Lagerbestand
- Nettobedarf Teil **H** (Mitte unten): 200 – 700 = **–500**, also 0 → übrig somit noch 500
- Nettobedarf Teil **H** (rechts unten): 300 – 500 (von H links) = **–200**, also 0 → übrig: 200
- Nettobedarf Teil **H** (neben Teil F): 2.400 – 200 = **2. 200 (= endgültiger Nettobedarf H)**
- Nettobedarf Teil **G** (links unten): 400 – 200 = **–200** zu wenig, diese müssen z. B. bestellt werden
- Nettobedarf Teil **G** (unterhalb von F): 1.200 – – (also +) 200 = **1.400 (= endgültiger Nettobedarf G)**

Aufgabe

Vervollständigen Sie die Nettobedarfsrechnung.

Disponierte Lagerbestände: **Endprodukt:** 80

Teil A:	120	Teil D:	700	Teil G:	600	Teil J:	10
Teil B:	590	Teil E:	160	Teil H:	1.500	Teil K:	1.190
Teil C:	490	Teil F:	190	Teil I:	810	Teil L:	600

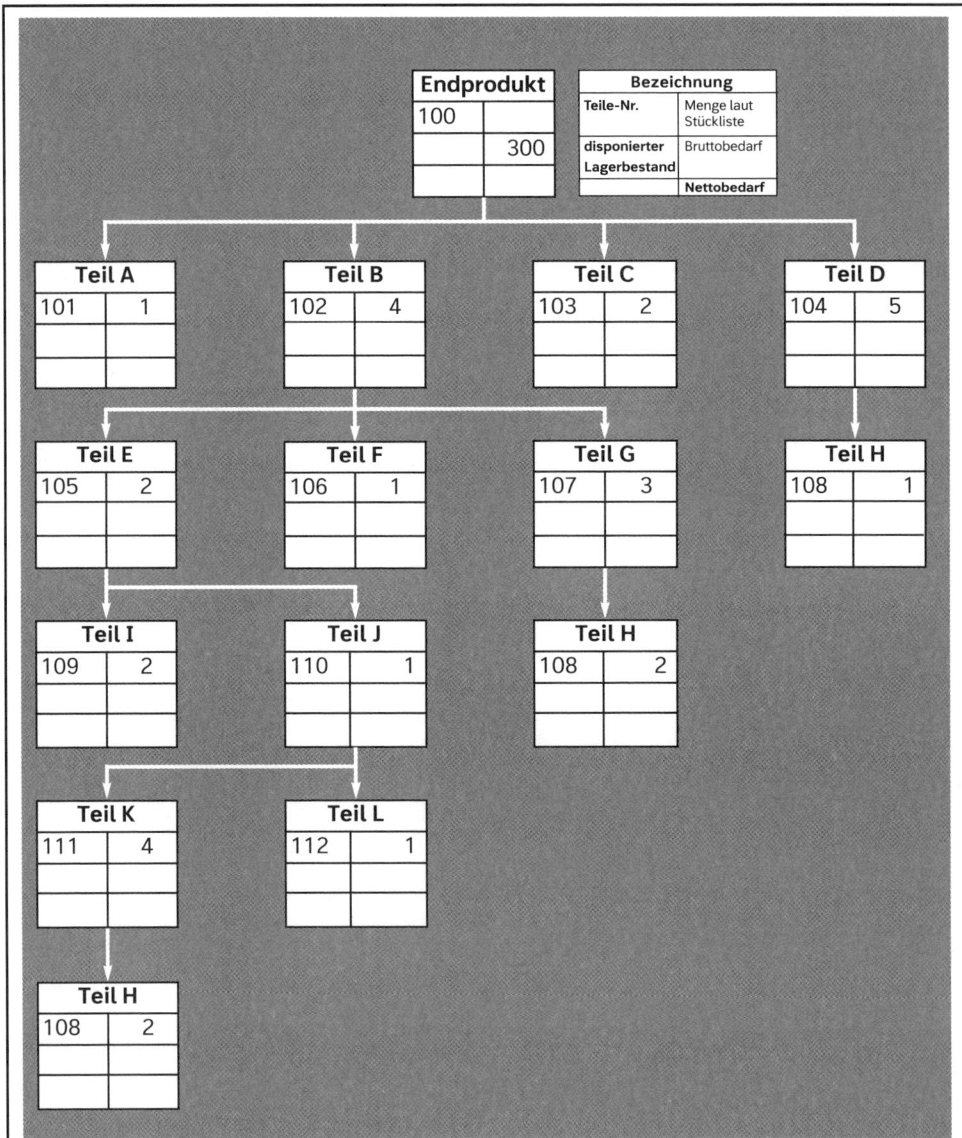

2.5 Produktion und Umwelt

Stofftelegramm

Auf Umweltverträglichkeit ist auf allen Stationen, die ein Produkt durchläuft, zu achten:

Produktplanung: umweltfreundliche (recyclinggerechte) Werkstoffauswahl

Forschung + Entwicklung:
- umweltfreundliche Materialauswahl (Recycling ...)
- Schonung von Ressourcen und Energien
- Vermeidung von Abfällen und Emissionen

Fertigung: Umweltfreundliches Produzieren:
Gesetze beachten: Bundes-Immissionsschutzgesetz, Kreislaufwirtschaftsgesetz, Wasserhaushaltsgesetz ...

Vorteile umweltverträglicher Produktion **Werbewirksam:** Werbung mit Umweltzeichen wie Grüner Punkt, Umweltengel, „Öko-Produkte", „Bio-Produkte" ..., freiwillige Teilnahme an Umweltprüfungen

2.6 Qualitätsmanagement (QM)

Stofftelegramm

- **Qualität:** bestimmte Eigenschaften eines Produkts betreffend
  - Gebrauchsnutzen
  - Haltbarkeit
  - Ausstattung
  - Gesetzeskonformität
  - Kundendienst
  - Ästhetik
  - Zuverlässigkeit
  - Normgerechtigkeit
- **Aufgaben des QM:** Planung + Sicherstellung + Kontrolle + Verbesserung der Qualität
- **Ziele des QM:**
  - Kundenzufriedenheit
  - Umwelt- und Sozialverträglichkeit
  - Rentabilität
  - Gesetzeskonformität
- **Was leistet QM?**
  - Formulierung der Qualitätspolitik des Unternehmens
  - Festlegung von Qualitätszielen
  - Einrichtung und Unterhaltung eines Systems der Qualitätssicherung
  - Bereitstellung der notwendigen Arbeitsmittel und Arbeitsplätze
  - Fixierung der Verantwortlichkeiten
  - Dokumentation der Ziele und Aufgaben des QM-Systems in einem **Qualitätsmanagementhandbuch**
- **Auditierung:** unabhängige Betriebsprüfung durch akkreditierte Zertifizierungsgesellschaften (z. B. TÜV Cert., DEKRA AG, VDE-Prüf- und Zertifizierungsinstitut): Entsprechen die qualitätsbezogenen Aufschriften, Tätigkeiten und Ergebnisse den Anforderungen?
- **Zertifizierung:** Folge eines erfolgreichen Audits: Ausstellung eines **Zertifikats,** welches die Einführung eines QM-Systems und dessen wirksamen Einsatz z. B. nach DIN 9000 ff. bestätigt.

- **Total-Quality-Management (TQM):**
  - Alle („Total") Unternehmensbereiche (Mitarbeiter) werden in die Qualitätsgestaltung einbezogen.
  - Qualitätsbegriff: ganzheitlich und kundenorientiert (zufriedene Kunden durch Qualität)
  - Qualität steht im Mittelpunkt
  - Verankerung im Unternehmensleitbild
  - Qualität = übergeordnetes Unternehmensziel
  - Qualitätsprämien an Mitarbeiter
  - Prämien für Verbesserungsvorschläge
- **Formen der Qualitätskontrolle:**
  - Voll- bzw. Stichprobenkontrolle
  - Eingangs-, Zwischen-, Endkontrolle
- **Arten der Qualitätskontrolle:**
  - Direkt: Kontrolle der Werkstoffe, des Produktionsablaufes und der Fertigprodukte
  - Indirekt: Kontrolle der Betriebsmittel und Arbeitskräfte

Aufgaben

1. Nennen Sie drei Qualitätsmerkmale.
2. a) Nennen Sie Aufgaben und Ziele des Qualitätsmanagements.
   b) Was leistet Qualitätsmanagement?
3. Erklären Sie die Begriffe Auditierung und Zertifizierung.
4. Was versteht man unter Total-Quality-Management?
5. Nennen Sie drei Qualitätsmerkmale.

2.7 Abwicklung eines Kundenauftrags

Stofftelegramm

- **Anfragebearbeitung:**
  - Anfrage: Vgl. Kapitel 1.
  - Wollen wir liefern? (Kunde kreditwürdig?)
  - Können wir liefern? (Produktart, Lieferungstermin ...)
- **Angebot:** Vgl. Kapitel 1.
- **Kundenauftrag erfassen:**
  - Vergabe Auftragsnummer
  - Kundennummer aus Kundendatei heraussuchen bzw.
  - neue Kundennummer vergeben
  - Erfassung der Auftragsdaten im Einzelnen (Liefertermin ...)
- **Auftragsbestätigung**
- **Fertigungsplanung:**

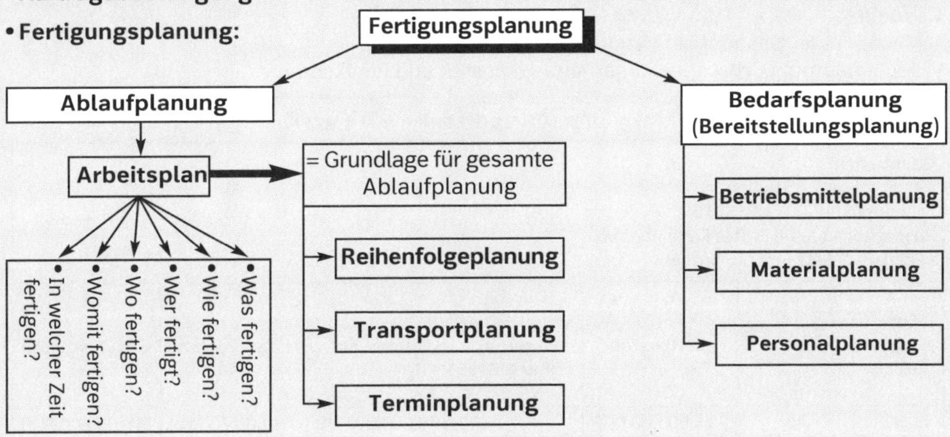

- **Fertigungssteuerung:**

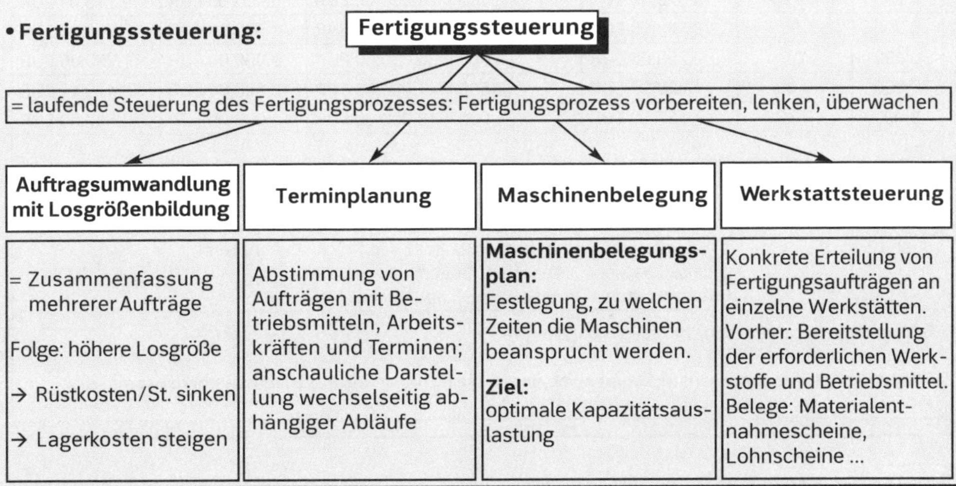

2.7.1 Optimale Losgröße

Stofftelegramm

Fertigungslos (Serie, Auflage) = Menge, die ohne Umrüsten der Anlage gefertigt werden kann

Lagerhaltungskosten
(auflagevariable Kosten = mengenabhängig)
- Kapitalbindungskosten
- Abschreibungen auf die Lagertechnik und -einrichtung
- Mietkosten
- Personalkosten

Rüstkosten
(auflagefixe Kosten = mengenunabhängig)
- Personalkosten für das Einrichten der Maschine
- Miete/Abschreibungen für die ruhenden Anlagen und Maschinen
- Energiekosten für die Betriebsbereitschaft

Gesamtkosten = Lagerhaltungskosten + Rüstkosten

Gesucht:
- Minimum der Gesamtkosten oder
- der Schnittpunkt zwischen Lagerhaltungskosten und Rüstkosten

Tabellarische Lösung der optimalen Losgröße

Gegeben:
Gesamtbedarf: 45.000 Stück
Listenpreis: 12,00 EUR/Stück
Rüstkosten: 300,00 EUR je Fertigungslos
Lagerkostensatz in %: 25 pro Jahr

Losgröße in Stück	Auflagenhäufigkeit (Loswechsel)	Rüstkosten	Durchschnittlicher Lagerbestand (LB) in Stück	Lagerwert	Lagerkosten	Gesamtkosten
1.000	45	13.500,00 EUR	500	6.000,00 EUR	1.500,00 EUR	15.000,00 EUR
2.000	22,5[1]	6.750,00 EUR	1.000	12.000,00 EUR	3.000,00 EUR	9.750,00 EUR
3.000	15	4.500,00 EUR	1.500	18.000,00 EUR	4.500,00 EUR	9.000,00 EUR
4.000	11,25	3.375,00 EUR	2.000	24.000,00 EUR	6.000,00 EUR	9.375,00 EUR
5.000	9	2.700,00 EUR	2.500	30.000,00 EUR	7.500,00 EUR	10.200,00 EUR
6.000	7,5	2.250,00 EUR	3.000	36.000,00 EUR	9.000,00 EUR	11.250,00 EUR
7.000	6,43	1.928,57 EUR	3.500	42.000,00 EUR	10.500,00 EUR	12.428,57 EUR
8.000	5,63	1.687,50 EUR	4.000	48.000,00 EUR	12.000,00 EUR	13.687,50 EUR

Formeln:

Auflagenhäufigkeit = Gesamtbedarf : Losgröße in Stück
Rüstkosten = Auflagenhäufigkeit · Rüstkosten je Fertigungslos
durchschnittlicher LB in Stück = Losgröße in Stück : 2
Lagerwert = durchschnittlicher LB in Stück · Listenpreis
Lagerkosten = Lagerwert · Lagerkostensatz in %
Gesamtkosten = Rüstkosten + Lagerkosten

Die optimale Losgröße ist nicht realisierbar, wenn:
- Lager zu klein
- Kunde nur gewisse Mengenstückelungen abnimmt, die nicht mit unserer Losgröße übereinstimmen
- Maschinenkapazitäten anderweitig benötigt werden

[1] *Sollten keine ganzen Werte als Ergebnis herauskommen, kann mit diesen weitergerechnet werden. In der Praxis macht z. B. ein 0,5 Loswechsel keinen Sinn.*

Kostenverläufe der optimalen Losgröße

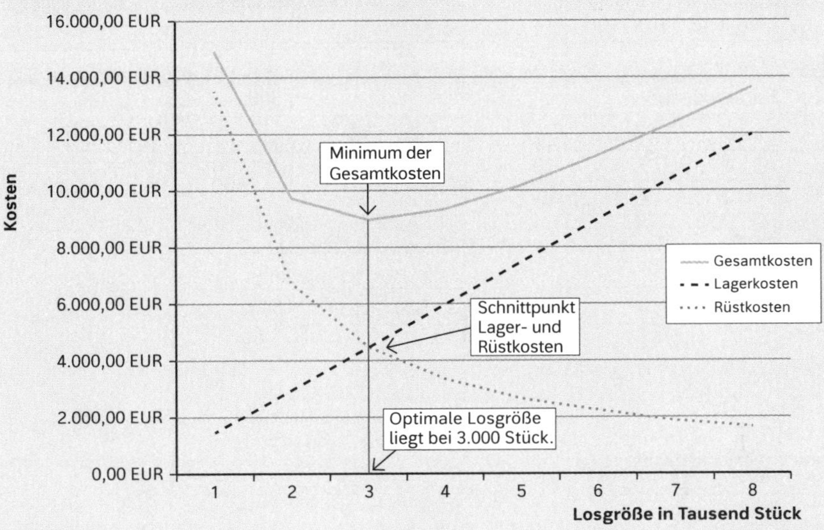

Es gilt:
- je kleiner die Losgröße (umso mehr Loswechsel), umso größer die Rüstkosten
- je größer die Losgröße (umso weniger Loswechsel), umso größer die Lagerkosten

2.7.2 Terminplanung

Stofftelegramm

Aufträge/Fertigungsmengen werden mit ihren jeweiligen Endterminen auf die bestehenden Kapazitäten (Maschinen, Personal, Werkstoffe) geplant.

- Fertigungszeit (Herstellzeit): Dauer für die Herstellung von Eigenteilen
  Dauer = Nettobedarf : Fertigungsmenge/Tag
- Wiederbeschaffungszeit: Dauer für die Wiederbeschaffungszeit von Fremdteilen

Mittelfristige retrograde Terminierung kombiniert mit der Brutto-Nettobedarfsrechnung

= Rückwärtsrechnung → vom spätestmöglichen Endtermin aus

Beispiel: *Ein Kundenauftrag über 500 Stück liegt vor. Dieser soll am Betriebskalendertag*[1] *(BKT) 200 zur Auslieferung spätestens fertiggestellt sein. Die Fertigungs- und Wiederbeschaffungszeiten liegen vor* ***(Anlage 1)****. Brutto- und Nettobedarfe liegen vor. Wann müssten Teil B und C spätestens bestellt werden, damit der Kundenauftragstermin eingehalten werden kann?*

[1] *BKT basieren auf einer Anpassung des „normalen" Kalenders an die Bedürfnisse des Betriebs und zeigen die tatsächlich möglichen Produktionstage. Es werden z. B. Wochenenden, Feiertage, Betriebsferien berücksichtigt.*

Teilebezeichnung		
Teile-Nr.	Menge lt. Stückliste	
DLB	Bruttobedarf	
	Nettobedarf	
Start	Dauer	Ende

Enderzeugnis		
4711	1	
0	500	
	500	
198	2	200

500 St. : 250 St./Tag =

Teil A		
4712	2	
300	1.000	
	700	
191	7	198

Teil C		
4714	1	
600	500	
	0 (–100)	
–	–	198

Teil B		
4713	1	
500	700	
	200	
186	5	191

191 – 5 =

Anlage 1

Teile-Nr.	Bezeichnung	Fertigungs-/Wiederbeschaffungszeiten
4711	Enderzeugnis	250 St./Tag
4712	Teil A	100 St./Tag
4713	Teil B	5 Tage
4714	Teil C	10 Tage

- Teil B muss spätestens zum BKT 186 mit der Menge 200 bestellt werden.
- Teil C muss nicht bestellt werden, da der Nettobedarf 0 ist. Es sind noch ausreichend Teile für den Auftrag vorhanden.

Bündelung von Bedarfen zu Losen im Rahmen der Terminplanung (optimale Losgröße – Wagner-Whitin-Algorithmus)

Es liegen drei Kundenaufträge mit den Mengen und Terminen für unser Fertigerzeugnis vor. Dies führt zu folgender Bedarfsreihe:

	Bedarf 1	Bedarf 2	Bedarf 3
Menge in Stück	2.000	3.000	2.400
Datum	01.01.	31.01.	25.02.
Tage	30	25	

Aus fertigungstechnischer Sicht stellt sich die Frage, ob gewisse Bedarfe nicht zu einem Fertigungslos zusammengefasst werden können (Suche nach der günstigsten Kombination).

Gesucht: Minimum der Gesamtkosten, Schnittpunkt von Lagerkosten und Rüstkosten

Gesamtkosten = Lagerkosten + Rüstkosten

Gegeben:	
Rüstkosten	3.000,00 EUR
Preis je Stück	60,00 EUR
Lagerkostensatz	24 %

	Bedarf 1	Bedarf 2	Bedarf 3			
Menge	2.000	3.000	2.400			
Datum	01.01.	31.01.	25.02.			
Tage	30	25				
				Rüstkosten	Lagerkosten	Gesamtkosten
Alt. 1	2.000	3.000	2.400	9.000,00 EUR	0,00 EUR	9.000,00 EUR
Alt. 2	2.000 + 3.000	–	2.400	6.000,00 EUR	3.600,00 EUR	9.600,00 EUR
Alt. 3	2.000	3.000 + 2.400	–	6.000,00 EUR	2.400,00 EUR	8.400,00 EUR
Alt. 4	2.000 + 3.000 + 2.400	–	–	3.000,00 EUR	8.880,00 EUR	11.880,00 EUR

Erläuterungen:		
Lagerkosten pro Stück und **Jahr**	=	Preis je Stück · Lagerkostensatz
14,40 EUR	=	60,00 EUR · 24 %
Lagerkosten pro Stück und **Tag**	=	Lagerkosten pro Stück und Jahr : 360
0,04 EUR	=	14,40 EUR : 360
Lagerkosten	=	Lagerkosten pro Stück und Tag · Lagerdauer in Tagen · Menge

Erläuterungen:					
Alt. 1:	Jeder Bedarf wird zum jeweiligen Zeitpunkt gefertigt. Es fallen dreimal Rüstkosten an und keine Lagerkosten.				
	Rüstkosten:		3 · 3.000,00 EUR	=	9.000,00 EUR
	Lagerkosten:				– EUR
	Gesamtkosten:			=	9.000,00 EUR
Alt. 2:	Bedarf 1 und 2 werden zum Termin von Bedarf 1 gefertigt, Bedarf 3 zu seinem Termin. Es fallen zweimal Rüstkosten an und einmal Lagerkosten.				
	Rüstkosten:	Bedarf 1 + 2 und Bedarf 3	2 · 3.000,00 EUR	=	6.000,00 EUR
	Lagerkosten:	Bedarf 2	0,04 EUR pro Stück · 30 Tage · 3.000 Stück	=	3.600,00 EUR
	Gesamtkosten:			=	9.600,00 EUR
Alt. 3:	Bedarf 1 wird zu seinem Termin gefertigt. Bedarf 2 und 3 werden zum Termin von Bedarf 2 gefertigt. Es fallen zweimal Rüstkosten an und einmal Lagerkosten.				
	Rüstkosten:	Bedarf 1 und Bedarf 2 + 3	2 · 3.000,00 EUR	=	6.000,00 EUR
	Lagerkosten:	Bedarf 3	0,04 EUR pro Stück · 25 Tage · 2.400 Stück	=	2.400,00 EUR
	Gesamtkosten:			=	8.400,00 EUR
Alt. 4:	Alle drei Bedarfe werden zum ersten Termin gefertigt. Es fallen einmal Rüstkosten an und zweimal Lagerkosten.				
	Rüstkosten:	Bedarf 1 + 2 + 3	1 · 3.000,00 EUR	=	3.000,00 EUR
	Lagerkosten:	Bedarf 2	0,04 EUR pro Stück · 30 Tage · 3.000 Stück	=	3.600,00 EUR
		Bedarf 3 (30 + 25 = 55 Tage)	0,04 EUR Pro Stück · 55 Tage · 2.400 Stück	=	5.280,00 EUR
	Gesamtkosten:			=	11.880,00 EUR

Kapazitätsbelegung und Kapazitätsabgleich

- **Kapazitätsbelegung**:
  Fertigungslose werden auf das Arbeitssystem Maschinen/Mitarbeiter verteilt.
- **Kapazitätsabgleich**:
  Kapazitätsbedarf = Kapazitätsangebot
  (Summe aller Fertigungsaufträge) = (Summe aller Maschinen und Mitarbeiter)

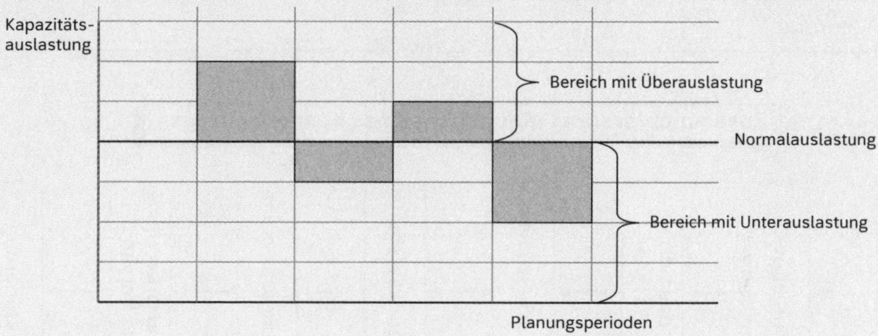

Folgen der Überauslastung	Folgen der Unterauslastung
• Überstunden • gestresste Mitarbeiter • Überbeanspruchung der Maschinen • Fehler durch ungenaues Arbeiten	• Fixkosten werden nicht gedeckt. • Kurzarbeit • Entlassungen
= **Ziel des Betriebs:** Nahe der **Normalauslastung** arbeiten = Kapazitätsabgleich	

- **Kurzfristige Maßnahme:**
  - kurzfristige Auswärtsvergabe = Fremdbetrieb
  - zeitliche Verlagerung = Fertigung zu einem späteren Zeitpunkt
  - technische Verlagerung = Verlagerung auf eine andere freie Maschine
- **Mittelfristige Maßnahme:** (Anpassung der Kapazitäten)
  - Überstunden
  - zusätzliche Schichten
  - Kurzarbeit
  - Leiharbeit
- **Langfristige Maßnahme:** (Ausweitung der Kapazitäten)
  - Erweiterungsinvestitionen
  - Einstellung von Mitarbeitern

Versandvorbereitung

- Lieferschein erstellen
- Kommissionierung (Zusammenstellen best. Artikel) im Lager anhand Lieferschein
- Versandauftrag für Versandabteilung erstellen
- Versandpapiere erstellen (Versandabteilung)
- Auslieferung

Fakturierung

- Fakturierung = Erstellung Ausgangsrechnung
- Basis = Lieferschein
- Buchung als offener Posten (Debitor = Forderung)

Zusammenfassung: Abwicklung eines Kundenauftrags

Anfragebearbeitung → Angebot → Kundenauftrag erfassen → Auftragsbestätigung → Fertigungsplanung → Fertigungssteuerung → Versandvorbereitung und Versand → Fakturierung

Aufgaben

1. Nennen Sie die Bereiche der **Fertigungsplanung.**
2. a) Welche Bereiche umfasst die **Ablaufplanung?**
   b) Was beinhaltet der **Arbeitsplan** und welche Bedeutung hat er?
3. Welche Bereiche umfasst die **Bedarfsplanung?**
4. Erklären Sie kurz den Begriff **Fertigungssteuerung.**
5. Nennen Sie vier Bereiche der **Fertigungssteuerung** und beschreiben Sie diese kurz.
6. Was versteht man unter **Laufkarte?**
7. Nennen Sie stichwortartig anfallende Aufgaben der
   a) Versandvorbereitung,
   b) Fakturierung.
8. Notieren Sie stichwortartig in einer Reihenfolge die Aufgaben im Zusammenhang mit der Abwicklung eines Kundenauftrags.

2.8 Fertigungsverfahren

Stofftelegramm

Unterscheidungsmerkmal: Menge gleichartiger Erzeugnisse

	Einzelfertigung	Serienfertigung	Massenfertigung
Merkmal	• jedes Produkt ist anders • sukzessiv oder simultan	begrenzte Herstellung gleichartiger Produkte (Groß-, Kleinserie)	unbegrenzte Herstellung gleicher Produkte
Beispiele	• Bauunternehmen • Schiffsbau	• Autoproduktion • Fertighausproduktion	• Zigaretten • Zement • Glühbirnen
Produktunterschiede	erheblich	von Serie zu Serie groß, innerhalb der Serie keine	keine
Qualifizierung Arbeitskräfte	vielseitige Fähigkeiten	• Kleinserie: Vielseitigkeit! • Großs.: leicht anlernbar	leicht anlernbar
Fertigungsorganisation	• Handarbeit • Werkstattfertigung	• Kleinserie: Werkstattfert. • Großserie: Reihen-, Fließfertigung	Fließfertigung
Stückkosten	relativ hoch	• sinken mit steigender Auflage; • optimale Losgröße!	sinken mit steigender Stückzahl (Gesetz der Massenproduktion)
Diverses	Sonderwünsche des Kunden möglich	Sonderwünsche des Kunden in Grenzen berücksichtigungsfähig	keine Sonderwünsche möglich

Sortenfertigung

- aus demselben Ausgangsmaterial werden auf einer Produktionsanlage Produkte mit nur geringen Unterschieden erstellt
- Übergang zur Serien- und Massenfertigung fließend

Beispiele: *Herrenanzüge, Schrauben verschiedener Größen, Schokolade*

Partiefertigung

Verwendung qualitativ verschiedener Rohstoffe

Beispiele: *Tee, Wein, Tabak aus verschiedenen Ländern*

Chargenfertigung

Die Qualität des Endproduktes wird durch das (oft nicht exakt beherrschbare) Mischungsverhältnis, das von Charge (= Ladung) zu Charge unterschiedlich sein kann, bestimmt.

Beispiele: *Schmelzprozesse im Hochofen, Brauereien, Molkereien*

Kuppelproduktion

Anlässlich der Produktion des Hauptproduktes fallen automatisch Kuppelprodukte (verbundene Produkte) an.

Beispiel: *Gasproduktion (gleichzeitig fallen Koks, Teer und Ammoniak an)*

Unterscheidungsmerkmal: Fertigungsorganisation (Organisationstypen)

Werkstättenfertigung

- **Begriff:** Zusammenfassung von Maschinen und Arbeitskräften mit gleichartigen Arbeitsverrichtungen in Werkstätten. Zweckmäßig, wo Maschinenanordnung nach dem Arbeitsablauf nicht möglich ist.
- **Voraussetzungen:** Universalmaschinen, qualifizierte Arbeitsplätze
- **Vorteile im Vergleich zur Fließfertigung:**
  - Bearbeitung von Sonderwünschen möglich
  - anpassungsfähig bei Änderungen (Universalmaschinen!)
  - abwechslungsreichere Tätigkeiten (mehr Erfolgserlebnisse)
- **Nachteile im Vergleich zur Fließfertigung:**
  - längere Transportwege, mehr Beförderungsmittel nötig
  - langsamere Durchlaufzeiten
  - hohe Lohnkosten (Fachkräfte)
  - hohe Lagerkosten (Zwischenlager!)
  - hoher Planungsaufwand

Reihenfertigung (Straßenfertigung)

- **Begriff:**
  - Betriebsmittel in Reihenfolge des Arbeitsablaufes hintereinander angeordnet
  - keine zeitliche Bindung zwischen den Arbeitsvorgängen
  - Zwischenlager (Vorratspuffer)
- **Vorteile gegenüber der Werkstättenfertigung:**
  - übersichtlicher
  - Transportwege kürzer
  - schnellerer Durchlauf
  - weniger Planung notw.
  - leistungsfähigere Spezialmaschinen einsetzbar
  - niedrigere Lohnkosten (leicht anlernbare Kräfte)
- **Nachteile gegenüber Werkstättenfertigung:**
  - weniger anpassungsfähig bei Änderungen (Spezialmasch.)
  - weniger abwechslungsreiche Tätigkeiten für Arbeitskräfte
- **Vorteile gegenüber der Fließfertigung:**
  Arbeitskräfte können in Grenzen das Arbeitstempo selbst bestimmen (keine zeitliche Bindung)
- **Nachteile gegenüber der Fließfertigung:**
  - Zwischenlagerkosten
  - evtl. Wartezeiten, da keine exakte zeitliche Abstimmung → längere Durchlaufzeiten
  - geringerer Spezialisierungsgrad

Gruppenfertigung (= Inselfertigung)

- **Begriff:**
  - Kombination von Werkstatt- und Reihen- bzw. Fließfertigung
  - Anordnung der Werkstätten (Inseln) nach dem Flussprinzip
- **Vorteile gegenüber der Werkstättenfertigung:**
  - Transportwege kürzer
  - geringere Rüst- und Umstellungskosten
  - übersichtlicher
- **Nachteil gegenüber der Werkstättenfertigung:** etwas unelastischer

Fließfertigung	• **Begriff:**	– Reihenfertigung mit exakter zeitlicher Festlegung des Arbeitsablaufes (taktgebunden) – Taktzeit = Produktionszeit für ein Stück – keine Puffer, pausenlose Produktion – Fließfertigung + mechanische Fördermittel („Band") = Fließbandfertigung
	• **Vorteile:**	– ideal für Großserien- und Massenproduktion – keine Zwischenlagerkosten – kurze Durchlaufzeiten (kostenoptimal) – Leistungssteigerung durch Spezialisierung – Übersichtlichkeit
	• **Nachteile:**	– geringe Anpassungsfähigkeit an Änderungen – hohes Unternehmerrisiko (Nachfrage sinkt: Stückkosten steigen) – hoher Kapitaleinsatz, somit hohe Zinsbelastung (Fixkosten!) – Produktionsstopp bei Störung (Gegenmaßnahme: „Springer") – eintönige Arbeiten (Gesundheitsprobleme, wenig Erfolgserlebnisse)
Baustellenfertigung	• **Begriff:**	Die Fertigung ist an einen bestimmten Ort gebunden (Bau- bzw. Fertigungsstelle)
	• **Beispiele:**	*Haus-, Straßen-, Brückenbau*

Aufgaben

1. Nennen Sie die Fertigungsarten, unterschieden nach der
   a) Menge gleichartiger Erzeugnisse, b) Fertigungsorganisation, c) Produktionstechnik.
2. Unterscheiden Sie zwischen Einzel-, Serien- und Massenfertigung hinsichtlich Produktunterschiede, Arbeitskräftequalifizierung, Stückkosten und Kundensonderwünsche.
3. Erklären Sie kurz folgende Fertigungsarten und nennen Sie je zwei Beispiele:
   a) Sortenfertigung c) Chargenfertigung
   b) Partiefertigung d) Kuppelproduktion
4. a) Unterscheiden Sie die Begriffe Reihen- und Fließfertigung.
   b) Nennen Sie Vor- und Nachteile der Reihenfertigung im Vergleich zur Fließfertigung.
5. a) Unterscheiden Sie zwischen Gruppen- und Werkstättenfertigung.
   b) Nennen Sie Vor- und Nachteile der Gruppenfertigung im Vergleich zur Werkstättenfertigung.
6. Welche Vor- und Nachteile hat die Werkstättenfertigung im Vergleich zur Fließfertigung?
7. Erklären Sie den Begriff Baustellenfertigung. Zwei Beispiele.
8. a) Wann entscheidet sich ein Betrieb für Werkstättenfertigung?
   b) Beurteilen Sie die Werkstättenfertigung unter den Aspekten Beschaffung und Absatz. Begründungen.
9. Ergänzen Sie die fehlenden Wörter:
   Von der Fertigungsseite her betrachtet kann umso ... (a) ... produziert werden, je höher die Auflage ist. Aus ...(b)... Gründen und wegen der ...(c)... besteht aber in kaum einem Betrieb

die Möglichkeit, die Auflagen beliebig groß festzusetzen. Die wirtschaftlichste Auflage eines zu fertigenden Erzeugnisses bezeichnet man auch als ...(d)... .

10. Die Firma Moppel & Co., Heidelberg, produziert Kunststoffbälle in verschiedenen Größen und Farben. Die Produkte werden in der Reihenfolge der vorzunehmenden Arbeiten von Maschinen in jeweils größeren Mengen einer Ballgröße gefertigt. Der Arbeitsfluss ist zeitlich nicht gebunden. Die Farbbesprühung erfolgt am Schluss des Fertigungsprozesses.
    a) Welche Fertigungsart wird angewendet hinsichtlich der Menge gleichartiger Erzeugnisse und der Fertigungsorganisation? (Begründungen)
    b) Welche Kosten bestimmen die Losgröße eines Erzeugnisses?
    c) Wie verhalten sich diese Kosten – bezogen auf ein Stück – bei Erhöhung der Losgröße?
11. a) Die Schreckschraub AG stellt im Werk I Schrauben verschiedener Größen her. Welche Fertigungsart hinsichtlich der Menge gleichartiger Erzeugnisse liegt vor?
    b) Im Werk II werden Motoren in Fließfertigung bearbeitet. Nennen Sie die entscheidenden Merkmale der Fließfertigung.
    c) Nennen Sie zwei Vorteile der Fließfertigung.
    d) Die Schreckschraub AG hat ihr Produktionsprogramm um die Produktion von Werkzeugen erweitert. In der neu eingerichteten Fertigungshalle befinden sich – jeweils zusammenhängend angeordnet – Fräsmaschinen, Bohrmaschinen, Drehbänke usw. Welcher Organisationstyp liegt vor?

2.9 Kosten und Beschäftigungsgrad – Produktionscontrolling

Stofftelegramm

Abhängigkeit der Kosten von der Ausbringungsmenge (vom Beschäftigungsgrad)

Kapazität = 100 %; z. B. 1.000 Stück Fertigung pro Tag

tatsächliche Produktionsmenge = Anteil von 0 %–100 % an der Kapazität; z. B. 400 Stück pro Tag

Beschäftigungsgrad = Kapazitätsausnutzungsgrad (Wie viel von den 100 % werden tatsächlich genutzt); i. d. R. gilt: je näher an 100 %, umso besser; z. B. 40 %

$$\text{Beschäftigungsgrad (x \%)} = \frac{\text{tatsächl. Produktionsmenge} \cdot 100}{\text{Kapazität}}$$

Fixe Kosten

- beschäftigungsunabhängige Kosten
- **Beispiele:** *Mieten, Gehälter, Zinsen, Abschreibungen*
- **Fixe Stückkosten:** sinken bei steigender Beschäftigung (verteilen sich auf immer mehr Stück) = Fixkostendegression = Gesetz der Massenproduktion

Variable Kosten

- beschäftigungsabhängige Kosten
- **Beispiele:** *Fertigungsmaterial, Fertigungslöhne*
- **Variable Stückkosten:** konstant bei linearem Gesamtkostenverlauf (proportionale Kosten)

Umsatzformel (Erlösformel)

Umsatz = Preis · Produktionsmenge

$U = p \cdot x$

Gesamtkostenformel

Kosten = variable Kosten + Fixkosten

$K = K_v + K_f$

$K = k_v \cdot x + K_f$

Gewinnformel

Gewinn = Umsatz − Kosten

Gewinn = $p \cdot x - (k_v \cdot x + K_f)$

Nutzenschwelle (Gewinnschwelle)

Umsatz = Kosten

$p \cdot x = k_v \cdot x + K_f \qquad x = K_f : (p - k_v)$

Gewinnmaximum → an der **Kapazitätsgrenze**

Kritische Menge

Produktionsmenge, ab der ein Produktionsverfahren (z. B. kapitalintensiv) kostengünstiger wird als ein anderes Produktionsverfahren (z. B. lohnintensiv).

Hier gilt: Kosten (Verfahren I) = Kosten (Verfahren II)

$k_v \cdot x + K_f = k_v \cdot x + K_f \qquad x = \ldots$

Rationalisierung und Kostenstruktur

Mehr Maschinen – weniger menschl. Arbeit (Substitution arbeitsintensiver Verfahren durch anlageintensive Verfahren); Folge: Fixkosten steigen, variable Stückkosten sinken. Ab bestimmter Produktionsmenge (kritische Menge) wird anlageintensives Verfahren kostengünstiger.

Wichtig somit bei anlageintensiven Verfahren: **hohe Stückzahlen!**

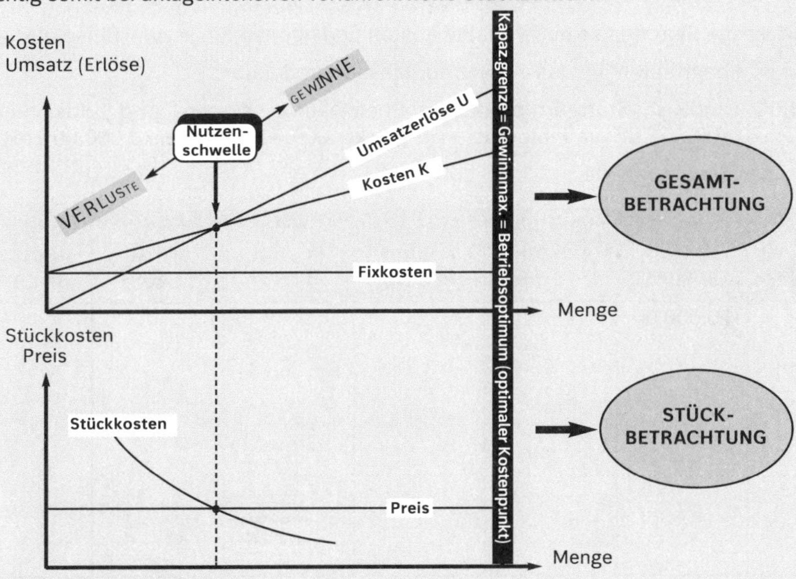

Produktionscontrolling

- Planung, Steuerung und Überwachung der Produktion
- Schwerpunkte = Kosten, Produktivität, Wirtschaftlichkeit und Qualitätsmanagement
- **Kostenauflösung:**
  Gegeben: Produktionsmenge und die Gesamtkosten
  Gesucht: – variable Kosten/Stück (k_v)
  – fixe Kosten (K_f)
  Bei linearem Gesamtkostenverlauf ist eine Zunahme der Kosten ausschließlich auf die variablen Kosten zurückzuführen.

$$\text{variable Stückkosten } (k_v) = \frac{\text{Kostendifferenz } (\Delta K)}{\text{Mengendifferenz } (\Delta x)}$$

- **Kennzahlen:**

$$\text{Produktivität} = \frac{\text{Ausbringungsmenge}}{\text{Einsatzmenge}}$$

$$\text{– Arbeitsproduktivität} = \frac{\text{Ausbringungsmenge}}{\text{geleistete Arbeitsstunden}}$$

$$\text{– Kapitalproduktivität} = \frac{\text{Ausbringungsmenge}}{\text{Sachkapital}}$$

$$\text{Wirtschaftlichkeit} = \frac{\text{Erträge}}{\text{Aufwendungen}}$$

Aufgaben

1. Die Kapazität eines Betriebes beträgt 60.000 Stück, die tatsächliche Produktion 50.000 Stück. Ermitteln Sie den Beschäftigungsgrad.
2. Erklären Sie die Begriffe fixe und variable Kosten und nennen Sie je zwei Beispiele.
3. Erklären und begründen Sie das Gesetz der Massenproduktion.
4. Die AUMO GmbH in Stuttgart produziert Spezialautos. Kosten- und Erlössituation: Fixkosten 20.000,00 EUR; variable Kosten je Stück 1.000,00 EUR; Preis 2.000,00 EUR

   a) Ergänzen Sie die Tabelle.

Prod.-menge in Stück	Fixkosten in Euro	Variable Kosten in Euro	Gesamtkosten in Euro	Stückkosten in Euro	Umsatzerlöse in Euro	Gewinn (Verlust) in Euro
5	20.000,00					
10						
15						
20						
25						
30						
35						
40						
45						
50						

   b) Berechnen Sie die Nutzenschwelle (Gewinnschwelle) mit Formeln und überprüfen Sie Ihr Ergebnis anhand der Tabelle.
   c) Bei welcher Menge liegt das Gewinnmaximum?
   d) Welche Spalte zeigt das Gesetz der Massenproduktion?
   e) Zeichnen Sie ins obere Koordinatensystem die Kosten- und Umsatzfunktion, ins untere Koordinatensystem den Preis und die Stückkosten. Bezeichnen Sie die Nutzenschwelle und das Gewinnmaximum.

5. Ein Betrieb erzeugt bei normaler Kapazitätsausnutzung monatlich 12.000 Stück bei 60.000,00 EUR Gesamtkosten, wovon ein Fünftel fixe Kosten sind. Verkaufspreis: 6,20 EUR.
   a) Welcher Beschäftigungsgrad entspricht einer monatlichen Ausbringung von 7.200 Stück?
   b) Wie viel Euro betragen Gewinn, fixe und variable Kosten insgesamt und je Stück bei Vollbeschäftigung?
   c) Wie viel Euro betragen Gesamtgewinn und Stückgewinn bei einer Fertigung von 9.000 Stück?
   d) Bei welcher Fertigungsmenge liegt die Nutzenschwelle?
   e) Wie verschiebt sich die Nutzenschwelle, wenn Gesamtkosten und Verkaufspreis gleich bleiben, aber die fixen Kosten zwei Fünftel der Gesamtkosten bei normaler Kapazitätsausnutzung betragen?

6. Ausbringung eines Betriebes bei 100%iger Kapazitätsauslastung: 800 Stück.
   Gesamtkosten bei 80 % Kapazitätsauslastung: 88.000,00 EUR
   Gesamtkosten bei 90 % Kapazitätsauslastung: 96.000,00 EUR
   Ermitteln Sie die variablen Stückkosten und die Fixkosten.

7.

Produktionsverfahren I:	variable Stückkosten	200,00 EUR
	Fixkosten	10.000,00 EUR
Produktionsverfahren II:	variable Stückkosten	300,00 EUR
	Fixkosten	8.000,00 EUR

   a) Wo liegt die kritische Menge?
   b) Bei welchen Produktionsmengen ist Verfahren I, bei welchen Verfahren II günstiger?

2.10 Rationalisierung

Stofftelegramm

Rationalisierung = Maßnahmen zur Verbesserung der Arbeitsabläufe zum Zweck der Steigerung der Wirtschaftlichkeit und Produktivität.

Anlässe der Rationalisierung

- Erhaltung der internationalen (globalen) Wettbewerbsfähigkeit
- Arbeitskräftemangel: Übertragung von Routinearbeiten auf Maschinen
- starker Preiswettbewerb → Kostensenkung notwendig
- Übertragung unangenehmer Arbeiten auf Maschinen
- momentane Produktivität unbefriedigend
- neue Fertigungstechnologien wurden entwickelt
- Ersatz veralteter Produktionstechnik ...

Ziele der Rationalisierung

- Verbesserung der Betriebsabläufe
- Verbesserung der Arbeitsbedingungen
- Erhöhung der Produktivität
- Erhöhung der Wirtschaftlichkeit
- Erhöhung der Rentabilität
- Kostensenkung
- Qualitätsverbesserung
- Ertragssteigerung
- humanere Arbeitsbedingungen
- Umweltverträglichkeit

Einzelmaßnahmen der Rationalisierung

Ersatz unwirtschaftlicher Anlagen (Trend zur Automation)

Automation: Einsatz von sich selbstständig steuernden Maschinen (Teilautomation) und evtl. sich zusätzlich kontrollierenden Maschinen (Vollautomation)
→ Kosten- und Umweltvorteile, höhere Leistungsfähigkeit ...

Standardisierung

Normung:	Typung:	Spezialisierung:	Baukastensystem:
Vereinheitlichung v. Einzelteilen (z. B. Gewindegrößen) und nicht zusammengesetzten Endprodukten (z. B. Filme, Flaschen) Zuständig: **D**eutsches **I**nstitut für **N**ormung (**DIN**)	Vereinheitlichung ganzer zusammengesetzter Produkte (z. B. Fertighaus, Auto)	Produktionsprogramm auf wenige Produktarten beschränken	• Genormte Einzelteile werden zu verschiedenen Typen zusammengesetzt. • Folge: Kundenwünsche durch verschiedene Zusammensetzung der einzelnen Baugruppen berücksichtigungsfähig

Vorteile:	Nachteile:
• Kostensenkung (Produktion größerer Mengen) • Ersatzteilbeschaffung erleichtert • Konstruktionen erleichtert • Verkleinerung Lager (weniger Teile) • kürzere Lieferzeiten • erleichterter Einkauf und Verkauf • geringeres Absatzrisiko	• weniger Produktvielfalt • Kreativitätsbeschränkung • weniger Auswahlmöglichkeiten des Käufers (vgl. jedoch Baukastensystem!) • krisenanfällig bei Wandel der Verbraucherwünsche

Arbeitsteilung

Artteilung (= Arbeitszerlegung): Jede Teilarbeit wird von einer anderen Arbeitskraft ausgeführt.
Mengenteilung: Alle Mitarbeiter machen dieselben Arbeitsgänge.

Ganzheitliche Rationalisierungskonzepte

Industrie 4.0

- **Industrie 4.0** = computerunterstütztes integriertes Produktionssystem = höchste Automationsstufe: Alle Fertigungs-, Materialbereiche und Verwaltung sind untereinander durch ein einheitliches Computersystem verbunden – zentrale Datenbank.
- Ein komplexes Computerprogramm plant, steuert und überwacht alle betrieblichen Prozesse vom Kundenauftrag bis zur Auslieferung und Fakturierung.
- **PPS** = computergestützte Produktionsplanung und -steuerung (= Software-System)
- **Vorteile:**
  - hohe Flexibilität in jeder Hinsicht
  - zeit- und kostensparend (Produktionszeiten kürzer, bessere Kapazitätsauslastung)
  - weniger Störungen im Fertigungsablauf
  - Stärkung der Marktstellung (Kundenwünsche besser berücksichtigt, Termintreue, höhere Produktqualität, schnellerer Service ...)

Schlanke Fabrik („Lean Production“ bzw. „Lean Management“)

Stichworte zur „Schlanken Fabrik“:

- Unternehmen ist eine **Sinngemeinschaft** der dort arbeitenden Menschen.
- Menschen sollen sich mit dieser Sinngemeinschaft **identifizieren** und sich **gemeinsam** um das Wohlergehen des Unternehmens bemühen.
- Der arbeitende **Mensch** ist im **Mittelpunkt**; er soll seine Kräfte optimal entfalten können.
- Jede Art von **Verschwendung** ist zu **vermeiden** (keine unnötigen Lagerbestände, optimal ausgenutzte Kapazitäten, wenig Ausschuss, keine Fehler aufgrund mangelnder **Motivation** bzw. mangelnder **Identifikation** mit den Unternehmenszielen).

  → „**Abspecken**“ dieser Verschwendung! Unternehmen muss „**schlank**“ („**lean**“) werden! (z. B. Abbau von Instanzen in der Verwaltung, Bildung dezentraler Unternehmenseinheiten mit eigener Verantwortung, Bildung effizienter Teams)
- Entscheidend ist **Teamarbeit** (Gruppenarbeit): Die **Gruppe** arbeitet kreativer, produktiver, flexibler als der Einzelne.
- Jeder Einzelne übernimmt ein hohes Maß an **Eigen- und Teamverantwortung.**
- Ziel: optimales **Zusammenwirken** von Mensch, Organisation und Maschinen
- **Kommunikation** zwischen den Teams – keine Konkurrenz
- Anwendung des **Just-in-time**-Systems = **JIT**
- **Just-in-Sequence (JIS)** = Systemlieferant liefert direkt auf dem Werksgelände des Herstellers in die Produktionssequenz (z. B. Autositz in das entsprechende Auto).
- Anwendung des **Qualitätsmanagements**
- **K**ontinuierlicher, das ganze Unternehmen betreffender **V**erbesserungs**p**rozess = „**KVP**“ („**Kaizen**“: kontinuierliches Verbessern der Prozesse in kleinen Schritten)
- Bei allen Mitarbeitern ist ein grundlegender **Bewusstseinswandel** notwendig.

Auswirkungen der Rationalisierung

Produktivität $= \frac{\text{Produktionsmenge}}{\text{Faktoreinsatzmenge}}$

Arbeitsproduktivität $= \frac{\text{Produktionsmenge}}{\text{Arbeitsstunden}}$

Kapitalproduktivität $= \frac{\text{Produktionsmenge}}{\text{Kapitaleinsatz in Euro}}$

- rein mengenmäßiges Verhältnis
- technische Ergiebigkeit der Produktion
- Produktivität sollte durch Rationalisierung steigen

Wirtschaftlichkeit $= \frac{\text{Produktionsmenge} \cdot \text{Preis}}{\text{Faktoreinsatzmenge} \cdot \text{Preis}} = \frac{\text{Leistung}}{\text{Kosten}}$

- wertmäßiges Verhältnis
- Wirtschaftlichkeit sollte steigen

Probleme der Rationalisierung

- Hohe Investitionen: evtl. Finanzierungsprobleme für Kleinbetriebe
- Hohe Fixkosten: hohes Unternehmerrisiko bei Absatzrückgang
- geringe Anpassungsfähigkeit an Marktänderungen
- eintönige Arbeiten (Gesundheitsprobleme, wenig Erfolgserlebnisse)
- evtl. Entlassungen bei Rationalisierungsmaßnahmen

Aufgaben

1. a) Was versteht man unter **Rationalisierung**?
   b) Nennen Sie je drei Anlässe und Ziele der Rationalisierung.

2. Nennen Sie je vier Vor- und Nachteile der **Automation**.

3. Wann ist es sinnvoll, bestimmte Fertigungsbereiche zu automatisieren?

4. Unterscheiden Sie **Normung, Typung** und **Spezialisierung**.

5. a) Was versteht man unter **Baukastensystem**?
   b) Welchen Vorteil hat das Baukastensystem für den Kunden?

6. Nennen Sie fünf Vorteile und drei Nachteile der **Standardisierung**.

7. Erklären Sie die **Art- und Mengenteilung** im Zusammenhang mit der Arbeitsteilung.

8. Nennen Sie zwei **ganzheitliche Rationalisierungskonzepte**.

9. Erklären Sie den Begriff **„Rechnergesteuerte Fabrik“**.

10. Welche entscheidenden Vorteile verspricht man sich bei Einführung des CIM-Konzeptes (der **rechnergesteuerten Fabrik**)?

11. Beschreiben Sie stichwortartig die **„Schlanke Fabrik“ („Lean Production“ bzw. „Lean Management“)**.

12. Was versteht man unter **„Kaizen"**?

13. Unterscheiden Sie **Produktivität** und **Wirtschaftlichkeit**.

14. Warum kann die Wirtschaftlichkeit trotz Konstanz der Produktivität steigen?

15.

	Jahr 1	Jahr 2
Rohstoffverbrauch	100.000 m	120.000 m
Produzierte Schränke	50.000 Stück	70.000 Stück
Rohstoffpreis je m	2,00 EUR	3,00 EUR
Verkaufspreis je Schrank	300,00 EUR	300,00 EUR

a) Ermitteln Sie für beide Jahre die Produktivität und Wirtschaftlichkeit.
b) Beurteilen Sie die ermittelten Kennzahlen.

16.

	Monat 1	Monat 2
Produktion	2.000 Stück	2.400 Stück
Arbeitsstunden	3.840 Std.	4.416 Std.

Der Einsatz von Maschinen, Werkzeugen usw. blieb konstant.

Ermitteln Sie die Arbeitsproduktivitäten.

Worauf beruht die Veränderung?

17. Nennen Sie mehrere, sich evtl. aus Rationalisierungsmaßnahmen ergebende Probleme.

18. Die Ernst Broog GmbH ist ein Unternehmen der Büromöbelindustrie, das sich auf die Herstellung und den Vertrieb von Produkten für den schulischen Einsatzbereich spezialisiert hat. Im Rahmen des Produktions-Controllings sollen für den Monat Oktober folgende Kennzahlen berechnet werden:
- Produktivität,
- Wirtschaftlichkeit und
- Rentabilität.

a) Berechnen Sie diese Kennzahlen auf der Basis der folgenden Angaben:

Ausbringungsmenge	1.000 Stück
Geleistete Arbeitsstunden	3.200 Stunden
Gesamtkosten	280.000,00 EUR
Umsatzerlöse	350.000,00 EUR
Eingesetztes Kapital	750.000,00 EUR

b) Wie können Sie diese Kennzahlen positiv beeinflussen? Zeigen Sie der Broog GmbH für jede Kennzahl eine konkrete Maßnahme auf.

2.11 Prüfungsaufgaben

Prüfungsaufgaben Winter 2014/2015 (Aufgabe 1)

Die Bite GmbH in Rastatt ist ein mittelständisches Unternehmen aus der Möbelbranche und stellt u. a. hochwertige Tische in verschiedenen Ausführungen her.

Ihr Vorgesetzter Peter Müller, Abteilung Produktionsplanung, bittet Sie als neuen Mitarbeiter für das Erzeugnis Tisch AS2 um Unterstützung bei folgenden Aufgaben.

1.1
- Erfassen Sie alle erforderlichen Baukastenstücklisten mit der Bezeichnung und der Mengenangabe (**Anlagen 1 und 2**).
- Erstellen Sie die Strukturstückliste, die sich aus der vorliegenden Erzeugnisstruktur ergibt, auf dem Lösungsblatt (**Anlage 3**).
- Begründen Sie den Sinn der Strukturstückliste für die Produktionsplanung.

1.2 Die Bite GmbH produziert nach dem Baukastenprinzip.

Erläutern Sie drei damit verbundene Vorteile.

1.3 Es liegt eine Kundenbestellung über 50 Tische AS2 vor.
- Ermitteln Sie im Arbeitsplan die Auftragszeit für die Baugruppen B1, B2 und B3 und berechnen Sie die Gesamtauftragszeit für diese Bestellung (**Anlage 4**).
- Erklären Sie die Begriffe „Rüstzeit“ und „Ausführungszeit“.

Derzeit ist unsere Fertigungskapazität auch ohne diese Kundenbestellung voll ausgelastet. Schlagen Sie zwei Maßnahmen vor, wie Sie diese Tische dennoch termingerecht herstellen können.

1.4 Berechnen Sie den Nettobedarf an Scharnieren (T7) für die oben genannte Bestellung über 50 Tische AS2 bei einem verfügbaren Lagerbestand von 20 Stück und einem Bestellbestand (Menge in Bestellung) von 60 Stück. Für die Baugruppen B1, B2 und B3 sind keine Lagerbestände vorhanden.

1.5 Herr Müller überlegt, ob es kostengünstiger ist, die Baugruppe B2 alternativ von einem Zulieferer fertigen zu lassen. Er beauftragt Sie, die kritische Menge zu berechnen. Die relevanten Daten entnehmen Sie der Aufstellung aus dem Controlling (**Anlage 5**).
- Skizzieren Sie die Kostenverläufe und unterbreiten Sie ihm aufgrund Ihrer Berechnungen einen Vorschlag.
- Erläutern Sie anhand von zwei Beispielen, welche weiteren Überlegungen bei der Entscheidung Eigenfertigung bzw. Fremdbezug berücksichtigt werden sollten.

1.6 Die Baugruppe B1 wird bisher in Serie mit der Losgröße 600 gefertigt (**Anlage 5**).
- Ermitteln Sie in einer übersichtlichen Tabelle die optimale Losgröße. Gehen Sie dabei von 1 bis 5 Fertigungslosen aus.
- Geben Sie eine Handlungsempfehlung mit Begründung ab.

Anlage 1: Teileliste

Tisch AS2

	Bezeichnung
E (Erzeugnis)	E1 = Tisch AS2
B (Baugruppen)	B1 = Schublade
	B2 = Plattenaufsatz
	B3 = Schiebevorrichtung
T (Einzelteile)	T1 = Schraube
	T2 = Tischbein
	T3 = Verstrebung
	T4 = Schubladenboden
	T5 = Schubladenseitenwand
	T6 = Schubladenrückwand
	T7 = Scharniere
	T8 = Mengeneinheit Leim
	T9 = große Tischplatte
	T10 = kleine Tischplatte
	T11 = Halterung

Anlage 2: Erzeugnisstruktur

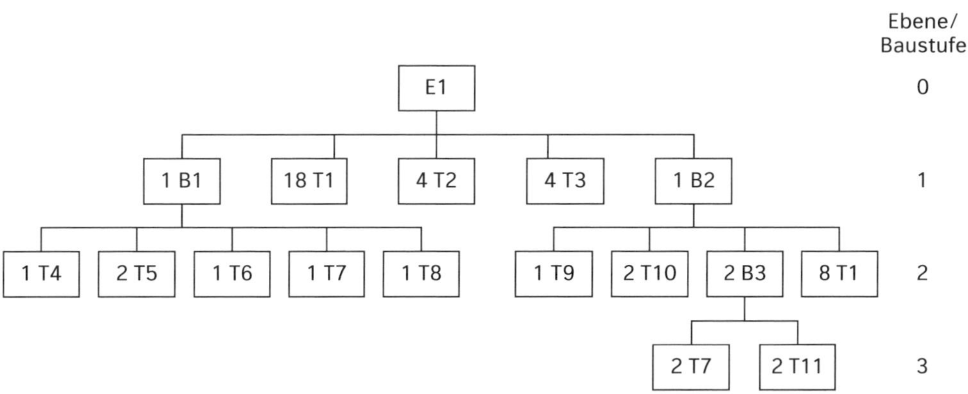

Legende:

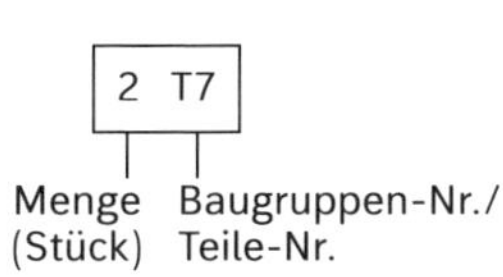

Hinweis: Die Mengenangaben beziehen sich immer nur auf die nächste Ebene bzw. Baustufe.

Anlage 3: Strukturstückliste AS2

Ebene bzw. Baustufen			Bezeichnung	Menge/Einheit

Anlage 4: Auftragsarbeitspläne für B1, B2 und B3

Baugruppe B 1		Arbeitsplatz	Rüstzeit in Min.	Ausführungszeit in Min.	Ausführungszeit in Min. für 50 Tische	Auftragszeit in Min.
T4	Schubladenboden aussägen	010	25	3		
T5	2 Schubladenseitenwände aussägen	012	25	2		
T6	Schubladenrücken aussägen	015	25	2		
T7	2 Scharniere stanzen	018	50	0,5		
T8	leimen	200	25	4		

Baugruppe B 2

T9	große Tischplatte aussägen	011	25	8		
T10	2 kleine Tischplatten aussägen	013	25	5		
T1	8 Schrauben anbringen	210	12,5	2		

Baugruppe B 3

T7	2 Scharniere stanzen	300	50	0,5		
T11	2 Halterungen anbringen	220	12,5	1		

	Gesamte Auftragszeit in Min.		
	Gesamte Auftragszeit in Std.		

Anlage 5: Aufstellung aus dem Controlling

Baugruppe B2

Eigenproduktion:	fixe Kosten	7.000,00 EUR
	variable Stückkosten	250,00 EUR
Fremdbezug:	Bareinkaufspreis/Stück	400,00 EUR
	Transportkosten/Stück	5,00 EUR

Baugruppe B1

Lagerhaltungskostensatz:	20 %
Herstellkosten je Stück	250,00 EUR
Auflagefixe Kosten:	1.500,00 EUR
Gesamtmenge pro Jahr:	600 Stück

Prüfungsaufgaben Sommer 2016 (Aufgabe 1, teilweise)

Die Bergmann GmbH in Ravensburg stellt Fahrräder her und legt besonderen Wert auf Qualität, Termintreue sowie eine umweltschonende Produktion. Ein großer Teil der Komponenten wird von spezialisierten Zulieferern bezogen. Der zunehmende Kostendruck zwingt das Unternehmen zur Suche nach weiterem Optimierungspotenzial für seine Beschaffungs- und Produktionsprozesse. Sie sind in der Dispositionsabteilung beschäftigt und haben die folgenden Aufgaben zu erfüllen.

1.1 Der Bergmann GmbH liegt eine telefonische Kundenanfrage über 170 Kinderräder (Artikelnummer 25000) vor. Die Verkaufsabteilung möchte noch heute, am 85. Betriebskalendertag, von Ihnen wissen, ob aus Sicht der Dispositionsabteilung eine Lieferung bis zum 104. Betriebskalendertag möglich ist.
- Führen Sie im Strukturbaum mithilfe der **Anlagen 1, 2 und 3** die Brutto- und Nettobedarfsrechnung durch.
- Ermitteln Sie die Herstellungszeit für die Alustangen (25020) mithilfe des Arbeitsplanes und führen Sie die Terminplanung für die Kundenanfrage über 170 Kinderräder (Artikelnummer 25000) durch.
- Begründen Sie, ob der gewünschte Liefertermin eingehalten werden kann.

Anlage 1

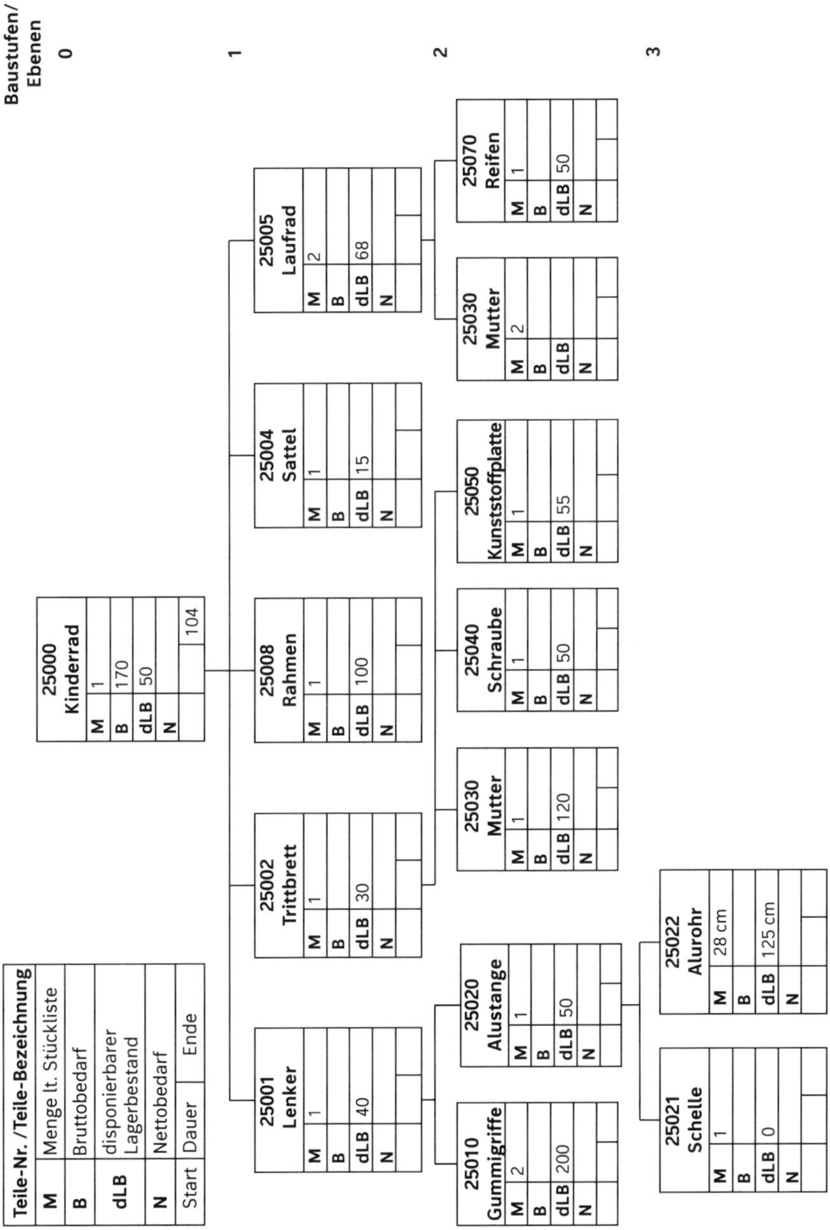
Baustufen/ Ebenen
0
1
2
3
Teile-Nr. /Teile-Bezeichnung
M Menge lt. Stückliste
B Bruttobedarf
dLB disponierbarer Lagerbestand
N Nettobedarf
Start Dauer Ende
25000 Kinderrad
M 1
B 170
dLB 50
N
104
25001 Lenker
M 1
B
dLB 40
N
25002 Trittbrett
M 1
B
dLB 30
N
25008 Rahmen
M 1
B
dLB 100
N
25004 Sattel
M 1
B
dLB 15
N
25005 Laufrad
M 2
B
dLB 68
N
25010 Gummigriffe
M 2
B
dLB 200
N
25020 Alustange
M 1
B
dLB 50
N
25030 Mutter
M 1
B
dLB 120
N
25040 Schraube
M 1
B
dLB 50
N
25050 Kunststoffplatte
M 1
B
dLB 55
N
25030 Mutter
M 2
B
dLB
N
25070 Reifen
M 1
B
dLB 50
N
25021 Schelle
M 1
B
dLB 0
N
25022 Alurohr
M 28 cm
B
dLB 125 cm
N

Anlage 2: Auszug aus den Artikelkarten

Artikel-nummer	Bezeichnung	Herstell- bzw. Wiederbeschaffungszeit	Disponierbarer Lagerbestand
25000	Kinderrad	60 Stück/Tag	50 Stück
25001	Lenker	80 Stück/Tag	40 Stück
25002	Trittbrett	30 Stück/Tag	30 Stück
25003	Rahmen	5 Tage	100 Stück
25004	Sattel	10 Tage	15 Stück
25005	Laufrad	43 Stück/Tag	68 Stück
25010	Gummigriff	4 Tage	200 Stück
25020	Alustange	? Tage	50 Stück
25021	Schelle	6 Tage	0 Stück
25022	Alurohr	14 Tage	125 cm
25030	Mutter	6 Tage	120 Stück
25040	Schraube	3 Tage	50 Stück
25050	Kunststoffplatte	7 Tage	55 Stück
25070	Reifen	8 Tage	50 Stück

Anlage 3: Arbeitsplan Alustange

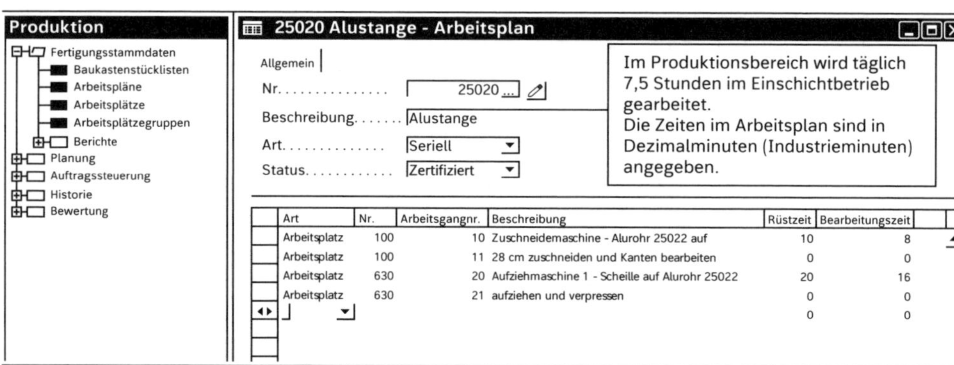

Prüfungsaufgaben Sommer 2017 (Aufgabe 1, teilweise)

Sie sind in der Dispositionsabteilung der OKEO GmbH in Mannheim beschäftigt. Diese fertigt seit 20 Jahren hochwertige Büromöbel. Zu den Kunden zählen unter anderem große Chemiekonzerne sowie mittelständische Unternehmen aus der Region. Bei der Herstellung legt die OKEO GmbH großen Wert auf Qualität, hochwertiges Design und Umweltfreundlichkeit. Unter anderem wird der Konferenztisch „Chef" hergestellt, dessen Holztischplatte fremdbezogen wird. Für diesen Konferenztisch liegen drei Kundenaufträge über insgesamt 37 Tische vor.

1.4 Ihr Abteilungsleiter bittet Sie um die Beschaffung der einzelnen Komponenten für die drei Aufträge.

1.4.1 Ermitteln Sie die Nettobedarfe für die einzelnen Komponenten mithilfe von **Anlage 5.**

1.4.2 Sie bestellen 300 Laschen der Artikelnummer 2005. Die Rechnung **(Anlage 6)** trifft mit der Lieferung ein.

- Nennen Sie sechs Prüfschritte, die beim Wareneingang durchgeführt werden müssen.
- Erstellen Sie den Buchungssatz für die Eingangsrechnung.
- Buchen Sie die Überweisung der Rechnung mit heutigem Datum.

1.5 Aufgrund der drei Kundenaufträge für den Konferenztisch „Chef" ergeben sich bei der OKEO GmbH folgende Bedarfe, die in die Produktion eingeplant werden sollen.

Auftrag Schulze KG zum 03.04.	10 Stk.
Auftrag Müller GmbH zum 27.04.	15 Stk.
Auftrag Schmitt GbR zum 24.05.	12 Stk.

Verrechnungspreis je Konferenztisch: 2.000,00 EUR; Lagerkostensatz: 9 %; Rüstkosten: 200,00 EUR.

- Ermitteln Sie anhand von vier Alternativen, ob bzw. wie die Bedarfe unter Kostengesichtspunkten zu Fertigungslosen gebündelt werden sollen.
- Entscheiden Sie sich aufgrund Ihrer Ergebnisse für eine Alternative.

1.6 Die Müller GmbH reklamiert 15 Tische, weil die „Tischbeine komplett" (Teile-Nr. 2003) defekt sind.

- Erstellen Sie die Baukastenstückliste für das „Tischbein komplett" (2003).
- Die Reklamation der Kundin Müller GmbH ist auf die fehlerhaft montierten Laschen zurückzuführen. Wie viele Laschen werden für diese Nachbesserung benötigt?
- Erstellen Sie den Teileverwendungsnachweis für die Lasche (2005) und begründen Sie dessen Notwendigkeit.

Anlage 5

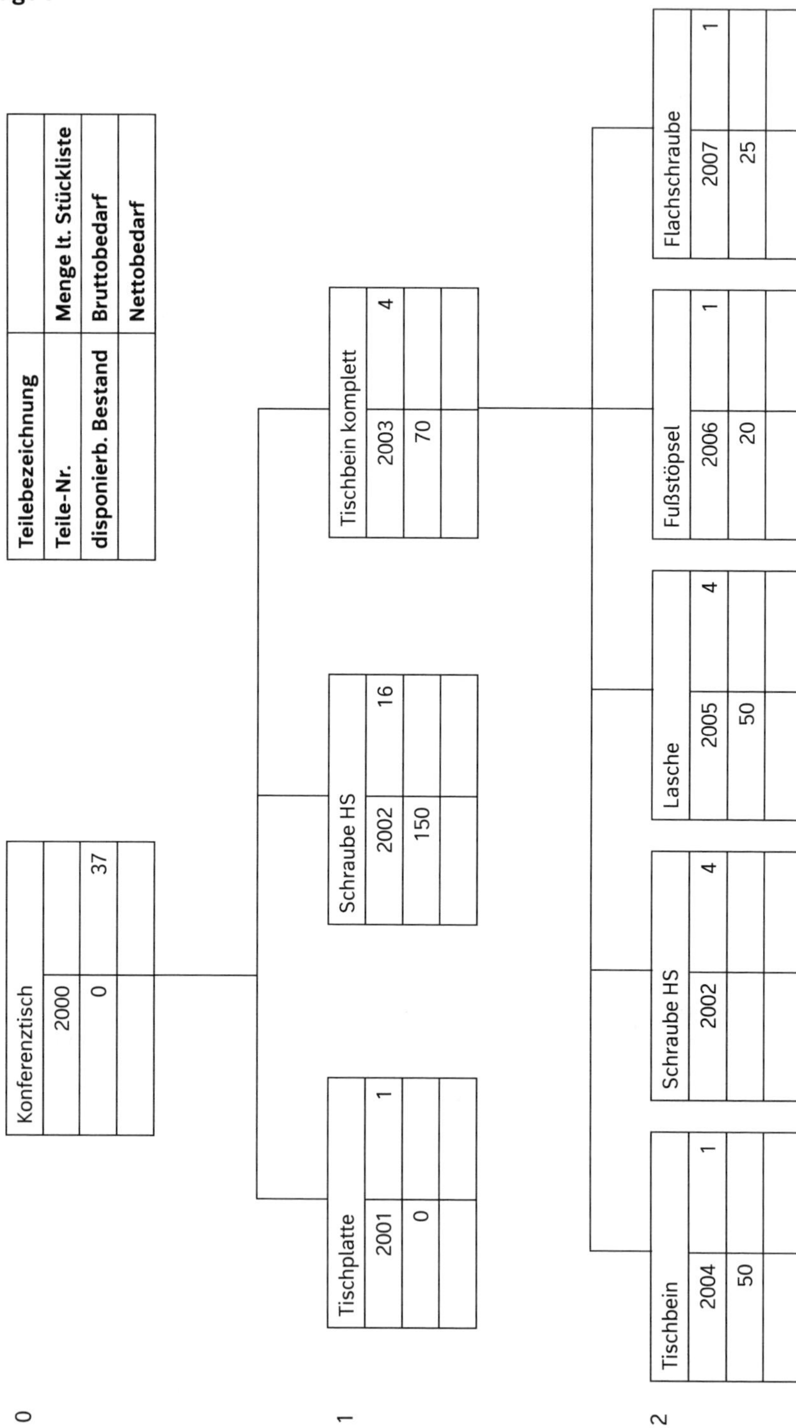
Teilebezeichnung
Teile-Nr.
Menge lt. Stückliste
disponierb. Bestand
Bruttobedarf
Nettobedarf
0
Konferenztisch
2000
0
37
1
Tischplatte
2001
1
0
Schraube HS
2002
16
150
Tischbein komplett
2003
4
70
2
Tischbein
2004
1
50
Schraube HS
2002
4
Lasche
2005
4
50
Fußstöpsel
2006
1
20
Flachschraube
2007
1
25

Anlage 6

BüroPlus GmbH

BüroPlus GmbH – Postfach 19 39 39 – 70178 Stuttgart

Ihr Zeichen: Mü
Ihre Nachricht vom: 24.04.2017
Unser Zeichen: HL
Unsere Nachricht vom: 18.04.2017

OKEO GmbH
Tattersallstr. 28 – 30
68165 Mannheim

Name: Hendrich
Telefon: 0711 99123-0
Telefax: 0711 99123-20
E-Mail: poststelle@bueroplus-gmbh.com

Datum: 28.04.2017

Rechnung Nr. 17-545

Art.-Nr.	Bezeichnung	Menge	Einzelpreis in Euro	Gesamtpreis in Euro
LA 3726	Lasche Winkel	300	3,00	900,00
		Umsatzsteuer	19 %	171,00
		Gesamtbetrag		1.071,00

Vielen Dank für Ihren Auftrag.
Zahlungsbedingung: 10 Tage 3 % Skonto, 30 Tage netto

Freundliche Grüße

BüroPlus GmbH

i. A. Max Hendrich

Hausanschrift:
BüroPlus GmbH
Hallbrunner Str. 172
70191 Stuttgart

Kommunikationsdaten:
Telefon:
0711 99123-0
Telefax:
0711 99123-20
E-Mail:
poststelle@bueroplus-gmbh.com

Geschäftsführer/-in:
Peter Wagner
Isabell Schneider

Gerichtsstand Stuttgart
HRA 3380 Stuttgart
Steuer-Nr.:
1430671722
USt-IdNr.:
DE183631402

Bankverbindung:
Stuttgarter Vereinsbank
IBAN:
DE89 3704 0044 0532 0130 00
BIC: 1122 49 22 123

3 Beschaffungsprozesse

3.1 Aufgaben, Ziele und Schnittstellen der Beschaffung

Stofftelegramm

Aufgaben im Beschaffungsprozess

- Versorgung des Betriebes mit Werkstoffen (= Roh-, Hilfs-, Betriebsstoffe, Fremdbauteile), Handelswaren und Dienstleistungen
- Beschaffungsplanung
- Angebotsvergleiche durchführen
- Kaufverträge abschließen/kontrollieren
- Beschaffungsmarktforschung
- Lagerverwaltung/-optimierung
- ABC-Analysen
- Beschaffungslogistik: Planung und Steuerung des Material- und Informationsflusses

Ziele der Beschaffung

- „richtige(n)" Güter, Menge, Qualität, Zeit, Ort, Preis beschaffen
- Kostenminimierung: Beschaffungs-, Lager-, Fehlmengenkosten
- Sicherung der Produktions- und Lieferbereitschaft

Schnittstellen und Zielkonflikte

Absatzplan → Produktionsplan → Materialplanung
Absatzprozesse → Produktionsprozesse → Beschaffungsprozesse

- Schnittstellen zu **Absatzprozessen:** Infos aus dem Absatzbereich (Absatzpläne) bestimmen letztlich (über den Produktionsplan) den Materialbedarf.
- Schnittstellen zu **Produktionsprozessen:** Produktionsplan = Basis für Materialbedarfsermittlung
- Schnittstellen zu **Finanzprozessen:** Finanzierung der Materialbeschaffung + Lagerhaltung
- **Zielkonflikte** zwischen Absatz-, Produktions-, Material- und Finanzierungsbereich möglich, z. B.:
  - Vorstellung Produktionsbereich: stets ausreichend hohe Lagerbestände
  - Vorstellung Finanzierungsbereich: geringe Lagerbestände (Lagerkosten! Kapitalbindung ...!)
  - Vorstellung Absatzbereich: stetige Lieferbereitschaft = hohe Fertigwarenlagerbestände

Werkstoffe, Handelswaren, Dienstleistungen

Werkstoffe = Roh-, Hilfs- und Betriebsstoffe und Fremdbauteile

• **Rohstoffe:**	Hauptbestandteil des Produkts	**Beispiel:**	*Holz bei Schrankproduktion*
• **Hilfsstoffe:**	Nebenbestandteile des Produkts	**Beispiel:**	*Leim bei Möbelproduktion*
• **Betriebsstoffe:**	nicht Produktbestandteil	**Beispiele:**	*Strom, Benzin, Schmiermittel*
• **Fremdbauteile:**	unveränderte Produktbestandteile	**Beispiele:**	*Schlösser, Beschläge*
• **Handelsware:**	verkaufsfähige Produkte, die nicht selber hergestellt werden	**Beispiele:**	*Möbelpolitur, Fahrradkörbe, Fahrradhelme*
• **Dienstleistungen:**	Leistungen, die nicht unmittelbar der Produktion dienen	**Beispiele:**	*Reparaturservice, Beratungsleistungen (Rechtsanwalt, Steuerberater)*

Aufgaben

1. Nennen Sie a) fünf Aufgaben, b) drei Ziele der Materialwirtschaft.
2. Beschreiben Sie kurz die Schnittstellen der Materialwirtschaft zu den anderen Bereichen.
3. Definieren Sie kurz: Roh-, Hilfs-, Betriebs-, Werkstoffe, Fremdbauteile, Handelswaren.

3.2 Beschaffungsplanung

Stofftelegramm

Beschaffungsplanung → Mengen- und Zeitplanung: sind abhängig vom Produktions- und Absatzplan

Mengenplanung

- **Bedarfsmengen:** von den Betriebsabteilungen angeforderte Materialmenge innerhalb einer bestimmten Periode
- **Bestellmengen:** jeweils tatsächlich bestellte Menge
  - Hohe Bestellmenge: **geringe Beschaffungskosten** durch Mengenrabatte, günstige Liefer- und Zahlungsbedingungen, reduzierte Zahl der Bestellungen – jedoch **hohe Lagerkosten**
  - Geringe Bestellmengen: analog

Optimale Bestellmenge:

Lagerhaltungskosten

- Lagerunterhaltung (Miete, Kühlung),
- Lagerverwaltung (Gehälter),
- Kosten des Lagerrisikos (Schwund, Alterung),
- Lagerzinsen

steigen mit zunehmendem Lagervorrat.

→ mengenabhängig

Bestellkosten

- Bearbeitung der Bedarfsmeldung,
- Angebotseinholung,
- Wareneingangsprüfung,
- Rechnungsprüfung

fallen pro Bestellvorgang an.

→ mengen**un**abhängig

ZIEL: minimale Lagerhaltungskosten

→ kleine Bestellmengen

ZIEL: minimale Bestellkosten

→ große Bestellmengen

?

Optimale Bestellmenge:

Beschaffungsmenge, bei der die Summe aus Lagerhaltungs- und Bestellkosten am niedrigsten ist

= Minimum der Gesamtkosten
= Schnittpunkt von Lagerhaltungs- und Bestellkosten

Tabellarische Lösung der optimalen Bestellmenge

Gegeben:
Gesamtbedarf: 45.000 Stück
Listenpreis: 12,00 EUR/Stück
Bestellkosten: 300,00 EUR pro Bestellung
Lagerkostensatz in %: 25 pro Jahr

Bestellmenge in Stück	Anzahl der Bestellungen	Bestellkosten	Durchschnittlicher Lagerbestand (LB) in Stück	Lagerwert	Lagerkosten	Gesamtkosten
1.000	45	13.500,00 EUR	500	6.000,00 EUR	1.500,00 EUR	15.000,00 EUR
2.000	22,5[1]	6.750,00 EUR	1.000	12.000,00 EUR	3.000,00 EUR	9.750,00 EUR
3.000	15	4.500,00 EUR	1.500	18.000,00 EUR	4.500,00 EUR	9.000,00 EUR
4.000	11,25	3.375,00 EUR	2.000	24.000,00 EUR	6.000,00 EUR	9.375,00 EUR
5.000	9	2.700,00 EUR	2.500	30.000,00 EUR	7.500,00 EUR	10.200,00 EUR
6.000	7,5	2.250,00 EUR	3.000	36.000,00 EUR	9.000,00 EUR	11.250,00 EUR
7.000	6,43	1.928,57 EUR	3.500	42.000,00 EUR	10.500,00 EUR	12.428,57 EUR
8.000	5,63	1.687,50 EUR	4.000	48.000,00 EUR	12.000,00 EUR	13.687,50 EUR

Formeln:

Anzahl der Bestellungen = Gesamtbedarf : Bestellmenge in Stück
Bestellkosten = Bestellkosten pro Bestellung · Anzahl der Bestellungen
Durchschnittlicher LB in Stück = Bestellmenge in Stück : 2
Lagerwert = durchschnittlicher LB in Stück · Listenpreis
Lagerkosten = Lagerwert · Lagerkostensatz in %
Gesamtkosten = Bestellkosten + Lagerkosten

Die optimale Bestellmenge ist **nicht** realisierbar, wenn:
- Lager zu klein
- Geld nicht vorhanden
- Lieferant bietet nur vorgegebene Mengeneinheiten pro Verpackung an
- saisonale Unterschiede

Grafische Lösung der optimalen Bestellmenge – Kostenverläufe

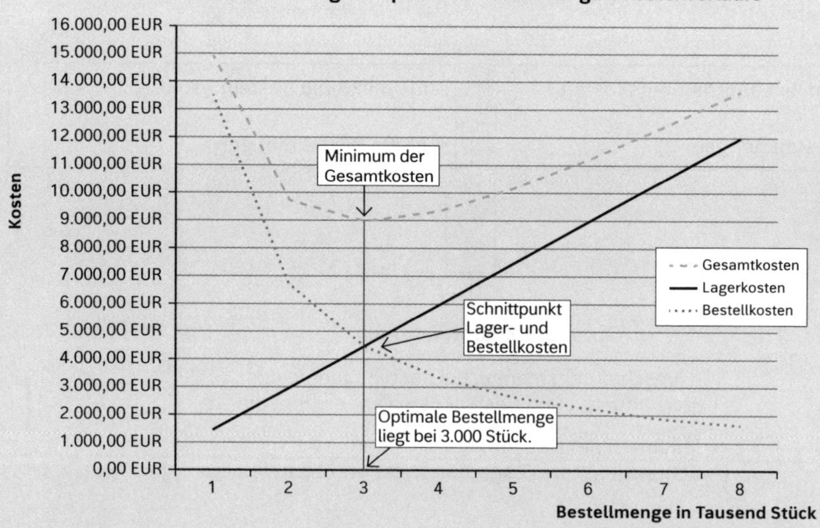

[1] *Sollten keine ganzen Werte als Ergebnis herauskommen, kann mit diesen weitergerechnet werden. In der Praxis macht z. B. eine 0,5 Bestellung keinen Sinn.*

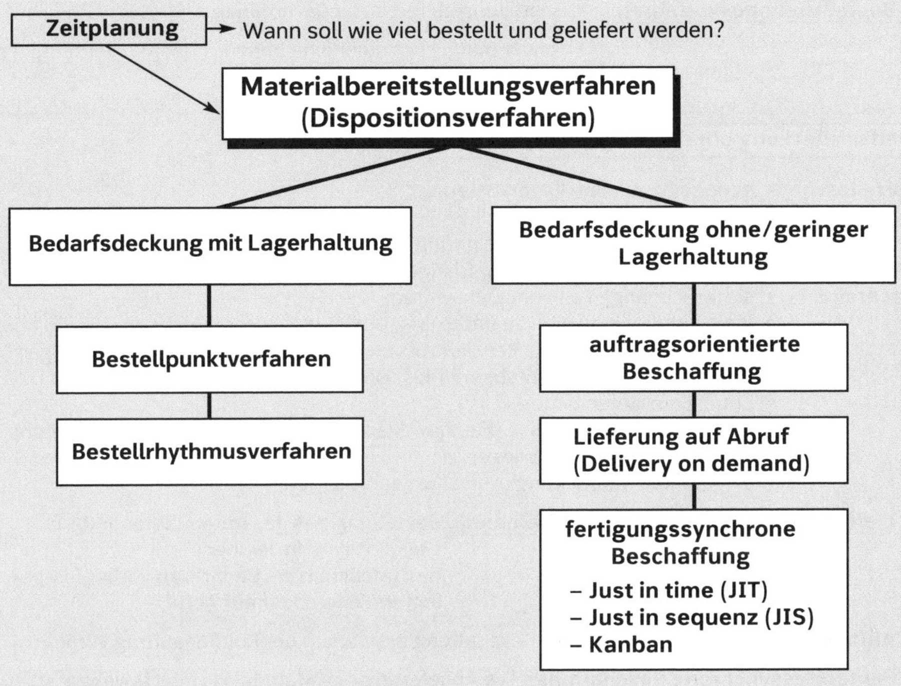

Bedarfsdeckung mit Vorratshaltung (Vorratsbeschaffung)

Vorteile:
- Preisvorteile durch Großeinkäufe
- starke Stellung gegenüber Lieferanten bei Großbestellungen (Preispolitik)
- ständige Lieferbereitschaft
- Ausgleich von Schwankungen bei Beschaffung, Produktion, Absatz

Wichtig: Vorratshaltung nur sinnvoll, wenn Preisvorteile durch Großeinkäufe > höhere Lagerkosten!

1. Bestellpunktverfahren: Bestellung erfolgt, wenn Meldebestand (= Bestellpunkt) erreicht.

Meldebestand = täglicher Verbrauch · Lieferzeit + Mindestbestand

Vorteile:
- gleichmäßigere Lagerhaltung, da nach Bedarf (Erreichen des Meldebestands) bestellt wird
- flexibler, da keine festen Lieferzeitpunkte
- geringere Lieferantenbindung

Nachteile:
- Meldebestandsüberwachung notwendig
- evtl. ungünstigere Konditionen, da geringere Lieferantenbindung
- unregelmäßige Bestellzeitpunkte

2. Bestellrhythmusverfahren:
- Bestellung zu festen Lieferterminen
- Anwendung: kontinuierliche Serien- oder Massenfertigung
- Beschaffung von C-Gütern

Bedarfsdeckung ohne/geringer Vorratshaltung

Vorteile:
- geringe bzw. keine Lagerkosten
- geringes bzw. kein Lagerrisiko
- geringe bzw. keine Kapitalbindung
- evtl. Preisvorteile durch langfristige Lieferverträge

Nachteile:
- starke Abhängigkeit vom Lieferanten
- Viele Lieferer sind evtl. zu unflexibel, um jeweils sofort liefern zu können (evtl. Lieferterminprobleme). Bei Lieferproblemen evtl. Produktionsstopp (Gegenmaßnahmen: Sicherheitsbestände, Konventionalstrafen vereinbaren, Ersatzlieferanten halten)
- evtl. hohe Einkaufspreise (Kauf jeweils kleiner Mengen), wenn keine langfristigen Lieferverträge vorliegen
- evtl. höhere Verpackungs- und Transportkosten

1. Lieferung auf Abruf (Delivery on demand): Bestellung des gesamten Jahresbedarfs. Geliefert wird in Teilmengen entsprechend des tatsächlichen Bedarfs zu vorher festgelegten Zeiten oder auf Abruf.

2. Auftragsorientierte Beschaffung: Beschaffung erst, wenn der Kundenauftrag vorliegt.

3. Fertigungssynchrone Beschaffung: Die Anlieferung des Materials erfolgt jeweils erst, wenn in der Produktion benötigt.

Folge: Lagerhaltung entfällt (außer Sicherheitsreserve)

Notwendig: exakte Fertigungsplanung, zuverlässige Lieferanten

Extremfall: tägliche, evtl. stündliche Anlieferung auf Anforderung (**„Just in time“**)

Anwendung: insbesondere bei Serien- und Massenfertigung

Just in sequenz: Lieferer ist eingebunden in die Produktion des Herstellers. z. B.: Das Produktionsband vom Autositzzulieferer ist mit dem Produktionsband vom Autohersteller verbunden und liefert genau in den Produktionstakt.
Voraussetzung: enge Vernetzung/Abstimmung der Partner

Kanban[1]: selbststeuernder Beschaffungskreislauf auf Basis des Holprinzips (Pull-Prinzip)
Grundlage: Tauschsystem von Behältern – leerer Behälter mit Material in der Produktion löst einen Beschaffungsprozess beim Lieferer aus.
Folge: geringe Lagerhaltung
Anwendung: interne und externe Lieferer

[1] *kanban = Karte (jap.)*

Aufgaben

1. Welche zwei Planungsbereiche umfasst die **Beschaffungsplanung?**

2. Unterscheiden Sie **Bedarfsmenge** und **Bestellmenge**.

3. „Das Problem der **optimalen Bestellmenge** resultiert aus entgegengerichteten Kostengrößen."
   a) Welche Kostengrößen sind gemeint?
   b) Wann ist die optimale Bestellmenge verwirklicht?

4.

a) Täglicher Verbrauch:	600 Stück	Eiserner Bestand:	5.000 Stück
Lieferzeit:	8 Tage	**Meldebestand**?	
b) Täglicher Verbrauch:	600 Stück	Meldebestand:	12.000 Stück
Lieferzeit:	8 Tage	**Eiserner Bestand**?	
c) Meldebestand:	14.000 St.	Eiserner Bestand:	6.000 Stück
Lieferzeit:	8 Tage	**Täglicher Verbrauch**?	
d) Meldebestand:	14.000 St.	Eiserner Bestand:	6.000 Stück
Täglicher Verbrauch:	2.000 St.	**Lieferzeit**?	

5. Nennen Sie die typischen **Beschaffungsalternativen**.

6. Erklären Sie kurz folgende Begriffe:
   - **Bestellpunktverfahren**
   - **Bestellrhythmusverfahren**
   - **Delivery on demand**
   - **fertigungssynchrone Beschaffung**

7. Nennen Sie Vor- und Nachteile
   a) des **Bestellpunktverfahrens** im Vergleich zum **Bestellrhythmusverfahren**,
   b) der **fertigungssynchronen Beschaffung**.

3.3 ABC-Analyse

Stofftelegramm

ABC-Analyse → Methode zur Feststellung derjenigen Materialien, denen bei der Beschaffung besondere Aufmerksamkeit gewidmet werden sollte, sowie derjenigen Materialien, die aus wirtschaftlichen Gründen weniger Beachtung finden sollten

A-Güter
- Meist wenige Materialsorten, die jedoch teuer und/oder häufig benötigt werden und somit den überwiegenden Teil des gesamten Verbrauchswertes repräsentieren
- großer Einfluss auf die Wirtschaftlichkeit des Materialwesens
- gebräuchliche Grenzwerte: 70 %–80 % des gesamten Verbrauchswertes

Folge: Beschaffungspolitik insbesondere auf A-Güter konzentrieren!

- intensive Bemühung um gute Preise, Liefer- und Zahlungsbedingungen
- Lagerbestand an A-Gütern gering halten (aufgrund der Kapitalbindung!)
- bedarfsgesteuerte Materialdisposition, evtl. Kauf auf Abruf
- exakte Termin-, Qualitäts-, Rechnungs-, Bestands- und Verbrauchskontrollen
- exakte Lagerbuchführung für diese A-Güter

B-Güter
- mittelwertige Güter; fließende Übergänge zu A/C-Gütern

C-Güter
- viele geringwertige Materialsorten
- repräsentieren nur einen kleinen Teil des gesamten Verbrauchswertes
- geringer Einfluss auf die Wirtschaftlichkeit des Materialwesens
- unbedeutend

Folge: eine intensive Beschäftigung mit C-Gütern wäre unwirtschaftlich; daher:

- Beschaffungsaktivitäten klein halten
- großzügige Lagerhaltung (Kapitalbindung ist nur gering)
- weniger Kontrollen

ABC-Schranke Prozentuale Grenzwerte für A/B/C-Güter, z. B.: 80 % : 15 % : 5 % des gesamten Verbrauchswertes

Aufgaben

1. Definieren Sie den Begriff **ABC-Analyse**.

2. a) Was versteht man unter A-, B- und C-Gütern?

   b) Welche Konsequenzen ergeben sich aus der Feststellung, dass eine Materialart den A-Gütern zugeordnet wird?

3. **Rechenbeispiel zur ABC-Analyse:**

   a) Ergänzen Sie die Tabelle. ABC-Schranke: A: bis 85 %; B: 86 %–95 %; C: über 95 %

   b) Auf welche Artikel werden Sie Ihre Beschaffungsaktivitäten konzentrieren (Begründung)?

   c) Ergänzen Sie folgende Lücken: Anhand der obigen Tabelle wird festgestellt, dass nur ... % (A-Güter) unserer Güter einen Verbrauchswert von ... % des gesamten Verbrauchswertes ausmachen.

Art.-Nr.	Verbrauch/Jahr in Euro	% der Gesamtmenge		% des ges. Verbrauchswertes		Gut? ABC
		einfach	kumuliert	einfach	kumuliert	
1	400.000,00	10				
2	280.000,00	10				
3	80.000,00	10				
4	20.000,00	10				
5	6.000,00	10				
6	4.000,00	10				
7	4.000,00	10				
8	3.000,00	10				
9	2.000,00	10				
10	1.000,00	10				
∑						

3.4 Beschaffungsmarktforschung

Stofftelegramm

Beschaffungsmarktforschung Systematische Untersuchung der Beschaffungsmärkte (Marktanalysen/Marktbeobachtung → vgl. **„Absatzprozesse"**)

Preisplanung

- Ermittlung des maximal aufwendbaren Einkaufspreises (Rückwärtskalkulation: vom gegebenen Verkaufspreis rückwärts den Einkaufspreis ermitteln – vgl. „Steuerung und Kontrolle")
- Beobachtung der Preise, Liefer- und Zahlungsbedingungen

Bezugsquelleninformationen

- **Interne Bezugsquelleninformation:** Verwendung von im Betrieb vorhandenen (internen) Bezugsquellen. **Beispiele:** *Waren-, Liefererdateien, Außendienst*
- **Externe Bezugsquelleninformation:**
  - Messen, Ausstellungen
  - Internet, elektronische Marktplätze (z. B. B2B)
  - Fachzeitschriften
  - Prospekte
  - Bezugsquellenverzeichnisse („Wer liefert was?", „ABC der Deutschen Wirtschaft", Gelbe Seiten ...)
- **Lieferantencheckliste:**
  - Fragen über alle wichtigen Einkaufsbedingungen
  - Zusendung an Lieferanten mit Bitte um Beantwortung
  - Vorteile: da einheitlicher Aufbau → Lieferantenvergleich einfacher

Aufgaben

1. a) Erklären Sie kurz den Begriff **Beschaffungsmarktforschung**.
   b) Welche zwei Bereiche umfasst die Beschaffungsmarktforschung?
2. Welche Aufgaben hat die Preisplanung?
3. Nennen Sie je drei interne und externe **Bezugsquellen**.
4. a) Was versteht man unter einer **Lieferantencheckliste**?
   b) Welchen Vorteil bietet die Arbeit mit derartigen Checklisten?

3.5 Angebotsvergleich

Stofftelegramm

Einzubeziehende Gesichtspunkte (Entscheidungskriterien) u. a.:

- Preis, Preisnachlässe
- Liefer- und Zahlungsbedingungen
- eventuelle Gegengeschäfte
- Qualität
- Zuverlässigkeit
- Risiko einer eventuellen Insolvenz
- Kundendienst
- Beratung

Bezugskalkulation: vgl. „Steuerung und Kontrolle" (Kostenträgerstückrechnung)

Rechnerischer Angebotsvergleich mit Bezugskalkulation:

		Lieferer A		Lieferer B
Einkaufspreis (Rechnungspreis)		1.500,00		1.450,00
– Liefererrabatt	10 %	150,00	0 %	0,00
Zieleinkaufspreis		1.350,00		1.450,00
– Liefererskonto	2 %	27,00	2 %	29,00
Bareinkaufspreis		1.323,00		1.421,00
+ Bezugskosten		50,00		90,00
Bezugspreis		**1.373,00**		**1.511,00**

Scoring-Modell (= Punktebewertungstabelle bzw. Entscheidungsbewertungstabelle):

Vorteil → Es werden nicht nur quantitative, sondern auch qualitative Faktoren berücksichtigt.

ausgewählte, für die Entscheidung bedeutende Kriterien

„Wichtigkeit“ (Bedeutung)

Wie wird das Kriterium erfüllt?
5 Punkte = sehr gut
0 Punkte = sehr schlecht

Punkte · Gewichtung = gewichtete Punkte

Entscheidungs-kriterien	Gewichtung %	Lieferer A		Lieferer B	
		Punkte	Gewichtete Punkte	Punkte	Gewichtete Punkte
Preis	50	5	250	3	150
Qualität	20	2	40	5	100
Zuverlässigkeit	20	2	40	5	100
Kundendienst	10	4	40	5	50
Punktesumme	100		370		400

„Verlierer“ (Lieferer A) – „Sieger“ (Lieferer B)

Aufgaben

1. Welche Faktoren sind bei einem Angebotsvergleich in die Betrachtung miteinzubeziehen?

2. Folgende Daten sind gegeben:

• Entscheidungskriterien:	Preis,	Zuverlässigkeit,	Kundendienst,	Beratung,	Insolvenzrisiko
• Gewichtung:	30 %,	25 %,	15 %,	10 %,	20 %
• Punkte Lieferer A:	3,	4,	5,	4,	2
• Punkte Lieferer B:	3,	3,	3,	5,	5

Erstellen Sie einen Angebotsvergleich mithilfe des Scoring-Modells.

3.6 Überwachung der Beschaffung

Stofftelegramm

Warenprüfung (Wareneingangskontrolle)

- **Äußere Kontrolle der angelieferten Sendung:**
  - Menge anhand der Begleitpapiere wie z. B. Lieferschein prüfen
  - äußere Verpackung prüfen (Bei Abweichungen/Mängeln: bestätigen lassen durch Überbringer, Frachtführer)
- **Prüfung der angenommenen Sendung:**
  - unverzügliche Prüfung (Übereinstimmung mit Bestellung, Qualität der Ware, Beschädigungen der Ware)!
  - Bei Mängeln: unverzüglich rügen! = gesetzliche Vorschrift
  - Nur dann können die Rechte aus der mangelhaften Lieferung geltend gemacht werden.

Ermittlung der Bestellrückstände

- Bestellrückstandsliste
- Bei Rückständen: Rückstandsmeldung an Lieferer (evtl. Mahnung, um den Lieferer zur Lieferung zu bewegen)

3.7 Zahlungsabwicklung

Stofftelegramm

Rechnungsprüfung

- **Sachliche Prüfung** (Vergleich mit Bestellung): Menge, Preise, Rabatt, Skonto, Zahlungsbedingungen ... okay?
- **Rechnerische Prüfung**: Alle Beträge nachrechnen!

3.8 E-Business (Geschäfte im Internet)

Stofftelegramm

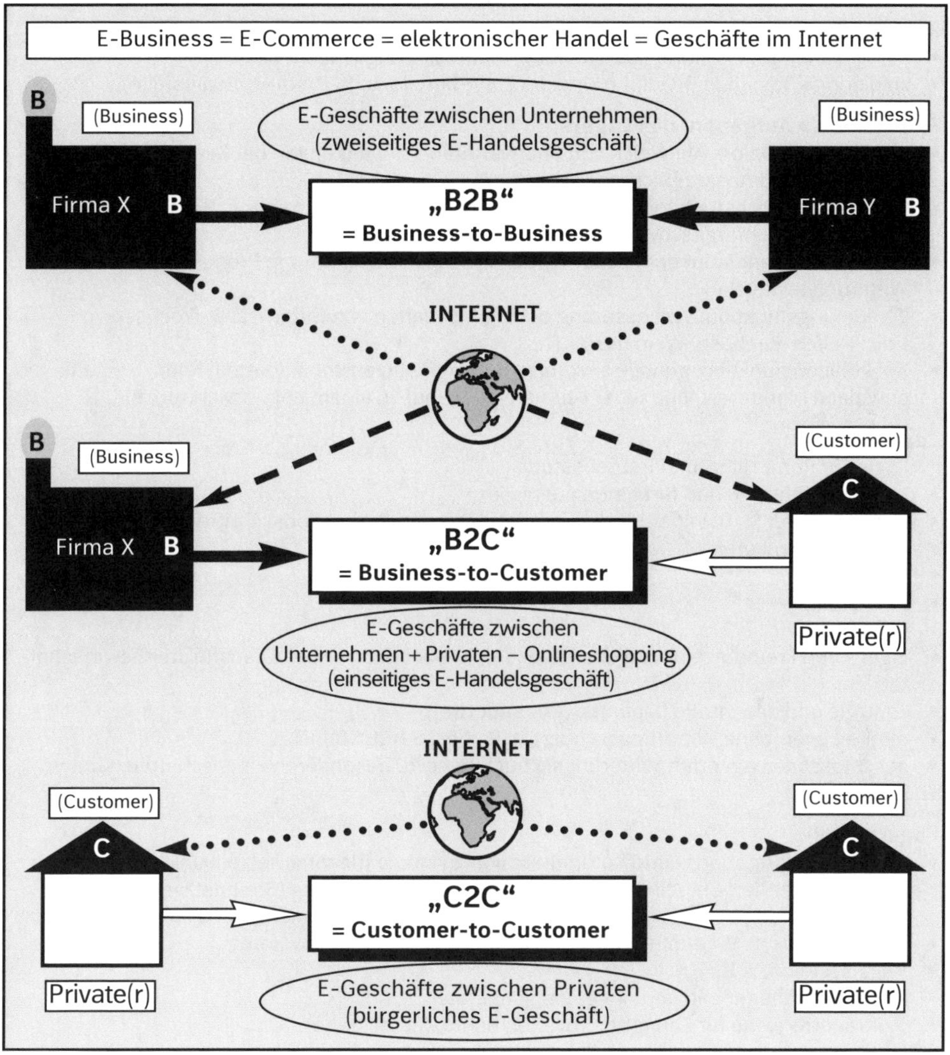

3.9 Lager – Grundlagen

Stofftelegramm

Zielkonflikte:
- zu hohe Bestände → hohe Kosten, hohe Kapitalbindung, Lagerrisiken
- zu niedrige Bestände → Gefährdung der Lieferbereitschaft, Produktionsausfälle

Funktionen (= Aufgaben) des Lagers:
- Sicherungsfunktion: Ausgleich von unerwarteten Schwankungen bei Beschaffung, Produktion und Absatz (Sicherheitsbestand)
- Mengenausgleichsfunktion: Mengenausgleich zwischen Beschaffung, Produktion, Absatz (z. B. durch Nachfrageschwankungen)
- Zeitüberbrückungsfunktion: Zeitausgleich zwischen Beschaffung, Produktion, Absatz (z. B. Witterungseinflüsse)
- Veredelungsfunktion: Verbesserung der Eigenschaften von Gütern, z. B. Trocknen von Holz, Reifen von Käse, Wein usw.
- Spekulationsfunktion: günstig einkaufen (z. B. Ausnutzen von Rabatten, Kauf zu einem günstigen Marktpreis) und teuer verkaufen (Verkauf zu einem hohen Marktpreis)

Lagerarten:
- Lager für Roh-, Hilfs- und Betriebsstoffe
- Lager für unfertige und fertige Erzeugnisse
- Zwischenlager (z. B. in der Produktion zwischen den Produktionsschritten)
- Handelswarenlager
- Versandlager
- Ersatzteillager
- Werkzeuglager
- Eigen- und Fremdlager (Wird das Lager selber oder durch einen Dienstleister bewirtschaftet?)
- zentrale und dezentrale Lager (Lagerstandort[e])
- offene Lager (ohne Witterungsschutz), z. B. Kies, Sand, Steine ...
- geschlossene Lager (mit Witterungsschutz und evtl. besonderen Eigenschaften: Kühlen, Trocknen)

Lagertechnik:
- moderne Informations- und Kommunikationssysteme (Rechnernetze, Funkverbindungen, Barcode, Scanner, Chipeinsatz) zur optimalen Bewirtschaftung (Stellplatzverwaltung, Wegoptimierung beim Ein-Auslagerungsprozess, Kommissionieroptimierung) des Lagers
- Fördertechnik, z. B. Stapler, Hubwagen, fahrerlose Transportsysteme
- Regalsysteme, z. B.:
  - Hochregallager mit/ohne Regalbediengeräten
  - Kragarmregale für Langgüter (Bretter, Rohre, Metallstäbe)
  - Paternostersysteme (Kleinteilelager)

Die Wahl des Lagers/der Lagertechnik hängt ab von:
- Unternehmensgröße
- Branche und Art der Lagergüter
- Produktionsstandort
- vorhandenen Transportmitteln
- Kundenkreis (Industrie, Handel, Endkunden ...)

Lagerrisiken:
- Schwund (Diebstahl, Lagerhandling)
- Verderb
- Lagergüter veralten (Geschmack der Kunden ändert sich, technische Änderungen)

Lagerplatzordnung:
- Festplatzsystem: Jedes Lagergut hat einen festen Platz.
- Freiplatzsystem: Unterbringung Lagergut am jeweils freien Platz ‡ chaotische Lagerung

Beispiel: *computergesteuertes Hochregallager, in dem „chaotisch" gelagert wird*

- **Voraussetzungen:**
  - hohe Ansprüche an die Lagerorganisation
  - Einsatz von EDV-Anlagen
  - hohe Anforderungen an die Lagertechnik
- **Vorteile:**
  - intensive Lagerraumnutzung, somit weniger Lagerraum nötig
  - weniger Lagerpersonal
  - kürzere Ein- und Auslagerungszeiten
- **Nachteile:**
  - Lagerplatz schwer auffindbar bei Computerausfall
  - bei Ausfall der Hebewerkzeuge ist Lagerentnahme schwierig
  - hohe Fixkosten

Aufgaben

1. Nennen Sie die Funktionen des Lagers.
2. Nennen Sie verschiedene Lagerarten.
3. a) Unterscheiden Sie die Begriffe zentrales und dezentrales Lager.
   b) Nennen Sie Vor- und Nachteile dieser Lagerarten.
4. a) Unterscheiden Sie die Begriffe Festplatzsystem und Freiplatzsystem (chaotisches Lager).
   b) Nennen Sie Vor- und Nachteile der chaotischen Lagerung.
   c) Nennen Sie die Voraussetzungen für eine chaotische Lagerung.

3.10 Lagerkosten und Lagerkennziffern

Stofftelegramm

Lagerkosten

- Personalkosten (Löhne, Gehälter, Sozialversicherung usw.)
- Raumkosten (Miete, Abschreibungen, Reparaturkosten, Versicherungen, Grundsteuer)
- Kosten der Lagertechnik (Miete, Abschreibungen, Reparaturkosten für Regale, Stapler, Hubwagen, Hochregal usw.)
- Energiekosten (Heizung, Kühlung, Licht, Maschinenbetrieb)
- Risiko- und Versicherungskosten
- Kapitalbindungskosten (Verzinsung des im Lager gebundenen Kapitals)

Lagerbestandskurve

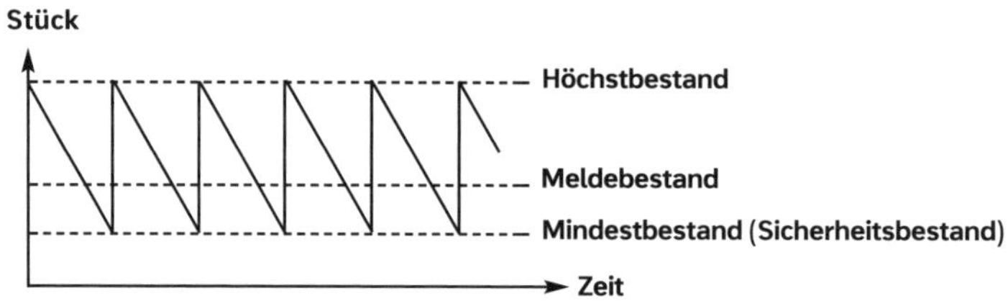

Meldebestand = täglicher Verbrauch · Lieferzeit + Sicherheitsbestand

Lagerkennzahlen

durchschnittlicher Lagerbestand

$$= \frac{\text{AB} + \text{EB}}{2} \quad \text{bzw.} \quad \frac{\text{AB} + 12\ \text{EB}}{13}$$

$$\frac{\text{AB} + \text{Quartalsendbestände}}{5}$$

Umschlagshäufigkeit (UH)

$$= \frac{\text{Lagerabgang (Materialverbrauch)}}{\text{durchschnittlicher Lagerbestand}}$$

durchschnittliche Lagerdauer

$$= \frac{360\ \text{Tage}}{\text{Umschlagshäufigkeit}}$$

Lagerzinssatz

$$= \frac{\text{Jahreszinssatz} \cdot \text{ø Lagerdauer (in Tagen)}}{360\ \text{Tage}}$$

Lagerzinsen = durchschnittlicher Lagerbestand · Einstandspreis · Lagerzinssatz

Lagerkennziffern und deren mögliche Auswirkungen

Zweck: Beurteilung der Lagerleistungsfähigkeit

Intern:
- Vergleich mehrerer Perioden
- Vergleich einzelner Warengruppen
- Vergleich einzelner Filialen/Lagerstandorte

Extern:
Vergleich mit branchenüblichen Ziffern

Durchschnittlicher Lagerbestand	**Umschlagshäufigkeit**	**Durchschnittliche Lagerdauer**
(durchschnittlich im Lager befindliche Menge bzw. gebundenes Kapital) Ziel: möglichst geringer ø LB	(Wie oft in einem Zeitraum wird der Lagerbestand verkauft [umgeschlagen]?) Ziel: möglichst hohe UH	(Wie viel Zeit liegt zwischen Eingang und Ausgang der Ware?) Ziel: möglichst kurze ø LD
Folgen einer Senkung: • Lagerkosten + • Kapitalbindung + • Lagerrisiken + Aber: • Lieferbereitschaft – • Mengenrabatte –	Folgen einer Erhöhung bei gleichbleibendem ø Lagerbestand: • ø Lagerdauer + • Lagerkosten + • Kapitalbindung + • Umsatz + • Gewinn +	Folgen einer Senkung: • Lagerkosten + • Kapitalbindung + • Lagerrisiken + Aber: • Lieferbereitschaft – • Mengenrabatte –
Maßnahmen: • SB senken • Bestellverfahren ändern	Maßnahmen: • ø LB senken • Materialverbrauch erhöhen (Absatz steigern)	Maßnahme: Umschlagshäufigkeit erhöhen

Aufgaben

1. Nennen Sie vier Lagerkostenarten.
2. Unterscheiden Sie die Begriffe Eigen- und Fremdlager.
3. Warum ist ein eiserner Bestand (Mindestbestand) notwendig?
4. Erklären Sie den Begriff Meldebestand.
5. Welche Konsequenz hat das Überschreiten des Höchstbestandes?
6. Die Umschlagshäufigkeit eines Unternehmens ist im Vergleich zum Vorjahr gesunken. Nennen Sie Ursachen und Folgen.

7. Ermitteln Sie die Lagerkennzahlen:

a) AB 01.01.: 10.000,00 EUR
EB 31.12.: 18.000,00 EUR
Rohstoffeinsatz: 163.000,00 EUR
Marktzinssatz: 8 %

b) AB 01.01.: 63.640,00 EUR
Summe Monatsendbestände: 888.480,00 EUR
Rohstoffeinsatz: 2.084.760,00 EUR
Marktzinssatz: 10 %

c) Bestände:

01.01.:	34.000,00 EUR
31.03.:	49.300,00 EUR
30.06.:	47.800,00 EUR
30.09.:	71.400,00 EUR
31.12.:	25.300,00 EUR

Rohstoffeinsatz (= Materialverbrauch): 582.000,00 EUR
Marktzinssatz: 8 %

8. Entwicklung der Rohstoffbestände in einem Industriebetrieb:

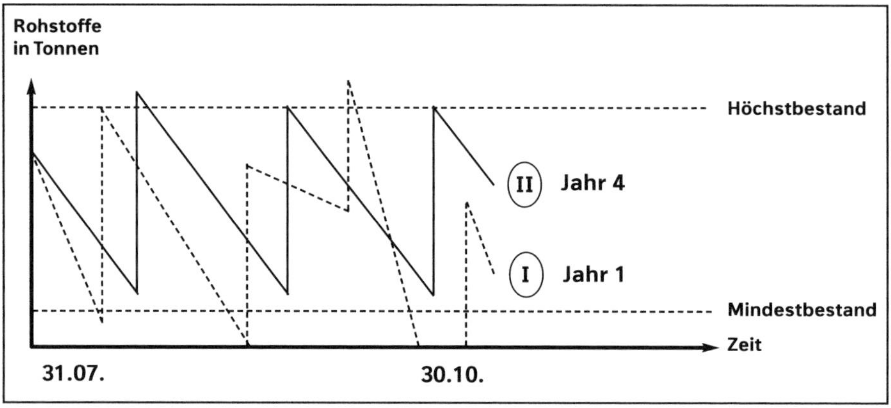

a) Interpretieren Sie die abgebildeten Lagerbestandskurven.

b) Berechnen Sie aus den folgenden Angaben die Umschlagshäufigkeit und die durchschnittliche Lagerdauer der Rohstoffe:

EB 31.12.01: 6,2 Mio. EUR; EB 31.12.02: 6,8 Mio. EUR; Jahreseinkäufe: 78,0 Mio. EUR

c) Die Umschlagshäufigkeit der Rohstoffe wird für vergleichbare Betriebe mit 15 angegeben. Vergleichen Sie den unter b) ermittelten Wert mit diesem Durchschnittswert und beurteilen Sie die Auswirkungen auf den Kapitaleinsatz, die Lagerkosten und den Gewinn des Unternehmens.

9. Was versteht man unter durchschnittlicher Lagerdauer?

10. Welcher Zusammenhang besteht zwischen
    a) durchschnittlicher Lagerdauer und Lagerzinssatz?
    b) Umschlagshäufigkeit und Lagerzinssatz?

11. Wie wirkt sich eine Verringerung des durchschnittlichen Lagerbestandes auf die restlichen Lagerkennzahlen aus?

12. Bei Überprüfung der Lagerkennziffern für eine Rohstoffart stellen wir fest, dass sich die Zinslast für die Lagerbestände innerhalb eines Jahres von 3.430,00 EUR auf 4.150,00 EUR erhöht hat.
    a) Nennen Sie zwei mögliche Ursachen für diese Erhöhung.
    b) Es wurde mit folgenden Werten gerechnet:

AB:	216.800,00 EUR	Materialverbrauch:	1.661.600,00 EUR
EB:	198.600,00 EUR	Marktzinssatz:	16 %

    Welche Berechnungen führten zur Feststellung, dass sich die Zinsen auf 4.150,00 EUR erhöht haben?

3.11 Modernes Logistik-Konzept: Outsourcing – Systemlieferanten – Supply-Chain-Management (SCM)

Stofftelegramm

Outsourcing und Systemlieferanten

- **Outsourcing** = Ausgliederung bestimmter Aufgaben z. B. durch Inanspruchnahme eines Fremdanbieters

  Hauptmotive für Outsourcing:
  - Konzentration auf Kernkompetenzen
  - Reduzierung interner und externer Logistikkosten

  Beispiel: *Verringerung der Fertigungstiefe, indem ganze Bauteile oder Systeme fortan von Fremdlieferanten (**Systemlieferanten**) bezogen werden, die bislang selbst produziert wurden = Outsourcing von Teilefertigung und Montagearbeiten*

- **Systemlieferant:**
  - liefert nicht Einzelteile, sondern bereits fertig montierte Baugruppen, z. B. komplette Sitze für ein Automobil
  - erbringt hohe eigene Entwicklungsleistungen an den Systemen
  - verantwortliche Durchführung der Systemmontage
  - übernimmt somit einen Teil des Wertschöpfungsprozesses ...

- **Insourcing-Partner:** Stellen Teilkomponenten für komplexe Systeme selbst her **und** montieren diese Systeme z. B. direkt beim Abnehmer = aktive Einbindung des Lieferanten in den Produktionsprozess des Kunden.

  Beispiel: *Sitzhersteller bei einem Autoproduzenten im Werk*

Supply-Chain-Management (SCM) („supply chain“ = Lieferkette)

- Verknüpfung des Wertschöpfungsprozesses des Herstellers mit dem des Lieferanten und des Kunden

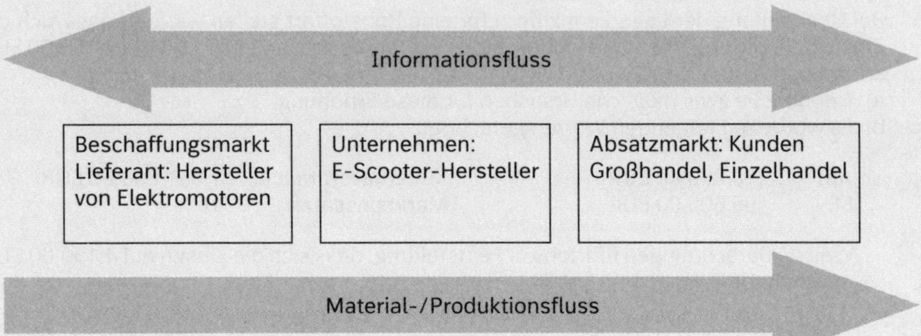

- Ziel: strategische Partnerschaft mit einer geringen Anzahl von Systemlieferanten zwecks schneller und reibungsloser Auftragsabwicklung
- Vernetzung der vor- und nachgelagerten Produktionsstufen (Optimierung einer ganzen Kette) = Der Informations- und Materialienfluss kennt keine innerbetrieblichen Grenzen mehr.
- Möglichkeiten:
  - gemeinsamer Zugriff auf das Produktionsplanungssystem
  - nur noch einmalige Erfassung der Bestelldaten, Auftragserfassung, Faktura usw., die anschließend auf einer gemeinsamen Plattform zur Verfügung stehen
  - Automatisierung und Konzentrierung der Rechnungsstellung und -prüfung
  - gemeinsam abgestimmte Qualitätssicherung (kein doppelter Prüfungsaufwand mehr)
  - Entwicklungspartnerschaften für neue/verbesserte Produkte
- Vorteile:
  - reduzierte Lagerbestände
  - Senkung der Lagerkosten
  - Reduzierung der Kapitalbindung
  - Zeitersparnis bei der Wiederbeschaffung
  - Optimierung der internen Lieferketten
  - Steigerung der Lieferbereitschaft
- Notwendig:
  - Schulung der Kooperations- und Kommunikationsfähigkeit der Mitarbeiter
  - laufende Überprüfung der Leistungsfähigkeit des SCM – ggf. Korrektur

Wichtige Hinweise

Folgende Themen werden aus praktikablen Gründen an anderer Stelle behandelt:

Themen	Behandelt in
„Schlechtleistung" und **„Nicht-rechtzeitig-Lieferung"**	BWL, Kapitel 1
Buchhaltungsthemen (Rechnungsbuchung mit Umsatzsteuer, Bezugskosten, Rücksendungen, Gutschriften, Skontoabzug und Zahlungsausgang)	Steuerung und Kontrolle

3.12 Prüfungsaufgaben

Prüfungsaufgaben Winter 2013/2014 (Aufgabe 2)

Die Schulmöbel OHG in Freiburg, ein mittelständisches Unternehmen mit 150 Mitarbeitern, stellt Arbeitstische für die Ausstattung von Klassenzimmern in Schulen her. Die dazugehörenden Stühle führt die Schulmöbel OHG als Handelswaren in ihrem Absatzprogramm. Die Abnehmer der Schulmöbel OHG sind Kommunen und Landkreise in der ganzen Bundesrepublik.

Eingeschränkt durch die allgemeine Haushaltslage der öffentlichen Schulträger ist die Schulmöbel OHG gezwungen, so kostengünstig wie möglich anzubieten. Gleichzeitig ist die Schulmöbel OHG mit ihrem Standort in Südbaden ihrem Leitbild (**Anlage 2**) verpflichtet. Die Geschäftsprozesse im Unternehmen sollen nachhaltig diese beiden Zielsetzungen verfolgen und auch daraufhin überprüft werden.

Für die nächste abteilungsübergreifende Wochenbesprechung sollen Sie als Mitarbeiter/-in des Beschaffungsbereiches die entsprechenden Vorbereitungen treffen. Bei dieser Sitzung soll u. a. über die Annahme eines Auftrages der Stadt Offenburg entschieden werden. Die Stadt Offenburg will zunächst 20 Klassenzimmer (jeweils 30 Schüler) der kaufmännischen Schule neu ausstatten und stellt in Aussicht, später die 15 weiteren Schulen neu zu möblieren.

2.1 Die Holzmüller GmbH als bisheriger Stuhllieferant hatte zunehmend Probleme, die vereinbarten Liefertermine einzuhalten, und kann bisher keine Umweltzertifizierung vorweisen. Aus diesen Gründen wurde bei der Schwarzwaldmöbel GmbH ein Angebot über 600 Stühle eingeholt. Dieses Angebot liegt nun vor (**Anlage 3**).
- Führen Sie für die Beschaffung der gleichwertigen Stühle einen quantitativen Angebotsvergleich durch und stellen Sie diesen in einer übersichtlichen Form dar.
- Formulieren Sie für die Besprechung einen Beschaffungsvorschlag unter Berücksichtigung zusätzlicher Kriterien (**Anlage 1–3**).

2.2
- Prüfen Sie die Auftragsbestätigung der Schwarzwaldmöbel GmbH aufgrund unserer Bestelldaten (**Anlage 3–5**).
- Beschreiben Sie die rechtliche Bedeutung dieser Auftragsbestätigung unter Nennung der Paragrafen des BGB (**Anlage 9**).

2.3 Am 25.09.2013 sind die Stühle für die kaufmännische Schule in Offenburg noch nicht eingetroffen. Die telefonische Nachfrage am 26.09.2013 hat ergeben, dass die Schwarzwaldmöbel GmbH einen falschen Liefertermin disponiert hat.

Schreiben Sie am 26.09.2013 eine E-Mail, in der Sie die Rechtslage gegenüber der Schwarzwaldmöbel GmbH aufzeigen und einen geeigneten Lösungsvorschlag unterbreiten (**Anlage 2–5**).

2.4 Am 18.10.2013 treffen die Stühle mit der Rechnung ein (**Anlage 6**).
- Beschreiben Sie ausführlich, welche Punkte bei einer Eingangsrechnung zu prüfen sind.
- Erstellen Sie die Buchungssätze, die bei Rechnungseingang (unter Verwendung der Kreditorennummer) und bei der Banküberweisung am 30.10.2013 erforderlich sind.

2.5 Auf den Wochensitzungen werden immer wieder Kostensenkungsmaßnahmen diskutiert. Sie haben den Auftrag, die Lagerbestände der Tischplatten für das erste Halbjahr 2013 zu untersuchen (**Anlage 7**).
- Berechnen Sie die Umschlagshäufigkeit und bewerten Sie das Ergebnis anhand des angegebenen Branchenwertes von 8.
- Beschreiben Sie das bisher angewandte Bestellverfahren und zeigen Sie dessen Nachteile auf. Schlagen Sie drei begründete Maßnahmen vor, wie unsere Umschlagshäufigkeit dem Branchenwert angenähert werden kann.

2.6 Mit der Berechnung der optimalen Bestellmenge kann ebenfalls ein Beitrag zur Kostensenkung im Beschaffungsbereich erreicht werden.

Ergänzen Sie die Skizze in **Anlage 8** (Lösungsblatt) und zeigen Sie den Zielkonflikt auf, der mit diesem Instrument gelöst werden kann.

Anlage 1: Auszüge aus der Unternehmenssoftware

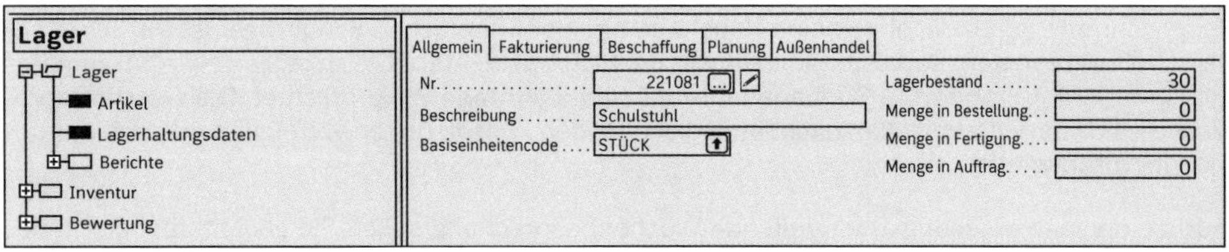

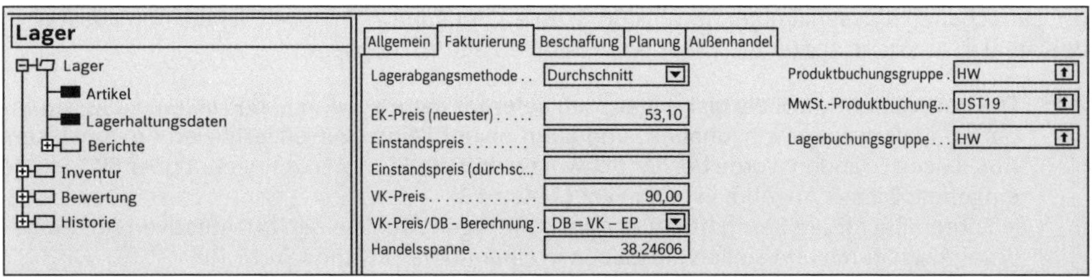

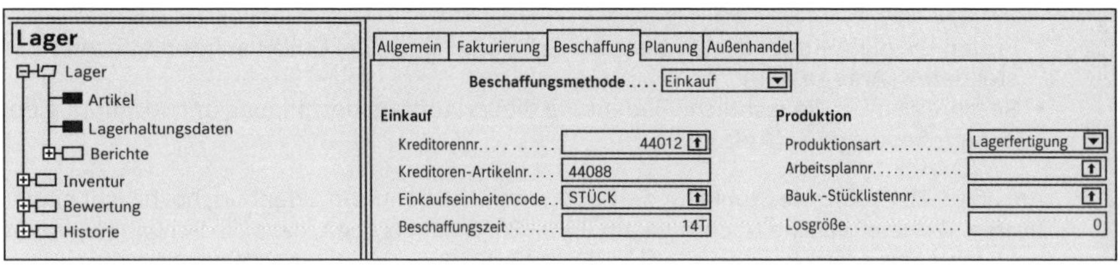

Lager

- Lager
  - Artikel
  - Lagerhaltungsdaten
  - Berichte
- Inventur
- Bewertung
- Historie

Allgemein | Fakturierung | Beschaffung | **Planung** | Außenhandel

Wiederbeschaffungsverf...	Bestellpunkt	Bedarfszusammenfassung...	1W
Lagerbestand berücksich...	✓	Meldebestand	100
Lagerhaltungsdaten vorh...	✓	Sicherheitsbestand	30
		Optimale Bestellmenge	200
		Maximalbestand	0

Einkauf

- Planung
- Bestellungsabwicklung
  - Kreditoren
  - Anfragen
  - Bestellungen
  - Reklam./Gutschriften
  - Berichte
- Historie

Allgemein | Kommunikation | Fakturierung | Zahlung | Lieferung | Auße

Kreditor Nr.	44012	
Kreditorname 1	Holzmüller GmbH	
Kreditorname 2		
Adresse 1	Sägestraße 8	
Adresse 2		
PLZ/Ort.	79183	Waldkirch
Ländercode	DE	

Allgemein | Kommunikation | Fakturierung | **Zahlung**

Ausgleichsmethode	Offener Posten
Zlg.-Bedingungscode . . .	14230

Allgemein | Kommunikation | Fakturierung | Zahlung | **Lieferung**

Lagerortcode	ZENTRAL
Lieferbedingungscode. . .	FREI HAUS
Beschaffungszeit	14T
Basiskalendercode	KALENDER

Verkauf

- Planung
- Auftragsabwicklung
  - Debitoren
  - Angebote
  - Aufträge
  - Reklam./Gutschriften
  - Berichte
- Periodische Aktivitäten
- Historie

Code	Skontotage	Skonto %	Zahlungsziel	Beschreibung
00000	0T	0	0T	Sofortige Zahlung netto Kasse
00030	0T	0	30T	30 Tage Zahlungsziel
00060	0T	0	60T	60 Tage Zahlungsziel
08230	8T	2	30T	8 Tage 2 % Skonto oder 30 Tage Ziel
08260	8T	2	60T	8 Tage 2 % Skonto oder 60 Tage Ziel
08330	8T	3	30T	8 Tage 3 % Skonto oder 30 Tage Ziel
08360	8T	3	60T	8 Tage 3 % Skonto oder 60 Tage Ziel
10230	10T	2	30T	10 Tage 2 % Skonto oder 30 Tage Ziel
10260	10T	2	60T	10 Tage 2 % Skonto oder 60 Tage Ziel
10330	10T	3	30T	10 Tage 3 % Skonto oder 30 Tage Ziel
10360	10T	3	60T	10 Tage 3 % Skonto oder 60 Tage Ziel
14230	14T	2	30T	14 Tage 2 % Skonto oder 30 Tage Ziel
14260	14T	2	60T	14 Tage 2 % Skonto oder 60 Tage Ziel
14330	14T	3	30T	14 Tage 3 % Skonto oder 30 Tage Ziel
14360	14T	3	60T	14 Tage 3 % Skonto oder 60 Tage Ziel

Anlage 2: Auszug aus dem Unternehmensleitbild der Schulmöbel OHG

Schonung natürlicher Ressourcen

Wesentliches Kriterium für die Entwicklung von langlebigen Möbeln ist nicht nur die Erfüllung höchster Qualitäts- und Ergonomie-Anforderungen, sondern auch die Berücksichtigung von umweltrelevanten Aspekten.
Schonung natürlicher Ressourcen: Unter dieser Vorgabe betrachten wir den gesamten Rohstoff- und Produktkreislauf – vom Eingangsmaterial über die Verarbeitung bis hin zur Auslieferung der Möbel beim Kunden. Unser Anspruch heißt, ökologische Belange von der Produktentwicklung bis hin zum Recycling so weit wie möglich zu berücksichtigen.

Um dies nachhaltig abzusichern, haben wir ein Umweltmanagementsystem nach DIN EN ISO 14001:2009 im Management und in allen betrieblichen Prozessen verankert. Durch diese Norm werden mögliche Umweltbelastungen genau erfasst und auf Basis der gewonnenen Daten die Umweltsituation des Unternehmens – unter regelmäßiger Prüfung – kontinuierlich verbessert [...].

Kunden- und Lieferantenbeziehung

Wir verpflichten uns gegenüber unseren Geschäftspartnern zu fairem und vertrauensvollem Miteinander. [...]

Anlage 3

Schwarzwaldmöbel GmbH

Schwarzwaldmöbel GmbH, Wolf-Hirt-Str. 4, 78120 Furtwangen

Schulmöbel OHG
Industriegebiet 11
79108 Freiburg

Ihre Zeichen	Ihre Nachricht v.	Unsere Zeichen	Unsere Nachricht v.	Telefon	Datum
Sg	22.08.2013	Se		07231 84739-18	30.08.2013

Angebot Schulstühle

Sehr geehrter Herr Stanger,

vielen Dank für Ihre Anfrage.
Gerne erfüllen wir Ihren Wunsch und bieten Ihnen den qualitativ hochwertigen Stuhl „Ergo" an, der den neuesten ergonomischen und ökologischen Anforderungen entspricht:

Nr.	Beschreibung	Menge	Einheit	VK-Preis	Rabatt
1	Stuhl Ergo	600	Stück	63,50 EUR	15 %

Mindestabnahmemenge 500 Stück.
Die Lieferzeit beträgt eine Woche. Wir liefern die Ware frei Haus mit unserem Lkw.
Unsere Zahlungsbedingungen lauten:
Bei Zahlung innerhalb von 14 Tagen 2 % Skonto, innerhalb von 30 Tagen ohne Abzug.

Wir freuen uns auf Ihren Auftrag und sichern Ihnen eine reibungslose Abwicklung zu.

Mit freundlichen Grüßen

Schwarzwaldmöbel GmbH

Sebert

i. A. Sebert

Sitz der Gesellschaft:
Wolf-Hirt-Str. 4
78120 Furtwangen
Tel.: 07231 84739-18
www.schwarzwaldmoebel.de
swm@tradecom.de

Bankverbindung:
Stadtsparkasse Furtwangen
BLZ 301 516 60
Konto-Nr.: 37 8940 003

Amtsgericht Furtwangen
HRB 7856
Steuernr.:
276/4451/4446

Geschäftsführerin:
Bärbel Stein

Anlage 4: Bestellung der Schulmöbel OHG bei der Schwarzwaldmöbel GmbH

Einkauf
- Planung
- Bestellungsabwicklung
  - Kreditoren
  - Anfragen
  - Bestellungen
  - Reklam./Gutschriften
  - Berichte
- Historie

Allgemein | Fakturierung | Lieferung | Außenhandel

Bestellung Nr.	41028	Buchungsdatum.	
Kreditor Nr.	44113	Bestelldatum	17.09.13
Kreditorname 1.	Schwarzwaldmöbel GmbH	Belegdatum.	17.09.13
Kreditorname 2.		Liefertermin.	24.09.13
Adresse 1.	Wolf-Hirt-Str 4	Kred.-Buchungsnr.	
Adresse 2.		Einkäufercode	
PLZ/Ort	78120 XXXXXX		
Kontakt.			

Art	Nr.	Kred.-Artikelnr.	Beschreibung	Menge	Einheiten...	VK-Preis...	Rabatt %	Zahlungsbetrag ...	Bestelldatum
Art...	221111		Schulstuhl Ergo	600	STÜCK	63,50	15	32.385,00	17.09.13

Allgemein | Fakturierung | Lieferung | Außenhandel

Zahlung an Name 1	Schwarzwaldmöbel GmbH	Zlg.-Bedingungscode	14230
Zahlung an Name 2		Fälligkeitsdatum	
Zahlung an Adresse 1.	Wolf-Hirt-Str. 4	Skonto %	2
Zahlung an Adresse 2.		Skontodatum	
PLZ/Ort	78120 Furtwangen	EK-Preise inkl. MwSt.	☐

Lieferung | Außenhandel

Zentrallager	Lagerortcode	ZENTRAL
	Lieferbedingungscode	FREI HAUS
Im Industriegebiet 11	Beschaffungszeit	7T
72336 Balingen		

Anlage 5

Schwarzwaldmöbel GmbH

Schwarzwaldmöbel, Wolf-Hirt-Str. 4, 78120 Furtwangen

FAX

An

Schulmöbel OHG
Industriegebiet 11
79108 Freiburg

Auftragsbestätigung

Gesendet am: 17.09.2013
Uhrzeit: 16:15
Zahl der Seiten: 1

Sehr geehrter Herr Stanger,

vielen Dank für Ihre heutige Bestellung. Hiermit bestätigen wir Ihnen die Lieferung zum 24.09.2013.

Nr.	Beschreibung	Menge	Einheit	VK-Preis	Rabatt
1	Stuhl Ergo	600	Stück	63,50 EUR	15 %

Mit freundlichem Gruß

Schwarzwaldmöbel GmbH

Sebert

i. A. Sebert

Sitz der Gesellschaft:
Wolf-Hirt-Str. 4
78120 Furtwangen
Tel.: 07231 84739-18
www.schwarzwaldmoebel.de
swm@tradecom.de

Bankverbindung:
Stadtsparkasse Furtwangen
BLZ 301 516 60
Konto-Nr.: 378 940 003

Amtsgericht Furtwangen
HRB 7856
Steuernr.: 276/4451/4446

Geschäftsführerin:
Bärbel Stein

Anlage 6

Schwarzwaldmöbel GmbH

Schwarzwaldmöbel GmbH, Wolf-Hirt-Str. 4, 78120 Furtwangen

Schulmöbel OHG
Industriegebiet 11
79108 Freiburg

Eingangsstempel
18.10.2013

Bearbeitet: *schgm*

Ihre Zeichen	Ihre Nachricht v.	Unsere Zeichen	Unsere Nachricht v.	Telefon	Datum
Sg	17.09.2013	Se		0723 184739-18	17.10.2013

Lieferschein/Rechnung 2013723

Sehr geehrte Damen und Herren,

hiermit stellen wir Ihnen in Rechnung:

Art.-Nr.	Bezeichnung	Menge	Einheit	Einzelpreis	Rabatt	Betrag	Gesamtbetrag
62104	Stuhl Ergo	600	Stück	63,50 EUR	15 %	53,975 EUR	32.385,00 EUR
	Frachtkosten						- EUR
	Nettopreis						32.385,00 EUR
	Umsatzsteuer	19	%				6.153,15 EUR
	Bruttopreis						38.538,15 EUR

Lieferung frei Haus mit unserem Lkw.
Bei Zahlung innerhalb von 14 Tagen ab Rechnungsdatum 2 % Skonto,
30 Tage ohne Abzug.

Mit freundlichen Grüßen

Schwarzwaldmöbel GmbH

Sebert

i. A. Sebert

Sitz der Gesellschaft:
Wolf-Hirt-Str. 4
78120 Furtwangen
Tel.: 07231 84739-18
www.schwarzwaldmoebel.de
swm@tradecom.de

Bankverbindung:
Stadtsparkasse Furtwangen
BLZ 301 516 60
Konto-Nr.: 378 940 003

Amtsgericht Furtwangen
HRB 7856

Steuernr.:
276/4451/4446

Geschäftsführerin:
Bärbel Stein

Anlage 7

LAGER – DISPOSITIONSKARTE					**121**
Teile-Nr.:	**321081**		**Jahr:**		**2013**
Teilebezeichnung:	Tischplatten				
Einheit:	Stück		Mindestbestand:		70
ABC-Kennung	A-Gut		Höchstbestand:		190
Datum	**Beleg**	**Zugang**	**Abgang**	**Lager-bestand**	
01.01.	Übertrag			90	
02.01.	LS 001	100		190	
09.01.	ME 0008		60	130	
01.02.	LS 002	50		180	
01.03.	LS 003	10		190	
15.03.	ME 0034		40	150	
02.04.	LS 004	40		190	
09.04.	ME 0061		120	70	
02.05.	LS 005	120		190	
06.05.	ME 0062		20	170	
17.05.	ME 0074		40	130	
31.05.	ME 0078		20	110	
04.06.	LS 006	80		190	
06.06.	ME 0098		60	130	
13.06.	ME 0099		20	110	
25.06.	ME 0101		10	100	

Anlage 8

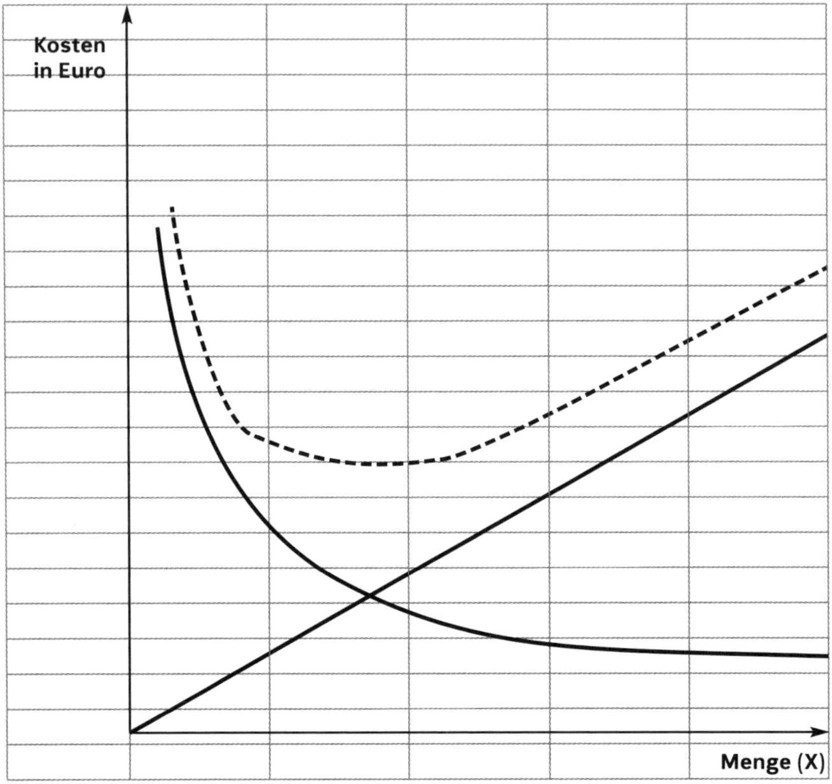

Anlage 9: Auszüge aus dem BGB

§ 145 Bindung an den Antrag

Wer einem anderen die Schließung eines Vertrags anträgt, ist an den Antrag gebunden, es sei denn, dass er die Gebundenheit ausgeschlossen hat.

§ 146 Erlöschen des Antrags

Der Antrag erlischt, wenn er dem Antragenden gegenüber abgelehnt oder wenn er nicht diesem gegenüber nach den §§ 147 bis 149 rechtzeitig angenommen wird.

§ 147 Annahmefrist

(1) Der einem Anwesenden gemachte Antrag kann nur sofort angenommen werden. Dies gilt auch von einem mittels Fernsprechers oder einer sonstigen technischen Einrichtung von Person zu Person gemachten Antrag.
(2) Der einem Abwesenden gemachte Antrag kann nur bis zu dem Zeitpunkt angenommen werden, in welchem der Antragende den Eingang der Antwort unter regelmäßigen Umständen erwarten darf.

§ 149 Verspätet zugegangene Annahmeerklärung

Ist eine dem Antragenden verspätet zugegangene Annahmeerklärung dergestalt abgesendet worden, dass sie bei regelmäßiger Beförderung ihm rechtzeitig zugegangen sein würde, und musste der Antragende dies erkennen, so hat er die Verspätung dem Annehmenden unverzüglich nach dem Empfang der Erklärung anzuzeigen, sofern es nicht schon vorher geschehen ist. Verzögert er die Absendung der Anzeige, so gilt die Annahme als nicht verspätet.

§ 150 Verspätete und abändernde Annahme

(1) Die verspätete Annahme eines Antrags gilt als neuer Antrag.
(2) Eine Annahme unter Erweiterungen, Einschränkungen oder sonstigen Änderungen gilt als Ablehnung verbunden mit einem neuen Antrag.

§ 286 Verzug des Schuldners

(1) Leistet der Schuldner auf eine Mahnung des Gläubigers nicht, die nach dem Eintritt der Fälligkeit erfolgt, so kommt er durch die Mahnung in Verzug. Der Mahnung stehen die Erhebung der Klage auf die Leistung sowie die Zustellung eines Mahnbescheids im Mahnverfahren gleich.
(2) Der Mahnung bedarf es nicht, wenn
1. für die Leistung eine Zeit nach dem Kalender bestimmt ist,
2. der Leistung ein Ereignis vorauszugehen hat und eine angemessene Zeit für die Leistung in der Weise bestimmt ist, dass sie sich von dem Ereignis an nach dem Kalender berechnen lässt,
3. der Schuldner die Leistung ernsthaft und endgültig verweigert,
4. aus besonderen Gründen unter Abwägung der beiderseitigen Interessen der sofortige Eintritt des Verzugs gerechtfertigt ist.

(3) Der Schuldner einer Entgeltforderung kommt spätestens in Verzug, wenn er nicht innerhalb von 30 Tagen nach Fälligkeit und Zugang einer Rechnung oder gleichwertigen Zahlungsaufstellung leistet; dies gilt gegenüber einem Schuldner, der Verbraucher ist, nur, wenn auf diese Folgen in der Rechnung oder Zahlungsaufstellung besonders hingewiesen worden ist. Wenn der Zeitpunkt des Zugangs der Rechnung oder Zahlungsaufstellung unsicher ist, kommt der Schuldner, der nicht Verbraucher ist, spätestens 30 Tage nach Fälligkeit und Empfang der Gegenleistung in Verzug.
(4) Der Schuldner kommt nicht in Verzug, solange die Leistung infolge eines Umstands unterbleibt, den er nicht zu vertreten hat.
[...]

Prüfungsaufgaben Sommer 2015 (Aufgabe 1)

Die Sidom Kerzenmanufaktur GmbH aus Walldürn fertigt seit über 35 Jahren verschiedene Kerzen. Ein großes Geschäftsfeld ist die Herstellung von Partykerzen. Kunden sind Händler aus ganz Deutschland. Die Auftragslage ist seit Jahren stabil. Zu Beginn der Grillsaison steigt die Anzahl der Bestellungen regelmäßig an. Für die Herstellung der Partykerzen werden u. a. die Komponenten „Wachs“ und „Docht“ benötigt. Momentan bestehen Lieferengpässe beim Artikel Nr. 9815 „Spezialdocht 21 cm weiß“, sodass unsere Partykerze „Barbecue“ nur in begrenzter Anzahl produziert werden kann. In diesem Jahr ist die Nachfrage so unerwartet hoch, dass einige Kunden derzeit nicht in vollem Umfang beliefert werden können. Davon betroffen ist auch unser langjähriger Kunde Schneider. Er möchte schnellstmöglich wissen, ob wir 1.000 Partykerzen „Barbecue“ bis zum 05.06.2015 liefern können, da er sich andernfalls einen anderen Lieferanten suchen wird. Sie möchten den Kunden Schneider unter keinen Umständen verlieren. Ab Erhalt der Spezialdochte benötigen wir noch zwei Wochen für die Herstellung der Kerzen.

Sie sind Mitarbeiter im Einkauf und sehen sich mit folgenden Aufgaben konfrontiert.

1.1 Unser bisheriger Lieferant kann den Spezialdocht nicht fristgerecht in gewünschter Menge liefern. Beschreiben Sie Ihr Vorgehen, um in diesem Fall weitere Bezugsquellen zu ermitteln (vier Vorschläge).

1.2 Aufgrund Ihrer Lieferantenrecherche konnten Sie drei Angebote für die benötigten 1.000 Spezialdochte einholen. Führen Sie einen Angebotsvergleich unter Kostengesichtspunkten durch.

Nehmen Sie im Anschluss einen qualitativen Angebotsvergleich auch unter Berücksichtigung von ökologischen Gesichtspunkten vor. Erstellen Sie hierfür eine übersichtliche Entscheidungswerttabelle und entscheiden Sie sich begründet für einen Lieferanten. Verwenden Sie hierzu die **Anlagen 1–4**.

1.3 Sie erhalten vom Lager den in **Anlage 5** dargestellten Beleg mit der Bitte um Bearbeitung.
- Bereiten Sie das Gespräch mit dem Lieferanten Dochito vor.
- Notieren Sie, welche Rechte der Sidom Kerzenmanufaktur GmbH generell zur Verfügung stehen.
- Erstellen Sie eine Mängelanzeige und formulieren Sie eine konkrete Forderung gegenüber Ihrem Lieferanten.

1.4 Buchen Sie die Rechnung vom 12.05.2015. Die Rechnung ist zur Zahlung noch nicht freigegeben.

Der Lieferant geht auf Ihre Forderung in der Mängelanzeige ein und sendet uns eine Gutschriftanzeige über 10 %. Buchen Sie diese Gutschrift.

1.5 Aus aktuellem Anlass werden Sie gebeten, die Lager-Dispositionskarte für die Dochte mit der Artikelnummer 9815 zu überprüfen (**Anlage 6**).
- Beschreiben und beurteilen Sie das bisherige Bestellverfahren hinsichtlich der Eignung für die Bestellung unserer Dochte 9815.
- Ermitteln Sie dazu den durchschnittlichen Lagerbestand pro Monat sowie den durchschnittlichen Monatsverbrauch jeweils für das zweite, dritte und vierte Quartal 2014.
- Interpretieren Sie Ihre Ergebnisse.
- Unterbreiten Sie einen begründeten Verbesserungsvorschlag hinsichtlich des Dispositionsverfahrens.

Anlage 1

Dochito GmbH

Dochito GmbH, Hauptstr. 12, 20459 Hamburg

Sidom Kerzenmanufaktur GmbH
Bahnhofstr. 47
74731 Walldürn

Kundennummer: 43795
(bei Rückfragen bitte angeben)

Ihre Zeichen,	Ihre Nachricht	Unsere Zeichen,	Telefondurchwahl, Name	Datum
EH	04.05.2015	PB/KZ	-232 Hr. Zimmermann	05.05.2015

Angebot

Sehr geehrte Damen und Herren,

wir bedanken uns für Ihre Anfrage und bieten an:

Nr.	Beschreibung	Menge	Einheit	VK-Preis pro Stück	Rabatt	MwSt.
1	Spezialdocht weiß 21 cm	1.000	Stück	0,66 EUR	15 %	19 %

Bei Teilnahme an unserem Logistiksystem EASY garantieren wir die Lieferung 3 Tage nach Auftragseingang. Der Versand erfolgt frei Haus.

Das Zahlungsziel beträgt 90 Tage. Bei Zahlung innerhalb von 14 Tagen gewähren wir 3 % Skonto.

Wir freuen uns auf Ihre Bestellung.

Mit freundlichem Gruß

Klaus Zimmermann

Klaus Zimmermann, Dochito GmbH

Geschäftsräume	Kontakt		Bankverbindung	
Hauptstr. 12	Tel:	+49 040 2323-0	Bank:	P-Bank Hamburg
20459 Hamburg	Fax:	+49 040 2323-00	Bankort:	Hamburg
Geschäftsführer: Frank Wintermantel	E-Mail:	dochito@t-online.de	BIC:	SKOXXES1HAM
Amtsgericht Hamburg HRB 92826	Internet:	www.dochito.de	IBAN:	DE29 2001 0020 1245 7700 43

Anlage 2

Wachswelt OHG

Wachswelt OHG, Wolf-Hirth-Str. 4, 75175 Pforzheim

Sidom Kerzenmanufaktur GmbH
Bahnhofstr. 47
74731 Walldürn

Ihre Zeichen, Ihre Nachricht v.	Unsere Zeichen, unsere Nachricht v.	Telefon	Datum
	Se	07231 84739-18	05.05.2015

Angebot

Sehr geehrte Damen und Herren,

vielen Dank für Ihre Anfrage.
Gerne erfüllen wir Ihren Wunsch und bieten Ihnen an:

Nr.	Beschreibung	Menge	Einheit	VK-Preis pro Stück	Rabatt	MwSt.
1	Spezialdocht weiß 21 cm	1.000	Stück	netto 0,57 EUR	5 %	19 %

Bei einer Abnahme von mindestens 100 Stück gewähren wir Ihnen einen Rabatt von 5 %. Die Lieferzeit beträgt 3 Wochen. Versandkosten bei Abnahme bis 4.000 Stück 25,00 EUR.

Unsere Zahlungsbedingungen lauten:
Bei Zahlung innerhalb von 14 Tagen 2 % Skonto, innerhalb von 30 Tagen ohne Abzug.

Unsere Produkte entsprechen dem Ökotex-Standard 100. Außerdem handeln wir nach den Vorschriften von 1907/2006 EG, Artikel 31. Der Nachweis der Einhaltung dieser Richtlinien kann Ihnen gerne zugesandt werden.

Wir freuen uns auf Ihren Auftrag.

Mit freundlichen Grüßen

i. A. Seßert

Wachswelt OHG

Sitz der Gesellschaft:	Bankverbindung:	Amtsgericht Pforzheim	Geschäftsführerin:
Wolf-Hirth-Str. 4	Stadtsparkasse Pforzheim	HRA 7856	Bärbel Stein
75175 Pforzheim	BIC: SOLADES1PFZ		www.wachswelt.de
Tel.: 07231 84739-0	IBAN: DE82 3015 1660 3700 8940 39		

Anlage 3

Wachszieherei Kleber

Wachszieherei Kleber KG, Perlacherstr. 10 – 14, 80731 München

Sidom Kerzenmanufaktur GmbH
Bahnhofstr. 47
74731 Walldürn

Ihre Zeichen, Ihre Nachricht v.	Unsere Zeichen, unsere Nachricht v.	Telefon	Datum
	fg	089 184739-189	06.05.2015

Angebot

Sehr geehrte Damen und Herren,

vielen Dank für Ihre Anfrage.
Gerne erfüllen wir Ihren Wunsch und bieten Ihnen an:

Nr.	Beschreibung	Menge	Einheit	VK-Preis pro Stück	MwSt.
1	Spezialdocht 21 cm weiß	1.000	Stück	netto 0,54 EUR	19 %

Die Lieferzeit beträgt 5 Tage. Versandkostenpauschale 10,00 EUR/500 Stück.
Unsere Zahlungsbedingungen lauten:
Bei Zahlung innerhalb von 14 Tagen 3 % Skonto, innerhalb von 60 Tagen ohne Abzug.

Gerne würden wir Sie wieder als Kunden gewinnen. Durch die Umstellung unserer Produktion garantieren wir höchste Produktqualität.

Wir freuen uns auf Ihren Auftrag.

Mit freundlichen Grüßen

i. A. Franz Ganz

Wachszieherei Kleber KG

Sitz der Gesellschaft:
Perlacherstr 10 – 14
80731 München
Tel.: 089 184739-0

Bankverbindung:
Deutsche Bank München
BIC: XYZURRL2MUE
IBAN: DE29 3015 1660 2001 4358 88

Amtsgericht München
HRA 7856

Geschäftsführerin:
M. Schmitz

E-Mail: info@wk.com

Anlage 4: Auszug aus der internen Lieferantendatei

Dochito GmbH
Mit diesem Unternehmen wurden noch keine Geschäftsbeziehungen unterhalten.
Es liegen auch keine Informationen von Geschäftspartnern vor.
Die Produktqualität der Dochito ist nach ISO zertifiziert.
Die Dochito gibt keine Informationen über die Einhaltung von Umweltstandards.

Wachswelt OHG
Es liegen Referenzen über die erstklassige Produktqualität und die absolute Termineinhaltung vor. Die Wachswelt OHG hat vor Kurzem ihre Produktion auf ein neues, besonders energiesparendes Produktionsverfahren umgestellt und kann die Ökostandards nach EU-Richtlinien nachweisen.

Wachszieherei Kleber KG
Die Wachszieherei war bis vor fünf Jahren unser Stammlieferant. Damals tauchten vermehrt Qualitätsprobleme auf, die auch nach Beanstandung nicht auf Dauer behoben werden konnten. Durch Telefonate mit unseren Branchenkollegen haben wir erfahren, dass die Qualitätsprobleme durch die Umstellung auf ein neueres Produktionsverfahren beseitigt sein sollen.
Die Lieferbereitschaft war in der Vergangenheit zuverlässig.
Umweltstandards sind bei der Wachszieherei nach ISO zertifiziert.

Anlage 5

Dochito GmbH

Dochito GmbH, Hauptstr. 12, 20459 Hamburg

Sidom Kerzenmanufaktur GmbH
Bahnhofstr. 47
74731 Walldürn

Lieferschein/Rechnung

Kundennummer: 43795
Bestell-Nr.: 2386236
Rechnungs-Nr.: 15/46346
(bei Rückfragen bitte angeben)

Ihre Zeichen,	Ihre Nachricht	Unsere Zeichen,	Telefondurchwahl, Name	Datum
EH	08.05.2015	PB/KZ	-232 Hr. Zimmermann	12.05.2015

Lieferschein/Rechnung

Sehr geehrte Damen und Herren,

wir bedanken uns für Ihre Bestellung und liefern Ihnen wie vereinbart:

Pos.	Artikel	Menge	Preis (Stück)	Gesamtpreis
1	Spezialdocht 21 cm weiß	1.000	0,66 EUR	660,00 EUR
			Summe:	660,00 EUR
			– 15 % Rabatt	99,00 EUR
				561,00 EUR
			+ 19 % MwSt.	106,59 EUR
			Rechnungsbetrag	**667,59 EUR**

Das Zahlungsziel beträgt 90 Tage. Bei Zahlung innerhalb von 14 Tagen gewähren wir 3 % Skonto. Mit freundlichem Gruß

Klaus Zimmermann

Klaus Zimmermann, Dochito GmbH

Interner Vermerk:

Dochte werden in der Farbe Beige geliefert,
Verwendung möglich,
Neulieferung nicht möglich,

Gruß H. Meyer
(Einkauf Sidom)

12.05.15

Geschäftsräume	Kontakt		Bankverbindung	
Hauptstr. 12	Tel:	+49 040 2323-0	Bank:	P-Bank Hamburg
20459 Hamburg	Fax:	+49 040 2323-00	Bankort:	Hamburg
Geschäftsführer: Frank Wintermantel	E-Mail:	dochito@t-online.de	BIC:	SKOXXES1HAM
Amtsgericht Hamburg HRB 92826	Internet:	www.dochito.de	IBAN:	DE29 2001 0020 1245 7700 43

Anlage 6

LAGER-DISPOSITIONSKARTE					
Artikel-Nr.:	9815				
Artikelbezeichnung:	Docht				
Zeitraum:	01.04.2014–30.04.2015	Durchschnittl. Lieferzeit:			1 Woche
Mindestbestand:	500	Verpackungseinheit:			500 Stück
Bestellvorgang:	Monatlich	Einheit:			Stück
Datum	**Beleg**	**Zugang**	**Abgang**	**Lager-bestand**	**Vormerk-bestand**
01.04.2014	Übertrag			2.000	
05.04.2014	LS 0011	500		2.500	
10.04.2014	ME 0008		1.000	1.500	
20.04.2014	ME 0015		700	800	
02.05.2014	LS 0020	500		1.300	
10.05.2014	ME 0022		600	700	
19.05.2014	ME 0034		700	0	
05.06.2014	LS 0044	500		500	
15.06.2014	ME 0061		50	450	
30.06.2014	ME 0068		40	410	
03.07.2014	LS 0051	500		910	
11.07.2014	ME 0074		50	860	
29.07.2014	ME 0078		40	820	
05.08.2014	LS 0086	500		1.320	
16.08.2014	ME 0056		50	1.270	
02.09.2014	LS 0088	500		1.770	
20.09.2014	ME 0073		70	1.700	
04.10.2014	LS 0091	500		2.200	
10.10.2014	ME 0075		50	2.150	
15.10.2014	ME 0078		50	2.100	
29.10.2014	ME 0081		75	2.025	
03.11.2014	LS 0095	500		2.525	
10.11.2014	ME 0085		80	2.445	
02.12.2014	LS 0097	500		2.945	
12.12.2014	ME 0089		60	2.885	
05.01.2015	LS 0102	500		3.385	
12.01.2015	ME 0092		50	3.335	
25.01.2015	ME 0098		50	3.285	
04.02.2015	LS 0105	500		3.785	
20.02.2015	ME 0101		65	3.720	
01.03.2015	LS 0109	500		4.220	
12.03.2015	ME 0105		60	4.160	
01.04.2015	LS 0111	500		4.660	
02.04.2015	ME 0112		1.800	2.860	
12.04.2015	ME 0120		2.250	610	
15.04.2015	ME 0125		610	0	

Prüfungsaufgaben Sommer 2016 (Aufgabe 1, teilweise)

Die Bergmann GmbH in Ravensburg stellt Fahrräder her und legt besonderen Wert auf Qualität, Termintreue sowie eine umweltschonende Produktion. Ein großer Teil der Komponenten wird von spezialisierten Zulieferern bezogen. Der zunehmende Kostendruck zwingt das Unternehmen zur Suche nach weiterem Optimierungspotenzial für seine Beschaffungs- und Produktionsprozesse. Sie sind in der Dispositionsabteilung beschäftigt und haben die folgenden Aufgaben zu erfüllen.

1.2 Zur Optimierung der Einkaufsaktivitäten ist eine ABC-Analyse anhand der Daten des letzten Jahres durchzuführen. A-Güter haben einen Wertanteil von 75 %, B-Güter von 20 % und C-Güter von 5 %. Runden Sie Ihre Ergebnisse auf eine Nachkommastelle (**Anlage 4**).

Geben Sie auf Basis Ihrer ABC-Analyse je drei Empfehlungen für die Beschaffung/Disposition der Fremdbezugsteile 40044 und 40045.

1.3 Die Geschäftsleitung beklagt die hohen Lagerkosten. Ihr Abteilungsleiter bittet Sie deshalb anhand der Lagerkarte des Artikels 40045, die Umschlagshäufigkeit zu ermitteln, diese Kennziffer zu beurteilen und drei Vorschläge zur Verbesserung der Wirtschaftlichkeit zu unterbreiten (**Anlage 5**).

1.4 Die Geschäftsleitung fordert weitere Kostensenkungspotenziale. Auf ihre Anfrage unterbreitet der neue Lieferant Metallbau Berger OHG für Artikel 40045 ein Angebot. Unser bisheriger Einstandspreis beträgt 300,00 EUR je Stück.

- Ermitteln Sie mithilfe einer Bezugskalkulation, in welcher Höhe der Bezug von Artikel 40045 über den neuen Lieferanten zu einem geringeren Bezugspreis führen würde (**Anlagen 5 und 6**).
- Berechnen Sie das Kostensenkungspotenzial pro Jahr.
- Die Metallbau Berger OHG bietet die Möglichkeit des Kaufs auf Abruf.
  Erläutern Sie der Geschäftsleitung je zwei mögliche Vor- und Nachteile, die sich für die Bergmann GmbH ergeben könnten.

1.5 Die Bergmann GmbH erhält die Rechnung in **Anlage 7**. Buchen Sie den Rechnungseingang bestandsorientiert sowie die Zahlung am 04.05.2016.

Anlage 4: ABC-Analyse

Artikel-nummer	Jahresbedarf in Stück	Einstandspreis in Euro	Verbrauchswert in Euro	Wertanteil in %	Rang
40041	4.000	40,00			
40042	8.000	50,00			
40043	4.000	1,60			
40044	16.000	3,00			
40045	4.800	300,00			
40046	48.000	0,20			
40047	24.000	5,00			
40048	8.000	100,00			
Summe					

Rang	Artikel-nummer	Wertanteil in %	Wertanteil in % kumuliert	Einordnung ABC

Anlage 5

Lagerkarte

Bergmann GmbH			
Lagerort: **Artikelnummer:** **Artikelbezeichnung:** **Mengeneinheit:**	LB 3 40045 Alurahmen Stück		
	Zugang	**Abgang**	**Bestand**
31.12.2014			500
05.01.2015	1.500		2.000
13.01.2015	2.400		4.400
12.02.2015		500	3.900
27.03.2015		500	3.400
04.04.2015		400	3.000
15.05.2015		600	2.400
29.06.2015		400	2.000
12.07.2015	2.400		4.400
09.08.2015		600	3.800
05.10.2015		600	3.200
03.11.2015		600	2.600
12.12.2015		600	2.000
Endbestand lt. Inventur			2.000

Lagerkennziffern

	Vorjahr 2014
Durchschnittlicher Lagerbestand	3.260 Stück
Umschlagshäufigkeit	2,1
Durchschnittliche Lagerdauer	171 Tage

Anlage 6: Angebot

Metallbau Berger OHG – Metall nach Maß

Metallbau Berger OHG – Metall nach Maß
Seestr. 9, 78462 Konstanz

Bergmann GmbH
Rennweg 12 – 14
88212 Ravensburg

Name: S. Staller
Telefon: 07798 2333425
Telefax: 07798 233423
E-Mail: service@metallberger.de
Internet: www.metallberger.de

Baden-Württemberg Bank
(BLZ 600 500 00) 2100011
IBAN: DE97 6005 0000 0002 1000 11
Swift-BIC: BAWUDEST

Kunden-Nr.: 240013
Bestell-Nr.:
Auftrag-Nr.:
Datum: 20.04.2016

Angebot Nr. 1992

Sehr geehrte Damen und Herren,

vielen Dank für Ihre Anfrage. Gerne bieten wir wie folgt an:

Artikel AR 45 (Alurahmen) zu 362,50 Euro je Stück.

Bei Abschluss eines Jahresvertrages gewähren wir Ihnen einen Rabatt von

10 % ab einer Jahresmenge von 3.000 Stück,
20 % ab einer Jahresmenge von 4.000 Stück,
25 % ab einer Jahresmenge von 5.000 Stück.

Ab einer Jahresabnahmemenge von 3.500 Stück liefern wir Ihnen jede gewünschte Menge zu Ihrem Wunschtermin, vorausgesetzt Sie fordern die jeweilige Liefermenge 36 Stunden vorher an.

Ab einer Jahresabnahmemenge von 1.500 Stück erfolgen die Anlieferungen ohne weitere Kosten.

Für die Zahlung der abgerufenen Teilmengen haben Sie jeweils 30 Tage Zeit.
Bei Zahlung innerhalb 10 Tagen gewähren wir 2 % Skonto.

Wir freuen uns auf Ihre Bestellung.

Mit freundlichen Grüßen

Metallbau Berger OHG
ppa. M. Staller

Anlage 7: Rechnung

Metallbau Berger OHG – Metall nach Maß

Metallbau Berger OHG – Metall nach Maß
Seestr. 9, 78462 Konstanz

Bergmann GmbH
Rennweg 12 – 14
88212 Ravensburg

Name: R. Ruff
Telefon: 07798 2333425
Telefax: 07798 233423
E-Mail: service@metallberger.de
Internet: www.metallberger.de

Baden-Württemberg Bank
(BLZ 600 500 00) 2100011
IBAN: DE97 6005 0000 0002 1000 11
Swift-BIC: BAWUDEST

Kunden-Nr.: 240013
Bestell-Nr.: RAHMENVERTRAG
Auftrag Nr.: 22013
Rechn. -Datum: 25.04.2016

Rechnung Nr. 26013

Sehr geehrte Damen und Herren,

aufgrund Ihres Auftrags stellen wir Ihnen folgende Artikel in Rechnung:

Artikel-Nr.	Bezeichnung	Menge	Einheit	Preis (in Euro)	Rabatt %	Betrag (in Euro)
200047	Alurahmen AR45	300	Stück	362,50	20	87.000,00

Warenwert	87.000,00
19 % MwSt.	16.530,00
Rechnungsbetrag	103.530,00

Zahlungsbedingungen: 2 % Skonto innerhalb 10 Tagen oder 30 Tage Ziel
Lieferbedingung: Frei Haus

Wir bedanken uns für Ihren Auftrag.

Mit freundlichen Grüßen

Metallbau Berger OHG

i. A. R. Ruff

4 Absatzprozesse

4.1 Marketing – Marktorientierung – Marketingziele – Marktforschung – Marktkennzahlen – Marktsegmentierung

Stofftelegramm

Marketing

↓

Konzept der ganzheitlichen marktorientierten Unternehmensführung

↓

alle Maßnahmen, die ein Unternehmen treffen muss, um sich einen Markt zu schaffen, zu erhalten und zu erweitern

Unternehmen bieten auf Märkten Güter und/oder Dienstleistungen an.

Warum Marketing?

Verkäufermarkt	Käufermarkt
↓	↓
Nachfrageüberhang	Angebotsüberhang
↓	↓
Marktmacht = Verkäufer	Marktmacht = Käufer

Heute: Die meisten Märkte sind Käufermärkte!

↓

Problem aus Sicht des Unternehmens:

Der Kunde hat die Wahl, welches Produkt er bei welchem Unternehmen kauft.

↓

Frage für das Unternehmen:

Was will der Kunde und wie schafft es das Unternehmen, dass der Kunde bei ihm kauft?

↓

Marktorientierung

- Kundenorientierung
- Konkurrenzorientierung

Marktorientierung

- Grundlage unternehmerischen Handelns: konsequente Ausrichtung (Orientierung) am Markt
- Entscheidend = **Kundenorientierung** („Der Kunde ist König!“)
- **Konkurrenzorientierung:** Orientierung z. B. der Preispolitik usw. an den Konkurrenten.
- Orientierung an sonstigen Gegebenheiten: Beschaffungsmarkt, Konjunktur ...
- Beachte: Zunehmende **Internationalisierung** des Wettbewerbs (= **Globalisierung**):
  - Angebot auf internationalen Märkten, Wettbewerbsdruck steigt
  - evtl. Verlagerung von Arbeitsplätzen und Produktionsstätten ins kostengünstigere Ausland
  - Diskussionsthema „Wirtschaftsstandort Deutschland“: Stichworte Lohn und Lohnzusatzkosten, ausländische lohngünstige Arbeitnehmer ...
  - Entwicklung zur Europäischen Wirtschafts- und Währungsunion ...

Marketingziele

Sollen die zukünftige Position des Unternehmens definieren. Diese soll durch den Einsatz aller absatzpolitischen Maßnahmen erreicht werden.

Qualitative Marketingziele	Quantitative Marketingziele
• Imagepflege	• Gewinnziele
• Marktrisiko verkleinern	• Umsatzziele
• Corporate Identity	• Absatzmengen
• Qualität	• Marktanteile
• Vertrauen	• Wachstumsziele

Ziele müssen operationalisiert (messbar gemacht) werden. Das heißt, sie bestehen aus einem Inhaltsteil, Verhaltensteil und Zeitbezug.

Zum Beispiel: Ein Unternehmen will seinen Marktanteil für ein bestimmtes Produkt im Inland um 5 % (Inhaltsteil) im nächsten Jahr (Zeitbezug) steigern. Hierzu werden die Ausgaben für Werbung um 10 % erhöht (Verhaltensteil).

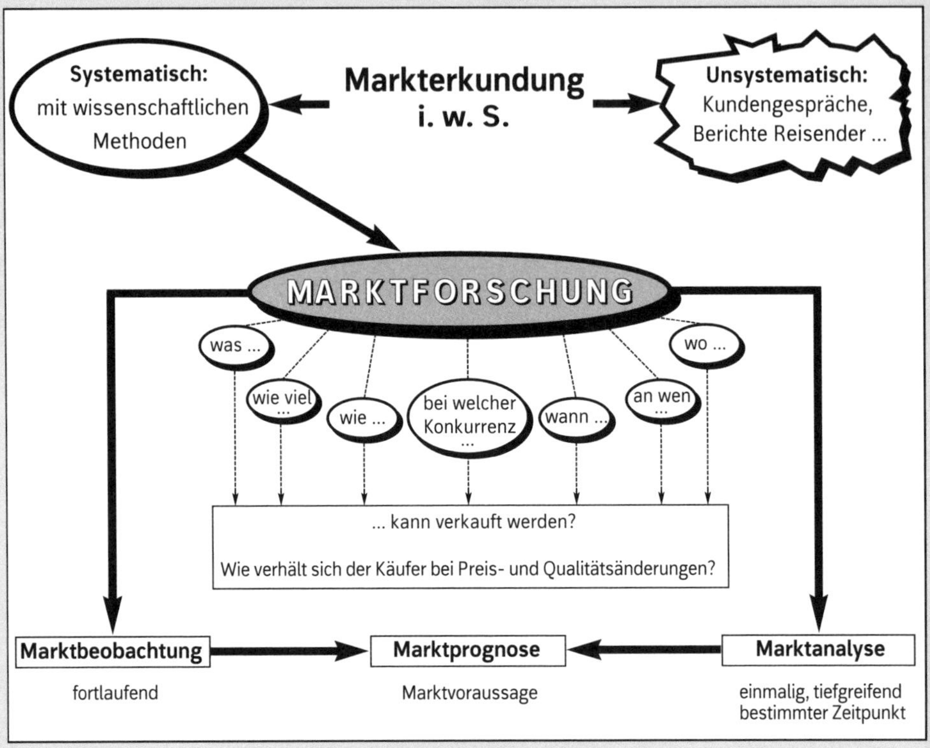

Methoden der Marktforschung

Sekundärforschung

Auswertung von bereits vorhandenem Material (i. d. R. günstiges Verfahren)

- Finanzbuchhaltung
- Kundenbuchhaltung
- Vertreterberichte
- Absatz- und Umsatzstatistiken
- Statistisches Bundesamt
- Wirtschaftsverbände
- Suchmaschinen

Primärforschung

direkte Forschung am Markt (i. d. R. aufwendiges und teures Verfahren)

- Beobachtung
- Experiment (z. B. Testmarkt)
- Befragung:
  - Zufallsauswahl: Personenauswahl rein zufällig
  - Quotenverfahren
    Wichtig: Die zu befragende Teilmasse muss in ihrer Zusammensetzung der Gesamtmasse entsprechen.
    Vorteil: Die Teilmasse kann relativ klein sein, daher kostengünstig.

Marktkennzahlen

Marktkennzahlen sind das Ergebnis der quantitativen Marktforschung und dienen der Einschätzung der Marktsituation eines Unternehmens. Beispielhaft werden hier dargestellt: Marktpotenzial, Marktvolumen, Absatzpotenzial, Absatzvolumen.

Betrachtungsgröße	Zusammenhang	
Gesamter Markt (alle Unternehmen einer Branche und einer bestimmten Produktgattung)	**Marktpotenzial**	**Marktvolumen**
	möglicher Gesamtabsatz bis zur vollständigen Sättigung des Marktes	tatsächlich realisierter Gesamtabsatz auf dem Markt
Einzelnes Unternehmen	**Absatzpotenzial**	**Absatzvolumen**
	möglicher Absatz eines Unternehmens	tatsächlich realisierter Absatz eines Unternehmens

$$\text{Marktanteil} = \frac{\text{Absatzvolumen} \cdot 100}{\text{Marktvolumen}}$$

$$\text{Sättigungsgrad des Marktes} = \frac{\text{Marktvolumen} \cdot 100}{\text{Marktpotenzial}}$$

Marktsegmentierung

= Aufteilung des Gesamtmarktes in gleichartige Teilmärkte (Segmente)

Ziel:
segmentspezifische Leistungen/Produkte zu erstellen und entsprechende Marketingprogramme zu entwickeln, um die Käufer besser zu erreichen

Käufergruppen, die sich hinsichtlich ihrer Bedürfnisse und ihres Kaufverhaltens nicht unterscheiden.		=	**Angebotene Leistung des Unternehmens**	
Käufergruppe	Bedürfnis	=	Unternehmen	Leistung/Produkt
Studenten, Azubis	kostenloses Girokonto	=	Bank, Sparkasse	Junges Konto

Kriterien der Marktsegmentierung	
Geografische Merkmale	In-/Ausland, Nord-Süd, Ost-West, Stadt-Land, Bundesländer, Nordeuropa, Südeuropa, Asien, Wohngebietstypen (ähnliche Bevölkerungsschicht, z. B. Neubaugebiete mit gehobenem Einkommen)
Sozioökonische Merkmale	Einkommen, Vermögen, Beruf, Ausbildung usw.
Demografische Merkmale	Geschlecht, Alter, Haushaltsgröße, Kinderanzahl usw.
Psychografische Merkmale	Lebensstil, Wertvorstellungen, Persönliche Einstellungen, Risikobereitschaft
Beobachtbare Merkmale	Verpackungsgröße, Markenprodukte, Kaufmengen, Kaufrhythmus, Einkauf im Discounter, Fachgeschäft usw.

Aufgaben

1. Definieren Sie möglichst kurz folgende Begriffe:

a) Marktorientierung
b) Globalisierung der Märkte
c) Absatzmarketing
d) Marktforschung
e) Marktanalyse
f) Marktbeobachtung
g) Marktprognose
h) Sekundärforschung
i) Primärforschung
j) Teilmasse
k) Gesamtmasse
l) Zufallsauswahl
m) Quotenverfahren

2. Welche Datenquellen werden bei der Sekundärforschung verwendet?

3. Die Brauer GmbH aus Kirchheim stellt qualitativ hochwertiges Bier für den regionalen Markt her. Zusätzlich im Produktportfolio sind hochwertige Fruchtsäfte von Streuobstwiesen. Im vergangenen Geschäftsjahr wurden 5 Mio. EUR Umsatz in diesem Marktsegment von der Brauer GmbH erwirtschaftet. Die Wettbewerber erwirtschafteten im gleichen Zeitraum in diesem Bereich 20 Mio. EUR Umsatz. Laut einer Einschätzung eines Marktforschungsinstitutes ist im Gesamtmarkt ein Umsatz von 50 Mio. EUR möglich.

a) Berechnen Sie den Marktanteil und die Marktsättigung in Prozent.
b) Welche marketingpolitischen Entscheidungen sollte die Brauer GmbH treffen?
c) Wie wäre die Lage, wenn das Marktforschungsinstitut eine Entwicklung des Gesamtmarktes von 27 Mio. EUR für möglich hielte.

4.2 Absatzpolitische Instrumente

4.2.1 Produktpolitik

4.2.1.1 Produktpolitik i. w. S. – Produktlebenszyklus – Portfolio-Analyse

Stofftelegramm

Die Produktpolitik ist eine strategische (langfristige) Entscheidung des Unternehmens =

Welche Produkte/Dienstleistungen werden auf welchen Märkten angeboten?

Hilfsmittel für diese Entscheidung sind:
- Modell des Produktlebenszyklus
- Modell des Marktanteils-/Marktwachstumsportfolios

Produktlebenszyklus

Das Modell des Produktlebenszyklus geht davon aus, dass ein Produkt von seiner Markteinführung bis zum Ausscheiden aus dem Markt verschiedene Phasen durchläuft.

Messgrößen	Gewinn, Umsatz
Ziele	• Planung, Steuerung und Kontrolle des Produktlebenszyklus eines Produktes • Marktanteil steigern • Umsatz, Gewinn steigern • Produkt lange auf dem Markt halten
Maßnahmen	Optimierung des Marketingmix

Umsatz- und Gewinnverlauf im Produktlebenszyklus (idealtypisch)

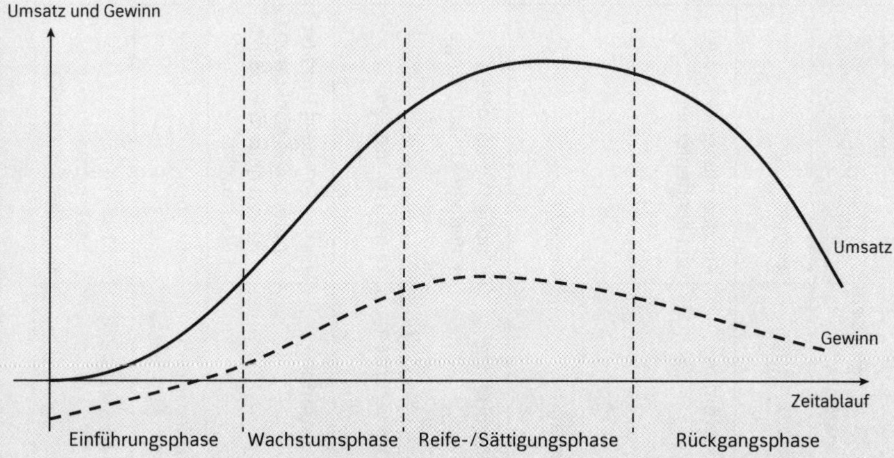

Produktlebenszyklus				
Phasen / Merkmale	Einführungsphase	Wachstumsphase	Reife- und Sättigungsphase	Rückgangsphase
Absatzmenge	gering	schnell ansteigend	Rekordabsatz, Tendenz fallend	rückläufig
Begründung	Kunden müssen Produkt erst kennenlernen	Produkt wird bekannter und liegt im Trend	Produkt ist sehr bekannt und liegt absolut im Trend	• Kunden kaufen zunehmend neue/andere Produkte • technologischer Fortschritt • Präferenzen der Verbraucher ändern sich
Gewinn	negativ	steigend	hoch	fallend
Begründung	• hohe Werbekosten • geringe Absatzmenge	• Absatzmenge steigt • Fertigungskosten sinken • Deckungsbeiträge steigen	• Absatzmenge sehr hoch • Fertigungskosten sinken	• Absatzmenge sinkt • technologischer Fortschritt
Konkurrenten	keine bzw. wenige	Zahl der Konkurrenten nimmt zu	gleichbleibend, Tendenz fallend	Zahl der Konkurrenten nimmt ab
Begründung	• absolut neues Produkt • potenzielle Konkurrenz ist von neuem Produkt überrascht	• Marktpotenzial vorhanden • Nachahmer: Konkurrenz bringt ähnliches Produkt auf den Markt	• Marktpotenzial ausgeschöpft • erste Grenzanbieter verschwinden vom Markt	• Marktanteile schrumpfen • Grenzanbieter und weitere Anbieter verschwinden vom Markt
Marketing-investitionen	sehr hoch	hoch	sinkend	weiter sinkend
Marketingziele	• Produkt bekanntmachen • Erstkäufer sichern	Marktanteil steigern	Marktanteil sichern	Kostensenkung und „Gewinnmitnahme“

Portfolio-Analyse

- Portfolio-Analyse = Instrument der Unternehmensführung
- **Ziel** der Portfolio-Analyse: ausgewogene Zusammensetzung des Produktionsprogramms erreichen hinsichtlich Ertragskraft, Lebensalter, Marktposition, Konkurrenz und Risiken

  Dafür notwendig: Festlegung der Faktoren, die den langfristigen Unternehmenserfolg bestimmen, v. a. Marktanteil, Wachstumsrate und Ertrag.

- Vorgehensweise bei der Portfolio-Analyse → **Vier-Felder-Matrix** (vgl. Lebenszyklus):

1. Einführungsphase („Question Marks" = Fragezeichen):
- Produkte, deren Erfolg noch unsicher ist
- noch unbedeutender Marktanteil
- hohe Investitionen
- Ertrag noch relativ gering
- große Wachstumschancen
- Maßnahmen: Offensivstrategie; beobachten und fördern

2. Wachstumsphase („Stars" = Sterne):
- hoher Marktanteil
- hohe Investitionen
- stark steigende Gewinne
- starkes Wachstum
- Maßnahmen: Investitionsstrategie; fördern

3. Reifephase („Cash Cows" = Melkkühe):
- Produkte, die große finanzielle Mittel erwirtschaften
- hoher Marktanteil
- starker Rückgang der Investitionen
- hohe Gewinne
- geringes Wachstum
- Maßnahmen: Abschöpfungsstrategie; Position halten, melken

4. Sättigungsphase („Poor Dogs" = arme Hunde):
- stark zurückgehender Marktanteil
- keine Investitionen
- Tendenz zu Verlusten
- kein Wachstum mehr
- kurz: „Poor Dogs" = „arme Hunde", denen das baldige Ende droht
- Maßnahmen: Desinvestitionsstrategie; Elimination; Ersatz durch Produktinnovationen

- **Wichtig:** Das Unternehmen sollte darauf achten, dass stets genügend „Fragezeichen", „Stars" und „Melkkühe" vorhanden sind → ausgeglichenes Portfolio. Besonders stark ist auf genügend Produktnachwuchs (Fragezeichen) zu achten.

Portfolio-Analyse: Die Vier-Felder-Matrix

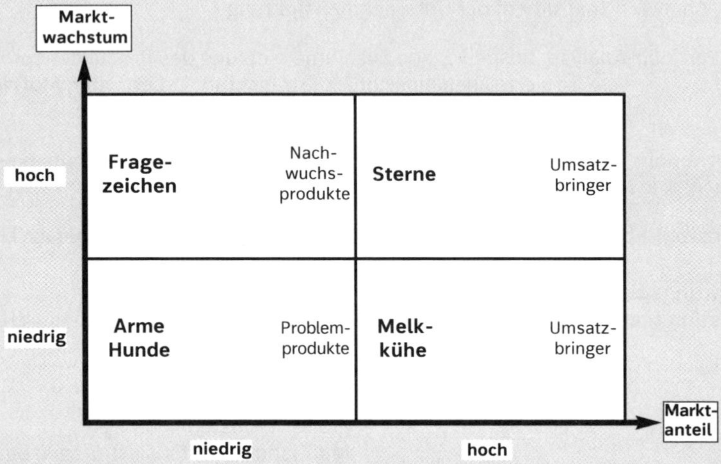

- Erhöhung des eigenen Marktanteils → Senkung der Stückkosten aufgrund der gestiegenen Stückzahl (Gesetz der Massenproduktion) → Gewinnerhöhung
- Betr. „Marktanteil“: In der Regel wird der **relative Marktanteil** angesetzt.

$$\textbf{relativer Marktanteil} = \frac{\textbf{eigener Marktanteil} \text{ (z. B. 20 \%)}}{\textbf{Marktanteil des größten Konkurrenten} \text{ (z. B. 40 \%)}}$$

$$\textbf{relativer Marktanteil} = \frac{\textbf{eigener Umsatz in Euro}}{\textbf{Umsatz des größten Konkurrenten in Euro}} = \mathbf{0{,}5}$$

Ist eigener Marktanteil höher als der des größten Konkurrenten → relativer Marktanteil > 1

Vorteile der Portfolio-Analyse

- anschaulich
- einfach zu handhaben
- Förderung des Zukunftsdenkens
- Erkennen von Chancen und Risiken

Nachteile der Portfolio-Analyse

- Die Marktanteilsmessung ist problematisch. (Wie viel Umsatz erzielt der Konkurrent?)
- Marktwachstumsprognosen schwierig
- Gefahr der Konzentration auf Wachstumsmärkte
- Produkte haben Wechselwirkungen und können nicht unabhängig betrachtet werden.

Strategien:
Es lassen sich aus der Portfolioanalyse vier Normstrategien ableiten.

- **Selektive Strategie/Offensivstrategie:**
  Diese eignet sich sehr gut für die „Question Marks". Durch geeignete Investitionen (Produkt, Werbung, Märkte, Verkauf) kann der Marktanteil verbessert werden und sich evtl. ein „Star" entwickeln. Wenn die Strategie nicht greift, wird das Produkt vom Markt genommen oder abgeschöpft. Die frei werdenden Mittel sind dann für andere Produkte und Märkte verfügbar.

- **Investitionsstrategie/Wachstumsstrategie:**
  Diese will die gewonnene Marktposition durch Investitionen ausbauen, die Marktführerschaft sowie den Markt gegenüber Konkurrenten verteidigen.

- **Abschöpfungsstrategie:**
  Diese empfiehlt, die Einnahmenüberschüsse, die das Produkt erwirtschaftet, anderen Geschäftsbereichen/Produkten zuzuführen, und zu versuchen, die Marktposition durch gezielte Investitionen zu erhalten. Es werden keine weiteren Anstrengungen unternommen, um den Marktanteil weiter auszubauen.

- **Desinvestitionsstrategie:**
  Das Produkt langsam vom Markt zu nehmen empfiehlt sich für Märkte/Produkte, die nicht mehr wachsen und wo die Marktanteile sinken („Poor Dogs"). Solange noch Synergieeffekte durch das Produkt für das Unternehmen erkennbar sind, kann es u. U. im Markt verbleiben – ansonsten wird es aus dem Produktportfolio entfernt.

Portfolio-Analyse: Beispiel zur Vier-Felder-Matrix

Produktgruppe	Umsatz (in Mio. Euro)	Relativer Marktanteil (gegeben)	Marktwachstum (gegeben)
(A) Ski/Skistöcke	10,0	1,2	4 %
(B) Snowboards	6,0	0,8	12 %
(C) Surfbretter	4,0	1,4	10 %
(D) Walking-Stöcke	2,0	0,2	14 %
(E) Wasserski	1,0	0,6	4 %
	23,0	X	X

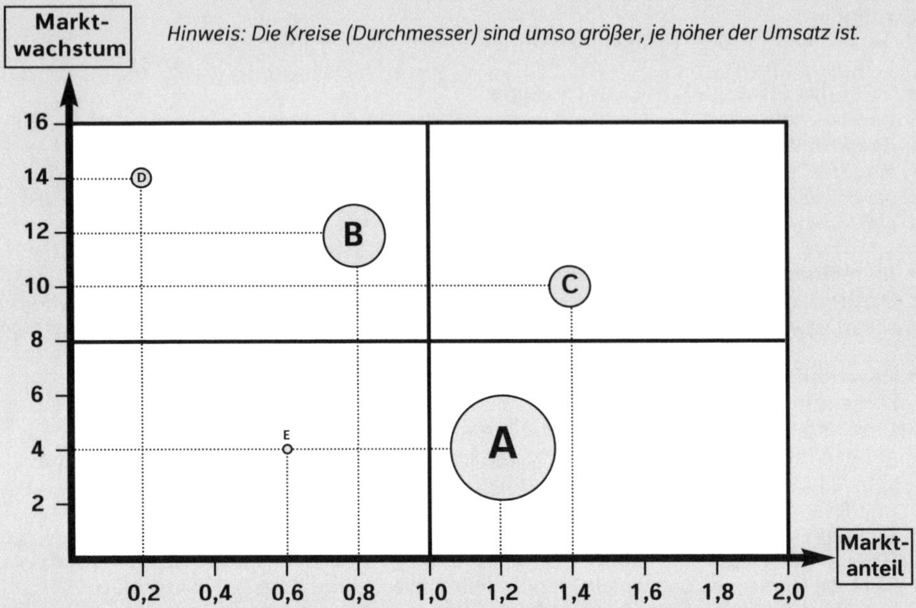

Bewertung: Es liegt ein **ausgeglichenes Portfolio** vor.

Begründung:

- C befindet sich im „Star-Bereich". Investitionsstrategie: Investieren, um als Marktführer mit dem Marktwachstum Schritt zu halten und Marktanteil auszubauen.
- B und D haben als Nachwuchsprodukte ein hohes Wachstumspotenzial. Offensivstrategie: Starke finanzielle Förderung, um aus den „Fragezeichen" einen „Stern" zu machen.
- A bringt als „Melkkuh" momentan die höchsten Umsätze. Abschöpfungsstrategie: Durch gezielte Erhaltungsinvestitionen so lange wie möglich die Marktposition verteidigen und Gewinne mitnehmen.
- E sollte möglicherweise eliminiert werden. Desinvestitionsstrategie: Das Produkt vom Markt nehmen, wenn es keine Gewinne mehr macht bzw. keine Synergien mehr bringt.

Portfolio-Analyse: Aufgaben mit Lösungen

Beurteilen Sie die gegenwärtigen und zukünftigen Umsatzerwartungen folgender Unternehmen mit folgenden Portfolios.

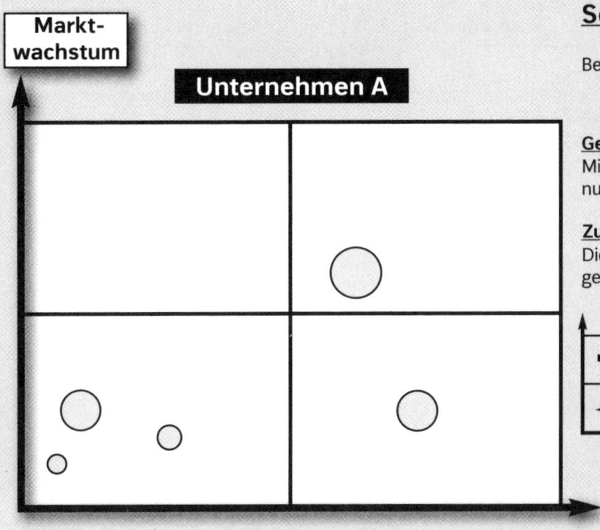

Lösung

Sehr negatives Portfolio

Begründung:
- nur ein Starprodukt
- keine Nachwuchsprodukte
- viele „Dogs"

Gegenwärtige Umsatzerwartungen:
Mittelmäßig, da nur ein „Cashprodukt" und nur eine „Melkkuh"

Zukünftige Umsatzerwartungen:
Die im Portfolio enthaltenen Produkte folgen generell dem Produktlebenszyklus:

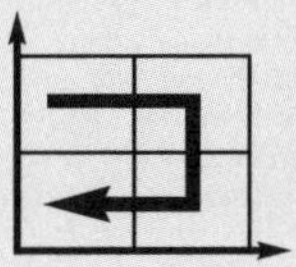

Folglich wird in absehbarer Zukunft das Cashprodukt auslaufen, ohne dass Nachwuchsprodukte folgen. → Das Unternehmen muss dringend für „Nachwuchs" sorgen.

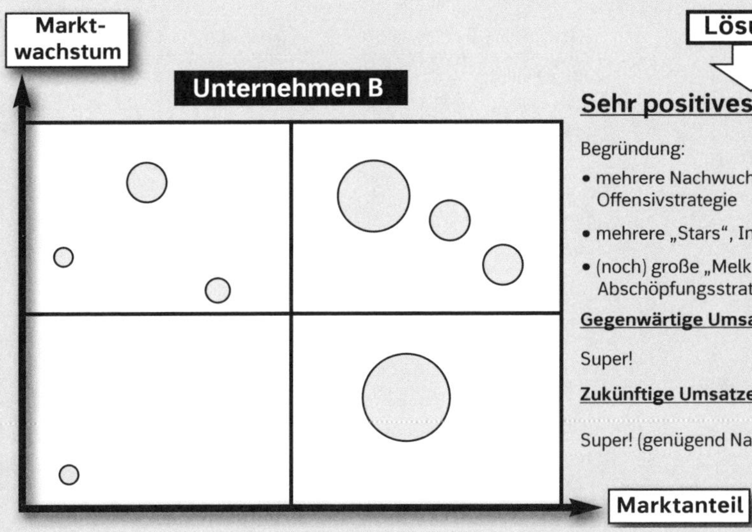

Lösung

Sehr positives Portfolio

Begründung:
- mehrere Nachwuchsprodukte, Offensivstrategie
- mehrere „Stars", Investitionsstrategie
- (noch) große „Melkkuh", Abschöpfungsstrategie

Gegenwärtige Umsatzerwartungen:

Super!

Zukünftige Umsatzerwartungen:

Super! (genügend Nachwuchsprodukte)

4.2.1.2 Produktpolitik i. e. S. – Produktionsprogramm – Sortimentspolitik – Sekundärdienstleistungen

Stofftelegramm

Produktionsprogramm

Produktvariation

= Variieren, Modifizieren, Verbessern bereits bestehender Produkte.

Änderung von z. B.:
- Material, Qualität, Bauart, Haltbarkeit
- Farbe, Form, Größe, Verpackung
- Markenname

Beispiele:
- *Handys (mehr Speicher, schnellerer Chip, bessere Kamera, anderes Gehäuse usw.)*
- *Automodell bekommt neuen Kühlergrill, neue Scheinwerfer, neue Farbpalette, neue Vorderachse, Carbon statt Metall.*
  = Facelift, Relaunch des Produkts
- *Waschmittel (Farbe, Weißwäsche, Schwarzwäsche, gewebeschonend, Wolle usw.)*

Ziele:
- Verlängerung der Lebensdauer der Produkte
- neue/alte Kundenkreise sollen angesprochen werden

Auslöser:
- technischer Fortschritt
- Kundenwünsche
- Konkurrenz
- Änderung der rechtlichen Rahmenbedingungen

Produktinnovation

= Entwicklung und Einführung völlig **neuer** Produkte

Ziele:
- neue Märkte erschließen bzw. an diesen teilhaben
- Marktanteile sichern bzw. erweitern
- Risikostreuung
- Ansprechen verschiedener Käuferschichten
- Wachstum

Auslöser:
- technischer Fortschritt
- Kundenwünsche
- Konkurrenz
- Änderung der rechtlichen Rahmenbedingungen
- Wachstum
- Risikostreuung

Produktelimination

= Herausnahme von Produkten aus dem Produktionsprogramm

Z. B.:
- VW-Käfer
- Schallplatten, Kassetten
- Kernkraftwerke
- Röhrenbildschirme

Ziel:
Bereinigung des Produktionsprogramms

Auslöser:
- technischer Fortschritt
- Flop bei der Einführung neuer Produkte
- Produkt am Ende seines Lebenszyklus
- Unternehmensstrategie ändert sich
- rechtliche Rahmenbedingungen

Produktdiversifikation

= Erweiterung des Produktionsprogramms durch die Aufnahme neuer Produkte

Z. B.: s. u.

Ziele:
- Risikostreuung
- weiteres „Standbein“ für das Unternehmen
- Wachstum

Auslöser: s. o.

Produktdifferenzierung

= sachliche Veränderung des Grundprodukts: Technik, Aussehen, Image, Qualität

Z. B.:
- Automodellreihen mit verschiedenen Motoren, Ausstattungsvarianten und Preisen (Grundzweck Autofahren wird nicht verändert)
- Handymodellreihe mit verschiedenen Speicherkapazitäten, Prozessoren, Hüllen usw.

Für die Schaffung weiterer Präferenzen wird das Produkt über die Differenzierung von Dienstleistungen ergänzt (z. B. Lieferzeiten, Kundendienst, Service, Lieferkosten usw.)

Ziele:
- Ansprechen von verschiedenen Käuferschichten
- Anwendung von Preisdifferenzierung

Auslöser: s. o.

Horizontale Diversifikation

= neue Produkte auf der gleichen Wirtschaftsstufe

Z. B.:
- Ein Autohersteller erweitert sein Produktprogramm um Lkws, Motorräder und Busse.
- Eine Molkerei bietet neben Butter auch Margarine an.
- Ein Seifenhersteller bietet Cremes und Lotionen an.

Vertikale Diversifikation

= neue Produkte auf einer vor- und/ oder nachgelagerten Wirtschaftsstufe

Z. B.:
- Ein Holzwerk stellt Möbel und Heizungspellets her.
- Ein Modehersteller eröffnet einen Fabrikverkauf.
- Ein Holzwerk kauft Waldflächen und bewirtschaftet diese.
- Ein Stahlproduzent kauft ein Erzbergwerk.

Laterale Diversifikation

= neue Produkte stehen in keinem Zusammenhang mit den bisherigen

Z. B.:
- Ein Autohersteller bietet über die eigene Hausbank Finanzierungskonzepte, Leasing, Kredite und Versicherungen an.
- Ein Modehersteller produziert Parfüms und Cremes.

Produktmix ist die Gesamtheit aller angebotenen Waren und Dienstleistungen.

schmal ⟷ Produktionsprogramm (Sortiment) ⟷ breit

flach ↕ Produktions-programm (Sortiment) ↕ tief	Küchen	Schlafzimmer	Wohnzimmer	Büro	Montage/ Kundendienst
	1 A	2 A	3 A	4 A	4 A
	1 B	2 B		4 B	4 B
	1 C	2 C		4 C	4 C
	1 D	2 D			
	1 E				

Sortimentspolitik

Sortiment = alle Produkte, Waren und Dienstleistungen, die ein Unternehmer (Produzent oder Händler) anbietet. (Sortiment i. e. S. ist nur auf den Handel bezogen!)

Sortimentspolitik: betrifft Zusammensetzung der gesamten angebotenen Produktpalette (Produktpolitik betrifft i. Gs. dazu die Produktinnovation, Produktvariation und -elimination). Die Begriffe Produkt- und Sortimentspolitik werden in der Literatur nicht einheitlich definiert!

- **Breites Sortiment:** Angebot vieler verschiedenartiger Produkte (Schlafzimmer-, Kinderzimmer-, Wohnzimmer-, Büromöbel)
- **Schmales Sortiment:** Spezialisierung auf wenige Produkte (z. B. nur Büromöbel)
- **Tiefes Sortiment:** nur wenige Produkte, jedoch zahlreiche Sorten werden geführt (z. B. Büromöbel in allen Variationen)
- **Flaches Sortiment:** nur wenige Produkte und wenige Sorten (z. B. Massenproduktion zweier Tischsorten)

- **Kernsortiment:** Hauptbestandteil des Sortiments
- **Randsortiment:** Ergänzung des Kernsortiments
- **Handelsware:** zugekaufte verkaufsfähige Produkte, z. B. Fahrradhersteller verkauft auch Fahrradlampen und Helme

Sekundärdienstleistungen

- **Kundendienst** = alle Zusatzleistungen, die freiwillig und evtl. sogar kostenlos beim Kauf erfolgen. Zweck: Stammkunden gewinnen, Ruf der Firma fördern ...

  Bereiche der Kundendienstpolitik: Information, Beratung und Unterstützung bei Einkauf, Schulung und Einweisung der Käufer, Transport und Installation, Reparaturservice, Ersatzteildienst, evtl. Entsorgung

- **Gewährleistung/Garantien**

Gewährleistung ↔ **Garantien**

Gewährleistung: Grundlage der Gewährleistung sind Gesetze, z. B. beim Kaufvertrag zwei Jahre Gewährleistung auf eine mangelfreie, funktionstüchtige Neuware.

(Ist **keine** Sekundärdienstleistung.)

Garantien: Garantien sind freiwillige Leistungen der Hersteller bzw. Verkäufer über die gesetzliche Gewährleistung hinaus. Z. B.: „Wir gewähren auf bestimmte Teile unserer Autos fünf oder sieben Jahre Herstellergarantie."

- Beschaffenheitsgarantie: „Die Scheinwerfer haben eine Reichweite von 150 Metern."
- Haltbarkeitsgarantie: „Auto rostet 10 Jahre nicht durch."

Kulanzleistungen sind freiwillige Leistungen nach dem Ablauf der Gewährleistung oder Garantie = evtl. positives Firmenimage

4.2.2 Kontrahierungspolitik

Stofftelegramm

Die Kontrahierungspolitik umfasst:

- Preisstrategien
  - Hochpreisstrategie
  - Niedrigpreisstrategie
- Preispolitik
  - kostenorientierte Preisbildung
  - konkurrenzorientierte Preisbildung
  - nachfrageorientierte Preisbildung
- Konditionenpolitik
  - Lieferungsbedingungen
  - Finanzdienstleistungen

4.2.2.1 Preisstrategien

Stofftelegramm

grundsätzliches Vorgehen zur Erreichung eines bestimmten Preisniveaus auf dem Markt

=

Preisstrategien

Hochpreisstrategie

Ziel:
langfristig hoher Preis am Markt

Voraussetzungen:
- Alleinstellungsmerkmal
- Preiselastizität der Nachfrager eher gering

Prämienstrategie

Produkt wird mit einer „Prämie" (Alleinstellungsmerkmal) ausgestattet, z. B.:
- Qualität
- Image
- Garantie
- Exklusivität

Skimmingstrategie

(Abschöpfungsstrategie)

Innovationsgüter mit hohem Alleinstellungsmerkmal (z. B. neue Smartphones)

↓

Einführungspreis hoch

↓

Senkung des Preises bei Absatzrückgang

↓

Gewinnung der nächsten, preisbewussteren Käuferschicht

↓

Abschöpfung des Marktes

Niedrigpreisstrategie

Ziel:
Preis unter dem der Konkurrenz
- Verdrängung von Wettbewerbern
- Marktanteil steigern
- Niedrigpreisimage aufbauen
- Markteintritte von Wettbewerbern verhindern

Promotionspreispolitik

niedrige Preise zur Verkaufsförderung von Massenware

Penetrationspreispolitik

niedrige Preise bei der Markteinführung neuer Produkte

↓

Ziel:
hohe Marktanteile sichern

↓

nach der Markteinführung Anhebung der Preise

4.2.2.2 Preispolitik

Stofftelegramm

= alle Entscheidungen, die den Preis beeinflussen

Kostenorientierte Preispolitik

= Preisermittlung auf Basis der Kosten, z. B. Voll- und/oder Teilkostenrechnung (vgl. Teil Steuerung und Kontrolle)

Kalkulationsbeispiel auf Basis der Vollkostenrechnung

	Materialeinzelkosten		10.000,00 EUR		
+	Materialgemeinkosten	20%	2.000,00 EUR		$= \frac{10.000,00 \cdot 20}{100}$
=	**Materialkosten**			12.000,00 EUR	
	Fertigungslöhne		5.000,00 EUR		
+	Fertigungsgemeinkosten	15%	750,00 EUR		
=	**Fertigungskosten**			5.750,00 EUR	
	Herstellkosten			17.750,00 EUR	
+	Vw- u. Vtsgemeinkosten	25%		4.437,50 EUR	
=	**Selbstkosten**			22.187,50 EUR	
+	Gewinnzuschlag	12%		2.662,50 EUR	
=	**Barverkaufspreis**			24.850,00 EUR	
+	Kundenskonto	3%		768,56 EUR	$= \frac{24.850,00 \cdot 3}{97}$
=	**Zielverkaufspreis**			25.618,56 EUR	
+	Kundenrabatt	10%		2.846,51 EUR	$= \frac{25.618,56 \cdot 10}{90}$
=	**Listenverkaufspreis**			28.465,06 EUR	

Konkurrenzorientierte Preispolitik

= Preise orientieren sich an den Preisen der Konkurrenz, insbesondere am Marktführer = Leitpreis, Branchenpreis

Mögliche Strategien

Unterbietung des Leitpreises

- kurzfristige Preisuntergrenze = variable Kosten
- langfristige Preisuntergrenze = Selbstkosten

Orientierung am Leitpreis

Wird der Leitpreis geändert, z. B. vom Marktführer, ändert auch unser Unternehmen den Preis.

Überbietung des Leitpreises

Nur möglich, wenn das Produkt Alleinstellungsmerkmale besitzt.

Z. B.:

- Image
- Qualität
- Service

Nachfrageorientierte Preispolitik

Vgl. hierzu auch unser Buch „Gesamtwirtschaft“ (Thema: Preisbildung).
= Preisfestsetzung in Abhängigkeit von der Nachfrage (Zahl und „Macht“ der Nachfrager).
Typisch: Käufermärkte → Angebotsüberschüsse → Käufer sind kritisch, wählerisch und preisbewusst.

Preisdifferenzierung: Das gleiche Produkt wird zu unterschiedlichen Preisen verkauft.
Preisdifferenzierung als Mittel, die Konsumentenrente auf Teilmärkten abzuschöpfen

- **Räumliche Preisdifferenzierung:** unterschiedliche Preise an verschiedenen Orten (z. B. Inlands-, Auslandsmarkt)
- **Zeitliche Preisdifferenzierung:** unterschiedliche Preise zu verschiedenen Zeiten (z. B. Sommer-, Winterpreise bei Ski ...)
- **Sachliche Preisdifferenzierung:** Angebot desselben Produktes mit unterschiedlicher Aufmachung zu unterschiedlichen Preisen (z. B. Angebot als Markenartikel und No-Name-Ware)
- **Persönliche Preisdifferenzierung:** unterschiedliche Preise für verschiedene Personen (z. B. Schülerermäßigungen ...)
- **Umsatzorientierte Preisdifferenzierung:** Mengenrabatte ...
- **Verwendungsorientierte Preisdifferenzierung:** Haushalts- und Gewerbetarife beim Strom ...

4.2.2.3 Konditionenpolitik

Stofftelegramm

Konditionenpolitik

Die Konditionen sind so zu gestalten, dass sich für den Kunden neben dem Preis/der Qualität weitere Kaufanreize bieten.

Lieferungsbedingungen

- Transportkosten (frei Haus, frei Werk)
- Lieferung und Montage
- evtl. Selbstabholung durch den Kunden bei eigenem Fuhrpark → Bezugskosten für den Kunden geringer
- Leistungsorte und Gerichtsstände werden festgelegt.

Finanzdienstleistungen

Erleichterung für den Kunden, um die Finanzierung des Kaufpreises zu verbessern.

- Zahlungsbedingungen
  - Rabatte
  - Skonto (2 %, 3 %)
  - Dauer Skontoabzug (14 Tage)
  - Dauer Zahlungsziel (30 Tage)
  - Zahlungssicherung
  - Zahlungsweise (Vorauskasse, Ratenzahlung usw.)
- Absatzkredite
  - Lieferantenkredite
  - Finanzierung (Zins, Höhe Darlehen, Laufzeit)
- Leasing

4.2.3 Kommunikationspolitik

Stofftelegramm

= alle marketingpolitischen Maßnahmen, die das Unternehmen und seine Produkte in der Öffentlichkeit bekannt machen

Ziel der Werbung:
Botschaften zu den Kunden transportieren und bei diesen Bedürfnisse/Kaufwünsche wecken, welche dann auch zum tatsächlichen Kauf führen

Werbearten:
- Erhaltungswerbung = Kundenstamm erhalten
- Expansionswerbung = neue Kunden gewinnen
- Einführungswerbung = neue Produkte bekanntmachen

Stufenmodell der Werbung; „AIDA-Regel" besagt:
- **A**ttention: Werbung soll zunächst Aufmerksamkeit erzielen
- **I**nterest: Werbung soll Interesse wecken
- **D**esire: Werbung soll den Kaufwunsch auslösen
- **A**ction: Werbung soll zum Kauf (zur Handlung) führen

Werbeplan
... dient als Mittel für eine erfolgreiche/kontrollierbare Werbung

Werbeplan	
Inhalte	**Erläuterungen/Beispiele**
Werbeobjekt	Für welches Produkt oder welche Dienstleistung soll geworben werden?
Werbeziel **Was** soll mit der Werbung erreicht werden?	messbare (operationalisierte) Zielformulierung **Beispiele:** • *Einführung eines neuen Produktes im Jahr 20..* • *Gewinnung von 100 neuen Kunden im Jahr 20..* • *80 % der Bestandskunden zum Kauf animieren im nächsten Monat* • *verstärkter Umsatz (5 % mehr) bestimmter Waren in den nächsten drei Monaten*
Werbebotschaft **Welche** Botschaft soll die Zielgruppe erhalten?	teilt den Kundennutzen des Werbeobjekts mit **Beispiele:** • *Name* • *Funktion* • *Marke* • *Qualität*
Streukreis (Zielgruppe) **Wer** soll erreicht werden?	Die Zielgruppe sollte genau bestimmt werden. Die Werbemaßnahme sollte die ausgewählten Personen/Personenkreise erreichen. • Berufsgruppen (Anwälte, Ärzte, Arbeitnehmer usw.) • Altersgruppen • Kaufkraftgruppen (hohes/mittleres/unteres Einkommen) • Geschlecht **Beispiele für Zielgruppen:** • *männliche Singles zwischen 25 und 35 Jahren* • *Eltern mit Kindern im Grundschulalter, mit mittlerem Einkommen*

Streugebiet **Wo** soll geworben werden?	Das Streugebiet kennzeichnet das geografische Gebiet, in dem die Werbemaßnahmen durchgeführt werden sollen. **Beispiele:** • *Gemeinde* • *Stadt/Stadtteil* • *Region* • *Bundesland* • *Deutschland*
Streuzeit (Werbezeitraum) **Wann** und **wie oft** soll geworben werden?	legt fest, zu welchem Zeitpunkt, wie lange und in welchen zeitlichen Abständen geworben werden soll **Beispiel:** *Ein örtliches Einzelhandelsgeschäft hat wöchentlich eine Beilage mit Sonderangeboten in der Tageszeitung.*
Werbemittel/Werbeträger (Streumedien) **Womit** soll geworben werden?	**Werbemittel:** Kommunikationsmittel, mit dem die Werbebotschaft transportiert wird Werbemittel sprechen Sinne an: • optisch (Sehen) – Anzeigen, Plakate • akustisch (Gehör) – Werbung, Radio • geschmacklich – Kostproben • Geruch – Parfüm • Gefühl – Stoffe, Bekleidung In der Regel werden diese gemischt, z. B. Fernsehwerbung, Kostproben usw. **Werbeträger:** Medium für den Transport der Werbemittel • Zeitungen, Werbebriefe, Kataloge, Prospekte • Fernsehen, Radio, Kino • Bandenwerbung, Plakatanschlagstellen • Internet • Werbegeschenke (Kugelschreiber, Feuerzeug usw.)
Werbeetat **Wie viel Geld** steht für die Werbung zur Verfügung?	Summe an Geldmitteln (Budget) eines Unternehmens für Werbung

Vorteile der Werbung	Nachteile der Werbung
• Absatzsicherung, Absatzsteigerung → Kostensenkung durch Massenproduktion • Erhöhung der Markttransparenz • Information	• Werbekosten verteuern die Produkte • Werbekosten sind von Großunternehmen leichter zu tragen • Manipulation + Verführung d. Verbrauchers

Verkaufsförderung/Salespromotion:
→ Maßnahmen am Ort des Verkaufs (Point of Sale), um den Umsatz zu steigern und das Unternehmen bekannt zu machen

- zeitlich begrenzte Aktionen
- dient der Profilierung und mittel-/langfristigen Umsatzsteigerung des Unternehmens
- Hersteller und/oder Händler und/oder Privatkunden

a) **Verkaufsförderung zwischen Hersteller und Händler (Einzel-/Großhandel, Absatzmittlern)**

Zweck: Verbesserung des Verkaufsvorganges

Beispiele:
- *Verkäuferschulung*
- *Bereitstellung von Displaymaterial, z. B. Verkaufsständer, Plakate ...*
- *Verkaufsveranstaltungen*
- *Produktproben*
- *Händlerberatung*

b) **Verkaufsförderung zwischen Hersteller/Händler und Privatkunde**

Zweck: Umsatz steigern

Beispiele:
- *Haushaltswarengeschäft – Koch (Showcooking)*
- *Sportgerätehersteller – bekannter Sportler*
- *Autohersteller – Rennfahrer*

Merchandising:
→ zusätzlicher Verkauf von Produkten rund um das Hauptprodukt, z. B. Fußballvereine verkaufen in ihren Fanshops Fanartikel (Trikots, Aufkleber, Wimpel, Stofftiere usw.)

Public Relations (Öffentlichkeitsarbeit):
Ziel: positives Image, Erscheinungsbild in der Öffentlichkeit als soziales, ökologisches, gerechtes und innovatives Unternehmen

Maßnahmen:
- Pressekonferenzen
- Tag der offenen Tür
- Betriebsbesichtigungen
- Medienarbeit (Zeitungen, Rundfunk, Fernsehen, Internet)

Sponsoring:

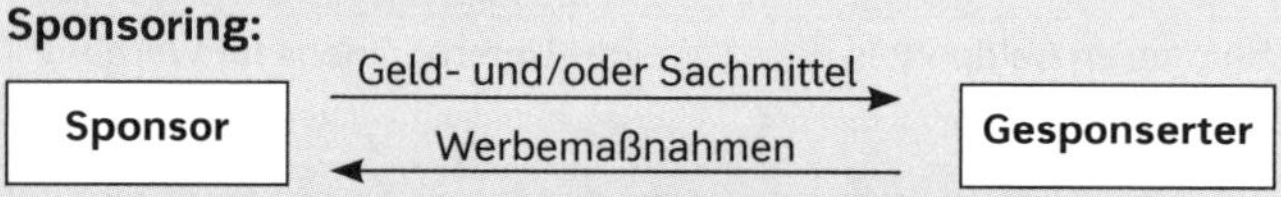

- Sportsponsoring (Bandenwerbung, Trikotwerbung usw.)
- Kultur-/Kunstsponsoring
- Sozialsponsoring
- Ökosponsoring

Product-Placement:
→ Produkte werden in Filme eingebaut; Imagetransfer durch den Film und die Schauspieler auf das Produkt/Unternehmen, z. B. Automodelle in James-Bond-Filmen

Direktmarketing:

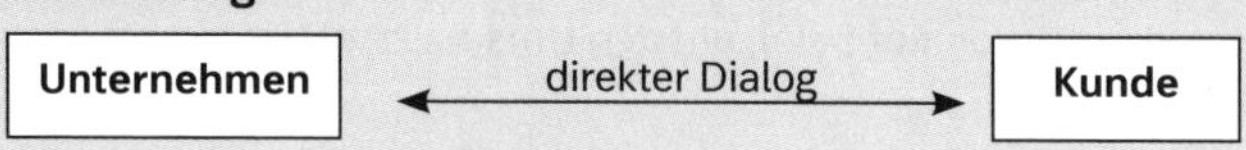

Ziel: individuelle Beziehung herstellen

Formen:
- Direct Mailing (persönlicher Werbebrief, E-Mail)
- Kundenzeitschrift
- Telefonmarketing (Privatkunden nur mit vorherigem Einverständnis)

Eventmarketing:
→ erlebnisorientierte Darstellung des Unternehmens; Kombination aus Information, Aktion, Emotion und Motivation, z. B. Familientag

Co-Branding:
→ längerfristige Zusammenarbeit von zwei eigenständigen Marken mit dem Ziel, ihre Produkte besser durch gegenseitigen positiven Imagetransfer zu vermarkten, z. B. Künstler und Unternehmen (Bon Jovi, Pink Floyd, Genesis – VW)

Werbeerfolgskontrolle:
- **Ökonomischer Werbeerfolg:** Werbeaufwand und Werbeerfolg (Gewinn-, Umsatz- bzw. Marktanteilsveränderungen) gegenüberstellen (sofern Werbeerfolg ermittelbar)

Beispiel: *Kosten einer Werbeanzeige:* *10.000,00 EUR*
Aufgrund Anzeige eingehende Bestellungen: *220 Stück*
Produktpreis: *200,00 EUR*
Kalkulierter Gewinn je Stück: *40,00 EUR*
War die Werbeaktion erfolgreich?

Lösung: Notw. Mindestzahl neuer Bestellungen: 10.000 : 40 = 250 Stück → Werbeaktion nicht erfolgreich (220 St. ? 40,00 EUR = 8.800,00 EUR ./. 10.000,00 EUR = 1.200,00 EUR Verlust!)

- **Außerökonomischer Werbeerfolg:**
  - Erinnerungsverfahren: „Denken Sie an Bier! Welche Marken fallen Ihnen ein?“
  - Wiedererkennungsverfahren: „An welche Anzeige können Sie sich erinnern?“

4.2.4 Distributionspolitik

Stofftelegramm

= Auf welchem Weg kommt das Produkt zum Kunden?

Aufgabe der Distributionspolitik ist die Festlegung folgender Bereiche:
- Absatzorgane
- Absatzorganisation
- Absatzlogistik

Alle drei Bereiche können zentral, dezentral oder als Mischform organisiert werden.

zentraler Absatz
= **eine** Verkaufseinheit

Vorteil:
niedrige Vertriebskosten

Mischform ←→

dezentraler Absatz
= **mehrere** Verkaufseinheiten

Vorteile:
- hohe Kundennähe
- kurze Transportwege

4.2.4.1 Absatzorganе

Stofftelegramm

Welche Personen/Institutionen übernehmen den Vertrieb?

Absatzorgane

Werkseigener Absatz	Werksgebundener Absatz	Ausgegliederter Absatz
Absatz erfolgt durch eigene Mitarbeit/Filialen/Geschäfte, z. B.: • Filialen • Handlungsreisender • E-Commerce (vgl. Kapitel 3)	Absatz erfolgt über selbstständige Kaufleute – Bindung an den Hersteller durch Verträge, z. B.: • Werksvertretung • Franchising	Absatz erfolgt über fremde Absatzorgane, z. B.: • Handelsvertreter • Kommissionär

4.2.4.1.1 Absatzmittler

Stofftelegramm

Absatzmittler

→ **Handlungsreisender** | **Handelsvertreter** | **Kommissionär**

	Handlungsreisender	Handelsvertreter	Kommissionär
Rechtsgrundl.	Arbeitsvertrag	Agenturvertrag	Kommissionsvertrag
Rechtsstellung	Angestellter mit Handlungsvollmacht	selbstständig	selbstständig
Tätigkeit	im Namen und auf Rechnung ihres Arbeitgebers	in fremdem Namen auf fremde Rechnung	in eigenem Namen auf fremde Rechnung
Absatzweg	direkter Absatz	indirekter Absatz	indirekter Absatz
Vergütung	• Fixum • Provision • Spesen	• Abschlussprovision • Inkassoprovision • Delkredereprovision	Provision (Kommission), evtl. Delkredereprovision
Rechte	vgl. Rechte Angestellter mit Handlungsvollmacht (Artvollmacht)	• Provision • Unterlagen • Benachrichtigung • Ausgleichsanspruch	• Provision • Aufwendungsersatz • Selbsteintritt • Pfandrecht • Rückgaberecht
Pflichten	vgl. Pflichten Angestellter	• Sorgfalt • Benachrichtigung • Befolgungspflicht • Bemühung • Wettbewerbsverbot • Verschwiegenheit	• Sorgfalt • Benachrichtigung • Befolgungspflicht • Abrechnung • Haftung (Verlust/ Beschädigung der Ware)

Vorteile Reisender im Vergl. zum HV	Nachteile Reisender im Vergl. zum HV
• Bei guter Absatzlage: billiger • voll verfügbar für das Unternehmen • flexibler einsetzbar	• Bei schlechter Absatzlage: teurer • evtl. weniger Marktübersicht • Vertriebssystem mit Reisenden teurer

Vorteile des Kommissionsgeschäftes für den Kommissionär

- Absatzrisiko beim Auftraggeber (= Kommittent), da Rückgaberecht
- risikolose Sortimentsergänzung insbes. mit neuen, evtl. modischen Artikeln
- Zahlung erst nach Verkauf

Vorteile des Kommissionsgeschäftes für den Kommittenten

- Lagerhaltung beim Kommissionär (Lagerkostenvorteil)
- Waren in Kundennähe (sofortige Lieferung möglich)

Wichtig an dieser Stelle ist der Kostenvergleich → Bestimmen des kritischen Umsatzes, z. B.:
Kosten Handlungsreisender = Kosten Handelsvertreter

$$K_f + k_v \cdot x \quad = \quad K_f + k_v \cdot x$$

Der Reisende mit Abschlussvollmacht

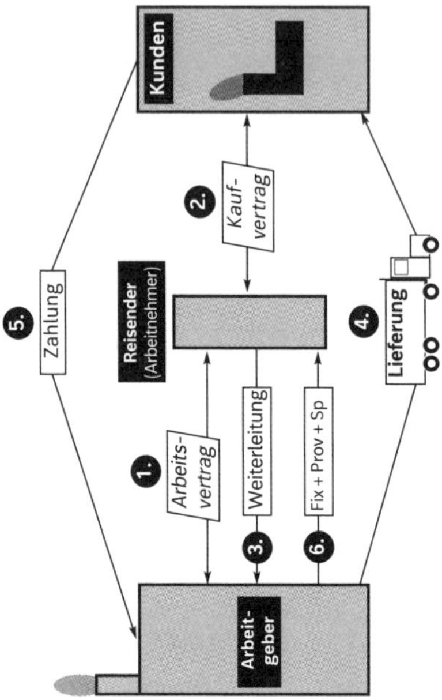

Der Reisende mit Vermittlungsvollmacht

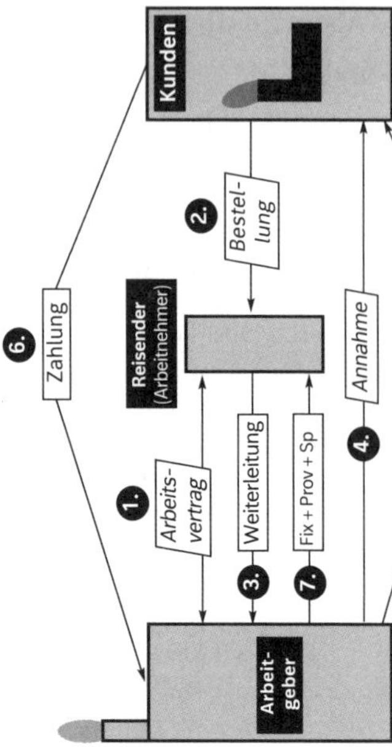

Reisender + Handelsvertreter

Der Handelsvertreter mit Abschlussvollmacht

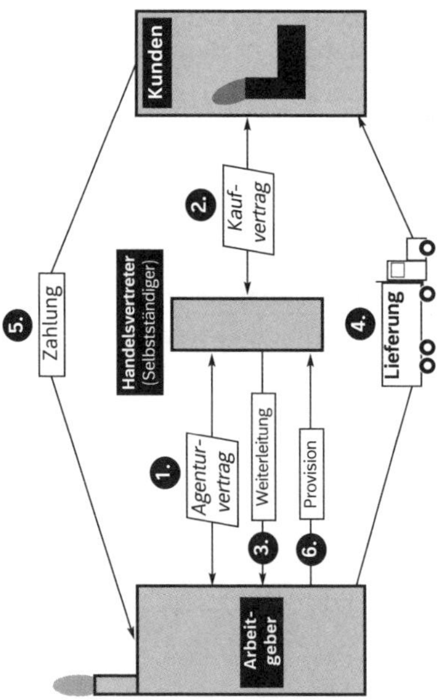

Der Handelsvertreter mit Vermittlungsvollmacht

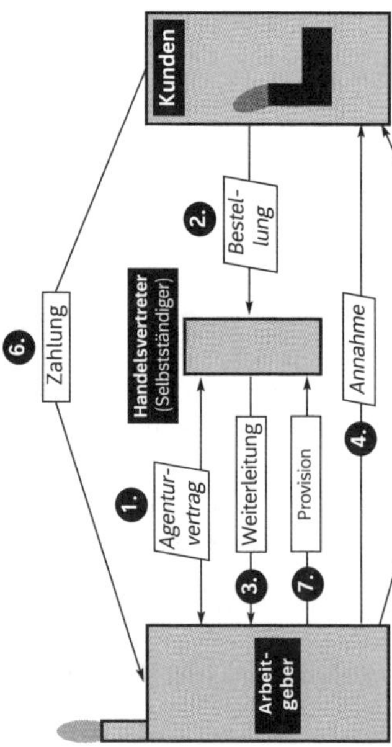

4.2.4.1.2 Franchising

Stofftelegramm

sucht Partner für Vermarktung von Waren + Dienstleistungen

Franchise-Geber (z. B. Hersteller) ⟷ ***Franchise-Vertrag*** ⟷ **Franchise-Nehmer** (z. B. Händler)

Beispiele
- *McDonald's*
- *Rent a Car*
- *OBI*
- *Benetton*

Franchise-Geber – Leistungen
- stellt Waren und Dienstleistungen zur Verfügung
- überlässt Waren-, Marken- und Handelszeichen
- erteilt Lizenzen für Herstellung und Vertrieb
- versorgt FN mit Know-how, Ausstattung, Finanzhilfen ...
- macht allgemeine Werbung

Franchise-Nehmer – Leistungen
- eröffnet Unternehmung mit eigenem Kapital
- bleibt wirtschaftlich und rechtlich selbstständig
- Zahlungen an FG: einmalige Einstandsgebühr + laufende Beiträge
- lässt Kontrollen durch FG zu

Franchise-Geber – Vorteile
- spart teure Investitionen für eigenes Vertriebssystem
- Expansion mit wenig Risiko ohne eigene Investitionen
- Kontrollmöglichkeiten

Franchise-Nehmer – Vorteile
- Nutzung Erfahrung und Wissen des FG
- Beteiligung an Erfolg eines bekannten Produkts
- geringeres Unternehmerrisiko

4.2.4.1.3 E-Commerce

E-Business (Electronic-Commerce, Geschäfte im Internet) vgl. Kapitel 3

4.2.4.2 Absatzorganisation

Stofftelegramm

= Wahl der Absatzwege (äußere Absatzorganisation) und Klärung der Zuständigkeiten im Betrieb (innere Absatzorganisation)

Äußere Absatzorganisation

Direkter Absatz

Hersteller → Verbraucher

Vorteile:
- kürzere Vertriebswege
- keine Handelsgewinnanteile
- besserer Kundenkontakt
- größerer preispolitischer Spielraum

Nachteile:
- hohe Vertriebskosten (Filialen)
- hohes Absatzrisiko
- kleinere Auftragsgrößen
- hohe Lagerbestände

Indirekter Absatz

- Hersteller → Großhandel → Einzelhandel → Verbraucher
- Hersteller → Einzelhandel → Verbraucher

Vor-/Nachteile:
analog direkter Absatz

Innere Absatzorganisation

Produktorientierung

Z. B.:
- Schlafzimmer
- Wohnzimmer
- Küche
- Kinderzimmer

Kundenorientierung

Z. B.:
- Inland – Ausland
- Endverbraucher – Wiederverkäufer

Gebietsorientierung

Z. B.:
- Norddeutschland
- Süddeutschland
- Westdeutschland
- Ostdeutschland

Die Wahl der inneren Absatzorganisation hängt vom Produkt ab:
- Möbel – produktorientiert
- Maschinen – gebietsorientiert

4.2.4.3 Absatzlogistik

Stofftelegramm

Logistik (allgemein):	Planung, Steuerung, Kontrolle von Waren-, Material- und Informationsflüssen **von der Beschaffung bis zum Verkauf gewährleisten.**
Absatzlogistik:	Planung, Steuerung, Kontrolle von Waren-, Material- und Informationsflüssen zum Kunden
Ziele der Absatzlogistik:	• Lager- und Lieferzeiten minimieren • exakte Einhaltung der Liefertermine • Lieferung einwandfreier Ware • Zufriedenheit der Kunden • Wettbewerbsvorteile gegenüber den Wettbewerbern • Kosten-Nutzen-Analysen (Lieferkosten und Liefernutzen müssen in einem angemessenen Verhältnis stehen.)
Teilbereiche:	• Standortwahl (zentral – dezentral) • **Lagerhaltung** im Bereich der Auslieferung: Hohe Lagerbestände verkürzen die Lieferzeiten, verursachen jedoch hohe Lagerkosten. • **Verpackung:** – Schutzfunktion – Informationsfunktion – Transportfunktion – Aufbewahrungsfunktion • **Eigentransport oder Fremdtransport (Outsourcing):** Zu beachtende Kriterien: – Kostenüberlegungen – Schnelligkeit der Lieferung – Sicherheit der Lieferung – Umweltverträglichkeit des Transportmittels – langfristig erwartetes Versandaufkommen – Werbewirkung des eigenen Fuhrparks – Know-how des eigenen Personals – Abhängigkeit von fremden Transportunternehmen – steuerliche Überlegungen (Abschreibungen des Fuhrparks mindern den Gewinn) – Leerfahrtenproblematik (Rückfahrt evtl. ohne Ladung) – Kapazitätsauslastung der eigenen Fahrzeuge • **Auswahl des geeigneten Verkehrsträgers (Transportsystems):** – Straßengütertransport – Schienenverkehr – Schifffahrtsgütertransport – Luftfrachttransport – Kombination diverser Transportmittel

4.2.5 Marketingmix

Stofftelegramm

= optimale Kombination aller absatzpolitischen Instrumente (Produktpolitik, Preispolitik, Kommunikationspolitik, Distributionspolitik)

4.2.6 Marketingcontrolling

Stofftelegramm

= **Frühwarnsystem** zur möglichst frühzeitigen Erkennung und Auswertung der Signale (Veränderungen) am Markt
→ entsprechende Plananpassungen vornehmen

- Entwicklung eines Kennzahlensystems zur Erlangung eines Überblicks über Kunden-, Absatzmarkt- und Wettbewerbssituation

  → Wirtschaftlichkeits- und Lageanalyse

  → evtl. Maßnahmen ergreifen

- Entwicklung von Strategien, Festlegung von Plandaten, Soll-Ist-Vergleiche, Abweichungsanalysen, Erstellung von Berichten und Ermittlung von Kennziffern
- systematisch planen und kontrollieren
- **Operatives Marketingcontrolling:** betrachtet einen kurzfristigen Zeitraum (laufendes Geschehen)
- **Strategisches Marketingcontrolling:** betrachtet einen langfristigen Zeitraum und strebt die langfristige Existenzsicherung des Unternehmens an

Aufgaben

1. Welche drei Bereiche zählen zur Produktpolitik?

2. Definieren Sie möglichst kurz folgende Begriffe:

   a) Breites – tiefes Produktionsprogramm
   b) Produktvariation
   c) Produktdiversifikation
   d) Produktdifferenzierung
   e) Produktinnovation
   f) Produktelimination
   g) Lebenszyklus

3. Nennen Sie Vorteile der Produktdiversifikation.

4. Erklären Sie möglichst kurz: a) Marktsegmentierung
   b) Kernsortiment
   c) Randsortiment

5. Woran kann sich die Preispolitik orientieren?

6. a) Erklären Sie den Begriff Preisdifferenzierung.
   b) Erklären Sie kurz die Arten der Preisdifferenzierung.

7. Welche Bereiche zählen zur Distributionspolitik?

8. a) Unterscheiden Sie den direkten und den indirekten Absatz.
   b) Nennen Sie Vor- und Nachteile des direkten Absatzes.

9. a) Nennen Sie vier grundlegende Unterschiede zwischen Reisendem, Handelsvertreter und Kommissionär.
   b) Handelt es sich bei a) um direkten oder indirekten Absatz?

10. Nennen Sie je drei Vor- und Nachteile des Reisenden im Vergleich zum Handelsvertreter.

11. Nennen und beschreiben Sie kurz die drei Provisionsarten beim Handelsvertreter.

12. a) Was versteht man unter Ausgleichsanspruch des Handelsvertreters?
    b) Warum wird dem Handelsvertreter dieser Ausgleichsanspruch gewährt?

13. Welchen Vorteil hat die Vereinbarung einer Delkredereprovision?

14. Unter welcher Voraussetzung darf ein Handelsvertreter mit verschiedenen Firmen Agenturverträge schließen?

15. Welche Vorteile hat das Kommissionsgeschäft?

16. Kosten Reisender R: jährliche Personalkosten 40.000,00 EUR; 2 % Umsatzprovision

    Kosten Handelsvertreter H: 6 % Umsatzprovision

    Kosten Kommissionär K: jährlicher Kostenersatz für Lagerbenutzung 16.000,00 EUR; 5 % Umsatzprovision

    a) Welcher Absatzmittler wäre kostenmäßig am günstigsten bei einem geschätzten Jahresumsatz von 2 Mio. EUR?
    b) Bei welchem Umsatz sind die Kosten von R und H gleich hoch?
    c) Bei welchem Umsatz sind die Kosten von R und K gleich hoch?
    d) Bei welchem Umsatz sind die Kosten von H und K gleich hoch?
    e) Skizzieren Sie obigen Sachverhalt im Koordinatensystem.
       y-Achse: 10.000,00 EUR Kosten = 1 cm; x-Achse: 200.000,00 EUR Umsatz = 1 cm.

17. Welche Bereiche zählen zur Kommunikationspolitik?

18. Nennen Sie drei Werbearten.

19. Nach welchem Stufenmodell ist die Werbung grundsätzlich aufgebaut?

20. Nennen Sie die Bestandteile eines Werbeplans.

21. Nennen Sie je drei Vor- und Nachteile der Werbung.

22. Nennen Sie die typischen Formen irreführender Werbung.

23. Unterscheiden Sie den ökonomischen und den außerökonomischen Werbeerfolg.

24. a) War folgende Werbeaktion ökonomisch erfolgreich?

Kosten der Werbeaktion:	100.000,00 EUR	Produktpreis:	600,00 EUR
Zusätzliche Bestellungen:	2.000 Stück	Kalk. Gewinn je Stück:	80,00 EUR

b) Ab welcher zusätzlich verkauften Stückzahl erreichen wir die „Gewinnschwelle“ der Werbeaktion?

4.3 Prüfungsaufgaben

Prüfungsaufgaben Sommer 2015 (Aufgabe 2, teilweise)

Die MobilTec AG ist ein mittelständisches Unternehmen mit 1.725 Beschäftigten in Stuttgart. Seit 30 Jahren werden Produkte für den Telekommunikationsmarkt hergestellt. Die Produktpalette umfasst Telefaxgeräte, Festnetztelefone und Standard-Handys. Zudem wurde ein Smartphone entwickelt, das sich aber auf dem deutschen Markt noch nicht durchsetzen konnte. Des Weiteren produziert das Unternehmen Tablet-PCs für den Discounthandel. Der Jahresumsatz der MobilTec AG beträgt 1.250 Mio. EUR. Der Vertrieb erfolgt über den Großhandel, der von Handelsvertretern der MobilTec AG besucht wird.

Neueste Entwicklung der MobilTec AG ist eine Uhr, die neben Puls und Blutdruck auch weitere komplexe Vorgänge im Körper messen und speichern kann. Die „Mobil Fit Clock“ funktioniert unabhängig, kann aber mit jedem modernen Smartphone und Tablet-PC verbunden werden. Auf der Funkausstellung in Berlin wurde die Innovation begeistert aufgenommen.

Sie sind in der Marketing-Abteilung der MobilTec AG als Sachbearbeiter eingesetzt. Die Abteilung ist derzeit personell unterbesetzt.

2.1 In der nächsten Abteilungsleitersitzung sollen erstmals die Ertragschancen der Produkte anhand eines Marktwachstum-Marktanteil-Portfolios analysiert und die Strategien zur Sortimentspolitik diskutiert werden. Ihr Abteilungsleiter beauftragt Sie mit den Vorbereitungen für diesen Punkt.

- Berechnen Sie das Marktwachstum und den relativen Marktanteil für die Produkte des Unternehmens **(Anlage 1)**.
- Tragen Sie die einzelnen Produkte als Kreise in das Marktwachstum-Marktanteil-Diagramm ein. Der Durchmesser der Kreise soll den aktuellen Umsatz näherungsweise veranschaulichen **(Anlage 2)**.
- Analysieren Sie die Stellung der Produkte im Portfolio und verfassen Sie für jedes Produkt eine begründete strategische Empfehlung.
- Notieren Sie Ihrem Abteilungsleiter zwei mögliche Einwände gegen das Konzept der Portfolio-Analyse.

Anlage 1: Tabelle Marktwachstum – Marktanteil

	Produkt	Marktvolumen 2013 (in Mio. Euro)	Marktvolumen 2014 (in Mio. Euro)	Marktwachstum	Umsatz MobilTec 2014 (in Mio. Euro)	Umsatz größter Konkurrent 2014 (in Mio. Euro)	Relativer Marktanteil
1.	Tablet PC	8.000	9.600		500	490	
2.	Smartphone	12.000	12.960		15	1.500	
3.	Festnetztelefon	1.000	1.030		160	100	
4.	Pulsgurt	500	625		210	30	
5.	Standard-Handy	2.000	2.100		300	600	
6.	Mobil Fit Clock	50	63		3	5	
7.	Telefax	100	102		50	10	

Anlage 2: Marktwachstum-Marktanteil-Portfolio

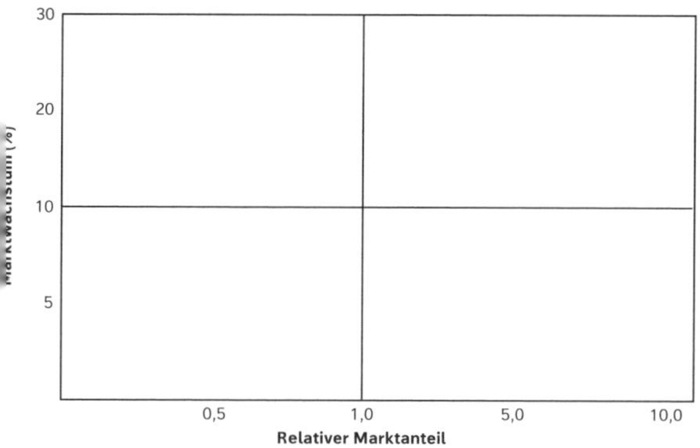

Prüfungsaufgaben Winter 2016/2017 (Aufgabe 1)

Die BagForLife GmbH ist ein mittelständischer Hersteller modischer Taschen und Koffer mit Sitz in Karlsruhe. Mit seinen bis ins Detail durchdachten, praktischen Produkten, die sich gleichzeitig durch ein originelles und ansprechendes Design auszeichnen, kann sich das Unternehmen seit nunmehr 25 Jahren auf dem durch starken Wettbewerb gekennzeichneten deutschen Markt behaupten. Das Produkt- und Absatzprogramm der BagForLife GmbH umfasst die Produktlinien „Business", „Family" und „Sports". Der Vertrieb der Taschen und Koffer erfolgt über den Facheinzelhandel.

Sie sind Mitarbeiter/-in der Marketingabteilung der BagForLife GmbH und unterstützen Ihre Vorgesetzte Frau Michel.

1.1 Die Außendienstmitarbeiter melden unterschiedliche Verkaufserfolge bei den Trolleys der Produktlinie „Family". Im Fokus stehen die beiden Modelle „More" und „Less". Die Geschäftsleitung fordert deshalb von Ihnen, eine Produktlebenszyklus-Analyse vorzunehmen.

1.1.1 Vergleichen Sie die Umsatzangaben der beiden Trolleymodelle **(Anlage 1)**, indem Sie die Umsatzveränderung gegenüber dem jeweiligen Vorjahr in Prozent berechnen. Runden Sie Ihre Ergebnisse auf eine Kommastelle.

1.1.2
- Benennen Sie im skizzierten Produktlebenszyklus **(Anlage 2)** die verschiedenen Phasen.
- Ordnen Sie die gegenwärtigen Positionen der Trolleys „More" und „Less" den Phasen zu.
- Begründen Sie Ihre Zuordnung.

1.1.3 Geben Sie auf der Basis Ihrer Produktlebenszyklus-Analyse konkrete Handlungsempfehlungen für den zukünftigen Marketingmix der beiden Produkte „More" und „Less". Berücksichtigen Sie hierbei jeweils produktpolitische, preispolitische und kommunikationspolitische Maßnahmen.

1.2 Die BagForLife GmbH möchte im kommenden Monat den neuen Hartschalenkoffer „Global-Lite" auf den Markt bringen. Der Koffer wurde speziell für Geschäftsreisende entwickelt; er zeichnet sich durch ein niedriges Gewicht und ein exklusives Design aus. Vergleichbare Koffer von Konkurrenzunternehmen werden momentan zu Preisen zwischen 300,00 EUR und 500,00 EUR angeboten.

1.2.1 Berechnen Sie tabellarisch den Listenverkaufspreis eines Koffers „Global-Lite" anhand der Plandaten der Controllingabteilung **(Anlage 3).**

1.2.2 Analysieren Sie das Nachfrageverhalten der Zielgruppe für Koffer vergleichbarer Art und Qualität bei Preisen von 200,00 EUR bis 800,00 EUR unter Berücksichtigung der repräsentativen Marktstudie **(Anlage 4).**

1.2.3 Unterbreiten Sie einen begründeten Vorschlag, zu welchem Preis und mit welcher Preisstrategie der „Global-Lite" auf den Markt gebracht werden soll.

1.3 Die BagForLife GmbH möchte ihr Absatzgebiet nun innereuropäisch ausbauen. Ein erster Schritt soll hierzu die Erschließung des österreichischen Einzelhandels sein. Das Unternehmen geht zunächst von einem monatlichen Nettoumsatz von 120.000,00 EUR im neuen Absatzgebiet aus. Ziel ist es, diesen Umsatz innerhalb der ersten fünf Jahre um 60 % zu steigern. Im Moment ist noch offen, ob die Markterschließung durch einen Handlungsreisenden, einen Handelsvertreter oder einen Kommissionär erfolgen soll. Diese Entscheidung sollen Sie vorbereiten. Nutzen Sie hierzu die vorliegenden Materialien **(Anlagen 5–7).**

1.3.1 Stellen Sie jeweils drei grundsätzliche Vorteile für jeden Absatzhelfer stichpunktartig in einer Tabelle dar.

1.3.2
- Berechnen Sie die monatlichen Kosten der drei Absatzhelfer zu Beginn der Markterschließung und nach fünf Jahren.
- Stellen Sie die Kostenverläufe der drei Absatzhelfer grafisch dar (**Anlage 8**).

1.3.3 Formulieren Sie eine begründete Empfehlung, welche Absatzhelfer die BagForLife GmbH unter Kostengesichtspunkten einsetzen sollte.

Anlage 1

	2013	2014		2015		2016	
	Umsatz (in Mio. Euro)	Umsatz (in Mio. Euro)	Veränderung (in %)	Umsatz (in Mio. Euro)	Veränderung (in %)	Umsatz (in Mio. Euro)	Veränderung (in %)
Less	1,4	1,6		1,9		2,3	
More	5,9	7,2		8,3		9,1	

Anlage 2

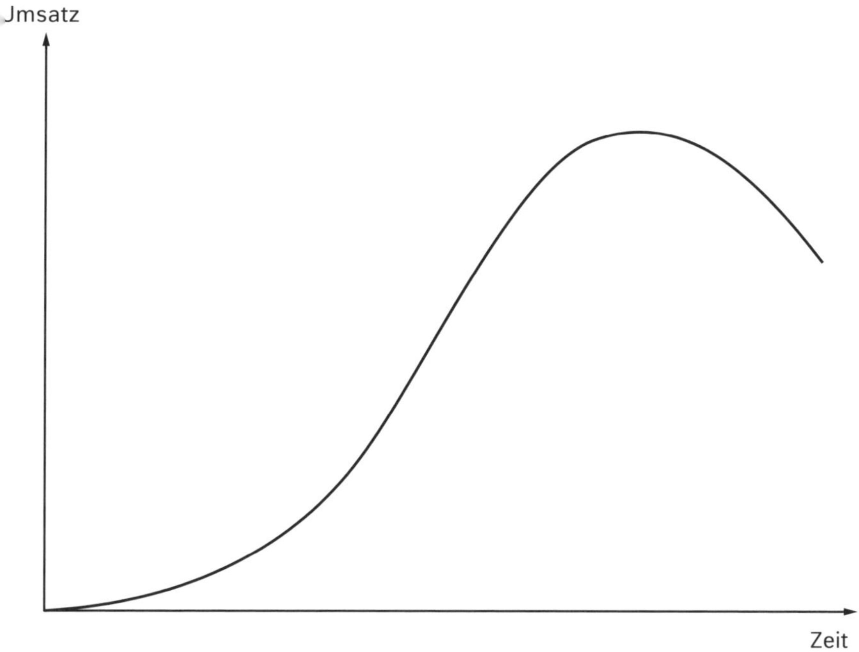

Anlage 3

Von	stanzel@bagforlife.de
Betreff	**Plandaten Preiskalkulation „Global-Lite“**
An	michel@bagforlife.de
Datum	Mittwoch, der 02.11.2016 07:45 Uhr

Sehr geehrte Frau Michel,

wie gewünscht anbei die aktuellen Plandaten aus dem Controlling für den Koffer „Global-Lite“:

- Fertigungsmaterial pro Koffer: 150,00 EUR
- Fertigungslöhne pro Koffer: 60,00 EUR
- Materialgemeinkostenzuschlagssatz: 20 %
- Fertigungsgemeinkostenzuschlagssatz: 100 %
- Verwaltungsgemeinkostenzuschlagssatz: 4 %
- Vertriebsgemeinkostenzuschlagssatz: 8 %

Bitte beachten Sie, dass die Geschäftsleitung einen Gewinnaufschlag von mindestens 5 % anstrebt. Zudem sind 2 % Kundenskonto und 10 % Kundenrabatt bei der Preiskalkulation zu berücksichtigen.

Mit freundlichen Grüßen

Markus Stanzel

Controllingabteilung BagForLife GmbH

Anlage 4

Nachfrageverhalten der Zielgruppe „Geschäftsreisende“ für Koffer vergleichbarer Art und Güte bei Preisen 200,00 EUR bis 800,00 EUR, Ergebnis einer repräsentativen Marktstudie des beauftragten Marktforschungsinstituts, 1.000 Teilnehmer:

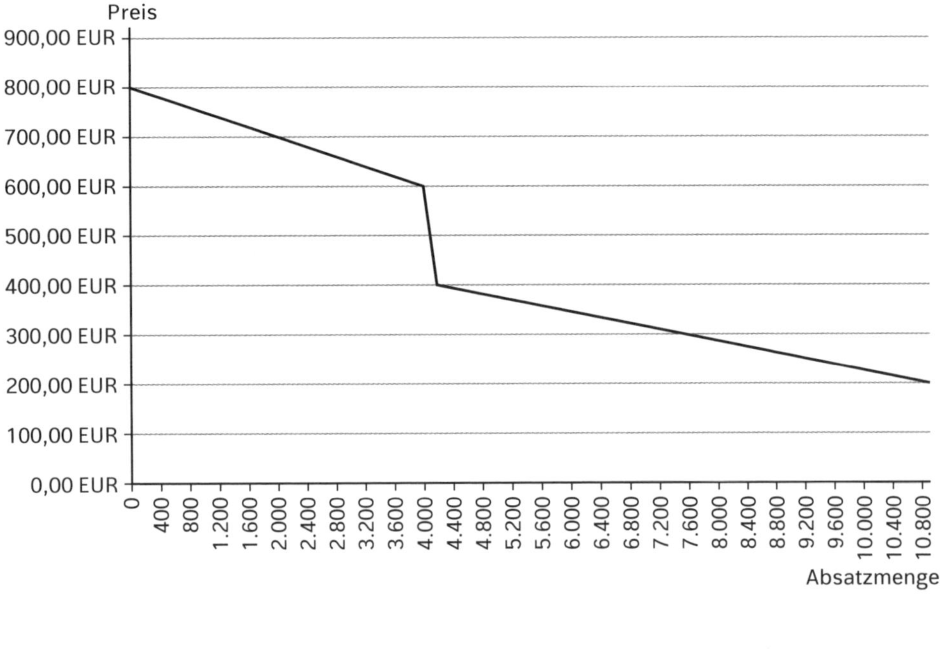

Anlage 5

MEMO

Von **Personalwesen:** *Frau Knöller*
An **Marketing**: *Frau Michel*

Markterschließung Österreich - Option Einsatz Handlungsreisender

Handlungsreisende erhalten bei uns ein Grundgehalt von 2.500,00 EUR und eine Provision von 1,5 % auf den getätigten Nettoumsatz.

Anlage 6

Von meierbach@handelsvertretung-meierbach.de
Betreff **Angebot Handelsvertretung Österreich**
An michel@bagforlife.de
Datum Freitag, der 04.11.2016 09:35 Uhr

Sehr geehrte Frau Michel,

vielen Dank für Ihre Anfrage. Ich bin am Vertrieb Ihrer Produkte in Österreich interessiert.

Bereits seit 2005 bin ich für mehrere Firmen in diesem Bereich tätig und habe entsprechende Fachkenntnisse, die es mir ermöglichen, mich in die besonderen Eigenschaften Ihrer Produkte zügig einzuarbeiten. Zudem verfüge ich über einen festen Kundenstamm.

Sollten Sie mich beauftragen, werde ich für Sie Neukunden im gewünschten Umfang akquirieren. Ich schließe für Sie die Kaufverträge ab und sichere auch den Zahlungseingang. Ihnen entsteht keinerlei Risiko.

Ich berechne für meine Tätigkeiten eine Abschlussprovision in Höhe von 2,7 % des getätigten Nettoumsatzes und eine monatliche Kostenpauschale in Höhe von 1.000,00 EUR.
Weitere Kosten fallen nicht an.

Kontaktieren Sie mich bitte bei offenen Fragen.

Ich würde mich über eine Zusammenarbeit mit Ihnen sehr freuen.

Freundliche Grüße

Markus Meierbach
Handelsvertreter
Salzburger Str. 15
82451 Piding
www.handelsvertretung-meierbach.de
Tel. 08651 54547

Anlage 7

Von	kimmel@trend-trade-austria.at
Betreff	**Angebot**
An	michel@bagforlife.de
Datum	Donnerstag, der 03.11.2016 11:20 Uhr

Sehr geehrte Frau Michel,

unser Kommissionärsunternehmen gehört zu den Profis der Branche in Österreich sowie den angrenzenden osteuropäischen Staaten. Wir sind für Ihre geplante Markterschließung Österreichs ein idealer Partner, da wir über sehr gute, landesweite Kundenkontakte verfügen. Bisher vertreiben wir zwar keine Taschen und Koffer, werden uns aber zügig in diese neuen Produkte einarbeiten und passende Kunden für Sie finden.

Kurz hinter der deutsch-österreichischen Grenze befindet sich unser Konsignationslager. Hier lagern wir Ihre Produkte, bis diese von uns verkauft werden. Transport, Risiko und Versicherung übernehmen wir ebenfalls für Sie.

Unsere Abschlussprovision beträgt 2,9 % des Nettoumsatzes, den wir für Sie erwirtschaften.

Ansonsten fallen Ihnen keine weiteren Kosten an.

Sollten wir Ihre Produkte nicht verkaufen können, so können wir diese ab sechs Monaten nach Erhalt an Sie zurückgeben.

Ich würde mich über eine Zusammenarbeit mit Ihnen sehr freuen.

Mit freundlichen Grüßen,

Christina Kimmel
Trend Trade Austria GmbH
Maria-Probst-Str. 83

5020 Salzburg
Österreich
www.trend-trade-austria.at
Tel. +43 89223 456-123

Anlage 8

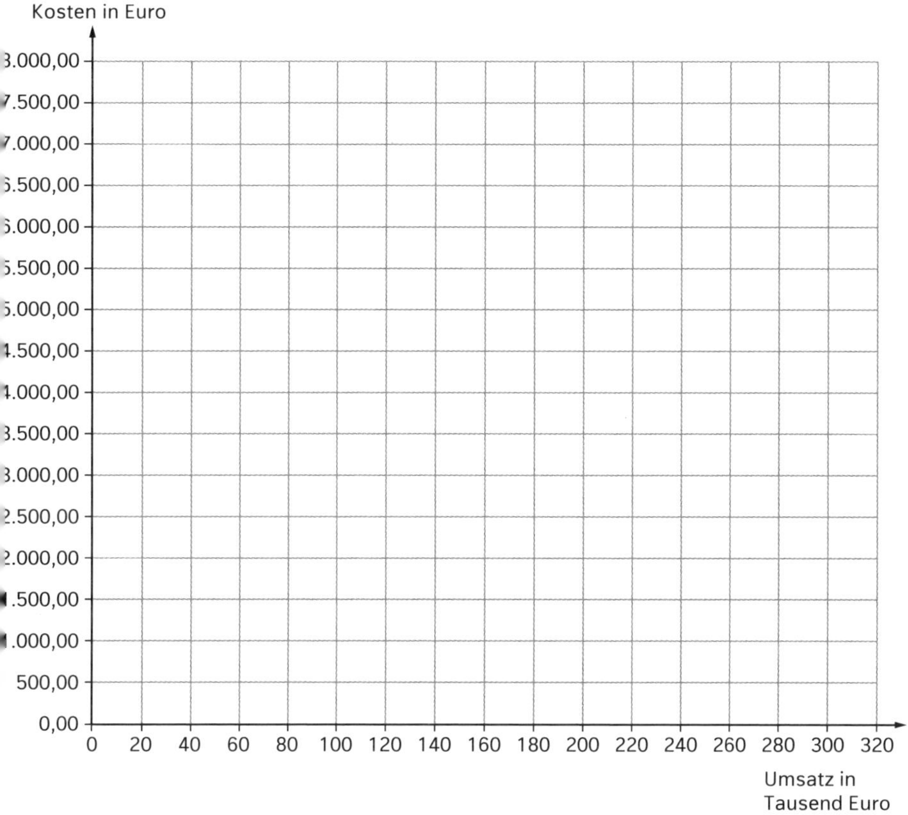

Prüfungsaufgabe Winter 2017/2018 (Aufgabe 1, verändert)

Die Kaffeefabrik GmbH ist ein junges aufstrebendes Unternehmen in Reutlingen. Sie produziert Kaffeepads und bietet zusätzlich die speziell dazugehörende Kaffeemaschine an. In Zukunft möchte das Unternehmen neben Kaffeepads auch Kaffeekapseln sowie die dazu passende Kaffeemaschine produzieren. Die Produkteinführung ist für das Frühjahr 2018 geplant. Sie sind Mitarbeiter/-in im Bereich Marketing und mitverantwortlich für die Produkteinführung der Kaffeekapseln und der dazu passenden Kaffeemaschine.

.1 Durch die Neueinführung der Kaffeekapseln entstehen für das Unternehmen Chancen und Risiken (**Anlage 1**).

Beschreiben Sie jeweils drei Chancen und Risiken.

.2 Der Kaffeefabrik GmbH liegen die Zahlen aus dem Controlling (**Anlage 2**) und Marktforschungsergebnisse (**Anlage 3**) vor.

.2.1 Ermitteln Sie tabellarisch den Bruttoverkaufspreis für die Kapselmaschine.

.2.2 Unterbreiten Sie einen konkurrenzorientierten Preisvorschlag unter Berücksichtigung der Angaben aus den **Anlagen 1–3.**

1.3 Bisher wurden die Kaffeepads über den Einzelhandel und durch Außendienstmitarbeiter vertrieben. Auch der Vertrieb der Kaffeekapseln soll über Außendienstmitarbeiter erfolgen. Das Verkaufsgebiet Deutschland wird in Nord und Süd aufgeteilt. Jedes Gebiet wird von einem Außendienstmitarbeiter betreut. Noch ist offen, ob der Vertrieb über Handlungsreisende oder Handelsvertreter erfolgen soll.

1.3.1
- Berechnen Sie den kritischen Jahresumsatz (**Anlage 4**) und verdeutlichen Sie Ihr Ergebnis grafisch anhand einer Skizze.
- Treffen Sie eine begründete Entscheidung, indem Sie neben dem kritischen Umsatz drei weitere selbstgewählte qualitative Kriterien in einer Entscheidungswerttabelle in Ihre Überlegungen miteinbeziehen.

1.3.2 In Zukunft sollen die Kapseln auch über weitere Vertriebskanäle verkauft werden.

Beschreiben Sie drei geeignete Möglichkeiten und geben Sie eine begründete Empfehlung ab.

1.4 Heute Morgen hat Ihr Marketing-Team eine E-Mail mit Anlagen Ihrer Abteilungsleiterin Frau Berthold erhalten (**Anlagen 5 und 6**).

Sie werden beauftragt, die E-Mail zu bearbeiten und zu beantworten (**Anlage 7**).

Anlage 1: Übersicht über den Kaffeemarkt

Anteil der verschiedenen Kaffeevarianten am gesamten Kaffeemarkt Deutschland (in Prozent):

Jahr	Röstkaffee	Ganze Bohnen	Kapseln	Pads
2013	76,4	15,8	1,3	6,5
2014	74,8	16,1	1,9	7,2
2015	73,2	16,4	2,5	7,9
2016	69,8	16,7	5,2	8,3

Krise bei Branchenführer

Trotz des weiterhin rasch wachsenden Marktes für Espressoautomaten in Deutschland deutet sich überraschenderweise für den Branchenführer ein Absatzrückgang an. Im 1 Quartal verkauften sich die Geräte für das hochpreisige Kapselsystem schlechter, der Absatz ging um 10 % zurück und dies, obwohl der durchschnittliche Preis für die Geräte spürbar sank. Ursächlich für den rückläufigen Absatz scheint einerseits Kritik an der Umweltverträglichkeit der Aluminium-Kapseln, andererseits die steigende Konkurrenz durch Discounter zu sein. Diese bieten seit einiger Zeit verstärkt eigene Kapselsysteme an (Kaffeemaschine und Kaffeekapseln).

Vor- und Nachteile der Kapselmaschinen

Der Vorzug der Kapselmaschinen gegenüber den klassischen Siebträgern ist die spielend leichte Bedienung, der geringere Stromverbrauch und die geringere Größe der Maschinen. Die Nachteile: ein deutlich höherer Kilopreis des Kaffees, die geringere Vielfalt der Bohnen und die fehlende Nachhaltigkeit – das Abfallproblem bei der Entsorgung der Kapseln.

Anlage 2: Zahlen aus dem Controlling

Kosten einer Kaffeemaschine für Kapseln:

Materialeinzelkosten:	20,00 EUR
Fertigungslöhne:	10,00 EUR
Materialgemeinkostensatz:	20 %
Fertigungsgemeinkostensatz:	150 %
Vertriebsgemeinkosten:	30 %
Verwaltungsgemeinkosten:	10 %
Mindestgewinn:	10 %

Anlage 3: Marktforschungsergebnisse

Verkaufspreise der Konkurrenz

Unternehmen	Bruttoverkaufspreis
Crema KG	179,90 EUR
Total Coffee GmbH	99,90 EUR
Nestara GmbH	69,90 EUR

Stärken-und-Schwächen-Analyse der Marktteilnehmer

	Crema KG				Total Coffee GmbH				Nestara GmbH				Kaffeefabrik GmbH			
	1	2	3	4	1	2	3	4	1	2	3	4	1	2	3	4
Kaffeequalität				x				x			x					x
Design				x			x			x						x
Reinigung der Maschine				x			x			x					x	
Verarbeitungsqualität				x			x			x					x	

1 = schlecht
2 = nicht zufriedenstellend
3 = gut
4 = sehr gut

Anlage 4: Interne Mitteilung

Kaffeefabrik GmbH

Interne Mitteilung

Für das Jahr 2018 wird mit einem Gesamtabsatz von 9.000.000 Kaffeekapseln gerechnet.
Bis zum Jahr 2020 wird mit einer Absatzsteigerung von 20 % gerechnet.

Verkaufspreis pro Kapsel: 0,30 EUR

Kosten für einen Reisenden: monatliches Fixum 2.500,00 EUR; 2 % Umsatzprovision
Kosten für einen Handelsvertreter: 4 % Umsatzprovision

Anlage 5: E-Mail von Frau Berthold

Von:	monika.berthold@kaffeefabrik-gmbh.com
An:	marketingabteilung@kaffeefabrik-gmbh.com
Betreff:	Kommunikationspolitische Maßnahmen für die neuen Kaffeekapseln

Hallo Marketing-Team,
die Markteinführung der neuen Kaffeekapseln ist für das Frühjahr 2018 geplant.

- Der Werbeplan muss noch mit Erläuterungen vervollständigt werden. Ein Formular sowie die Marktforschungsergebnisse sind im Anhang beigefügt.
- Ihr Team sollte sich auch Gedanken über weitere kommunikationspolitische Maßnahmen machen. Bitte schlagen Sie mir drei weitere geeignete kommunikationspolitische Instrumente neben der Absatzwerbung vor.
  Erläutern Sie konkret diese Instrumente bei der Einführung der Kaffeekapseln und zeigen Sie deren Vorteile auf.

Bitte teilen Sie mir Ihre Ergebnisse bis morgen 10:00 Uhr per E-Mail mit, damit ich diese auf unserer Abteilungsleiter-Sitzung präsentieren kann.

Gruß

Monika Berthold

Abteilungsleiterin Marketingabteilung

Anhang:	Formular Werbeplan.docx (**Anlage 7**) Marktforschungergebnisse.docx (**Anlage 6**)

Anlage 6: Marktforschungsergebnisse

Zubereitungsart nach Haushaltseinkommen (Auswahl):

Bevölkerung ab 18 Jahren in Deutschland, 2016

Haushaltseinkommen (in Euro)	Kaffeetrinker gesamt (in %)	Einzelportionstrinker (u. a. Kapseln) (in %)
bis unter 500,00	0,8	0,7
500,00 bis unter 1.000,00	6,5	3,9
1.000,00 bis unter 1.500,00	14,1	10,3
1.500,00 bis unter 2.000,00	18,3	13,3
2.000,00 bis unter 2.500,00	17,2	14,2
2.500,00 bis unter 3.000,00	13,0	14,7
3.000,00 bis unter 3.500,00	10,2	16,2
3.500,00 bis unter 4.000,00	7,1	18,8
4.000,00 und mehr	12,8	17,6
insgesamt	100,0	100,0

Prozentualer Anteil am Verbrauch der Kaffeekapseln nach Geschlecht und Alter:

Jahr	Frauen	Männer	Insgesamt
2014	66,6	33,4	100
2015	58,1	41,9	100
2016	56,4	43,6	100

Jahr	18 bis 35 Jahre	36 bis 50 Jahre	Über 50 Jahre	Insgesamt
2014	30,1	52,6	17,3	100
2015	28,4	53,1	18,5	100
2016	28,6	53,5	17,9	100

Anlage 7: Werbeplan

Werbeplan Kaffeekapseln	
Werbeobjekt	Kaffeekapseln
Werbeziel	
Streukreis (drei Zielgruppen)	
Streuzeit (Werbezeit)	
Streugebiet	

5 Personalwirtschaft

5.1 Aufgaben und Ziele der Personalwirtschaft

Stofftelegramm

Personalwirtschaft (PW) = alle Aufgaben, welche sich mit den Mitarbeitern im Unternehmen befassen

Ziele der Personalwirtschaft

Ökonomische Ziele

Erreichung der allgemeinen Unternehmensziele:
- Gewinn
- Umsatz
- Wachstum
- Produktivität

Wie werden diese erreicht?
- Optimierung der Personaleinstellung
- Optimierung des Personaleinsatzes
- Optimierung der Personalentwicklung
- Optimierung der Arbeitsleistung
- Optimierung der Arbeitsbedingungen

Soziale Ziele

sind kein Selbstzweck, sondern dienen i. d. R. der Erreichung der ökonomischen Ziele:
- Sicherheit
- Zufriedenheit
- Gerechtigkeit
- Gesundheit
- persönliche Entwicklungsmöglichkeiten

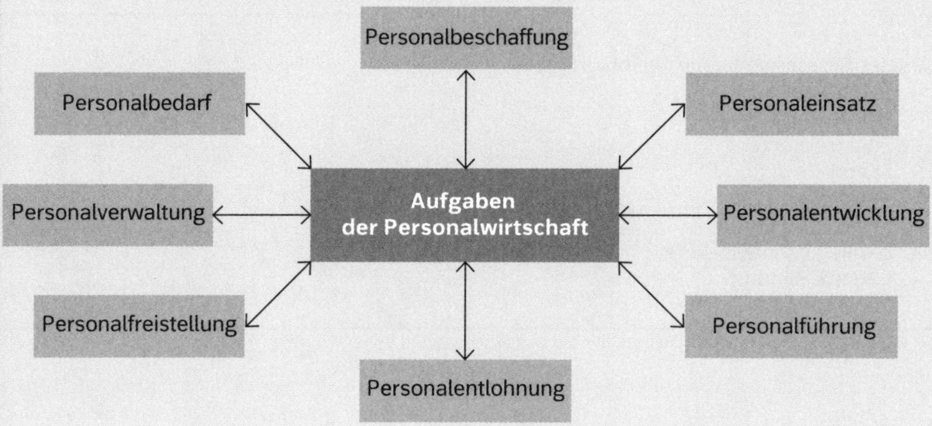

Hauptaufgabe der PW ist es, Mitarbeiter zur Verfügung zu stellen …

- in der richtigen Menge (Quantität)
- mit der richtigen Qualifikation (Qualität)
- am richtigen Ort
- zur richtigen Zeit/Dauer
- zum richtigen Preis

Personalbedarfsplanung

= kurzfristige, mittelfristige und langfristige Planung des Personalbedarfs einer Unternehmung

Personalbedarf = Anzahl der Mitarbeiter, die zur Erfüllung der betrieblichen Aufgaben benötigt werden.

Personalbedarfsarten

- **Ersatzbedarf**
  - Vorhandene Stellen werden wieder besetzt (Mitarbeiter wechselt die Firma, Ruhestand).
- **Überbrückungsbedarf**
  - vorübergehende Personalausfälle (Elternzeit, Mutterschutz usw.)
  - Spitzenbelastungen (Großauftrag, Messen)
- **Neubedarf**
  - Es werden zusätzliche Stellen geschaffen (neues Werk, neuer Großkunde).

Personalbedarfsplanung ist abhängig von:
- Entlassungen
- Pensionierungen
- Mutterschutz
- Elternzeit
- Auftragslage
- konjunktureller Lage
- Arbeitszeitentwicklung
- Rationalisierung
- Kündigung durch Mitarbeiter

a) Quantitative Personalbedarfsplanung

Wie viele Mitarbeiter werden zukünftig benötigt?

Quantitative Personalbedarfsermittlung	
Berechnungsschema	**Stellen**
gegenwärtig vorhandene Stellen (Soll-Personalbestand)	30
+ Anzahl neuer Stellen im Planungszeitraum	5
– Anzahl entfallener Stellen im Planungszeitraum	2
= Bruttopersonalbedarf (I)	**33**
gegenwärtiger Personalbestand (Ist-Personalbestand)	30
– bekannte und erwartete Abgänge	6
+ bereits feststehende Zugänge	2
= fortgeschriebener Personalbestand (II)	**26**
Bruttopersonalbedarf (I)	33
– fortgeschriebener Personalbestand (III)	26
= Nettopersonalbedarf	**7**

b) Qualitative Personalbedarfsplanung

Anforderung der Stelle ← Abgleich → Qualifikation des Mitarbeiters/der Mitarbeiterin

Stellenbeschreibung

(= exakte Angaben über die Stelle)
- Stellenbezeichnung
- Vollmachten
- Stelleneingliederung in die Hierarchie
  - untergeordnet
  - übergeordnet
  - Vertretung
- Stellenanforderungen
- Aufgaben und Ziele der Stelle
- Tätigkeitsbeschreibung
- Vergütung

Qualifikation des Mitarbeiters/der Mitarbeiterin:
- Bewerbungsunterlagen
- Einstellungstests
- Auswahlgespräche

= Bewerberauswahl mit Kriterien
Hilfsmittel: Entscheidungswerttabelle/Nutzwertanalyse
1. Kriterien definieren
2. Gewichtung festlegen
3. Punkte vergeben
4. Gewicht · Punkte
5. Summe bilden

Vorteile der Stellenbeschreibung:
- Jeder Mitarbeiter kennt seine Aufgaben, Zuständigkeits- und Verantwortungsbereiche → somit keine Zuständigkeitsstreitigkeiten.
- erleichterte Stellenausschreibung
- schnelle Einarbeitung neuer Stelleninhaber
- Grundlage für Personalentwicklungsplanung
- Basis für Lohn- und Gehaltseinstufung

Personalbeschaffung

Intern (im Unternehmen)	**Extern** (außerhalb des Unternehmens)
Verfahren: innerbetriebliche Stellenausschreibung („Schwarzes Brett“ und/oder Intranet)	Verfahren: • Stellenanzeigen in Zeitungen, in Jobportalen und auf der Website des Unternehmens • Personalberater („Headhunter“) • Agentur für Arbeit • persönliche Kontakte • Arbeitnehmerüberlassung (Zeitarbeit)
Vorteile: • Mitarbeiter ist dem Unternehmen bekannt • Mitarbeiter kennt den Betrieb (insbes. informelle Strukturen) • Einarbeitungszeit kürzer Nachteile: siehe Vorteile Extern u. umgekehrt	Vorteile: • frischer „Wind“; neue Ideen; keine „Betriebsblindheit“ • kein „Besetzungskarussell“; interner MA macht eine Stelle frei, die wiederum besetzt werden muss • kein „Neid“ der internen Kollegen, die nicht zum Zug gekommen sind • vermeidet Personalengpässe im Unternehmen

Mitwirkung des Betriebsrates (BR)

- In Betrieben mit i. d. R. mehr als 20 wahlberechtigen Mitarbeitern ist der BR vor jeder Einstellung, Eingruppierung, Umgruppierung, Versetzung zu unterrichten (§ 99 Abs. 1 BetrVG).
- BR kann der Maßnahme zustimmen
- BR kann die Zustimmung verweigern. Dies hat schriftlich unter Nennung der Gründe innerhalb einer Woche nach Unterrichtung durch den Arbeitgeber zu erfolgen.
- Mögliche Gründe nach § 99 Abs. 2 BetrVG:
  - Verstoß gegen rechtliche Vorschriften
  - Betriebsfriede in Gefahr
  - Nachteile für Arbeitskräfte
  - Auswahlrichtlinien nicht eingehalten

Personalauswahl durchführen

- Vorstellungsgespräche
- Einstellungstests
- Arbeitsproben
- Assessment-Center

Aufgaben der Personalverwaltung

→ Abwicklung aller routinemäßigen Aufgaben des Personalbereichs, insbesondere:

- **Personalakte führen:**
  - für jeden Mitarbeiter
  - alle Unterlagen im Zusammenhang mit dem Arbeitsvertrag: z. B. Arbeitsvertrag, Vertragsänderungen, Zeugnisse, Verwarnungen, Beförderungen, Entgeltänderungen, Beurteilungen, Fortbildungen ...
  - Arbeitnehmer hat Recht auf Einsicht
- **Datenschutz:** → **Rechte des Arbeitnehmers:**
  - Benachrichtigung über Speicherung
  - Auskunft über Herkunft und Empfänger der Daten
  - Berichtigung falscher Daten
  - Löschung unzulässigerweise gespeicherter Daten ... (BundesdatenSchG)
- **Personalinformationssystem:** i. d. R. computergestützte Datenbanken zur Erfassung, Verarbeitung, Speicherung und Bereitstellung von Daten der einzelnen Mitarbeiter („Personalakte")
- **Personalbetreuung:**
  - Aktualisierung des Personalinformationssystems
  - Auswertung der Personalstatistik – Kennzahlen z. B.:

$$\text{Fluktuationsquote} = \frac{\text{Personalabgänge} \cdot 100}{\text{aktueller Personalbestand}}$$

$$\text{Krankheitsquote} = \frac{\text{Krankheitsstunden} \cdot 100}{\text{Soll-Stunden}}$$

  - Arbeitsgestaltung
  - Arbeitsbewertung
  - Entlohnungssysteme
  - Lohn- und Gehaltsabrechnung sowie Buchung

Aufgaben

1. Nennen Sie stichwortartig fünf Aufgaben der Personalwirtschaft.
2. Welches Oberziel und welche Unterziele verfolgt die Personalwirtschaft?
3. „Heute sind **Schlüsselqualifikationen** gefragt." Erklären Sie kurz den Begriff.
4. Unterscheiden Sie die Möglichkeiten der Personalbeschaffung.
5. Welche Bewerbungsunterlagen sind üblicherweise einzureichen?
6. Wer darf bei geplanten Neueinstellungen nicht vergessen werden?
7. a) Was versteht man unter Stellenbeschreibung?
   b) Nennen Sie drei Vorteile von Stellenbeschreibungen.
8. Nennen Sie fünf Beurteilungsmerkmale zur Personalbeurteilung.

5.2 Der Einzelarbeitsvertrag (Grundlagen)

Stofftelegramm

Rechte des Arbeitnehmers = Pflichten des Arbeitgebers

- Vergütung
- Urlaub
- Fürsorge
- Entgeltfortzahlung bei Krankheit
- Gleichbehandlung
- betrieblicher Datenschutz
- Beschäftigung
- Zeugnis

Einfaches Zeugnis: Dauer und Art der Beschäftigung (Führung + Leistung nicht beurteilt)

Auf Verlangen: **Qualifiziertes Zeugnis:** Führung + Leistung zusätzlich beurteilt

Pflichten des Arbeitnehmers = Rechte des Arbeitgebers

- Dienstleistung
- Weisungen befolgen
- Treuepflicht
- Schweigepflicht
- keine Rufschädigung
- Schmiergeldannahmeverbot
- Wettbewerbsverbot (siehe unten!)

Das Wettbewerbsverbot

Gesetzliches Wettbewerbsverbot (§ 60 HGB)

während Dienstverhältnis ohne Genehmigung des Arbeitgebers

- kein eigenes Handelsgewerbe
- keine Geschäfte in der Branche d. Arbeitgebers (= Konkurrenzverbot)

Vertragliches Wettbewerbsverbot (§§ 74, 74a HGB) = Wettbewerbsabrede = Konkurrenzklausel

keine Konkurrenz nach Austritt

Voraussetzungen:

- Schriftform
- Vereinbarung Karenzentschädigung bei Minderverdienst
- keine wesentl. Berufserschwernis
- max. 2 Jahre nach Ausscheiden

Rechte des Arbeitgebers bei Pflichtverletzung

Gesetzliches Wettbewerbsverbot:

- Selbsteintrittsrecht bzw. Schadenersatz
- fristlose Kündigung

Vertragliches Wettbewerbsverbot:

- Falls vereinbart: Vertragsstrafe
- Unterlassung + Schadenersatz

Dauer des Arbeitsvertrags

- **Unbefristet:** Normalfall
- **Befristete Arbeitsverträge mit sachlichem Grund:** rechtsgültig (z. B. Vertretungen wegen Krankheit, Mutterschutz oder Erziehungsurlaub, Saisonarbeit, vorübergehender Arbeitsanfall, Befristung auf Wunsch des Arbeitnehmers ...)
- **Befristete Arbeitsverträge ohne sachlichen Grund (Teilzeit- und Befristungsgesetz; TzBfG):** Fristobergrenze jeweils zwei Jahre; innerhalb dieser Frist bis zu drei Verlängerungen möglich

Beispiele: *2-Jahres-Vertrag; zweimal 1-Jahres-Vertrag; viermal 6-Monats-Vertrag (drei Verlängerungen)*

Vorteile für den Arbeitnehmer:
- Einstellungschancen höher; Chance, später unbefristeten Arbeitsvertrag zu erhalten
- gute Alternative für Studenten, Hausfrauen
- flexiblere Lebensgestaltung möglich

Vorteile für den Arbeitgeber:
- flexiblere Reaktion auf Marktänd. mögl.
- Risikominderung bei Einstellungen
- weniger Fehlbesetzungen, da längeres „Kennenlernen" der Arbeitnehmer mögl.

Nachteil für Arbeitnehmer: keine Weiterbeschäftigungsgarantie nach Fristablauf

Beendigung von Arbeitsverhältnissen durch ...

- Aufhebungsvertrag:
  - einvernehmlich zwischen Arbeitgeber und Arbeitnehmer
  - Schriftform § 623 BGB
  - evtl. Abfindung für Arbeitnehmer
- Fristablauf (Vertragsablauf bei befristeten Verträgen ohne Kündigung)
- Kündigung § 620 BGB:
  - Schriftform § 623 BGB
  - ohne Angabe von Gründen, solange kein Kündigungsschutz besteht
  - Gesetzliche (ordentliche) Kündigung (§ 620 BGB):
    - Arbeitgeber und Arbeitnehmer können das Arbeitsverhältnis kündigen.
    - Kündigungsfristen sind einzuhalten (§ 622 BGB)

Grundkündigungsfrist → 4 Wochen (= 28 Tage) zum 15. oder Monatsende

Beispiele: Kündigung zum: →	**15.01.**	**31.01.**	**15.02.**	**28.02.**	**15.03.**	**31.03.**	**15.04.**	**30.04.**
jeweils – 28 Tage								
Zugang Kündigung beim Arbeitnehmer spätestens am: →	18.12.	03.01.	18.01.	31.01.	15.02.	03.03.	18.03.	02.04.

  - verlängerte Kündigungsfristen für langjährige Arbeitnehmer (§ 622 Abs. 2 BGB, siehe Kapitel 5.3)
  - Arbeitnehmerfrist = Arbeitgeberfrist
  - Kündigungsfrist während Probezeit (max. sechs Monate) → 14 Tage
  - Sonderfälle für tarifvertragliche, einzelvertragliche Regelungen siehe § 622 BGB
- Fristlose (außerordentliche) Kündigung (§ 626 BGB):
  - aus wichtigem Grund, z. B. Diebstahl, Tätlichkeit
  - sofort, ohne Einhaltung einer Kündigungsfrist
- Änderungskündigung (§ 2 KSchG):
  Kündigung des bestehenden Arbeitsvertrages mit gleichzeitigem Abschluss eines neuen Arbeitsvertrages mit geänderten Bedingungen
- Besonderheiten Kündigung:
  - Grundsätzlich ist vor jeder Kündigung der Betriebsrat (wenn vorhanden) zu hören (§ 102 BetrVG) und die Anwendung von besonderem Kündigungsschutz (Kündigungsschutzgesetz, Mutterschutz usw.) zu prüfen. → Kündigung evtl. nicht rechtswirksam
  - Abmahnung erfolgt? → Verwarnung durch den Arbeitgeber für ein Fehlverhalten des Arbeitnehmers, z. B. für wiederholten unpünktlichen Arbeitsbeginn
    Zweck: Hinweis-/Warnfunktion für den Arbeitnehmer, sein Fehlverhalten abzustellen, bevor eine Kündigung ausgesprochen wird. „Verhältnismäßigkeit der Mittel". Bei fristloser Kündigung nicht erforderlich.

Maßnahmen zur Vermeidung von Kündigungen

- Versetzung
- Überstundenabbau
- Jobsharing
- Teilzeitarbeit
- Ruhestand
- Kurzarbeit
- Abschluss von Aufhebungsverträgen

Aufgaben

1. In welchen Gesetzen sind Regelungen über Einzelarbeitsverträge enthalten?

2. Welche Formvorschrift gilt für Arbeitsverträge?

3. Nennen Sie je drei Rechte und Pflichten des kaufmännischen Angestellten.

4. Unterscheiden Sie die Begriffe einfaches und qualifiziertes Zeugnis.

5. a) Erklären Sie den Begriff „gesetzliches Wettbewerbsverbot".
   b) Welche Rechte hat der Arbeitgeber, wenn ein kaufmännischer Angestellter gegen das gesetzliche Wettbewerbsverbot verstößt?

6. a) Erklären Sie den Begriff „vertragliches Wettbewerbsverbot".
   b) Welche Voraussetzungen müssen erfüllt sein, damit das vertragliche Wettbewerbsverbot rechtsgültig ist?

7. Wie lautet die gesetzliche Kündigungsfrist für Angestellte mit weniger als zwei Jahren Betriebszugehörigkeit?

8. Worauf ist bei Vereinbarung einer vertraglichen Kündigungsfrist zu achten?

9. Wann ist eine fristlose Kündigung möglich? Nennen Sie vier Beispiele.

10. Alf Flatter, Angestellter der Betten GmbH, unterschreibt am 20.01. einen Arbeitsvertrag mit der Scherzartikel GmbH. Beginn des neuen Arbeitsverhältnisses: 01.08.

    a) Wann muss Flatter bei der Betten GmbH spätestens kündigen, um rechtzeitig bei der Scherzartikel GmbH beginnen zu können?
    b) Genügt es, wenn Flatter am letztmöglichen Kündigungstag sein Kündigungsschreiben zur Post bringt? Begründung.

11. Unter welchen Voraussetzungen dürfen befristete Arbeitsverträge abgeschlossen werden?

12. Nennen Sie Vor- und Nachteile befristeter Arbeitsverträge für Arbeitnehmer und Arbeitgeber.

5.3 Allgemeiner und besonderer Kündigungsschutz

Stofftelegramm

Gesetzliche Grundlagen: Kündigungsschutzgesetz (KSchG), BGB

Allgemeiner Kündigungsschutz → = Schutz vor sozial ungerechtfertigter Kündigung

- Voraussetzungen: mind. sechs Monate im gleichen Betrieb (siehe § 1 KSchG) und der Betrieb hat mehr als zehn Arbeitnehmer (siehe § 23 KSchG)

Eine sozial ungerechtfertigte Kündigung ist nicht rechtswirksam.

- Kündigung sozial gerechtfertigt:

  § 1 Abs. 2 KSchG

  Der Kündigungsgrund liegt
  - in der **Person** des Arbeitnehmers (dauerhafte Krankheit, Eignung),
  - im **Verhalten** des Arbeitnehmers (schlechte Arbeitsleistung, Arbeitsverweigerung, Wettbewerbsverbot),
  - in dringenden **betrieblichen** Erfordernissen (Rationalisierungsmaßnahmen, Standortverlagerung, dauerhafter Auftragsmangel).
- Feststellung, ob eine Kündigung sozial gerechtfertigt ist oder nicht erfolgt vor dem Arbeitsgericht (§ 4 KSchG)
  - innerhalb von drei Wochen nach Zugang der schriftliche Kündigung
  - evtl. Stellungnahme des Betriebsrates

Besonderer Kündigungsschutz

- **Betriebsratsmitglieder und Jugendvertreter:** Während Amtszeit und innerhalb eines Jahres danach nicht kündbar (siehe § 15 KSchG). Ausnahme: fristlose Kündigung bei wichtigem Grund.

- **Werdende Mütter (Mutterschutzgesetz, MuSchG):** während der **Schwangerschaft** und bis zum Ablauf von **vier Monaten nach Entbindung**

- **Arbeitnehmer in Elternzeit** (Bundeselterngeld- und Elternzeitgesetz – BEEG): siehe § 18 BEEG ab 8 Wochen vor Beginn und während der Elternzeit

- **Schwerbehinderte (Schwerbehindertengesetz , SchwbG):** Kündigung nur mit Zustimmung der Hauptfürsorgestelle

- **Auszubildende:** vgl. Stofftelegramme „Gesamtwirtschaft ..."

- **Langjährige Angestellte:**

Betriebszugehörigkeit (ab Jahre)	2	5	8	10	12	15	20
Kündigungsfrist in Monaten zum Monatsende	1	2	3	4	5	6	7

Aufgaben

1. Welche wesentlichen Gesetze regeln den Kündigungsschutz?

2. a) Was versteht man unter allgemeinem Kündigungsschutz?
   b) Für welche Arbeitnehmer gilt der allgemeine Kündigungsschutz?

3. a) Für welche Arbeitnehmer gilt ein besonderer Kündigungsschutz?
   b) Wie sieht dieser Kündigungsschutz jeweils aus (vgl. auch nächstes Kapitel)?

4. Welche Kündigungsfristen muss ein Arbeitgeber beachten?

   a) 28-jähriger Angestellter, seit 10 Jahren im Betrieb
   b) 32-jähriger Angestellter, seit 5 Jahren im Betrieb
   c) 32-jähriger Angestellter, seit 14 Jahren im Betrieb
   d) 35-jähriger Angestellter, seit 11 Jahren im Betrieb
   e) 58-jähriger Angestellter, seit 38 Jahren im Betrieb
   f) Betriebsrat
   g) Auszubildender während und nach der Probezeit

5. Welche Kündigungsfrist gilt für einen 34-jährigen Angestellten, der seit zwölf Jahren im Unternehmen tätig ist, wenn

   a) der Arbeitgeber, b) er selbst kündigt?

6. Wann muss einem 36-jährigen Angestellten spätestens gekündigt werden, wenn er seit elf Jahren im Unternehmen tätig ist und zum 01.10. ausscheiden soll? Begründung.

5.4 Arbeitsgerichtsbarkeit

Stofftelegramm

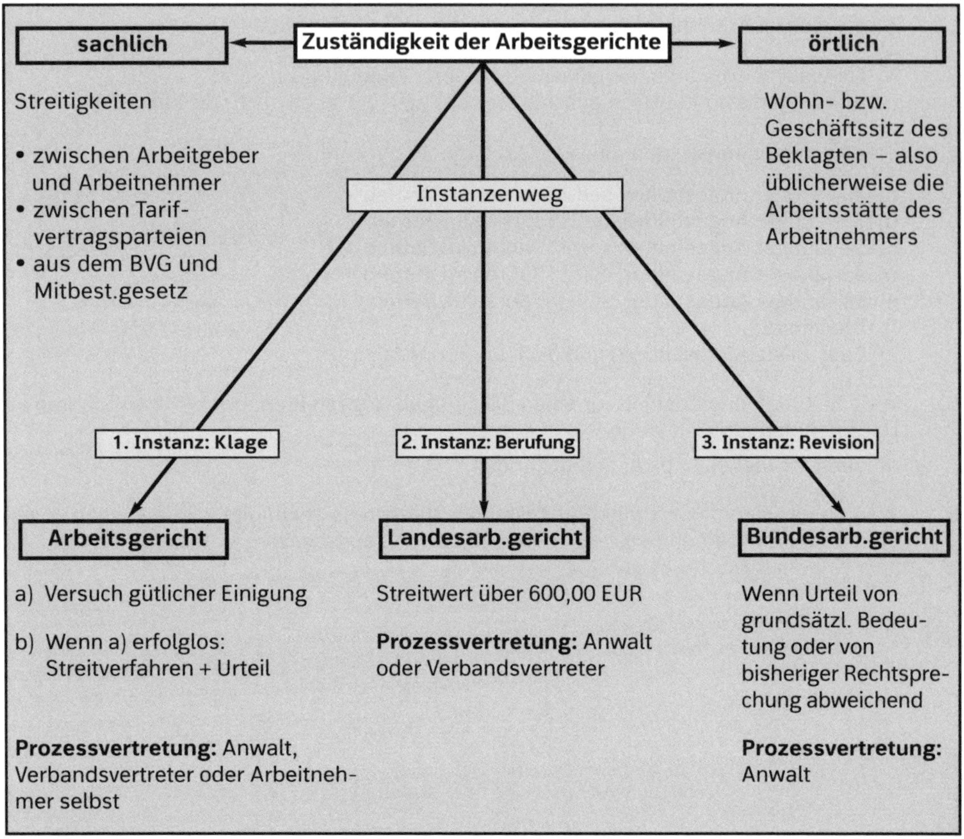

Aufgaben

1. Welches Gesetz regelt die Arbeitsgerichtsbarkeit?

2. Der kaufmännische Angestellte Broselfink wohnt in Göppingen und arbeitet in der Firma Gerd Hölle – Eisenwaren e. K. in Stuttgart. Unternehmer Hölle wohnt in Esslingen. Vor einigen Tagen wurde Herrn Broselfink gekündigt. Er möchte klagen.

   a) Welches Gericht ist sachlich und örtlich zuständig?
   b) Welcher Vorgang ist dem eigentlichen Streitverfahren vorgelagert? Begründung.
   c) Wer kann für Broselfink in der ersten Instanz die Prozessvertretung übernehmen?
   d) Broselfink ist mit dem Urteil der ersten Instanz nicht einverstanden. Wie kann er weiter vorgehen? Welche Voraussetzungen sind zu beachten?

3. Für welche Rechtsstreitigkeiten sind Arbeitsgerichte zuständig?

5.5 Handlungsvollmacht und Prokura

Stofftelegramm

Arten der Handlungsvollmacht

- **Allg. Handlungsvollmacht (Gesamtvollmacht):** alle gewöhnl. Rechtshandlungen der Branche
  - ohne Sondervollmachten lt. § 54 Abs. 2 HGB
  - mit Sondervollmachten lt. § 54 Abs. 2 HGB
- **Artvollmacht:** Vollmacht für bestimmte Arten wiederkehrender Rechtsgeschäfte
  Beispiele: *Einkäufer, Verkäufer, Reisende*
- **Einzelvollmacht:** Vollmacht für ein einzelnes Rechtsgeschäft

Arten der Prokura

- **Prokura:** Alle gewöhnlichen und außergewöhnlichen Rechtshandlungen. Keine Einschränkung im Außenverhältnis!
  - ohne Sondervollmachten lt. § 49 Abs. 1 HGB
  - mit Sondervollmachten lt. § 49 Abs. 2 HGB
- **Einzelprokura:** Ein Prokurist ist allein vertretungsberechtigt.
- **Gesamtprokura:** gemeinsame Vertretung durch mehrere Prokuristen
- **Filialprokura:** Prokura auf Filiale beschränkt

	Allgemeine Handlungsvollmacht	Prokura
Umfang	• gewöhnliche Geschäfte	• gewöhnl. und außergewöhnl. Gesch.
Erteilung	• durch HGB-Kfm., Nicht-Kaufm., Prokurist • mündlich, schriftlich, stillschweigend	• durch Kaufmann i. S. des HGB • nur mündlich oder schriftlich
Handelsreg.	• kein Eintrag	• Eintrag (deklaratorisch)
Zeichnung	• i. V. = „in Vollmacht“	• ppa. = „per procura“
Beendigung	• Auflösung Arbeitsvertrag • Widerruf • Geschäftsauflösung • Tod des Geschäftsinhabers • Inhaberwechsel, wenn Widerruf	• wie Handlungsvollmacht • wie Handlungsvollmacht • wie Handlungsvollmacht • nicht bei Tod d. Geschäftsinhabers • bei Inhaberwechsel stets

Übersicht: „–" = stets verboten; „+" = erlaubt; „**S**" = nur erlaubt, wenn eine Sondervollmacht vorliegt

Handlung des Prokuristen (P) bzw. des Allg. Handlungsbevollmächtigten (H)		P	H
• Geschäft verkaufen • Handelsregistereintragungen anmelden • Bilanz, Steuererklärungen unterschreiben • Gesellschafter aufnehmen	• Eid leisten • Konkurs anmelden • Prokura erteilen	–	–
• ein- und verkaufen • Zahlungen tätigen	• Allgemein: alle gewöhnl. Geschäfte • Entlassungen, Einstellungen	+	+
• außergewöhnliche Rechtsgeschäfte		+	–
• Grundstücke belasten und verkaufen		S	S
• Grundstücke kaufen • Darlehen aufnehmen	• Wechsel unterschreiben • Prozesse führen	+	S

Aufgaben

1. Erklären Sie kurz den Begriff Vollmacht.

2. Nennen Sie die drei Arten der Handlungsvollmacht, definieren Sie diese kurz und nennen Sie je ein Beispiel.

3. Welche Art von Handlungsvollmacht liegt jeweils vor?

   a) Abschluss von Arbeitsverträgen durch den Personalleiter
   b) Ausführung aller gewöhnlichen Geschäfte einer Filiale
   c) Abschluss eines Werbevertrages mit einem Olympiasieger durch einen Angestellten, der den Sportler persönlich kennt
   d) Vorkontieren von Buchungsbelegen durch einen Buchhalter
   e) Ein Auszubildender kauft für die Firma Schreibmaterial ein
   f) Ein Reisender schließt Kaufverträge ab

4. Der allgemeine Handlungsbevollmächtigte Storch kauft während der Abwesenheit des Unternehmers Rohstoffe im Wert von 10.000,00 EUR. Zur Finanzierung der Kaufsumme nimmt er ein Darlehen auf. Sind Kaufvertrag und Darlehensvertrag gültig? Begründung.

5. Grünfink ist Einkaufsleiter bei der Skifabrik Rasant Ski GmbH. Er unterzeichnet bei der Kunststoff GmbH einen Kaufvertrag über Rohstoffe im Wert von 180.000,00 EUR, obwohl seine Einkaufskompetenz auf 100.000,00 EUR begrenzt ist. Über diese Begrenzung wurde die Kunststoff GmbH nicht informiert. Bei der Lieferung verweigert der Inhaber der Skifabrik die Annahme mit der Begründung, Grünfink habe seine Kompetenz überschritten.

   a) Welche Art von Handlungsvollmacht liegt vor?
   b) Muss der Lieferant einen Teil der Rohstoffe zurücknehmen?

6. Definieren Sie kurz den Begriff Prokura.

7. Definieren Sie kurz die drei Arten der Prokura.

8. Worin unterscheiden sich allgemeine Handlungsvollmacht und Prokura hinsichtlich Umfang, Einschränkungen des Umfangs, Erteilung, Handelsregistereintrag, Beginn, Zeichnung und Beendigung?

9. Entscheiden Sie bei folgenden Rechtshandlungen, ob diese einem Handlungsbevollmächtigten mit allgemeiner Handlungsvollmacht ohne Sondervollmachten bzw. einem Prokuristen einer Skifabrik erlaubt sind:

a) Einkauf von Kunststoffen	i) Bilanz unterschreiben
b) Verkauf des Unternehmens	j) Vermietung einer Lagerhalle
c) Einstellung eines Arbeiters	k) Aufnahme eines Gesellschafters
d) Kauf eines Grundstücks	l) Entlassung eines Arbeiters
e) Entgegennahme Mängelrüge	m) Aufnahme eines Darlehens
f) Kauf einer Rechenmaschine	n) Kauf von 10.000 Aktien
g) Verkauf eines Grundstücks	o) Einlösung eines auf uns gezogenen Wechsels
h) Akzeptierung eines Wechsels	p) Erteilung von allgemeiner Handlungsvollmacht

10. Im Vertrag des Prokuristen Wiesel ist Folgendes vermerkt: „Der Prokurist darf keine Grundstücke erwerben.“ Wiesel kauft dennoch ein Grundstück.

    a) Beurteilen Sie die Rechtsgültigkeit des Kaufvertrags.
    b) Welche rechtlichen Schritte könnte der Inhaber unternehmen?

11. Dem Angestellten Schnell wurde am 02.01. Prokura erteilt. In einem Rundschreiben wurden am 04.01. alle Geschäftsfreunde und Banken hierüber informiert.

    Bereits am 08.01. nimmt der Prokurist ein Darlehen über 100.000,00 EUR zu einem hohen Zinssatz auf. Der Unternehmer ärgert sich und bestreitet die Rechtsgültigkeit des Darlehensvertrages, da seines Erachtens die Prokura mangels Handelsregistereintrag am 08.01. noch nicht wirksam war. Nehmen Sie Stellung.

12. a) 10.05.: Widerruf der Prokura
    13.05.: Prokurist unterschreibt einen ungünstigen Kaufvertrag
    14.05.: Rundschreiben über Widerruf der Prokura
    30.05.: Eintrag des Erlöschens der Prokura im Handelsregister
    Der Unternehmer erkennt den Kaufvertrag nicht an. Nehmen Sie Stellung.
    b) Wie a), jedoch wurde der Kaufvertrag am 18.05. unterzeichnet.

13. Unterscheiden Sie die Begriffe: a) Gesamtvollmacht – Gesamtprokura
    b) Einzelvollmacht – Einzelprokura

14. Welche Überlegung könnte einen Unternehmer veranlassen, Gesamtprokura statt Einzelprokura zu erteilen?

15. Unter welcher Voraussetzung kann die Prokura auf eine Filiale begrenzt werden?

16. Erklären Sie folgende Aussage: „Ein Maschinenproduzent – von einer Reise zurückgekehrt – kann sich als Lederhosenproduzent wiederfinden.“

5.6 Personalführung, -betreuung, -entwicklung und -motivation

Stofftelegramm

Führungsstile

1. autoritär

Vorteile

- schnelle Entscheidungen
- einheitliche Linie

Nachteile

- Motivationsbremse
- Druck von oben
- schlechtes Betriebsklima
- hohe Fluktuation ...
- ungenutzte Denkfähigkeit der Mitarbeiter (keine Teamvorteile)
- Vorgesetzte überlastet

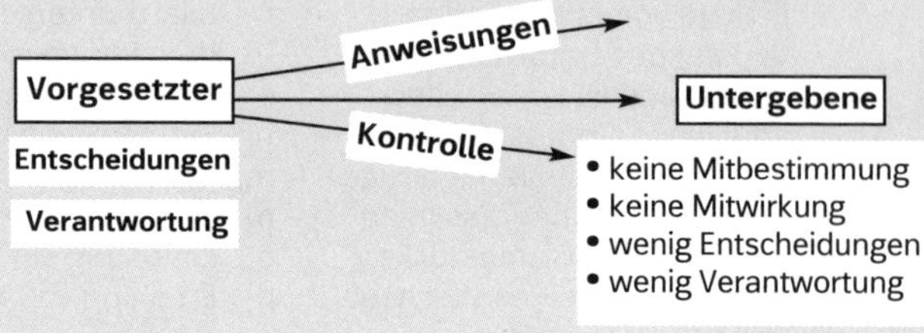

2. kooperativ (demokrat.)

Vorteile

- Mitarbeiterpotenzial abschöpfen
- höhere Motivation (Identifikation)
- bessere Entscheidungen
- gutes Verhältnis zwischen Vorgesetztem und Mitarbeiter
- geringere Fluktuation

Nachteile

- verzögerte Entscheidungen (Diskussionen)
- Qualifikation und rege Mitarbeit aller notwendig

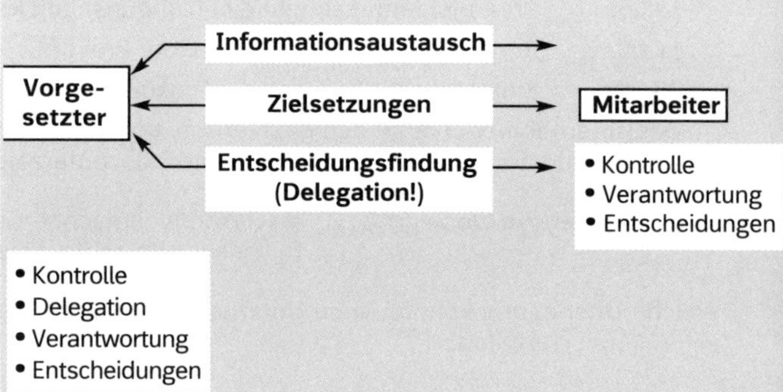

Tendenz in der heutigen Praxis zum kooperativen Führungsstil (bzw. Mischformen)

Führen von Gruppen:
- bestimmte Freiräume für die Gruppe notwendig
- Ausrichtung der Gruppen am Unternehmensleitbild
- Unterstützung der Gruppenarbeit durch geschultes Personal

Personalentwicklungsinstrumente

Personalentwicklung = gezielte, planmäßige Förderung geeigneter Mitarbeiter
→ Ziel: Optimierung der Leistungsbereitschaft und L'fähigkeit

Laufbahnpläne

Aufzeigen: Welche Wege führen zu welchen Positionen im Unternehmen?
↓
- rechtzeitige Sicherung des zukünftigen Bedarfs an Führungskräften
- Aufzeigen von Berufszielen
- Motivation

Beurteilung

Beurteilungskriterien:
- fachl. Fähigkeiten
- geistige Fähigk. (Kreativität, Organisationsvermögen, Auftreten ...?)
- Arbeitsweise
- Gruppenverhalten
- Führungsqualität (Entscheidungsfähigkeit, Durchsetzungsvermögen, Motivationsfähigkeit ...)

Gespräche

Beratungs- und Fördergespräche

Sonstiges

- **Am Arbeitsplatz („Training-on-the-job"):**
  - optimale Förderung durch Vorgesetzten (Coaching)
  - planmäß. Unterweisung
  - Arbeitsplatzwechsel (Jobrotation)
  - Übertragung von Sonderaufgaben ...
- **Außerhalb Arbeitsplatz („Training-off-the-job"):**
  - Schulungen, Seminare, (Fort- und Weiterbildung)
  - Fachliteratur ...

Verbesserung der Arbeitsorganisation

Jobenlargement

= Arbeitserweiterung: Mehrere gleichartige Teilaufgaben werden zusammengefasst und einer Arbeitskraft zugewiesen.

Jobenrichment

= Arbeitsbereicherung: Anreicherung des Arbeitsinhaltes mit Elementen, die den Arbeitsinhalt qualitativ aufwerten

Jobrotation

= Arbeitsplatzwechsel: regelmäßiger Tausch von Arbeitsplätzen
→ Abwechslung
→ Auflockerung
→ Motivation

Gruppenarbeit

Einer Gruppe wird eine Aufgabe zugewiesen, die gemeinsam zu erfüllen ist.

Aufgaben

1. a) Erklären Sie: **Unternehmensleitbild.**
   b) Welchem Zweck dient die Formulierung eines Unternehmensleitbildes?

2. a) Erklären Sie: **autoritärer und kooperativer Führungsstil.**
   b) Nennen Sie jeweils zwei typische Vor- und Nachteile beider Systeme.

3. a) Nennen Sie vier **Personalentwicklungsinstrumente.**
   b) Erklären Sie: **Training-on-the-job** und **Training-off-the-job.**

4. Erklären Sie: **Jobenlargement, Jobenrichment, Jobrotation, Gruppenarbeit.**

5.7 Arbeitszeitmodelle – Arbeitsformen

Stofftelegramm

Normalarbeitszeit → täglich festgelegte Zeiten, bestimmte Wochenstundenzahl

Flexible Arbeitszeiten → **Hauptargument:** Verbesserung der Wettbewerbssituation (flexiblere Anpassung an Marktänderungen; Kostensenkung)

- **Gleitzeit** (Beispiel):

Voraussetzung für Anwendbarkeit:
Arbeitnehmer können relativ unabhängig voneinander arbeiten. Typisch in Büros.

Vorteile (Gleitzeit) für Arbeitnehmer	Nachteile (Gleitzeit) für Arbeitnehmer
• flexiblere Lebensgestaltung möglich • persönl. Lebensrhythmus berücksichtigt • evtl. Umgehung von Verkehrsstaus • Aufbau von Zeitguthaben, die als Gleittage „abgebummelt“ werden können	• Überstundenzuschläge entfallen • Pünktlichkeitsrisiko trägt Arbeitnehmer • lückenlose Zeiterfassung („gläserner Mensch“?)

Vorteile (Gleitzeit) für Arbeitgeber	Nachteile (Gleitzeit) für Arbeitgeber
• motiviertere Arbeitnehmer („Freiräume“), besseres Betriebsklima, Leistung steigt, geringerer Krankenstand • Pünktlichkeitsrisiko trägt Arbeitnehmer • Einsparung von Überstundenzuschlägen	• Arbeitsplätze nicht ständig besetzt • Konzentrationsverlust bei ständigem Kommen und Gehen • teure Geräte zur Kontrolle der Arbeitszeiten notwendig

• **Schichtarbeit:**	Vorteil insbesondere: bessere und gleichmäßigere Auslastung der Produktionsanlagen.
• **Teilzeitarbeit:**	– Jobsharing: Zwei Arbeitnehmer teilen sich Rechte und Pflichten eines Vollzeitarbeitsplatzes. – Arbeit auf Abruf: Arbeitnehmer arbeitet bei Bedarf – Tage-, wochen-, monatsweise Teilzeitarbeit: z. B. 4-Std.-Tag/3-Tage-Woche/3 Wochen je Monat ...
• **Telearbeit (Homeoffice):**	– i. d. R. synonyme Verwendung der beiden Begriffe – Form des flexiblen Arbeitens im privaten/häuslichen Bereich – vom Arbeitgeber eingerichteter fester Arbeitsplatz Arten: – Teleheimarbeit: Der Mitarbeiter arbeitet ausschließlich von zu Hause aus. – Alternierende Telearbeit: Je nach Bedarf arbeitet der Mitarbeiter im Betrieb oder von zu Hause aus. – Mobile Telearbeit: Der Arbeitsplatz bewegt sich mit dem Arbeitnehmer, z. B. im Vertrieb.
• **Remote Work (Fernarbeit):**	Der Ort, wo die Arbeit erledigt werden kann, ist dabei flexibel (Park, Café, Strand usw.). Ein Internetanschluss genügt.

Aufgaben

1. Nennen Sie Vor- und Nachteile der Gleitzeit für Arbeitnehmer und Arbeitgeber.
2. Erklären Sie kurz die Begriffe:

   a) Jobsharing b) Arbeit auf Abruf c) Telearbeit (Homeoffice)
3. Nennen Sie Argumente der Befürworter und Gegner der Telearbeit.

5.8 Arbeitsbewertung: Arbeitsstudien

Stofftelegramm

Arbeitszeitstudien

- **Zweck:** Vorgabezeitermittlung (Vorgabezeit = Auftragszeit = Zeit eines Arbeiters für eine Arbeitsaufgabe bei durchschnittlicher Leistung).

- **Rüstzeit:** Zeit zur Vor- und Nachbereitung des Arbeitsplatzes, fällt i. d. R. nur einmal an (z. B. Maschine einstellen, säubern ...)
- **Ausführungszeit:** eigentliche Arbeitszeit = Stück (m) · Zeit/Einheit (t_e)
- **Grundzeit:** regelmäßig anfallende Rüst- und Ausführungszeit
- **Verteilzeit:** unregelmäßig anfallende Rüst- und Ausführungszeit
- **Erholzeit:** frei verfügbare Zeit innerhalb der bezahlten Arbeitszeit
- **REFA-Grundgleichung:** →

Auftragszeit =	Rüstzeit	+	Ausführungszeit
Auftragszeit =	t_r	+	$m \cdot t_e$

- **Normalleistung:** menschliche Leistung die von einem durchschnittlich geeignetem Mitarbeiter nach hinreichender Einarbeitung und Übung auf Dauer ohne Gesundheitsschädigung erbracht werden kann
- **Leistungsgrad:** Normalleistung = 100 %
tatsächl. Leistung = x %

$$\text{Leistungsgrad} = \frac{\text{tatsächl. Leistung} \cdot 100}{\text{Normalleistung}}$$

Arbeitswertstudien

- **Zweck:** Feststellung des Schwierigkeitsgrades einer Arbeit, Grundlage zur Lohnfindung

- **Lohngruppenverfahren (summarisch):**
  - Bildung von Lohngruppen unterschiedlicher Schwierigkeitsgrade
  - Zuordnung aller Tätigkeiten
  - Schätzung Gesamtanforderung (Summe der Einzelanforderungen) einer Arbeitsaufgabe

  Vorteile:
  - einfach, überschaubar
  - Richtbeispiele erleichtern die Eingruppierung

  Nachteile:
  - zu global, z. T. subjektiv
  - zu geringe Berücksichtigung einzelner Anforderungsarten wie z. B. Lärm

- **Stufenwertzahlverfahren (analytisch):**

  Arbeitsaufgabe zergliedern in einzelne Anforderungsarten (Fachkönnen, geistige und körperliche Belastung, Verantwortung, Umwelteinflüsse) und Zuordnung von Arbeitswerten

  GENFER SCHEMA:
  - allgemeines Schema für einheitliche Arbeitsbewertung
  - Berücksichtigung obiger Anforderungsarten
  - Zuordnung von Bewertungshöchstpunktzahlen
  - danach Zuordnung von Lohngruppen

Aufgaben

1. Welchen Zweck haben a) Arbeitszeitstudien? b) Arbeitswertstudien?

2. Erklären Sie die Begriffe:
   a) Rüstzeit
   b) Ausführungszeit
   c) Grundzeit
   d) Verteilzeit
   e) Erholzeit

3. Wie lautet die REFA-Grundgleichung?

4. Eine Zeitaufnahme erbrachte für einen Arbeitsgang folgendes Ergebnis:

	Min.		Min.
Auftrag lesen	15	Einstellen der Maschine	30
Unklarheiten klären	5	Bearbeitung des Werkst.	9
Material bereitstellen	35	Arbeitsplatz aufräumen	15

   a) Welche Tätigkeiten sind Rüst-, welche Ausführungszeiten?
   b) Berechnen Sie die Vorgabezeit (Auftragszeit) für die Bearbeitung von 100 Stück.
   c) Wie hoch ist die Normalleistung in Stück je Stunde?

5. Normalleistung: 70 Stück je Tag,
   tatsächliche Leistung: 84 Stück je Tag. Leistungsgrad?

6. a) Unterscheiden Sie Lohngruppenverfahren (summarisches Verfahren) und Stufenwertzahlverfahren (analytisches Verfahren).
   b) Nennen Sie Vor- und Nachteile beider Verfahren.

7. Was versteht man unter Genfer Schema?

8. Aufgrund von REFA-Zeitstudien ergaben sich für eine Arbeitsaufgabe folgende Werte:

   Rüstgrundzeit 60 Min., Rüstverteilzeit 5 %, Tätigkeitszeit 40 Min. je Stück, Wartezeit 10 Min. je Stück, Ausführverteilzeit 10 %.

   Ermitteln Sie für einen Auftrag von 100 Stück die Rüstzeit, Ausführungsgrundzeit, Ausführungszeit und Auftragszeit.

9. Für die Ausführung eines Auftrags, der 30 Werkstücke umfasst, wurden bei der Schloppel KG folgende Zeiten festgestellt: 20 Minuten für Lesen des Auftrags, Vorbereiten der Maschine und Wiederherstellen des ursprünglichen Arbeitsplatzzustands. Für zwangsläufige, notwendige Arbeitsunterbrechung muss ein Zuschlag von 5 % berücksichtigt werden. 10 Minuten für die Bearbeitung eines Werkstücks.

   Für zwangsläufige, notwendige Arbeitsunterbrechungen muss ein Zuschlag von 10 % berücksichtigt werden.

   Wie viele Minuten entfallen entsprechend dem Sachverhalt auf die
   a) Grundzeiten,
   b) Verteilzeiten,
   c) Rüstzeit,
   d) Stückzeit,
   e) Ausführungszeit,
   f) Auftragszeit?

5.9 Entlohnungssysteme

Stofftelegramm

Zeitlohn

Vorteile
- Qualität
- kein Zeitdruck
- einfache Berechnung
- festes Einkommen

Nachteile
- weniger Anreiz
- weniger Arbeitseinsatz
- Arbeitskontrollen notwendig

Anwendungsbereiche
- wenn Aufmerksamkeit, Sorgfalt, Gewissenhaftigkeit, Kreativität notwendig
- bei Arbeiten mit Risiko
- bei schwer messbaren Leistungen
- Fließfertigung (Arbeitstempo nicht beeinflussbar)

Akkordlohn (= Leistungslohn)

Vorteile
- Leistungsprinzip: Mehrverdienst mögl.
- exakte Kalkulationsgrundlage (konstante Lohnstückkosten)

Nachteile
- evtl. Überanstrengung
- schlechtere Qualität (?)
- Einkommensschwankung
- höherer Krankenstand
- Lohnberechnung schwieriger

Anwendungsbereiche
- gleichartige, sich stets wiederholende Tätigkeiten
- Arbeitstempo muss beeinflussbar sein
- Leistung muss messbar sein

Akkordlohnformen

Grundlohn + Akkordzuschlag = **Akkordrichtsatz** (Akkordrichtsatz = Std.-Verdienst bei Normalleistung)

Stückgeldakkord (Geldakkord)

Stückakkordsatz (Geldsatz/Stück) $= \frac{\text{Akkordrichtsatz}}{\text{Normalleistung/Std.}}$

Bruttolohn = Stück · Stückakkordsatz

Stückzeitakkord (Zeitakkord)

Zeitakkordsatz (Vorgabezeit) $= \frac{60\ (100)}{\text{Normalleistung/Std.}}$

Minutenfaktor (Geldsatz/Minute) = Akkordrichtsatz/60 (100)

Bruttolohn = Stück · Zeitakkordsatz · Min.faktor

Gruppenakkord

Akkordsatz für Arbeitsgruppe, Verteilung auf den Einzelnen nach best. Schlüssel; Problem: evtl. Spannungen

Vorteil des Stückzeitakkords gegenüber dem Stückgeldakkord:
Bei Tarifänderung: lediglich Minutenfaktoren zu ändern = weniger zeit- und rechenaufwendig

Prämienlohn

- Mischung zwischen Zeitlohn und Leistungslohn
- Berechnung: Grundlohn (Fixum) + Prämie

Wofür Prämien?

- Ausschussverringerung
- Material-, Energieersparnis
- Termineinhaltung

Erfolgsbeteiligung

Vorteile

- mehr Motivation
- mehr Leistung
- sinkende Fluktuation
- besseres Betriebsklima
- Identifikation ...

Probleme

- Woran beteiligen?
- In welchem Verhältnis beteiligen?
- Wie auf die Arbeitnehmer aufschlüsseln?

Arten

- Gewinnbeteiligung (Kollektiv- oder Individualbeteiligung)
- Kapitalbeteiligung (Gewinnanteil wird Eigen- oder Fremdkapital)
- Umsatzbeteiligung

Aufgaben

1. a) Nennen Sie die drei Lohnformen.
   b) Beschreiben Sie die Anwendungsgebiete der drei Lohnformen.

2. Nennen Sie je zwei Vor- und Nachteile des Akkord- und Zeitlohns.

3. Aus welchem Grund kommt in der Industrie üblicherweise der Stückzeitakkord anstelle des Stückgeldakkords zur Anwendung?

4. Was versteht man unter Gruppenakkord?

5. Erklären Sie anhand der Formel und verbal die Begriffe:

   a) Akkordrichtsatz b) Stückakkordsatz c) Zeitakkordsatz d) Minutenfaktor

6. Wie lautet die Formel zur Ermittlung des Bruttolohnes beim

   a) Stückgeldakkord, b) Stückzeitakkord?

7. In einer Fabrik wurde bisher ein bestimmter Arbeitsgang im Zeitlohn vergütet. Künftig soll im Akkordlohn bezahlt werden.
   Bei den Vorarbeiten für die Umstellung auf den Akkordlohn wird für 30 Stück eine Vorgabezeit von einer Stunde (60-Minuten-Stunde) ermittelt.
   Bisheriger Stundenlohn: 9,00 EUR, Akkordzuschlag: 10 %

   a) Ermitteln Sie den Akkordrichtsatz.
   b) Wie viele Minuten sind für ein Stück vorgegeben (Zeitakkordsatz)?
   c) Wie viel verdient ein Arbeiter in der Minute, wenn er die Vorgabezeit einhält (Minutenfaktor)?

d) Ermitteln Sie in folgender Tabelle den jeweiligen Stundenlohn für drei Arbeiter mit unterschiedlichen Leistungen.
Max Üblich: 30 Stück/Std.; Sepp Oberflott: 32 Stück/Std.; Otto Flott: 31 Stück/Std.

Arbeiter	Stückzahl/Std.	Zeitakkordsatz	Minutenfaktor	Stundenlohn
Üblich Flott Oberflott				

8. Der Ecklohn eines bestimmten Zeitlohnarbeiters beträgt 8,60 EUR. Der Grundlohn (Mindestlohn) eines Akkordarbeiters für die Berechnung des Akkordrichtsatzes beträgt in derselben Lohngruppe 8,35 EUR. Der Akkordzuschlag beläuft sich auf 15 %.

   a) Ermitteln Sie den Akkordrichtsatz.
   b) Warum ist der Akkordrichtsatz höher als der Zeitlohn?
   c) Errechnen Sie den Minutenfaktor (60-Minuten-Stunde).

9. In einer Fabrik beträgt der Minutenfaktor in einer Lohngruppe 0,15 EUR (60-Minuten-Stunde). Für die Bearbeitung eines Werkstücks sind 12 Minuten vorgegeben. Ein Arbeiter bearbeitet im Durchschnitt 7 Stück pro Stunde.

   a) Wie hoch ist der Akkordrichtsatz?
   b) Wie viel Euro verdient der Arbeiter in der Stunde?
   c) Wie viel Euro erhielte der Arbeiter für ein bearbeitetes Werkstück gutgeschrieben, wenn die Lohnberechnung in der Form des Geldakkords erfolgen würde?

10. Berechnen Sie den Bruttolohn nach folgenden Angaben:
    Garantierter Mindestlohn 8,00 EUR; Akkordzuschlag 20 %; Vorgabezeit 5 Zeitminuten je Stück; gefertigte Stückzahl 2.000

11. In einem Fertigungsbereich soll die Entlohnung von Zeitlohn auf Stückzeitakkord umgestellt werden.

    a) Nennen Sie vier Voraussetzungen, die erfüllt sein müssen, damit eine Akkordentlohnung durchführbar ist.
    b) Welcher Zeitsatz müsste festgelegt werden, damit ein Arbeiter weiterhin einen durchschnittlichen Wochenverdienst von 405,00 EUR erhält? Dabei muss von folgenden Bedingungen ausgegangen werden:
       Grundlohn: 9,00 EUR/Std.; Akkordzuschlag: 20 %; durchschnittliche wöchentliche Leistung: 500 Stück

12. a) Nennen Sie die Arten der Erfolgsbeteiligung.
    b) Welche Vorteile ergeben sich aus der Erfolgsbeteiligung?
    c) Welche Probleme sind vor Einführung einer Erfolgsbeteiligung zu lösen?

5.10 Gehaltsabrechnung, -buchung und Lohnsteuer

5.10.1 Aktuelles – Sozialversicherung (Stand: Januar 2023)

Stofftelegramm

Sozialversicherung (Überblick) 2023

Abkürzungen: KV, RV, AV, UV, PV = Kranken-, Renten-, Arbeitslosen-, Unfall-, Pflegeversicherung; **AN** = Arbeitnehmer; **AG** = Arbeitgeber; **W** = West; **O** = Ost; **BBG** = Beitragsbemessungsgrenze, **Z** = Zusatzbeitrag

	KV	RV	AV	PV	UV
Träger	AOK, Innungs-, Betriebs-, Ersatzkrankenkassen	Deutsche Rentenversicherung	Bundesagentur für Arbeit	Pflegekassen bei den Krankenkassen	Berufsgenossenschaften
Versicherungspflicht	alle AN bis Versicherungspflichtgrenze **5.550,00 EUR mtl. (W + O)**	alle AN, Azubis	– wie RV –	Mitglieder der gesetzl./privaten Krankenkassen	alle Beschäftigten
BBG	Höhe: **4.987,50 EUR mtl. (W + O)**	**7.300,00 EUR mtl. (W)** **7.100,00 EUR mtl. (O)**	– wie RV –	– wie KV –	– entfällt –
Beiträge	bis BBG steigend, ab BBG konstant	– wie KV –	– wie KV/RV –	– wie KV –	nach Unfallgefahren
	AN: 7,3 % + Z · 0,5 AG: 7,3 % + Z · 0,5 Spezialfall: **520-Euro-Jobs**	AG und AN je $\frac{1}{2}$	AG und AN je $\frac{1}{2}$	AG und AN je $\frac{1}{2}$; Kinderlosenzuschlag 0,35 % zahlt AN allein	AG allein
Beitragssatz	14,6 % (allgemeiner Beitragssatz)	18,6 %	2,6 %	3,05 % (Kinderlosenzuschlag 0,35 %, nur AN ab 23 Jahren)	nach Unfallgefahren
LEISTUNGEN	• **Krankenhilfe:** Arzt-, Krankenhaus-, Arzneikosten; Krankengeld ab 7. Woche (70 % vom Bruttolohn); max. 90 % des Nettolohns • Vorsorgeuntersuchungen • Mutterschaftshilfe • Familienhilfe • Zuzahlung zu Arzneimitteln durch Versicherten	**Rentenzahlung:** • Rente wegen Alters • Rente wegen Berufs- oder Erwerbsunfähigkeit • Witwen- und Waisenrente **Rehabilitationsmaßnahmen**	• Arbeitslosengeld I • Kurzarbeitergeld • Winterausfallgeld • Insolvenzausfallgeld • KV-Beiträge Arbeitsloser • Berufsberatung • Arbeitsvermittlung • Umschulungen • Förderung Einstieg in Selbstständigkeit (Gründerzuschuss) • Ein-Euro-Jobs (= Zusatzjobs) vermitteln • Bewerbungstraining • berufliche Rehabilitation	• **Häusliche Pflege:** Sachleistung (Pflege durch Profis) bzw. Pflegegeld (bei Versorgung durch Angehörige) • **stationäre Pflege** • **Sonstige Leistungen:** Pflegehilfsmittel, technische Hilfen (z. B. Rollstühle), Zuschüsse zu notwendigen Umbauten, soziale Sicherung der Pflegepersonen • Leistungen je nach Pflegegrad	**Arbeitsunfallfolgen (auch Wegeunfälle):** • Krankenhilfe • Berufshilfe • Renten an Verletzte + Hinterbliebene **Unfallverhütung:** • Aufklärung • Belehrung • Überwachung

Hinweise zum Arbeitslosengeld I und Bürgergeld: Dauer der Zahlung

Arbeitslosengeld I
Dauer maximal: 12 Monate (ab 50 Jahre max. 15 Monate; ab 55 Jahre max. 18 Monate; ab 58 Jahre max. 24 Monate)

Bürgergeld (steuerfinanziert, keine Leistung der Arbeitslosenversicherung)
• Bürgergeld wird gezahlt, solange **Hilfebedürftigkeit** vorliegt und weitere Voraussetzungen, wie z. B. Erwerbsfähigkeit bzw. Altersgrenze, erfüllt sind. • laufende Überprüfung durch die Agenturen • i. d. R. nur für maximal sechs Monate bewilligt

5.10.2 Gehaltsabrechnung

Stofftelegramm

Neue Gehaltsabrechnungen ab 2023

Solidaritätszuschlag
- Fällt nur noch bei sehr hohen Einkommen an.

Kirchensteuer
- Baden-Württemberg und Bayern jeweils **8 %** der Lohn- bzw. Einkommensteuer
- restliche Länder jeweils **9 %**
- **s. u. „Annahmen"**

Rentenversicherung
- **Beitragssatz: 18,6 %** (Arbeitnehmeranteil 9,3 %)
- **Beitragsbemessungsgrenze: 7.300,00 EUR/87.600,00 EUR (W)**
  7.100,00 EUR/85.200,00 EUR (O)

Arbeitslosenversicherung
- **Beitragssatz: 2,6 %** (AN-Anteil 1,3 %)
- **Beitragsbemessungsgrenze:** wie bei der Rentenversicherung

Krankenversicherung

AG-Anteil	Allgemeiner Beitragssatz	AN-Anteil
7,3 % + Z · 0,5	14,6 %	7,3 % + Z · 0,5

- **Allgemeiner Beitragssatz: 14,6 %** des sozialversicherungspflichtigen Gehalts; kassenindividueller **Zusatzbeitrag (Z);**
  → AN-Anteil = 7,3 % + Z · 0,5; AG-Anteil = 7,3 % + Z · 0,5
- **Beitragsbemessungsgrenze: 4.987,50 EUR/59.850,00 EUR (W + O)**
- **Versicherungspflichtgrenze: 5.550,00 EUR/66.600,00 EUR (W + O)**

Pflegeversicherung
- **Beitragssatz: 3,05 %** des sozialversicherungspflichtigen Gehalts, AN und AG je 1,525 % (Kinderlose ab 23 Jahren zahlen Zuschlag von 0,35 Prozentpunkten ohne Arbeitgeberanteil); Sachsen: andere Beitragssätze
- **Bemessungsgrenzen:** wie bei der Krankenversicherung

Übungen zur Gehaltsabrechnung für Ost- und Westdeutschland in Euro:

Annahmen:
- Krankenversicherungssatz (inkl. Zusatzbeitrag): 15,6 %; alle Arbeitnehmer haben Kinder (also kein Kinderlosenzuschlag bei der Pflegeversicherung).
- Die Lohnsteuerbeträge wurden unterstellt; sie sind letztlich von der Lohnsteuerklasse abhängig.
- vermögenswirksames Sparen jeweils 40,00 EUR
- vermögenswirksame Leistung des Arbeitgebers jeweils 20,00 EUR
- Der **Solidaritätszuschlag** wird erst ab hohen Einkünften erhoben und wird hier nicht berücksichtigt.
- **Pflegeversicherungssatz** (Arbeitnehmeranteil): 1,525 %

	Fall 1	Fall 2	Fall 3	Fall 4
Bruttogehalt	2.500,00 EUR	3.000,00 EUR	5.000,00 EUR	7.800,00 EUR
Lohnsteuer (unterstellt)	250,00 EUR	400,00 EUR	800,00 EUR	2.000,00 EUR
Kirchensteuersatz	8 % (Ost 9 %)	8 % (Ost 9 %)	8 % (Ost 9 %)	8 % (Ost 9 %)
Vorschussverrechnung	–	–	500,00 EUR	–

Aufgabe: Erstellen Sie die Gehaltsabrechnungen jeweils für die alten und neuen Bundesländer.
Hinweis: Nur in Baden-Württemberg und Bayern beträgt der Kirchensteuersatz 8 %, ansonsten bundesweit 9 %.

Abkürzungen: vL-AG= vermögenswirksame Leistung des Arbeitgebers
KiSt. = Kirchensteuer
RV, KV, PV, AV = Renten-, Kranken-, Pflege-, Arbeitslosenversicherung
vS= vermögenswirksames Sparen
st + sv Gehalt = steuer- und sozialversicherungspflichtiges Gehalt

Fall 1	West (in Euro)	Ost (in Euro)
Bruttogehalt	....	....
+ vL-AG	....	....
= st + sv Gehalt	....	....
– Lohnsteuer	....	....
– KiSt.	....	....
– KV	....	....
– RV	....	....
– AV	....	....
– PV	....	....
= Nettogehalt	....	....
– vS	....	....
= Überweisungsbetrag	....	....

Fall 2	West (in Euro)	Ost (in Euro)
Bruttogehalt	....	....
+ vl-AG	....	....
= st + sv Gehalt	....	....
– Lohnsteuer	....	....
– KiSt.	....	....
– KV	....	....
– RV	....	....
– AV	....	....
– PV	....	....
= Nettogehalt	....	....
– vS	....	....
= Überweisungsbetrag	....	....

Fall 3	West (in Euro)	Ost (in Euro)
Bruttogehalt	....	....
vL-AG	....	....
= st + sv Gehalt	....	....
– Lohnsteuer	....	....
– KiSt.	....	....
– KV	....	....
– RV	....	....
– AV	....	....
– PV	....	....
= Nettogehalt	....	....
– vS	....	....
– Vorschuss	....	....
= Überweisungsbetrag	....	....

Fall 4	West (in Euro)	Ost (in Euro)
Bruttogehalt	....	....
+ vl-AG	....	....
= st + sv Gehalt	....	....
– Lohnsteuer	....	....
– KiSt.	....	....
– KV	....	....
– RV	....	....
– AV	....	....
– PV	....	....
= Nettogehalt	....	....
– vS	....	....
= Überweisungsbetrag	....	....

5.10.3 Gehaltsbuchungen

Stofftelegramm

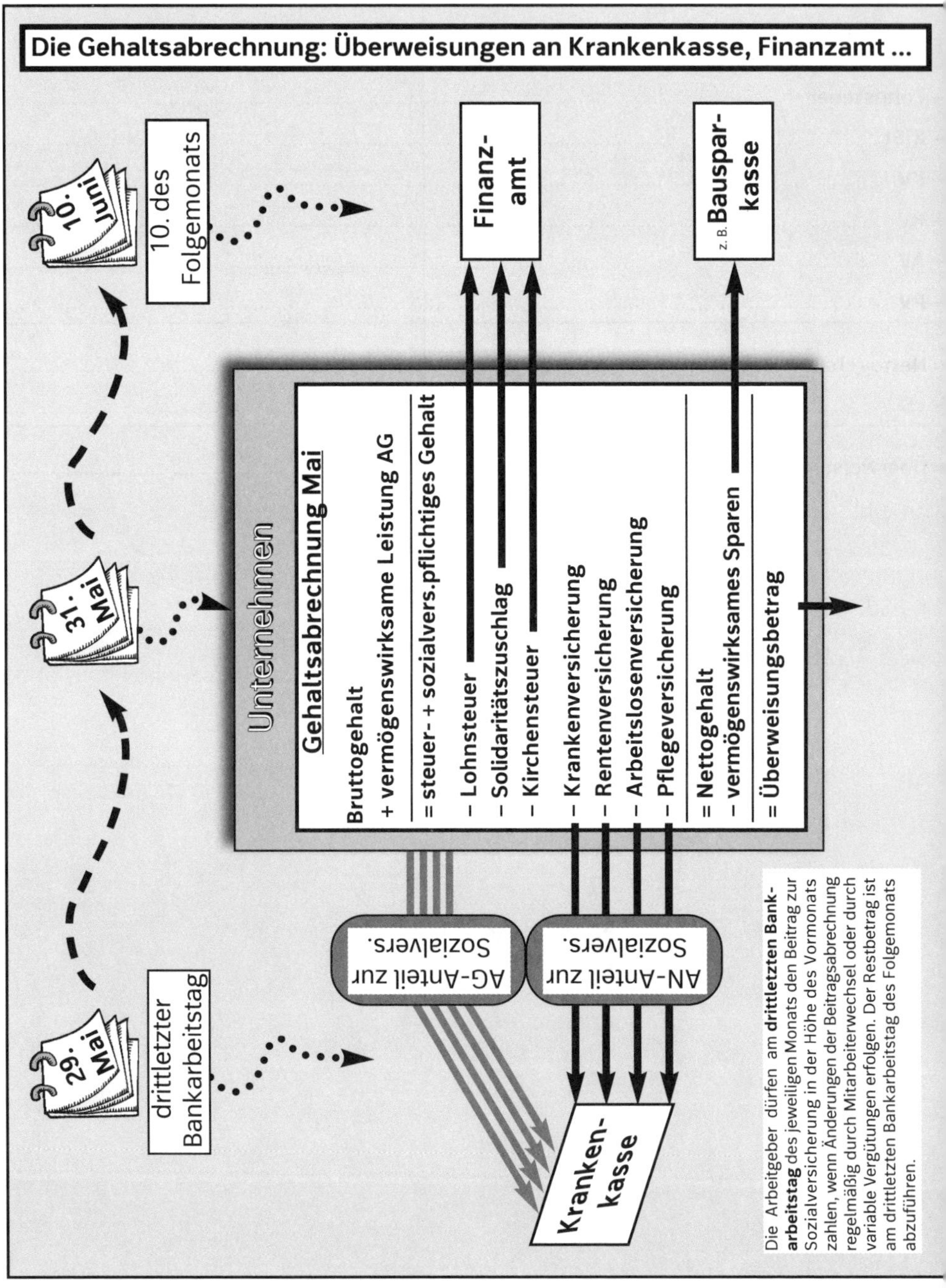

Buchungen

1. Buchung der Abführung der Sozialversicherungsbeiträge am drittletzten Bankarbeitstag des Monats:

SV-Vorauszahlung **an** Bank

2. Buchung der Gehaltsabrechnung am 31. (Gehaltszahlung)

Gehaltsabrechnung (Fall 1)	West (in Euro)	Buchung
Bruttogehalt	**2.500,00**	
+ vL-AG	20,00	
= st + sv Gehalt	2.520,00	**Gehälter**
– Lohnsteuer	250,00	**an Sonst. Verb. geg. FA**
– SolZ (entfällt seit 2021)	–	**an Sonst. Verb. geg. FA**
– KiSt. (8,0 % v. 250,00)	20,00	**an Sonst. Verb. geg. FA**
– KV (7,8 % v. 2.520,00)	196,56	**an SV-Vorauszahlung**
– RV (9,3 % v. 2.520,00)	234,36	**an SV-Vorauszahlung**
– AV (1,3 % v. 2.520,00)	32,76	**an SV-Vorauszahlung**
– PV (1,525 % v. 2.520,00)	38,43	**an SV-Vorauszahlung**
= Nettogehalt	1.747,89	
– vS	40,00	**an Verb. a. vL**
= Überweisungsbetrag	**1.707,89**	**an Bank**

3. Buchung des Arbeitgeberanteils zur Sozialversicherung am 31.:

Arbeitgeberanteil zur Sozialversicherung **an** Sozialversicherungsvorauszahlung

4. Buchung der Abführung der Lohn- und Kirchensteuer sowie des Solidaritätszuschlags am 10. des Folgemonats:

Sonstige Verbindlichkeiten gegenüber Finanzamt **an** Bank

Gehaltsbuchungen für Januar (obiges Beispiel)

1. Buchung der Abführung der Sozialversicherungsbeiträge (29.01.)

2. Buchung der Gehaltsabrechnung (Gehaltszahlung) am 31.01.

3. Buchung des Arbeitgeberanteils zur Sozialversicherung am 31.01.

4. Buchung der Abführung der LoSt., KiSt. und des Soli. (10.01.)

6300 Gehälter

Soll	Haben
2. 2.520,00	

4830 Sonst. Verb. geg. Finanzbehörden

Soll	Haben
4. 270,00	2. 270,00

2800 Bank

Soll	Haben
	1. 1.004,22
	2. 1.747,89
	4. 310,00

2640 SV-Beitragsvorauszahlung

Soll	Haben
1. 1.004,22	2. 502,11
	3. 502,11
1.004,22	1.004,22

↓

4860 Verbindl. a. vL

Soll	Haben
4. 40,00	2. 40,00

6400 AG-Anteil zur Sozialversicherung

Soll	Haben
3. 502,11	

Buchungssätze

	Soll		Haben	
1.	2640 SV-Beitragsvorauszahlung	1.004,22	2800 Bank	1.004,22
2.	6300 Gehälter	2.520,00	4830 Sonst. Verb. geg. Fin.	270,00
			2640 SV-Beitragsvorauszahlung	502,11
			4860 Verbindl. a. vL	40,00
			2800 Bank	1.747,89
3.	6400 AG-Anteil zur SV	1.004,22	2640 SV-Beitragsvorauszahlung	1.004,22
4.	4830 Sonst. Verb. geg. Fin.	270,00	2800 Bank	310,00
	4860 Verbindl. a. vL	40,00		

5.10.4 Lohnsteuer

Stofftelegramm

Lohnsteuerklassen:

I	II	III	IV	V	VI
ledig	ledig mit Kind/ Kindern	verheiratet und Ehegatte ist in Lohnsteuerklasse V oder ohne Arbeit	verheiratet und beide sind in Lohnsteuerklasse IV	verheiratet und Ehegatte ist in Lohnsteuerklasse III	ab dem zweiten Arbeitsverhältnis wird für dieses die Lohnsteuerklasse VI genommen

Verheiratete haben grundsätzlich die Wahl, welche Kombination der Lohnsteuerklassen für sie die optimale ist (III + V, IV + IV). Es gibt auch die Möglichkeit, die Lohnsteuerklassen IV mit Faktorverfahren zu wählen. Dabei wird die Lohnsteuer prozentual im Verhältnis der Einkommen zueinander erhoben.

Lohnsteuer berechnen:

Die monatliche Lohnsteuerzahlung stellt eine Vorauszahlung auf die jährliche Einkommensteuer dar. Für die Berechnung der jährlichen Einkommensteuer findet der § 32a Einkommensteuergesetz (EStG) Anwendung.

Die monatliche Lohnsteuer lässt sich mithilfe diverser Softwarelösungen (z. B. unter www.bmf-steuerrechner.de) errechnen oder anhand einer Lohnsteuertabelle[1] (Stollfußtabelle s. u.) ablesen. Zunächst wird das steuer- und sozialversicherungspflichtige Gehalt ermittelt (Bruttolohn plus steuerpflichtige Zulagen wie vermögenswirksame Leistungen oder Fahrtkostenzuschuss).

Die für den Arbeitnehmer steuerlich relevanten Daten müssen vorliegen:
- Lohnsteuerklasse
- Kinderfreibeträge (bei Geschiedenen z. B. 0,5 Kinder möglich)
- Kirchensteuerpflicht

Beispiel: *Ein verheirateter Arbeitnehmer (Lohnsteuerklasse IV) mit einem Kinderfreibetrag verdient 2.300,00 EUR brutto. Er ist wohnhaft in Biberach und in der evangelischen Landeskirche Baden-Württemberg.*

1. Bei 2.300,00 EUR Einkommen geht man in die Spalte Lohn/Gehalt und dann in die Zeile 2.300,99 EUR (Bitte beachten: steht bei Lohn/Gehalt bis €* oder ab €*).
2. Lesen Sie die Lohnsteuer (LSt.) bei Lohnsteuerklasse IV mit Kinderfreibeträgen ab. → 223,16 EUR
3. Wählen Sie die Spalte mit einem Kinderfreibetrag.
4. Lesen Sie bei Lohnsteuerklasse IV den Solidaritätszuschlag und die Kirchensteuer ab. → SolZ = 0,00 EUR, KiSt. (8 %) = 10,60 EUR

[1] *Prüfungsrelevant, siehe auch Prüfungsaufgaben.*

Abzüge an Lohnsteuer, Solidaritätszuschlag (SolZ) und Kirchensteuer (8%, 9%) in den Steuerklassen

Lohn/ Gehalt	I – VI					I, II, III, IV		mit Zahl der Kinderfreibeträge . . . 0,5			1			1,5			2			2,5			3		
bis €*		LSt	ohne Kinderfreibeträge SolZ	8%	9%		LSt	SolZ	8%	9%	SolZ	8%	9%	SolZ	8%	9%	SolZ	8%	9%	SolZ	8%	9%	SolZ	8%	9%
2 297,99	I,IV	222,50	—	17,80	20,02	I	222,50	—	10,55	11,87	—	3,92	4,41	—	—	—	—	—	—	—	—	—	—	—	—
	II	135,83	—	10,86	12,22	II	135,83	—	4,18	4,70	—	—	—	—	—	—	—	—	—	—	—	—	—	—	—
	III	16,—	—	1,28	1,44	III	16,—	—	—	—	—	—	—	—	—	—	—	—	—	—	—	—	—	—	—
	V	485,66	—	38,85	43,70	IV	222,50	—	14,11	15,87	—	10,55	11,87	—	7,11	8,—	—	3,92	4,41	—	1,30	1,46	—	—	—
	VI	516,83	—	41,34	46,51																				
2 300,99	I,IV	223,16	—	17,85	20,08	I	223,16	—	10,60	11,92	—	3,96	4,45	—	—	—	—	—	—	—	—	—	—	—	—
	II	136,41	—	10,91	12,27	II	136,41	—	4,22	4,74	—	—	—	—	—	—	—	—	—	—	—	—	—	—	—
	III	16,33	—	1,30	1,46	III	16,33	—	—	—	—	—	—	—	—	—	—	—	—	—	—	—	—	—	—
	V	486,33	—	38,90	43,76	IV	223,16	—	14,16	15,93	—	10,60	11,92	—	7,16	8,05	—	3,96	4,45	—	1,34	1,50	—	—	—
	VI	517,66	—	41,41	46,58																				
2 303,99	I,IV	223,83	—	17,90	20,14	I	223,83	—	10,65	11,98	—	4,—	4,50	—	—	—	—	—	—	—	—	—	—	—	—
	II	137,—	—	10,96	12,33	II	137,—	—	4,26	4,79	—	—	—	—	—	—	—	—	—	—	—	—	—	—	—
	III	16,83	—	1,34	1,51	III	16,83	—	—	—	—	—	—	—	—	—	—	—	—	—	—	—	—	—	—
	V	487,33	—	38,98	43,85	IV	223,83	—	14,22	15,99	—	10,65	11,98	—	7,20	8,10	—	4,—	4,50	—	1,37	1,54	—	—	—
	VI	518,66	—	41,49	46,67																				
2 306,99	I,IV	224,50	—	17,96	20,20	I	224,50	—	10,70	12,03	—	4,04	4,55	—	—	—	—	—	—	—	—	—	—	—	—
	II	137,66	—	11,01	12,38	II	137,66	—	4,30	4,84	—	—	—	—	—	—	—	—	—	—	—	—	—	—	—
	III	17,16	—	1,37	1,54	III	17,16	—	—	—	—	—	—	—	—	—	—	—	—	—	—	—	—	—	—
	V	488,16	—	39,05	43,93	IV	224,50	—	14,27	16,05	—	10,70	12,03	—	7,25	8,15	—	4,04	4,55	—	1,40	1,58	—	—	—
	VI	519,50	—	41,56	46,75																				

Quelle: Stollfuß Tabellen, Gesamtabzug 2022, Monat, Allgemeine Tabelle, 113. Auflage, Stollfuß Medien, Bonn 2022, S. T 33

Aufgaben

1. Der Angestellte Franz Schwender erhält 800,00 EUR Vorschuss. Buchung?

2.

Bruttogehalt	4.250,00 EUR
+ vermögenswirksame Leistung des Arbeitgebers	39,00 EUR
= steuer- und sozialversicherungspflichtiges Gehalt	4.289,00 EUR
– Lohnsteuer	999,75 EUR
– Kirchensteuer	74,40 EUR
– Beiträge zur Sozialversicherung: Renten-, Kranken-, Arbeitslosen-, Pflegeversicherung	870,00 EUR
– vermögenswirksames Sparen (Sparrate)	78,00 EUR
– Vorschussverrechnung	800,00 EUR
= Nettogehalt (Auszahlung)	1.466,85 EUR

   a) Buchen Sie die Abführung der Sozialversicherungsbeiträge am drittletzten Bankarbeitstag. Gesamter Sozialversicherungsbeitrag: 1.701,40 EUR
   b) Buchen Sie die Gehaltsauszahlung (Banküberweisung).
   c) Buchen Sie den Arbeitgeberanteil zur Sozialversicherung (831,40 EUR).
   d) Buchen Sie die Überweisung der restlichen abzuführenden Abgaben am 10. des Folgemonats.

3.

Bruttogehalt	3.900,00 EUR	Vorschussverrechnung	500,00 EUR
LSt., KiSt.	800,00 EUR	Sparrate	78,00 EUR
Sozialvers.anteil	790,00 EUR	vL AG	39,00 EUR

   a) Erstellen Sie die Gehaltsabrechnung.
   b) Buchen Sie die Abführung der Sozialversicherungsbeiträge am drittletzten Bankarbeitstag. Gesamter Sozialversicherungsbeitrag: 1.564,90 EUR
   c) Buchen Sie die Gehaltszahlung (Banküberweisung).
   d) Buchen Sie den Arbeitgeberanteil zur Sozialversicherung (764,90 EUR).
   e) Buchen Sie die Überweisung der restlichen abzuführenden Abgaben am 10. des Folgemonats.

4. Lohnzahlung durch Banküberweisung (in Euro):

Bruttolohn		86.340,00
Lohn-, Kirchensteuer		13.250,00
Sozialversicherungsanteil d. Arbeitnehmers		14.720,00
Vermögenswirksame Anlage		1.404,00
Abzüge für ein Arbeitgeberdarlehen		
• Tilgung	2.000,00	
• Zinsen	780,00	2.780,00
Auszahlungsbetrag		54.186,00

Arbeitgeberanteil zur Sozialversicherung: 13.942,94 EUR
Buchungen?

5. An wen müssen die noch abzuführenden Abgaben abgeführt werden?

6. Bei welcher Einkunftsart wird Lohnsteuer verrechnet?

7. Warum ist die Lohnsteuer ein durchlaufender Posten?

8. Ermitteln Sie das Nettogehalt des Angestellten Schnotterle (in Euro):

Bruttogehalt	4.000,00	vL AG	25 %
Vorschussverrechnung	500,00	Sozialversicherung (Arbeitnehmer)	800,00
Verm.wirks. Sparen	78,00	Lohn- und Kirchensteuer	600,00

5.11 Prüfungsaufgaben

Prüfungsaufgaben Sommer 2015 (Aufgabe 2, teilweise)

Die MobilTec AG ist ein mittelständisches Unternehmen mit 1.725 Beschäftigten in Stuttgart. Seit 30 Jahren werden Produkte für den Telekommunikationsmarkt hergestellt. Die Produktpalette umfasst Telefaxgeräte, Festnetztelefone und Standard-Handys. Zudem wurde ein Smartphone entwickelt, das sich aber auf dem deutschen Markt noch nicht durchsetzen konnte. Des Weiteren produziert das Unternehmen Tablet-PCs für den Discounthandel. Der Jahresumsatz der MobilTec AG beträgt 1.250 Mio. EUR. Der Vertrieb erfolgt über den Großhandel, der von Handelsvertretern der MobilTec AG besucht wird.

Neueste Entwicklung der MobilTec AG ist eine Uhr, die neben Puls und Blutdruck auch weitere komplexe Vorgänge im Körper messen und speichern kann. Die „Mobil Fit Clock" funktioniert unabhängig, kann aber mit jedem modernen Smartphone und Tablet-PC verbunden werden. Auf der Funkausstellung in Berlin wurde die Innovation begeistert aufgenommen.

Sie sind in der Marketing-Abteilung der MobilTec AG als Sachbearbeiter eingesetzt. Die Abteilung ist derzeit personell unterbesetzt.

2.2 Die MobilTec AG erwägt, für den Vertrieb der neuen „Mobil Fit Clock" Reisende anstatt Handelsvertreter einzustellen. Sie bereiten die Entscheidung über diesen Vertriebsweg vor.

Stellen Sie die wesentlichen Unterschiede zwischen Reisenden und Handelsvertretern in einer Tabelle anhand von vier Kriterien gegenüber. Als Entscheidungshilfe stellen Sie tabellarisch die jährlichen Gesamtkosten für Reisende und Handelsvertreter für die Netto-Jahresumsätze von 1 Mio. EUR bis 10 Mio. EUR dar (Teilschritte: 1 Mio. EUR). Die notwendigen Informationen finden Sie nachfolgend. Erstellen Sie eine Grafik mit den Kostenverläufen beider Vertriebswege. Treffen Sie auf der Grundlage dieser Grafik eine Entscheidung.

Auszug Bericht Außendienst

Laut einer Marktprognose des Marktforschungsinstitutes Kremer ist durch die neue „Mobil Fit Clock" mit einer Umsatzsteigerung von derzeit 3 Mio. EUR pro Jahr zu rechnen. Das Fixum eines Reisenden beträgt 3.000,00 EUR je Monat, die Provision des Reisenden 3 % vom Umsatz, die Provision des Handelsvertreters beträgt 4 % vom Umsatz. Für einen Reisenden fallen außerdem feste monatliche Nebenkosten in Höhe von 800,00 EUR an.

2.3 Die Marketing-Abteilung möchte die neu geschaffene Stelle „Reisender (m/w) für die Region Süd-Württemberg" besetzen.

- Entscheiden Sie, ob die Stelle auf internem oder externem Wege besetzt werden soll, und notieren Sie für die Personalanforderung drei Argumente für Ihre Entscheidung.
- Formulieren Sie für die Stellenbeschreibung vier typische Aufgaben des Reisenden und vier Anforderungen, die der Stelleninhaber erfüllen sollte.

Für die neu zu besetzende Stelle sind vier Bewerbungen bei der MobilTec AG eingegangen (**Anlage 3**). Die Vorauswahl der Bewerber wird von der Marketingabteilung vorgenommen. Unterbreiten Sie einen ausführlich begründeten Vorschlag, welche zwei Bewerberinnen/Bewerber zu einem Vorstellungsgespräch eingeladen werden sollen. Beziehen Sie dazu die oben entwickelten Anforderungen an den Stelleninhaber ein.

Anlage 3: Lebensläufe

Name:	Michael Karle
Geburtsdatum:	24.03.1987
Konfession:	Evangelisch
Geburtsort:	Tübingen
Familienstand:	Ledig
Schulbildung:	1993 bis 1997 Grundschule 1997 bis 2003 Hauptschule 2003 bis 2005 Berufsfachschule für Wirtschaft (Abschluss mit Notendurchschnitt 1,9)
Berufsausbildung:	2005 bis 2008 Ausbildung zum Einzelhandelskaufmann bei der Sport Hermle GmbH in Balingen
Berufstätigkeit:	Seit 2008 Einzelhandelskaufmann bei der Sport Hermle GmbH
Hobbys:	Fußballtrainer der C-Jugend des SV Derendingen Schwimmen Computer

Name:	Laura Hermann
Geburtsdatum:	04.07.1983
Geburtsort:	Dortmund
Familienstand:	Verheiratet
Schulbildung:	1989 bis 1993 Grundschule 1993 bis 1999 Realschule (Abschluss mit Notendurschnitt 1,5)
Berufsausbildung:	1999 bis 2002 Ausbildung zur Kauffrau im Groß- und Außenhandel Ausbildungsbetrieb: Lehr Computer GmbH, Köln
Berufspraxis:	2002 bis 2004 Lehr Computer GmbH 2004 bis heute Kehnrat Electronics GmbH in München als Handlungsreisende
Zusatzbildung:	Verkaufsförderungsschulung der IHK München Rhetorik-Kurs der VHS München
Hobbys:	Reiten

Name:	Marie Müller
Geburtsdatum:	04.08.1983
Geburtsort:	Freiburg
Familienstand:	Verheiratet
Schulbildung:	1989 bis 1994 Grundschule 1994 bis 2001 Realschule (Abschluss mit Notendurschnitt 2,0)
Berufsausbildung:	2001 bis 2004 Ausbildung zur Industriekauffrau bei der Computer Kling OHG, Emmendingen
Berufstätigkeit:	Seit 2004 bei der PC-Sales GmbH in Stuttgart
Zusatzbildung:	EDV-Kurse I, II und III der VHS Stuttgart
Hobbys:	Ski fahren Lesen

Name:	Werner Schuller
Geburtsdatum:	08.10.1961
Geburtsort:	Wendungen
Familienstand:	Verheiratet
Schulbildung:	1967 bis 1971 Grundschule 1971 bis 1977 Realschule
Berufsausbildung:	1977 bis 1980 Ausbildung zum Bankkaufmann Ausbildungsbetrieb: Sparbank Wendungen e. G.
Berufstätigkeit:	1980 bis 1985 Kreditsachbearbeiter der Sparbank Wendungen 1985 bis 1993 Privatkundenbereich der Kreditbank Stuttgart AG 1994 bis heute Bezirksleiter der Schwäbischen Vermögens-Consulting GmbH
Zusatzbildung:	MS-Office Paket
Hobbys:	Sportschießen im SV Wendungen (1. Vorstand)

Prüfungsaufgaben Winter 2015/2016 (Aufgabe 2, verändert)

Die Malt AG aus Stuttgart ist Anbieter von explosionsgeschützten Schaltgeräten, Tastern, Leuchten, Steuerungen und Komplettsystemen. Die Produkte gewähren einen Zündschutz für Geräte in gas- und staubexplosionsgefährdeten Bereichen. Dies erfolgt in der Regel durch ein Gehäuse oder in Form einer Verkapselung der potenziellen Zündquelle, wie sie z. B. ein Motor darstellt. Zu den Kunden zählen neben klassischen Industriebetrieben auch Unternehmen aus der Öl- und Gasindustrie. Die Produktpalette umfasst standardisierte Katalogware, die unter starkem Konkurrenzdruck steht. Bei einer wachsenden Anzahl von Aufträgen handelt es sich jedoch um kundenspezifische Lösungen. Da fehlerhafte Produkte verheerende gesundheitliche, ökologische und ökonomische Auswirkungen haben können, ist die Qualität der Produkte von absoluter Bedeutung.

Sie sind seit zwei Jahren Mitarbeiter/Mitarbeiterin in der Personalabteilung.

2.1 Für das Jahr 2016 wird global mit einem Umsatzwachstum von 5 % gerechnet. Sie werden daher gebeten, den Soll-Personalbestand entsprechend anzupassen und den Netto-Personalbedarf für 2016 zu ermitteln. Die notwendigen Daten entnehmen Sie der **Anlage 1**.

2.2 Um die Produktivität bei der Herstellung der Katalogware zu steigern, soll diskutiert werden, die Entlohnung der Produktionsmitarbeiter der standardisierten Katalogware von Stundenlohnbasis auf Akkordentlohnung umzustellen.

2.2.1 Sie stellen zur Vorbereitung je zwei Vorteile der beiden Entlohnungsarten gegenüber. Schlagen Sie eine begründete Entscheidung vor.

2.2.2 Zur rechnerischen Bestimmung einer möglichen Akkordentlohnung berechnen Sie den Akkordrichtsatz und den Minutenfaktor. Der Grundlohn entspricht 18,00 EUR bei einem Akkordzuschlag von 30 %.

2.3 Zur intensiveren Kundenbetreuung sucht das Unternehmen einen zusätzlichen erfahrenen Vertriebsmitarbeiter. Es stellt sich die Frage, ob die Stelle intern oder extern besetzt werden soll. Erläutern Sie drei Argumente, die für eine externe Besetzung sprechen.

2.4 Die Malt AG hat sich für den internen Bewerber Sebastian Alber entschieden. Sie führen die Gehaltseinstufung der neuen Stelle mittels summarischer Arbeitsbewertung durch (**Anlage 2–4**). Begründen Sie Ihre Entscheidung. Notieren Sie zusätzlich je einen Vor- und Nachteil der summarischen Arbeitsbewertung im Vergleich zu analytischen Verfahren.

2.5 Aktuell werden im Unternehmen die Stellenbeschreibungen überarbeitet. Eine Stellenbeschreibung für die neue Teamleitung existiert noch nicht. Ergänzen Sie auf der Grundlage der Stellenbeschreibung Nr. 78 (**Anlage 2**) jeweils drei zusätzlich erforderliche Aufgaben und Anforderungen einer Teamleiterin/eines Teamleiters im Vertrieb.

2.6 Seit dem vergangenen Monat arbeitet die Malt AG mit einer neuen Version der integrierten Unternehmenssoftware „HR-Calx". Sie prüfen deren Ergebnisse, indem Sie die Gehaltsabrechnung für die Teamleiterin Susanne Groß im Monat Oktober nachrechnen. Verwenden Sie dazu die **Anlage 7**. Notieren Sie anschließend alle bei dieser Gehaltsabrechnung anfallenden Buchungen (**Anlage 5–7**).

Anlage 1: Personalbedarfsrechnung

Personaldaten 2016	Anzahl Stellen
Soll-Personalbestand (Januar 2015)	120
Ist-Personalbestand (November 2015)	118
Soll-Personalbestand (Januar 2016)	?
Ruhestandsfälle	8
durchschnittliche Fluktuation	7
Rückkehr aus dem Erziehungsurlaub	3
Übernahme von Auszubildenden	8
Netto-Personalbedarf 2016	**?**

Anlage 2: Stellenbeschreibung

Malt AG	**Stellenbeschreibung**	**Nr. 78** **Erstellt am:** 21.02.14

1. **Bezeichnung der Stelle:** Mitarbeiter Vertrieb operative Marktbearbeitung

2. **Organisatorische Einordnung der Stelle:**

2.1 **Übergeordnete Stelle:** Teamleiter Vertrieb **Untergeordnete Stellen: – –**

2.2 **Stellvertretung:**
Der Stelleninhaber wird vertreten durch: gem. separater Vertretungsübersicht
Der Stelleninhaber vertritt: gem. separater Vertretungsübersicht

3. **Ziele der Stelle:** Absicherung des bestehenden Geschäftes sowie Gewinnung weiterer Marktanteile und Mitarbeit bei der operativen Planung

4. **Aufgaben:**
   - kaufmännische und logistische Abwicklung der Kundenaufträge
   - Abklärung offener Kundenanforderungen hinsichtlich technischer und kaufmännischer Aspekte
   - aktive Bearbeitung von Kundenprojekten einschließlich Angebotskalkulation
   - enge Zusammenarbeit mit dem Vertriebsaußendienst
   - Marktanalyse zur Gewinnung potenzieller neuer Kunden
   - laufende Beobachtung und Erfolgskontrolle der realisierten Kundenaufträge inkl. Erstellen von Statistiken und Präsentationen für die Vertriebsleitung

5. **Anforderungen an den Stelleninhaber:**
Vorbildung: Mittlere Reife bzw. höherwertiger Schulabschluss, kaufm. Ausbildung (in Industrie, Büro oder Großhandel)
Kenntnisse: technisches Verständnis, idealerweise Kenntnisse in der Serienproduktion von elektrischen Baugruppen, mehrjährige einschlägige Berufserfahrung, gute Englischkenntnisse in Wort und Schrift
Eigenschaften: Kontaktfreudigkeit, sicheres Auftreten, Selbstständigkeit, Durchsetzungsfähigkeit, Gewissenhaftigkeit, Teamfähigkeit

Anlage 3: Auszug aus dem Haustarifvertrag/Entgeltgruppenkatalog

Entgeltgruppe E4:
Arbeitnehmer, die Tätigkeiten verrichten, für die Kenntnisse und Fertigkeiten erforderlich sind, die durch eine abgeschlossene zweijährige Berufsausbildung erworben worden sind und in der Regel nach eingehenden Anweisungen ausgeführt werden.
Beispiel: Vorbereiten und Durchführen von einfachen Routineabläufen

Entgeltgruppe E5:
Arbeitnehmer, die Tätigkeiten verrichten, die über die Anforderungsmerkmale der Gruppe E4 hinausgehen, erweiterte Kenntnisse und Fertigkeiten voraussetzen und in der Regel nach allgemeinen Anweisungen ausgeführt werden.
Beispiel: Anwendung von Standardsoftware z. B. für Textverarbeitung und Tabellenkalkulation

Entgeltgruppe E6:
Arbeitnehmer, die Tätigkeiten verrichten, für die Kenntnisse und Fertigkeiten erforderlich sind, die durch eine abgeschlossene mindestens dreijährige Berufsausbildung in einem nach dem Berufsbildungsgesetz anerkannten oder gleichgestellten Ausbildungsberuf erworben worden sind.
Beispiel: Assistenz- und Sekretariatstätigkeiten, kaufmännische Sachbearbeitung

Entgeltgruppe E7:
Arbeitnehmer, die Tätigkeiten verrichten, die über die Anforderungsmerkmale der Gruppe E6 hinaus erweiterte Kenntnisse und Fertigkeiten voraussetzen und in der Regel nach allgemeinen Anweisungen ausgeführt werden.
Beispiel: Assistenz- und Sekretariatstätigkeiten gehobenen Schwierigkeitsgrads, kaufmännische Sachbearbeitung gehobenen Schwierigkeitsgrads, teilweise mit Personalverantwortung

Entgeltgruppe E8:
Arbeitnehmer, die regelmäßig schwierige Spezialtätigkeiten verrichten, die über die Anforderungsmerkmale der Gruppe E7 hinaus qualifizierte, durch eine zusätzliche planmäßige betriebliche Spezialausbildung erworbene Kenntnisse und Fertigkeiten erfordern und selbstständig ausgeführt werden.
Beispiel: Assistenz- und Sekretariatstätigkeiten hohen Schwierigkeitsgrads, kaufmännische Sachbearbeitung hohen Schwierigkeitsgrads, teilweise mit Personalverantwortung

Anlage 4: Entgelttabelle gem. Haustarifvertrag über Entgeltsätze

Entgeltgruppe	Bruttoentgelt in Euro/Monat
E4	2.725,00
E5	2.819,00
E6	2.908,00
E7	3.019,00
E8	3.128,00

Anlage 5: Gesetzliche Sozialversicherung

	KV	PV	RV	AV
Träger	Krankenkassen	Pflegekassen (KK)	Deutsche Renten-versicherung	Bundesagentur für Arbeit
Beitragsbe-messungs-grenze (Monat)	4.687,50 EUR	4.687,50 EUR	6.900,00 EUR Alte Bundesländer	6.900,00 EUR Alte Bundesländer
Beitragssatz	14,6 % Allgemeiner Beitragssatz Zusatzbeitrag der Krankenkasse: 1,0 %	3,05 % Kinderlosenzu-schlag ab 23. Lebensjahr: 0,25 %	18,6 %	2,4 %

Anlage 6: Auszug Lohnsteuertabelle[1]

Lohn/ Gehalt bis €*	Abzüge an Lohnsteuer, Solidaritätszuschlag (SolZ) und Kirchensteuer (8%, 9%) in den Steuerklassen																								
	I – VI					I, II, III, IV																			
			ohne Kinderfreibeträge					mit Zahl der Kinderfreibeträge . . .																	
								0,5			1			1,5			2			2,5			3**		
		LSt	SolZ	8%	9%		LSt	SolZ	8%	9%	SolZ	8%	9%	SolZ	8%	9%	SolZ	8%	9%	SolZ	8%	9%	SolZ	8%	9%
5 012,99	I,IV	1 107,66	60,92	88,61	99,68	I	1 107,66	54,42	79,16	89,06	48,18	70,09	78,85	42,20	61,39	69,06	36,48	53,06	59,69	31,01	45,11	50,75	25,80	37,53	42,22
	II	1 063,08	58,46	85,04	95,67	II	1 063,08	52,06	75,73	85,19	45,92	66,80	75,15	40,04	58,24	65,52	34,41	50,05	56,30	29,04	42,24	47,52	23,92	34,80	39,15
	III	703,83	38,71	56,30	63,34	III	703,83	34,02	49,49	55,67	29,48	42,88	48,24	25,06	36,45	41,—	20,76	30,20	33,97	16,60	24,14	27,16	12,56	18,28	20,56
	V	1 527,33	84,—	122,18	137,45	IV	1 107,66	57,64	83,84	94,32	54,42	79,16	89,06	51,27	74,58	83,90	48,18	70,09	78,85	45,16	65,69	73,90	42,20	61,39	69,06
	VI	1 563,58	85,99	125,08	140,72																				
5 015,99	I,IV	1 108,91	60,99	88,71	99,80	I	1 108,91	54,48	79,25	89,15	48,24	70,18	78,95	42,26	61,47	69,15	36,53	53,14	59,78	31,06	45,18	50,83	25,85	37,60	42,30
	II	1 064,25	58,53	85,14	95,78	II	1 064,25	52,13	75,82	85,30	45,98	66,88	75,24	40,09	58,32	65,61	34,46	50,12	56,39	29,09	42,31	47,60	23,97	34,87	39,23
	III	704,66	38,75	56,37	63,41	III	704,66	34,07	49,56	55,75	29,52	42,94	48,31	25,09	36,50	41,06	20,80	30,26	34,04	16,63	24,20	27,22	12,60	18,33	20,62
	V	1 528,50	84,06	122,28	137,56	IV	1 108,91	57,70	83,93	94,42	54,48	79,25	89,15	51,33	74,67	84,—	48,24	70,18	78,95	45,22	65,78	74,—	42,26	61,47	69,15
	VI	1 564,83	86,06	125,18	140,83																				
5 018,99	I,IV	1 110,08	61,05	88,80	99,90	I	1 110,08	54,55	79,34	89,26	48,30	70,26	79,04	42,31	61,55	69,24	36,58	53,22	59,87	31,11	45,26	50,91	25,90	37,68	42,39
	II	1 065,33	58,59	85,22	95,87	II	1 065,33	52,19	75,91	85,40	46,03	66,96	75,33	40,15	58,40	65,70	34,51	50,20	56,48	29,14	42,38	47,68	24,02	34,94	39,30
	III	705,50	38,80	56,44	63,49	III	705,50	34,11	49,62	55,82	29,56	43,—	48,37	25,14	36,57	41,14	20,84	30,32	34,11	16,68	24,26	27,29	12,64	18,38	20,68
	V	1 529,75	84,13	122,38	137,67	IV	1 110,08	57,76	84,02	94,52	54,55	79,34	89,26	51,39	74,76	84,10	48,30	70,26	79,04	45,27	65,86	74,09	42,31	61,55	69,24
	VI	1 566,—	86,13	125,28	140,94																				
5 021,99	I,IV	1 111,25	61,11	88,90	100,01	I	1 111,25	54,61	79,43	89,36	48,36	70,34	79,13	42,37	61,64	69,34	36,64	53,30	59,96	31,17	45,34	51,—	25,95	37,74	42,46
	II	1 066,50	58,65	85,32	95,98	II	1 066,50	52,25	76,—	85,50	46,09	67,05	75,43	40,20	58,48	65,79	34,57	50,28	56,57	29,19	42,46	47,76	24,07	35,01	39,38
	III	706,33	38,84	56,50	63,56	III	706,33	34,16	49,69	55,90	29,60	43,06	48,44	25,18	36,62	41,20	20,89	30,38	34,18	16,72	24,32	27,36	12,68	18,45	20,75
	V	1 530,91	84,20	122,47	137,78	IV	1 111,25	57,83	84,12	94,63	54,61	79,43	89,36	51,45	74,84	84,20	48,36	70,34	79,13	45,33	65,94	74,18	42,37	61,64	69,34
	VI	1 567,16	86,19	125,37	141,04																				
5 024,99	I,IV	1 112,41	61,18	88,99	100,11	I	1 112,41	54,67	79,52	89,46	48,42	70,43	79,23	42,43	61,72	69,43	36,69	53,38	60,05	31,22	45,41	51,08	26,—	37,82	42,54
	II	1 067,66	58,72	85,41	96,08	II	1 067,66	52,30	76,08	85,59	46,15	67,14	75,53	40,26	58,56	65,88	34,62	50,36	56,65	29,24	42,53	47,84	24,11	35,08	39,46
	III	707,16	38,89	56,57	63,64	III	707,16	34,21	49,76	55,98	29,65	43,13	48,52	25,22	36,69	41,27	20,92	30,44	34,24	16,76	24,38	27,43	12,72	18,50	20,81
	V	1 532,08	84,26	122,56	137,88	IV	1 112,41	57,89	84,21	94,73	54,67	79,52	89,46	51,51	74,93	84,29	48,42	70,43	79,23	45,39	66,03	74,28	42,43	61,72	69,43
	VI	1 568,33	86,25	125,46	141,14																				
5 027,99	I,IV	1 113,58	61,24	89,08	100,22	I	1 113,58	54,73	79,61	89,56	48,48	70,52	79,33	42,49	61,80	69,53	36,75	53,46	60,14	31,27	45,48	51,17	26,05	37,89	42,62
	II	1 068,83	58,78	85,50	96,19	II	1 068,83	52,37	76,18	85,70	46,21	67,22	75,62	40,31	58,64	65,97	34,67	50,44	56,74	29,29	42,60	47,93	24,16	35,15	39,54
	III	708,—	38,94	56,64	63,72	III	708,—	34,25	49,82	56,05	29,70	43,20	48,60	25,27	36,76	41,35	20,97	30,50	34,31	16,80	24,44	27,49	12,76	18,56	20,88
	V	1 533,33	84,33	122,66	137,99	IV	1 113,58	57,96	84,30	94,84	54,73	79,61	89,56	51,57	75,02	84,39	48,48	70,52	79,33	45,45	66,11	74,37	42,49	61,80	69,53
	VI	1 569,58	86,32	125,56	141,26																				
5 030,99	I,IV	1 114,75	61,31	89,18	100,32	I	1 114,75	54,79	79,70	89,66	48,54	70,60	79,43	42,54	61,88	69,62	36,80	53,54	60,23	31,32	45,56	51,26	26,10	37,96	42,71
	II	1 070,—	58,85	85,60	96,30	II	1 070,—	52,43	76,26	85,79	46,27	67,30	75,71	40,37	58,72	66,06	34,73	50,52	56,83	29,34	42,68	48,02	24,21	35,22	39,62
	III	708,83	38,98	56,70	63,79	III	708,83	34,30	49,89	56,12	29,73	43,25	48,65	25,30	36,81	41,41	21,01	30,56	34,38	16,83	24,49	27,55	12,79	18,61	20,93
	V	1 534,50	84,39	122,76	138,10	IV	1 114,75	58,02	84,39	94,94	54,79	79,70	89,66	51,64	75,11	84,50	48,54	70,60	79,43	45,51	66,20	74,47	42,54	61,88	69,62
	VI	1 570,75	86,39	125,66	141,36																				
5 033,99	I,IV	1 115,91	61,37	89,27	100,43	I	1 115,91	54,85	79,79	89,76	48,60	70,69	79,52	42,60	61,96	69,71	36,86	53,62	60,32	31,37	45,64	51,34	26,15	38,04	42,79
	II	1 071,16	58,91	85,69	96,40	II	1 071,16	52,49	76,35	85,89	46,33	67,39	75,81	40,42	58,80	66,15	34,78	50,59	56,91	29,39	42,76	48,10	24,26	35,29	39,70
	III	709,66	39,03	56,77	63,86	III	709,66	34,33	49,94	56,18	29,78	43,32	48,73	25,35	36,88	41,49	21,05	30,62	34,45	16,88	24,56	27,63	12,83	18,66	20,99
	V	1 535,66	84,46	122,85	138,20	IV	1 115,91	58,08	84,48	95,04	54,85	79,79	89,76	51,70	75,20	84,60	48,60	70,69	79,52	45,57	66,28	74,57	42,60	61,96	69,71
	VI	1 571,91	86,45	125,75	141,47																				
5 036,99	I,IV	1 117,—	61,43	89,36	100,53	I	1 117,—	54,92	79,88	89,87	48,66	70,78	79,62	42,65	62,04	69,80	36,91	53,69	60,40	31,42	45,71	51,42	26,19	38,10	42,86
	II	1 072,25	58,97	85,78	96,50	II	1 072,25	52,55	76,44	85,99	46,39	67,48	75,91	40,48	58,88	66,24	34,83	50,67	57,—	29,44	42,82	48,17	24,31	35,36	39,78
	III	710,50	39,07	56,84	63,94	III	710,50	34,38	50,01	56,26	29,82	43,38	48,80	25,39	36,93	41,54	21,09	30,68	34,51	16,92	24,61	27,68	12,87	18,72	21,06
	V	1 536,83	84,52	122,94	138,31	IV	1 117,—	58,14	84,58	95,15	54,92	79,88	89,87	51,75	75,28	84,69	48,66	70,78	79,62	45,62	66,36	74,66	42,65	62,04	69,80
	VI	1 573,08	86,51	125,84	141,57																				
5 039,99	I,IV	1 118,25	61,50	89,46	100,64	I	1 118,25	54,98	79,97	89,96	48,72	70,86	79,72	42,71	62,13	69,89	36,96	53,77	60,49	31,47	45,78	51,50	26,24	38,18	42,95
	II	1 073,41	59,03	85,87	96,60	II	1 073,41	52,61	76,53	86,09	46,44	67,56	76,—	40,53	58,96	66,33	34,88	50,74	57,08	29,49	42,90	48,26	24,36	35,43	39,86
	III	711,33	39,12	56,90	64,01	III	711,33	34,43	50,08	56,34	29,86	43,44	48,87	25,43	37,—	41,62	21,12	30,73	34,57	16,95	24,66	27,74	12,91	18,78	21,13
	V	1 538,—	84,59	123,04	138,42	IV	1 118,25	58,20	84,66	95,24	54,98	79,97	89,96	51,81	75,37	84,79	48,72	70,86	79,72	45,68	66,45	74,75	42,71	62,13	69,89
	VI	1 574,25	86,58	125,94	141,68																				
5 042,99	I,IV	1 119,41	61,56	89,55	100,74	I	1 119,41	55,04	80,06	90,07	48,78	70,95	79,82	42,77	62,21	69,98	37,02	53,85	60,58	31,53	45,86	51,59	26,29	38,25	43,03
	II	1 074,58	59,10	85,96	96,71	II	1 074,58	52,67	76,62	86,19	46,50	67,64	76,10	40,59	59,05	66,43	34,94	50,82	57,17	29,54	42,98	48,35	24,41	35,50	39,94
	III	712,16	39,16	56,97	64,09	III	712,16	34,47	50,14	56,41	29,91	43,50	48,94	25,48	37,06	41,69	21,17	30,80	34,65	16,99	24,72	27,81	12,95	18,84	21,19
	V	1 539,25	84,65	123,14	138,53	IV	1 119,41	58,27	84,76	95,35	55,04	80,06	90,07	51,87	75,46	84,89	48,78	70,95	79,82	45,74	66,54	74,85	42,77	62,21	69,98
	VI	1 575,50	86,65	126,04	141,79																				

Quelle: Stollfuß Medien GmbH & Co. KG, Bonn: Gesamtabzug-Tabelle Monat 2015, S. T93.

[1] *Der Solidaritätszuschlag ist zu ignorieren, seit 2021 entfällt dieser für die meisten Steuerzahler.*

Anlage 7

Gehaltsabrechnung	
Frau Susanne Groß Im Raiser 12 70435 Stuttgart	Malt AG Schwieberdinger Str. 208 70437 Stuttgart
Krankenkasse: 52598481 AOK Stuttgart Steuer-Identifikationsnr.: 7594846457490 Steuerklasse: IV / 0,5 Kinderfreibetrag Konfession: römisch-katholisch Kirchensteuer: 8 % Geburtsdatum: 18.02.1975 SV-Nr.: 75390503945587	
Bruttogehalt (Steuerbrutto)	5.022,00 EUR
Steuerabzüge	
Lohnsteuer	
Kirchensteuer	
SV-Beiträge	
Rentenversicherung	
Krankenversicherung	
Arbeitslosenversicherung	
Pflegeversicherung	
Nettogehalt	

Prüfungsaufgaben Winter 2016/2017 (Aufgabe 2, verändert)

Die Hesse GmbH ist ein großes, international tätiges Unternehmen mit Sitz im Ulm. Bereits in dritter Generation werden hier hochwertige Duschköpfe und Armaturen hergestellt. Herr Lutz, Leiter des Technischen Service-Centers, klagt in einer Sitzung der Abteilungsleiter über Personalmangel in seiner Abteilung. In den letzten Monaten hätten fünf Mitarbeiter seiner Abteilung das Unternehmen wegen Unzufriedenheit verlassen.

Nach Ihrer abgeschlossenen Ausbildung sind Sie bei der Hesse GmbH in der Personalabteilung eingesetzt.

2.1 Herr Lutz sieht das Problem der schlechten Stimmung in seiner Abteilung vorwiegend darin, dass sein Mitarbeiter Klaus Meierle durch unkollegiales Verhalten maßgebend dafür verantwortlich ist. Herr Meierle, 30 Jahre alt und seit fünf Jahren in unserem Unternehmen beschäftigt, hat für dieses Verhalten kürzlich seine zweite schriftliche Abmahnung erhalten. Da sich sein Verhalten nicht gebessert hat, wurde ihm am 28. September 2016 die Kündigung zum 30. November 2016 schriftlich ausgehändigt.

Herr Meierle kommt am 7. November 2016 in die Personalabteilung und erklärt, dass er heute gegen diese Kündigung gerichtlich vorgehen möchte.

- Prüfen Sie anhand der gesetzlichen Vorschriften **(Anlage 1)**, ob die Kündigung und die Klageerhebung jeweils fristgerecht erfolgt sind.
- Prüfen Sie ebenso, ob die formalen Voraussetzungen für die Kündigung erfüllt sind.

2.2 Nachdem Herrn Meierle gekündigt wurde, muss seine Stelle als Servicemitarbeiter neu besetzt werden. In der Personalabteilung werden sowohl interne als auch externe Möglichkeiten der Personalbeschaffung diskutiert.

- Erklären Sie den Unterschied zwischen den beiden Beschaffungswegen.
- Stellen Sie in einer Tabelle übersichtlich zwei Vorteile und zwei Nachteile interner Personalbeschaffung dar.

2.3 Die Personalleitung der Hesse GmbH entscheidet sich schließlich dafür, auf dem Arbeitsmarkt einen neuen Mitarbeiter für den Technischen Service zu suchen. Daraufhin wurde eine Stellenanzeige erstellt **(Anlage 2).**

Aufgrund der aktuellen Lage auf dem Arbeitsmarkt gehen lediglich drei Bewerbungen ein, die es in die engere Auswahl geschafft haben.

- Bewerten Sie die drei Bewerber/-innen anhand der vorliegenden Informationen **(Anlage 3).** Verwenden Sie hierfür die Entscheidungsbewertungstabelle **(Anlage 4).**
- Ergänzen Sie die Tabelle um zwei geeignete Kriterien und treffen Sie abschließend eine begründete Entscheidung.

2.4 Die neu eingestellte Arbeitskraft für den Technischen Service möchte von Ihnen wissen, wie hoch das Nettogehalt sein wird, wenn ein Bruttogehalt von 4.418,00 EUR pro Monat bezahlt wird.

2.4.1 Ermitteln Sie das Nettogehalt unter Berücksichtigung der **Anlagen 5, 6 und 7.**

2.4.2 Buchen Sie die vollständige Gehaltsabrechnung inkl. des Arbeitgeberanteil zur Sozialversicherung. Berücksichtigen Sie dabei die unterschiedlichen Zahlungszeitpunkte. Der Krankenkasse und dem Finanzamt liegen Einzugsermächtigungen vor; die Beträge werden dem Bankkonto der Hesse GmbH am Fälligkeitstag belastet.

2.5 Die hohe Zahl an Kündigungen in der Abteilung Technischer Service gibt Anlass, die Personalstatistik des letzten Jahres auszuwerten (**Anlage 8**).

- Ermitteln Sie die Kennzahlen: Arbeitsproduktivität je Mitarbeiter, Krankheitsquote sowie Fluktuationsquote.
- Beurteilen Sie Ihre Ergebnisse.

Anlage 1

Auszug aus dem Bürgerlichen Gesetzbuch (BGB)

§ 621 Kündigungsfristen bei Dienstverhältnissen
Bei einem Dienstverhältnis, das kein Arbeitsverhältnis im Sinne des § 622 ist, ist die Kündigung zulässig,
1. wenn die Vergütung nach Tagen bemessen ist, an jedem Tag für den Ablauf des folgenden Tages;
2. wenn die Vergütung nach Wochen bemessen ist, spätestens am ersten Werktag einer Woche für den Ablauf des folgenden Sonnabends;
3. wenn die Vergütung nach Monaten bemessen ist, spätestens am 15. eines Monats für den Schluss des Kalendermonats;
4. wenn die Vergütung nach Vierteljahren oder längeren Zeitabschnitten bemessen ist, unter Einhaltung einer Kündigungsfrist von sechs Wochen für den Schluss eines Kalendervierteljahrs;
5. wenn die Vergütung nicht nach Zeitabschnitten bemessen ist, jederzeit; bei einem die Erwerbstätigkeit des Verpflichteten vollständig oder hauptsächlich in Anspruch nehmenden Dienstverhältnis ist jedoch eine Kündigungsfrist von zwei Wochen einzuhalten.

§ 622 Kündigungsfristen bei Arbeitsverhältnissen[1]
(1) Das Arbeitsverhältnis eines Arbeiters oder eines Angestellten (Arbeitnehmers) kann mit einer Frist von vier Wochen zum Fünfzehnten oder zum Ende eines Kalendermonats gekündigt werden.
(2) Für eine Kündigung durch den Arbeitgeber beträgt die Kündigungsfrist, wenn das Arbeitsverhältnis in dem Betrieb oder Unternehmen
1. zwei Jahre bestanden hat, einen Monat zum Ende eines Kalendermonats,
2. fünf Jahre bestanden hat, zwei Monate zum Ende eines Kalendermonats,
3. acht Jahre bestanden hat, drei Monate zum Ende eines Kalendermonats,
4. zehn Jahre bestanden hat, vier Monate zum Ende eines Kalendermonats,
5. zwölf Jahre bestanden hat, fünf Monate zum Ende eines Kalendermonats,
6. 15 Jahre bestanden hat, sechs Monate zum Ende eines Kalendermonats,
7. 20 Jahre bestanden hat, sieben Monate zum Ende eines Kalendermonats.

Bei der Berechnung der Beschäftigungsdauer werden Zeiten, die vor der Vollendung des 25. Lebensjahrs des Arbeitnehmers liegen, nicht berücksichtigt.
[...]

§ 623 Schriftform
Die Beendigung von Arbeitsverhältnissen durch Kündigung oder Auflösungsvertrag sowie die Befristung bedürfen zu ihrer Wirksamkeit der Schriftform, die elektronische Form ist ausgeschlossen.

§ 626 Fristlose Kündigung aus wichtigem Grund
(1) Das Dienstverhältnis kann von jedem Vertragsteil aus wichtigem Grund ohne Einhaltung einer Kündigungsfrist gekündigt werden, wenn Tatsachen vorliegen, auf Grund derer dem Kündigenden unter Berücksichtigung aller Umstände des Einzelfalles und unter Abwägung der Interessen beider Vertragsteile die Fortsetzung des Dienstverhältnisses bis zum Ablauf der Kündigungsfrist oder bis zu der vereinbarten Beendigung des Dienstverhältnisses nicht zugemutet werden kann.
(2) Die Kündigung kann nur innerhalb von zwei Wochen erfolgen. Die Frist beginnt mit dem Zeitpunkt, in dem der Kündigungsberechtigte von den für die Kündigung maßgebenden Tatsachen Kenntnis erlangt. Der Kündigende muss dem anderen Teil auf Verlangen den Kündigungsgrund unverzüglich schriftlich mitteilen.

Auszug aus dem Kündigungsschutzgesetz (KSchG)

§ 3 Kündigungseinspruch
Hält der Arbeitnehmer eine Kündigung für sozial ungerechtfertigt, so kann er binnen einer Woche nach der Kündigung Einspruch beim Betriebsrat einlegen. Erachtet der Betriebsrat den Einspruch für begründet, so hat er zu versuchen, eine Verständigung mit dem Arbeitgeber herbeizuführen. Er hat seine Stellungnahme zu dem Einspruch dem Arbeitnehmer und dem Arbeitgeber auf Verlangen schriftlich mitzuteilen.

§ 4 Anrufung des Arbeitsgerichtes
Will ein Arbeitnehmer geltend machen, dass eine Kündigung sozial ungerechtfertigt oder aus anderen Gründen rechtsunwirksam ist, so muss er innerhalb von drei Wochen nach Zugang der schriftlichen Kündigung Klage beim Arbeitsgericht auf Feststellung erheben, dass das Arbeitsverhältnis durch die Kündigung nicht aufgelöst ist. Im Falle des § 2 ist die Klage auf Feststellung zu erheben, daß die Änderung der Arbeitsbedingungen sozial ungerechtfertigt oder aus anderen Gründen rechtsunwirksam ist. Hat der Arbeitnehmer Einspruch beim Betriebsrat eingelegt (§ 3), so soll er der Klage die Stellungnahme des Betriebsrates beifügen. Soweit die Kündigung der Zustimmung einer Behörde bedarf, läuft die Frist zur Anrufung des Arbeitsgerichtes erst von der Bekanntgabe der Entscheidung der Behörde an den Arbeitnehmer ab.

Anlage 2: Stellenanzeige der Hesse GmbH

Hesse hat Ihr Bad.

Sie suchen eine neue Herausforderung in einem modernen und international tätigen Unternehmen? Dann sind Sie bei uns genau richtig! Wir sind ein global agierendes Familienunternehmen mit Sitz im baden-württembergischen Ulm. Bereits in dritter Generation werden bei uns hochwertige Badearmaturen hergestellt, die weltweit für eine wohnliche Atmosphäre im Badezimmer sorgen.

Wir verstärken unser erfolgreiches Team und suchen zum nächstmöglichen Zeitpunkt eine/-n

Mitarbeiter/-in Technisches Service-Center

für unseren Stammsitz in Ulm.

Aufgaben
Sie arbeiten eigenverantwortlich im Technischen Service-Center, das unsere Kunden bei technischen Problemen jeglicher Art berät. Die Betreuung unserer Kunden aus dem In- und Ausland übernehmen Sie persönlich. Sie entwerfen in Ihrem Team sämtliche Anleitungen für die Installation sowie die sorgsame Behandlung und Pflege unserer zahlreichen Produkte.

Profil
Nach Ihrer erfolgreich abgeschlossenen technischen Ausbildung verfügen Sie über erste Erfahrungen in der Erstellung von Anleitungen im technischen Bereich. Sie haben sich durch Fortbildungen entsprechend weitergebildet und verfügen über aktuelle Kenntnisse in diesem Bereich. In Kooperation mit Ihren Mitarbeitern erarbeiten Sie ansprechende Lösungen für unsere Kunden. Sie sind kommunikationsstark und verfügen über einwandfreie Deutsch- und Englischkenntnisse.

Ihr Weg zu uns
Senden Sie uns Ihre aussagekräftige Bewerbung mit Anschreiben, Lebenslauf und Zeugnissen bitte über unser Bewerberportal. Bei Fragen zu unserem Stellenangebot dürfen Sie sich gerne jederzeit an Frau Britta Salzmann aus unserer Personalabteilung wenden:
E-Mail: britta.salzmann@hesse.de bzw. Telefon: 0731 3865-12.

Anlage 3

Benedikt Gröber

- Bachelor-Studium Wirtschaftsingenieurwesen im Februar 2016 abgeschlossen
- zahlreiche Praktika in mittelständischen Industrieunternehmen, überwiegend Textilindustrie
- fortgeschrittene Englischkenntnisse
- Schlüsselqualifikations-Kurs: „erfolgreiche Teamarbeit“
- ausgereifte EDV-Kenntnisse im Bereich der technischen Dokumentation
- sprachlich einwandfreie Bewerbungsunterlagen

Adam Borg

- Ausbildung als Technischer Produktdesigner von 2008–2011
- danach Tätigkeit im Produktdesign von Küchen
- aktuelle Kenntnisse im Bereich der technischen Dokumentation durch regelmäßige Fortbildungen
- Grundkenntnisse in Englisch
- überwiegend eigenständiges Arbeiten im Bereich Produktdesign
- Anschreiben des Bewerbers enthält sprachliche Mängel

Gundula Türm

- abgeschlossene Ausbildung zur Industriekauffrau (2010–2013)
- danach Tätigkeit im Bereich Technischer Service eines international tätigen Konkurrenzunternehmens
- fortgeschrittene Kenntnisse in aktuellen PC-Programmen, die in diesem Bereich zur Anwendung kommen
- seit Sommer 2013 Mitarbeit in verschiedenen Projektteams
- sehr gute Kenntnisse in Englisch (Englisch-KMK-Zertifikat), vierwöchiges Praktikum in England
- sprachlich einwandfreie Bewerbungsunterlagen

Anlage 4: Entscheidungsbewertungstabelle

	Bewerber/-in						
Entscheidungskriterien	**Gewicht**						
1. Ausbildung/Qualifikation							
2. Berufserfahrung							
3.							
4.							

B = Bewertung: 4 Punkte = sehr gut 3 Punkte = gut 2 Punkte = befriedigend
1 Punkt = ausreichend 0 Punkte = ungenügend

Anlage 5

Mandantenbrief zum Thema Gehaltsabrechnung 2020[1]

Sehr geehrte Mandanten,

mit dem heutigen Schreiben möchten wir Sie über die neuen Abgaben- und Sozialversicherungssätze für das Jahr 2020 informieren.

Die Kirchensteuer beträgt für Baden-Württemberg 8 %.

Beim Rentenversicherungsbeitrag gab es eine leichte Absenkung von 18,9 % auf 18,6 %. Hierbei ist die Beitragsbemessungsgrenze von 82.800,00 EUR p. a. für die westlichen Bundesländer zu beachten. Der Beitragssatz für die Arbeitslosenversicherung ist mit 2,4 % zu berücksichtigen. Als Beitragsbemessungsgrenze gelten die gleichen Regelungen wie bei der Rentenversicherung.
Für die Krankenversicherung ist ein allgemeiner Beitragssatz von 14,6 % zugrunde zu legen, mit entsprechender Beitragsbemessungsgrenze von 56.250,00 EUR p. a.
Bei der Pflegeversicherung ist ein Beitragssatz von 3,05 % maßgeblich, wobei für Kinderlose ab dem 23. Lebensjahr ein Zusatzbeitrag in Höhe von 0,25 % erhoben wird. Die Beitragsbemessungsgrenze liegt hier ebenfalls bei 56.250,00 EUR p. a.
Die Versicherungspflichtgrenze liegt derzeit bei 62.550,00 EUR p. a.

Mit freundlichen Grüßen

Steuerberater Henkelmann

[1] *Die Gehaltsabrechnung ist auf das Jahr 2020 aktualisiert.*

Anlage 6

Auszug aus dem Personalinformationssystem zu der neu eingestellten Arbeitskraft im Technischen Service:

Allgemein	Kommunikation	Verwaltung	Geburt	Soz.-Vers.	Soz.-Vers. zusätzlich	Steuer

Steuerklasse......................	3 ▼		Verzicht LSt, -Jahresau.....	✔
Kinderfreibetrag..............	1,0		Pauschsteuerberechnung	▼
Kirch.-St. Mitarb./Ehe.......	Römisch-kath..... ▼	▼	Verzicht elektronische.....	☐
Finanzamt.......................	Ulm			

Die Krankenkasse dieser Arbeitskraft erhebt derzeit keine Zusatzbeiträge für Arbeitnehmer.

Anlage 7: Auszug aus der Lohnsteuertabelle[1]

Kinderfreibetrag			0		0,5		1		1,5		2	
ab EUR	**StK**	**Steuer**	**SolZ**	**KiSt.**	**SolZ**	**KiSt.**	**SolZ**	**KiSt.**	**SolZ**	**KiSt.**	**SolZ**	**KiSt.**
4.413,00 EUR												
	1	961,50	52,88	76,92	46,52	67,67	40,43	58,82	34,62	50,36	29,07	42,29
	2	900,03	-	-	43,28	62,96	37,34	54,31	31,66	46,06	26,26	38,20
	3	593,33	32,63	47,46	27,97	40,69	23,45	34,11	19,06	27,73	14,81	21,54
	4	961,50	52,88	76,92	49,66	72,24	46,52	67,67	43,44	63,19	40,43	53,82
	5	1.382,83	76,05	110,62	-	-	-	-	-	-	-	-
	6	1.419,08	78,04	113,52	-	-	-	-	-	-	-	
4.416,00 EUR												
	1	962,75	52,95	77,02	46,58	67,76	40,49	58,90	34,67	50,44	29,12	42,36
	2	901,16	-	-	43,34	63,04	37,40	54,40	31,72	46,14	26,31	38,28
	3	594,16	32,67	47,53	28,02	40,76	23,49	34,17	19,11	27,80	14,85	21,61
	4	962,75	52,95	77,02	49,73	72,34	46,58	67,76	43,50	63,28	40,49	58,90
	5	1.384,08	76,12	110,72	-	-	-	-	-	-	-	-
	6	1.420,33	78,11	113,62	-	-	-	-	-	-	-	
4.419,00 EUR												
	1	963,91	53,01	77,11	46,64	67,85	40,55	58,98	34,73	50,52	29,18	42,44
	2	902,33	-	-	43,40	63,14	37,45	54,48	31,77	46,22	26,36	38,35
	3	595,00	32,72	47,60	28,06	40,82	23,54	34,24	19,14	27,85	14,89	21,66
	4	963,91	53,01	77,11	49,79	72,43	46,64	67,85	43,56	63,37	40,55	58,98
	5	1.385,33	76,19	110,02	-	-	-	-	-	-	-	-
	6	1.421,58	78,13	113,72	-	-	-	-	-	-	-	-

[1] *Der Solidaritätszuschlag ist zu ignorieren, seit 2021 entfällt dieser für die meisten Steuerzahler.*

Anlage 8: Auszug aus der Personalstatistik 2015

Personal Allgemein Stammdaten Entgelt	***Statistik***
Gesamte Soll-Stunden (ohne Feiertage)	1.660.000
Überstunden	89.960
Fehlzeiten durch Urlaub (Stunden)	175.920
Fehlzeiten durch Krankheit (Stunden)	126.240
Fehlzeiten sonstige (Stunden)	320

Zahl der Mitarbeiter	830
Personalabgänge	94
Umsatz (in Euro)	87.750.000,00
Gesamte Kosten (in Euro)	78.365.000,00
Personalkosten gesamt (in Euro)	24.642.000,00

Kennzahl	Vorjahr (VJ)	Branchenwert
Arbeitsproduktivität in Euro/Mitarbeiter	108.550,00	116.200,00
Krankheitsquote in %	5,9	4,8
Fluktuationsquote in %	10,8	5,5

Prüfungsaufgaben Sommer 2018 (Aufgabe 2, verändert)

Die Maschinenbau AG mit Sitz in Göppingen stellt Drehmaschinen für die Automobilindustrie her.

Insgesamt sind bei der Maschinenbau AG 750 Mitarbeiterinnen und Mitarbeiter beschäftigt. Alle Arten von Drehmaschinen werden bislang sowohl im Stammwerk in Göppingen als auch im Zweigwerk in Zwickau/Sachsen gefertigt. In beiden Werken besteht ein Betriebsrat.

Um die steigende Nachfrage nach Drehmaschinen bedienen zu können, soll im Rahmen einer geänderten strategischen Ausrichtung die Produktion von Standard-Drehmaschinen künftig komplett in das Zweigwerk der Maschinenbau AG in Zwickau verlagert werden, während die Produktion von kundenindividuellen Spezial-Drehmaschinen ausschließlich im Stammwerk in Göppingen erfolgen soll. Diese Neuausrichtung des Unternehmens hat umfangreiche personalwirtschaftliche Konsequenzen, die bis zum 01.01.2019 umgesetzt sein sollen.

Nach dem Abschluss Ihrer Ausbildung sind Sie als Personalsachbearbeiter/-in der Maschinenbau AG tätig.

2.1 Im Rahmen der Personalbedarfsplanung erhalten Sie von Ihrem Abteilungsleiter Peter Schmid eine E-Mail mit Informationen über den geplanten Personaleinsatz in der Produktion des Stammwerkes in Göppingen (**Anlage 1**).

2.1.1 Ermitteln Sie für jede erwähnte Gruppe von Arbeitnehmern den Nettopersonalbedarf zu Beginn des Jahres 2019 in einer übersichtlichen tabellarischen Darstellung.

2.1.2 Bislang wurden Änderungen beim Personalbedarf der Personalabteilung formlos mitgeteilt. Der Prozess soll vereinheitlicht und optimiert werden.

Erstellen Sie ein Formular, mit welchem die Fachbereiche benötigtes Personal bei der Personalabteilung anfordern können. Berücksichtigen Sie dabei mindestens acht Aspekte, die für die Personalabteilung zur Personalbeschaffung von Bedeutung sind.

2.1.3 Die Stelle von Herrn Trauff (Ingenieur) soll nachbesetzt werden.

Nennen Sie vier mögliche Wege, eine geeignete Nachbesetzung zu finden.

2.2 Frau Lampe, die Teamleiterin der Personalbetreuung für das Zweigwerk Zwickau/Sachsen, bittet Sie heute, folgende vorliegenden sowie geplanten Kündigungen auf Einhaltung der Kündigungsfrist und Rechtmäßigkeit zu prüfen (**Anlage 2**):

- Paco Sanchez (35 Jahre) ist seit zwölf Jahren im Betrieb. Er hat am 02.05.2018 zum Ende des Monats Mai schriftlich gekündigt.
- Aufgrund der Neuausrichtung des Unternehmens und nach erfolgter Sozialauswahl soll Helga Tross (48 Jahre) zum 31.12.2018 schriftlich gekündigt werden. Sie ist seit neun Jahren im Betrieb tätig. Eine Weiterbeschäftigung an einem anderen Arbeitsplatz ist nicht möglich.
- Dem Vertriebsmitarbeiter Herrn Wolf soll aufgrund eines am 16.04.2018 bekannt gewordenen Diebstahls von geheimen Konstruktionsunterlagen schriftlich fristlos gekündigt werden.

2.3 Vor Kurzem ereigneten sich zwei Vorfälle – ausgelöst durch den Prokuristen und Produktionsleiter Herrn Möller. Dieser unterschrieb einen Arbeitsvertrag für einen neuen Mitarbeiter im Stammwerk Göppingen, obwohl die Geschäftsführung mit ihm bei der Erteilung der Prokura schriftlich vereinbart hat, dass er zur Einstellung von Personal nicht berechtigt ist.

Nach den daraus resultierenden Streitigkeiten wurde Herrn Möller die Prokura entzogen. Noch bevor die Prokura im Handelsregister gelöscht wurde, kaufte er jedoch eine neue Maschine im Wert von 18.000,00 EUR.

Die Geschäftsführung möchte beide Rechtsgeschäfte rückgängig machen und bittet Sie, die Rechtslage unter Angabe der Paragrafen zu prüfen (**Anlage 2**).

2.4 Die Unternehmensleitung denkt darüber nach, ein leistungsorientiertes Vergütungssystem einzuführen. Es stehen die Alternativen Akkordlohn oder Prämienlohn (Prämie für eine Steigerung der Stückzahl) zur Diskussion (**Anlage 3**).

Entscheiden Sie sich begründet auf Basis des Bruttomonatslohns bei einer täglichen Arbeitsleistung von 50 Stück, welche der beiden Alternativen aus Kostengesichtspunkten für den Arbeitgeber vorteilhafter ist.

2.5
- Erstellen Sie die Gehaltsabrechnung für den Techniker Jürgen Dannemann (**Anlagen 4 und 5**).
- Erstellen Sie im Anschluss die Buchungssätze für sämtliche Vorgänge, die im Rahmen dieser Gehaltsabrechnung vorgenommen werden müssen.

Anlage 1: E-Mail-Mitteilung

Von: Peter Schmid (Personal)
An: Sachbearbeitung Personal
Betreff: Personalbedarfsplanung Produktion – Stammwerk Göppingen

Liebe Kolleginnen und Kollegen,

wie bereits besprochen anbei die Daten für das Göppinger Stammwerk, die mir vom Fachbereichsleiter der Produktion Herr Möller zur Verfügung gestellt wurden.

Der aktuelle Soll-Personalbestand im Fertigungsbereich beträgt bei den Ingenieuren 20 Mitarbeiter (MA), bei den Meistern/Technikern 30 MA, bei den Facharbeitern 150 MA sowie bei den angelernten Hilfskräften 100 MA.

Im Rahmen der Umstrukturierung ergeben sich folgende Veränderungen beim Soll-Personalbestand:

- Ingenieure: + 25 %
- Meister/Techniker: + 5 MA
- Facharbeiter: unverändert
- Angelernte Hilfskräfte: – 15 %

Der gegenwärtige Personalbestand stellt sich wie folgt dar:

- Ingenieure: 19 MA
- Meister/Techniker: 28 MA
- Facharbeiter: 155 MA
- Angelernte Hilfskräfte: 100 MA

Bitte beachten Sie folgende weitere Sachverhalte, die zum 01.01.2019 zu berücksichtigen sind:

- Herr Roland Trauff (Ingenieur) geht zum 31.10.2018 in den Ruhestand.
- Frau Angelika Reuss, Technikerin, wird zum 14.09.2018 in Elternzeit gehen.
- Aus dem Zweigwerk Zwickau werden zum 01.11.2018 vier Meister in das Stammwerk nach Göppingen versetzt.
- Henriette Klaus (Facharbeiterin) hat zum 15.08.2018 aus familiären Gründen gekündigt.
- Renate Ziller, Ingenieurin, kommt zum 01.01.2019 aus der Elternzeit zurück.
- Jessica Brandl und Thomas Müller (beide angelernte Hilfskräfte) werden ab 01.01.2019 statt bislang 100 % nur noch zu 50 % Teilzeit arbeiten. (Die Geschäftsleitung hat der Teilzeitbeschäftigung gemäß § 8 Abs. 4 TzBfG zugestimmt.)

Die in 2018 frei werdenden Stellen sollen erst zum 01.01.2019 neu besetzt werden, um den Umstrukturierungsprozess nicht zusätzlich durch Einarbeitung neuer Mitarbeiter zu belasten.

Freundliche Grüße

Peter Schmid

Anlage 2

Auszug aus dem Bürgerlichen Gesetzbuch (BGB)

§ 622 Kündigungsfristen bei Arbeitsverhältnissen[1]

(1) Das Arbeitsverhältnis eines Arbeiters oder eines Angestellten (Arbeitnehmers) kann mit einer Frist von vier Wochen zum Fünfzehnten oder zum Ende eines Kalendermonats gekündigt werden.

(2) Für eine Kündigung durch den Arbeitgeber beträgt die Kündigungsfrist, wenn das Arbeitsverhältnis in dem Betrieb oder Unternehmen

1. zwei Jahre bestanden hat, einen Monat zum Ende eines Kalendermonats,
2. fünf Jahre bestanden hat, zwei Monate zum Ende eines Kalendermonats,
3. acht Jahre bestanden hat, drei Monate zum Ende eines Kalendermonats,
4. zehn Jahre bestanden hat, vier Monate zum Ende eines Kalendermonats,
5. zwölf Jahre bestanden hat, fünf Monate zum Ende eines Kalendermonats,
6. 15 Jahre bestanden hat, sechs Monate zum Ende eines Kalendermonats,
7. 20 Jahre bestanden hat, sieben Monate zum Ende eines Kalendermonats.

(3) Während einer vereinbarten Probezeit, längstens für die Dauer von sechs Monaten, kann das Arbeitsverhältnis mit einer Frist von zwei Wochen gekündigt werden.

[...]

§ 623 Schriftform der Kündigung

Die Beendigung von Arbeitsverhältnissen durch Kündigung oder Auflösungsvertrag bedürfen zu ihrer Wirksamkeit der Schriftform; die elektronische Form ist ausgeschlossen.

§ 626 Fristlose Kündigung aus wichtigem Grund

(1) Das Dienstverhältnis kann von jedem Vertragsteil aus wichtigem Grund ohne Einhaltung einer Kündigungsfrist gekündigt werden, wenn Tatsachen vorliegen, auf Grund derer dem Kündigenden unter Berücksichtigung aller Umstände des Einzelfalles und unter Abwägung der Interessen beider Vertragsteile die Fortsetzung des Dienstverhältnisses bis zum Ablauf der Kündigungsfrist oder bis zu der vereinbarten Beendigung des Dienstverhältnisses nicht zugemutet werden kann.

(2) Die Kündigung kann nur innerhalb von zwei Wochen erfolgen. Die Frist beginnt mit dem Zeitpunkt, in dem der Kündigungsberechtigte von den für die Kündigung maßgebenden Tatsachen Kenntnis erlangt. Der Kündigende muss dem anderen Teil auf Verlangen den Kündigungsgrund unverzüglich schriftlich mitteilen.

Auszug aus dem Betriebsverfassungsgesetz (BetrVG)

§ 102 Mitbestimmung bei Kündigungen

(1) Der Betriebsrat ist vor jeder Kündigung zu hören. Der Arbeitgeber hat ihm die Gründe für die Kündigung mitzuteilen. Eine ohne Anhörung des Betriebsrats ausgesprochene Kündigung ist unwirksam.

(2) Hat der Betriebsrat gegen eine ordentliche Kündigung Bedenken, so hat er diese unter Angabe der Gründe dem Arbeitgeber spätestens innerhalb einer Woche schriftlich mitzuteilen. Äußert er sich innerhalb dieser Frist nicht, gilt seine Zustimmung zur Kündigung als erteilt. Hat der Betriebsrat gegen eine außerordentliche Kündigung Bedenken, so hat er diese unter Angabe der Gründe dem Arbeitgeber unverzüglich, spätestens jedoch inner-

[1] *Alte Fassung, seit dem 01.01.2019 liegt eine neue Fassung vor.*

halb von drei Tagen, schriftlich mitzuteilen. Der Betriebsrat soll, soweit dies erforderlich erscheint, vor seiner Stellungnahme den betroffenen Arbeitnehmer hören. [...]

Auszug aus dem Kündigungsschutzgesetz (KSchG)

§ 1 Sozial ungerechtfertigte Kündigungen

(1) Die Kündigung des Arbeitsverhältnisses gegenüber einem Arbeitnehmer, dessen Arbeitsverhältnis in demselben Betrieb oder Unternehmen ohne Unterbrechung länger als sechs Monate bestanden hat, ist rechtsunwirksam, wenn sie sozial ungerechtfertigt ist.
(2) Sozial ungerechtfertigt ist die Kündigung, wenn sie nicht durch Gründe, die in der Person oder in dem Verhalten des Arbeitnehmers liegen, oder durch dringende betriebliche Erfordernisse, die einer Weiterbeschäftigung des Arbeitnehmers in diesem Betrieb entgegenstehen, bedingt ist. [...]
(3) Ist einem Arbeitnehmer aus dringenden betrieblichen Erfordernissen im Sinne des Absatzes 2 gekündigt worden, so ist die Kündigung trotzdem sozial ungerechtfertigt, wenn der Arbeitgeber bei der Auswahl des Arbeitnehmers die Dauer der Betriebszugehörigkeit, das Lebensalter, die Unterhaltspflichten und die Schwerbehinderung des Arbeitnehmers nicht oder nicht ausreichend berücksichtigt hat; auf Verlangen des Arbeitnehmers hat der Arbeitgeber dem Arbeitnehmer die Gründe anzugeben, die zu der getroffenen sozialen Auswahl geführt haben. In die soziale Auswahl nach Satz 1 sind Arbeitnehmer nicht einzubeziehen, deren Weiterbeschäftigung, insbesondere wegen ihrer Kenntnisse, Fähigkeiten und Leistungen oder zur Sicherung einer ausgewogenen Personalstruktur des Betriebes, im berechtigten betrieblichen Interesse liegt. Der Arbeitnehmer hat die Tatsachen zu beweisen, die die Kündigung als sozial ungerechtfertigt im Sinne des Satzes 1 erscheinen lassen. [...]

Auszug aus dem Handelsgesetzbuch (HGB)

§ 48 Erteilung der Prokura

(1) Die Prokura kann nur von dem Inhaber des Handelsgeschäfts oder seinem gesetzlichen Vertreter und nur mittels ausdrücklicher Erklärung erteilt werden.
(2) Die Erteilung kann an mehrere Personen gemeinschaftlich erfolgen (Gesamtprokura).

§ 49 Umfang der Prokura

(1) Die Prokura ermächtigt zu allen Arten von gerichtlichen und außergerichtlichen Geschäften und Rechtshandlungen, die der Betrieb eines Handelsgewerbes mit sich bringt.
(2) Zur Veräußerung und Belastung von Grundstücken ist der Prokurist nur ermächtigt, wenn ihm diese Befugnis besonders erteilt ist.

§ 50 Beschränkung der Prokura

(1) Eine Beschränkung des Umfanges der Prokura ist Dritten gegenüber unwirksam.
(2) Dies gilt insbesondere von der Beschränkung, daß die Prokura nur für gewisse Geschäfte oder gewisse Arten von Geschäften oder nur unter gewissen Umständen oder für eine gewisse Zeit oder an einzelnen Orten ausgeübt werden soll.
(3) Eine Beschränkung der Prokura auf den Betrieb einer von mehreren Niederlassungen des Geschäftsinhabers ist Dritten gegenüber nur wirksam, wenn die Niederlassungen unter verschiedenen Firmen betrieben werden. Eine Verschiedenheit der Firmen im Sinne dieser Vorschrift wird auch dadurch begründet, daß für eine Zweigniederlassung der Firma ein Zusatz beigefügt wird, der sie als Firma der Zweigniederlassung bezeichnet.

§ 52 Widerruflichkeit

(1) Die Prokura ist ohne Rücksicht auf das der Erteilung zugrunde liegende Rechtsverhältnis jederzeit widerruflich, unbeschadet des Anspruchs auf die vertragsmäßige Vergütung.
(2) Die Prokura ist nicht übertragbar.
(3) Die Prokura erlischt nicht durch den Tod des Inhabers des Handelsgeschäfts.

Anlage 3

Der Grundlohn für einen Facharbeiter beträgt 12,00 EUR je Std. Die Vorgabezeit beträgt 10 Minuten je Stück. Ein Arbeitstag hat 8 Stunden, ein Monat hat 22 Arbeitstage.

Informationen zum Akkordlohn:
Der Akkordzuschlag beträgt 10 %.

Informationen zum Prämienlohn:
Die Prämie beträgt 50 % des Wertes (in Euro) der ersparten Zeit.

Anlage 4

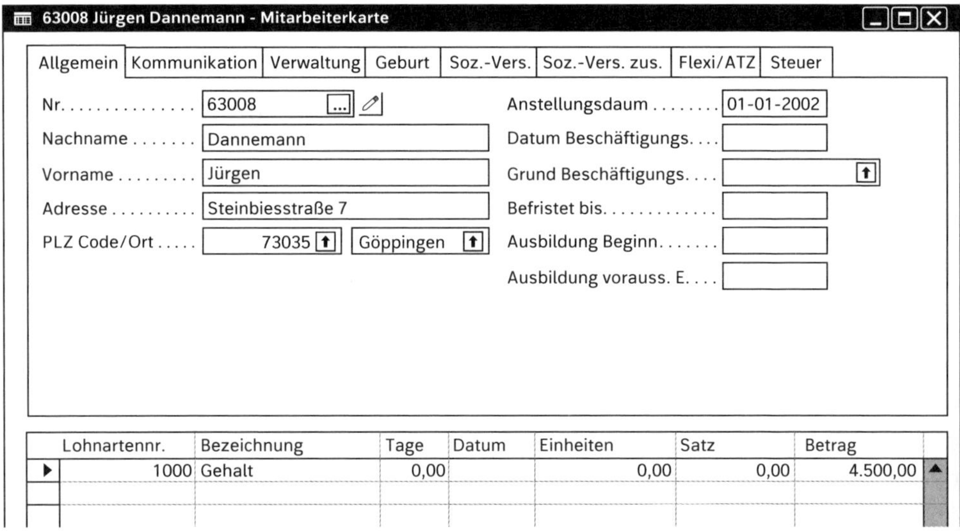

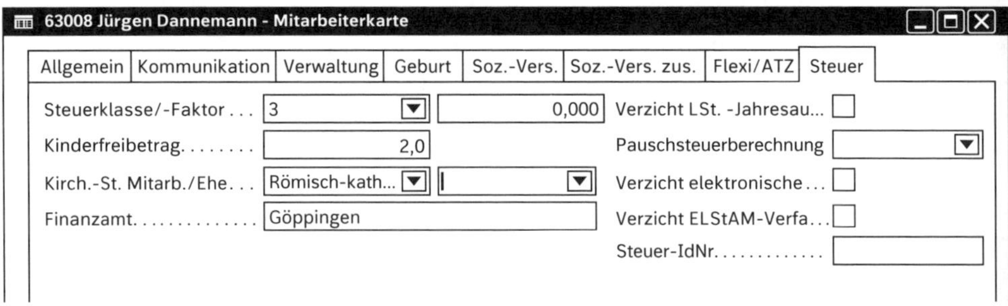

Beitragssätze Sozialversicherung[1] (in %)
Beitragsbemessungsgrenze[2] in Euro in Klammern

Werk Göppingen	
Krankenversicherung	14,6 (4.687,50)
Pflegeversicherung	3,05 (4.687,50)
Rentenversicherung	18,6 (6.900,00)
Arbeitslosenversicherung	2,4 (6.900,00)
Kirchensteuer	8
Zuschlag für Kinderlose ab 23 Jahre	0,25
Zusatzbeitrag der Krankenkasse	0,9

[1] *Die Sozialversicherungsbeitragssätze wurden auf den Stand 2020 angepasst.*
[2] *Die Beitragsbemessungsgrenzen wurden auf den Stand 2020 angepasst.*

Anlage 5: Lohnsteuertabelle 2018[1]

Kinderfreibeträge			0		0,5		1		1,5		2		2,5		3		3,5		4	
ab Euro	St.-Klasse	LSt.	SolZ	KiSt.	SolZ	KiSt.	SolZ	KiSt.	SolZ	KiSt.	SolZ	KiSt.	SolZ	KiSt.	SolZ	KiSt.	SolZ	KiSt.	SolZ	KiSt.
4.494,00	1	853,25	46,95	68,26	40,71	59,22	34,78	50,59	29,12	42,36	23,74	34,54	18,64	27,12	13,82	20,10	9,28	13,50	2,05	7,30
	2	794,58	-	37,63	37,63	54,74	31,84	46,31	26,32	38,29	21,09	30,68	16,13	23,46	11,45	16,66	7,05	10,26	-	4,35
	3	508,50	27,96	23,34	23,34	33,96	18,86	27,44	14,52	21,12	5,10	15,00	-	9,21	-	4,29	-	0,29	-	-
	4	853,25	46,92	43,78	43,78	63,69	40,71	59,22	37,71	54,86	34,78	50,59	31,91	46,42	29,12	42,36	26,40	38,40	23,74	34,54
	5	1.274,08	70,07	101,92	-	-	-	-	-	-	-	-	-	-	-	-	-	-	-	-
	6	1.310,33	72,06	104,82	-	-	-	-	-	-	-	-	-	-	-	-	-	-	-	-
4.497,00	1	854,33	46,98	68,34	40,76	59,30	34,83	50,66	29,17	42,43	23,79	34,60	18,69	27,18	13,86	20,16	9,32	13,56	2,18	7,35
	2	795,58	-	-	37,68	54,81	31,89	46,38	26,37	38,36	21,13	30,74	16,17	23,53	11,49	16,72	7,09	10,32	-	4,40
	3	509,33	28,01	40,74	23,38	34,01	18,90	27,49	14,55	21,17	5,23	15,05	-	9,26	-	4,33	-	0,32	-	-
	4	854,33	46,98	68,34	43,84	63,77	40,76	59,30	37,76	54,93	34,83	50,66	31,96	46,50	29,17	42,43	26,44	38,47	23,79	34,60
	5	1.275,25	70,13	102,02	-	-	-	-	-	-	-	-	-	-	-	-	-	-	-	-
	6	1.311,50	72,13	104,92	-	-	-	-	-	-	-	-	-	-	-	-	-	-	-	-
4.500,00	1	855,33	47,04	68,42	40,82	59,38	34,88	50,74	29,22	42,50	23,84	34,68	18,73	27,25	13,91	20,23	9,35	13,61	2,31	7,40
	2	796,66	-	-	37,73	54,89	31,94	46,46	26,42	38,43	21,18	30,81	16,22	23,59	11,53	16,78	7,13	10,37	-	4,45
	3	510,00	28,05	40,79	23,43	34,08	18,93	27,54	14,59	21,22	5,36	15,10	-	9,32	-	4,37	-	0,36	-	-
	4	855,33	47,04	68,42	43,89	63,85	40,82	59,38	37,82	55,01	34,88	50,74	32,01	46,57	29,22	42,50	26,49	38,54	23,84	34,68
	5	1.276,41	70,20	102,11	-	-	-	-	-	-	-	-	-	-	-	-	-	-	-	-
	6	1.312,66	72,19	105,01	-	-	-	-	-	-	-	-	-	-	-	-	-	-	-	-
4.503,00	1	856,41	47,10	68,51	40,87	59,46	34,93	50,82	29,27	42,58	23,88	34,74	18,78	27,32	13,95	20,29	9,40	13,67	2,45	7,46
	2	797,66	-	-	37,79	54,97	31,99	46,53	26,47	38,50	21,23	30,88	16,26	23,66	11,57	16,84	7,17	10,43	-	4,50
	3	510,83	28,09	40,86	23,46	34,13	18,98	27,61	14,63	21,28	5,50	15,16	-	9,36	-	4,41	-	0,38	-	-
	4	856,41	47,10	68,51	43,95	63,93	40,87	59,46	37,87	55,09	34,93	50,82	32,06	46,64	29,27	42,58	26,54	38,61	23,88	34,74
	5	1.277,58	70,26	102,20	-	-	-	-	-	-	-	-	-	-	-	-	-	-	-	-
	6	1.313,83	72,26	105,10	-	-	-	-	-	-	-	-	-	-	-	-	-	-	-	-
4.506,00	1	857,41	47,15	68,59	40,93	59,54	38,98	50,89	29,32	42,65	23,93	34,81	18,82	27,38	13,99	20,35	9,44	13,73	2,58	7,51
	2	798,66	-	-	37,84	55,05	32,04	46,61	26,52	38,58	21,27	30,94	16,30	23,72	11,61	16,89	7,20	10,48	-	4,54
	3	511,66	28,14	40,93	23,51	34,20	19,02	27,66	14,67	21,34	5,63	15,21	-	9,41	-	4,45	-	0,42	-	-
	4	857,41	47,15	68,59	44,01	64,02	40,93	59,54	37,92	55,16	34,98	50,89	32,12	46,72	29,32	42,65	26,59	38,68	23,93	34,81
	5	1.278,75	70,33	102,30	-	-	-	-	-	-	-	-	-	-	-	-	-	-	-	-
	6	1.315,00	72,32	105,20	-	-	-	-	-	-	-	-	-	-	-	-	-	-	-	-

[1] *Der Solidaritätszuschlag ist zu ignorieren, ab 2021 entfällt dieser für die meisten Steuerzahler.*

6 Investition und Finanzierung

6.1 Bilanzieller Zusammenhang zwischen Investition und Finanzierung

Stofftelegramm

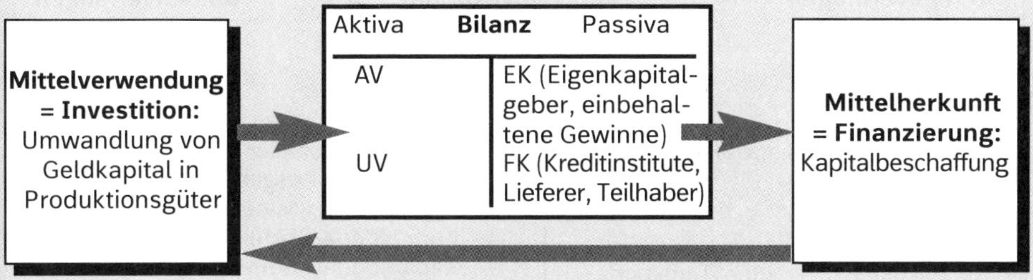

Investitionsanlässe:
- grundlegende Investitionsbereitschaft (optimistische Stimmung)
- Erstinvestition mit Anlage- und Umlaufvermögen (Gründungsinvestition)
- Erweiterungsinvestitionen (Kapazität des Betriebs steigt)
- Ersatzinvestitionen (Kapazität des Betriebs bleibt gleich)
- Rationalisierungsinvestitionen (Verbesserung der vorhandenen Betriebsmittel/Maschinen)

Finanzierungsanlässe:
- Investitionen
- Liquiditätsengpässe
- Umfinanzierungen (z. B. kurzfristiges in langfristiges Kapital)

Art der Investition:
- Sachinvestition: Maschinen, Gebäude, Grundstücke, Werkzeuge, Rohstoffe usw.
- Finanzinvestition: Beteiligungsrechte, Aktien, Sparanlagen, festverzinsliche Wertpapiere
- Immaterielle Investitionen: Rechte, Lizenzen, Forschung und Entwicklung, Aus-/Fortbildung

Aufgaben

1. Erklären Sie den bilanziellen Zusammenhang zwischen Investition und Finanzierung.
2. Nennen Sie die typischen Investitions- und Finanzierungsanlässe.

6.2 Kapitalbedarfs- und Investitionsrechnung, Finanzplan

Stofftelegramm

Kapitalbedarfsermittlung (Anlageinvestition)

Kapitalbedarf für das Anlagevermögen | **Kapitalbedarf für das Umlaufvermögen**

Beispiel: Bau einer Fabrikhalle

Kapitalbedarf für das Anlagevermögen
Baukosten Fabrikhalle (schlüsselfertig)
+ diverse Maschinen
+ Transportmittel
+ Werkzeuge
+ Nebenkosten (Einbauten, Transporte ...)
+ Eiserner Bestand (lfr. gebunden!)
= **KAPITALBEDARF FÜR DAS AV**

Kapitalbedarf für das Umlaufvermögen
Kapitalbindungsdauer (Überbrückungszeitraum zwischen Ausgaben und Einnahmen):
Kapitalbedarf Material
+ Kapitalbedarf Löhne
+ Kapitalbedarf Gemeinkosten (Lager, Fertigung, Vertrieb, Verwaltung)
= **KAPITALBEDARF FÜR DAS UV**

Kapitalbedarfsrechnung

Die LaSo GmbH plant die Gründung eines weiteren produzierenden Betriebs. Hierzu wird mit folgenden Finanzmitteln kalkuliert.

Mit folgenden täglichen Kosten wird geplant:

• Rohstoffe Materialeinzelkosten (MEK)	400,00 EUR
• Materialgemeinkosten (MGK)	60,00 EUR
• Fertigungslöhne (FL)	500,00 EUR
• Fertigungsgemeinkosten (FGK)	100,00 EUR
• Verwaltungs- und Vertriebsgemeinkosten (VerwGK/VertrGK)	40,00 EUR

Der Lieferer gewährt uns für die Rohstoffe ein Zahlungsziel von 15 Tagen. Die Lagerdauer der Rohstoffe beträgt fünf Tage. Die Fertigungsdauer beträgt 25 Tage. Die Lagerdauer der Fertigerzeugnisse sechs Tage. Das Kundenziel beträgt 20 Tage.

Folgende zusätzliche Finanzmittel sind notwendig:
Gebäude 500.000,00 EUR, 250.000,00 EUR Maschinen, 50.000,00 EUR Betriebs- und Geschäftsausstattung. Der eiserne Bestand beträgt 2.500,00 EUR.

Zur Finanzierung stehen 500.000,00 EUR Eigenkapital sowie 300.000,00 EUR Fremdkapital durch ein Bankdarlehen zur Verfügung. Der Rest wird über einen Kontokorrentkredit gedeckt.

1. Berechnen Sie den Kapitalbedarf für das Anlage- und Umlaufvermögen.
2. Erstellen Sie den Kapitalbedarfsstatus.

Zu 1.:

Kapitalbedarfsrechnung Umlaufvermögen:

Ermittlung der Tage

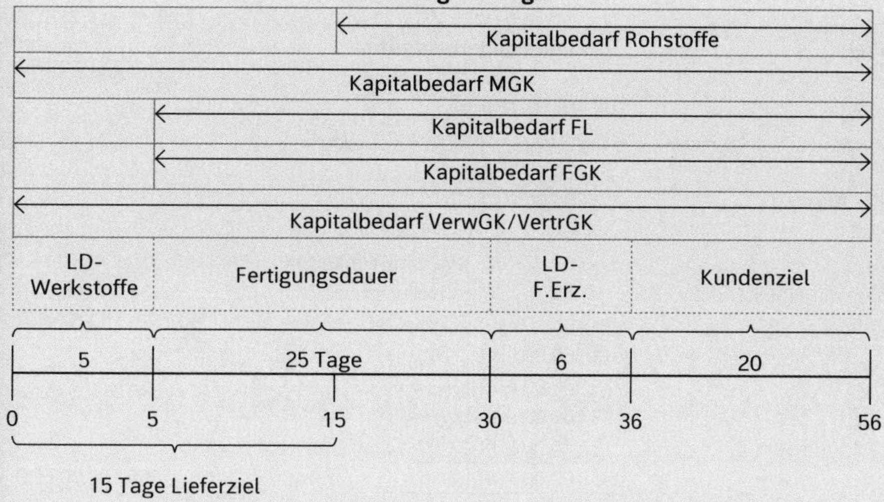

Für jeden Kapitalbedarf des Umlaufvermögens gilt allgemein: tägliche Kosten · Tage

Kapitalbedarf für:

– Rohstoffe =	täglich Kosten · (LD-Werkstoffe + Fertigungsdauer + LD-F.Erz. + Kundenziel – Lieferziel)		
	400,00 EUR	41	16.400,00 EUR
– MGK =	tägliche Kosten · (LD-Werkstoffe + Fertigungsdauer + LD-F.Erz. + Kundenziel)		
	60,00 EUR	56	3.360,00 EUR
– FL =	tägliche Kosten · (Fertigungsdauer + LD-F. Erz. + Kundenziel)		
	500,00 EUR	51	25.500,00 EUR
– FGK =	tägliche Kosten · (Fertigungsdauer + LD-F. Erz. + Kundenziel)		
	100,00 EUR	51	5.100,00 EUR
– VerwGK/VertrGK =	tägliche Kosten · (LD-Werkstoffe + Fertigungsdauer + LD-F.Erz. + Kundenziel)		
	40,00 EUR	56	2.240,00 EUR
		Gesamt:	52.600,00 EUR

Zu 2.:
Der Kapitalbedarf des Anlagevermögens kann direkt in den Kapitalbedarfsstatus übernommen werden. Der eiserne Bestand gehört zum AV.

Vermögen	Kapitalbedarfsstatus		Kapital
AV		**EK**	500.000,00 EUR
Gebäude	500.000,00 EUR		
Maschinen	250.000,00 EUR		
BGA	50.000,00 EUR		
eiserner Bestand	2.500,00 EUR		
UV		**Verbindlichkeiten**	
Zahlungsmittelbestand für		Kreditinstitute	300.000,00 EUR
Rohstoffe	16.400,00 EUR	Kontokorrentkredit	55.100,00 EUR
MGK	3.360,00 EUR		
FL	25.500,00 EUR		
FKG	5.100,00 EUR		
VerwGK/VertrGK	2.240,00 EUR		
	855.100,00 EUR		855.100,00 EUR

Höhe des Kontokorrentkredits	=	Summe Vermögen	– Eigenkapital	– Verb. Kreditinstitute
55.100,00 EUR	=	855.100,00 EUR	– 500.000,00 EUR	– 300.000,00 EUR

Finanzplan

Der Finanzplan stellt eine Einnahme-Ausgabe-Vorausrechnung dar. Er soll das finanzielle Gleichgewicht zwischen Einnahmen und Ausgaben über mehrere Perioden in der Zukunft sicherstellen. Je weiter in die Zukunft gerechnet wird, umso unsicherer der Finanzplan.

Finanzplan für Periode 1

geschätzte Einnahmen
./. geschätzte Ausgaben
= Überschuss bzw. Defizit

Statische Investitionsrechnung

Warum Investitionsrechnung?
Vergleich mehrerer Investitionsalternativen (z. B. Vergleich von zwei unterschiedlichen Maschinen), um die vorteilhafteste Investitionsalternative zu ermitteln.

Statisch?
Statische Verfahren lassen den Faktor Zeit in ihrer Betrachtung außen vor. Der Zeitpunkt der Ein- bzw. Ausgabe spielt keine Rolle.

Verfahren?
- Kostenvergleichsrechnung
- Gewinnvergleichsrechnung
- Rentabilitätsvergleichsrechnung
- Amortisationsrechnung

Gegeben:

	Maschine 1	Maschine 2
Fixkosten/Jahr	100.000,00 EUR	150.000,00 EUR
Variable Kosten/Stück	20,00 EUR	18,00 EUR
Erträge	400.000,00 EUR	400.000,00 EUR
Anschaffungskosten	500.000,00 EUR	600.000,00 EUR
Produktionsmenge in Stück	10.000	10.000
Nutzungsdauer in Jahren	5	5

Kostenvergleichsrechnung

↓

Gesamtkosten = fixe Kosten + variable Kosten

$$K_g = K_f + K_v$$

Stückkosten = fixe Stückkosten + variable Stückkosten

$$k_g = k_f + k_v$$

↓

Auswahl der Investitionsalternative mit den **geringsten Kosten**

↓

Fixkosten	Abschreibungen, kalkulatorische Zinsen, sonstige Fixkosten
Variable Kosten	Betriebs- und Personalkosten, FL, FM, sonstige variable Kosten

Gesamtkostenvergleich

	Maschine 1	Maschine 2
Fixkosten (K_f)	100.000,00	150.000,00
+ variable Kosten	200.000,00	180.000,00
= Gesamtkosten	300.000,00	330.000,00
Entscheidung:	Maschine 1	

↓

Hinweis:

Formel kalkulatorische Zinsen:

$$\frac{\text{(Anschaffungskosten + Restwert)}}{2} \cdot \frac{\text{Zinssatz}}{100}$$

Formel kalkulatorische Abschreibung:

$$\frac{\text{Anschaffungskosten} - \text{Restwert}}{\text{Nutzungsdauer}}$$

Stückkostenvergleich (nötig beim Vergleich unterschiedlicher Leistungsmengen auf den Maschinen)		
	Maschine 1	**Maschine 2**
Leistungsmenge	10.000 Stück	15.000 Stück
Fixkosten (K_f)	100.000,00	150.000,00
k_f	10,00	10,00
Variable Kosten	200.000,00	270.000,00
k_v	20,00	18,00
Gesamtkosten	300.000,00	420.000,00
k_g	30,00	28,00
Entscheidung		Maschine 2

Kritische Menge:
Bei dieser Menge sind die Kosten beider Anlagen gleich hoch.

Kosten Maschine 1 = Kosten Maschine 2

$k_v \cdot x + K_f = k_v \cdot x + K_f$

$20 \cdot x + 100.000 = 18 \cdot x + 150.000$

$20 \cdot x = 18 \cdot x + 50.000$

$2x = 50.000$

$x = 25.000$ Stück

> Ab einer Fertigungsmenge von 25.001 Stück ist Maschine 2 kostengünstiger.

Gewinnvergleichsrechnung

↓

Gewinn = Erträge – Kosten

↓

Auswahl der Investitionsalternative mit dem **höchsten Gewinn**

↓

	Maschine 1	**Maschine 2**
Erträge	400.000,00	400.000,00
– Kosten	300.000,00	330.000,00
= Gewinn	100.000,00	70.000,00
Entscheidung	Maschine 1	

Rentabilitätsrechnung	Amortisationsrechnung
↓	↓
Auswahl der Investitionsalternative mit der **höchsten Rentabilität**	Auswahl der Investitionsalternative mit der **geringsten Amortisationszeit**
↓	↓
Rentabilität = Verzinsung des durchschnittlichen Kapitaleinsatzes	Amortisationszeit = Innerhalb welcher Zeit fließt der Kapitaleinsatz für eine Investition über die Verkaufserlöse wieder zurück. Das eingesetzte Kapital hat sich amortisiert, wenn es über den zusätzlichen Gewinn und die Abschreibungen zurückgeflossen ist.

$$\text{Rentabilität} = \frac{(\text{Gewinn} + \text{kalk. Zinsen})^{1} \cdot 100}{\text{durchschnittlicher Kapitaleinsatz}^{2}}$$

[1] Es kann auch der durchschnittliche Gewinn der Nutzungsdauer genommen werden.
[2] durchschnittlicher Kapitaleinsatz = (Anschaffungskosten + Restwert) : 2
Annahme: kein Restwert am Ende der Nutzungsdauer

$$\text{Amortisationszeit} = \frac{\text{Anschaffungswert (Kapitaleinsatz)}^{1}}{\text{Kapitalrückfluss}^{2}}$$

[1] Ist ein Restwert vorhanden, muss dieser noch mit eingerechnet werden: Anschaffungswert – Restwert
Annahme: kein Restwert am Ende der Nutzungsdauer
[2] Kapitalrückfluss = (jährlicher Gewinn + jährliche Abschreibung)

	Maschine 1	Maschine 2
Anschaffungskosten	500.000,00	600.000,00
Gewinn	100.000,00	70.000,00
Rentabilität	40 %	23 %
Entscheidung	Maschine 1	

	Maschine 1	Maschine 2
Anschaffungskosten	500.000,00	600.000,00
Nutzungsdauer	5 Jahre	5 Jahre
Abschreibungen	100.000,00	120.000,00
Gewinn	100.000,00	70.000,00
Amortisationszeit	2,5 Jahre	3,2 Jahre
Entscheidung	Maschine 1	

Aufgaben

1. Wir planen den Bau einer neuen Fabrikhalle. Ermitteln Sie anhand folgender vorliegender Zahlen den **Kapitalbedarf** für das Gesamtprojekt.

Baukosten der Fabrikhalle (schlüsselfertig)	2.000.000,00 EUR
Nebenkosten (Einbauten, Transporte ...)	50.000,00 EUR
Werkzeuge	50.000,00 EUR
Diverse Maschinen	800.000,00 EUR
Transportmittel	100.000,00 EUR
Eiserner Bestand	80.000,00 EUR

Kapitalbindungsdauer:

Material	50 Tage
Löhne	40 Tage
Fertigungsgemeinkosten	40 Tage (tgl. 4.000,00 EUR)
Lagerung Fertigerzeugnisse	35 Tage (tgl. 500,00 EUR)
Vertriebsgemeinkosten	18 Tage (tgl. 500,00 EUR)
Verwaltungsgemeinkosten	60 Tage (tgl. 1.000,00 EUR)

Tägliche Ausgaben/Stück:

Material	30,00 EUR
Löhne	40,00 EUR

Tägliche Produktion: 1.000 Stück

2. Erklären Sie kurz den Begriff „Finanzplan".

3. Nennen und erklären Sie zwei statische Investitionsrechnungsarten.

4.

Produktionsverfahren I:	variable Stückkosten	200,00 EUR
	Fixkosten	10.000,00 EUR
Produktionsverfahren II:	variable Stückkosten	300,00 EUR
	Fixkosten	8.000,00 EUR

a) Wo liegt die kritische Menge?
b) Bei welchen Produktionsmengen ist Verfahren I, bei welchen Verfahren II günstiger?

5. Wir überlegen, ob wir eine Erweiterungsinvestition vornehmen sollen. Folgende Daten liegen vor:

	Anlage A	Anlage B
Kapitaleinsatz	1.000.000,00 EUR	1.200.000,00 EUR
Lebensdauer	10 Jahre	8 Jahre
Durchschnittl. Gewinnsteigerung pro Jahr	150.000,00 EUR	170.000,00 EUR
Annahme: lineare Abschreibung	?	?

Berechnen Sie mithilfe der Amortisationsrechnung, welche Anlage gekauft werden sollte.

6. Ermitteln Sie mithilfe der Rentabilitätsrechnung, welche Investition vorzuziehen ist.

	Investition A	Investition B
Erwarteter Gewinn aus der Investition	160.000,00 EUR	140.000,00 EUR
Eingesetztes Kapital (Anschaffungskosten)	2.000.000,00 EUR	1.400.000,00 EUR

7. Die Bruckmüller KG hat zwischen zwei Investitionsalternativen zu entscheiden. Folgende Angebote **(Anlage)** liegen vor:
a) Ermitteln Sie jeweils die Anschaffungskosten der technisch gleichwertigen Maschinen und entscheiden Sie sich auf der Basis der Amortisationsvergleichsrechnung für eine der beiden Maschinen.
b) Führen Sie zur Absicherung der endgültigen Entscheidung eine Rentabilitätsvergleichsrechnung durch und interpretieren Sie das Ergebnis.

Anlage

Auszug aus den Angeboten für CNC-Drehmaschine:

Apparatebau GmbH, Industriegebiet West, 76247 Karlsruhe:

CNC-Drehmaschine Protex 518

Preis	366.000,00 EUR	zzgl. 19 % USt.
Werkzeugaufsätze	108.000,00 EUR	zzgl. 19 % USt.
Montage	6.700,00 EUR	
Bezugskosten	8.900,00 EUR	
Skonto	2 %	

Nutzungsdauer 8 Jahre

Weitere Daten:
- Durch diese Maschine ist durchschnittlich ein jährlicher Gewinn von 35.000,00 EUR zu erwarten.
- lineare Abschreibung

Kröger KG Werkzeugmaschinen, Auf dem Kamp 26–29, 94034 Passau:

CNC-Drehmaschine 20900/43

Preis	399.000,00 EUR	zzgl. 19 % USt. (inkl. Montage)
Werkzeugaufsätze	86.000,00 EUR	zzgl. 19 % USt.
Bezugskosten	10.800,00 EUR	
Skonto	3 %	

Nutzungsdauer 8 Jahre

Weitere Daten:
- Durch diese Maschine ist durchschnittlich ein jährlicher Gewinn von 58.000,00 EUR zu erwarten.
- lineare Abschreibung
- Die Kröger KG gewährt eine verlängerte Garantiefrist von 3 Jahren.

8. Die Micro-Tech KG in Stuttgart möchte in ihr Hauptwerk investieren und eine Zweigniederlassung in Singen errichten.

   Für die vorgesehene Zweigstelle rechnet die Micro-Tech KG mit folgenden Ausgaben (in Euro):

Anlagen/Gebäude	1.700.000,00
Behördengenehmigungen und Gebühren	60.000,00
Organisationskosten	50.000,00
Werbekosten	80.000,00
Mindestbestand an Roh-, Hilfs-, Betriebsstoffen	60.000,00
täglicher Materialeinsatz	6.000,00
tägliche Fertigungslöhne	8.000,00
Materialgemeinkostenzuschlag	25 %
Fertigungsgemeinkostenzuschlag	110 %
Verwaltungs- und Vertriebsgemeinkosten pro Tag	3.500,00

Die zeitliche Bindung des Umlaufvermögens wird folgendermaßen geschätzt:

Lagerdauer Material	20 Tage
Produktionsdauer	45 Tage
Lagerdauer Fertigerzeugnisse	40 Tage
Kundenziel	30 Tage
Lieferantenziel	60 Tage

a) Erstellen Sie die Kapitalbedarfsrechnung für den Gesamtkapitalbedarf.
b) Beschreiben Sie anhand von zwei Beispielen, warum der tatsächliche Kapitalbedarf vom geplanten Kapitalbedarf abweichen kann.
c) Für das Hauptwerk ist u. a. eine neue Maschine geplant. Zwei Alternativen kommen infrage, für die folgende Daten vorliegen:

	Maschine 1	**Maschine 2**
Anschaffungswert in Euro	250.000,00	290.000,00
Nutzungsdauer in Jahren	10	10
Kapazität/Jahr in Stück	20.000	25.000
Fixkosten/Jahr in Euro (ohne Abschreibung und Zinsen)	15.000,00	12.000,00
variable Kosten/Stück in Euro	2,50	2,10
kalkulatorischer Zinssatz	10%	10%

Marktpreis je Stück : 5,80 EUR
Annahme: Kapazität = Produktionsmenge = abgesetzte Menge

ca) Berechnen Sie die Rentabilität und die Amortisationsdauer für die beiden Maschinen.
cb) Entscheiden Sie sich aufgrund der ermittelten Zahlen begründet für eine der beiden Alternativen.
cc) Wie würden Sie sich entscheiden, wenn nur 20.000 Stück abgesetzt werden könnten? (rechnerische Begründung)

6.3 Übersicht: Finanzierungsarten

Stofftelegramm

Überblick Finanzierungsarten

1. Woher kommt das Kapital? (Mittelherkunft)	**Außenfinanzierung** Kapital fließt dem Unternehmen von außen zu		**Innenfinanzierung** Kapital kommt aus dem Unternehmen selbst	
	Kreditfinanzierung	**Beteiligungsfinanzierung (Einlagenfinanzierung)**	**Selbstfinanzierung**	**Umfinanzierung**
	Langfristig: • Darlehen (Abzahlungs-, Ratendarlehen, Annuitätendarlehen) • Leasing Kurzfristig: • Kontokorrentkredit (Dispo des Unternehmens) • Lieferantenkredit • Factoring (Forderungskauf eines Dritten)	• Erhöhung der Kapitaleinlagen der Eigentümer aus dem Privatvermögen • Aufnahme neuer Gesellschafter	• Finanzierung aus einbehaltenen/nicht ausgezahlten Gewinnen des Unternehmens an die Gesellschafter/Eigentümer • rechtsformabhängig	Änderung der Vermögens- und/oder Kapitalstruktur • Verkauf von AV → UV steigt • Finanzierung aus Abschreibung • Umschichtung Fremdkapital (kurzfr. Kredit → langfr. Kredit)
2. Wie ist die Rechtsstellung der Kapitalgeber?	**Fremdfinanzierung** Kapitalgeber = Gläubiger → Fremdkapital steigt	**Eigenfinanzierung** Kapitalgeber = Eigentümer → Eigenkapital steigt		**Eigen-/Fremdfinanzierung**

6.4 Beteiligungsfinanzierung (Eigenfinanzierung)

Stofftelegramm

Eigenfinanzierung (Beteiligungsfinanzierung) → Einbringung von Eigenkapital
Folge: **Eigenkapital steigt**

Einzelunternehmung: Einbringung von Geld-, Sach- oder Rechtswerten (Kapital) durch Einzelunternehmer. Aus Privatvermögen wird Eigenkapital.

KG: Kapitalerhöhung durch **bisherige** Gesellschafter oder Aufnahme **neuer** Ges'er.

Eventuelle **Probleme:**
- Geschäftsführungs- und Vertretungsbefugnisse neuer Gesellschafter können zu Streitigkeiten führen
- weitere Gewinnaufteilung ...

GmbH: Kapitalerhöhung (Erhöhung des gezeichneten Kapitals) durch **bisherige** Gesellschafter oder Aufnahme **neuer** Gesellschafter.
(Probleme evtl. ähnlich wie der bei der KG, s. o.)

Vorteile der Beteiligungsfinanzierung allg.	Nachteile der Beteiligungsfinanzierung allg.
• hohe Sicherheit durch Eigenkapitalzufluss • keine Tilgungen notwendig • erhöhte Kreditwürdigkeit • in schlechten Jahren: keine Zinszahlungen notwendig	• Einengung der Entscheidungsbefugnisse (Mitspracherechte aller Kapitalgeber) • evtl. Verschiebung Mehrheitsverhältnisse • bei gutem Geschäftsgang evtl. teurer als Fremdfinanzierung (Gewinnanteile > Zins)

Aufgaben

1. Erklären Sie die Beteiligungsfinanzierung bei den einzelnen Rechtsformen.
2. Nennen Sie je drei Vor- und Nachteile der Beteiligungsfinanzierung allgemein.

6.5 Fremdfinanzierung

6.5.1 Kontokorrentkredit und Darlehen

Stofftelegramm

Kritischer Vergleich: Eigenfinanzierung – langfr. Fremdfinanzierung (Unternehmersicht)

Vorteile langfristiger Fremdfinanzierung	Nachteile langfristiger Fremdfinanzierung
• keine Einengung der Entscheidungsbefugnisse, da Gläubiger weniger Mitbestimmungsrechte als Eigentümer haben • keine Verschiebung der Mehrheiten • bei gutem Geschäftsgang billiger, da Zinssatz < Dividendensatz • Zinsen steuerlich abzugsfähig • schnelle + billige Kapitalbeschaffung	• Kreditwürdigkeit wird vorausgesetzt (gute Eigenkapitalbasis und Ertragslage notwendig) • nur befristete Kapitalüberlassung • Zinszahlungen auch in Verlustjahren = hohe Liquiditätsbelastung! • Verschlechterung des Bilanzbildes • evtl. Risiko wechselnder Zinssätze • Kreditgeber haftet nicht, keine Verlustbeteiligung

Unterscheidung nach der Form der VERFÜGBARKEIT

DARLEHEN	KONTOKORRENTKREDIT
• Auszahlung einer best. Kreditsumme	• Kredit **kann** bis zur vereinbarten Höhe beansprucht werden
• i. d. R. befristeter Kredit	• i. d. R. unbefristeter Kredit
• Tilgung laut Kreditvertrag	• schwankender Kreditbetrag
• Zinssatz niedriger	• relativ hoher Soll-Zinssatz

DARLEHENSARTEN

Fälligkeitsdarlehen:	Tilgung Gesamtbetrag auf einmal bei Fälligkeit
Kündigungsdarlehen:	Tilgung Gesamtbetrag auf einmal nach Kündigung
Abzahlungsdarlehen (Ratendarlehen):	Tilgung in Raten
Annuitätendarlehen:	Tilgung in Annuitäten (Annuität = gleichbleibende Summe aus Zins und Tilgung)

Beispiel zur Berechnung der Effektivverzinsung bei Darlehen:

Berechnen Sie den Effektivzinssatz für folgendes Kreditangebot über 2,7 Mio. EUR:

Laufzeit 6 Jahre, Disagio (Damnum; Abgeld) 2 % (Auszahlung somit 98 %), 1,5 % Bearbeitungsgebühr von der Darlehenssumme, jährliche Zinszahlungen, Rückzahlung in einer Summe nach sechs Jahren, 7 % p. a. Zinsen

Lösung: [K = Kapital; p = Zinssatz; t = Laufzeit (Jahre oder Tage)]

Allgemeine Zinsformel für Jahre ohne Zinseszinseffekt: $\frac{K \cdot p \cdot t}{100}$

Allgemeine Zinsformel für Tage: $\frac{K \cdot p \cdot t}{100 \cdot 360}$

$$\text{Zinsen (6 J.): } z = \frac{K \cdot p \cdot t}{100} = \frac{2.700.000 \cdot 7 \cdot 6}{100} = 1.134.000{,}00 \text{ EUR}$$

Damnum; Disagio; Abgeld = 2 % von 2,7 Mio. EUR =	54.000,00 EUR
Bearbeitungsgebühr = 1,5 % von 2,7 Mio. EUR =	40.500,00 EUR
Kosten insgesamt = z =	1.228.500,00 EUR

$$\text{Effektiver Zinssatz } p = \frac{z \cdot 100}{K \cdot t} = \frac{1.228.500 \cdot 100}{(2{,}7 \text{ Mio.} - 94.500) \cdot 6} = \mathbf{7{,}86\ \%\ \text{eff. Zinssatz}}$$

Aufgaben

1. Vergleichen Sie die Begriffe Darlehen und Kontokorrentkredit.

2. a) Nennen und erklären Sie kurz die vier Darlehensarten.
   b) Welche Gemeinsamkeit haben Fälligkeits- und Kündigungsdarlehen?
   c) Nennen Sie einen Vorteil des Fälligkeitsdarlehens gegenüber dem Kündigungsdarlehen.
   d) Welche Vor- und Nachteile haben Fälligkeits- und Kündigungsdarlehen gegenüber den beiden anderen Darlehensarten?

3. Unsere Firma beabsichtigt den Kauf einer neuen Fertigungsanlage zum Preis von 120.000,00 EUR. Die Finanzierung soll mit einem Darlehen erfolgen.

   Unsere Hausbank unterbreitet folgendes Angebot: Zinssatz 10 %; Zinszahlung jeweils nachträglich am Jahresende; Auszahlung des Darlehens: 01.01.01

   Tilgungsalternativen:

   Alt. 1: Gesamttilgung 30.12.10
   Alt. 2: Gesamttilgung nach Kündigung (Kündigungsfrist 3 Monate auf Quartalsende)
   Alt. 3: Tilgung in 10 Raten, fällig jeweils am Jahresende
   Alt. 4: jährl. Annuität bis 09 20.000,00 EUR, Resttilgung Jahr 10 (Rundung volle 10,00 EUR)

   a) Welche Darlehensarten liegen jeweils vor?
   b) Erstellen Sie die Tilgungspläne nach folgenden Mustern und den Gesamtkostenvergleich.

Alternative 1: ....darlehen					
Jahr	Anfangsschuld	Zinsen	Tilgung	Zins + Tilgung	Restschuld
01					
02					
03					
...					
10					
Summen					

Alternative 2: (.................darlehen) Unterschiede zu Alternative 1: ....

....

Alternative 3: ....darlehen (....................darlehen)					
Jahr	Anfangsschuld	Zinsen	Tilgung	Zins + Tilgung	Restschuld
01					
02					
03					
04					
05					
06					
07					
08					
09					
10					
Summen					

Alternative 4: (............................darlehen) Analoge Tabelle wie Alternative 3!

Kostenvergleich: Summe der Zinsen insgesamt beim
Fälligkeitsdarlehen: ....
Kündigungsdarlehen (Unterstellung: Kündigung nach 10 Jahren): ....
Abzahlungsdarlehen: ....
Annuitätendarlehen: ....

6.5.2 Leasing

Stofftelegramm

Leasing = mittel- und langfristige Vermietung oder Verpachtung von Anlagegütern durch Hersteller oder Leasinggesellschaft

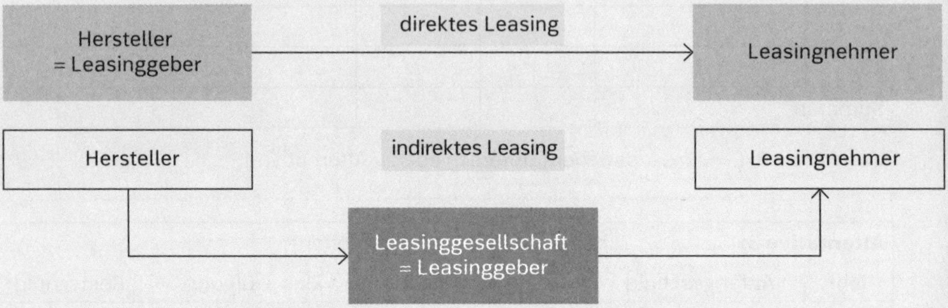

Vertragsgestaltungsmöglichkeiten:

- geleaster Gegenstand
  - Ausrüstungsleasing (Maschinen, Lkws, Autos, EDV-Anlagen usw.)
  - Industrieleasing (Gebäude und Anlagen)
  - Konsumgüterleasing (Leasingnehmer sind priv. Haushalte, z. B. Autos, Computer, Fernseher usw.)
  - Mobilleasing (Leasingobjekt ist ein bewegliches Gut, z. B. DV-Anlage)
  - Immobilienleasing (Leasingobjekt ist ein unbewegliches Gut, z. B. Gebäude, Fabrikanlage)
- Leasingkosten = Kaufpreis (Wiederbeschaffungs- bzw. Herstellkosten)
  + Verwaltungskosten (z. B. Service, Finanzierung, Vertrieb)
  + Gewinn/Leasinggeber
- Inhalt der Verträge

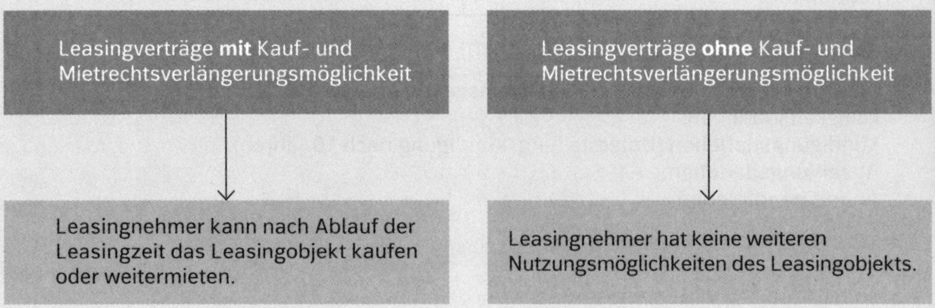

- Dauer der Leasingzeit

	Operate Leasing	Financial Leasing
Laufzeit	i. d. R. max. ein Jahr	40 %–90 % der üblichen Nutzungsdauer
Kündigung	kurzfristig kündbar	unkündbare Grundmietzeit
Investitionsrisiko	trägt Leasinggeber	trägt Leasingnehmer
Anzahl Leasingnehmer	mehrere nacheinander	i. d. R. nur ein Leasingnehmer
nach Ablauf der Leasingzeit	Rückgabe an Leasinggeber, der i. d. R. an andere weiterverleast	Alternativen nach Ablauf der Grundmietzeit: Rückgabe, Anschlussleasing, Kauf

Unterscheidung Finance-Leasing-Verträge

Vollamortisationsverträge
(Full-pay-out-Verträge)

Leasinggeber erhält innerhalb der Grundmietzeit sämtliche Leasingkosten einschließlich Gewinn zurück.

Z. B.:
- Anlagegüter nach speziellen Wünschen des Leasingnehmers
- Maschinen
- Immobilien

Teilamortisationsverträge
(Non-pay-out-Verträge)

Leasinggeber erhält innerhalb der Grundmietzeit nur einen Teil seiner Leasingkosten zurück.

Leasingnehmer übernimmt nach Ablauf der Grundmietzeit das Verwertungsrisiko (Verlängerung der Mietdauer, Verkauf/Kauf des Leasingobjekts).

Z. B.:
- Autoleasing
- Lkw-Leasing
- EDV-Anlagen-Leasing

Vorteile:
- keine hohen Anschaffungskosten zu finanzieren
- laufende Anpassung an neuesten Stand der Technik
- keine Fremdfinanzierung notwendig, somit keine Verschlechterung der Kreditwürdigkeit
- evtl. laufende Betreuung, Beratung, Wartungsdienstleistungen durch Leasinggeber

Nachteile:
- hohe Dauerbelastung mit Fixkosten (Leasingraten)
- Leasingbestände nicht frei verfügbar
- Bindung während der Grundmietzeit
- Leasinggegenstände können z. B. nicht sicherungsübereignet werden.

Aufgaben

1. Was versteht man unter Leasing?
2. Unterscheiden Sie direktes und indirektes Leasing.
3. Unterscheiden Sie Operate Leasing und Financial Leasing hinsichtlich Laufzeit, Kündigung, Investitionsrisiko, Anzahl Leasingnehmer und Situation nach Ablauf der Leasingzeit.
4. Nennen Sie je drei Vor- und Nachteile des Leasings.
5. Die Knauser GmbH benötigt eine neue Maschine zum Anschaffungswert von 200.000,00 EUR und mit einer betriebsgewöhnlichen Nutzungsdauer von 8 Jahren. Die Maschine soll linear abgeschrieben werden.

   Das Unternehmen hat infolge hoher Investitionen der letzten Jahre bei guter Rentabilität mit Liquiditätsengpässen zu kämpfen. Die Geschäftsleitung will unter der Zielsetzung geringster Liquiditätsbelastung zwischen folgenden Finanzierungsmöglichkeiten entscheiden:

Leasing:	Grundmietzeit 5 Jahre; während dieser Zeit beträgt die Mietrate, die jeweils zum Jahresende entrichtet wird, 50.000,00 EUR. Nach dieser Zeit kann die Maschine für weitere 5 Jahre zu einer Jahresmiete von 20.000,00 EUR gemietet werden. Aktivierung der Maschine beim Leasinggeber.
Bankdarlehen:	Laufzeit 5 Jahre; Tilgung in gleichen Raten am Jahresende. Die am Jahresende zu entrichtenden Zinsen betragen 10 % der Restschuld.

   Nach einem mittelfristigen Finanzplan geht die Firmenleitung davon aus, dass der finanzielle Engpass in 3 Jahren überwunden sein wird.

   a) Um welche Art des Leasings handelt es sich in diesem Fall?
   b) Ermitteln Sie die liquiditätsmäßige Belastung der GmbH aus Kreditkauf und Leasing für die ersten 3 Jahre insgesamt. Zu welcher Finanzierungsentscheidung kommen Sie aufgrund Ihres Ergebnisses?
   c) Ermitteln Sie die Gewinnsteuerminderungen unter Annahme eines konstanten Gewinnsteuersatzes von 50 % bei Kreditkauf und Leasing für die ersten 3 Jahre insgesamt.
6. Ein mittelständisches Unternehmen benötigt zur Rationalisierung seiner Fertigung eine Maschine zum Anschaffungspreis von 200.000,00 EUR. Die Maschine soll 8 Jahre genutzt werden. Lineare Abschreibung ist vorgesehen. Nach Verhandlungen mit der Hausbank eröffnet sich folgende Finanzierungsmöglichkeit:

   Darlehen in Höhe von 200.000,00 EUR, 6,5 % Zins, 20 % Ratentilgung pro Jahr.

   Die Maschine könnte aber auch über eine Leasing-Firma beschafft werden, die folgendes Angebot unterbreitet:
   Abschlussgebühr 10 % des Kaufwertes von 200.000,00 EUR; Monatsmiete für die ersten drei Jahre – in dieser Zeit ist der Leasing-Vertrag unkündbar – 3 % des Kaufwertes. Bei Vertragsverlängerung Jahresmiete 4 % des Kaufwertes. Die Maschine bleibt Eigentum der Leasing-Firma. Zinszahlungen, Tilgungen, Abschlussgebühr und Mietzahlungen jeweils am Jahresende.

a) Erörtern Sie, warum sich das Unternehmen unter Umständen für die Darlehensaufnahme entscheidet. Führen Sie zwei Gründe an.
b) Unterscheiden Sie zwischen Financial Leasing und Operating Leasing.
c) Verwenden Sie für die Lösung der Aufgabe eine Tabelle nach folgendem Muster.

Kreditfinanzierung						Mietfinanzierung	
Jahr	Zins	Tilgung	Geldabfluss	Abschreibungen	Aufwand	%-Satz	Mietzahlung

ca) Erstellen Sie die Tabelle für die Laufzeit der Maschine für beide Finanzierungsarten.
cb) Vergleichen Sie die beiden Finanzierungsarten hinsichtlich Aufwandsverteilung, Gesamtbelastung und schnellerem Abbau des Risikos.

6.6 Innenfinanzierung: Offene Selbstfinanzierung

Stofftelegramm

Offene Selbstfinanzierung bei Einzelunternehmung und KG → **Selbstfinanzierung allg.** = Nichtausschüttung von Gewinnen = Form der **Innenfinanzierung** → **Eigenkapital steigt**

↓

Selbstfinanzierung bei Einzelunternehmung und KG

=

Gutschrift nicht ausgeschütteter Gewinne auf **Kapitalkonten**

Betr. KG: **Kommanditist** trägt nicht zur Selbstfinanzierung bei, da sein noch nicht ausgeschütteter Gewinnanteil eine Verbindlichkeit darstellt, somit Fremdfinanzierung

Vorteile der offenen Selbstfinanzierung

- keine Zins- und Tilgungsverpflichtungen
- erhöhte Sicherheit (Kreditwürdigkeit)
- Unabhängigkeit von Kapitalgebern

Nachteile der offenen Selbstfinanzierung

- nur in Gewinnzeiten möglich (begrenzt)
- Bereitschaft der Gesellschafter notwendig, Gewinne nicht zu entnehmen

Offene Selbstfinanzierung bei der GmbH

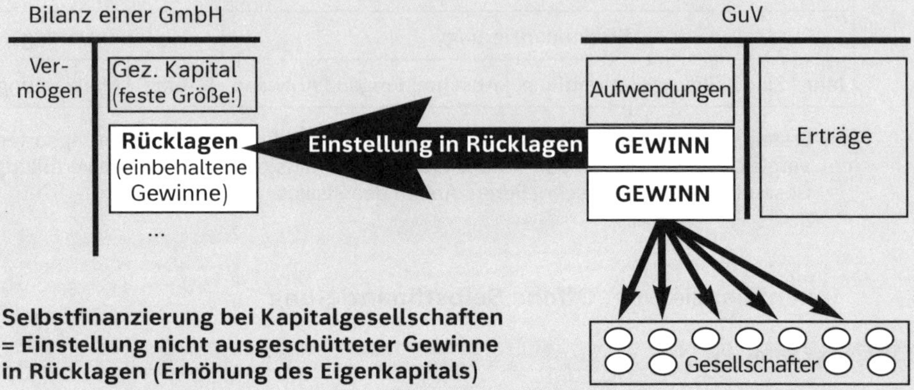

Selbstfinanzierung bei Kapitalgesellschaften = Einstellung nicht ausgeschütteter Gewinne in Rücklagen (Erhöhung des Eigenkapitals)

Der Konflikt zwischen Geschäftsführer und Gesellschafterversammlung

Argumente für hohe Rücklagenbildung

- kein Liquiditätsentzug
- keine Finanzierungskosten, Rentabilität steigt
- Sicherheit, Zukunftssicherung, Wachstumshilfe
- unbefristetes Eigenkapital → Kreditwürdigkeit steigt
- Unabhängigkeit

Argumente für hohe Ausschüttung

- Geldbedarf der Gesellschafter
- Gesellschafterstimmung steigt
- keine „Kapitalfehlleitungen"

Aufgaben

1. a) Definieren Sie kurz allgemein den Begriff „offene Selbstfinanzierung".
   b) Welche Kapitalgröße wird durch Selbstfinanzierung erhöht?
   c) Nennen Sie je zwei Vor- und Nachteile der offenen Selbstfinanzierung.
2. Unterscheiden Sie die offene Selbstfinanzierung bei der KG und GmbH.
3. a) Erklären Sie den Gewinnverwendungskonflikt bei der GmbH.
   b) Nennen Sie je drei Argumente der beiden Konfliktparteien.

4. Die Komplementäre Bruckmüller und Neuer sind an der Unternehmung mit jeweils 600.000,00 EUR beteiligt sowie der Kommanditist Mager mit 250.000,00 EUR.

   Beide Komplementäre haben für private Zwecke folgende Entnahmen vorgenommen: Bruckmüller 34.000,00 EUR und Neuer 28.000,00 EUR. Privatentnahmen werden nicht verzinst. Im Gesellschaftsvertrag ist vereinbart, dass vom Gewinn jeder Gesellschafter 6 % Kapitalverzinsung erhält und der Restgewinn im Verhältnis 2 : 2 : 1 zu verteilen ist.

   Das abgelaufene Geschäftsjahr hat einen Gewinn von 420.000,00 EUR erbracht. Nehmen Sie die Gewinnverteilung vor und geben Sie an, in welcher Höhe die Bruckmüller KG Selbstfinanzierung vornehmen könnte.

6.7 Innenfinanzierung: Umfinanzierung

Stofftelegramm

Umfinanzierung = Vermögens- bzw. Kapitalumschichtungen; Änderung der Vermögens- bzw. Kapitalstruktur

Möglichkeiten:

- **Kapitalstrukturänderung:**
  - Umschichtung innerhalb des Eigenkapitals (z. B. aus Kommanditeinlage wird Komplementäreinlage)
  - Umschichtung innerhalb Fremdkapital (kurzfr. Kredit – langfr. Kredit)
  - Umschichtung von Fremd- in Eigenkapital
- **Vermögensstrukturänderung:**
  - Verkauf nicht betriebsnotwendiger Vermögensgegenstände (aus Anlagevermögen wird Umlaufvermögen)
  - Verkürzung des Zahlungsziels (Forderungen werden schneller zu liquiden Mitteln)
  - Finanzierung aus Abschreibungen (vgl. nächstes Kapitel)

Aufgabe

Was versteht man unter Umfinanzierung? Nennen Sie drei Beispiele.

6.8 Innenfinanzierung: Finanzierung aus Abschreibungen

Stofftelegramm

- Höhe der jährlichen Abschreibung abhängig von:
  - geschätzter Nutzungsdauer
  - Abschreibungsverfahren
- Es sind zu unterscheiden:
  - bilanzielle Abschreibungen (GuV)
  - kalkulatorische Abschreibungen (Preiskalkulation)

Der **Finanzierungseffekt** (= **Kapitalfreisetzungseffekt**) aus Abschreibungen

Die über die Umsatzerlöse in das Unternehmen geflossenen Abschreibungen dienen der Ersatzbeschaffung (Reinvestition). Diese laufend erwirtschafteten Beträge dürfen nicht an die Anteilseigner ausgeschüttet werden (Substanzerhaltung!).

Da die freigesetzten Beträge jedoch erst zum Zeitpunkt der Ersatzbeschaffung benötigt werden, können diese Mittel zwischenzeitlich anderweitig verwendet werden, z. B. zur Schuldentilgung oder zur Finanzierung von Warenvorräten bzw. neuen Anlagegütern.

Voraussetzungen für einen Finanzierungseffekt

- Kalkulatorische Abschreibungen werden in die **Absatzpreise** einkalkuliert.
- Marktpreise einschließlich der kalkulatorischen Abschreibungen werden voll vom Markt **vergütet**.
- Das Unternehmen muss die in den Umsatzerlösen enthaltenen Abschreibungsgegenwerte in **liquider** Form – also in Einzahlungen – vereinnahmen.
- Bilanzielle Abschreibungen sollten in gleicher Höhe den **Gewinn reduzieren**, um die eingeflossenen Beträge den Ansprüchen von Anteilseignern (Gewinnausschüttungen) und dem Staat (Steuern) zu entziehen.

Bedeutung für die Unternehmen

Finanzierung aus Abschreibungsgegenwerten = **vorherrschende Finanzierungsform für Investitionen** der Unternehmen (einleuchtend, da die Ersatzinvestitionen i. d. R. den größten Teil der Investitionen ausmachen)

Funktionsweise:	Umfinanzierung und Folgen
Kalkulation der Abschreibungen in die Selbstkosten ↓ Erhöhung der Verkaufspreise ↓ Abschreibungsrückfluss über die Umsatzerlöse ↓ Verwendung Abschreibungsrückflüsse für Ersatzbeschaffungen (Re- oder Nettoinvestitionen)	**Umfinanzierung,** weil Anlagevermögen zu Umlaufvermögen wird: **AV sinkt** (Abschreibungen!), **UV** (Forderungen, liquide Mittel) **steigt** durch Abschreibungsrückflüsse. Annahme: **kalkulatorische Abschreibung < bilanzielle Abschreibung** Folgen: 1. Umfinanzierung in Höhe der kalk. Abschr. 2. Differenzbetrag = **stille Selbstfinanzierung**

Probleme:

- unsichere zukünftige Absatzlage
- Investitionen ausschließlich auf der Basis der Abschreibungsrückflüsse bedeuten Unstetigkeit im betrieblichen Wachstum (unflexibel bei plötzlichem Investitionsbedarf).
- Werden bei Preissteigerungen die kalkulatorischen Abschreibungen auf Basis der Anschaffungskosten (Geschäftsbuchführung!) angesetzt, ist Wiederbeschaffung aus Abschreibungsrückflüssen allein nicht möglich (gestiegene Wiederbeschaffungskosten).

Daher: kalkulatorische Abschreibungen auf Basis der Wiederbeschaffungskosten!

– Siehe Skizze nächste Seite –

Aufgaben

1. Erklären Sie kurz die Finanzierung aus Abschreibungsgegenwerten.
2. Erklären Sie kurz den Begriff „**Kapitalfreisetzung**".
3. Nennen Sie drei **Voraussetzungen** für die Wirksamkeit des Finanzierungseffekts bei der Finanzierung aus Abschreibungsgegenwerten.
4. Begründen Sie: „Die Finanzierung aus Abschreibungen ist stets eine **Umfinanzierung**."
5. Notieren Sie je zwei **Vorteile** und **Probleme** der Finanzierung aus Abschreibungen.

Finanzierung aus Abschreibungen: der Kreislauf

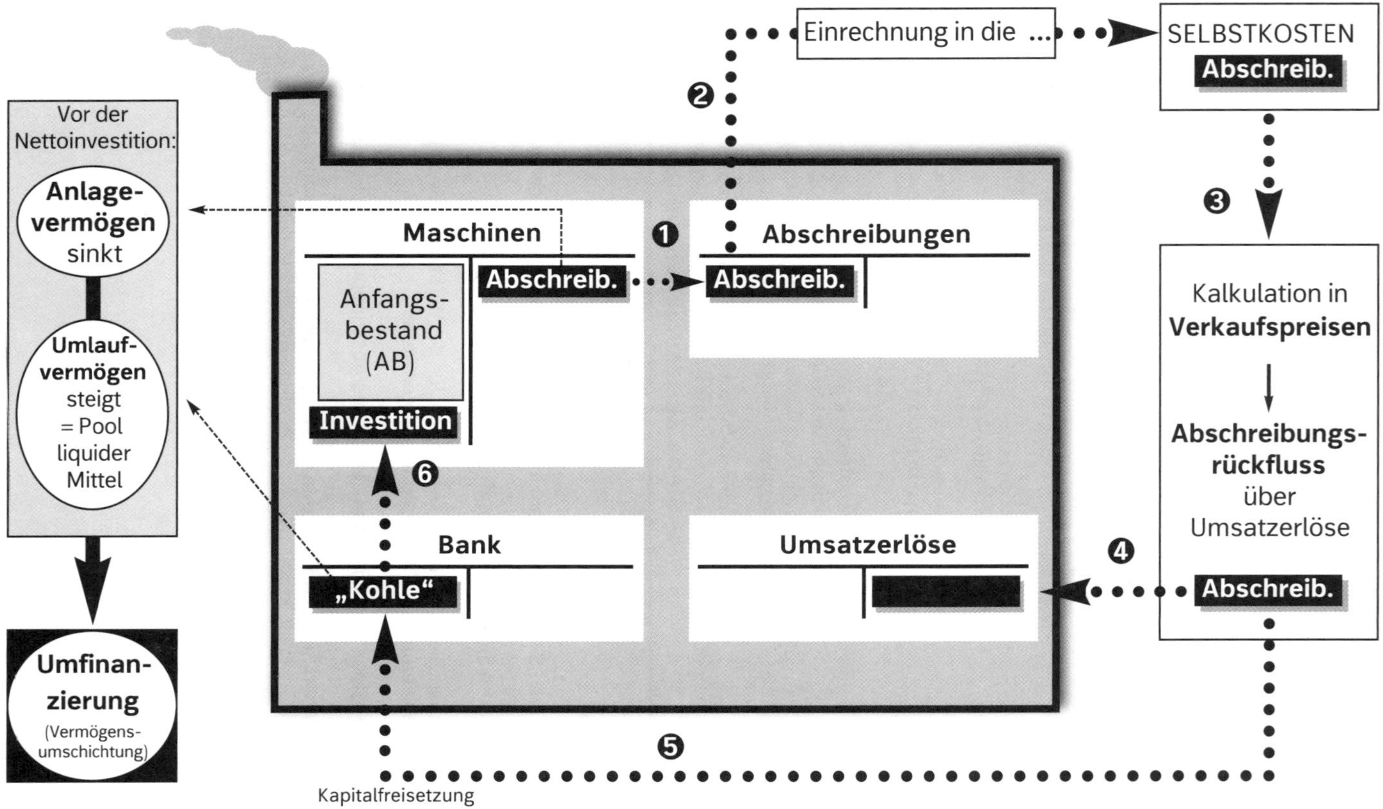

6.9 Kreditsicherheiten

Stofftelegramm

Einfacher Personalkredit (= Blankokredit) → Einzige Sicherheit ist die persönliche Kreditwürdigkeit des Schuldners.

Verstärkter Personalkredit → Neben dem Schuldner haften weitere Personen für die Kreditrückzahlung.

Bürgschaftskredit

Zwei Verträge werden geschlossen:

- **Kreditvertrag** zwischen Schuldner und Gläubiger
- **Bürgschaftsvertrag** zwischen Bürge und Gläubiger

- **Bürgschaftsvertrag:** Der Bürge verpflichtet sich zur Zahlung bei Nichtzahlung des Schuldners.

  Schriftform (Ausnahme: Kaufmann i. S. des HGB gibt Bürgschaft im Rahmen seines Handelsgeschäftes ab.)

- **Selbstschuldnerische Bürgschaft:**
  - Vereinbarung im Bürgschaftsvertrag: „Verzicht auf Einrede der Vorausklage": Gläubiger kann sich bei Fälligkeit sofort an den Bürgen wenden.
  - Bürgschaften von HGB-Kaufleuten im Rahmen ihres Geschäfts: stets selbstschuldnerisch
  - von Banken üblicherweise verlangt
  - Ausgleichsanspruch Bürge gegenüber Schuldner; Problem: Zahlungsfähigkeit Schuldner

Realkredite → Kreditsicherung durch eine bewegliche/unbewegliche Sache

Sicherungsübereignung

Gläubiger erhält zur Kreditsicherung bestimmte Sachen ohne Übergabe übereignet.

Gläubiger wird Eigentümer, Schuldner bleibt Besitzer (Besitzkonstitut).

Vorteil für Gläubiger: Aufbewahrung entfällt

Vorteil für Schuldner: Nutzung der übereigneten Sachen weiter möglich

Risiken für Gläubiger:
- Sache anderweitig bereits übereignet
- Sache evtl. an gutgläubigen Dritten weiterveräußert
- Beschädigung oder Zerstörung der Sache

Die Sicherungsübereignung

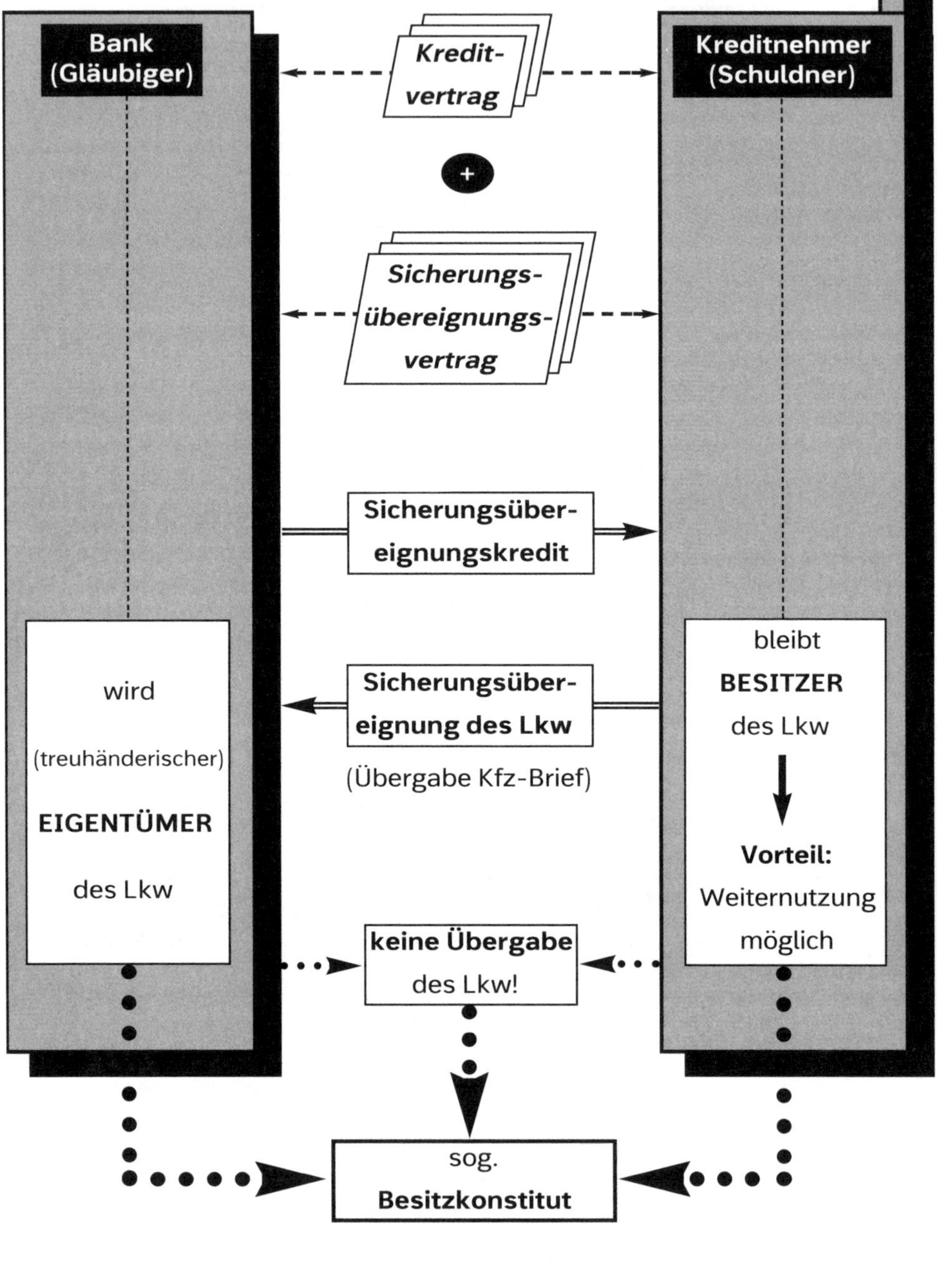

Grundschuld = im Grundbuch eingetragene Belastung eines Grundstücks mit einer bestimmten Geldsumme zugunsten des Berechtigten (Pfandrecht am Grundstück)

- Bei Nichtzahlung kann der Gläubiger die Versteigerung bewirken und sich hieraus befriedigen.
- Eintrag der Grundschuld im Grundbuch
- Dingliche Sicherung: nur Grundstück haftet, keine persönliche Haftung
- Im Gegensatz zur Hypothek ist die Grundschuld nicht an die Darlehenshöhe gebunden. Die eingetragene Grundschuldhöhe ändert sich nicht durch Darlehensrückzahlung.

Vorteil: rasche Kreditaufnahme bei vorsorglich eingetragener Grundschuld möglich

- **Buchgrundschuld:** Einigung + Eintrag Grundbuch
- **Briefgrundschuld:** Einigung + Eintrag Grundbuch + Ausstellung Grundschuldbrief

Vorteil: Grundschuldbrief formlos ohne Grundbuchumschreibung übergebbar

- **Fremdgrundschuld:** Berechtigter ist der Kreditgeber.
- **Eigentümergrundschuld:** Die Rechte aus der Grundschuld stehen dem Eigentümer selbst zu.

Entstehung:
- automatisch nach erfolgter Darlehensrückzahlung bzw.
- vorsorglich eingetragene Grundschuld zwecks Rangsicherung

Berechnung der Kreditsicherungsmöglichkeiten

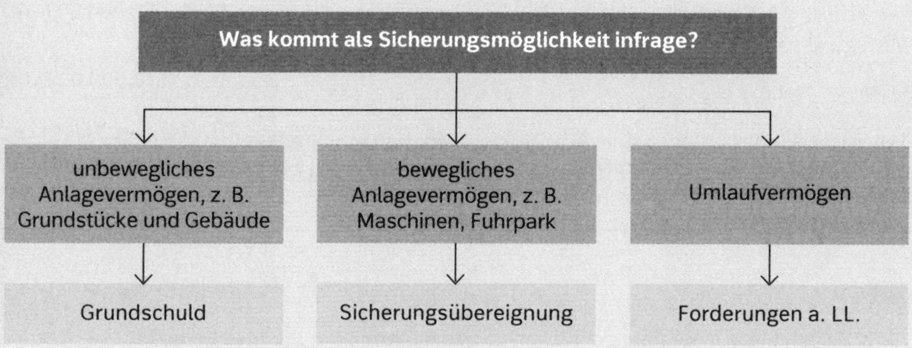

Beispielaufgabe:

Ein Unternehmen möchte expandieren und eine neue Werkzeugmaschine mit einem Wert von 100.000,00 EUR anschaffen. Es steht kein Eigenkapital zur Verfügung. Es werden Verhandlungen mit einer örtlichen Bank über einen längerfristigen Kredit geführt. Die Bank verlangt Sicherheiten für die Kreditgewährung. Der Beleihungssatz der Bank für unbewegliches Anlagevermögen beträgt 75 %, der für bewegliches Anlagevermögen 60 %. Das Unternehmen kann die neue Werkzeugmaschine als Sicherheit anbieten sowie ein Grundstück mit einem Wert von 120.000,00 EUR. Auf dem Grundstück ist allerdings schon eine Grundschuld in Höhe von 40.000,00 EUR eingetragen. Reichen die Kreditsicherungsmöglichkeiten des Unternehmens für die Kreditinanspruchnahme aus?

1. Sicherheit: das Grundstück

Wert des Grundstücks	120.000,00 EUR	
Beleihungssatz für unbewegliches AV	75 %	
= Beleihungswert des Grundstücks	= 90.000,00 EUR	
– evtl. schon beliehene Anteile (bestehende Grundschuld)	40.000,00 EUR	
tatsächlich zur Kreditsicherung zur Verfügung stehende Anteile		50.000,00 EUR

2. Sicherheit: die neue Werkzeugmaschine

Wert der Maschine	100.000,00 EUR	
Beleihungssatz für bewegliches AV	60 %	
= Beleihungswert für die Werkzeugmaschine	= 60.000,00 EUR	
– evtl. schon beliehene Anteile	0,00 EUR	
tatsächlich zur Kreditsicherung zur Verfügung stehende Anteile		60.000,00 EUR
	Gesamt:	**110.000,00 EUR**

Summe der Kreditsicherungsmöglichkeiten ≥ Kreditbetrag = Kreditaufnahme möglich
110.000,00 EUR ≥ 100.000,00 EUR, Kreditaufnahme und somit Kauf der Werkzeugmaschine möglich.

Aufgaben

1. a) Zeigen Sie in einer übersichtlichen Skizze die Arten der Kreditsicherheiten.
   b) Worin unterscheiden sich Personal- und Realkredite?

2. Welche Verträge sind zwischen wem beim Bürgschaftskredit zu schließen und welche Formvorschriften sind zu beachten?

3. Welche Besonderheiten gelten für HGB-Kaufleute, die eine Bürgschaft im Rahmen ihres Handelsgeschäftes abgeben?

4. Erklären Sie die Besitz- und Eigentumsverhältnisse beim Sicherungsübereignungskredit.

5. Welche wesentlichen Vorteile hat die Sicherungsübereignung für Gläubiger und Schuldner?

6. Welche Risiken ergeben sich aus der Sicherungsübereignung für den Gläubiger?

7. Was versteht man unter einer Grundschuld?

8. Welche Vorteile hat es, bereits vor Kreditaufnahme eine Grundschuld eintragen zu lassen?

9. Unterscheiden Sie:
   a) Buch-, Briefgrundschuld
   b) Fremd-, Eigentümergrundschuld

10. Wie entsteht eine Eigentümergrundschuld?

11. Welche Bedeutung hat die Rangfolge?

12. • Erstrangige Grundschuld: 200.000,00 EUR zugunsten der Sparkasse Goggelshausen.
    • 2. Grundschuld zugunsten der Volksbank Hasenbüttel: 150.000,00 EUR.
    • 3. Grundschuld zugunsten der Firma Teufel & Co. in Höhe von 40.000,00 EUR.

    Firma Teufel beantragt die Vollstreckung in das Grundstück.
    Versteigerungserlös: 330.000,00 EUR.

    Welche Gläubiger werden in welcher Reihenfolge befriedigt?

13. Welche Positionen einer Bilanz eines Industriebetriebes können für welche Kreditsicherheiten in Anspruch genommen werden?

14. Die NEUTEX GmbH, Stuttgart, plant die Erweiterung ihrer Produktionsanlagen und benötigt dazu einen <u>Investitionskredit</u> in Höhe von 750.000,00 EUR. Als Sicherheit bietet sie ihrer Bank Grundpfandrechte an.

    Auf das Grundvermögen der GmbH in Höhe von 1.200.000,00 EUR ist bereits im 1. Rang eine <u>Eigentümergrundschuld</u> in Höhe von 250.000,00 EUR eingetragen, über die ein Grundschuldbrief auf den Inhaber ausgestellt wurde. Der Grundschuldbrief befindet sich in den Händen der NEUTEX GmbH.

    a) Erklären Sie die unterstrichenen Begriffe.
    b) Wie kann bei diesem Sachverhalt der Kredit für die Bank durch Grundpfandrechte möglichst vorteilhaft gesichert werden?
    c) Außerdem will die NEUTEX GmbH Rohstoffvorratskäufe in Höhe von 150.000,00 EUR durch einen Kredit vorfinanzieren. Für die Sicherung dieses Kredites bietet die GmbH der Bank eine Sicherungsübereignung von vier Lkws (Anschaffungswert 600.000,00 EUR, Nutzungsdauer vier Jahre, drei Jahre bereits im Betrieb) an.
       ca) Erklären Sie die angebotene Sicherheit.
       cb) Nennen Sie drei Gefahren, die bei der im Sachverhalt genannten Sicherungsart der Bank drohen.
       cc) Weisen Sie nach, inwieweit die Sicherungsart zur Sicherung des Kredites ausreicht (rechnerischer Nachweis).

6.10 Finanzierungsgrundsätze[1]

Stofftelegramm

Der Leverage-Effekt

Grundsatz:
weitere Verschuldung (Fremdfinanzierung) für Investitionen sinnvoll, wenn

Fremdkapitalzins (FKZ) < Gesamtkapitalrentabilität (GKR) der Investition

Folge: Eigenkapitalrentabilität (EKR) steigt!

<u>Abkürz.:</u>
EKR = Eigenkapitalrentabilität
GKR = Gesamtkapitalrentabilität
FKZ = Fremdkapitalzinsen

$$EKR = \frac{\text{Reingewinn} \cdot 100}{\text{Eigenkapital}}$$

$$GKR = \frac{(\text{Reingewinn} + \text{FKZ}) \cdot 100}{\text{Eigen-} + \text{Fremdkapital}}$$

Richtlinien bei Finanzierungsentscheidungen

Stabilität
- sichere Finanzierung
- krisenfeste Finanzierung
- finanzielles Gleichgewicht

Liquidität
- laufende Zahlungsfähigkeit
- Liquiditätsgrade und -kennziffern s. u.

Rentabilität

Rentabilitätskennziffern s. o. sowie unten

6.11 Prüfungsaufgaben

Prüfungsaufgaben Sommer 2017 (Aufgabe 2)

Die Schneider KG ist Herstellerin von hochwertigen Fahrradrahmen mit Sitz in Freiburg. Künftig plant die Schneider KG auch Rahmen für Lastenfahrräder herzustellen. Die Marketingabteilung erwartet einen Absatz von jährlich 1.200 Stück.

Für die Produktion des Rahmens für Lastenfahrräder wird eine neue Maschine benötigt. Als Mitarbeiter der Finanzabteilung sollen Sie in diesem Zusammenhang folgende Aufgaben erledigen. Runden Sie Ihre Ergebnisse auf eine Nachkommastelle.

2.1 Der Schneider KG liegen die Daten für zwei alternative Maschinen in **Anlage 1** vor.

- Führen Sie für diese Alternativen eine tabellarische Kostenvergleichsrechnung durch.
- Berechnen Sie die kritische Menge, bei der die Kosten der beiden Investitionsalternativen gleich groß sind.
- Führen Sie für die beiden Alternativen einen Rentabilitätsvergleich sowie eine Amortisationsrechnung für die erwartete Absatzmenge durch.
- Beurteilen Sie die beiden Investitionsalternativen.

[1] *Vgl. auch Steuerung und Kontrolle, Kapitel „Jahresabschluss".*

2.2 Die Schneider KG hat sich für die Maschinenalternative 2 entschieden. Hierzu liegen Ihnen ein Darlehens- und ein Leasingangebot vor **(Anlagen 2 und 3).**

- Benennen und beschreiben Sie die angebotene Darlehensform.
- Beurteilen Sie die angebotenen Finanzierungsmöglichkeiten für den Zeitraum von sechs Jahren anhand der Liquiditäts- und Aufwandsbelastung. Verwenden Sie hierzu das Lösungsblatt der **Anlage 4**.
- Nennen Sie zwei weitere Kriterien, anhand derer die Finanzierungsalternativen verglichen werden können.

Die bestehenden Darlehen der Schneider KG sind über eine Grundschuld in Höhe von 200.000,00 EUR abgesichert.

- Erläutern Sie die von der Bank vorgeschlagenen Kreditsicherungsmöglichkeiten Grundschuld und Sicherungsübereignung.
- Prüfen Sie, ob die von der Bank gewünschte Absicherung möglich ist **(Anlagen 1, 2 und 5).**

2.3 Neben dem Komplementär Kurt Schneider ist Frau Silvia Jäger mit 70.000,00 EUR am Unternehmen beteiligt. Die Maschinenbauingenieurin Dr. Greta Grüninger ist vom Erfolg des Unternehmens überzeugt. Sie möchte sich mit 200.000,00 EUR am Unternehmen als Komplementärin beteiligen.

- Erläutern Sie zwei Vorteile aus finanzwirtschaftlicher Sicht, die diese Beteiligung für die Schneider KG mit sich bringt.
- Beurteilen Sie anhand von zwei Kennzahlen, wie sich die Kapitalstruktur der KG durch die Beteiligung von Frau Grüninger verändern würde **(Anlage 5).**

Anlage 1

	Alternative 1	**Alternative 2**
Investitionsvolumen	400.000,00 EUR	550.000,00 EUR
Kapazität (Stück)	1.200	1.500
Nutzungsdauer (Jahre)	10	8
Restwert	0	0
kalkulatorischer Zinssatz	8 %	8 %
sonstige fixe Kosten	3.000,00 EUR	1.000,00 EUR
Lohnkosten pro Stück	120,00 EUR	100,00 EUR
Materialkosten pro Stück	80,00 EUR	90,00 EUR
sonstige variable Kosten pro Stück	40,00 EUR	10,00 EUR
Nettoverkaufspreis Lastenfahrrad	350,00 EUR	350,00 EUR

Anlage 2

LB-Bank Stuttgart

LB-Bank Stuttgart, Marktplatz 37, 70173 Stuttgart

Schneider KG
Mühlenweg 10
79108 Freiburg

Ihr Zeichen:	Schn-Mü
Ihre Nachricht:	vom 18.04.2017
Unser Zeichen:	so-hu
Unsere Nachricht:	
Name:	Kai Sohl
Telefon:	0711 5422-3974
Telefax:	0711 5422-3973
E-Mail:	info@lb-bank.de
Homepage:	www.lb-bank.de
Datum:	21.04.2017

Ihre Anfrage nach einem Darlehen

Sehr geehrter Herr Schneider,

gerne unterbreiten wir Ihrem Hause ein Finanzierungsangebot. Bei einem Darlehensvolumen bis 550.000,00 EUR und einer Laufzeit von sechs Jahren können wir Ihnen folgendes Darlehensangebot unterbreiten:

- Zinssatz: 6 % p. a.
- Tilgung in sechs gleichbleibenden Raten

Als Sicherung des Darlehens erwarten wir eine dingliche Sicherheit. Denkbar wäre eine Grundschuld, aber auch eine Sicherungsübereignung von Maschinen und Fahrzeugen. Die Beleihungsgrenze für Grundstücke liegt in unserem Hause bei 60 %, die für Maschinen und Fahrzeuge bei 40 % des Zeitwertes. Bei Fragen können Sie sich gerne an uns wenden.

Mit freundlichen Grüßen

LB-Bank Stuttgart

Kai Sohl

Anlage 3

LeasingFinc

LeasingFinc, Königsstr. 95 A, 70173 Stuttgart

Schneider KG
Mühlenweg 10
79108 Freiburg

Ihr Zeichen:	Schn-Mü
Ihre Nachricht:	vom 18.04.2017
Unser Zeichen:	WE-me
Unsere Nachricht:	
Name:	Katrin Meier
Telefon:	0761 2542-0
Telefax:	0761 2542-00
E-Mail:	meier@leasingfinc.de
Homepage:	www.leasingfinc.de
Datum:	20.04.2017

Leasingangebot

Sehr geehrte Damen und Herren,

vielen Dank für Ihre freundliche Anfrage.

Für Ihr Unternehmen können wir ein Leasingangebot zu folgenden Konditionen anbieten:

Wert der Maschine: 550.000,00 EUR
5 Jahre unkündbare Grundmietzeit, während der Grundmietzeit übernehmen wir die jährliche Wartung sowie alle Reparaturen.
Leasingrate: 1. bis 5. Jahr: 2 % pro Monat
ab dem 6. Jahr: 0,25 % pro Monat

Wir hoffen, Ihnen ein günstiges Angebot unterbreitet zu haben.

Mit freundlichen Grüßen

LeasingFinc

Katrin Meier

Anlage 4

Kredit							Leasing	
Jahr	Restschuld	Zinsen	Tilgung	Abschreibung	Liquiditätsbelastung	Aufwand	Liquiditätsbelastung	Aufwand
1								
2								
3								
4								
5								
6								
Summe								

Anlage 5

Aktiva	vereinfachte Bilanz der Schneider KG		Passiva
Bebaute Grundstücke	420.000,00 EUR	Einlage Komplementär	250.000,00 EUR
Maschinen	300.000,00 EUR	Einlage Kommanditist	70.000,00 EUR
Fuhrpark	20.000,00 EUR	Verb. ggü. Kreditinstituten	400.000,00 EUR
Vorräte	50.000,00 EUR	Verb. a. LL.	165.000,00 EUR
Forderungen	75.000,00 EUR		
Bankguthaben	20.000,00 EUR		
	885.000,00 EUR		885.000,00 EUR

Prüfungsaufgaben Sommer 2018 (Aufgabe 1)

Die Zugspitze KG ist ein mittelständisches Unternehmen mit Sitz in Stuttgart und einer der führenden Hersteller hochwertiger Schreibgeräte „Made in Germany".

Eine in Auftrag gegebene Marktstudie hat gezeigt, dass mit zunehmender Digitalisierung ein großes Absatzpotential an digitalen Schreibgeräten erwartet wird. Die Forschungsabteilung der Zugspitze KG hat daraufhin den „Screen Pen" entwickelt. Mit diesem Produkt lassen sich individuelle handgeschriebene Notizen und Nachrichten jederzeit schnell und einfach digital festhalten und verschicken. Da die Kapazität des bisherigen Werkes in Stuttgart mit dem aktuellen Produktportfolio vollständig ausgelastet ist, soll für die Produktion des „Screen Pen“ ein modernes Zweigwerk in Esslingen errichtet werden.

Die beiden Komplementäre Frau Kalkbrenner und Herr van Buuren rechnen durch die Errichtung des Zweigwerks im kommenden Jahr mit Liquiditätsengpässen.

Als Mitarbeiter/-in der Abteilung Controlling & Finanzen sind Sie Teil des Projektteams „Esslingen“ und mitverantwortlich für eine gesicherte Investitions- und Finanzierungsplanung. Daher treffen Sie für dieses Projekt folgende Vorbereitungen.

1.1 Ermitteln Sie in einer übersichtlichen Auflistung den Gesamtkapitalbedarf für die Errichtung des Zweigwerkes in Esslingen. Dafür stehen Ihnen Informationen in **Anlage 1** zur Verfügung.

1.2 Für die neue Produktionsmaschine hat Frau Kalkbrenner bei der S-Bank Stuttgart und der U-Bank Frankfurt Kreditangebote eingeholt. Die relevanten Informationen hat sie in einer E-Mail an das Projektteam übermittelt (**Anlage 2**).

1.2.1 Prüfen Sie für beide Kreditsicherungsmöglichkeiten, ob die von den Banken geforderten Kreditsicherheiten vorhanden sind (**Anlagen 2–4**).

1.2.2
- Erstellen Sie die Zins- und Tilgungspläne zu den beiden Kreditangeboten (**Anlage 5**).
- Berechnen Sie jeweils die Effektivverzinsung (**Anlage 5**).
- Diskutieren Sie die Vorteile der beiden Kreditangebote und unterbreiten Sie Frau Kalkbrenner einen begründeten Vorschlag, welches Kreditangebot angenommen werden sollte.

1.3 Außerdem liegt Ihnen das Angebot des Privatiers Robert Schulz vor, sich mit 400.000,00 EUR als Kommanditist an der Zugspitze KG zu beteiligen.
- Charakterisieren Sie das Angebot hinsichtlich der vorliegenden Finanzierungsart, der Rechtsstellung der Kapitalgeber und der Kapitalherkunft.
- Beschreiben Sie zwei Vorteile, die für eine Aufnahme von Herrn Schulz sprechen, gegenüber einem Bankdarlehen.

1.4 Herr van Buuren spricht sich gegen die Aufnahme von Herrn Schulz als Kommanditisten aus. Seiner Ansicht nach wird dadurch die Möglichkeit der offenen Selbstfinanzierung der Zugspitze KG eingeschränkt.

1.4.1 Nehmen Sie zu dieser Meinung von Herrn van Buuren Stellung.

1.4.2
- Beurteilen Sie die Aufnahme von Robert Schulz als Kommanditisten anhand der Veränderung der Eigenkapitalquote mithilfe eines rechnerischen Nachweises (**Anlage 3**).
- Erläutern Sie auch mögliche Auswirkungen auf die Eigenkapitalrentabilität der Zugspitze KG.

Anlage 1: Interne Mitteilung von Herrn van Buuren

An:	projektteam-esslingen@zugspitze-kg.com
Cc:	
Betreff:	Basisdaten für Investitionsvorhaben

Sehr geehrte Mitarbeiterinnen und Mitarbeiter des Projektteams,

wie telefonisch besprochen, sende ich Ihnen anbei die für Ihre Kalkulation benötigten Daten. Bitte lassen Sie mich umgehend wissen, wie hoch der Kapitalbedarf für die Errichtung des geplanten Zweigwerkes in Esslingen sein wird!

Folgendes:

- Uns liegt ein Angebot für ein Grundstück in Höhe von 1.600.000,00 EUR inkl. aller Anschaffungsnebenkosten vor.
- Die Baukosten für die kombinierte Produktions- und Lagerhalle belaufen sich auf ca. 1.500.000,00 EUR. Für den Innenausbau müssen wir mit weiteren 326.000,00 EUR rechnen. Die benötigten Baugenehmigungen belaufen sich auf ca. 14.000,00 EUR.
- Für die neue Produktionsmaschine liegt uns ein Angebot über 416.500,00 EUR (inkl. 19 % USt.) vor.
- Für den Produktionsstart benötigen wir einen Materialvorrat in Höhe von 5.000,00 EUR.
- 2.000,00 EUR täglicher Materialeinsatz, Fertigungslöhne pro Tag 1.200,00 EUR
- Materialgemeinkosten 25 %, Fertigungsgemeinkosten 150 %
- Lagerdauer des Fertigungsmaterials elf Tage, durchschnittliche Produktionsdauer zwei Tage, Lagerdauer der Fertigprodukte vier Tage
- Als Eiserner Bestand wird das Achtfache des täglichen Materialbedarfs veranschlagt.
- 600,00 EUR Verwaltungs- und Vertriebsgemeinkosten pro Tag
- Unsere Lieferanten gewähren uns ein Zahlungsziel von acht Tagen.
- Unsere Kunden nehmen durchschnittlich ein Zahlungsziel von 25 Tagen in Anspruch.

Mit besten Grüßen

Arminius van Buuren
Zugspitze KG

E-Mail:	arminius.vanbuuren@zugspitze-kg.com
Internet:	www.zugspitze-kg.com
Telefon:	0711 249-100
Telefax:	0711 249-110
Postanschrift:	Postfach 12 14, 70499 Stuttgart
Hausanschrift/Sitz:	Rotebühlstraße 171, 70184 Stuttgart
Komplementäre:	Paula Kalkbrenner, Arminius van Buuren
Handelsregister:	HRA 2298 beim Amtsgericht Stuttgart

Anlage 2: Interne Mitteilung von Frau Kalkbrenner

An:	projektteam-esslingen@zugspitze-kg.com
Cc:	
Betreff:	Kreditangebote

Sehr geehrte Mitarbeiterinnen und Mitarbeiter des Projektteams,

der Bruttopreis unserer Produktionsmaschine in Höhe von 416.500,00 EUR soll zu 100 % fremdfinanziert werden. Die Nutzungsdauer der Maschine beläuft sich auf 8 Jahre.

Nach Rücksprache mit der S-Bank Stuttgart und der U-Bank Frankfurt bezüglich eines Kredites liegen uns nun die zwei folgenden Finanzierungsalternativen vor:

- **U-Bank:** Zinssatz 4 %, Auszahlung 98 %, Kreditlaufzeit vier Jahre, Rückzahlung am Ende der Laufzeit
- **S-Bank:** Zinssatz 2,75 %, Auszahlung 100 %, jährliche Annuität 111.380,68 EUR, Kreditlaufzeit vier Jahre

Bei beiden Banken kann die Kreditsicherung durch eine Sicherungsübereignung mit einem Beleihungssatz von 50 % oder in Form einer Grundschuld (Beleihungsgrenze 80 %) erfolgen. Unsere maschinellen Anlagen sind bereits mit 2.590.000,00 EUR sicherungsübereignet.

Mit besten Grüßen

Paula Kalkbrenner
Zugspitze KG

E-Mail:	paula.kalkbrenner@zugspitze-kg.com
Internet:	www.zugspitze-kg.com
Telefon:	0711 249-100
Telefax:	0711 249-110
Postanschrift:	Postfach 12 14, 70499 Stuttgart
Hausanschrift/Sitz:	Rotebühlstraße 171, 70184 Stuttgart
Komplementäre:	Paula Kalkbrenner, Arminius van Buuren
Handelsregister:	HRA 2298 beim Amtsgericht Stuttgart

Anlage 3: Bilanzauszug der Zugspitze KG

vereinfachte Bilanz der Zugspitze KG zum 30.04.2018 in Tausend Euro

vor Errichtung des Zweigwerkes

Aktiva		Passiva	
I. Anlagevermögen		**I. Eigenkapital**	
1. Grundstücke und Gebäude	3.950	Komplementär v. Buuren	1.675
2. Maschinen	3.090	Komplementär Kalkbrenner	950
3. Restliches AV	1.000	Kommanditist Meier	100
II. Umlaufvermögen		Rücklagen	1.055
1. Vorräte	70	**II. Fremdkapital**	
2. Forderungen	80	1. Verb. ggü. Kreditinstituten	3.590
4. Bank	50	2. Verb. a. LL.	890
5. Kasse	20		
	8.260		8.260

Anlage 4: Auszug aus dem Grundbuch der Zugspitze KG

Amtsgericht

Einlegeblatt

Grundbuch von Stuttgart **Band 30** **Blatt 1234** **Dritte Abteilung** **1**

Lfd. Nr. der Eintra-gungen	Laufende Nummer der belasteten Grundstücke im Bestandsverzeichnis	Betrag	Hypotheken, Grundschulden, Rentenschulden
1	2	3	4
1	1	2.840.000,00 Euro	zwei Millionen achthundertvierzigtausend Euro nach § 800 ZPO sofort vollstreckbare Grundschuld – ohne Brief – mit 15 v. H. Zinsen jährlich für die S-Bank Stuttgart

Anlage 5

U-Bank Stuttgart				
Jahr	**Darlehensbetrag am Jahresanfang**	**Tilgung**	**Zinsen**	**Liquiditätsbelastung**
1				
2				
3				
4				
	Summen			

Effektivverzinsung:

S-Bank Frankfurt				
Jahr	**Darlehensbetrag am Jahresanfang**	**Tilgung**	**Zinsen**	**Liquiditätsbelastung**
1				
2				
3				
4				
	Summen			

Effektivverzinsung:

Prüfungsaufgaben Winter 2018/2019 (Aufgabe 2)

Die Wöhrle KG mit Sitz in Tübingen stellt Frästeile für die Maschinenbauindustrie her. Die termingerechte Fertigung bei strengster Qualitätsüberwachung und die Entwicklung einer neuen Produktlinie führen zu ständig wachsenden Umsätzen.

Zur Finanzierung einer neuen Fertigungssteuerungssoftware im Wert von 800.000,00 EUR sollen Sie als Mitarbeiter/-in der Abteilung Controlling und Finanzen folgende Vorbereitungen treffen.

2.1 Es soll ein Kredit bei unserer Hausbank aufgenommen werden. Hierfür soll zunächst die Liquidität des Unternehmens geprüft werden.

- Erstellen Sie einen Finanzplan für die kommenden drei Geschäftsjahre in tabellarischer Form mithilfe der **Anlage 1**.
- Beurteilen Sie Ihr Ergebnis insgesamt und im Hinblick auf die einzelnen Jahre.

2.2 Die benötigten 800.000,00 EUR sollen fremdfinanziert werden. Ihnen liegen zwei Finanzierungsalternativen vor (**Anlage 2**).

2.2.1
- Erstellen Sie die Tilgungspläne für drei Jahre.
- Entscheiden Sie sich begründet für ein Darlehensangebot.

2.2.2
- Prüfen Sie die Möglichkeiten zur Kreditsicherung anhand der vorgegebenen Bilanz (**Anlage 3**). Die Beleihungssätze der Hausbank betragen 70 % des Bilanzwertes von Grundstücken und Gebäuden bzw. 40 % des Bilanzwertes anderer Anlagegüter (Sicherungsübereignung). Weitere Sicherheiten werden von der Bank nicht akzeptiert. Die neue Steuerungssoftware bleibt dabei unberücksichtigt.
- Erläutern Sie, warum die Bank keinen Beleihungssatz von 100 % gewährt.

2.3 Als weitere Alternative wird von der Wöhrle KG Leasing in Betracht gezogen.

Begründen Sie vier Vorteile des Leasings gegenüber der geplanten Kreditfinanzierung.

2.4 Neben der vorgesehenen Fremdfinanzierung überlegt die Geschäftsleitung, ob die Software auch alternativ mit eigenen Mitteln finanziert werden könnte.

2.4.1 Nennen Sie zwei Möglichkeiten, wie durch Umfinanzierung liquide Mittel freigesetzt werden können.

2.4.2 Schlagen Sie zwei weitere Möglichkeiten der Eigenfinanzierung für die Wöhrle KG vor und beschreiben Sie diese.

2.4.3
- Erstellen Sie für die nächste Sitzung der Geschäftsleitung eine Tischvorlage, in der Sie die von ihnen in 2.4.1 und 2.4.2 erarbeiteten Möglichkeiten für die Wöhrle KG beurteilen.
- Berücksichtigen Sie hierzu die Bilanz (**Anlage 3**) der Wöhrle KG.
- Begründen Sie anschließend anhand von zwei Argumenten, welche dieser Möglichkeiten für die Wöhrle KG am besten geeignet wäre.

2.5 Durch die Anschaffung der neuen Steuerungssoftware entstehen zusätzliche Finanzierungseffekte durch Abschreibungen.

Erklären Sie die Abschreibungsfinanzierung anhand einer Wirkungskette in mindestens vier Schritten.

Anlage 1

An:	team_controlling@woehrle.de
Betreff:	Re: Informationen Finanzplan

Sehr geehrtes Controlling-Team,

folgende Daten habe ich für Sie zur Erstellung des Finanzplanes für die Jahre 2019 bis 2021 zusammengetragen. Die Anschaffung der Fertigungssteuerungssoftware wurde in den entsprechenden Positionen schon berücksichtigt.

- Der Zahlungsmittelbestand Anfang Januar 2019 beträgt voraussichtlich 50.000,00 EUR.
- Die Umsätze und Zahlungseingänge 2019 werden vermutlich 4.000.000,00 EUR betragen. Die Unternehmensleitung geht davon aus, dass diese in den Folgejahren jeweils um 5 % steigen.
- Die jährlichen Abschreibungen betragen 500.000,00 EUR.
- RHB-Stoffe werden 2019 bis 2021 in Höhe von je 800.000,00 EUR eingekauft und bezahlt. Der Lieferant gewährt uns 3 % Skonto.
- Aus einer Finanzinvestition werden Rückflüsse von 1.200.000,00 EUR erwartet, davon die Hälfte 2019 und je 25 % in den Jahren 2020 und 2021.
- Für Gehaltszahlungen werden im ersten Jahr 2.400.000,00 EUR ausgegeben, für 2020 erwarten wir eine Erhöhung aller Gehälter um 2 %.
- Die Zins- und Tilgungsbelastungen belaufen sich auf 360.000,00 EUR jährlich.
- Die weiteren Auszahlungen betragen im Jahr 2019 voraussichtlich 940.000,00 EUR. Die Unternehmensleitung geht hier von einer jährlichen Steigerung von 5 % aus.

Mit besten Grüßen
Suzana Rodriguez

Abteilung Rechnungswesen

Anlage 2

SpaBa
Ihr verlässlicher Partner

Sparbank Tübingen, Postfach 8253, 72099 Tübingen

Wöhrle KG
Gewerbestraße 118
72097 Tübingen

Ihre Zeichen, Ihre Nachricht vom	Unsere Zeichen, unsere Nachricht vom	Telefondurchwahl	Name	Datum
		-222	Hr. Taler	07.11.2018

Ihre Finanzierungsanfrage

Sehr geehrte Damen und Herren,

gerne unterbreiten wir Ihnen für die Anschaffung einer neuen Fertigungssteuerungssoftware ein Darlehensangebot. Ihnen stehen dabei zwei Alternativen zur Verfügung. Bei beiden Alternativen erfolgt die Auszahlung am 2. Januar 2019, die Zinsberechnung und die Tilgungsleistung werden jeweils am Jahresende vorgenommen.

Alternative 1:
- Zinssatz (nominal): 6 % p. a.
- Laufzeit: 3 Jahre
- Für Zins und Tilgung fällt jährlich ein Gesamtbetrag in Höhe von 299.287,85 EUR an.

Alternative 2:
- Zinssatz (nominal): 5,5 % p. a., Disagio: 5 %
- Laufzeit: 3 Jahre
- Die Tilgung erfolgt in drei gleichbleibenden Jahresraten.

Wir hoffen, unser Angebot entspricht Ihren Vorstellungen. Sollten Sie weitere Fragen haben, stehen wir Ihnen gerne zur Verfügung.

Mit freundlichen Grüßen

Bernd Taler

Geschäftsräume	Kontakt		Bankverbindung	
Mercedesstr. 29	Tel.:	+49 7071 5421-0	Bank:	Sparbank Tübingen
72099 Tübingen	Fax:	+49 7071 5421-00	Bankort:	Tübingen
Geschäftsführer: Roman Kem	Mail:	info@sparbank-tuebingen.de	IBAN:	DE21 6009 8765 9986 6760 88
Amtsgericht Tübingen HRB 39432	Internet:	www.sparbank-tuebingen.de	BIC:	SPBNKDEX

Anlage 3

Aktiva	vereinfachte Quartalsbilanz der Wöhrle KG zum 30.09.2018 in Euro		Passiva
Anlagevermögen		**Eigenkapital**	
Grundstücke/Gebäude	1.500.000,00[1]	Hannes Wöhrle	1.200.000,00
Maschinen	1.000.000,00	Tim Fischer	800.000,00
BGA	500.000,00	Heidi Wöhrle	400.000,00
Finanzanlagen	300.000,00		
		Fremdkapital	
Umlaufvermögen		Verbindl. (langfristig)	1.330.000,00
Bestände an FE und UE	350.000,00	Verbindl. (kurzfristig)	220.000,00
Forderungen a. LL.	250.000,00		
Bank	50.000,00		
	3.950.000,00		3.950.000,00

Prüfungsaufgaben Sommer 2019 (Aufgabe 1)

Die Ofen GmbH mit Sitz in Konstanz ist ein mittelständisches Unternehmen. Sie sind in der Controlling-Abteilung als Sachbearbeiter/-in tätig. Das Unternehmen entwickelte vor kurzem Heizöfen für Fußballschuhe. Der Heizofen erwärmt Fußballschuhe unmittelbar vor dem Gebrauch, um sie weich und flexibel zu machen. Viele Sportvereine und Einzelsportler haben an diesem neuen Produkt bereits ihr Interesse bekundet. Zur Produktion der Heizöfen benötigt die Ofen GmbH eine neue Schweißmaschine, die eine prognostizierte Absatzmenge von 1.000 Stück pro Jahr leisten können muss.

1.1 Der Ofen GmbH liegen zwei Angebote über qualitativ gleichwertige Maschinen vor. Darüber hinaus liegen zu den Angeboten zusätzliche Informationen bereit.

1.1.1 Empfehlen Sie dem Geschäftsführer anhand einer Kostenvergleichsrechnung eines der beiden Kaufangebote. Verwenden Sie dazu die **Anlagen 1–3**.

1.1.2 Ihre Vorgesetzte bittet Sie nun noch um einen Rentabilitätsvergleich für die beiden Maschinen.

- Erklären Sie den Zweck einer Rentabilitätsvergleichsrechnung.
- Erläutern Sie ohne rechnerischen Nachweis, weshalb eine Rentabilitätsvergleichsrechnung in diesem Fall die bisherige Beschaffungsentscheidung nicht umkehrt.

---

[1] *Davon bereits erstrangig durch Grundpfandrechte belastet: 700.000,00 EUR.*

1.2 Der Geschäftsführer der Ofen GmbH entscheidet sich für das Angebot der Fink Heizsysteme GmbH. Die Barmittel der Ofen GmbH reichen jedoch nicht für eine vollständige Bezahlung der Schweißmaschine aus. Der Geschäftsführer überlegt daher, ob er für die Finanzierung der Schweißmaschine zusätzlich einen Kredit aufnehmen oder diese Maschine leasen soll. Für beide Möglichkeiten liegen ihm Angebote (**Anlagen 1 und 4**) vor.

1.2.1 Berechnen Sie für beide Möglichkeiten die Aufwands- und Liquiditätsbelastung mithilfe der **Anlagen 3 und 5** exemplarisch für die ersten sechs Nutzungsjahre.

1.2.2 Schlagen Sie dem Geschäftsführer vor, für welches Finanzierungsangebot er sich aus steuerlichen Gesichtspunkten entscheiden sollte.

1.2.3 Beurteilen Sie anhand von zwei Kriterien, ob es sich bei dem vorliegenden Leasingangebot um Operate Leasing oder Financial Leasing handelt.

1.2.4 Diskutieren Sie die Vorteilhaftigkeit der beiden Finanzierungsalternativen – unabhängig von Aufwandsbelastung und Liquiditätsbelastung – anhand von jeweils zwei Argumenten.

1.3 Nach der Anschaffung der Schweißmaschine bei der Fink Heizsysteme GmbH ist die Produktion angelaufen und die Ofen GmbH hat ihre ersten Heizöfen für Fußballschuhe verkauft.

Erstellen Sie den Buchungssatz für die Ausgangsrechnung (**Anlage 6**) sowie den Zahlungsausgleich des Kunden am 30.04.2019 per Banküberweisung.

1.4 Nach einem Jahr liegt der Absatz bei den Heizöfen tatsächlich bei 800 Stück. Eine Absatzsteigerung ist nicht in Sicht. Der Geschäftsführer ist mit dieser Auslastung der Schweißmaschine nicht zufrieden.

- Berechnen Sie den Auslastungsgrad der Maschine (**Anlage 3**).
- Schlagen Sie zwei Maßnahmen zur Erhöhung des Auslastungsgrades vor.
- Erläutern Sie anhand einer Skizze, wie sich eine Erhöhung des Auslastungsgrades auf die Stückkosten auswirkt.

Anlage 1

Fink Heizsysteme GmbH – Industriestraße 12 – 78224 Singen

Ihr Zeichen: wm
Ihre Nachricht vom: 04.04.2019
Unser Zeichen: tw
Unsere Nachricht vom: 15.04.2019

Ofen GmbH
Herrn May
Byk-Gulden-Straße 4
78467 Konstanz

Name: Thorsten Weber
Telefon: 07731 100-10
Telefax: 07731 100-20
E-Mail: t.weber@fink-heizsysteme.de

Datum: 15.04.2019

Angebot

Sehr geehrter Herr May,

gerne bieten wir Ihnen folgende Artikel freibleibend an:

Artikel	**Preis in Euro pro Stück** (zzgl. MwSt.)
Schweißmaschine HEAT-1001	126.000,00
Transportkosten	315,79
Gesamt (zzgl. MwSt.)	**126.315,79**

Sie erhalten einen Sonderrabatt auf den Nettorechnungsbetrag in Höhe von 5 %.

Gleichzeitig bieten wir Ihnen an, dieselbe Maschine mit folgenden Konditionen zu leasen:
- Unkündbare Grundmietzeit: 60 Monate
- Leasingrate während der Grundmietzeit: 8.000,00 EUR vierteljährlich
- Jährliche Leasingrate nach Ablauf der Grundmietzeit (zahlbar jeweils am Jahresende): 10 % des Listenpreises (netto)

Wir freuen uns auf Ihre Antwort.

Mit freundlichen Grüßen

Thorsten Weber

Thorsten Weber

Geschäftsräume	**Kontakt**		**Bankverbindung**	
Industriestraße 12	Tel:	+49 (0) 7731 100-0	Bank:	Hohentwiel-Bank
78224 Singen	Fax:	+49 (0) 7731 100-01	Bankort:	Singen
Gesellschafter: Ulf Fink	Mail:	info@fink-heizsysteme.de	BIC:	GENODEAA787
Amtsgericht Konstanz HRB 8745	Internet:	www.fink-heizsysteme.de	IBAN:	DE04 7787 8965 1213 1312 12

Anlage 2

Keller KG

Singener Straße 3
78315 Radolfzell
Tel.: 07732 5454-01
Fax: 07732 5454-12

Keller KG – Singener Straße 3 – 78315 Radolfzell

Ofen GmbH
Herrn May
Byk-Gulden-Straße 4
78467 Konstanz

Ihr Zeichen: wm
Ihre Nachricht vom: 09.04.2019
Unser Zeichen: mm
Unsere Nachricht vom: 09.04.2019

Name: Michael Müller
Telefon: 07732 5454-01
Telefax: 07732 5454-12
E-Mail: michael.mueller@kellerkg.de

Datum: 15.04.2019

Angebot

Sehr geehrter Herr May,

gerne bieten wir Ihnen folgende Artikel freibleibend an:

Artikel	Preis in Euro pro Stück (zzgl. MwSt.)
Schweißmaschine H-18A-1	166.255,99
Transportkosten	410,68
Gesamtbetrag (zzgl. MwSt.)	**166.666,67**

Sie erhalten einen Rabatt in Höhe von 10 % auf den Gesamtbetrag.

Wir freuen uns auf Ihre Antwort.

Mit freundlichen Grüßen

Michael Müller

Michael Müller

Geschäftsräume
Singener Straße
Gesellschafter: Michael Müller, Bernd Wagner
Amtsgericht Konstanz HRA 4547

Kontakt
Tel: +49 (0) 7732 5454-01
Fax: +49 (0) 7732 5454-12
E-Mail: info@kellerkg.de
Internet: www.kellerkg.de

Bankverbindung
Bank: Zeil-Bank
Bankort: Radolfzell
BIC: GENODEZZ345
IBAN: DE04 8785 0500 6365 9874 32

Anlage 3

Interne Informationen für den Kauf der Schweißmaschine:

Interne Informationen zur Schweißmaschine HEAT-1001

Kapazität pro Jahr (Stück)	2.500
Nutzungsdauer	15 Jahre
sonstige Fixkosten pro Jahr für Betrieb	8.000,00 EUR
Lohn pro Stück	1,30 EUR
Material pro Stück	3,50 EUR
sonstige Kosten pro Stück	5,00 EUR
Nettoverkaufspreis	299,00 EUR
kalkulatorischer Zinssatz	4,00 %
Restwert am Ende der Nutzungsdauer	0,00 EUR

Interne Informationen zur Schweißmaschine H-18A-1

Kapazität pro Jahr (Stück)	2.200
Nutzungsdauer	15 Jahre
sonstige Fixkosten pro Jahr für Betrieb	10.000,00 EUR
Lohn pro Stück	0,65 EUR
Material pro Stück	3,80 EUR
sonstige Kosten pro Stück	1,50 EUR
Nettoverkaufspreis	299,00 EUR
kalkulatorischer Zinssatz	4,00 %
Restwert am Ende der Nutzungsdauer	0,00 EUR

Externe Informationen für den Kauf von Schweißmaschinen:

Auszug: AfA-Tabelle des Bundesministeriums der Finanzen für die allgemein verwendbaren Anlagegüter (AfA-Tabelle „AV“):

Fundstelle	Anlagegüter	Nutzungsdauer in Jahren
5	Bearbeitungsmaschinen und Verarbeitungsmaschinen	
[...]		
5.20	Schweißgeräte und Lötgeräte	13

Quelle: Bundesministerium der Finanzen: AfA-Tabelle für die allgemein verwendbaren Anlagegüter (AfA-Tabelle „AV“), 15.12.2000. In: www.bundesfinanzministerium.de/Content/DE/Standardartikel/Themen/Steuern/Weitere_Steuerthemen/Betriebspruefung/AfA-Tabellen/Ergaenzende-AfA-Tabellen/AfA-Tabelle_AV.pdf?__blob=publicationFile&v=3 [31.03.2023], S. 4 f., gekürzt.

Anlage 4

See-Bank Konstanz

See-Bank Konstanz, Marktstätte 4, 78462 Konstanz

Ihr Zeichen:	wm
Ihre Nachricht:	17.04.2019
Unser Zeichen:	Ka-hu
Unsere Nachricht:	19.04.2019
Name:	Herr Kahl
Telefon:	07531 5422-39
Telefax:	07531 5422-35
E-Mail:	info@sk.de
Homepage:	www.see-bank.de
Datum:	19.04.2019

Ofen GmbH
Herrn May
Byk-Gulden-Straße 4
78467 Konstanz

Ihre Darlehensanfrage

Sehr geehrter Herr May,

gerne unterbreiten wir Ihnen ein Finanzierungsangebot.

- Darlehen in Höhe von 120.000,00 EUR
- Soll-Zinssatz 1,8 % p. a.
- Auszahlung des Darlehens zu 100 %
- Laufzeit 72 Monate
- Tilgung jeweils am Jahresende in gleichen Raten

Mit freundlichen Grüßen

See-Bank Konstanz

Steffen Kahl

Steffen Kahl

Geschäftsräume	Kontakt		Bankverbindung	
Marktstätte 4	Tel:	+49 (0) 7531 5422-0	Bank:	See-Bank Konstanz
78462 Konstanz	Fax:	+49 (0) 7531 5422-00	Bankort:	Konstanz
Vorstand: Marco Meyer, Rainer Hägele	E-Mail:	info@sk.de	BIC:	GENODEXX200
Amtsgericht Konstanz HRB 1236	Internet:	www.see-bank.de	IBAN:	DE04 6609 0800 1144 2211 11

Anlage 5

Kreditfinanzierung:

Jahr	Kredit	Tilgung	Zins	Abschreibung	Aufwands-belastung	Liquiditäts-belastung
1						
2						
3						
4						
5						
6						
Summe						

Leasingfinanzierung:

Jahr	Leasingrate	Aufwandsbelastung	Liquiditätsbelastung
1			
2			
3			
4			
5			
6			
Summe			

Anlage 6

Ofen GmbH – Byk-Gulden-Straße 4 – 78467 Konstanz

Herrn
Herbert Ginger
Sonnenblumenweg 6
78247 Hilzingen

Ihr Zeichen: hg
Ihre Nachricht vom: 23.04.2019
Unser Zeichen: wm
Unsere Nachricht vom: 24.04.2019

Name: May
Telefon: 07531 99123-0
Telefax: 07531 99123-20
E-Mail: may@ofengmbh.de

Datum: 24.04.2019

Rechnung Nr. 00-17

Art.-Nr.	Bezeichnung	Menge	Einzelpreis in Euro	Gesamtpreis in Euro
121	Heizofen für Fußballschuhe	25	299,00	7.475,00
	Mehrwertsteuer 19 %			1.420,25
	Gesamtbetrag in Euro			**8.895,25**

Bei einer Zahlung innerhalb 10 Tagen nach Rechnungsdatum erhalten Sie 2 % Skonto.

Vielen Dank für Ihren Auftrag.

Freundliche Grüße

Ofen GmbH

Wilhelm May

Wilhelm May

Geschäftsräume	Kontakt	Bankverbindung
Byk-Gulden-Straße 4	Tel: +49 (0) 7531 99123-0	Bank: See-Bank Konstanz
78462 Konstanz	Fax: +49 (0) 7531 99123-20	Bankort: Konstanz
Gesellschafter: Wilhelm May	E-Mail: may@ofengmbh.de	BIC: GENODEXX200
Amtsgericht Konstanz HRB 2345		IBAN: DE04 6609 0800 6874 2525 74

7 Kapitelübergreifende Prüfungsaufgaben Betriebswirtschaft/Geschäftsprozesse

Prüfungsaufgaben Winter 2018/2019 (Aufgabe 1)

Die City-Scooter GmbH in Ostfildern ist ein mittelständisches Unternehmen aus der Spielwarenbranche und stellt u. a. Cityroller in verschiedenen Ausführungen her. Sie sind als Sachbearbeiter/-in bei der City-Scooter GmbH tätig. Ihnen liegt ein Kundenauftrag der Spieleland KG über 5.000 Scooter 2.0 vor.

Ihr Vorgesetzter Herr Pavel bittet Sie um Unterstützung bei folgenden Aufgaben.

1.1 Ermitteln Sie für die Planung des Kundenauftrags die Nettobedarfe der einzelnen Komponenten des Scooters 2.0. Nutzen Sie dazu die **Anlagen 1–3.**

1.2 Sie sichten die Lieferantendatei für die Auswahl möglicher Lieferanten der Kugellager T2. Aktuell sind nur zwei Lieferanten hinterlegt.

Nennen Sie vier Möglichkeiten, wie kurzfristig weitere Lieferanten ausfindig gemacht werden können.

1.3 Sie haben nun Angebote von drei Lieferanten eingeholt (**Anlage 4–6**).

Ermitteln Sie die Einstandspreise der einzelnen Angebote.

1.4 Nach Berücksichtigung weiterer Kriterien, haben Sie sich für die Rollenshop KG entschieden und dort 1.000 Kugellager T2 wie angeboten bestellt. Am 29.10.2018 ist die Lieferung noch nicht bei Ihnen eingetroffen. Sie erfahren nach telefonischer Rücksprache, dass bei der Rollenshop KG ein personeller Engpass vorliegt.

Prüfen Sie, ob sich die Rollenshop KG im Lieferungsverzug befindet (**Anlage 7).**

1.5 Am 31.10.2018 teilt Ihnen die Rollenshop KG mit, dass die Lieferung der Kugellager T2 nicht möglich ist. Die Rollup e. K. erklärt sich kurzfristig bereit, die benötigten 1.000 Kugellager T2 zu den ursprünglichen Konditionen (**Anlage 4**) zu liefern.

1.5.1 Schreiben Sie am 02.11.2018 eine E-Mail an die Rollenshop KG. Erklären Sie der Rollenshop KG darin Ihre weitere Vorgehensweise und stellen Sie eine berechtigte Forderung unter Angabe der entsprechenden Paragrafen (**Anlage 7**).

1.5.2 Am 05.11.2018 treffen die Kugellager T2 mit der Rechnung und einem Begleitschreiben ein (**Anlage 8** und **Anlage 9**).

- Buchen Sie die Eingangsrechnung sowie die Banküberweisung des Rechnungsbetrags am 08.11.2018.
- Buchen Sie den Zahlungseingang der Bonus-Gutschrift auf unserem Bankkonto.

1.6 Am Abend des 08.11.2018 trifft noch kurzfristig ein Auftrag des A-Kunden Philip Schnell GmbH aus Ostfildern ein. Dieser benötigt für seine Messe am 10.11.2018 noch 50 Scooter 2.0. Die Lieferung soll bis Freitagabend, 09.11.2018, erfolgen. Sie haben bereits die Lagerbestände geprüft und die noch zu fertigenden Komponenten im Arbeitsplan (**Anlage 10**) aufgelistet.

- Ermitteln Sie anhand von **Anlage 1** und **10** die Fertigungszeit für diesen Auftrag unter Beachtung von Parallelvorgängen.
- Entscheiden Sie begründet, welche Konsequenzen Sie aus der Ermittlung der Auftragszeit ableiten würden.

Hinweis: Gehen Sie davon aus, dass in der Fertigung der City-Scooter GmbH freitags normalerweise von 08:00 Uhr–14:00 Uhr abzüglich 30 Minuten Pause gearbeitet wird.

1.7 Die Cityroller werden bisher in Werkstättenfertigung hergestellt. Im Rahmen von laufenden Rationalisierungsprozessen steht das aktuelle Fertigungsorganisationsprinzip für dieses Produkt auf dem Prüfstand.

1.7.1 Grenzen Sie die Werkstättenfertigung gegenüber zwei alternativen Organisationsformen ab.

1.7.2 Begründen Sie anhand von drei Argumenten, weshalb die Werkstättenfertigung bei der City-Scooter GmbH beibehalten werden soll.

Anlage 1: Erzeugnisstruktur Scooter 2.0

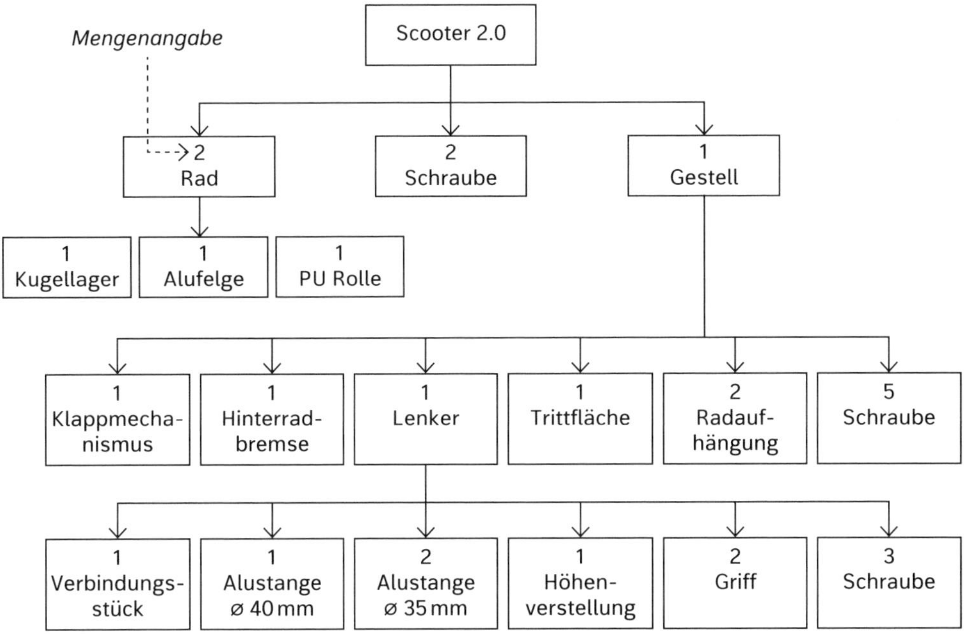

Scooter 2.0

E (Erzeugnis)	E1 = Scooter 2.0
B (Baugruppen)	B1 = Rad
	B2 = Gestell
	B3 = Lenker
T (Einzelteile)	T1 = Schraube
	T2 = Kugellager
	T3 = Alufelge
	T4 = PU-Rolle
	T5 = Klappmechanismus
	T6 = Hinterradbremse
	T7 = Trittfläche
	T8 = Radaufhängung
	T9 = Verbindungsstück
	T10 = Alustange Ø 40 mm
	T11 = Alustange Ø 35 mm
	T12 = Höhenverstellung
	T13 = Griff

Anlage 2: Nettobedarfsplanung für Kundenbestellung

Teilebezeichnung	
Menge lt. Erzeugnisstruktur	disponierbarer Lagerbestand
Bruttobedarf	Nettobedarf

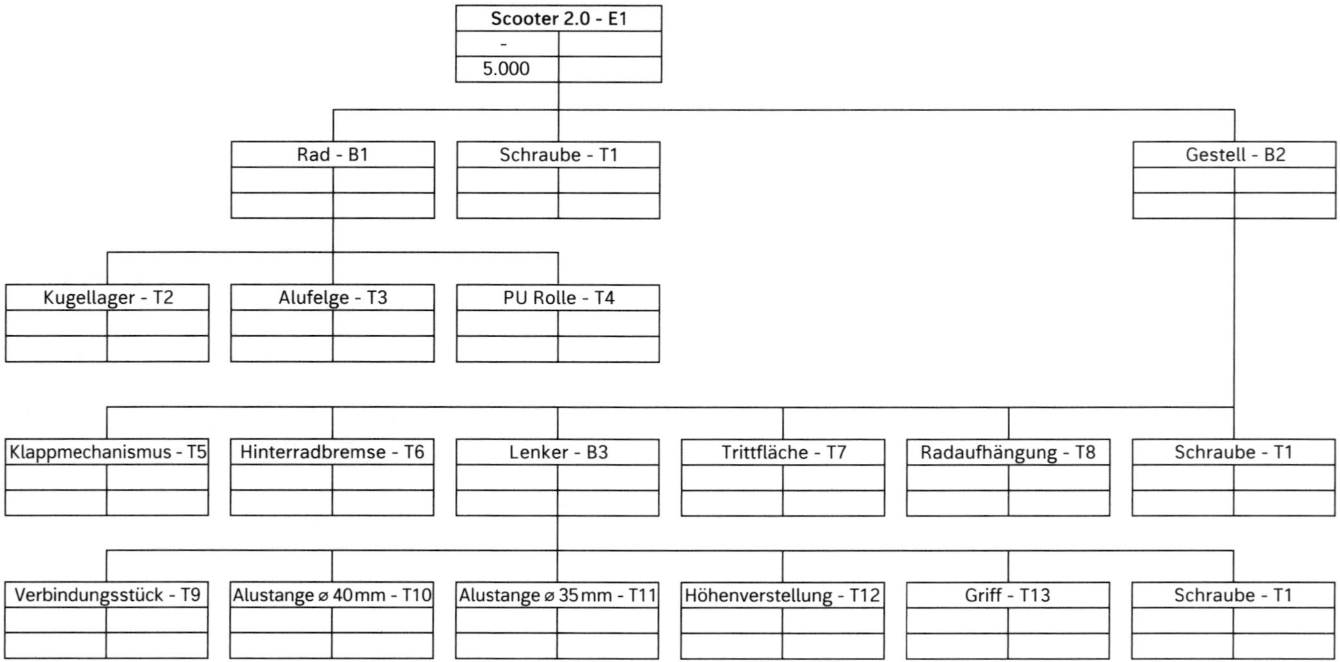

Anlage 3: Lagerbestände

	Artikel-nummer	Vorhandener Lagerbestand	Sicherheits-bestand	Bestell-bestand	Reservier-ter Bestand
Scooter 2.0	E1	2.000	500	0	500
Rad	B1	8.000	1.000	0	0
Gestell	B2	1.200	500	0	200
Lenker	B3	2.500	500	0	500
Schraube	T1	17.500	10.000	13.000	3.500
Kugellager	T2	2.000	2.000	0	0
Alufelge	T3	4.000	1.000	0	1.000
PU-Rolle	T4	4.000	1.000	0	2.000
Klappmechanismus	T5	1.300	500	100	400
Hinterradbremse	T6	2.600	500	200	0
Trittfläche	T7	2.500	500	0	0
Radaufhängung	T8	8.000	1.000	0	3.500
Verbindungsstück	T9	8.000	2.000	2.000	2.000
Alustange Ø 40mm	T10	5.700	5.000	0	0
Alustange Ø 35mm	T11	11.000	8.000	2.000	2.500
Höhenverstellung	T12	9.000	2.000	0	0
Griff	T13	2.200	800	0	0

Anlage 4: Angebot Rollup e. K.

Rollup e. K.

Rollup e. K. – Stuttgarter Straße 27 – 73230 Kirchheim/Teck

Ihr Zeichen: PAV
Ihre Nachricht vom: 12.10.2018
Unser Zeichen: hak

City-Scooter GmbH
Kinogasse 8
73760 Ostfildern

Name: Katrin Hanke
Telefon: 07021 99782-240
Telefax: 07021 99782-200
E-Mail: hanke@rollup.net

Datum: 16.10.2018

Angebot-Nr. 5789

Art.-Nr.	Bezeichnung	Menge	Einzelpreis in Euro	Gesamtpreis in Euro
KL-201	Kugellager Stunt Scooter	1.000	3,30	3.300,00
			+ 19 % MwSt.	627,00
			Angebotspreis (brutto)	**3.927,00**

Lieferung binnen 14 Tagen nach Bestellung. Zzgl. Versand- und Verpackungspauschale von 25,00 EUR.

Bei Fragen stehen wir Ihnen natürlich jederzeit gerne zur Verfügung.

Freundliche Grüße

Rollup e. K.

i. A. Katrin Hanke

Hausanschrift:
Rollup e. K.
Stuttgarter Str. 27
73230 Kirchheim/T.

Kommunikationsdaten:
Telefon: 07023 99782 - 240
Telefax: 07023 99782 - 200
E-Mail: hanke@rollup.net

Geschäftsführer/-in:
Peter Wagner
Isabell Schneider

Gerichtsstand Stuttgart
HRA 3380 Stuttgart
Steuer-Nr.: 1430671722
USt-IdNr.: DE183631402

Bankverbindung:
Kreissparkasse Kirchheim
IBAN DE89 3704 0044 0532 0130 00
SWIFT-Code 1122 49 22 123

Anlage 5: Angebot FunSports GmbH

An:	pavel@city-scooter-gmbh.com
Von:	heidi.frasch@funsports.de
Betreff:	Angebot Nr. 2568-2018

Sehr geehrte Damen und Herren,

vielen Dank für Ihre Anfrage vom 12.10.2018.

Gerne bieten wir Ihnen folgenden Artikel an:

Kugellager-Set High Quality Keramik (Set bestehend aus 2 Kugellagern)
Nettopreis pro Set 5,78 EUR zzgl. Versandkosten 69,00 EUR pro Lieferung

Wir gewähren Ihnen einen Neukundenrabatt von 25 %. Bei Zahlung innerhalb von 7 Tagen gewähren wir Ihnen 2 % Skonto oder zahlbar netto innerhalb von 30 Tagen. Die Lieferung erfolgt innerhalb von 14 Tagen.

Wir freuen uns, wenn Ihnen unser Angebot zusagt. Für Fragen stehen wir Ihnen gerne zur Verfügung.

Freundliche Grüße

Fun Sports GmbH

i. A. Heidi Frasch

E-Mail: heidi.frasch@funsports.de
Internet: www.funsports.de
Telefon: 0711 249-100
Telefax: 0711 249-110

Postanschrift: Postfach 12 14, 70499 Stuttgart
Hausanschrift/Sitz: Rotebühlstraße 171, 70184 Stuttgart
Gesellschafter: Karla Siegle, Jens Tengelmann
Handelsregister HRB 2298 beim Amtsgericht Stuttgart

Anlage 6: Angebot Rollenshop KG

Rollenshop KG

Maiweg 17
74072 Heilbronn
Tel.: 07131 2345-01
Fax: 07131 2345-12

Rollenshop KG – Maiweg 17 – 74072 Heilbronn

Ihr Zeichen: PAV
Ihre Nachricht vom: 12.10.2018
Unser Zeichen: mr

City-Scooter GmbH
Kinogasse 8
73760 Ostfildern

Name: Thorsten Mrozinski
Telefon: 07131 2345-11
Telefax: 07131 2345-12
E-Mail: t.mrozinski@rollenshop.de

Datum: 15.10.2018

Angebot

Sehr geehrte Damen und Herren,

gerne bieten wir Ihnen folgenden Artikel an:

Artikel	Nr.	Beschreibung	Preis in Euro pro Stück (zzgl. MwSt.)
Kugellager SPEED	45019	Geeignet für alle gängigen Cityroller mit 205 mm Rollen. Außendurchmesser: 22 mm, Breite: 7 mm, Achsdurchmesser/Innendurchmesser: 8 mm	**2,49**

Wir liefern frei Haus. Bei Zahlung innerhalb von 8 Tagen gewähren wir 3 % Skonto. Die Lieferung erfolgt am 22.10.2018.

Mit freundlichen Grüßen

Thorsten Mrozinski

Hausanschrift:
Rollenshop KG
Maiweg 17
74072 Heilbronn

Kommunikationsdaten:
Telefon: 07131-23 45 0
Telefax: 07131-23 45 39
E-Mail: info@rollenshop.de

Gesellschafter:
Maik Schneider
Martha Baum

Gerichtsstand Heilbronn
HRA 3380 Heilbronn
Steuer-Nr.: 1538671998
USt-IdNr.: DE179603462

Bankverbindung:
Volksbank Heilbronn
IBAN DE69 2175 0941 0532 0192 10
SWIFT-Code 8296 49 55 678

Anlage 7: Auszug aus dem Bürgerlichen Gesetzbuch (BGB)

§ 280 Schadensersatz wegen Pflichtverletzung

(1) Verletzt der Schuldner eine Pflicht aus dem Schuldverhältnis, so kann der Gläubiger Ersatz des hierdurch entstehenden Schadens verlangen. Dies gilt nicht, wenn der Schuldner die Pflichtverletzung nicht zu vertreten hat.
(2) Schadensersatz wegen Verzögerung der Leistung kann der Gläubiger nur unter der zusätzlichen Voraussetzung des § 286 verlangen.
(3) Schadensersatz statt der Leistung kann der Gläubiger nur unter den zusätzlichen Voraussetzungen des § 281, des § 282 oder des § 283 verlangen.

§ 281 Schadensersatz statt der Leistung wegen nicht oder nicht wie geschuldet erbrachter Leistung

(1) Soweit der Schuldner die fällige Leistung nicht oder nicht wie geschuldet erbringt, kann der Gläubiger unter den Voraussetzungen des § 280 Abs. 1 Schadensersatz statt der Leistung verlangen, wenn er dem Schuldner erfolglos eine angemessene Frist zur Leistung oder Nacherfüllung bestimmt hat. Hat der Schuldner eine Teilleistung bewirkt, so kann der Gläubiger Schadensersatz statt der ganzen Leistung nur verlangen, wenn er an der Teilleistung kein Interesse hat. Hat der Schuldner die Leistung nicht wie geschuldet bewirkt, so kann der Gläubiger Schadensersatz statt der ganzen Leistung nicht verlangen, wenn die Pflichtverletzung unerheblich ist.
(2) Die Fristsetzung ist entbehrlich, wenn der Schuldner die Leistung ernsthaft und endgültig verweigert oder wenn besondere Umstände vorliegen, die unter Abwägung der beiderseitigen Interessen die sofortige Geltendmachung des Schadensersatzanspruchs rechtfertigen.
(3) Kommt nach der Art der Pflichtverletzung eine Fristsetzung nicht in Betracht, so tritt an deren Stelle eine Abmahnung.
(4) Der Anspruch auf die Leistung ist ausgeschlossen, sobald der Gläubiger statt der Leistung Schadensersatz verlangt hat.
(5) Verlangt der Gläubiger Schadensersatz statt der ganzen Leistung, so ist der Schuldner zur Rückforderung des Geleisteten nach den §§ 346 bis 348 berechtigt.

§ 282 Schadensersatz statt der Leistung wegen Verletzung einer Pflicht nach § 241 Abs. 2

Verletzt der Schuldner eine Pflicht nach § 241 Abs. 2, kann der Gläubiger unter den Voraussetzungen des § 280 Abs. 1 Schadensersatz statt der Leistung verlangen, wenn ihm die Leistung durch den Schuldner nicht mehr zuzumuten ist.

§ 283 Schadensersatz statt der Leistung bei Ausschluss der Leistungspflicht

Braucht der Schuldner nach § 275 Abs. 1 bis 3 nicht zu leisten, kann der Gläubiger unter den Voraussetzungen des § 280 Abs. 1 Schadensersatz statt der Leistung verlangen. § 281 Abs. 1 Satz 2 und 3 und Abs. 5 findet entsprechende Anwendung.

§ 284 Ersatz vergeblicher Aufwendungen

Anstelle des Schadensersatzes statt der Leistung kann der Gläubiger Ersatz der Aufwendungen verlangen, die er im Vertrauen auf den Erhalt der Leistung gemacht hat und billigerweise machen durfte, es sei denn, deren Zweck wäre auch ohne die Pflichtverletzung des Schuldners nicht erreicht worden.

§ 286 Verzug des Schuldners

(1) Leistet der Schuldner auf eine Mahnung des Gläubigers nicht, die nach dem Eintritt der Fälligkeit erfolgt, so kommt er durch die Mahnung in Verzug. Der Mahnung stehen die Erhebung der Klage auf die Leistung sowie die Zustellung eines Mahnbescheids im Mahnverfahren gleich.

(2) Der Mahnung bedarf es nicht, wenn

1. für die Leistung eine Zeit nach dem Kalender bestimmt ist,
2. der Leistung ein Ereignis vorauszugehen hat und eine angemessene Zeit für die Leistung in der Weise bestimmt ist, dass sie sich von dem Ereignis an nach dem Kalender berechnen lässt,
3. der Schuldner die Leistung ernsthaft und endgültig verweigert,
4. aus besonderen Gründen unter Abwägung der beiderseitigen Interessen der sofortige Eintritt des Verzugs gerechtfertigt ist.

(3) Der Schuldner einer Entgeltforderung kommt spätestens in Verzug, wenn er nicht innerhalb von 30 Tagen nach Fälligkeit und Zugang einer Rechnung oder gleichwertigen Zahlungsaufstellung leistet; dies gilt gegenüber einem Schuldner, der Verbraucher ist, nur, wenn auf diese Folgen in der Rechnung oder Zahlungsaufstellung besonders hingewiesen worden ist. Wenn der Zeitpunkt des Zugangs der Rechnung oder Zahlungsaufstellung unsicher ist, kommt der Schuldner, der nicht Verbraucher ist, spätestens 30 Tage nach Fälligkeit und Empfang der Gegenleistung in Verzug.

(4) Der Schuldner kommt nicht in Verzug, solange die Leistung infolge eines Umstands unterbleibt, den er nicht zu vertreten hat.

(5) Für eine von den Absätzen 1 bis 3 abweichende Vereinbarung über den Eintritt des Verzugs gilt § 271a Absatz 1 bis 5 entsprechend.

§ 323 Rücktritt wegen nicht oder nicht vertragsgemäß erbrachter Leistung

(1) Erbringt bei einem gegenseitigen Vertrag der Schuldner eine fällige Leistung nicht oder nicht vertragsgemäß, so kann der Gläubiger, wenn er dem Schuldner erfolglos eine angemessene Frist zur Leistung oder Nacherfüllung bestimmt hat, vom Vertrag zurücktreten.

(2) Die Fristsetzung ist entbehrlich, wenn

1. der Schuldner die Leistung ernsthaft und endgültig verweigert,
2. der Schuldner die Leistung bis zu einem im Vertrag bestimmten Termin oder innerhalb einer im Vertrag bestimmten Frist nicht bewirkt, obwohl die termin- oder fristgerechte Leistung nach einer Mitteilung des Gläubigers an den Schuldner vor Vertragsschluss oder auf Grund anderer den Vertragsabschluss begleitenden Umstände für den Gläubiger wesentlich ist, oder
3. im Falle einer nicht vertragsgemäß erbrachten Leistung besondere Umstände vorliegen, die unter Abwägung der beiderseitigen Interessen den sofortigen Rücktritt rechtfertigen.

(3) Kommt nach der Art der Pflichtverletzung eine Fristsetzung nicht in Betracht, so tritt an deren Stelle eine Abmahnung.
(4) Der Gläubiger kann bereits vor dem Eintritt der Fälligkeit der Leistung zurücktreten, wenn offensichtlich ist, dass die Voraussetzungen des Rücktritts eintreten werden.
(5) Hat der Schuldner eine Teilleistung bewirkt, so kann der Gläubiger vom ganzen Vertrag nur zurücktreten, wenn er an der Teilleistung kein Interesse hat. Hat der Schuldner die Leistung nicht vertragsgemäß bewirkt, so kann der Gläubiger vom Vertrag nicht zurücktreten, wenn die Pflichtverletzung unerheblich ist.
(6) Der Rücktritt ist ausgeschlossen, wenn der Gläubiger für den Umstand, der ihn zum Rücktritt berechtigen würde, allein oder weit überwiegend verantwortlich ist oder wenn der vom Schuldner nicht zu vertretende Umstand zu einer Zeit eintritt, zu welcher der Gläubiger im Verzug der Annahme ist.

§ 325 Schadensersatz und Rücktritt
Das Recht, bei einem gegenseitigen Vertrag Schadensersatz zu verlangen, wird durch den Rücktritt nicht ausgeschlossen.

Anlage 8: Eingangsrechnung der Rollup e. K.

Rollup e. K.

Rollup e. K. – Stuttgarter Straße 27 – 73230 Kirchheim/Teck

City-Scooter GmbH
Kinogasse 8
73760 Ostfildern

Ihr Zeichen: PAV
Ihre Bestellung vom: 31.10.2018
Unser Zeichen: hak

Name: Katrin Hanke
Telefon: 07021 99782-240
Telefax: 07021 99782-200
E-Mail: hanke@rollup.net

Datum: 02.11.2018

Rechnung-Nr. 286-2018

Art.-Nr.	Bezeichnung	Menge	Einzelpreis in Euro	Gesamtpreis in Euro
KL-201	Kugellager Stunt Scooter	1.000	3,30	3.300,00
	Versand- und Verpackungspauschale			25,00
			Gesamtpreis (netto)	3.325,00
			+19 % MwSt.	631,75
			Rechnungsbetrag	**3.956,75**

Anlage

Bonus-Gutschrift Nr. 35-2018 (Kopie)

Hausanschrift:	Kommunikationsdaten:	Geschäftsführer/-in:	Gerichtsstand Stuttgart	Bankverbindung:
Rollup e. K.	Telefon: 07023 99782 - 240	Peter Wagner	**HRA** 3380 Stuttgart	Kreissparkasse Kirchheim
Stuttgarter Str. 27	Telefax: 07023 99782 - 200	Isabell Schneider	**Steuer-Nr.:** 1430671722	IBAN DE89 3704 0044 0532 0130 00
73230 Kirchheim/T.	E-Mail: hanke@rollup.net		**USt-IdNr.:** DE183631402	SWIFT-Code 1122 49 22 123

Anlage 9: Bonusschreiben der Rollup e. K.

Rollup e. K.

Rollup e. K. – Stuttgarter Straße 27 – 73230 Kirchheim/Teck

Ihr Zeichen: PAV
Ihre Bestellung vom:
Unser Zeichen: hak

City-Scooter GmbH
Kinogasse 8
73760 Ostfildern

Name: Katrin Hanke
Telefon: 07021 99782-240
Telefax: 07021 99782-200
E-Mail: hanke@rollup.net

Datum: 02.11.2018

Bonus-Gutschrift für 3. Quartal 2018 – Nr. 35-2018 (Belegkopie)

Datum	Rechnungsnummer	Netto-Warenwert in Euro	Brutto-Warenwert in Euro
18.07.2018	221-2018	1.156,00	1.375,64
30.07.2018	225-2018	2.412,00	2.870,28
12.08.2018	248-2018	3.145,00	3.742,55
27.08.2018	253-2018	1.546,00	1.839,74
15.09.2018	260-2018	987,00	1.174,53
22.09.2018	268-2018	2.645,00	3.147,55
30.09.2018	278-2018	2.570,00	3.058,30
	Umsatzbonus (brutto)	Gesamtumsatz (brutto) **1 %**	12.962,67 **129,63**

Die Bonus-Gutschrift werden wir in den nächsten Tagen auf Ihr Firmenkonto überweisen.

Hausanschrift:
Rollup e. K.
Stuttgarter Str. 27
73230 Kirchheim/T.

Kommunikationsdaten:
Telefon: 07023 99782 - 240
Telefax: 07023 99782 - 200
E-Mail: hanke@rollup.net

Geschäftsführer/-in:
Peter Wagner
Isabell Schneider

Gerichtsstand Stuttgart
HRA 3380 Stuttgart
Steuer-Nr.: 1430671722
USt-IdNr.: DE183631402

Bankverbindung:
Kreissparkasse Kirchheim
IBAN DE89 3704 0044 0532 0130 00
SWIFT-Code 1122 49 22 123

Anlage 10: Arbeitsplan

Baugruppe B1		Arbeitsplatz	Nettobedarf	Rüstzeit in Minuten	Ausführungszeit je Stück in Minuten	Ausführungszeit gesamt in Minuten	Auftragszeit in Minuten
T2+T3	2 Kugellager in Alufelgen einsetzen	001	20	5	0,25		
T4	2 PL Rollen über Felge ziehen	001	20	5	0,5		

Baugruppe B2

T7+T8+T1	2 Radaufhängungen an Trittfläche schrauben	211	42	10	2		
T6	Hinterradbremse anschrauben	211	42	5	1		
B3+T5+T1	mit Klappmechanismus Lenker an Trittfläche montieren	422	42	5	2		

Baugruppe B3

T10	Alustange Ø 40 mm zusägen und entgraten	422	10	5	1,5		
T11	Alustangen Ø 35 mm zusägen und entgraten	422	10	5	1,5		
T10+T11+ T12+T1	2 Alustangen durch Höhenverstellung zusammenfügen	422	20	4	1		
T9+T11+ T1	1 Alustange quer mit Verbindungsstück anbringen	422	20	4	2		
T13	2 Griffe über Alustange ziehen	422	20	3	3		

Erzeugnis E1

B1+B2+T1	Endmontage Gestell und Räder	501	40	10	3		

gesamte Auftragszeit in Minuten		
gesamte Auftragszeit in Stunden		

Prüfungsaufgaben Sommer 2019 (Aufgabe 2)

Die Chill-Time GmbH ist ein junges, aufstrebendes Unternehmen mit Sitz in Offenburg und stellt einfache, modern gestaltete Freizeitartikel her. Derzeit absolvieren Sie bei der Chill-Time GmbH eine Ausbildung zum/zur Industriekaufmann/frau. Ein trendiger Kugelgrill soll die Produktpalette des Unternehmens erweitern.

2. Sie sind Teil einer Projektgruppe zur Erstellung des Artikels „Kugelgrill". Die Abteilung Arbeitsvorbereitung benötigt von Ihnen genauere Informationen.

2.1 Vervollständigen Sie mithilfe der Mengenübersichtsstückliste und der Konstruktionszeichnung (**Anlagen 1 und 2**) die Erzeugnisstruktur in **Anlage 3**.

2.2 Zählen Sie zwei betriebliche Aufgaben auf, für die die Erzeugnisstruktur benötigt wird.

2.3 Die Arbeitsvorbereitung benötigt zusätzlich die Baukastenstücklisten des Kugelgrills.

Erstellen Sie für zwei Baugruppen Ihrer Wahl eine Baukastenstückliste.

2.4 Eine weitere Aufgabe der Projektgruppe ist es, eine Preiskalkulation durchzuführen. Ein Modell der Konkurrenz wird für 21,99 EUR brutto angeboten. Um unser Modell am Markt zu etablieren, soll der Kugelgrill für 19,99 EUR brutto verkauft werden.

Berechnen Sie den Gewinn pro Kugelgrill in Euro und Prozent anhand der vorgegebenen Daten aus **Anlage 4**. Runden Sie kaufmännisch.

2.5 Nach Abschluss des Projektes wechseln Sie in die Abteilung Beschaffung. Sie erhalten eine Bestellung über 150 Kugelgrills.

2.5.1 Ermitteln Sie den Brutto- und Nettobedarf an Kugelgrills (**Anlage 5**).

2.5.2 Das Teil Standfuß wird zudem für den Tischgrill benötigt. Aufgrund eines Zusatzauftrages über 25 Tischgrills wird die Überprüfung des Lagerbestandes „Standfuß" notwendig (**Anlagen 5 und 6**).

Ermitteln Sie die nun insgesamt benötigte Menge an Standfüßen.

2.6 Aufgrund der zu erwartenden guten Auftragslage im Sommer 2020 und der beschränkten Lagerkapazität möchte das Unternehmen bereits ab Herbst 2019 größere Mengen des Kugelgrills vorproduzieren, um im Sommer 2020 eine kurze Lieferzeit garantieren zu können. Für die Einlagerung der Kugelgrills fehlt Lagerfläche im Umfang von 800 m^3. Die Geschäftsleitung schwankt deshalb zwischen der Einrichtung eines neuen größeren Eigenlagers oder der Fremdeinlagerung bei einem Drittanbieter.

2.6.1
- Berechnen Sie die monatlichen Kosten für die beiden Alternativen (**Anlagen 7 und 8**).
- Begründen Sie anhand von zwei Argumenten, für welche Lagerart sich die Geschäftsleitung entscheiden soll.

2.6.2 Das Unternehmen erwartet auch in den folgenden Jahren gleichbleibende bis wachsende Absatzzahlen für den Kugelgrill.

- Ermitteln Sie das kritische Lagervolumen in m^3, bei dem die Kosten für beide Alternativen gleich sind.
- Verdeutlichen Sie den Sachverhalt anhand einer Skizze.

2.7 Im Zuge der Erweiterung der Lagerkapazitäten soll auch das Lager auf Wirtschaftlichkeit geprüft werden.

2.7.1 Für die Warengruppe „Grills“ liegen folgende Daten aus dem Warenwirtschaftssystem für das aktuelle und das vorhergehende Jahr vor:

Kennzahl	Vorhergehendes Jahr	Aktuelles Jahr
Umschlagshäufigkeit	6,5	5,5
Lagerkostensatz	10,54 %	12,35 %

- Beurteilen Sie die Entwicklung der beiden Kennzahlen.
- Erläutern Sie anhand der Kennzahlen zwei Maßnahmen, welche von der Abteilung Beschaffung ergriffen werden könnten, um die genannten Lagerkennzahlen zukünftig zu verbessern.

2.7.2 In der Vergangenheit traten bei der Versorgung mit der Baugruppe „Standfuß“ Probleme auf, weil die dazu benötigten Kunststoffkappen (Teilenummer 3821) häufig fehlten. Nun möchte die Unternehmensleitung für die Kunststoffkappen und weitere C-Teile das Kanban-System einführen. Dieses System ist vielen Mitarbeitern im Unternehmen nicht bekannt.

Sie werden deshalb von Ihrer Abteilungsleiterin gebeten, für die nächste wöchentliche Teambesprechung einen Vortrag vorzubereiten.

Erstellen Sie hierzu ein Manuskript mit folgenden Inhalten:

- Erläutern Sie das Kanban-System.
- Beschreiben Sie zwei mögliche Verbesserungen, die durch das Kanban-System bei der Chill-Time GmbH eintreten sollen.

Anlage 1

Mengenübersichtsstückliste			
Teile-Nr.	3811		
Bezeichnung	Kugelgrill		
Teile-Nr.	**Benennung**	**Einheit**	**Menge**
3812	Unterteil montiert	Stück	1
3813	Grillrost	Stück	1
3814	Oberteil montiert	Stück	1
3815	Schale (oben/unten)	Stück	2
3816	Schraube	Stück	5
3817	Standfuß	Stück	3
3818	Griff	Stück	1
3819	Stahlblech	kg	3
3820	Alu-Rohr	cm	42
3821	Kunststoffkappe	Stück	3

Anlage 2

Kugelgrill			
Zeichnungsnummer:	4215748		Blatt 1
bearbeitet am:	26.04.2019	von:	M. Maier
Eigentum der Chill-Time GmbH			

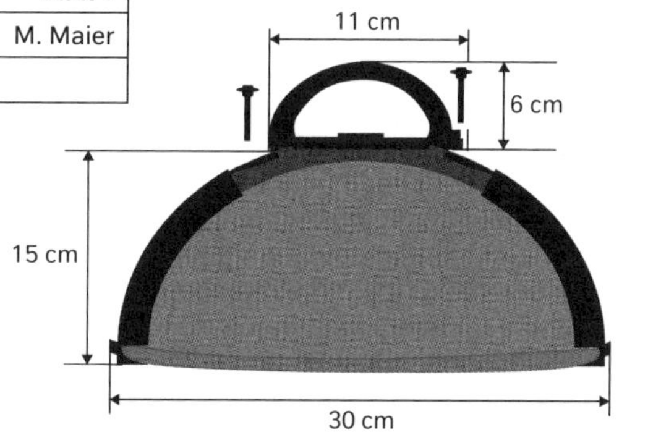

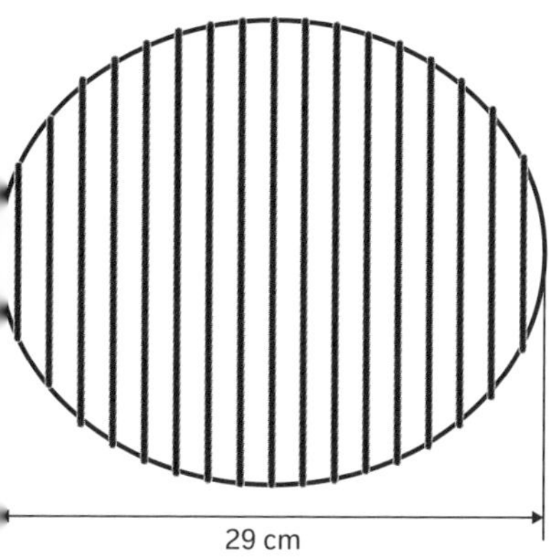

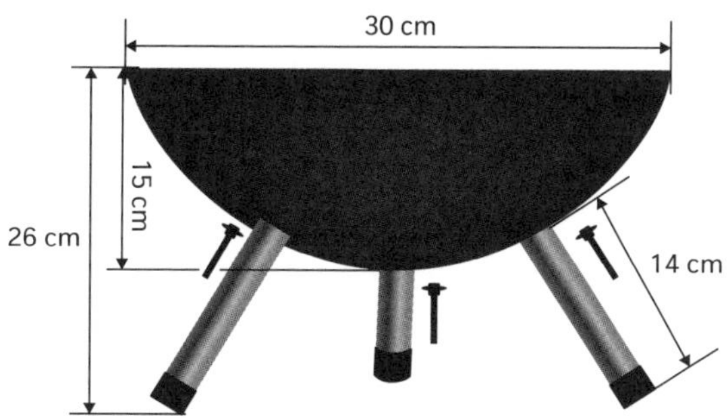

Anlage 3

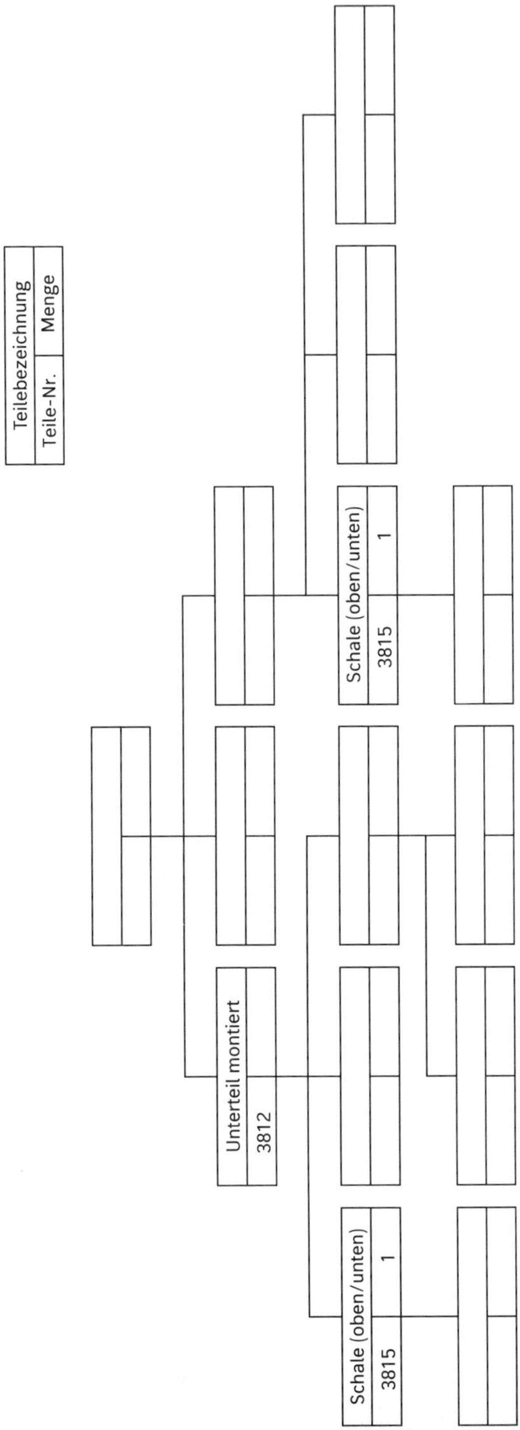
Teilebezeichnung
Teile-Nr.
Menge
Unterteil montiert
3812
Schale (oben/unten)
3815
1
Schale (oben/unten)
3815
1

Anlage 4

Daten aus dem Controlling für den Kugelgrill:

Fertigungsmaterial	3,60 EUR
Fertigungslöhne	3,50 EUR
Materialgemeinkostenzuschlagssatz	80 %
Fertigungsgemeinkostenzuschlagssatz	150 %

Weitere Gemeinkosten fallen nicht an.
Zahlungsbedingungen sind für alle Kunden gleich: 2 % Skonto innerhalb 10 Tagen, 30 Tage netto Kasse

Anlage 5

Werkstoffbezeichnung		**Kugelgrill**			
Teilenummer		3811			
Lagerplatz-Nr.		AL-111			
Aktueller Lieferant		Eigenproduktion			
Reservierungen		0 Stück			
Sicherheitsbestand		60 Stück			
Datum	**Beleg**	**Zugang**	**Abgang**	**Bestand**	**Bestellung**
15.03.	A1001	80	0	80	0
06.04.	ME0005	0	15	65	0

Werkstoffbezeichnung		**Unterteil**			
Teilenummer		3812			
Lagerplatz-Nr.		AL-233			
Aktueller Lieferant		Eigenproduktion			
Reservierungen		0 Stück			
Sicherheitsbestand		60 Stück			
Datum	**Beleg**	**Zugang**	**Abgang**	**Bestand**	**Bestellung**
15.03.	A1002	60	0	60	0
06.04.	ME0005	0	15	45	0

Werkstoffbezeichnung	**Standfuß**				
Teilenummer	3817				
Lagerplatz-Nr.	AL-222				
Aktueller Lieferant	Eigenproduktion				
Reservierungen	0 Stück				
Sicherheitsbestand	60 Stück				
Datum	**Beleg**	**Zugang**	**Abgang**	**Bestand**	**Bestellung**
20.02.	A1000	795		795	0
11.03.	ME005		400	395	0
15.03.	A1010	300		695	0
06.04.	ME0005		45	650	0

Anlage 6

Teileverwendung für „Standfuß" (3817)				
Teile-Nr.	**Bezeichnung**	**Ebene**	**Menge**	**Einheit**
1811	Elektrogrill	3	4	Stück
3811	Kugelgrill	2	3	Stück
5811	Tischgrill	3	4	Stück

Anlage 7

An:	schülername@chill-time-gmbh.de
Betreff:	Kosten der Eigenlagerung

Hallo Prüfling,

aufgrund von Marktforschungsergebnissen erwarten wir steigende Absatzzahlen bei den Kugelgrills. Deshalb benötigen wir im nächsten Jahr eine Lagerhalle, die ein Lagervolumen von 800 m^3 aufnehmen kann.

Eine passende Lagerhalle wird zurzeit im Industriegebiet Offenburg-Elgersweier zur Miete angeboten. Das max. Lagervolumen dieser Lagerhalle beträgt 1.500 m^3. Die monatliche Miete dieses Objektes beträgt 1.050,00 EUR je Monat.

Zusätzlich würden folgende Kosten für den Betrieb der Lagerhalle anfallen:

- Jährliche Abschreibung für die Lagereinrichtung: 2.520,00 EUR
- Monatliche Personalkosten: 3.150,00 EUR/Mitarbeiter; es werden 2 Mitarbeiter für die Unterhaltung des Lagers benötigt
- Versicherungskosten (Lagereinrichtung/Warenwert): 420,00 EUR/Monat
- Weitere monatliche Lagerhaltungskosten: 3,20 EUR pro genutztem Kubikmeter

Im Anhang befindet sich das Angebot für die Fremdlagerung.

Mit freundlichen Grüßen

Susanne Keller

Abteilungsleiterin Beschaffung

Anlage 8

Storage-World GmbH

Storage-World GmbH – Postfach 67539 – 77654 Offenburg

Ihr Zeichen: KE
Ihre Nachricht vom: 29.04.2019
Unser Zeichen: BM
Unsere Nachricht vom:

Chill-Time GmbH
Moltkestraße 58
77654 Offenburg

Name: Bernhard Matt
Telefon: 0781 7811-12
Telefax: 0781 7811-14
matt@storage-world-gmbh.de

Datum: 02.05.2019

Angebot

Sehr geehrte Frau Keller,

vielen Dank für Ihre Anfrage.

Wir bieten Ihnen die Einlagerung von Kugelgrills zum Kubikmeter-Preis von 12,65 EUR netto zuzüglich 19 % Mehrwertsteuer monatlich an. In diesem Preis eingeschlossen sind folgende Leistungen:

- Warenannahme
- sachgemäße Einlagerung
- Lagerverwaltung und nach Wunsch auch die Lagerbuchführung gegen Aufpreis

Die Storage-World GmbH ist ein weltweit agierendes Unternehmen mit langjähriger Erfahrung im Bereich Lagerhaltung. Unser Lager in Offenburg-Elgersweier verfügt über hohe Kommissionssicherheit durch unser Festplatzsystem. Durch die Möglichkeit zur permanenten Inventur sind Ihre Ist-Warenbestände immer bekannt. Die Einlagerung bzw. Auslagerung der Ware kann zwischen 6:00 Uhr und 18:00 Uhr erfolgen.

Wir freuen uns auf Ihren Auftrag. Falls Sie noch Fragen und Wünsche haben, stehen wir Ihnen selbstverständlich jederzeit zur Verfügung.

Mit freundlichen Grüßen

Storage-World GmbH

Bernhard Matt

Bernhard Matt

Storage-World GmbH	Telefon 0781 7811-12	LP Bank	Handelsregister 795732
Postfach 67539	Telefax 0781 7811-14	BIC: PBNKDEFG	Amtsgericht Offenburg
77654 Offenburg	info@storage-world-gmbh.de	IBAN: DE80 2501 0030 0415 7302 01	HRB
	www.storage-world-gmbh.de		

Prüfungsaufgaben Winter 2019/2020 (Aufgabe 1)

Sie sind Sachbearbeiter/-in im Einkauf der RUEDA GmbH mit Sitz in Hohberg. Diese stellt vornehmlich Fahrräder für den Hallen- und Kunstradsport wie zum Beispiel Einräder her. Das Unternehmen hat sich in den letzten Jahren einen guten Namen durch sein nachhaltiges Wirtschaften gemacht. Die RUEDA GmbH hat von der Sportartikelkette TRIUNFO AG einen Auftrag über die Lieferung von 5.000 Einrädern in spezieller Triunfo-Ausführung erhalten, da die RUEDA GmbH eine preisgünstige Lieferung zugesichert hat.

1.1 Zu allen Komponenten der Einräder (Fremdbezug) sind in Ihrer Unternehmensdatenbank Stammlieferanten hinterlegt.

1.1.1 Laut Bestellvorschlag aus Ihrer integrierten Unternehmenssoftware müssen 5.000 „Laufräder komplett 20 Zoll" für den Auftrag der TRIUNFO AG bestellt werden. Stammlieferant ist die TONA KG. Die Geschäftsleitung beauftragt Sie dennoch, weitere Angebote einzuholen.

- Geben Sie zwei Möglichkeiten an, wie Sie neue Bezugsquellen ermitteln können.
- Erklären Sie, welchen Vorteil das Einholen mehrerer Angebote hat.

1.1.2 Die Bezugsquellenrecherche ergibt zwei weitere potentielle Lieferanten neben der TONA KG. Sie haben bereits Angebote über 5.000 „Laufräder komplett 20 Zoll" und deren Transport eingeholt (**Anlagen 1–4**).

Ermitteln Sie auf Grundlage eines rechnerischen Angebotsvergleiches die Bezugspreise der einzelnen Lieferanten.

1.1.3 Erstellen Sie eine Entscheidungsbewertungstabelle und führen Sie einen qualitativen Angebotsvergleich durch. Berücksichtigen Sie neben dem Bezugspreis (gewichtet mit 40 %) drei weitere gleich gewichtete Kriterien (**Anlagen 1–5**).

Entscheiden Sie sich für einen der drei Anbieter.

1.2 Neben den Laufrädern benötigt die RUEDA GmbH 1.500 Radgabeln, welche am 10.10.2019 bei der Müller GmbH bestellt werden. Die Müller GmbH sichert Ihnen auf ihrer Auftragsbestätigung die Lieferung für den 18.10.2019 zu. Am 22.10.2019 ist noch immer keine Lieferung eingetroffen.

1.2.1
- Prüfen Sie, ob sich die Müller GmbH im Verzug befindet.
- Nennen Sie alle vor- und nachrangigen Rechte, die die RUEDA GmbH generell geltend machen kann. Geben Sie die entsprechenden Paragrafen an (**Anlage 6**).

1.2.2 Formulieren Sie das Mahnschreiben an die Müller GmbH und machen Sie eine berechtigte Forderung geltend.

1.3 Auf Ihr Mahnschreiben reagiert die Müller GmbH mit prompter Lieferung und legt die Rechnung bei. Laut Kontoauszug wurde die Eingangsrechnung der Müller GmbH über die Lieferung der Radgabeln beglichen (**Anlagen 7 und 8**).

Bilden Sie die Buchungssätze.

1.4 Die TRIUNFO AG verlangt für eine weitere Zusammenarbeit eine Zertifizierung der RUEDA GmbH. Dazu müssen unter anderem Prozesse mithilfe Ereignisgesteuerter Prozessketten (EPK) dokumentiert werden.

Diskutieren Sie anhand von jeweils einem Pro- und Kontra-Argument, ob die Darstellung von Prozessen mittels EPKs für interne Unternehmenszwecke bei der RUEDA GmbH sinnvoll ist.

1.5 Die RUEDA GmbH geht davon aus, dass die TRIUNFO AG auch in Zukunft jährlich 5.000 Einräder in Triunfo-Version abnimmt. Nach den Schwierigkeiten mit den Lieferanten bei der Auftragsdurchführung zieht sie in Erwägung, kritische Teile wie die Radgabeln künftig selbst herzustellen.

Das Unternehmen müsste dafür eine Spezialmaschine für 100.000,00 EUR anschaffen (Nutzungsdauer: zehn Jahre). Aufgrund der Preisentwicklung in diesem Bereich ist von Wiederbeschaffungskosten in gleicher Höhe auszugehen. Zusätzlich rechnet die RUEDA GmbH mit weiteren Fixkosten für Versicherung, Wartung etc. in Höhe von 5.000,00 EUR pro Jahr. Es entstehen Kosten für Fertigungsmaterial in Höhe von 2,00 EUR pro Stück und für Fertigungslöhne in Höhe von 1,00 EUR pro Stück.

1.5.1 Entscheiden Sie sich mithilfe der „kritischen Menge“ für Fremdbezug oder Eigenfertigung (**Anlagen 7 und 8**).

1.5.2 Erstellen Sie eine Skizze zur Veranschaulichung des Sachverhalts.

1.5.3 Geben Sie je drei Vor- und Nachteile des Fremdbezugs an.

Anlage 1

Becker GmbH
Räder und Rollen

BECKER

Becker GmbH, Rädar und Rollen, Ringstraße 14, 79098 Freiburg

RUEDA GmbH
Binzburgstraße 24
77749 Hohberg

Von: Heinz Baumgarten
Abt.: VK
Telefon: 0761 3455-25
Telefax: 0761 3455-26
Ihre Nachricht: 07.10.2019
Ihr Zeichen: EK

Freiburg, 07.10.2019

Angebot Nr.: 23 789

Sehr geehrte Damen und Herren,

vielen Dank für Ihre Anfrage. Wir können Ihnen folgenden Artikel anbieten:

Best.-Nr.	Modell	Rad-ø	Stückpreis
SZ 6431	Laufrad komplett mit Reifen, Kurbeln, Bremsscheiben	20 Zoll	15,50 EUR

Rabattstaffelung: ab 500 Stück 10 %
ab 3.000 Stück 15 %
ab 4.000 Stück 20 %

Verpackungskosten: bis 999 Stück 0,20 EUR pro Laufrad
ab 1.000 Stück keine

Zahlungsbedingungen: innerhalb 14 Tagen 2 % Skonto, ansonsten 30 Tage netto

Lieferbedingungen: eine Woche nach Bestellung ab Werk

Wir versprechen beste Qualität und Liefertreue bei der Ausführung.

Mit freundlichen Grüßen

ppa. Baumgarten

Hausanschrift:
Becker GmbH
Ringstraße 14
79098 Freiburg

Kommunikationsdaten:
Telefon: 0761 3455-20
Telefax: 0761 3455-30
E-Mail: poststelle@beckergmbh.de

Geschäftsführer/-in:
Peter Wagner
Isabell Schneider

Gerichtsstand Freiburg
HRB 1789 Freiburg
Steuer-Nr.: 1430671722
USt-IdNr.: DE183631402

Bankverbindung:
Freiburger Vereinsbank
IBAN DE89 1280 2020 0532 8989 89
SWIFT-Code 1122 49 22 367

Anlage 2

Reitmayer OHG, Internationale Spedition

Freiburger Straße 54, 77654 Offenburg

RUEDA GmbH
Binzburgstraße 24
77749 Hohberg

Angebot Nr.: 215/2019 **09.10.2019**

Sehr geehrte Damen und Herren,

vielen Dank für Ihre Anfrage. Gemäß unserem Telefonat vom 09.10.2019 bieten wir wie folgt an:

Transport von 5.000 Laufrädern komplett
von 79098 Freiburg nach 77749 Hohberg 500,00 EUR netto

Zahlungsbedingungen: 30 Tage netto

Mit freundlichen Grüßen

Karl Reitmayer

Anlage 3

Aktennotiz: **07.10.2019**

Ersteller: Horst Semmering (Einkauf)

Telefonisches Angebot der Fa. Kaiser GmbH zu unserer Anfrage über 5.000 Stück Laufräder für Einräder ø 20 Zoll, mit Reifen, Kurbeln und Bremsscheiben vom 07.10.2019.

Herr Koch hat wie folgt angeboten:

Listenpreis:	12,00 EUR pro Laufrard
Verpackungskosten:	0,50 EUR pro Laufrad
Zahlungsbedingungen:	30 Tage netto
Lieferbedingungen:	3 Tage nach Bestellung frei Haus

Anlage 4

TONA KG
- Import von Industriebedarf -

TONA KG, Hafenstraße 2, 27570 Bremerhaven

RUEDA GmbH
Binzburgstraße 24
77749 Hohberg

Von:	Gisela Rowetter
Abt.:	VK
Telefon:	(0471) 45633-16
Telefax:	(0471) 45633-17
Ihre Nachricht:	07.10.2019
Ihr Zeichen:	EK

Bremerhaven, 08.10.2019

Angebot Nr.: 19-01.0000023

Sehr geehrte Damen und Herren,

vielen Dank für Ihre Anfrage.

Wir bieten Ihnen entsprechend Ihrer Anfrage 5.000 Stück Laufräder mit Reifen inklusive Kurbeln und Bremsscheiben sowie einem Raddurchmesser von 20 Zoll pauschal für

60.250,00 EUR netto frei Haus an.

Hersteller:	Chang Zue Products Co. Ltd, Pengzhou, Sichuan, China
Zahlungsbedingungen:	30 Tage netto
Lieferbedingungen:	7 Wochen nach Bestellung frei Haus

Mit freundlichen Grüßen

i. A. G. Rowetter

Hausanschrift:
TONA KG
Hafenstraße 2
27750 Bremerhaven
Gerichtsstand Bremerhaven
***HRA** 67676 Bremerhaven*
***Steuer-Nr.:** 28973727*
***USt-IdNr.:** DE1834891402*

Kommunikationsdaten:
Telefon: 0471 45633-00
Telefax: 0471 45633-100
E-Mail: info@tonakg.de
Bankverbindung:
Norddeutsche Bank
IBAN DE56 3704 0044 0565 8989 89
SWIFT-Code 3456 49 79 367

Komplementäre:
Horst Tona
Isabell Tona

TONA

Anlage 5

Ausgehend von den Angeboten und Verhandlungen mit den Lieferanten sowie Erfahrungen aus Tests mit zugesandten Rädern ergibt sich folgendes Bild:

Lieferanten:

TONA KG	Becker GmbH	Kaiser GmbH
Bremsscheiben verursachen häufig Störgeräusche, Kugellager setzt Rost an	zugesandte Muster waren sehr gut	keine Beanstandungen, Zustand gut
keine Zertifikate vorhanden	Unternehmen ist nach DIN ISO 9001 und DIN EN ISO 14001 zertifiziert	Qualitätsmanagementsystem nach DIN ISO 9001, Umweltmanagementsystem nach DIN EN ISO 14001, Energiemanagementsystem nach DIN EN ISO 50001

Anlage 6: Auszug aus dem Bürgerlichen Gesetzbuch (BGB)

§ 242 Leistung nach Treu und Glauben

Der Schuldner ist verpflichtet, die Leistung so zu bewirken, wie Treu und Glauben mit Rücksicht auf die Verkehrssitte es erfordern.

§ 271 Leistungszeit

(1) Ist eine Zeit für die Leistung weder bestimmt noch aus den Umständen zu entnehmen, so kann der Gläubiger die Leistung sofort verlangen, der Schuldner sie sofort bewirken.
(2) Ist eine Zeit bestimmt, so ist im Zweifel anzunehmen, dass der Gläubiger die Leistung nicht vor dieser Zeit verlangen, der Schuldner aber sie vorher bewirken kann.

§ 276 Verantwortlichkeit des Schuldners

(1) Der Schuldner hat Vorsatz und Fahrlässigkeit zu vertreten, wenn eine strengere oder mildere Haftung weder bestimmt noch aus dem sonstigen Inhalt des Schuldverhältnisses, insbesondere aus der Übernahme einer Garantie oder eines Beschaffungsrisikos zu entnehmen ist. Die Vorschriften der §§ 827 und 828 finden entsprechende Anwendung.
(2) Fahrlässig handelt, wer die im Verkehr erforderliche Sorgfalt außer Acht lässt.
(3) Die Haftung wegen Vorsatzes kann dem Schuldner nicht im Voraus erlassen werden.

§ 280 Schadensersatz wegen Pflichtverletzung

(1) Verletzt der Schuldner eine Pflicht aus dem Schuldverhältnis, so kann der Gläubiger Ersatz des hierdurch entstehenden Schadens verlangen. Dies gilt nicht, wenn der Schuldner die Pflichtverletzung nicht zu vertreten hat.
(2) Schadensersatz wegen Verzögerung der Leistung kann der Gläubiger nur unter der zusätzlichen Voraussetzung des § 286 verlangen.
(3) Schadensersatz statt der Leistung kann der Gläubiger nur unter den zusätzlichen Voraussetzungen des § 281, des § 282 oder des § 283 verlangen.

§ 281 Schadensersatz statt der Leistung wegen nicht oder nicht wie geschuldet erbrachter Leistung

(1) Soweit der Schuldner die fällige Leistung nicht oder nicht wie geschuldet erbringt, kann der Gläubiger unter den Voraussetzungen des § 280 Abs. 1 Schadensersatz statt der Leistung verlangen, wenn er dem Schuldner erfolglos eine angemessene Frist zur Leistung oder Nacherfüllung bestimmt hat. Hat der Schuldner eine Teilleistung bewirkt, so kann der Gläubiger Schadensersatz statt der ganzen Leistung nur verlangen, wenn er an der Teilleistung kein Interesse hat. Hat der Schuldner die Leistung nicht wie geschuldet bewirkt, so kann der Gläubiger Schadensersatz statt der ganzen Leistung nicht verlangen, wenn die Pflichtverletzung unerheblich ist.

(2) Die Fristsetzung ist entbehrlich, wenn der Schuldner die Leistung ernsthaft und endgültig verweigert oder wenn besondere Umstände vorliegen, die unter Abwägung der beiderseitigen Interessen die sofortige Geltendmachung des Schadensersatzanspruchs rechtfertigen.

(3) Kommt nach der Art der Pflichtverletzung eine Fristsetzung nicht in Betracht, so tritt an deren Stelle eine Abmahnung.

(4) Der Anspruch auf die Leistung ist ausgeschlossen, sobald der Gläubiger statt der Leistung Schadensersatz verlangt hat.

(5) Verlangt der Gläubiger Schadensersatz statt der ganzen Leistung, so ist der Schuldner zur Rückforderung des Geleisteten nach den §§ 346 bis 348 berechtigt.

§ 284 Ersatz vergeblicher Aufwendungen

Anstelle des Schadensersatzes statt der Leistung kann der Gläubiger Ersatz der Aufwendungen verlangen, die er im Vertrauen auf den Erhalt der Leistung gemacht hat und billigerweise machen durfte, es sei denn, deren Zweck wäre auch ohne die Pflichtverletzung des Schuldners nicht erreicht worden.

§ 286 Verzug des Schuldners

(1) Leistet der Schuldner auf eine Mahnung des Gläubigers nicht, die nach dem Eintritt der Fälligkeit erfolgt, so kommt er durch die Mahnung in Verzug. Der Mahnung stehen die Erhebung der Klage auf die Leistung sowie die Zustellung eines Mahnbescheids im Mahnverfahren gleich.

(2) Der Mahnung bedarf es nicht, wenn

1. für die Leistung eine Zeit nach dem Kalender bestimmt ist,
2. der Leistung ein Ereignis vorauszugehen hat und eine angemessene Zeit für die Leistung in der Weise bestimmt ist, dass sie sich von dem Ereignis an nach dem Kalender berechnen lässt,
3. der Schuldner die Leistung ernsthaft und endgültig verweigert,
4. aus besonderen Gründen unter Abwägung der beiderseitigen Interessen der sofortige Eintritt des Verzugs gerechtfertigt ist.

(3) Der Schuldner einer Entgeltforderung kommt spätestens in Verzug, wenn er nicht innerhalb von 30 Tagen nach Fälligkeit und Zugang einer Rechnung oder gleichwertigen Zahlungsaufstellung leistet; dies gilt gegenüber einem Schuldner, der Verbraucher ist, nur, wenn auf diese Folgen in der Rechnung oder Zahlungsaufstellung besonders hingewiesen worden ist. Wenn der Zeitpunkt des Zugangs der Rechnung oder Zahlungsaufstellung unsicher ist, kommt der Schuldner, der nicht Verbraucher ist, spätestens 30 Tage nach Fälligkeit und Empfang der Gegenleistung in Verzug.

[...]

§ 323 Rücktritt wegen nicht oder nicht vertragsgemäß erbrachter Leistung

(1) Erbringt bei einem gegenseitigen Vertrag der Schuldner eine fällige Leistung nicht oder nicht vertragsgemäß, so kann der Gläubiger, wenn er dem Schuldner erfolglos eine angemessene Frist zur Leistung oder Nacherfüllung bestimmt hat, vom Vertrag zurücktreten.

(2) Die Fristsetzung ist entbehrlich, wenn

1. der Schuldner die Leistung ernsthaft und endgültig verweigert,
2. der Schuldner die Leistung bis zu einem im Vertrag bestimmten Termin oder innerhalb einer im Vertrag bestimmten Frist nicht bewirkt, obwohl die termin- oder fristgerechte Leistung nach einer Mitteilung des Gläubigers an den Schuldner vor Vertragsschluss oder auf Grund anderer den Vertragsabschluss begleitenden Umstände für den Gläubiger wesentlich ist, oder
3. im Falle einer nicht vertragsgemäß erbrachten Leistung besondere Umstände vorliegen, die unter Abwägung der beiderseitigen Interessen den sofortigen Rücktritt rechtfertigen.

(3) Kommt nach der Art der Pflichtverletzung eine Fristsetzung nicht in Betracht, so tritt an deren Stelle eine Abmahnung.

(4) Der Gläubiger kann bereits vor dem Eintritt der Fälligkeit der Leistung zurücktreten, wenn offensichtlich ist, dass die Voraussetzungen des Rücktritts eintreten werden.

(5) Hat der Schuldner eine Teilleistung bewirkt, so kann der Gläubiger vom ganzen Vertrag nur zurücktreten, wenn er an der Teilleistung kein Interesse hat. Hat der Schuldner die Leistung nicht vertragsgemäß bewirkt, so kann der Gläubiger vom Vertrag nicht zurücktreten, wenn die Pflichtverletzung unerheblich ist.

(6) Der Rücktritt ist ausgeschlossen, wenn der Gläubiger für den Umstand, der ihn zum Rücktritt berechtigen würde, allein oder weit überwiegend verantwortlich ist oder wenn der vom Schuldner nicht zu vertretende Umstand zu einer Zeit eintritt, zu welcher der Gläubiger im Verzug der Annahme ist.

§ 433 Vertragstypische Pflichten beim Kaufvertrag

(1) Durch den Kaufvertrag wird der Verkäufer einer Sache verpflichtet, dem Käufer die Sache zu übergeben und das Eigentum an der Sache zu verschaffen. Der Verkäufer hat dem Käufer die Sache frei von Sach- und Rechtsmängeln zu verschaffen.

(2) Der Käufer ist verpflichtet, dem Verkäufer den vereinbarten Kaufpreis zu zahlen und die gekaufte Sache abzunehmen.

Anlage 7

MÜLLER GmbH

Müller GmbH, PF 2025, 77855 Achem

Von: Heinz Schmidt
Abt.: BU
Telefon: 07841 8955-25
Telefax: 07841 8955-26
Ihre Nachricht:
Ihr Zeichen:

RUEDA GmbH
Binzburgstraße 24
77749 Hohberg

Achern, 25.10.2019

Rechnung Nr.: 2019-1732
KD-Nr. 2029

Sehr geehrte Damen und Herren,

vielen Dank für Ihren Auftrag. Wir stellen Ihnen wie folgt in Rechnung:

Artikel-Nr.	Artikel	Menge	Stückpreis	Gesamt
IN 546	Radgabeln für Einräder	1.500 St.	7,00 EUR	10.500,00 EUR
	+ 19 % Umsatzsteuer			1.995,00 EUR
	= Rechnungsbetrag			12.495,00 EUR

Lieferbedingung: frei Haus

Zahlungsbedingung: innerhalb 10 Tagen 2 % Skonto, ansonsten 30 Tage netto

Mit freundlichen Grüßen

ppa. Schmidt

Hausanschrift: Müller GmbH Hallbrunner Str. 172 77855 Achern
Kommunikationsdaten: Telefon: 07841 8955-00 Telefax: 07841 8955-100 E-Mail: poststelle@müller.com
Geschäftsführer: Hans Müller
Gerichtsstand Achern HRB 3129 Freiburg Steuer-Nr.: 1430671722 USt-IdNr.: DE183631402
Bankverbindung: Sparkasse Ortenau IBAN DE89 3704 0044 0532 0130 00 SWIFT-Code 1897 49 22 322

Anlage 8

Kontoauszug Konto			**Sparbank Offenburg**
			Alter Kontostand
Konto-Nr. 97513	Saldo vom 31.10.2019	Haben in Euro	60.000,00
Pos.		Lastschrift	Gutschrift
1 Re-Nr. 2019-1732 vom 25.10.2019 abzüglich Skonto KD-Nr. 2029	04.11.2019	**12.245,10**	
		Neuer Kontostand: 47.754,90	
Auszugsdatum: 06.11.2019	Auszug-Nr. 10		
RUEDA GmbH, Binzburgstraße 24, 77749 Hohberg			

Prüfungsaufgaben Winter 2019/2020 (Aufgabe 2)

Die Offenburger Stil-Art KG stellt hochwertige Maschinenbauteile her. Die derzeitig gute Auftragslage führt dazu, dass die Produktion ausgeweitet werden soll. Hierzu wird eine zusätzliche Produktionsanlage beschafft und ein zusätzliches Lager eingerichtet. Als Mitarbeiter/-in der Stil-Art KG haben Sie hierfür die nachfolgenden Aufgaben zu erledigen.

2.1 Für die bald anstehenden Finanzierungsentscheidungen ist es notwendig, den Kapitalbedarf zu ermitteln. Dafür stehen Ihnen folgende Informationen (**Anlage 1**) zur Verfügung.

Ermitteln Sie den Gesamtkapitalbedarf für das Anlage- und Umlaufvermögen der neuen Produktionsanlage.

2.2 Der Kapitalbedarf für die Produktionsanlage kann nicht komplett aus eigenen Mitteln gedeckt werden. Für die neu zu beschaffende Produktionsanlage wurden bei der Hausbank Kreditangebote über 600.000,00 EUR eingeholt, der Rest soll durch eigene Mittel finanziert werden (**Anlage 2**).

Begründen Sie mithilfe der Zins- und Tilgungspläne (**Anlage 3**), für welche Darlehensform Sie sich unter Liquiditätsgesichtspunkten entscheiden würden.

2.3 Das angestrebte Darlehen kann zum Teil über eine Sicherungsübereignung abgesichert werden.

Erklären Sie jeweils zwei Vor- und Nachteile, welche sich für die Stil-Art KG aus dieser Kreditsicherungsmöglichkeit ergeben.

2.4 Nachträglich stellt sich heraus, dass die Stil-Art KG das zusätzlich benötigte Kapital in Höhe von 600.000,00 EUR auch durch die Aufnahme eines neuen Kommanditisten beschaffen hätte können.

2.4.1 Beschreiben Sie diese Finanzierungsart im Hinblick auf die Kapitalherkunft und die Rechtsstellung der Kapitalgeber.

2.4.2 Erklären Sie drei Vorteile dieser Finanzierungsart im Vergleich zur Kreditfinanzierung.

2.5 Die Unternehmensleitung überlegt sich, ob die Analyse von Bilanzkennzahlen die Entscheidung zwischen Finanzierungsalternativen erleichtern könnte.

2.5.1 Begründen Sie, welche Bilanzkennzahl Sie zur Unterstützung der Entscheidung zwischen Kreditfinanzierung und Aufnahme eines Kommanditisten verwenden würden.

2.5.2 Erläutern Sie, wie sich die ausgewählte Kennzahl bei der Stil-Art KG bei Kreditfinanzierung und Aufnahme eines Kommanditisten verändern würde (ohne Berechnung).

2.5.3 Nehmen Sie zur Anwendung von Bilanzkennzahlen als Unterstützung bei Finanzierungsentscheidungen Stellung.

2.6 Für die neue Produktionsanlage und das zusätzliche neue Lager benötigt die Stil-Art KG neue Mitarbeiter. Der Prokurist Herr Jahn, Leiter der Finanzabteilung der Stil-Art KG, möchte zum 30.10.2019 den Industriemechaniker Hans Schmidt für die neue Produktionsanlage einstellen (**Anlagen 4 und 5**).

2.6.1 Begründen Sie anhand von zwei Aspekten, warum Herr Jahn die Stelle nicht intern besetzen möchte.

2.6.2
- Prüfen Sie, ob der von Herrn Jahn erstellte Arbeitsvertrag den rechtlichen Vorgaben entspricht.
- Notieren Sie die notwendigen Korrekturen.

2.6.3 Diskutieren Sie die Notwendigkeit der Klausel „Nebentätigkeit" für den Arbeitsvertrag von Herrn Schmidt.

2.6.4 Der Leiter der Personalabteilung ist mit der Auswahl des neuen Mitarbeiters, Herr Schmidt, nicht zufrieden.

Prüfen Sie unter Angabe der Gesetzesgrundlage, ob Prokurist Jahn zur Einstellung des Mitarbeiters berechtigt ist (**Anlage 4**).

2.6.5 Prüfen Sie unter Angabe der Gesetzesgrundlage, ob eine Entlassung von Herrn Schmidt zum 04.11.2019 möglich ist.

Anlage 1

Planungsdaten für die Errichtung der neuen Produktionsanlage

Senden	**An:**	info@stil-art.de
	Cc:	
	Betreff:	Angebot Produktionsanlage

Sehr geehrte Damen und Herren,

wir bedanken uns für Ihre Anfrage und bieten Ihnen unsere Produktionsanlage zu folgenden Konditionen an:

Typ XY2019

- Listenpreis 650.000,00 EUR netto
- Die Kosten für Verpackung, Versicherung und Transport betragen netto 35.000,00 EUR.
- Für Installation und Probebetrieb werden netto 25.000,00 EUR angesetzt.
- Auf den Listenpreis gewähren wir 3 % Skonto.

Wir hoffen, dass das Angebot Ihren Vorstellungen entspricht.

Mit freundlichem Gruß
....

Planungsdaten für die laufende Betriebstätigkeit

- Die mit der neuen Anlage zu verarbeitenden Rohstoffe werden zwei Tage gelagert.
- Das effektive Zahlungsziel unseres Lieferanten beträgt zehn Tage.
- Die durchschnittliche Produktion eines Maschinenbauteils dauert zwei Tage.
- Die Erzeugnisse werden in Auftragsfertigung hergestellt.
- Die Kunden nehmen durchschnittlich 15 Tage Zahlungsziel in Anspruch.
- Die täglich anfallenden Fertigungslöhne betragen 1.000,00 EUR, die Fertigungsgemeinkosten belaufen sich auf 150 %.
- Die täglichen Materialkosten belaufen sich auf 20.800,00 EUR, die Materialgemeinkosten betragen 50 %.
- Die Verwaltungs- und Vertriebskosten betragen zusammen pro Tag 2.200,00 EUR.

Anlage 2

Spredo-Bank Offenburg

Spredo-Bank, Hauptstraße 24, 77656 Offenburg

Stil-Art KG
Fliederstraße 15
77654 Offenburg

Ihr Zeichen:	Mo-Ja
Ihre Nachricht vom:	15.10.2019
Unser Zeichen:	An-Si
Unsere Nachricht:	
Name:	Anton Siegel
Telefon:	0781 9391-1235
Telefax:	0781 9391-344
E-Mail:	info@spredo-bank.de
Homepage:	www.spredo-bank.de
Datum:	19.10.2019

Ihre Kreditanfrage vom 15.10.2019

Sehr geehrter Herr Jahn,

vielen Dank für Ihre Anfrage, gerne unterbreiten wir Ihrem Hause ein Finanzierungsangebot in Höhe von 600.000,00 EUR mit einer Laufzeit von 5 Jahren.

Für Ihr Unternehmen können wir folgende Alternativen anbieten:

Darlehen 1: Zinssatz: 5,5 %, Auszahlung 100 %, jährliche gleichbleibende Tilgung am Jahresende

Darlehen 2: Zinssatz: 5,5 %, Auszahlung 100 %, jährliche Annuität (1. bis 4. Jahr) 141.000,00 EUR, Resttilgung im 5. Jahr

Unabhängig von der gewählten Darlehensvariante akzeptieren wir als dingliche Sicherheiten 50 % des Anschaffungswertes der Produktionsanlage in Form einer Sicherungsübereignung.

Sofern Ihnen unser Angebot zusagt, würden wir uns über eine Zusammenarbeit sehr freuen.

Mit freundlichem Gruß

ppa. Siegel

Spredo-Bank Offenburg

Anlage 3

Darlehen 1				
Jahr	Kreditsumme am Jahresanfang	Tilgung	Zinsen	Mittelabfluss/ Liquiditätsbelastung
1				
2				
3				
4				
5				
Summe				

Darlehen 2				
Jahr	Kreditsumme am Jahresanfang	Tilgung	Zinsen	Mittelabfluss/ Liquiditätsbelastung
1				
2				
3				
4				
5				
Summe				

Anlage 4

Auszug aus dem Handelsgesetzbuch (HGB)

§ 48 Erteilung der Prokura
(1) Die Prokura kann nur von dem Inhaber des Handelsgeschäfts oder seinem gesetzlichen Vertreter und nur mittels ausdrücklicher Erklärung erteilt werden.
(2) Die Erteilung kann an mehrere Personen gemeinschaftlich erfolgen (Gesamtprokura).

§ 49 Umfang der Prokura
(1) Die Prokura ermächtigt zu allen Arten von gerichtlichen und außergerichtlichen Geschäften und Rechtshandlungen, die der Betrieb eines Handelsgewerbes mit sich bringt.
(2) Zur Veräußerung und Belastung von Grundstücken ist der Prokurist nur ermächtigt, wenn ihm diese Befugnis besonders erteilt ist.

§ 50 Beschränkung des Umfangs
(1) Eine Beschränkung des Umfanges der Prokura ist Dritten gegenüber unwirksam.
(2) Dies gilt insbesondere von der Beschränkung, daß die Prokura nur für gewisse Geschäfte oder gewisse Arten von Geschäften oder nur unter gewissen Umständen oder für eine gewisse Zeit oder an einzelnen Orten ausgeübt werden soll.
(3) Eine Beschränkung der Prokura auf den Betrieb einer von mehreren Niederlassungen des Geschäftsinhabers ist Dritten gegenüber nur wirksam, wenn die Niederlassungen unter verschiedenen Firmen betrieben werden. Eine Verschiedenheit der Firmen im Sinne dieser Vorschrift wird auch dadurch begründet, daß für eine Zweigniederlassung der Firma ein Zusatz beigefügt wird, der sie als Firma der Zweigniederlassung bezeichnet.

§ 51 Zeichnung des Prokuristen
Der Prokurist hat in der Weise zu zeichnen, daß er der Firma seinen Namen mit einem die Prokura andeutenden Zusatze beifügt.

§ 52 Widerruflichkeit; Unübertragbarkeit; Tod des Inhabers
(1) Die Prokura ist ohne Rücksicht auf das der Erteilung zugrunde liegende Rechtsverhältnis jederzeit widerruflich, unbeschadet des Anspruchs auf die vertragsmäßige Vergütung.
(2) Die Prokura ist nicht übertragbar.
(3) Die Prokura erlischt nicht durch den Tod des Inhabers des Handelsgeschäfts.

§ 53 Anmeldung der Erteilung des Erlöschens; Zeichnung des Prokuristen
(1) Die Erteilung der Prokura ist von dem Inhaber des Handelsgeschäfts zur Eintragung in das Handelsregister anzumelden. Ist die Prokura als Gesamtprokura erteilt, so muß auch dies zur Eintragung angemeldet werden.
(2) Das Erlöschen der Prokura ist in gleicher Weise wie die Erteilung zur Eintragung anzumelden.

§ 54 Handlungsvollmacht
(1) Ist jemand ohne Erteilung der Prokura zum Betrieb eines Handelsgewerbes oder zur Vornahme einer bestimmten zu einem Handelsgewerbe gehörigen Art von Geschäften oder zur Vornahme einzelner zu einem Handelsgewerbe gehöriger Geschäfte ermächtigt, so erstreckt sich die Vollmacht (Handlungsvollmacht) auf alle Geschäfte und Rechtshandlungen, die der Betrieb eines derartigen Handelsgewerbes oder die Vornahme derartiger Geschäfte gewöhnlich mit sich bringt.

(2) Zur Veräußerung oder Belastung von Grundstücken, zur Eingehung von Wechselverbindlichkeiten, zur Aufnahme von Darlehen und zur Prozeßführung ist der Handlungsbevollmächtigte nur ermächtigt, wenn ihm eine solche Befugnis besonders erteilt ist.
(3) Sonstige Beschränkungen der Handlungsvollmacht braucht ein Dritter nur dann gegen sich gelten zu lassen, wenn er sie kannte oder kennen mußte.

Auszug aus dem Bürgerlichen Gesetzbuch (BGB)

§ 622 Kündigungsfristen bei Arbeitsverhältnissen

(1) Das Arbeitsverhältnis eines Arbeiters oder eines Angestellten (Arbeitnehmers) kann mit einer Frist von vier Wochen zum Fünfzehnten oder zum Ende eines Kalendermonats gekündigt werden.
(2) Für eine Kündigung durch den Arbeitgeber beträgt die Kündigungsfrist, wenn das Arbeitsverhältnis in dem Betrieb oder Unternehmen

1. zwei Jahre bestanden hat, einen Monat zum Ende eines Kalendermonats,
2. fünf Jahre bestanden hat, zwei Monate zum Ende eines Kalendermonats,
3. acht Jahre bestanden hat, drei Monate zum Ende eines Kalendermonats,
4. zehn Jahre bestanden hat, vier Monate zum Ende eines Kalendermonats,
5. zwölf Jahre bestanden hat, fünf Monate zum Ende eines Kalendermonats,
6. 15 Jahre bestanden hat, sechs Monate zum Ende eines Kalendermonats,
7. 20 Jahre bestanden hat, sieben Monate zum Ende eines Kalendermonats.

(3) Während einer vereinbarten Probezeit, längstens für die Dauer von sechs Monaten, kann das Arbeitsverhältnis mit einer Frist von zwei Wochen gekündigt werden.
(4) Von den Absätzen 1 bis 3 abweichende Regelungen können durch Tarifvertrag vereinbart werden. Im Geltungsbereich eines solchen Tarifvertrags gelten die abweichenden tarifvertraglichen Bestimmungen zwischen nicht tarifgebundenen Arbeitgebern und Arbeitnehmern, wenn ihre Anwendung zwischen ihnen vereinbart ist.
(5) Einzelvertraglich kann eine kürzere als die in Absatz 1 genannte Kündigungsfrist nur vereinbart werden,

1. wenn ein Arbeitnehmer zur vorübergehenden Aushilfe eingestellt ist; dies gilt nicht, wenn das Arbeitsverhältnis über die Zeit von drei Monaten hinaus fortgesetzt wird;
2. wenn der Arbeitgeber in der Regel nicht mehr als 20 Arbeitnehmer ausschließlich der zu ihrer Berufsbildung Beschäftigten beschäftigt und die Kündigungsfrist vier Wochen nicht unterschreitet.

Bei der Feststellung der Zahl der beschäftigten Arbeitnehmer sind teilzeitbeschäftigte Arbeitnehmer mit einer regelmäßigen wöchentlichen Arbeitszeit von nicht mehr als 20 Stunden mit 0,5 und nicht mehr als 30 Stunden mit 0,75 zu berücksichtigen. Die einzelvertragliche Vereinbarung längerer als der in den Absätzen 1 bis 3 genannten Kündigungsfristen bleibt hiervon unberührt.
(6) Für die Kündigung des Arbeitsverhältnisses durch den Arbeitnehmer darf keine längere Frist vereinbart werden als für die Kündigung durch den Arbeitgeber.

§ 623 Schriftform der Kündigung

Die Beendigung von Arbeitsverhältnissen durch Kündigung oder Auflösungsvertrag bedürfen zu ihrer Wirksamkeit der Schriftform; die elektronische Form ist ausgeschlossen.

§ 626 Fristlose Kündigung aus wichtigem Grund
(1) Das Dienstverhältnis kann von jedem Vertragsteil aus wichtigem Grund ohne Einhaltung einer Kündigungsfrist gekündigt werden, wenn Tatsachen vorliegen, auf Grund derer dem Kündigenden unter Berücksichtigung aller Umstände des Einzelfalles und unter Abwägung der Interessen beider Vertragsteile die Fortsetzung des Dienstverhältnisses bis zum Ablauf der Kündigungsfrist oder bis zu der vereinbarten Beendigung des Dienstverhältnisses nicht zugemutet werden kann.
(2) Die Kündigung kann nur innerhalb von zwei Wochen erfolgen. Die Frist beginnt mit dem Zeitpunkt, in dem der Kündigungsberechtigte von den für die Kündigung maßgebenden Tatsachen Kenntnis erlangt. Der Kündigende muss dem anderen Teil auf Verlangen den Kündigungsgrund unverzüglich schriftlich mitteilen.

Auszug aus dem Mindesturlaubsgesetz für Arbeitnehmer (BUrlG)

§ 1 Urlaubsanspruch
Jeder Arbeitnehmer hat in jedem Kalenderjahr Anspruch auf bezahlten Erholungsurlaub.

§ 2 Geltungsbereich
Arbeitnehmer im Sinne des Gesetzes sind Arbeiter und Angestellte sowie die zu ihrer Berufsausbildung Beschäftigten. Als Arbeitnehmer gelten auch Personen, die wegen ihrer wirtschaftlichen Unselbständigkeit als arbeitnehmerähnliche Personen anzusehen sind; für den Bereich der Heimarbeit gilt § 12.

§ 3 Dauer des Urlaubs
(1) Der Urlaub beträgt jährlich mindestens 24 Werktage.
(2) Als Werktage gelten alle Kalendertage, die nicht Sonn- oder gesetzliche Feiertage sind.

§ 4 Wartezeit
Der volle Urlaubsanspruch wird erstmalig nach sechsmonatigem Bestehen des Arbeitsverhältnisses erworben.

Auszug aus dem Arbeitszeitgesetz (ArbZG)

§ 3 Arbeitszeit der Arbeitnehmer
Die werktägliche Arbeitszeit der Arbeitnehmer darf acht Stunden nicht überschreiten. Sie kann auf bis zu zehn Stunden nur verlängert werden, wenn innerhalb von sechs Kalendermonaten oder innerhalb von 24 Wochen im Durchschnitt acht Stunden werktäglich nicht überschritten werden.

§ 4 Ruhepausen
Die Arbeit ist durch im voraus feststehende Ruhepausen von mindestens 30 Minuten bei einer Arbeitszeit von mehr als sechs bis zu neun Stunden und 45 Minuten bei einer Arbeitszeit von mehr als neun Stunden insgesamt zu unterbrechen. Die Ruhepausen nach Satz 1 können in Zeitabschnitte von jeweils mindestens 15 Minuten aufgeteilt werden. Länger als sechs Stunden hintereinander dürfen Arbeitnehmer nicht ohne Ruhepause beschäftigt werden.

§ 5 Ruhezeit

(1) Die Arbeitnehmer müssen nach Beendigung der täglichen Arbeitszeit eine ununterbrochene Ruhezeit von mindestens elf Stunden haben.

(2) Die Dauer der Ruhezeit des Absatzes 1 kann in Krankenhäusern und anderen Einrichtungen zur Behandlung, Pflege und Betreuung von Personen, in Gaststätten und anderen Einrichtungen zur Bewirtung und Beherbergung, in Verkehrsbetrieben, beim Rundfunk sowie in der Landwirtschaft und in der Tierhaltung um bis zu eine Stunde verkürzt werden, wenn jede Verkürzung der Ruhezeit innerhalb eines Kalendermonats oder innerhalb von vier Wochen durch Verlängerung einer anderen Ruhezeit auf mindestens zwölf Stunden ausgeglichen wird.

(3) Abweichend von Absatz 1 können in Krankenhäusern und anderen Einrichtungen zur Behandlung, Pflege und Betreuung von Personen Kürzungen der Ruhezeit durch Inanspruchnahmen während der Rufbereitschaft, die nicht mehr als die Hälfte der Ruhezeit betragen, zu anderen Zeiten ausgeglichen werden.

Anlage 5: Auszug aus dem Arbeitsvertrag

Arbeitsvertrag

zwischen der Stil-Art KG, Fliederstraße 15, 77654 Offenburg

und

Herrn Hans Schmidt, wohnhaft in der Stresemannstr. 52, 77746 Schutterwald

1. Tätigkeit

Sie werden ab dem 30.10.2019 in unserem Unternehmen beschäftigt und in unserer Abteilung Produktion als Industriemechaniker eingesetzt.

2. Arbeitszeit

Die wöchentliche Arbeitszeit beträgt 42 Stunden.

Für Ruhepausen und Ruhezeit gelten die gesetzlichen Bestimmungen.

3. Vergütung und sonstige Leistungen

Für Ihre Tätigkeit erhalten Sie ein Gehalt von monatlich 2.200,00 EUR brutto. Daneben zahlen wir Ihnen ein Weihnachtsgeld in Höhe eines Monatsgehaltes. Dieses ist jeweils am 30. November zahlbar. Im Falle Ihrer Erkrankung zahlt Ihnen unser Unternehmen die vereinbarte Vergütung für einen Zeitraum von sechs Wochen fort.

4. Urlaub

Im Kalenderjahr steht Ihnen ein Urlaub von 20 Werktagen zu. Die Urlaubszeit ist im Einvernehmen mit unserem Unternehmen festzulegen. Dabei werden Ihre Wünsche berücksichtigt, soweit sie mit den betrieblichen Belangen vereinbar sind.

5. Nebentätigkeit

Während der Dauer des Dienstverhältnisses bedarf jede entgeltliche oder das Dientverhältnis beeinträchtigende Nebentätigkeit für dritte Personen oder Unternehmen der Zustimmung der Geschäftsführung.

6. Beendigung des Dienstverhältnisses

Es wird eine Probezeit von sechs Monaten vereinbart. Darüber hinaus gelten die gesetzlichen Vorschriften.

7. Geheimhaltung

Über alle betrieblichen und geschäftlichen Angelegenheiten, insbesondere Betriebs- und Geschäftsgeheimnisse, haben Sie während der Dauer des Dienstverhältnisses und nach dessen Beendigung Dritten gegenüber Stillschweigen zu bewahren.

(...)

1 Geschäftsvorfälle erfassen und buchen

1.1 Bedeutung und Notwendigkeit des Rechnungswesens

Stofftelegramm

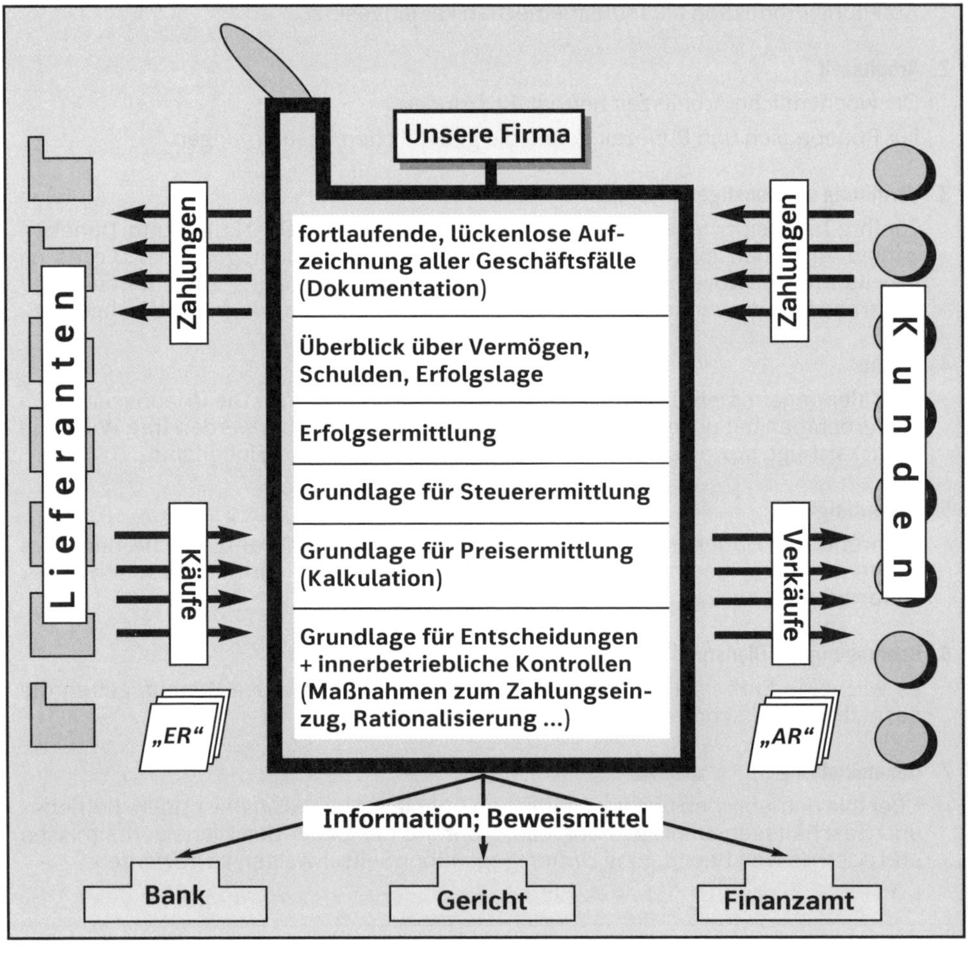

Aufgaben

1. Nennen und beschreiben Sie kurz die Grundfunktionen des Rechnungswesens.
2. Nennen Sie vier wesentliche Aufgaben der Buchführung.

1.2 Inventur – Inventar – Bilanz

Stofftelegramm

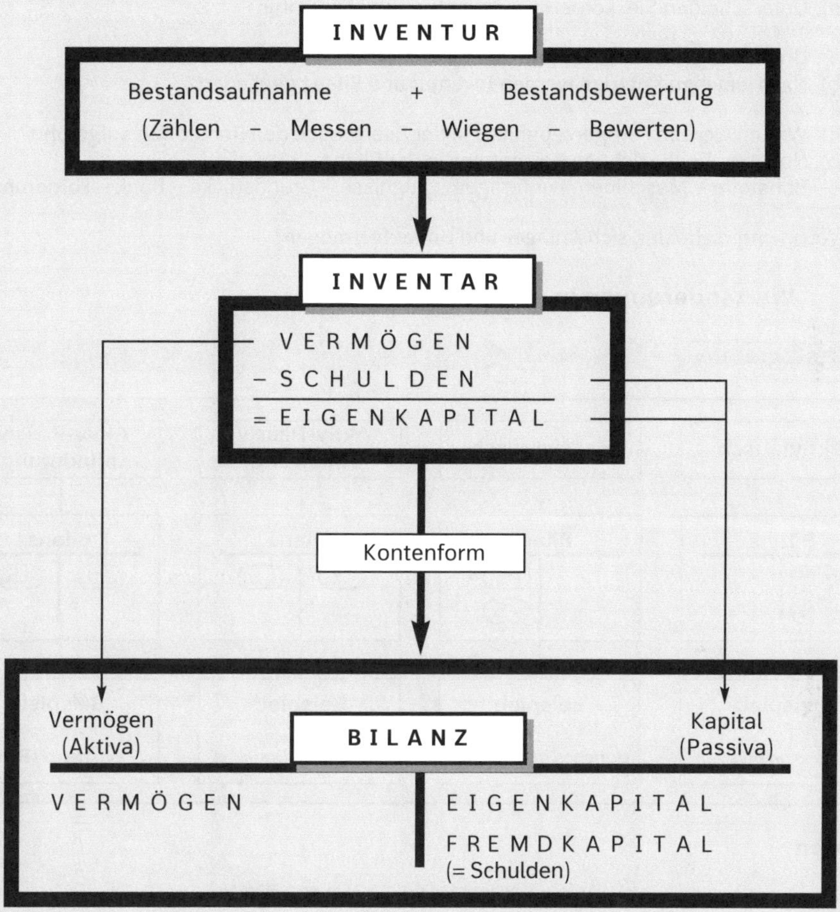

Inventur →	**Aufnahme** und **Bewertung** der Bestände
Inventar →	**ausführliche** Aufstellung des Vermögens und der Schulden in **Staffelform**
Bilanz →	**kurzgefasste** Gegenüberstellung von Vermögen (Aktiva) und Kapital (Passiva) in **Kontenform**

Aufgaben

1. a) Begründen Sie die Notwendigkeit der Inventur.
   b) Unterscheiden Sie: Inventur – Inventar.
   c) Aus welchen Teilen setzt sich ein Inventar zusammen?
   d) Unterscheiden Sie: Stichtagsinventur – permanente Inventur.
   e) Unterscheiden Sie: körperliche Inventur – Buchinventur.

2. a) Unterscheiden Sie: Inventar – Bilanz.
   b) Nach welchen Kriterien werden Inventar und Bilanz gegliedert?

3. a) Warum werden Fertigerzeugnisse in der Bilanz nach den Rohstoffen aufgeführt?
   b) Notieren Sie die richtige Reihenfolge in der Bilanz:
   Rohstoffe – Maschinen – unfertige Erzeugnisse – Grundstücke – Bank – Forderungen

4. Worin unterscheiden sich Anlage- und Umlaufvermögen?

1.3 Wertänderungen in der Bilanz

Stofftelegramm

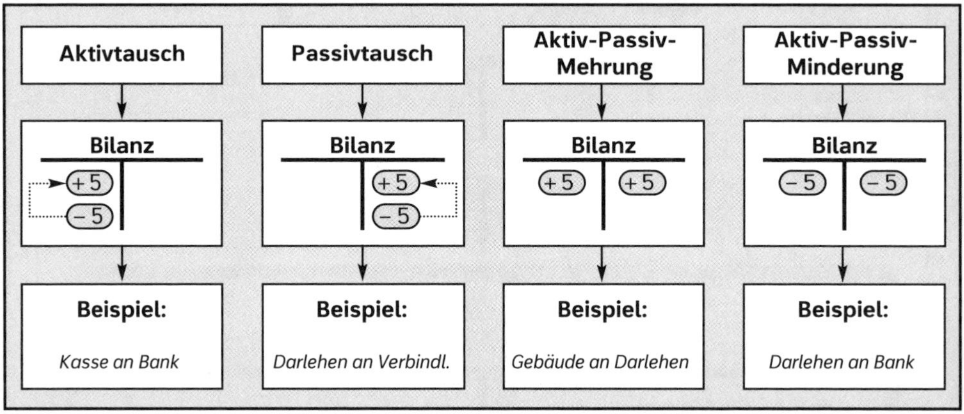

Aufgaben

1. Nennen Sie je einen Geschäftsfall, der zu folgenden Bilanzänderungen führt:
   a) Aktiv-Passiv-Mehrung
   b) Aktiv-Passiv-Minderung
   c) Aktivtausch
   d) Passivtausch

2. Welche Bilanzänderung liegt bei folgenden Buchungen vor?
   a) Bank an Forderungen
   b) Verbindlichkeiten an Bank
   c) Maschinen an Verbindlichkeiten
   d) Verbindlichkeiten an Darlehen

1.4 Bestandskonten mit Abschluss

Stofftelegramm

AKTIVKONTEN

PASSIVKONTEN

Aktiva	Eröffnungsbilanz 01.01.20..		Passiva
Waren	20.000,00	Eigenkapital	14.000,00
Forderungen	11.000,00	Darlehensschulden	17.000,00
Bank	9.000,00	Verbindlichkeiten a. LL.	9.000,00
	40.000,00		40.000,00

Im Laufe des Jahres sind vier **Geschäftsfälle** zu buchen:

1.	Warenverkauf auf Ziel	6.000,00
2.	Umwandlung einer Verbindlichkeit in eine Darlehensschuld	4.000,00
3.	Wareneinkauf auf Ziel	2.000,00
4.	Zahlung einer Liefererrechnung durch Banküberweisung	3.000,00

S	Waren		H
AB	**20.000,00**	1.	6.000,00
3.	2.000,00	**SB**	**16.000,00**
	22.000,00		22.000,00

S	Forderungen		H
AB	**11.000,00**	**SB**	**17.000,00**
1.	6.000,00		
	17.000,00		17.000,00

S	Bank		H
AB	**9.000,00**	4.	3.000,00
		SB	**6.000,00**
	9.000,00		9.000,00

S	Eigenkapital		H
SB	**14.000,00**	**AB**	**14.000,00**

S	Darlehensschulden		H
SB	**21.000,00**	**AB**	**17.000,00**
		2.	4.000,00
	21.000,00		21.000,00

S	Verbindlichkeiten		H
2.	4.000,00	**AB**	**9.000,00**
4.	3.000,00	3.	2.000,00
SB	**4.000,00**		
	11.000,00		11.000,00

Aktiva	Schlussbilanz 31.12.20..		Passiva
Waren	16.000,00	Eigenkapital	14.000,00
Forderungen	17.000,00	Darlehensschulden	21.000,00
Bank	6.000,00	Verbindlichkeiten a. LL.	4.000,00
	39.000,00		39.000,00

1.5 Ergebniskonten (Erfolgskonten) mit Abschluss

Stofftelegramm

Buchen Sie folgende Geschäftsfälle:

1. Zinslastschrift der Bank	2.000,00 EUR	3. Zinsgutschrift der Bank	1.000,00 EUR
2. Mieteinnahmen lt. Bankauszug	2.500,00 EUR	4. Wir zahlen Lohn in bar	800,00 EUR

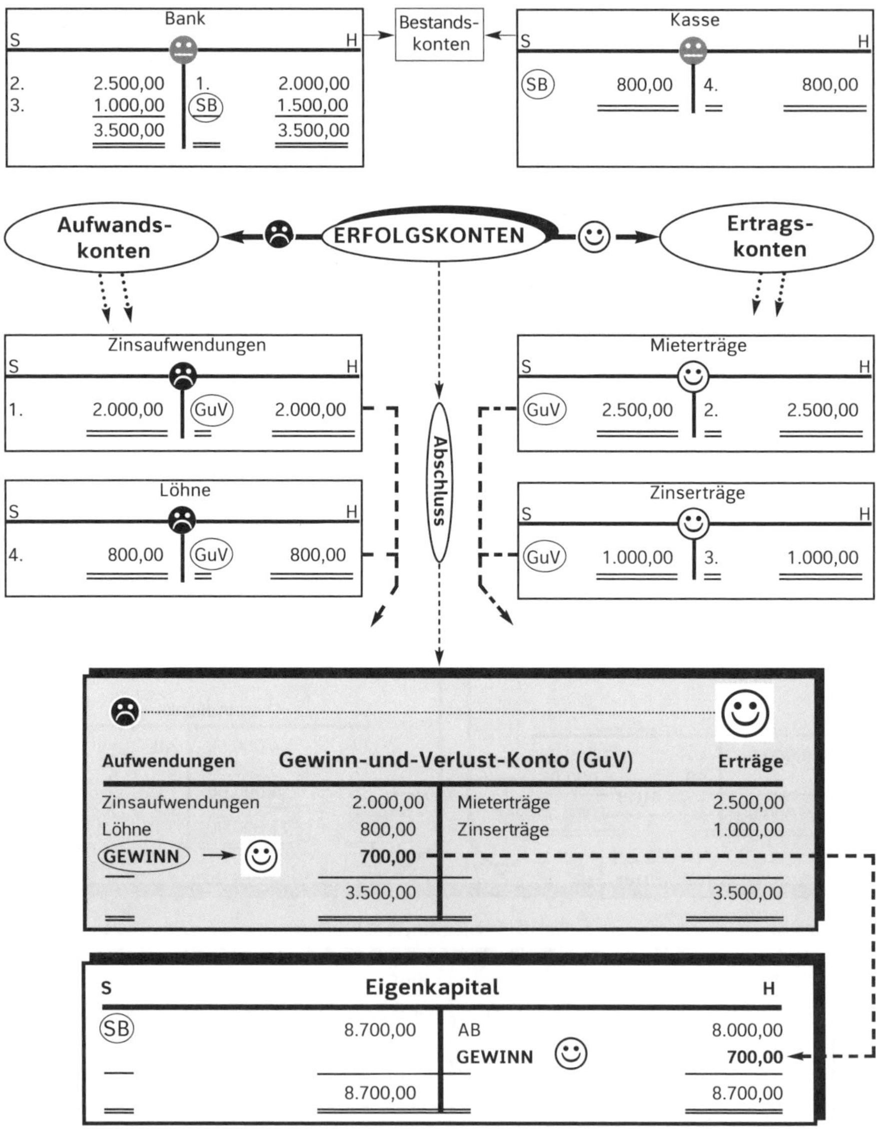

Aufgaben (analoge Prüfungsaufgaben integriert)

1. Nennen Sie die vier Kontenarten mitsamt ihren Oberbegriffen.

2. Erklären Sie den Begriff „Erfolg".

3. Warum werden Aufwendungen im Soll, Erträge im Haben gebucht?

4. Bei der Erstellung der Gewinn- und Verlustrechnung ist das Verrechnungsverbot (Saldierungsverbot) zu beachten. Erläutern Sie dies an einem Beispiel.

5. Beschreiben Sie zwei Möglichkeiten der Gewinnermittlung.

Hinweis: „Abschreibungen" vgl. Kapitel „Jahresabschluss"

1.6 Die Umsatzsteuer

Stofftelegramm

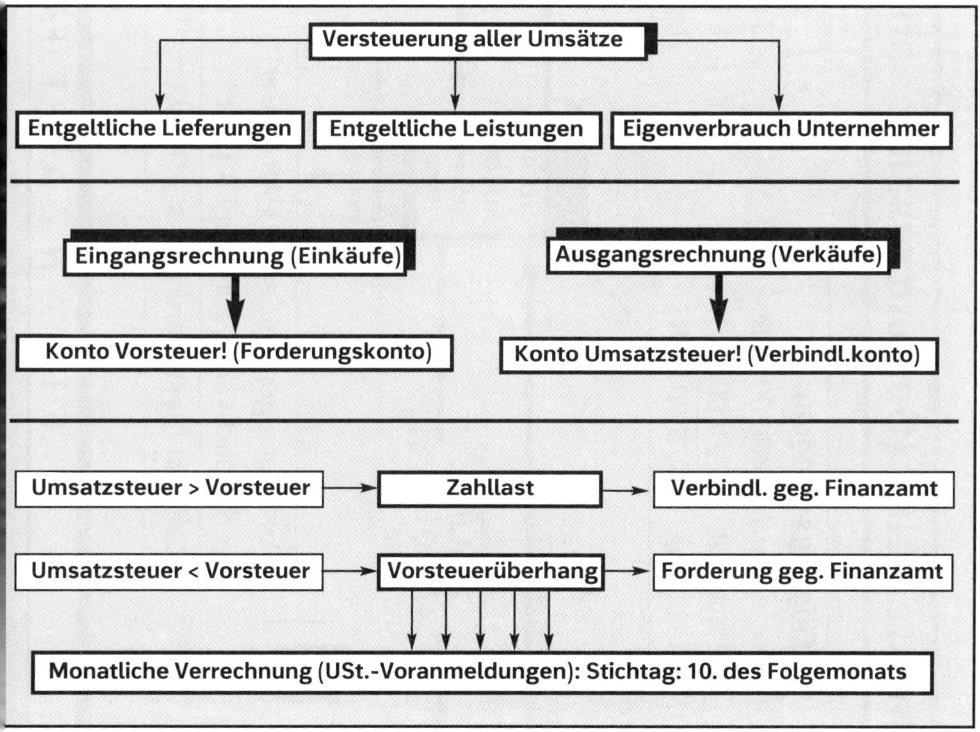

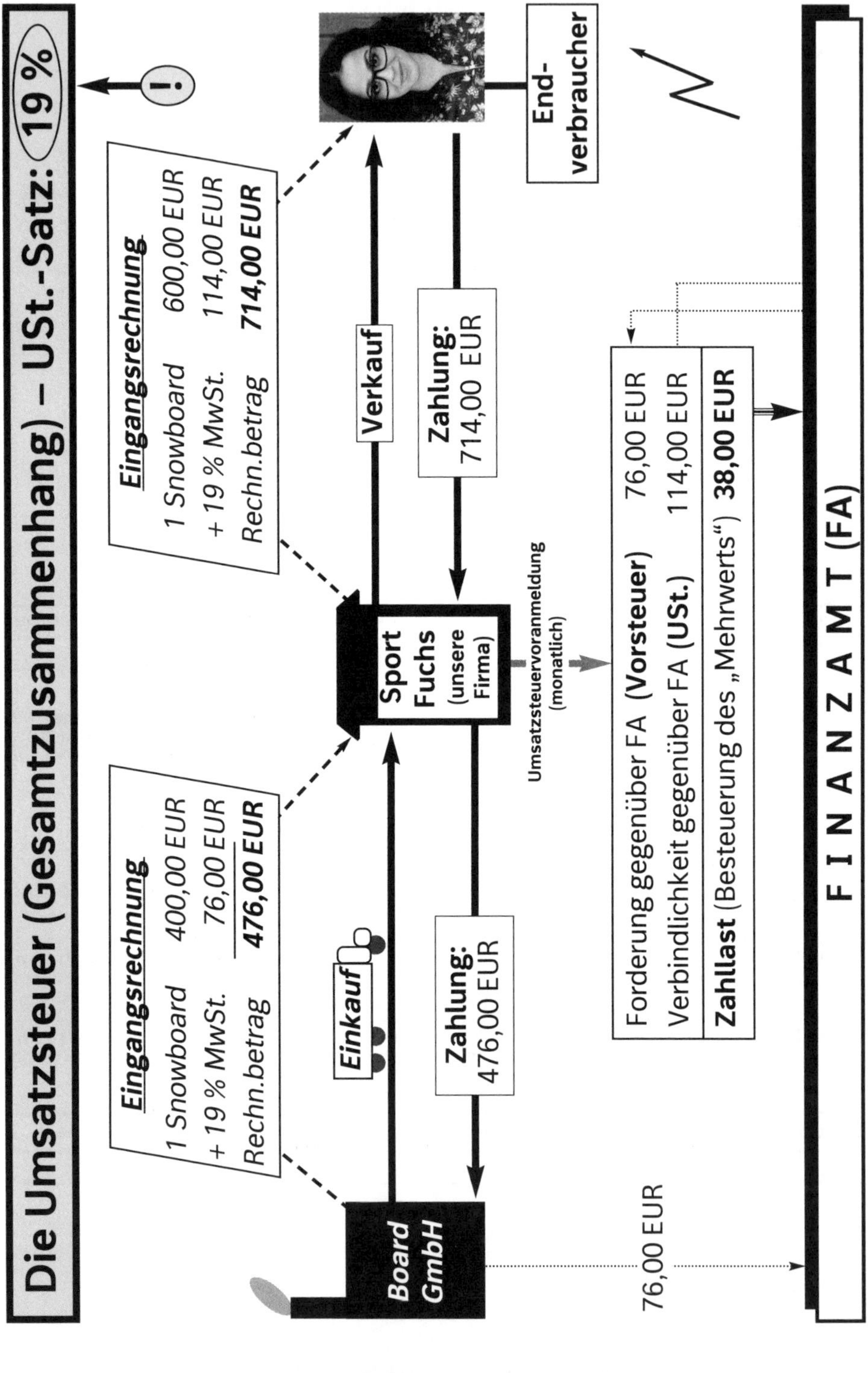
Die Umsatzsteuer (Gesamtzusammenhang) – USt.-Satz: 19 %
!
Eingangsrechnung
1 Snowboard 400,00 EUR
+ 19 % MwSt. 76,00 EUR
Rechn.betrag 476,00 EUR
Eingangsrechnung
1 Snowboard 600,00 EUR
+ 19 % MwSt. 114,00 EUR
Rechn.betrag 714,00 EUR
Board GmbH
Einkauf
Zahlung: 476,00 EUR
Sport Fuchs (unsere Firma)
Verkauf
Zahlung: 714,00 EUR
End-verbraucher
Umsatzsteuervoranmeldung (monatlich)
Forderung gegenüber FA (Vorsteuer) 76,00 EUR
Verbindlichkeit gegenüber FA (USt.) 114,00 EUR
Zahllast (Besteuerung des „Mehrwerts") 38,00 EUR
76,00 EUR
F I N A N Z A M T (FA)

Aufgaben

1. Einkauf einer Maschine auf Ziel:

	netto	80.000,00 EUR
19 % USt.		15.200,00 EUR
	brutto	95.200,00 EUR

Buchung?

2. Verkauf von Fertigerzeugnissen auf Ziel: 71.400,00 EUR einschließlich 19 % USt. Buchung?

3.

Summen Konto Vorsteuer:	Soll:	15.000,00 EUR	Haben:	1.000,00 EUR
Summen Konto Umsatzst.:	Soll:	2.000,00 EUR	Haben:	23.000,00 EUR

a) Schließen Sie die Konten ab zwecks Überweisung der Zahllast.
b) Wie würde die Abschlussbuchung zum 31.12. lauten?

4. a) Erklären Sie die Begriffe Vorsteuer und Umsatzsteuer.
b) Welche Vorgänge sind umsatzsteuerpflichtig?
c) Welcher Personenkreis soll mit Umsatzsteuer belastet werden?

5. a) Wie entsteht ein Vorsteuerüberhang?
b) Wie wirkt sich ein Vorsteuerüberhang bilanziell aus?
c) Wie entsteht eine Zahllast?
d) Wie wirkt sich eine Zahllast bilanziell aus?

6. Welchen Einfluss haben Umsatzsteuer- bzw. Vorsteuerbuchungen auf den Erfolg des Unternehmens?

7. Wie wirkt sich die Umsatzsteuer auf die Kosten des Unternehmens aus?

8. Welcher Kontenart ist das
a) Vorsteuerkonto,
b) Umsatzsteuerkonto
zuzuordnen?

9. Ist ein Vorsteuerüberhang oder eine Zahllast eher üblich? Begründung.

10. Warum ist die Umsatzsteuer ein durchlaufender Posten?

11. Erklären Sie den Begriff „Umsatzsteuervoranmeldung“.

12. Nennen Sie drei typische Geschäftsfälle, bei denen eine
a) Vorsteuerkorrektur,
b) Umsatzsteuerkorrektur
notwendig ist.

1.7 Kontenrahmen – Kontenplan – Bücher

Stofftelegramm

Vgl. hinten!!

Kontenrahmen →	• Kontenordnungssystem, das für einen ganzen Wirtschaftszweig (z. B. Industrie) als Empfehlung gilt. • Zweck: Übersicht, Zeitvergleiche, Betriebsvergleiche möglich
Kontenplan →	Aus dem Kontenrahmen entwickelt jeder Betrieb seinen eigenen Kontenplan, der seine besonderen Belange berücksichtigt.
Grundbuch →	• Buchung der Geschäftsfälle in **zeitlicher** Reihenfolge • Alternativbezeichnung: **Journal**
Hauptbuch →	• Buchung der Geschäftsfälle auf einzelnen **Konten** • = **sachliche** Ordnung = ***Sachkonten***
Nebenbücher →	• weitere **Aufgliederung** der Konten des Hauptbuches • **Kontokorrentbuch** (= **Geschäftsfreundebuch**): – Kundenkonten (= Debitoren = einzelne Forderungen) – Liefererkonten (= Kreditoren = einzelne Verbindlichkeiten) = ***Personenkonten*** • **Anlagenkartei:** erfasst Zugänge, Abgänge, Abschreibungen • **Lagerkartei:** erfasst Lagerbestände, Zugänge, Abgänge • **Lohn- und Gehaltsbuchhalt.:** Lohnkonto für jeden Arbeitnehmer

Aufgaben (analoge Prüfungsaufgaben integriert)

1. Nennen Sie vier Wirtschaftszweige, für die Kontenrahmen entwickelt wurden.
2. Unterscheiden Sie Kontenrahmen und Kontenplan.
3. Nennen Sie drei Argumente für die Entwicklung von Kontenrahmen.
4. Unterscheiden Sie die Begriffe Grundbuch, Hauptbuch und Nebenbücher.
5. Was versteht man unter Kontokorrentkonten?
6. Unterscheiden Sie: a) Debitorenkonten, Kreditorenkonten
   b) Sachkonten, Personenkonten

1.8 Buchungen: Einkauf, Produktion und Verkauf

- Testen Sie sich, indem Sie die rechte Seite verdeckt lassen. • **USt.-Satz: 19 %**
- **Bestandsorientierte Buchung (verbrauchsorientierte Buchung: siehe unten)**

GESCHÄFTSFÄLLE		SOLL			HABEN		
1. ER Rohstoffe – 20 % Rabatt + 19 % USt.	5.000,00 1.000,00 4.000,00 760,00 4.760,00	200 260	Rst VSt.	4.000,00 760,00	44	Vbl	4.760,00
2. Betr. 1. erhalten wir eine Rechnung der Spedition über Transportkosten: 238,00 EUR inkl. 19 % USt.		2001 260	BK VSt.	200,00 38,00	44	Vbl	238,00
3. Auf dem Konto 2001 stehen 9.700,00 EUR. Wie lautet die Abschlussbuchung am 31.12.?		200	Rst	9.700,00	2001	BK	9.700,00
4. AR Fertigerzeugnisse + 19 % USt.	10.000,00 1.900,00 11.900,00	240	Ford.	11.900,00	500 480	UE USt.	10.000,00 1.900,00
5. Betr. 4. erhalten wir folgende Speditionsrechnung: Transportkosten + 19 % USt.	 800,00 152,00 952,00	614 260	Fracht VSt.	800,00 152,00	44	Vbl	952,00
6. Wir senden mangelhafte Rohstoffe zurück: 1.190,00 EUR einschließlich 19 % USt. (analog: Preisnachlass)		44	Vbl	1.190,00	2002 260	Rü VSt.	1.000,00 190,00
7. Kunden senden Fertigerzeugnisse zurück: 1.190,00 EUR einschließlich 19 % USt. (analog: Preisnachlass)		5001 480	Rü USt.	1.000,00 190,00	240	Ford.	1.190,00
8. Rohstoffverbrauch 500,00 EUR		600	RstA	500,00	200	Rst	500,00
9. AB 5.000,00; SB 12.000,00; Einkäufe 105.000,00 Schließen Sie das Rohstoffkonto ab.		801 600	SB RstA	12.000,00 98.000,00	200 200	Rst Rst	12.000,00 98.000,00
10. Banküberweisung (Fall 1.) unter Abzug von 2 % Skonto (Nettobuchung)		44	Vbl	4.760,00	280 2003 260	Bank Lsk VSt.	4.664,80 80,00 15,20
11. Banküberweisung des Kunden (Fall 4.) unter Abzug von 3 % Skonto (Nettobuchung)		280 5002 480	Bank Ksk USt.	11.543,00 300,00 57,00	240	Ford.	11.900,00
12. Überweisung eines Kunden unter Abzug von 2 % Skonto (Skontobetrag 99,96 EUR) – Nettobuchung		280 5002 480	Bank Ksk USt.	4.898,04 84,00 15,96	240	Ford.	4.998,00

Änderung obiger Buchungssätze bei **verbrauchsorientierter** Buchung:

1. statt 200	→ 600	6. statt 2002	→ 6002
2. statt 2001	→ 6001	9. statt 600/200	→ 200/600
3. statt 200/2001	→ 600/6001	10. statt 2003	→ 6003

Aufgaben

1. Banküberweisung von Kunden zum Ausgleich von AR 326

Rechnungsbetrag	46.400,00 EUR	
abzüglich 2 % Skonto (Nettobuchung)	928,00 EUR	45.472,00 EUR

2. Wir kaufen Rohstoffe ein: Listenpreis 4.000,00 EUR, 19 % USt., 20 % Rabatt
   Zahlungsbedingungen: 30 Tage Ziel, innerhalb 10 Tagen 3 % Skonto

   a) Buchen Sie den Rechnungseingang.
   b) Buchen Sie die Postüberweisung nach 8 Tagen unter Abzug von 3 % Skonto. Nettobuch.

3.

Ausgangsrechnung: Fertigerzeugnisse	6.520,00 EUR	
+ 19 % USt.	1.238,80 EUR	7.758,80 EUR

4. Banküberweisung an den Lieferanten zum Ausgleich der ER 111 für Rohstoffe:

Rechnungsbetrag	29.000,00 EUR	
abzüglich 2 % Skonto	580,00 EUR	
Überweisungsbetrag	28.420,00 EUR	Nettobuchung!

5. Verkauf von Handelswaren gemäß AR 222 auf Ziel:

Rechnungsbetrag netto	2.100,00 EUR
+ 19 % USt.	399,00 EUR
Rechnungsbetrag brutto	2.499,00 EUR

6. Wegen Mängeln an der in Aufgabe 5 gelieferten Handelswaren erhält der Kunde eine Gutschrift auf den Brutto-Rechnungsbetrag von 10 %.

7. Der Hilfsstoffverbrauch wird durch Bestandsrechnung ermittelt:
   Anfangsbestand: 9.000,00 EUR; Zugänge: 55.400,00 EUR; Endbestand lt. Inventur: 4.200,00 EUR
   Buchen Sie den Verbrauch an Hilfsstoffen.

8. Unsere Tischtennisplattenfabrik verkauft 100 Platten zu je 380,00 EUR netto auf Ziel. 10 % Rabatt; USt. = 19 %.

9. Der Kunde (vgl. 8.) reklamiert: 3 Platten haben leichte Transportschäden. Für den Transportschaden werden 20 % Minderung vereinbart.

10. Wir verkaufen Handelswaren für 26.000,00 EUR netto. Aufgrund einer Mängelrüge gewähren wir eine Gutschrift von 1.392,00 EUR inkl. 19 % USt. Zum Ausgleich unserer Rechnung erhalten wir einen Verrechnungsscheck.

11. Textilfabrik Edel KG erhält am 25.03. folgende Eingangsrechnung Nr. 4711:

Satinstoffe, netto	35.500,00 EUR
– 5 % Mengenrabatt	1.775,00 EUR
	33.725,00 EUR
+ Frachtkosten	525,00 EUR
+ Verpackung	250,00 EUR
	34.500,00 EUR
+ 19 % USt.	6.555,00 EUR
Rechnungspreis	41.055,00 EUR

a) Buchen Sie den Zielkauf anhand der ER.
b) Bei Auslieferung der Stoffe werden größere Webfehler am Rollenende der Stoffballen festgestellt. Die mangelhaft gelieferten Stoffe werden zurückgeschickt.
Buchen Sie die Gutschrift über 5.000,00 EUR netto.

12. a)

Zielverkauf Fertigerzeugnisse	36.000,00 EUR
– 20 % Rabatt	7.200,00 EUR
	28.800,00 EUR
+ 19 % Umsatzsteuer	5.472,00 EUR
	34.272,00 EUR

b) Der Kunde aus a) begleicht die Rechnung nach Abzug von 3 % Skonto durch Postgiroüberweisung. Überweisungsbetrag: 33.243,84 EUR

13. Unsere Firma: Heinz Müller GmbH, Maschinenbau

    Buchen Sie folgenden Beleg aufgrund unserer Mängelrüge (**Anlage 1**).

14. Wir verkaufen Ware auf Ziel (**Anlage 2**).

15. Rücksendung von Rohstoffen (**Anlage 3**). Es wurde verbrauchsorientiert gebucht.

16. Ausgangsfracht wird unserem Spediteur Fritz Ihle bar bezahlt (**Anlage 4**).

17. Unser Kunde bezahlt seine Rechnung vom 06.03. (siehe **Anlage 2**) mit 2 % Skonto (**Anlage 5**). (Nettobuchung)

18. Wir (Möbelwelt GmbH) kaufen zehn Paletten Sperrholzplatten bei der Holzfabrik Feller e. K. auf Ziel. Die Rechnung lautet über 14.280,00 EUR inkl. 19 % USt.

    a) Buchen Sie die Eingangsrechnung nach dem verbrauchsorientierten Verfahren.
    b) Wir begleichen die Rechnung aus a) unter Abzug von 3 % Skonto per Verrechnungsscheck.
    c) Wir verkaufen an den Kunden Maier eine selbst gefertigte Kommode im Wert von 2.000,00 EUR zuzüglich 19 % USt.

19. a) Wir verkaufen fertige Erzeugnisse (**Anlage 6**).
    b) Wir erhalten die Rechnung unserer Spedition für die Auslieferung der Erzeugnisse von Geschäftsfall a) (**Anlage 7**).
    c) Dem Kunden aus Geschäftsfall a) gewähren wir einen Bonus von 4 % auf die Summe der von ihm im vergangenen Quartal gekauften Erzeugnisse. Er hat insgesamt für brutto 181.475,00 EUR (inkl. 19 % USt.) bei uns gekauft.

20. In der Unterländer Metallwerke GmbH sind noch folgende Geschäftsvorfälle und Abschlussangaben des Jahres 20.. zu buchen. Das Geschäftsjahr entspricht dem Kalenderjahr.

    a) Bilden Sie die Buchungssätze zu den **Anlagen 8–10.**
    b) Der Kunde bezahlt die Rechnung unter Abzug von 3 % Skonto per Bank.

21. Sie sind tätig in der Buchhaltung der Ulbrich-Riese OHG, Heidenheim. Das Geschäftsjahr 19/20 endet am 30.09.2020. Erledigen Sie die folgenden Aufgaben:

    a) Buchen Sie die beiden beiliegenden Rechnungen (**Anlagen 11 und 12**). Bei Ulbrich-Riese wird grundsätzlich bestandsorientiert gebucht.
    b) Die Bezahlung der beiden Rechnungen erfolgt per Banküberweisung am 15.10.2020. Bilden Sie die Buchungssätze.

22. Erklären Sie die Begriffe: a) Rohstoffeinsatz, b) Wareneinsatz.
23. Erklären Sie die beiden Möglichkeiten der buchhalterischen Stoffverbrauchsermittlung.
24. Wann bevorzugen Unternehmen die verbrauchsorientierte Buchung?
25. Wie wirken sich Lieferer- bzw. Kundenskonti erfolgsmäßig aus?

Anlage 1

Herstellung von Spanplatten

Max Kaiser KG

Max Kaiser KG,
Postfach 1380, 46483 Wesel

Maschinenbau
Heinz Müller GmbH
Karlstr. 44
51379 Leverkusen

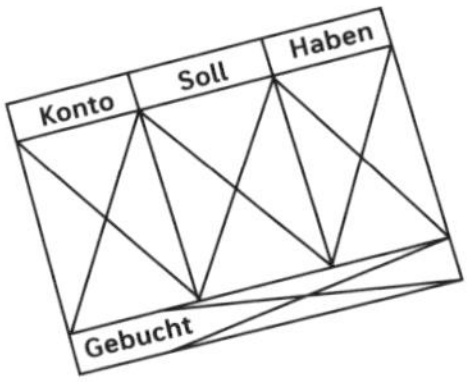

Eingang: 31.12.20..

Ihr Zeichen/Ihre Nachricht vom	Unser Zeichen	Durchwahl	Wesel, den
16.12.20..	KO/re	31	30.12.20..

Rechnung Nr. 8.765

Sehr geehrter Herr Breuer,

auf die von Ihnen zu Recht beanstandete Spanplattenlieferung vom 15.12.20.. erhalten Sie nachträglich einen

Preisnachlass von netto	700,00 EUR
19 % Umsatzsteuer	133,00 EUR
	833,00 EUR

Wir bitten um gleichlautende Buchung.

Mit freundlichen Grüßen

Max Kaiser KG

ppa.

Telefon
0281 4869

Telefax
0281 5723

Deutsche Bank, Wesel
IBAN: DE45 1456 7855 4862 2212 44
BIC: DEBADEWEXXX

Anlage 2

INTERARTDESIGN

INTERARTDESIGN GmbH • Postfach 101027 • D-75172 Pforzheim

INTERARTDESIGN GmbH
Staubenstr. 20 • 75172 Pforzheim

Juwelier
Karl Georg Wilms
Hauptstr. 14

54001 Koblenz

06.03.20..

RECHNUNG NR. 540

Ihr Auftrag v. 03.02.20..

1 Damenring, 18 ct. gelbgold, 0,2 ct. Br., Nr. RB 2460	640,00 EUR
./. 10 % Sonderrabatt	64,00 EUR
	576,00 EUR
Porto und Verpackung	14,00 EUR
	590,00 EUR
19 % USt.	112,10 EUR
	702,10 EUR

Zahlungsbedingungen: 14 Tage 2 % Skonto, 30 Tage netto

Anlage 3

Kurzbrief

Absender
Interartdesign GmbH
Pforzheim

Unser Zeichen Du
Datum 07.03.20..

Thema: *Rücksendung lt. telef. Absprache*

Empfänger
Agosi, Pforzheim

Goldblech 30 Nr., 14 Karat, 60,15 g	1.430,20 EUR
+ 19 % USt.	271,74 EUR
	1.701,94 EUR

Anlage 4

Quittung

	Euro
	Betrag: ---------------------------------- 142,80
Nr. 12	inkl. 19 % MwSt./Betrag 22,80
Betrag in Worten	Einhundertzweiundvierzig -- Cent wie oben
von	Interartdesign GmbH Pforzheim
für	Fracht
	dankend erhalten
Ort/Datum	Pforzheim, 10.03.20..
Buchungsvermerke	Stempel/Unterschrift des Empfängers *Fritz Ihle*

Anlage 5

Kontoauszug Nr. 94 vom 20.03.20..

	Soll	Haben
Rechnung v. 06.03.		688,06
Nr. 540 ./. 2 % Skonto		670,71
Wilms		

IBAN DE35 6662 0020 0519 3245 10 BIC BWBADESTXXX

Kontoinhaber: Interartdesign GmbH

Wichtige Hinweise auf der Rückseite beachten!

Baden-Württembergische Bank AG BW

Anlage 6

LOHRMANN – Holzbearbeitungsmaschinen

Kastellstr. 45 – 72172 Sulz am Neckar

Lohrmann GmbH, Postfach 231, 72172 Sulz

Maschinengroßhandel
Robert Meyer KG
Treberstr. 84

22097 Hamburg

... Datum: 27.09.20..

Rechnung

Wir bieten Ihnen zu den Ihnen bekannten Lieferungs- und Zahlungsbedingungen:

Anzahl	Artikelbezeichnung	Einzelpreis	Gesamtpreis
35	Unterzugsägen LM 308	1.900,00 EUR	66.500,00 EUR
10	Tischkreissägen	1.100,00 EUR	11.000,00 EUR
			77.500,00 EUR
30 % Rabatt			23.250,00 EUR
			54.250,00 EUR
Transport- und Verpackungskosten			1.450,00 EUR
			55.700,00 EUR
19 % USt.			10.583,00 EUR
Summe			66.283,00 EUR

Zahlbar innerhalb von 14 Tagen mit 2 % Skonto oder innerhalb von 60 Tagen netto Kasse.

...

Anlage 7

Spedition + Logistik *BRONNER*

Kanzleistr. 3 – 72172 Sulz am Neckar

Spedition Bronner KG, Postfach 39, 72172 Sulz

Lohrmann GmbH
Holzbearbeitungsmaschinen
Postfach. 231

72172 Sulz

... Datum: 29.09.20..

Rechnung

Auftrag vom 24.09.20.., telefonisch durch Herrn Ritzler; durchgeführt mit Lkw; Strecke: Sulz – Hamburg am 27.09.20..

Nettobetrag in Euro	1.324,80
USt. 19 %	251,71
Bruttobetrag in Euro	1.576,51

Zahlungsbedingungen: Zahlbar rein netto innerhalb 30 Tagen

...

Anlage 8

Düsseldorfer Stahlbau AG

40210 Düsseldorf
Stahlstr. 5
Tel: 0211 1436-27
Fax: 0211 1436-28

Unterländer Metallwerke GmbH
Im Lehen 5
72622 Nürtingen

Rechnung Nr. 3784 16.06.20..

Art.	Nr.	Beschreibung	Menge	Einheitencode	EK-Preis ohne MwSt.	Zeilenbetrag ohne MwSt.
Artikel	221089	Vierkantstahlrohr Q3	90	STÜCK	20,00 EUR	1.800,00 EUR
Artikel	221090	Stahlplatte M6	120	STÜCK	10,00 EUR	1.200,00 EUR

Total ohne MwSt.	3.000,00 EUR
+ Fracht	100,00 EUR
+ Verpackung	50,00 EUR
Summe	3.150,00 EUR
19 % MwSt.	598,50 EUR
Total inkl. MwSt.	3.748,50 EUR

Rechnung zahlbar sofort ohne Abzug von Skonto!

Anlage 9

Düsseldorfer Stahlbau AG

40210 Düsseldorf
Stahlstr. 5
Tel: 0211 1436-27
Fax: 0211 1436-28

Unterländer Metallwerke GmbH
Im Lehen 5
72622 Nürtingen

Gutschrift Nr. 3784/1

18.06.20..

Art.	Nr.	Beschreibung	Menge	Einheitencode	EK-Preis ohne MwSt.	Zeilenbetrag ohne MwSt.
Artikel	221090	Stahlplatte M6	120	STÜCK	10,00 EUR	1.200,00 EUR

Total ohne MwSt.	1.200,00 EUR
19 % MwSt.	228,00 EUR
Total inkl. MwSt.	1.428,00 EUR

Anlage 10

Unterländer Metallwerke GmbH

Im Lehen 5 – 78622 Nürtingen

Tel: 07022 46734
Fax: 07022 46735

Volkswagen AG
Stadtring 9
38440 Wolfsburg

Rechnungsnummer: 5546/05
Datum: 20.06.20..
Kundennummer: 26689

Ihr Zeichen	Unser Zeichen
VW 1437	UM 6689

Menge	Einheit	Artikel	Beschreibung	Stückpreis	Gesamt
80	Stück	Schwel46	Schwellerblech	60,00 EUR	4.800,00 EUR
100	Stück	MOble32	Blechstück C5	12,00 EUR	1.200,00 EUR
					6.000,00 EUR
				– 15 % Rabatt	900,00 EUR
					5.100,00 EUR
				+ Fracht	150,00 EUR
				+ Verpackung	50,00 EUR
					5.300,00 EUR
				19 % USt.	1.007,00 EUR
				Rechnungsbetrag	6.307,00 EUR

Zahlung innerhalb 14 Tagen nach Rechnungsstellung abzüglich 3 % Skonto, innerhalb 30 Tagen netto Kasse.

Anlage 11

Ulbrich-Riese OHG

Trekkingräder

Ulbrich-Riese OHG • Im Industriegebiet 11 • 89518 Heidenheim

Fahrrad Gruber GmbH
Talstr. 109
80809 München
Deutschland

Name:
Telefon: 07321 121-121
Telefax: 07321 121-123
E-Mail: info@ulbrich-riese.de
Internet: www.ulbrich.de

Bank: Sparkasse Heidenheim
IBAN: DE97 6535 1260 4432 12334 37

Kunden-Nr.: 24999
Bestell-Nr.:
Auftrag Nr.: 22008
Datum: 05.10.20..

Rechnung Nr. 25503

Sehr geehrte Damen und Herren,

aufgrund Ihres Auftrages stellen wir Ihnen folgende Artikel in Rechnung:

Artikel-Nr.	Bezeichnung	Menge	Einheit	Preis	Rabatt	USt.	Betrag
220007	Trekkingräder V-Race Plus	10 Stück		1.135,00 EUR		19 %	11.350,00 EUR

Warenwert	**11.350,00 EUR**
19 % USt.	2.156,50 EUR
Rechnungsbetrag	**13.506,50 EUR**

Zahlungsbedingungen: 10 Tage 3 % Skonto oder 20 Tage Ziel
Lieferbedingung: frei Haus

Wir bedanken uns für Ihren Auftrag.

Mit freundlichen Grüßen

Ulbrich-Riese OHG

i. A. Maier

Gerichtsstand:	Amtsgericht Heidenheim	Geschäftsleitung:	Finanzamt Heidenheim
Handelsregister:	HRA 966	Anton Maier	Steuer-Nr.: 53050/02345254
Geschäftszeiten:	Mo–Fr 08:00–16:00 Uhr		USt-IdNr.: DE453899958

Anlage 12

LaSo GmbH
Werkzeuge und Teile

LaSo GmbH • Im Industriegebiet 11 • 72336 Balingen

Ulbrich-Riese OHG
Im Industriegebiet 11
89518 Heidenheim
Deutschland

Name:

Telefon: 07433 121-121
Telefax: 07433 121-123
E-Mail: hjhahn@laso.com
Internet: www.laso.com

Bank: Sparkasse Zollernalb
IBAN: DE97 6535 1260 0024 1599 37

Kunden-Nr.: 24001
Bestell-Nr.:
Auftrag Nr.: 22009
Datum: 05.10.20..

Rechnung Nr. 25504

Sehr geehrte Damen und Herren,

aufgrund Ihres Auftrages stellen wir Ihnen folgende Artikel in Rechnung:

Artikelnr.	Bezeichnung	Menge	Einheit	Preis	Rabatt	USt.	Betrag
221066	Elektronische Schieblehre	2 Stück		1.500,00 EUR		19 %	3.000,00 EUR
221067	Fahrradklingeln	10 Stück		3,98 EUR		19 %	39,80 EUR
				Warenwert			**3.039,80 EUR**
				19 % USt.			577,56 EUR
				Rechnungsbetrag			**3.617,36 EUR**

Zahlungsbedingungen: 10 Tage ohne Abzug
Lieferbedingung: frei Haus

Wir bedanken uns für Ihren Auftrag.

Mit freundlichen Grüßen

LaSo GmbH

i. A. Müller

Gerichtsstand: Amtsgericht Balingen
Handelsregister: HRB 966
Geschäftszeiten: Mo–Fr 08:00–16:00 Uhr

Geschäftsleitung:
Hans-Jürgen Hahn

Finanzamt Balingen
Steuer-Nr.: 53050/00954
USt-IdNr.: DE164899958

1.9 Prüfungsaufgaben

Prüfungsaufgaben Sommer 2010 (Aufgabe 1, teilweise)

Sie sind im Rahmen Ihrer Ausbildung unter anderem in der Einkaufsabteilung und der Geschäftsbuchführung der LaSo GmbH eingesetzt. Die LaSo GmbH mit Sitz in Balingen verkauft Werkzeuge und Gegenstände des täglichen Gebrauchs an Wiederverkäufer. Ein Teil des Sortiments wird bei der LaSo GmbH aus Zukaufteilen montiert, die übrigen Artikel sind Handelswaren.

1. Sie sind vorübergehend in der Buchhaltung eingesetzt. Dort werden Sie gebeten, die Rechnung der Saltor GmbH zu bearbeiten (**Anlage 1**).

1.1 Bilden Sie den Buchungssatz beim Rechnungseingang.

1.2 Begründen Sie rechnerisch, ob sich die Inanspruchnahme des von der Saltor GmbH gewährten Skontos für Ihren Ausbildungsbetrieb lohnt. Der Kontokorrentkredit wird derzeit mit einem Zinssatz von 13 % berechnet.

1.3 Bei der Zahlung soll der Skontoabzug in Anspruch genommen werden. Legen Sie ein sinnvolles Zahlungsdatum für die Rechnung der Saltor GmbH fest und bilden Sie den Buchungssatz für die Zahlung per Banküberweisung.

Zum Jahresende 2009 sind bei der LaSo GmbH noch einige geschäftliche Vorgänge zu bearbeiten.

2.1 Bilden Sie die Buchungssätze zu den Belegen aus den **Anlagen 2–5**.

2.2 Die Zahlung an die SAFIR AG (**Anlage 5**) erfolgte am 22.12.2009 durch Banküberweisung. Buchen Sie diesen Vorgang.

2.3 Erfassen Sie die Umsatzsteuer aus den Aufgaben 2.1 und 2.2 (**Anlage 2–5**) in den Umsatzsteuerkonten (**Anlage 6**) und ermitteln Sie buchhalterisch die Zahllast zum 31.12.2009. Die Zahlungen der Rechnungen (**Anlagen 2 und 3**) sind zum 31.12.2009 noch nicht erfolgt.

2.4 Nennen Sie den Buchungssatz für die Buchung der Zahllast am 31.12.2009.

Anlage 1

SALTOR GmbH Industriebedarf

Saltor GmbH * Gmünder Straße 250 – 300 * 73037 Göppingen

LaSo GmbH
Werkzeuge und Teile
Im Industriegebiet 11
72336 Balingen

Name: Martha Kaiser
Telefon: 07161 14 97 89
Fax: 07161 14 97 80
E-Mail: mkaiser@saltor.de
Internet: www.saltor.de

Datum: 14.04.2010

Rechnung

Für unsere Lieferung vom 13.04.2010, Lieferschein-Nr. 04-252312, berechnen wir Ihnen:

Artikelnr.	Bezeichnung	Stückpreis	Menge	Warenwert
19953	Netzgerät	6,33 EUR	250 St.	1.582,50 EUR
19733	Gebläse	7,58 EUR	500 St.	3.790,00 EUR
21947	Thermostat	2,61 EUR	500 St.	1.305,00 EUR
		Warenwert gesamt:		6.677,50 EUR
		zuzüglich Umsatzsteuer 19 %:		1.268,73 EUR
		Rechnungsbetrag:		7.946,23 EUR

Zahlbar innerhalb von 10 Tagen ab Rechnungsdatum mit 2 % Skonto, Zahlungsziel 50 Tage ab Rechnungsdatum

Mit freundlichen Grüßen

Saltor GmbH

i. A. Martha Kaiser

Handelsregister: AG Göppingen HRB 592
Geschäftszeiten: Mo-Fr 08:00–16:00 Uhr

Geschäftsführer: Hugo Tietz

Finanzamt Göppingen
Steuer-Nr.: 53050/00874
USt-IdNr.: DE164089989

Anlage 2

LaSo GmbH
Werkzeuge und Teile

LaSo GmbH • Im Industriegebiet 11 • 72336 Balingen

Baumarkt Müller KG
Postfach 134
85579 Neubiberg

RECHNUNG		
Datum	Rechn.-Nr.	Kunden-Nr.
04.12.2009	25501	24001
Bei Zahlung bitte angeben!		

Art.-Nr.	Artikelbezeichnung	Menge	Einzelpreis	Betrag
221033	Isolier-Abstreifzange	100	21,00	2.100,00
221034	Adernendhülsen-Zange	100	33,00	3.300,00
221035	Universal-Kabelzange	100	12,90	1.290,00
221063	Multifunktions-Crimpzange	50	79,00	3.950,00
221059	Sicherungsringe-Arbeitszange	50	33,90	1.695,00

EUR	12.335,00 Nettobetrag	EUR 2.343,65 MwSt. 19 %	EUR **14.678,65** Rechnungsbetrag

Zahlbar bis 18.12.2009 mit 3 % Skonto, bis 02.02.2010 ohne Abzug

Sparkasse Zollernalb	BLZ	65351260	Volksbank e.G., Balingen	BLZ	65391210
	Konto-Nr.	24999111		Konto-Nr.	11111011

Sitz/Registergericht: Balingen, Amtsgericht Balingen HRB 554
Geschäftsführer: Hans-Jürgen Hahn

Anlage 3

USt-IdNr.: DE 811306524 Steuer-Nr.: 53050/00954

Weinmann GmbH

*72379 Hechingen * Fliederstr. 35* ☎ 07471 55337

LaSo GmbH
Werkzeuge und Teile
Im Industriegebiet 11
72336 Balingen

RECHNUNG
Datum 04.12.2009
Rechn.-Nr. 52328
Bitte bei Zahlung stets angeben

Art.-Nr.	Artikelbezeichnung	ME	E-Preis	G-Preis
79468	Stativ-Oberteil	250	2,50	625,00
79470	Stativ-Fuß	250	0,50	125,00
79471	Stativ-Gewinde	250	0,04	10,00
83652	Lupengriff	200	1,50	300,00
83650	Lupe 90 mm	200	4,50	900,00
92115	Sieb mit Rahmen	150	27,50	4.125,00

	6.085,00
+ 19 % MwSt.	1.156,15
	7.241,15

Zahlbar 30 Tage netto, 10 Tage 2 % Skonto

Bank: Volksbank Hohenzollern (BLZ 641 632 25) Konto 251 631 55

Sitz/Registergericht: Hechingen, Amtsgericht Hechingen HRB 963; Geschäftsführer: Markus Weinmann
Steuer-Nr.: 48024/00321

Anlage 4

R + S *KFZ – TECHNIK GMBH*

☎ 07433 437621

R+S KFZ–Technik GmbH · Eyachstr. 4 · 72336 Balingen

Ihr Partner

- bei allen Pkw-Reparaturen
- Reifendienst
- Bremsenuntersuchung
- TÜV-Abnahme im Haus
- Karosserie- und Lackiertechnik

Firma

LaSo GmbH
Im Industriegebiet 11
72336 Balingen

Kunden Nr.: 11294
Rechn.-Nr.: 44030
Datum: 17.12.2009

RECHNUNG

Art. Nr.	Bezeichnung	Menge	E-Preis	Gesamt
	RÜCKLICHT RECHTS ERSETZT	1,00	16,00	16,00
5430	RÜCKLICHT	1,00 ST.	59,00	59,00
5431	BIRNE: 12 V 21 W	1,00 ST.	2,40	2,40
				77,40
		19 %	MwSt.	14,71
			Endbetrag	**92,11**

Betrag dankend erhalten
17.12.09 Pfister

Kleinreparaturen bis 100,00 EUR sind sofort bei Fahrzeugabholung ohne Abzug bar zu zahlen.
Die Ware bleibt bis zur vollständigen Bezahlung unser Eigentum.

Erfüllungsort und Gerichtsstand ist Balingen

Anlage 5

SAFIR AG

72622 Nürtingen - Carl-Benz-Straße 10 - Tel. 07022 37612

LaSo GmbH
Im Industriegebiet 11
72336 Balingen

Rechnung

Rechnungs-Nr.	Kunden-Nr.	Datum
041767	4712	**16.12.2009**

Rechnung

Bitte bei Zahlung und Rückfragen angeben

Art.-Nr.	Artikelbezeichnung	Menge	Einzelpreis	Gesamtpreis
1104	Verpackungs-automat VA211	1	65.000,00 EUR	65.000,00 EUR
			Transport	1.800,00 EUR
			Montage	3.200,00 EUR
				70.000,00 EUR
			+ 19 % USt.	13.300,00 EUR
				83.300,00 EUR

Zahlungsbedingungen: 10 Tage 2 % Skonto, 30 Tage netto

Bankkonto: **Kreissparkasse Nürtingen – BLZ 611 500 20 – Konto 834 629**
Vorstand: **Uwe Deuschle**

Sitz/Registergericht: **Esslingen, Amtsgericht Esslingen HRB 1582**
USt-IdNr.: **DE8302400546**

Anlage 6

S	2600 Vorsteuer	H
1.268,40 2.421,60	3.690,00	

S	4800 Umsatzsteuer	H
12.190,00	5.495,00 6.635,58 12.811,21	

Prüfungsaufgaben Winter 2010/2011 (Aufgabe 2, teilweise)

2.1 Die LaSo GmbH verkauft an die Bau und Ausbau GmbH (Debitor Nr. 24006) in Magstadt Handelswaren gemäß der Auftragsbestätigung Nr. 22018 vom 19.10.2009 **(Anlage 3)**. Die **Anlage 4** enthält dazu noch einen Auszug aus den Artikeldaten. Die **Anlagen 5 und 6** zeigen den Warenbestand vor und nach der Auslieferung des Auftrags.

2.1.1 Bilden Sie für die LaSo GmbH die Buchungssätze, die mit den Warenbewegungen und der Rechnungsstellung am 26.10.2009 verbunden sind.

Hinweis: Die LaSo GmbH hat ihre Wareneinkäufe bestandsorientiert gebucht.

2.1.2 Am 06.11.2009 überweist die Bau und Ausbau GmbH den fälligen Betrag für diesen Auftrag. Buchen Sie den Zahlungseingang auf dem Bankkonto der LaSo GmbH.

2.1.3 Wie hoch war der Rohgewinn bei diesem Geschäftsgang?

Anlage 3

LaSo GmbH
Werkzeuge und Teile

LaSo GmbH
Werkzeuge und Teile

LaSo GmbH * Im Industriegebiet 11 * 72336 Balingen

Bau und Ausbau GmbH
Postfach 8573
71106 Magstadt
Deutschland

Name:	
Telefon:	07433 121-121
Fax:	07433 121-123
E-Mail:	hjhahn@laso.com
Internet:	www.laso.com
Bank:	Sparkasse Zollernalb
BLZ:	653 512 60
Konto:	24 999 111
IBAN:	DE97 6535 1260 0024 1599
Kunden-Nr.:	24006
Bestell-Nr.:	
Datum:	19.10.2009

Auftragsbestätigung Nr. 22018

Artikel-Nr.	Bezeichnung	Menge	Einheit	Preis	Rabatt %	MwSt. %	G-Preis
221033	Isolier-Abstreifzange	100	Stück	21,00	20	19	1.680,00 EUR
221034	Adernendhülsen-Zange	100	Stück	33,00	10	19	2.970,00 EUR

Netto-Betrag	**4.650,00 EUR**
19 % MwSt.	883,50 EUR
Brutto-Betrag	**5.533,50 EUR**

Zahlungsbedingungen: 14 Tage 3 % Skonto oder 60 Tage Ziel
Lieferbedingung: frei Haus
Liefertermin: 26.10.2009

Wir werden Ihren Auftrag sorgfältig ausführen.

Mit freundlichen Grüßen

LaSo GmbH

i. A.

Gerichtsstand: Amtsgericht Balingen
Handelsregister: HRB 966
Geschäftszeiten: Mo–Fr 08:00–16:00 Uhr

Geschäftsleitung:
Hans-Jürgen Hahn

Finanzamt Balingen
Steuer-Nr.: 53050/00954
USt-IdNr.: DE1640899958

Anlage 4: Auszug aus den Artikeldaten

Nr.	Beschreibung	Lagerbestand	Basiseinheit ...	EK-Preis ...	VK-Preis	Beschaffungszeit
221033	Isolier-Abstreifzange	700	STÜCK	10,50	21,00	7T
221034	Adernendhülsen-Zange	340	STÜCK	16,50	33,00	7T
221035	Universal-Kabelzange	550	STÜCK	6,45	12,90	7T
221036	Schraubendreher-Set	450	STÜCK	11,20	22,40	4T

Anlage 5: Lagerkarten vor Auslieferung

Allgemein Fakturierung Beschaffung Planung Außenhandel

Nr.	221033	Lagerbestand	800
Beschreibung.	Isolier-Abstreifzange	Menge in Bestellung . . .	0
Basiseinheitencode	STÜCK	Menge in Fertigung	0
		Menge in Auftrag	100

Allgemein Fakturierung Beschaffung Planung Außenhandel

Nr.	221034	Lagerbestand	440
Beschreibung.	Adernendhülsen-Zange	Menge in Bestellung . . .	0
Basiseinheitencode	STÜCK	Menge in Fertigung	0
		Menge in Auftrag	100

Anlage 6: Lagerkarten nach Auslieferung

Allgemein Fakturierung Beschaffung Planung Außenhandel

Nr.	221033	Lagerbestand	700
Beschreibung.	Isolier-Abstreifzange	Menge in Bestellung . . .	0
Basiseinheitencode	STÜCK	Menge in Fertigung	0
		Menge in Auftrag	0

Allgemein Fakturierung Beschaffung Planung Außenhandel

Nr.	221034	Lagerbestand	340
Beschreibung.	Adernendhülsen-Zange	Menge in Bestellung . . .	0
Basiseinheitencode	STÜCK	Menge in Fertigung	0
		Menge in Auftrag	0

Prüfungsaufgaben Sommer 2011 (Aufgabe 2, teilweise)

2.1 Buchen Sie die Belege (**Anlagen 3 und 4**) aus der Sicht der LaSo GmbH.

2.2 Berechnen Sie, ob sich der Skontoabzug bei der Eingangsrechnung der Grauer KG für die LaSo GmbH lohnt. Berücksichtigen Sie dazu die **Anlagen 3 und 5**.

2.3 Buchen Sie die Bezahlung als Banküberweisung durch die LaSo GmbH mit Skontoabzug.

Anlage 3

Metallfräserei
Grauer KG

Brunnenstr. 56 * 72622 Nürtingen ☎ 07022 542268

LaSo GmbH
Elektromotoren
Im Industriegebiet 11
72336 Balingen

Rechn.-Nr.	Kunden-Nr.	Rechn.-Datum
34803	23561	02.11.2010

RECHNUNG

ART.-NR.	ARTIKELBEZEICHNUNG	MENGE	PREIS
35877	Fräsmaschine	1	68.500,00 EUR
	– 10 % Rabatt		6.850,00 EUR
	+ Transportkosten		1.220,00 EUR
	Nettowert		62.870,00 EUR
	+ 19 % MwSt.		11.945,30 EUR
	Rechnungsbetrag		**74.815,30 EUR**

Zahlbar 30 Tage netto,
10 Tage 2 % Skonto

USt-IdNr.: DE7676980128 Steuer-Nr. 141 797 07736
Sitz/Registergericht: Nürtingen, Amtsgericht Nürtingen HRB 261

Anlage 4

LaSo GmbH
Werkzeuge und Teile

LaSo GmbH, Im Industriegebiet 11, 72336 Balingen

Otto Weber e. K.
Postfach 8 88
78727 Oberndorf a. N.

RECHNUNG		
Datum	Rechn.-Nr.	Kunden-Nr.
02.11.2010	25502	24004
Bei Zahlung bitte angeben!		

Art.-Nr.	Artikelbezeichnung	Menge	Einzelpreis	Betrag
221066	Elektromotoren	50	199,60	9.980,00 EUR

EUR 9.980,00 Nettobetrag	EUR 1.896,20 MwSt. 19 %	EUR **11.876,20 EUR** Rechnungsbetrag

Zahlbar bis 12.11.2010 mit 3 % Skonto, bis 02.12.2010 ohne Abzug

Sparkasse Zollernalb BLZ 653 612 60 Konto-Nr. 24 999 111
Volksbank e.G., Balingen BLZ 653 912 10 Konto-Nr. 11 111 011

Sitz/Registergericht: Balingen, Amtsgericht Balingen HRB 554 Geschäftsführer: Hans-Jürgen Hahn
USt-IdNr.: DE 811306524 Steuer-Nr.: 53050/00954

Anlage 5

		Auszug 40	**Konto**	**24 999 111**
	LaSo GmbH			
	Alter Kontostand vom 26.10.		EUR	100.734,04 +
Tag	**Text**	**Wert**	**Belastung**	**Gutschrift**
27.10.	KAISER & FRANZ OHG R-NR 11589, KD-NR 62725	27.10.	110.040,00	
28.10.	ULMER METALLBAU GMBH KD-NR 8354, R-NR 6482, 6519	28.10.	14.506,60	
02.11.	BAUMARKT MÜLLER R-NR 25398 KD-NR 24001	02.11.		16.825,30
08.11.	HAHN & WIDMANN KD-NR 24007 RE-NR 25394, 25408, 25422	08.11.		24.709,72
08.11.	FINANZAMT BALINGEN SCHECK UMSATZSTEUER NOVEMBER	08.11.	18.440,58	
	Neuer Kontostand vom 12.11.		718,12 –	
++++	**NEUER ZINSSATZ SEIT 01.11. 14,00 %**			

Prüfungsaufgaben Sommer 2019 (Aufgabe 2, teilweise)

Im Rahmen Ihrer Tätigkeit bei der VeloStar GmbH in Freiburg sind Sie zeitweise auch in der Finanzbuchhaltung beschäftigt und dort für das Tagesgeschäft und den Jahresabschluss zuständig.

2.1 Im laufenden Geschäftsjahr fallen unter anderem die Geschäftsvorfälle gemäß den **Anlagen 4–6** an.

Bilden Sie die Buchungssätze zu den Geschäftsvorfällen.

2.2
- Erstellen Sie die T-Konten für die Vorsteuer und die Umsatzsteuer. Übertragen Sie die zugehörigen Werte der drei Geschäftsvorfälle aus Aufgabenteil 2.1 in diese T-Konten und schließen Sie diese zum 30.04.2019 ab.
- Bilden Sie auch die Buchungssätze.

Anlage 4

Reifen Hans GmbH

Reifen Hans GmbH • Frankfurter Allee 75 • 67059 Ludwigshafen

Rechnung

VeloStar GmbH
Dammstraße 20
79098 Freiburg

Datum: 09.04.2019
Rechnungsnummer: 33451
Kundennummer: 2812

Posten	Bezeichnung	Einheit	Menge	Preis	Gesamt
1	Continental GP 500 S II 28“ (Reifen-Mantel)	Stück	245	20,00 EUR	4.900,00 EUR
2	Verpackungspauschale		1	100,00 EUR	100,00 EUR
		Gesamtbetrag			5.000,00 EUR
		zzgl. 19 % USt.			950,00 EUR
		Gesamtpreis			5.950,00 EUR

Wir bitten Sie, die Summe innerhalb der nächsten 10 Tage ohne Skontoabzug auf das unten genannte Konto zu überweisen.

Vielen Dank für Ihren Auftrag.

Ludwigshafener Privatbank
IBAN: DE40 5452 1000 5401 5380 11

Sitz der Gesellschaft: Ludwigshafen
USt-IdNr.: DE605488692
Registergericht: HRB E2 594

Geschäftsführung: Verena Arndt und Wolfgang Klinger

Anlage 5

VeloStar

Dammstraße 20, 79098 Freiburg

Jans Fahrradladen KG
Schwarzwaldstr. 25
79114 Freiburg

15.04.2019
Kundennummer: 0816
Rechnungsnummer: 4425

Rechnung

Pos.	Menge ME	Bezeichnung	
1	10	E-Bikes Typ 435	33.500,00 EUR

zzgl. 19 % Umsatzsteuer	6.365,00 EUR
Rechnungsbetrag	39.865,00 EUR

Zahlungsbedingungen: 14 Tage/2 % Skonto/30 Tage Ziel
Lieferbedingungen: frei Haus

Vielen Dank für Ihren Auftrag.

Mit freundlichen Grüßen

D. Huhn
VeloStar GmbH

Sitz und Registergericht:
Freiburg HRB 82 594
USt-IdNr. DE603488692
St.-Nr. 302/637

Geschäftsführung:
Dieter Huhn

Bankverbindung:
Sparkasse Freiburg
IBAN: DE68 0501 0100 5401 5380 19

Anlage 6

Quittung

Nr.

Netto Euro, Cent	126,00
+ 19 % MwSt.	23,94
Gesamt Euro, Cent	149,94

Euro in Worten
Cent wie oben: einhundertneunundvierzig

Von VeloStar GmbH

für Kopierpapier DIN A4, 50.000 Blatt

Ort Freiburg | Datum 23.04.2019

Buchungsvermerke | Stempel/Unterschrift

2 Kosten- und Leistungsrechnung I: Grundlagen – Abgrenzungsrechnung

2.1 Grundbegriffe und Aufgaben

Stofftelegramm

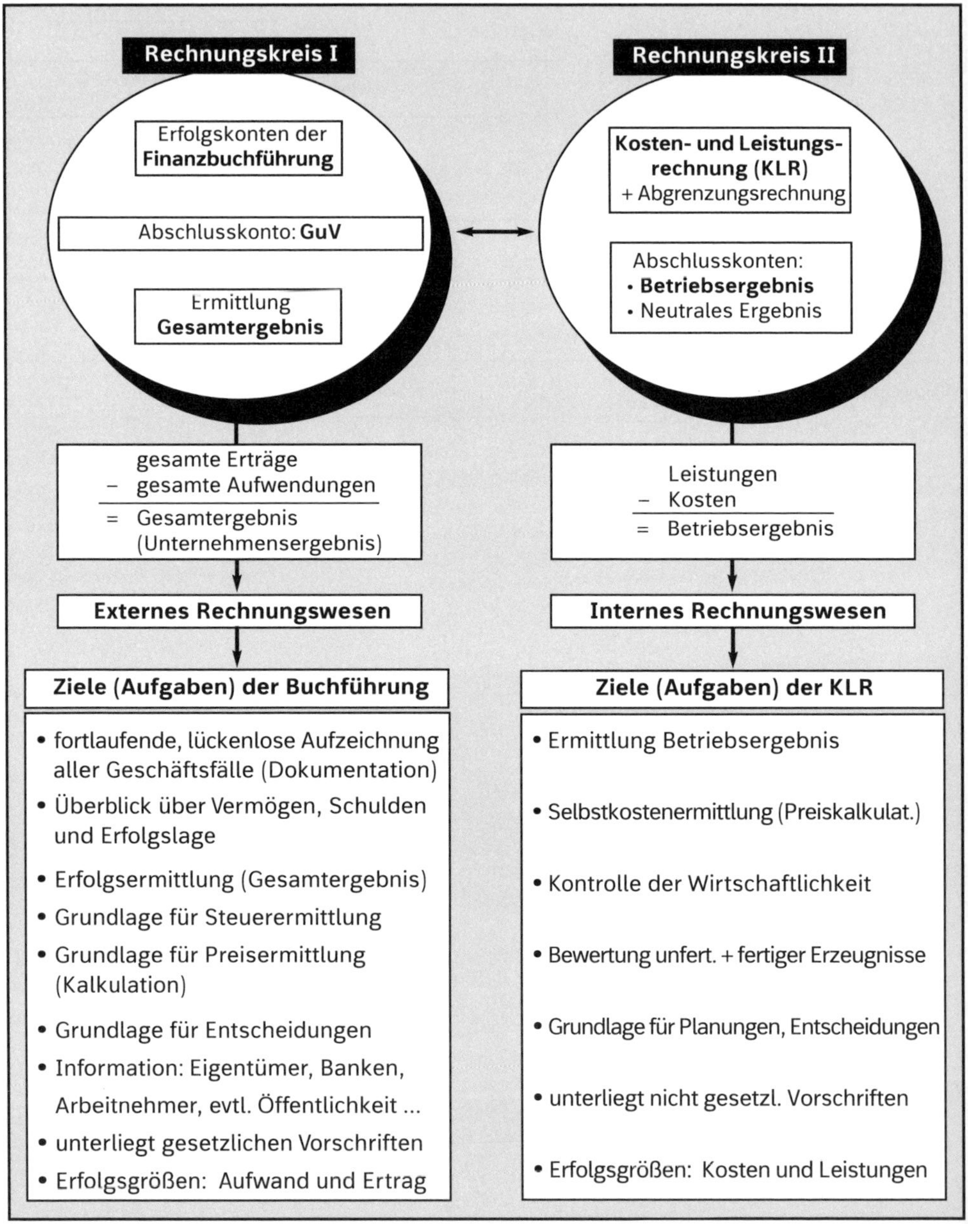

Ausgabe:	Geldabfluss **Einnahme:** Geldzufluss
Aufwand:	Begriff der GuV-Rechnung; **gesamter** Werteverzehr in einer Periode = Eigenkapital sinkt
Ertrag:	Begriff der GuV-Rechnung; **gesamter** erfolgswirksamer Wertezufluss einer Periode = Eigenkapital steigt
Kosten:	Begriff der KLR; **betrieblich bedingter** Werteverzehr in einer Periode Kurz: betriebliche Aufwendungen
Leistungen:	Begriff der KLR; **betrieblich bedingter** Wertezufluss in einer Periode Kurz: betriebliche Erträge

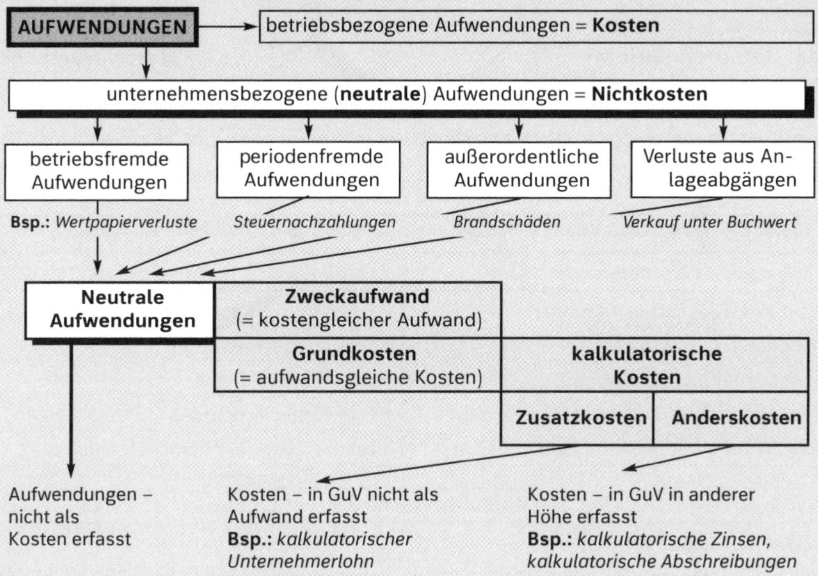

(Hinweis: Auf eine analoge Darstellung der betriebsbezogenen und neutralen Erträge wird hier verzichtet.)

Aufgaben

1. Definieren Sie kurz: Ausgabe – Aufwand – Kosten.
2. Entscheiden Sie, ob Ausgaben und/oder Aufwendungen vorliegen:
   a) Abschreibungen b) Zinszahlung bar c) Kredittilgung d) Kauf Maschine auf Ziel
   e) Verbrauch Rohstoffe
3. Nennen Sie die vier Gruppen neutraler Aufwendungen.
4. Definieren Sie kurz: a) Neutrale Aufwendungen b) Zweckaufwand c) Grundkosten
   d) Zusatzkosten e) Anderskosten
5. Zeigen Sie mithilfe einer Skizze den Zusammenhang zwischen neutralen Aufwendungen, Zweckaufwand, Grundkosten und Zusatzkosten.
6. Ordnen Sie die Begriffe neutrale Aufwendungen (betriebsfremd, außerordentlich, periodenfremd, Verluste aus Anlageabgängen) bzw. Kosten zu.
   a) Gehälter
   b) Nachzahlung betriebl. Steuern für Vorjahr
   c) Verlust aus Lkw-Verkauf
   d) Fertigungslöhne
   e) Abschreibung auf nicht betriebsnotw. Gebäude
   f) Sozialaufwendungen
   g) Verlust aus Wertpapierverkauf
   h) Rohstoffaufwand
7. Welche Aufgabe hat die Abgrenzungsrechnung?
8. Nennen Sie fünf Aufgaben der Kostenrechnung.

2.2 Kalkulatorische Kosten

Stofftelegramm

Merke: kalkulatorische Kosten = Kosten, die in der GuV überhaupt nicht (z. B. kalkulatorischer Unternehmerlohn = **Zusatzkosten**) oder in anderer Höhe als Aufwendungen berücksichtigt werden (= **Anderskosten**)

Laut Lehrplan sind die kalkulatorischen Wagnisse nicht zu behandeln.

Kalkulatorische Abschreibungen

Gründe für das Auseinanderfallen von bilanziellen und kalkulatorischen Abschreibungen

Bilanzielle Abschreibungen (GuV)	Kalkulatorische Abschreibungen (KLR)
• Erfassung des gesamten Vermögens	• Erfassung nur des betriebsnotw. Vermög.
• meist degressive Abschreibung	• lineare Abschreibung
• Nutzungsdauer laut AfA-Tabelle	• betriebsindividuelle Nutzungsdauer
• Grundl.: Anschaff.- oder Herstellungskosten	• Grundlage: Wiederbeschaffungskosten
• steuerliche Sonderabschreibungen möglich	• keine steuerl. Sonderabschreibungen

Kalkulatorische Zinsen

betriebsnotwendiges Vermögen
– zinsloses Fremdkapital (Abzugskapital): Verbindl. a. LL., Rückstellungen, Kundenanzahlungen

= **betriebsnotwendiges Kapital** (= verzinsliches Fremdkapital und Eigenkapital)
→ Verzinsung mit marktüblichem Zinssatz

Kalkulatorischer Unternehmerlohn

Ansatz nur bei **Einzelunternehmen und Personengesellschaften**, weil bei Kapitalgesellschaften der Unternehmerlohn bereits aufwands- und kostenmäßig erfasst ist (Geschäftsführergehalt bzw. Vorstandsgehalt).
Folge: kostenmäßige Gleichstellung von Personen- und Kapitalgesellschaften

Höhe:
vergleichbares Gehalt eines vergleichbaren Geschäftsführers bzw. Vorstands in einem vergleichbaren Unternehmen derselben Branche

Aufgaben

1. a) Was versteht man unter kalkulatorischen Kosten?
   b) Nennen Sie die vier typischen kalkulatorischen Kostenarten.

2. Nennen und begründen Sie die Unterscheidungsmerkmale zwischen kalkulatorischen und bilanziellen Abschreibungen.

3. a) Begründen Sie die Notwendigkeit des Ansatzes eines kalkulatorischen Unternehmerlohnes in der Kostenrechnung.
   b) Wie wird der kalkulatorische Unternehmerlohn ermittelt?

4. Ermitteln Sie den Zweckaufwand, neutralen Aufwand, die Grundkosten und Zusatzkosten.

Kalkulatorische Abschreibungen:	100.000,00 EUR
Bilanzielle Abschreibungen:	120.000,00 EUR

5. | | |
   |---|---|
   | Kalkulatorische Abschreibung (Maschine A): | 15.000,00 EUR |
   | Bilanzielle Abschreibung (Maschine A): | 20.000,00 EUR |

   Worauf könnte der Unterschied beruhen, wenn
   - keine Sonderabschreibungsmöglichkeiten vorliegen,
   - die Bewertungsfreiheit für geringwertige Wirtschaftsgüter nicht in Anspruch genommen wurde und
   - das betriebsnotwendige Vermögen dem bilanziellen Vermögen entspricht? (drei Beispiele mit Begründung)

6. Gegeben sind folgende Größen:

Aufwendungen laut GuV:	110.000,00 EUR
Erträge laut GuV:	70.000,00 EUR
Neutrale Aufwendungen:	60.000,00 EUR
Leistungen:	60.000,00 EUR

   Ermitteln Sie folgende Größen:
   a) Gesamtergebnis
   b) Betriebsergebnis
   c) neutrales Ergebnis
   d) Kosten

7. Die Finanzbuchhaltung erfasst für das Geschäftsjahr 300.000,00 EUR Abschreibungen. In der Kostenrechnung werden 320.000,00 EUR Abschreibungen verrechnet.

   a) Erläutern Sie, weshalb in den beiden Rechnungen die Abschreibungen in unterschiedlicher Höhe erfasst werden.
   b) Ermitteln Sie die Höhe der Grundkosten, des Zweckaufwandes, der Zusatzkosten und des neutralen Aufwandes.

2.3 Ergebnistabelle

Stofftelegramm

Abkürz.: UA = unternehmensbezogene Abgrenzungen; nA = neutrale Aufwendungen; nE = neutrale Erträge
KK = kostenrechnerische Korrekturen; KLR = Kosten- und Leistungsrechnung

<table>
<tr><th colspan="8">Ergebnistabelle</th></tr>
<tr><th colspan="2">Rechnungskreis I</th><th colspan="6">Rechnungskreis II</th></tr>
<tr><th colspan="2">Geschäftsbuchführung</th><th colspan="4">Abgrenzungsbereich</th><th colspan="2">Betriebsergebnisrechnung</th></tr>
<tr><th colspan="2">GuV</th><th colspan="2">UA</th><th colspan="2">KK</th><th colspan="2">KLR</th></tr>
<tr><td>Aufwend.</td><td>Erträge</td><td>nA</td><td>nE</td><td>A (GuV)</td><td>K (KLR)</td><td>Kosten</td><td>Leistungen</td></tr>
</table>

Unternehmensergebnis (Gewinn/Verlust)	neutrales Ergebnis (neutraler Gewinn/Verlust)	Betriebsergebnis (Betriebsgewinn/-verlust)
Unternehmensergebnis –	**neutrales Ergebnis** =	**Betriebsergebnis**

Hinweis zur Spalte „Kostenrechnerische Korrekturen“:

Linke Seite = *Aufwendungen laut GuV, die in der Kostenrechnung in anderer Höhe als Kosten angesetzt werden.*

Rechte Seite = *Kosten laut KLR, die in der GuV in anderer Höhe als Aufwendungen angesetzt werden.*

Aufgaben

1. Aufwendungen/Erträge einer Metallfabrik im vergangenen Quartal (in Tausend Euro):

500	Umsatzerlöse	3.200	6201	Hilfslöhne	100
521	Mehrbestand FE	100	63	Gehälter	380
53	Eigenleistungen	60	64	Soziale Aufwendungen	260
571	Zinserträge	40	65	Abschreibungen	280
600	Rohstoffaufwendungen	880	679	Sonst. Aufwendungen (Kosten)	40
602/3	Aufw. f. Hilfs-, Betr.stoffe	250	696	Verluste aus Abgang von Anl.vermög.	50
613	Reparaturen	120	70	Steuern (Kostensteuern)	90
620	Fertigungslöhne	540	751	Zinsaufwendungen	80

Weitere Angaben: kalkulatorische Abschreibungen = 250; kalkulatorischer Unternehmerlohn = 300; kalkulatorischen Zinsen = 100

a) Ermitteln Sie tabellarisch: Gesamtergebnis, neutrales Ergebnis, Betriebsergebnis.
b) Welche betriebswirtschaftlichen Ziele verfolgt die kalkulatorische Abschreibung und wie werden sie erreicht?

2. Der SITZGUT GmbH liegen die Aufwendungen und Erträge der Geschäftsbuchführung (GuV-Rechnung) für die abgeschlossene Rechnungsperiode 20.. vor (**Anlage**).

   Für die Kosten- und Leistungsrechnung sind folgende Angaben zu berücksichtigen:
   - Die kalkulatorischen Abschreibungen betragen 100.000,00 EUR.
   - Der Betrag für die Gewerbesteuer enthält eine Steuernachzahlung in Höhe von 5.350,00 EUR.

   Erstellen Sie eine Abgrenzungsrechnung in tabellarischer Form und ermitteln Sie das Unternehmensergebnis, das neutrale Ergebnis und das Betriebsergebnis (**Anlage**).

Anlage

Rechnungskreis I				Rechnungskreis II					
Geschäftsbuchführung				Abgrenzungsbereich				Kosten- und Leistungsrechnung	
GuV-Konto				Unternehmensbezogene Abgrenzung		Kostenrechnerische Korrekturen		Betriebsergebnisrechnung	
Kto.-Nr.	Kontenbezeichnung	Aufwendungen	Erträge	Aufwendungen	Erträge	Aufwendungen	Erträge	Kosten	Leistungen
500	Umsatzerlöse		1.500.400,00						
571	Zinserträge		50.000,00						
600	Rohstoffaufwand	760.000,00							
62/63	Löhne, Gehälter	304.000,00							
640	Arbeitgeberanteil zur Sozialversicherung	38.760,00							
650	Abschreibungen auf Sachanlagen	120.000,00							
670	Mieten und Pachten	24.000,00							
677	Rechts- und Beratungskosten	3.800,00							
680	Büromaterial	16.000,00							
696	Verluste Abgang Sachanlagevermögen	8.240,00							
770	Gewerbesteuer	35.350,00							
	Summe	1.310.150,00	1.550.400,00						
	Unternehmensergebnis								
	Neutrales Ergebnis								
	Betriebsergebnis								

2.4 Prüfungsaufgaben

Prüfungsaufgaben Sommer 2013 (Aufgabe 1, teilweise)

Sie sind Mitarbeiter in der Abteilung Rechnungswesen der LaSo GmbH. Zum Ende des ersten Quartals 2013 erhalten Sie von Ihrem Vorgesetzten die folgenden Arbeitsaufträge:

1.1 Führen Sie die Abgrenzungsrechnung in **Anlage 1** durch. Verwenden Sie hierzu die vorliegenden Daten aus **Anlage 2**. Berechnen Sie anschließend Betriebsergebnis, neutrales Ergebnis und Unternehmensergebnis. Beachten Sie bei der Durchführung der Abgrenzungsrechnung die folgenden Hinweise:

- Die Mieterträge wurden aus der Vermietung einer nicht benötigten Lagerhalle erzielt.
- Aufgrund eines nicht versicherten Feuerschadens musste im Februar 2013 eine Maschine für 30.000,00 EUR repariert werden. Dieser Betrag ist im Konto 6130 enthalten.
- Die kalkulatorischen Abschreibungen werden mit 3,44 Mio. EUR pro Jahr angesetzt.
- In der Grundsteuer des 1. Quartals sind 20.000,00 EUR für die oben angegebene vermietete Lagerhalle enthalten.
- Das durchschnittlich betriebsnotwendige Kapital beträgt 16,0 Mio. EUR. Für die Berechnung der kalkulatorischen Zinsen wurde der Zinssatz auf 8 % p. a. festgelegt.

1.2 Nennen Sie aus der Abgrenzungstabelle heraus Beispiele für Grundkosten, Zweckaufwand, Anderskosten, neutrale Aufwendungen, Grundleistungen und neutrale Erträge.

1.3 Erläutern Sie jeweils anhand eines Beispiels, welche Ergebnisse der Abgrenzungstabelle aus der Spalte „Kosten- und Leistungsrechnung“ im Betriebsabrechnungsbogen (BAB) weiterverwendet werden und welche nicht in den BAB einfließen.

Anlage 1

Abgrenzungstabelle LaSo GmbH (in Tausend Euro) 1. Quartal 2013								
Rechnungskreis I			Rechnungskreis II					
	A	B	C	D	E	F	G	H
Finanzbuchführung			Abgrenzungsbereich				Kosten- und Leistungs-rechnung	
			Unternehmensbezo-gene Abgrenzung		Kosten- und leistungsrechne-rische Korrekturen			
Kto.-Nr./Kto.-Name	Aufwendun-gen	Erträge	Aufwendun-gen	Erträge	Aufwendun-gen	Verrech-nungskosten	Kosten	Leistun-gen
5000 Umsatzerlöse fert. Erz.								
5220 Bestandsveränderungen fert. Erz.								
5400 Erträge aus Vermietung								
5460 Erträge a. d. Abgang von Vermögensgegenständen								
5710 Zinserträge								
6000 Aufwendungen für Rohstoffe								
6130 Instandhaltung/Reparaturen								
6200 Löhne								
6400 Soziale Abgaben								
6500 Abschreibungen auf Sachanlagen								
6870 Werbung								
7020 Grundsteuer								
7510 Zinsaufwendungen								
7600 Außerordentliche Aufwendungen								
Summe								

Betriebsergebnis	
Neutrales Ergebnis	
Unternehmensergebnis	

Anlage 2

GuV LaSo GmbH 1. Quartal 2013					
Soll	**in Tausend Euro**				**Haben**
5220	Bestandsveränderungen fert. Erz.	400	5000	Umsatzerlöse fert. Erz.	14.900
6000	Aufwendungen für Rohstoffe	5.500	5400	Erträge aus Vermietung	70
6130	Instandhaltung/Reparaturen	80	5460	Erträge a. d. Abgang von Vermögensgegenständen	20
6200	Löhne	1.700			
6400	Soziale Abgaben	900	5710	Zinserträge	50
6500	Abschreibungen auf Sachanlagen	800			
6870	Werbung	250			
7020	Grundsteuer	100			
7510	Zinsaufwendungen	200			
7600	Außerordentliche Aufwendungen	150			

Prüfungsaufgaben Winter 2015/2016 (Aufgabe 2, teilweise)

Die Karl Huber KG, Nusplingen, stellt Spritzgussteile für verschiedene Maschinenbauunternehmen her. Das Geschäftsjahr endete am 30.09.2015 mit einem unbefriedigenden Betriebsergebnis. Sie haben als Mitarbeiter der Abteilung Controlling die folgenden Aufgaben zu erledigen.

2.1 Ergänzen Sie die Ergebnistabellen (**Anlage 7**) für das zurückliegende Geschäftsjahr 2014/2015 und berechnen Sie das Unternehmensergebnis, das neutrale Ergebnis und das Betriebsergebnis.

Beachten Sie hierfür folgende Angaben:

Kalkulatorischer Unternehmerlohn	84.000,00 EUR
Kalkulatorische Zinsen	23.500,00 EUR
Kalkulatorische Abschreibung	332.500,00 EUR

Im Betrag der Gewerbesteuer ist eine Steuernachzahlung in Höhe von 8.000,00 EUR enthalten.

2.2 Bei Ansicht der Ergebnistabelle stellt der Kommanditist Herr Kurz die Frage, weshalb die kalkulatorische Abschreibung von der bilanziellen Abschreibung abweicht. Erklären Sie dem Kommanditisten drei mögliche Ursachen für die Abweichung.

Anlage 7

Ergebnistabelle zum 30.09.2015 (in Euro)

Rechnungskreis I				Rechnungskreis II					
Geschäftsbuchführung				Abgrenzungsbereich				Kosten- und Leistungsrechnung	
GuV-Konto				Unternehmensbezogene Abgrenzung		Kostenrechnerische Korrekturen		Betriebsergebnis-rechnung	
Kto. Nr.	Kontenbezeich-nung	Aufwen-dungen	Erträge	Neutrale Aufwendungen	Neutrale Erträge	Verrechnete Aufwendungen	Verrechnete Kosten	Kosten	Leistungen
500	Umsatzerlöse		3.850.000,00						
571	Zinserträge		12.000,00						
546	Erträge Abgang Sachanlagen		112.000,00						
600	Rohstoff-aufwendungen	2.050.00,00							
62/63	Löhne, Gehälter	904.000,00							
640	Arbeitgeberanteil SV	202.000,00							
650	Abschreibung auf Sachanlagen	328.000,00							
670	Mietaufwendungen	34.000,00							
680	Büroaufwendungen	12.000,00							
751	Zinsaufwendungen	15.500,00							
770	Gewerbesteuer	22.200,00							
	Summe								
	Ergebnis								
	Summe								

3 Kosten- und Leistungsrechnung II: Vollkostenrechnung

Vollkostenrechnung: → ... alle Kosten werden berücksichtigt → fixe und variable Kosten

- Welche Kosten sind angefallen? → Kostenartenrechnung (Kapitel 3.1)
- Wo sind die Kosten angefallen? → Kostenstellenrechnung (Kapitel 3.2)
- Welches Endprodukt trägt die Kosten? → Kostenträgerrechnung (Kapitel 3.3)

3.1 Kostenartenrechnung

Stofftelegramm

Welche Kosten sind angefallen?

1. Gliederung der Kosten nach der Zurechenbarkeit auf den Kostenträger

Kostenträger = Erzeugnisse (Produkte), die hergestellt werden

Einzelkosten	Gemeinkosten
Kosten, die einem Produkt (Kostenträger) unmittelbar (direkt) zugerechnet werden können.	Kosten, die für mehrere Kostenträger gemeinsam anfallen und nicht unmittelbar (indirekt) dem Produkt zugerechnet werden können. Sie werden mithilfe von im Betriebsabrechnungsbogen (BAB) ermittelten Zuschlagssätzen auf die Kostenträger verrechnet.
• Fertigungsmaterial (Rohstoffverbrauch, Fertigteile) • Fertigungslöhne • Sondereinzelkosten der Fertigung (Spezialmodelle, Spezialwerkzeuge, Stücklizenzgebühren) • Sondereinzelkosten des Vertriebs (Spezialverpackungen, besondere Transportkosten, Zölle, spezielle Werbung)	• Gehälter • Betriebsstoffe • Hilfsstoffe • Abschreibungen • Mieten • Energiekosten

2. Gliederung der Kosten nach der Abhängigkeit der Produktionsmenge

Fixe Kosten	Variable Kosten
... sind unabhängig von der Menge/Beschäftigung.	... sind abhängig von der Menge/Beschäftigung.
• Miete • Gehälter • Abschreibungen • Grundsteuern • Versicherungen	• Fertigungslöhne • Rohstoffverbrauch

Formeln:

- Gesamtbetrachtung:
  Kosten = fixe Kosten + variable Kosten
  $K = K_f + K_v$
  $K = K_f + k_v \cdot x$ (x = Menge, z. B. in Stück)

- Stückbetrachtung:
  k = Stückkosten
  k_v = variable Stückkosten
  k_f = fixe Stückkosten: $k_f = K_f : x$

  Stückkosten = fixe Stückkosten + variable Stückkosten
  $k = k_f + k_v$

3.2 Kostenstellenrechnung

Stofftelegramm

Aufgabe:
- Erfassung aller Kostenarten an den Stellen im Betrieb, an denen sie angefallen sind
- Verteilung der Gemeinkosten auf die Kostenstellen

Ziel:
Weiterverrechnung (Kalkulation) der Kosten auf die Kostenträger (Erzeugnisse)

Kostenstelle:
Kostenstelle ist ein räumlich, organisatorisch und verantwortungsgemäß abgegrenzter Teilbereich eines Betriebes zur Erfassung der **Gemeinkosten** am Ort ihrer Entstehung

Hauptkostenstellen:
- Material
- Fertigung
- Verwaltung
- Vertrieb

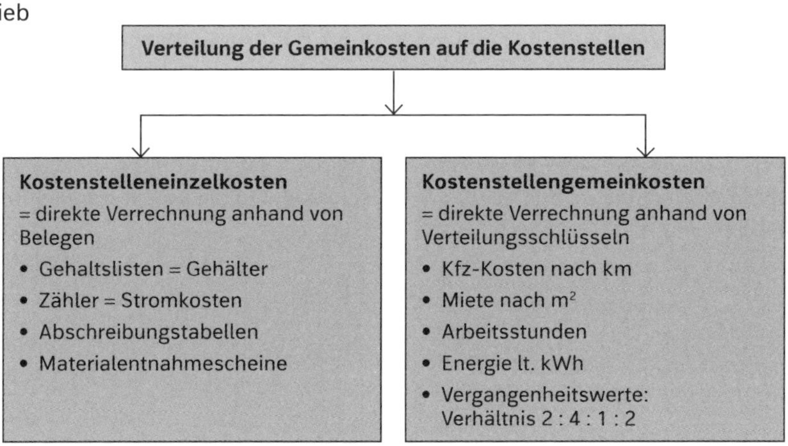

Hilfsmittel zur Durchführung: **Betriebsabrechnungsbogen (BAB)**

- **Einstufiger BAB**

Einstufiger BAB (Aufbau)

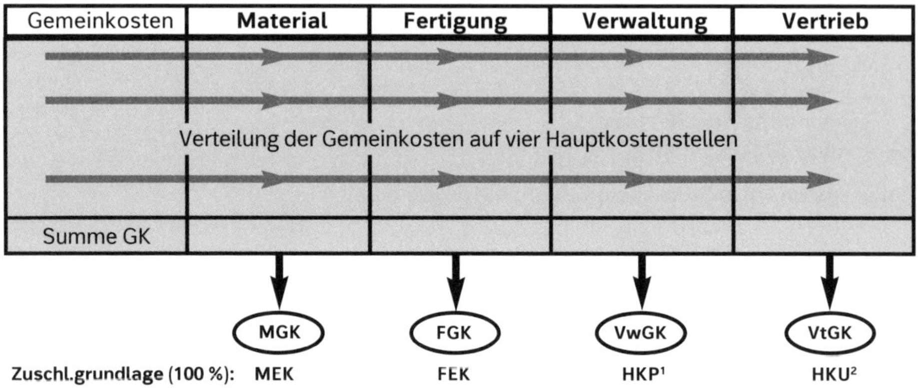

Formeln zur Berechnung der Gemeinkostenzuschlagssätze:
MGK = Materialgemeinkosten : MEK · 100
FGK = Fertigungsgemeinkosten : FEK · 100
VwGK = Verwaltungsgemeinkosten : HKP · 100
VtGK = Vertriebsgemeinkosten : HKU · 100

- **Mehrstufiger BAB**
  - **Allgemeine Hilfskostenstellen:**
    geben Leistungen an Gesamtbetrieb ab; Umlage auf alle anderen Kostenstellen
    Beispiele: *Werksfeuerwehr, eigenes Kraftwerk, Fuhrparkstelle ...*
  - **Besondere Hilfskostenstellen:**
    geben Leistungen nur an ihnen übergeordnete Hauptkostenstellen ab
    Beispiel: *Fertigungshilfsstelle Reparaturwerkstatt (zuständig z. B. für zwei Fertigungsstellen)*
  - **Hauptkostenstellen:**
    werden nicht auf andere Kostenstellen umgelegt, sondern nach Umlage der Hilfskostenstellen mithilfe von Kalkulationszuschlägen auf die Kostenträger verrechnet
    Beispiele: *Material, Fertigung, Verwaltung, Vertrieb*

[1] *Zur Berechnung von HKP und HKU siehe nächste Seite: Gesamtkalkulation mit BV.*
[2] *Sind Bestandsveränderungen vorhanden, dann ist mit HKU zu rechnen. Sind keine vorhanden, dann kann auch mit HKP gerechnet werden.*

Mehrstufiger BAB (Aufbau) (AHK = Allg. Hilfskostenstelle)

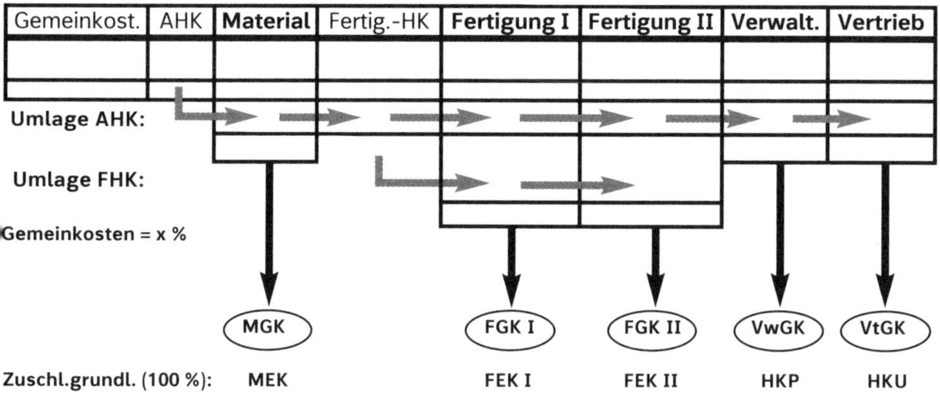

Formeln Berechnung Gemeinkostenzuschlagssätze:

MGK = MGK : MEK · 100

FGK I = FGK I : FEK I · 100

FGK II = FGK II : FEK II · 100

VwGK = VwGK : HKP · 100

VtGK = VtGK : HKU · 100

Gesamtkalkulation mit Bestandsveränderungen (BV)
MEK
+ MGK
+ FEK I
+ FKG I
+ FEK II
+ FGK II
+ SEKF
= HKP
+ Bestandsminderung
− Bestandsmehrung
= HKU
+ VwGK
+ VtGK
+ SEKV
= Selbstkosten

Stückkalkulation bzw. Gesamtkalkulation ohne BV
MEK
+ MGK
+ FEK I
+ FKG I
+ FEK II
+ FGK II
+ SEKF
= HKP
+ VwGK
+ VtGK
+ SEKV
= Selbstkosten

HKP = Herstellkosten der Produktion (Periode)
HKU = Herstellkosten des Umsatzes
MEK = Materialeinzelkosten
MGK = Materialgemeinkosten
FEK = Fertigungseinzelkosten
FGK = Fertigungsgemeinkosten
VwGK = Verwaltungsgemeinkosten
SEKF = Sondereinzelkosten der Fertigung
SEKV = Sondereinzelkosten des Vertriebs

3.3 Kostenträgerrechnung

Stofftelegramm

→ verteilt die Kosten verursachungsgerecht auf die Kostenträger

Kostenträger = Produkt/Erzeugnisse/Produktgruppen, für die Kosten anfallen

Kostenträgerrechnung	
Kostenträgerzeitrechnung	**Kostenträgerstückrechnung (Kalkulation)**
Bezugsgrundlage: Abrechnungsperiode (Monat, Quartal, Jahr) • Gegenüberstellung von Verkaufserlösen – Kosten • Gegenüberstellung Ist-/Normal-Kosten → Über-/Unterdeckung	• Bezugsgrundlage: einzelner Auftrag, einzelnes Stück • Vorwärtskalkulation (MEK → NVP) • Rückwärtskalkulation (NVP → MEK) • Differenzkalkulation (Gewinnermittlung) • Nachkalkulation (Kostenkontrolle, Abweichanalyse)

3.3.1 Kostenträgerzeitrechnung

Stofftelegramm

Ist-Gemeinkosten: tatsächlich entstandene Kosten laut BAB
Normal-Gemeinkosten: Im Laufe der Periode verrechnete Gemeinkosten. Normal-Zuschlagssätze sind Durchschnittssätze.
Kostenüberdeckung: Normal-Kosten > Ist-Kosten (zu viel kalkuliert)
Kostenunterdeckung: Normal-Kosten < Ist-Kosten (zu wenig kalkuliert)

Ermittlung der Kostenüber- und Unterdeckungen

Alternative 1: Unterhalb des BAB

Normal-Zuschlagssätze:	MGK = 10 %	VwGK = 12 %	MEK = 100.000,00 EUR
	FGK = 120 %	VtGK = 4 %	FEK = 80.000,00 EUR

Minderbestand Unfertige Erzeugnisse: 50.000,00 EUR
Mehrbestand Fertigerzeugnisse: 10.000,00 EUR

BAB mit Normal-Gemeinkosten:

Gemeinkosten	Material	Fertigung	Verwaltung	Vertrieb
....	....	....	....	....
Ist-Gemeinkosten (Summen)	9.500,00	88.000,00	39.690,00	19.050,00
Verrechnete Normal-Gemeinkosten	10.000,00	96.000,00	39.120,00	13.040,00
Überdeckung (+)	+500,00	+8.000,00		
Unterdeckung (–)			–570,00	-6.010,00

Alternative 2: Kostenträgerzeitblatt

KOSTENTRÄGERZEITBLATT

	Ist-Kosten		Normal-Kosten		Unterdeckung (–)/ Überdeckung (+)
MEK		100.000,00		100.000,00	
+ MGK	9,5 %	9.500,00	10 %	10.000,00	+500,00
+ FEK		80.000,00		80.000,00	
+ FGK	110 %	88.000,00	120 %	96.000,00	+8.000,00
+ SEKF		0,00		0,00	
= HK der Produktion		277.500,00		286.000,00	
+ Minderbestand		50.000,00		50.000,00	
– Mehrbestand		10.000,00		10.000,00	
= HKU		317.500,00		326.000,00	
+ VwGK	12,5 %	39.690,00	12 %	39.120,00	–570,00
+ VtGK	6 %	19.050,00	4 %	13.040,00	–6.010,00
+ SEKV		0,00		0,00	
= Selbstkosten		376.240,00		378.160,00	+1.920,00
Umsatzerlöse		500.000,00		500.000,00	
Umsatzergebnis		*************		121.840,00	
+ Überdeckung		*************		1.920,00	←
– Unterdeckung		*************		*************	
= Betriebsergebnis		123.760,00		123.760,00	

Formeln:

Umsatzergebnis = Umsatzerlöse – Selbstkosten
Betriebsergebnis = Umsatzergebnis + Überdeckung
Betriebsergebnis = Umsatzergebnis – Unterdeckung

Analyse der Kostenüber-/-unterdeckung:

- Kostenüberdeckung:
  - Material, z. B. weniger Personalkosten als geplant, niedrigere Beschaffungskosten als geplant
  - Fertigung, z. B. weniger Reparaturaufwendungen als geplant, geringere Stillstandszeiten als geplant
- Kostenunterdeckung:
  - Material, z. B. höhere Beschaffungskosten als geplant
  - Fertigung, z. B. Überstundenzuschläge, mehr Reparaturaufwand als geplant

3.3.2 Kostenträgerstückrechnung

Stofftelegramm

- Vorwärtskalkulation für selbst hergestellte Produkte:

Ergebnisse der Kostenstellenrechnung						
	Fertigungsmaterial		20.000,00 EUR	Gewinnzuschlag	15 %	
	Fertigungslöhne		5.000,00 EUR	Vertreterprovision	6 %	
	MGK		10 %	Skonto	2 %	
	FGK		105 %	Kundenrabatt	10 %	
	VerwGK		20 %			
	VertGK		5 %			
			Materialeinzelkosten	20.000,00 EUR		
	10 %	+	Materialgemeinkosten	2.000,00 EUR		= 20000,00 • 10 : 100
		=	**Materialkosten**		**22.000,00 EUR**	
			Fertigungskosten	5.000,00 EUR		
	105 %	+	Fertigungsgemeinkosten	5.250,00 EUR		
		+	SEKF	– EUR		
		=	**Fertigungskosten**		**10.250,00 EUR**	
		=	**Herstellkosten**		**32.250,00 EUR**	
	20 %	+	Verwaltungsgemeinkosten	6.450,00 EUR		
	5 %	+	Vertriebsgemeinkosten	1.612,50 EUR		
		+	SEKV	– EUR		
		=	**Selbstkosten**		**40.312,50 EUR**	
	15 %		Gewinn		6.046,88 EUR	
92 %		=	**Barverkaufspreis**		**46.359,38 EUR**	
	6 %	+	Vertreterprovision		3.023,44 EUR	= 46359,38 : 92 · 6
	2 %	+	Kundenskonto		1.007,81 EUR	
		=	**Zielverkaufspreis**		**50.390,63 EUR**	
90 %	10 %	+	Kundenrabatt		5.598,96	
		=	**Listenverkaufspreis** (Nettoverkaufspreis)		**55.989,58 EUR**	

- Nachkalkulation

Nachkalkulation – Normal-Kosten – Ist-Kosten – Wie viel Gewinn haben wir tatsächlich gemacht?								
Vorkalkulation – Normal-Kosten						Nachkalkulation – Ist-Kosten		
	Fertigungsmaterial		20.000,00 EUR	Gewinnzuschlag	15 %	MGK	8 %	
	Fertigungslöhne		5.000,00 EUR	Vertreterprovision	6 %	FGK	102 %	
	MGK		10 %	Skonto	2 %	VerwGK	18 %	
	FGK		105 %	Kundenrabatt	10 %	VertrGK	7 %	
	VerwGK		20 %					
	VertGK		5 %					
			Materialeinzelkosten	20.000,00 EUR	→	→	→ 20.000,00 EUR	
	10 %	+	Materialgemeinkosten	2.000,00 EUR		8 %	1.600,00 EUR	
			Materialkosten		**22.000,00 EUR**			**21.600,00 EUR**
			Fertigungskosten	5.000,00 EUR			5.000,00 EUR	
	105 %	+	Fertigungsgemeinkosten	5.250,00 EUR		102 %	5.100,00 EUR	
		+	Sondereinzelkosten d. Fert.	– EUR			– EUR	
		=	**Fertigungskosten**		**10.250,00 EUR**			**10.100,00 EUR**
		=	**Herstellkosten**		**32.250,00 EUR**			**31.700,00 EUR**
	20 %	+	Verwaltungsgemeinkosten	6.450,00 EUR		18 %		5.706,00 EUR
	5 %	+	Vertriebsgemeinkosten	1.612,50 EUR		7 %		2.219,00 EUR
		+	SEKV	– EUR				– EUR
		=	**Selbstkosten**		**40.312,50 EUR**			**39.625,00 EUR**
	15 %		Gewinn		6.046,88 EUR	17 %		6.734,38 EUR
92 %			**Barverkaufspreis**		**46.359,38 EUR**	→	→	→ **46.359,38 EUR**
	6 %	+	Vertreterprovision		3.023,44 EUR			
	2 %	+	Kundenskonto		1.007,81 EUR		6734,38 • 100 : 39625,00	
		=	**Zielverkaufspreis**		**50.390,63 EUR**			
90 %	10 %	+	Kundenrabatt		5.598,96 EUR			
		=	**Listenverkaufspreis (Nettoverkaufspreis)**		**55.989,58 EUR**			
						Normal-Kosten > Ist-Kosten		
						Kostenüberdeckung = Gewinn steigt		

3.4 Aufgaben zu den Kapiteln 3.1–3.3

Aufgaben

1. Welche **Aufgaben** hat die Kostenstellenrechnung?

2. Definieren Sie die Begriffe **Einzelkosten** und **Gemeinkosten.**

3. Definieren Sie kurz den Begriff **Kostenstelle.**

4. Nach welchem Kriterium werden die Gemeinkosten im BAB auf die Kostenstellen **verteilt?**

5. Unterscheiden Sie **Kostenstelleneinzelkosten** und **Kostenstellengemeinkosten**. Nennen Sie je ein Beispiel.

6. Konkretisieren Sie die **Materialkostenstelle.**

7. a) Ermitteln Sie die üblichen Zuschlagssätze.

Fertigungsmaterial	100.000,00 EUR	Mehrbestand Fertig-erzeugnisse	10.000,00 EUR
Materialgemeinkosten	65.000,00 EUR	Verwalt.gemeinkosten	49.500,00 EUR
Fertigungslöhne	70.000,00 EUR	Vertriebsgemeinkosten	16.500,00 EUR
Fertigungsgemeinkosten	105.000,00 EUR		

   b) Zur Herstellung des Produkts A wird für 200,00 EUR Fertigungsmaterial benötigt. Außerdem sind zwei Arbeiter mit je 1,5 Std. am Produkt tätig. Verrechnete Lohnkosten je Arbeitsstunde: 14,00 EUR.
   Ermitteln Sie die Selbstkosten unter Verwendung obiger Zuschlagssätze.

8. Begründen Sie die Behandlung der Bestandsveränderungen in der Gesamtkalkulation.

9. Warum werden üblicherweise die Herstellkosten des Umsatzes als Basis für die Ermittlung des Vertriebsgemeinkostenzuschlagssatzes herangezogen?

10. Von einer Metallfabrik liegt Ihnen der Quartals-BAB (s. u.) als Auszug vor. Außerdem stehen folgende Angaben zur Verfügung:

Fertigungsmaterial:	160.000,00 EUR
Fertigungslöhne Fertigungsstelle I:	50.000,00 EUR
Fertigungslöhne Fertigungsstelle II:	82.000,00 EUR

Bestände:	unfertige Erzeugnisse	Fertigerzeugnisse
Anfangsbestand	255.000,00 EUR	160.000,00 EUR
Endbestand	275.000,00 EUR	130.000,00 EUR

Zuschlagsgrundlagen:		
	Verwaltungsgemeinkosten:	Herstellkosten der Periode
	Vertriebsgemeinkosten:	Herstellkosten des Umsatzes

   a) Nach welchen Gesichtspunkten würden Sie im BAB die Gemeinkosten „Aufwendungen für Hilfs- und Betriebsstoffe“ und „freiwilliger sozialer Aufwand“ auf die Kostenstellen und wie die Gemeinkosten der Hilfskostenstelle „Fuhrpark“ und „technische Betriebsleitung“ auf die Hauptkostenstellen verteilen?
   b) Vervollständigen Sie den Quartals-BAB.

Gemeinkosten	Zahlen Buchh.	Material	Fertigungsstellen I	Fertigungsstellen II	Verwaltung	Vertrieb
....	....	....	....	....	....	....
Summen	244.000	8.000	70.000	80.000	63.000	23.000
Zuschlags-grundlage		MEK 160.000	FEK I 50.000	?	450.000	?
Ist-Zuschläge		5 %	140 %	?	14 %	?
Normal-Zuschläge		6 %	136 %	100,48 %	? 13 %	462.000 8 %
Normal-Gemeinkosten		?	68.000	82.400	?	36.960
Überdeckung/ Unterdeckung		+1.600	?	+2.400	?	+13.960

11. a) Ergänzen Sie im unten stehenden BAB die fehlenden Daten und berechnen Sie den Gesamtbetrag der Kostenüber- oder Kostenunterdeckung. Bestandsmehrung: 10.000,00 EUR.
    b) Warum wird bei der Kalkulation von Verkaufspreisen meist mit Normal-Gemeinkostenzuschlagssätzen gerechnet?

BAB – Auszug: (AHK = Allgemeine Hilfskostenstelle)

Gemeinkosten	AHK	Material	Fertig. hilfsst.	Fertigung I	Fertigung II	Verwaltung	Vertrieb
....	....	....	....	....	....	....	....
877.000	43.500	69.500	29.000	114.000	331.500	120.000	169.500
Umlage I	→	1.600	800	13.000	26.500	800	800
		?	?	?	?	?	?
Umlage II			→	9.800	20.000		
				?	?		
Zuschlags-grundlagen:		MEK 1.200.000		FEK I 120.000	FEK II 330.000	HK des Umsatzes ?	
Normal-Gemeinkostenzuschlagssätze:		6 %		120 %	115 %	5 %	8 %
Normal-Gemeinkosten		?		?	?	?	?
Über-, Unterdeckung		?		?	?	?	?

12. Ermitteln Sie den Nettoverkaufspreis anhand folgender Daten:

    Fertigungsmaterial 2.650,00 EUR, Fertigungslöhne 3.400,00 EUR, besonderer Konstruktionsaufwand 352,00 EUR

    Normal-Zuschläge: MGKZ 12 %, FGKZ 120 %, VwGKZ 15 %, Gewinnzuschlag 10 %, Vertreterprovision 8 %, Kundenskonto 2 %

13. Ein Unternehmen muss den Nettoverkaufspreis für ein Produkt mit 600,00 EUR festsetzen.

Folgende Daten liegen vor:

Fertigungszeit Fertigungsstelle I:	2 Std. zu je 20,00 EUR
Fertigungszeit Fertigungsstelle II:	4 Std. zu je 14,00 EUR
Modellkosten: 4,48 EUR je Stück	

Zuschlagssätze: MGK 8 %, FGK I 120 %, FGK II 125 %, Verwaltungsgemeinkosten 10 %, Vertriebsgemeinkosten 15 %, Gewinnzuschlag 8 %, Vertreterprovision 8 %, Kundenskonto 2 %, Kundenrabatt 20 %

Wie viel Euro können für das Fertigungsmaterial des Produktes maximal ausgegeben werden?

14. Die Geschäftsbuchführung und die Kosten- und Leistungsrechnung der LaSo GmbH weisen für den Monat März folgende Zahlen auf:

	Insgesamt in Euro	**Kleine Elektromotoren in Euro**	**Große Elektromotoren in Euro**
Rohstoffaufwand		780.000,00	500.000,00
Lohnaufwand (= Akkordlöhne)		540.000,00	300.000,00
Fertigungsgemeinkosten		966.000,00	538.000,00
Materialgemeinkosten		98.000,00	56.000,00
Verwaltungsgemeinkosten		230.000,00	150.000,00
Vertriebsgemeinkosten		240.000,00	150.000,00
Bestände an fertigen Erzeugnissen:			
Anfangsbestand		30.000,00	50.000,00
Endbestand		50.000,00	40.000,00
Umsatzerlöse	5.400.000,00	3.600.000,00	1.800.000,00
produzierte Erzeugnisse		6.000 Stück	2.500 Stück
Beschäftigungsgrad	80 %		

Der variable Anteil an den Vertriebsgemeinkosten beträgt 43 %.
Der variable Anteil an den Fertigungsgemeinkosten beträgt 20 %.
Die anderen Gemeinkosten sind fixe Kosten.

Normal-Gemeinkostenzuschlagssätze:
Material-GK 14 %, Fertigungs-GK 180 %, Verwaltungs-GK 10 %, Vertriebs-GK 10 %

Führen Sie im beiliegenden Kostenträgerblatt **(Anlage)** die Ist-Kosten- und Normal-Kostenrechnung durch. Berechnen Sie das Betriebsergebnis, das Umsatzergebnis und die Kostenüber- bzw. Kostenunterdeckung.

Hinweis: Verwaltungsgemeinkosten sind auf die Herstellkosten der Rechnungsperiode, Vertriebsgemeinkosten auf die Herstellkosten des Umsatzes zu beziehen.

Anlage: Kostenträgerblatt

Bezeichnung	Ist-Kosten gesamt	Normal-Kosten gesamt	Kostenüberdeckung/ Kostenunterdeckung

3.5 Prüfungsaufgaben

Prüfungsaufgaben Sommer 2014 (Aufgabe 1, teilweise)

Die HaMo Bike Werke GmbH, die ihren Sitz in Friedrichshafen hat, produziert hochwertige Kinder-Fahrräder sowie Kinder-Fahrradanhänger.

1.1 Für das erste Abrechnungsquartal 2014 sind noch fehlende Daten für den BAB zu ermitteln. Vervollständigen Sie den Quartals-BAB (**Anlage 1**), ermitteln Sie die Ist-Gemeinkostenzuschlagssätze und die jeweiligen Kostenabweichungen. Erläutern Sie zwei mögliche Gründe für die Kostenabweichung in der Fertigungsstelle I.

1.2 Die Geschäftsführung erwägt, um eine genauere Kostenaufschlüsselung zu erreichen, die Erweiterung des bisherigen BAB um die Hilfskostenstellen „Fuhrpark“ und „Qualitätskontrolle Fertigung“. Geben Sie je einen geeigneten Schlüssel an, nach dem die Leistungen der Hilfskostenstellen auf die jeweiligen Kostenstellen verteilt werden können. Beschreiben Sie außerdem jeweils die Vorgehensweise, nach der die Hilfskostenstellen umgelegt werden.

1.3 Bei der HaMo Bike Werke GmbH geht eine Anfrage der Family OHG (**Anlage 2**) ein. Berechnen Sie, wie hoch der Stückgewinn in Euro und Prozent ausfällt, wenn der angefragte Verkaufspreis der Family OHG angeboten werden soll. Berücksichtigen Sie die Kalkulationsdaten aus **Anlage 3**.

Anlage 1

Betriebsabrechnungsbogen (1. Quartal) (Zahlen in Euro)

Gemeinkostenarten	Zahlen der Buchhaltung	Material	Fertigungsstelle I	Fertigungsstelle II	Verwaltung	Vertrieb
Summe Gemeinkosten	371.130,00	12.000,00	105.000,00	120.000,00	98.280,00	35.850,00
Zuschlagsgrundlage		200.000,00	70.000,00	120.000,00		
Ist-Gemeinkosten-zuschlagssätze						
Normal-Gemeinkostenzuschlagssätze		7 %	142 %	110 %	14 %	7 %
Normal-Gemeinkosten						
Kostenüberdeckung						
Kostenunterdeckung						

Von der HaMo Bike Werke GmbH liegen außer dem Quartals-BAB (**Anlage 1**) folgende Angaben vor:

Bestände	Unfertige Erzeugnisse	Fertige Erzeugnisse
Anfangsbestand	145.000,00 EUR	120.000,00 EUR
Endbestand	165.000,00 EUR	90.000,00 EUR

Zuschlagsgrundlage für die Verwaltungsgemeinkosten sind die Herstellkosten der Produktion und für die Vertriebsgemeinkosten die Herstellkosten des Umsatzes.

Anlage 2

HaMo Bike Werke GmbH

Von:	hannes.maier@familyohg.de
Gesendet:	Mittwoch, 02.05.2014
An:	birgit.schuster@hamobikewerke.de
Betreff:	**Anfrage Fahrradanhänger Kid2Go**

Sehr geehrte Frau Schuster,

wie im Vorjahr planen wir auch in diesem Jahr eine Aktionswoche rund um das Thema Kinder und deren Sicherheit im Straßenverkehr.
Da wir dafür Ihr Fahrradanhängermodell Kid2Go zum Sonderpreis anbieten wollen, müssen wir unsere Bezugspreise genauestens planen. Können Sie uns, bei einer Abnahmemenge von 100 Stück, einen Listenpreis von 490,00 EUR anbieten?

In Erwartung Ihres Angebots verbleiben wir mit freundlichen Grüßen,

Hannes Maier
Family OHG

Anlage 3

Kalkulationsdaten Fahrradanhänger Kid2Go	
Fertigungsmaterial	134,68 EUR
Fertigungslöhne I	35,00 EUR
Fertigungslöhne II	33,90 EUR
Kundenskonto	3 %
Rabatt	10 %
Vertreterprovision	7 %
Normal-Gemeinkostenzuschlagssätze	siehe BAB

Prüfungsaufgaben Winter 2014/2015 (Aufgabe 1, teilweise)

Die BikesForFun GmbH ist ein mittelständischer Fahrradhersteller. Die Produktion der Fahrräder erfolgt im Hauptwerk in Rottweil für die Fahrradtypen „City“ und „Trial“. Im Zweigwerk in Oberndorf wird ausschließlich der Fahrradtyp „Race“ hergestellt.

Nach Ihrer abgeschlossenen Ausbildung zum/zur Industriekaufmann/-frau werden Sie in der BikesForFun GmbH im Controlling und in der Finanzbuchhaltung eingesetzt.

1.1 Ihr Abteilungsleiter beauftragt Sie, den bereits begonnenen Betriebsabrechnungsbogen für das Hauptwerk Rottweil **(Anlage 2)** unter Berücksichtigung der Informationen aus dem internen Rechnungswesen **(Anlage 1)** zu vervollständigen. Ermitteln Sie hierbei auch die Gemeinkostenzuschlagssätze (auf eine Dezimalstelle gerundet).

1.2 In der Vergangenheit wurden die Produkte bei der BikesForFun GmbH im Rahmen einer traditionellen Vollkostenrechnung kalkuliert. Vor dem Hintergrund der Zielsetzung einer genaueren Kalkulation sollen in einem Pilotprojekt im Oktober 2014 zunächst die Kosten der Fertigungshilfskostenstelle Arbeitsvorbereitung des Werks Rottweil prozessorientiert verrechnet werden. Berechnen Sie den Gesamtprozesskostensatz für jeden einzelnen Teilprozess innerhalb der Kostenstelle Arbeitsvorbereitung und ermitteln Sie die Prozesskosten je Produktgruppe und je Stück. Produzierte Mengen: Typ „City" 2.640 Stück; Typ „Trial" 1.320 Stück (**Anlage 3**).

1.3 Kalkulieren Sie die Herstellkosten je Stück für den Kostenträger „Trial". Verrechnen Sie die Kosten für die Abteilung Arbeitsvorbereitung entsprechend Ihrer Berechnungen aus Aufgabe 1.2 (**Anlage 3**) prozessorientiert. Berücksichtigen Sie im Rahmen Ihrer Kalkulation auch die Daten aus den **Anlagen 1 und 2.** Der Zuschlagssatz für die Restfertigungsgemeinkosten beträgt 225 %.

(Hinweis: Sollten Sie die vorhergehenden Teilaufgaben nicht gelöst haben, rechnen Sie mit einem Materialgemeinkostenzuschlagssatz von 10,3 % und Prozesskosten für die Arbeitsvorbereitung in Höhe von 14,82 EUR je Stück.)

Anlage 1

Informationen aus dem internen Rechnungswesen der BikesForFun GmbH (3. Quartal 2014)			
Umlage der Fertigungshilfskostenstelle „Arbeitsvorbereitung"		**Typ „City"**	**Typ „Trial"**
		2 Teile	1 Teil
Einzelkosten:	Fertigungsmaterial gesamt	1.544.400,00 EUR	
	Fertigungslöhne I für Typ „City"	475.200,00 EUR	
	Fertigungslöhne II für Typ „Trial"	277.200,00 EUR	
	Fertigungsmaterial für Typ „City"	95,00 EUR/Stück	
	Fertigungsmaterial für Typ „Trial"	200,00 EUR/Stück	
	Fertigungslöhne I für Typ „City"	60,00 EUR/Stück	
	Fertigungslöhne II für Typ „Trial"	70,00 EUR/Stück	
Bestandserhöhung an fertigen und unfertigen Erzeugnissen:		81.000,00 EUR	
Zuschlagsgrundlage für die Verwaltungsgemeinkosten:		Herstellkosten der Produktion	
Zuschlagsgrundlage für die Vertriebsgemeinkosten:		Herstellkosten des Umsatzes	

Anlage 2

Internes Rechnungswesen					**BikesForFun GmbH**	
Betriebsabrechnungsbogen für das 3. Quartal 2014 (in Euro) (Auszug)						
	Material	**Fertigungshilfskostenstelle „Arbeitsvorbereitung“**	**Fertigungshauptkostenstelle I (Typ „City“)**	**Fertigungshauptkostenstelle II (Typ „Trial“)**	**Verwaltung**	**Vertrieb**
...	...	...	...	...	...	...
Zwischensumme Gemeinkosten	142.550,00	126.000,00	902.850,00	623.700,00	198.000,00	370.000,00
Umlage Arbeitsvorbereitung						
Summe der Gemeinkosten						
Zuschlagsgrundlage						
Zuschlagssätze						

Anlage 3

Teilprozess	Typ	Kostentreiber	Gesamtkosten je Teilprozess im Oktober 2014 (in Euro)	Prozessmenge gesamt Okt./2014	Prozessmenge Typ „City" Okt./2014	Prozessmenge Typ „Trial" Okt./2014	Teilprozesskosten lmi (in Euro)	Umlage lmn-Teilprozesse (in Euro)	Gesamtprozesskostensatz je Teilprozess (in Euro)	Prozesskosten Produktgruppe „City" (in Euro)	Prozesskosten Produktgruppe „Trial" (in Euro)	Prozesskosten je Stück „City" (in Euro)	Prozesskosten je Stück „Trial" (in Euro)
Fertigungsplanung/ Arbeitsplanung	lmi	Anzahl Neukonstruktionen	7.875,00	10	4	6							
Materialdisposition/ Materialbereitstellung	lmi	Anzahl Aufträge	10.500,00	50	30	20							
Termin-/ Kapazitätsplanung	lmi	Anzahl Aufträge	5.250,00	50	30	20							
Fertigungssteuerung	lmi	Anzahl Fahrräder	13.125,00	3.960	2.640	1.320							
Abteilung leiten	lmn		5.145,00										
Summe			**41.895,00**										

Prüfungsaufgaben Sommer 2015 (Aufgabe 1, teilweise)

Die LaSo GmbH ist ein Handels- und Endmontagebetrieb für Werkzeug- und Gebrauchsartikel unterschiedlichster Art. Sie sind Mitarbeiter in der Abteilung Rechnungswesen der LaSo GmbH.

1.1 Die LaSo GmbH führt in jedem Quartal eine sachliche Abgrenzung mit einer Ergebnistabelle durch. Führen Sie die Abgrenzungsrechnung durch, indem Sie die Ergebnistabelle in **Anlage 1** ergänzen. Verwenden Sie hierzu die vorliegenden Daten der Geschäftsbuchführung in den **Anlagen 2 und 3**. Ermitteln Sie das Unternehmensergebnis, das neutrale Ergebnis und das Betriebsergebnis. Verfassen Sie für den Leiter der Abteilung Rechnungswesen eine Notiz. Interpretieren Sie darin die Ergebnisse bezüglich des Erfolgs der eigentlichen betrieblichen Tätigkeit.

1.2 Grundlage der Kosten- und Leistungsrechnung der LaSo GmbH ist die Vollkostenrechnung, nach der die Gemeinkostenzuschlagssätze monatlich ermittelt werden. Für den Monat März wurden die Einzelkosten, die Gemeinkosten und die Bestandsveränderungen bereits erfasst (**Anlage 4**). Berechnen Sie die Gemeinkostenzuschlagssätze (auf eine Dezimalstelle runden). Die Bezugsgröße für die Verwaltungsgemeinkosten sind die Herstellkosten der Rechnungsperiode, für die Vertriebsgemeinkosten die Herstellkosten des Umsatzes.

1.3 Die LaSo GmbH nimmt eine neuartige elektronische Steuerung in ihr Sortiment auf. Aus Konkurrenzgründen soll diese zu einem Stückpreis von 1.049,50 EUR zuzüglich 19 % Umsatzsteuer angeboten werden. Sie werden beauftragt, mit den vorliegenden Kalkulationsdaten festzustellen, wie hoch die Fertigungskosten je Stück höchstens sein dürfen: Verbrauch von Fertigungsmaterial 385,00 EUR, Kundenskonto 2 %, Kundenrabatt 10 %. Kalkulieren Sie mit den unter 1.2 ermittelten Zuschlagssätzen und berücksichtigen Sie dabei, dass der Stückgewinn 135,00 EUR betragen soll.

Hinweis: Sollten Sie in Aufgabe 1.2 zu keiner Lösung gelangt sein, rechnen Sie mit einem Materialgemeinkostenzuschlag von 7 %, einem Verwaltungsgemeinkostenzuschlag von 8 % und einem Vertriebsgemeinkostenzuschlag von 6 %.

Anlage 1

Rechnungskreis I				Rechnungskreis II					
Geschäftsbuchführung (GBF)				Abgrenzungsbereich				Kosten- und Leistungsrechnung	
Nr.	Bezeichnung	Aufwendungen in Tausend Euro	Erträge in Tausend Euro	Unternehmensbezogen		KLR-Korrekturen		Kosten in Tausend Euro	Leistungen in Tausend Euro
				Aufwendungen in Tausend Euro	Erträge in Tausend Euro	Verr. Aufwendungen in Tausend Euro	Verr. Kosten in Tausend Euro		
5000	Umsatzerlöse für Erzeugnisse und Waren								
5210	Bestandsveränderung an unfertigen Erzeugnissen								
5400	Erträge aus Vermietung								
5710	Zinserträge								
6000	Aufwendungen für Rohstoffe								
6130	Instandhaltung und Reparaturen								
6200	Löhne								
6500	Abschreibung auf Sachanlagen								
6800	Büromaterial								
7510	Zinsaufwendungen								
	Kalkulatorischer Unternehmerlohn								
	Summe								
	Salden								

Unternehmensergebnis		
Abgrenzungsergebnis (neutrales Ergebnis)		
Betriebsergebnis		

Anlage 2

Soll	Auszug aus der GuV der LaSo GmbH 1. Quartal 2015 in Tausend Euro				Haben
6000	Aufwendungen für Rohstoffe	2.200	5000	Umsatzerlöse für Erz. und Waren	6.550
6130	Instandhaltung und Reparaturen	67	5210	Bestandsveränderung an unfertigen Erz.	210
6200	Löhne	1.350	5400	Erträge aus Vermietung	300
6500	Abschreibungen auf Sachanlagen	740	5710	Zinserträge	600
6800	Büromaterial	70			
7510	Zinsaufwendungen	170			

Anlage 3

Vermerke zur Erstellung der Abgrenzungsrechnung aus dem laufenden Quartal
Beachten Sie folgende Hinweise: • In den Löhnen ist eine Lohnnachzahlung in Höhe von 30.000,00 EUR für das vergangene Jahr enthalten. • In den Kosten für Büromaterial ist eine Rechnung aus der vergangenen Rechnungsperiode in Höhe von 9.000,00 EUR enthalten. • Von den erfassten 67.000,00 EUR des Kontos 6130 entfallen 8.000,00 EUR auf die Erneuerung der Lagerhalle nach einem Wasserschaden. Es bestand kein Versicherungsschutz. • Die kalkulatorische Abschreibung auf Sachanlagen beträgt 3,28 Mio. EUR im Jahr. • Für die kalkulatorischen Zinsen wird mit einem jährlichen betriebsnotwendigen Kapital von 28 Mio. EUR gerechnet. Der kalkulatorische Zinssatz beträgt 3 % p. a. • Der jährliche kalkulatorische Unternehmerlohn beträgt 140.000,00 EUR.

Anlage 4

	Material	Fertigung		Verwaltung	Vertrieb
		Fertigungsstelle I	Fertigungsstelle II		
Summer der Ist-Gemeinkosten	57.350,00 EUR	325.300,00 EUR	248.000,00 EUR	121.340,00 EUR	89.606,00 EUR

Verbrauch von Fertigungsmaterial: 716.875,00 EUR
Fertigungslöhne I: 305.000,00 EUR
Fertigungslöhne II: 209.280,00 EUR

Bestände	Anfangsbestand	Schlussbestand
Unfertige Erzeugnisse	32.000,00 EUR	96.000,00 EUR
Fertige Erzeugnisse	109.000,00 EUR	40.000,00 EUR

Prüfungsaufgaben Sommer 2016 (Aufgabe 1, teilweise)

Die Engel GmbH ist ein mittelständisches Unternehmen mit Sitz in Bretten, das Elektromotoren herstellt. Sie sind als Sachbearbeiter/-in in der Finanzbuchhaltung der Engel GmbH auch für Controllingaufgaben zuständig. Das Geschäftsjahr 2015/2016 der Engel GmbH endete am 31.03.2016.

1.1 Zur Kalkulation neuer Kundenaufträge ist ein Betriebsabrechnungssbogen für das 2. Halbjahr des Geschäftsjahres zu erstellen.

Ergänzen Sie den Betriebsabrechnungsbogen in **Anlage 1**. Berücksichtigen Sie dabei die Informationen aus dem internen Rechnungswesen aus **Anlage 2.** Runden Sie die Zuschlagssätze im Bedarfsfall auf eine Stelle nach dem Komma.

1.2 Bisher kalkulierte die Engel GmbH mit Normal-Gemeinkostenzuschlagssätzen (**Anlage 3**).

- Berechnen Sie die Kostenüber- bzw. Kostenunterdeckung für die Kostenstelle Material.
- Erläutern Sie zwei mögliche Ursachen der Kostenabweichung.

1.3 Die Engel GmbH möchte die Nachfrage für den Elektromotor „Speedster" ankurbeln. Deshalb ist eine Sonderaktion mit hohen Rabatten geplant.

Berechnen Sie unter Berücksichtigung der Kalkulationsdaten aus **Anlage 3**, in welcher Höhe maximal Rabatt (in Euro und Prozent) eingeräumt werden kann, wenn der Listenverkaufspreis derzeit 89,99 EUR beträgt.

Anlage 1: Betriebsabrechnungsbogen für das 2. Halbjahr (Oktober bis März) der Engel GmbH

	Allgemeine Hilfskostenstelle Kantine	Material	Fertigungshilfskostenstelle Instandhaltung	Fertigung I	Fertigung II	Verwaltung	Vertrieb
Summe Gemeinkosten vor Umlage (in Euro)	28.000,00	18.000,00	54.000,00	240.000,00	280.000,00	94.000,00	60.000,00
Umlage Kantine (in Euro)							
Zwischensumme (in Euro)							
Umlage Instandhaltung (in Euro)							
Summe der Gemeinkosten (in Euro)							
Zuschlagsgrundlage (in Euro)							
Zuschlagssätze (in %)							

Anlage 2

Internes Rechnungswesen der Engel GmbH
2. Halbjahr 2015/2016

Umlage Kantine:	Verhältnisse 1 : 1 : 2 : 2 : 3 : 1	
Umlage Instandhaltung:	Verhältnis 1 : 3	
Einzelkosten:	Fertigungsmaterial	256.000,00 EUR
	Fertigungslöhne I	180.000,00 EUR
	Fertigungslöhne II	300.000,00 EUR
Fertigerzeugnisse:	AB 128.000,00 EUR	
	EB 112.000,00 EUR	

Zuschlagsgrundlage für die Verwaltungsgemeinkosten: Herstellkosten der Rechnungsperiode
Zuschlagsgrundlage für die Vertriebsgemeinkosten: Herstellkosten des Umsatzes

Anlage 3: Kalkulationsdaten Speedster auf Basis der Normal-Kosten

Fertigungsmaterial	7,50 EUR
Fertigungslöhne I	12,00 EUR
Fertigungslöhne II	9,00 EUR
Gewinnzuschlag	8,5 %
Kundenskonto	3,0 %
Rabatt	?
Vertreterprovision	6,0 %
Materialgemeinkostenzuschlagssatz	9,0 %
Fertigungsgemeinkostenzuschlagssatz I	135,0 %
Fertigungsgemeinkostenzuschlagssatz II	115,0 %
Verwaltungsgemeinkostenzuschlagssatz	8,0 %
Vertriebsgemeinkostenzuschlagssatz	6,0 %

4 Kosten- und Leistungsrechnung III: Deckungsbeitragsrechnung

4.1 Deckungsbeitragsrechnung (Teilkostenrechnung)

Stofftelegramm

Abkürzungen: K_v = variable Kosten; K_f = Fixkosten; p = Preis/Stück; k_v = variable Stückkosten

Vollkostenrechnung	Teilkostenrechnung
Rechnung mit Vollkosten ($K = K_v + K_f$)	Rechnung mit Teilkosten (K, k_v)

Problembereiche der Vollkostenrechnung (Fehlentscheidungen!)

Problembereich 1 → **Hereinnahme, Streichung, Rangfolge der Produkte:**

Nur die **Deckungsbeitragsrechnung** kann diese Probleme lösen:

- **Hereinnahme** eines Produkts, wenn es einen positiven Deckungsbeitrag (Beitrag zur Fixkostendeckung) leistet
- **Streichung** eines Produkts nur, wenn sein Deckungsbeitrag negativ ist
- **Rangfolge** der Produkte („Hitparade“) nach Deckungsbeiträgen

Problembereich 2 → **Entscheidungsfrage: Eigenfertigung oder Fremdbezug?**

Der Bezugspreis ist mit den eigenen variablen Kosten zu vergleichen. Auch dies ist nur mithilfe der Deckungsbeitragsrechnung möglich:

Ist keine Kapazitätserweiterung für die Eigenfertigung notwendig, gilt grundsätzlich: Eigenfertigung, sofern K_v < Bezugspreis.

Problembereich 3 → **Beschäftigungsschwankungen:**

Sinkende Beschäftigung (sinkende Nachfrage) führt zu steigenden Stückkosten (Fixkosten verteilen sich auf weniger Stück).

Nach der Vollkostenrechnung würde dies zu Preiserhöhungen führen, obwohl eigentlich zur Nachfrageankurbelung Preissenkung nötig wäre. Der Betrieb sollte somit vorübergehend auf Vollkostendeckung verzichten: Deckungsbeitragsrechnung notwendig.

Einfluss des Beschäftigungsgrades auf BAB – Zuschlagssätze bei Vollkostenrechnung:

- Sinkende Beschäftigung: Gemeinkosten sinken nicht im gleichen Umfang wie Einzelkosten (Begründung: Gemeinkosten enthalten i. Gs. zu den Einzelkosten Fixkosten). Folge: steigende Zuschlagssätze, steigende Preise (Probleme: s. o.)
- Steigende Beschäftigung: sinkende Zuschlagssätze

Vermeidung dieser Zuschlagssatzschwankungen durch die Deckungsbeitragsrechnung

Deckungsbeitragsrechnung als Instrument/Entscheidungshilfe für ...

- **DB-Rechnung als Instrument der Kostenauflösung:**
  - Unterscheidung/Zuordnung in fixe und variable Kosten:

    Gesamtbetrachtung (K_f, K_v)
    $K = K_f + K_v$
    $K = K_f + k_v \cdot x$

    Stückbetrachtung (k_f, k_v)
    $k = k_f + k_v$
  - Mischkosten: enthalten Anteile von fixen und variablen Kosten – z. B. Energiekosten Grundentgelt (fix) + Nutzungsentgelt (variabel)
  - Beispiel rechnerische Kostenauflösung:

Monat	Menge in Stück	Kosten ($K_f + K_v$)
Mai	400	25.000,00 EUR
Juni	500	30.000,00 EUR

  - Berechnen Sie die fixen und variablen Kosten.
  - Annahme: Linearer Kostenverlauf = Kostenänderung hängt alleine von den variablen Kosten ab!

$$k_v = \frac{(30.000,00 - 25.000,00)}{(500 - 400)} \quad \text{variable Stückkosten } (k_v) = \frac{\text{Kostendifferenz } (\Delta K)}{\text{Mengenänderung } (\Delta K)}$$

$$k_v = \frac{5.000,00}{100}$$

$k_v = 50$ EUR/Stück

K_v im Mai = 50,00 · 400 = 20.000,00 EUR
K_v im Juni = 50,00 · 500 = 25.000,00 EUR

$K - K_v = K_f$
K_f im Mai = 25.000,00 – 20.000,00 = 5.000,00 EUR
K_f im Juni = 30.000,00 – 25.000,00 = 5.000,00 EUR

- **DB-Rechnung als Stück- und Periodenrechnung:**

Stückbetrachtung		**Gesamtbetrachtung**
Preis (p)	→ · Stück =	**Umsatzerlöse (U)**
– variable Stückkosten (k_v)	→ · Stück =	**– variable Kosten (K_v)**
= Deckungsbeitrag je Stück (db)	→ · Stück =	**= Deckungsbeitrag insgesamt (DB)**

Schema der Deckungsbeitragsrechnung:

	Produkt A	**Produkt B**	**Produkt C**	**Insgesamt**
Umsatzerlöse	**72.000,00**	**20.000,00**	**5.000,00**	**97.000,00**
– variable Kosten	**56.000,00**	**21.000,00**	**4.000,00**	**81.000,00**
= Deckungsbeitrag	**16.000,00**	**–1.000,00**	**1.000,00**	**16.000,00**
– Fixkosten	– – – – –	– – – – –	– – – – –	**5.000,00**
= Betriebsergebnis Betriebsgewinn/-verlust	– – – – –	– – – – –	– – – – –	**11.000,00**

Produkt B hat **negativen Deckungsbeitrag:** Aus Produktionsprogramm herausnehmen!

Aus folgenden Gründen wird B **trotz negativen Deckungsbeitrags evtl. weiterproduziert:**

- Arbeitsplatzsicherung
- Sortimentsvielfalt
- „Vorzeigeartikel“
- Ergänzung anderer Produkte
- Deckungsbeitrag evtl. nur vorübergehend negativ
- Produkteinführung

- **DB-Rechnung zur Bestimmung der langfristigen und kurzfristigen Preisuntergrenzen (PUG):**

– Kurzfristige (absolute) PUG: $p = k_v$

Preis deckt noch gerade die variablen Stückkosten.

– Langfristige PUG: $p = \frac{K_f}{\text{erzeugte Menge}} + k_v$

$p = k$

Preis deckt noch gerade die fixen und variablen Stückkosten.

- **DB-Rechnung als Instrument für die Annahme/Ablehnung eines Zusatzauftrages:**

Zusatzauftrag Annahmen:
- Auftragspreis liegt unterhalb des derzeitigen Verkaufspreises.
- freie Kapazitäten vorhanden

Entscheidung:
- DB > 0 → Annahme des Zusatzauftrags
- DB < 0 → Ablehnung des Zusatzauftrags

DB als Entscheidungshilfe über die Annahme eines Zusatzauftrags					
			Produkt A (in Euro)	**Produkt B (in Euro)**	**Zusatzauftrag Produkt A (in Euro)**
	Nettoverkaufserlöse	E	10.000,00	7.500,00	4.500,00
–	variable Kosten	K_v	4.000,00	3.000,00	3.000,00
=	Deckungsbeitrag	DB	6.000,00	4.500,00	1.500,00
–	fixe Kosten	K_f		5.000,00	↓
=	Betriebsergebnis ohne Zusatzauftrag			5.500,00	
+	Deckungsbeitrag Zusatzauftrag			1.500,00	←
=	Betriebsergebnis mit Zusatzauftrag			7.000,00	

→ DB positiv und freie Kapazitäten vorhanden → Zusatzauftrag annehmen

- **DB-Rechnung als Instrument zur Optimierung des Produktionsprogramms:**

  Annahme: nicht voll ausgelastete Kapazitäten
  Entscheidung:
  - Produkte mit dem höchsten Deckungsbeitrag/Stück sind zuerst zu fertigen.
  - Produkte mit negativem DB sind aus dem Produktionsprogramm zu entfernen.

- **DB-Rechnung als Instrument für die Entscheidung Eigenfertigung oder Fremdfertigung (Make or Buy):**

  Annahme: nicht voll ausgelastete Kapazitäten
  Entscheidung: Kostenvorteil Eigenfertigung → Eigenfertigung

Grafische Darstellung der Deckungsbeitragsrechnung

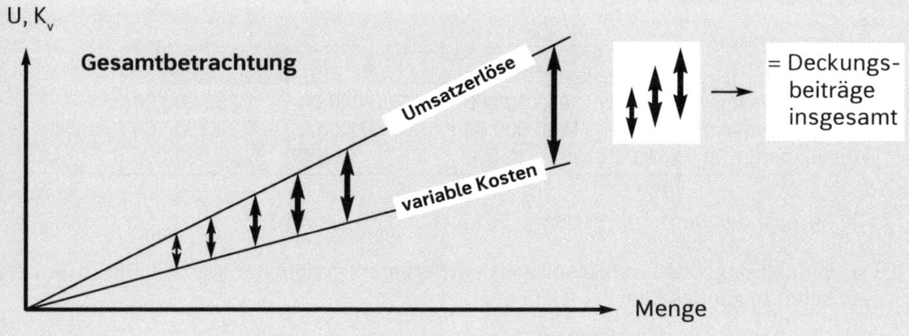

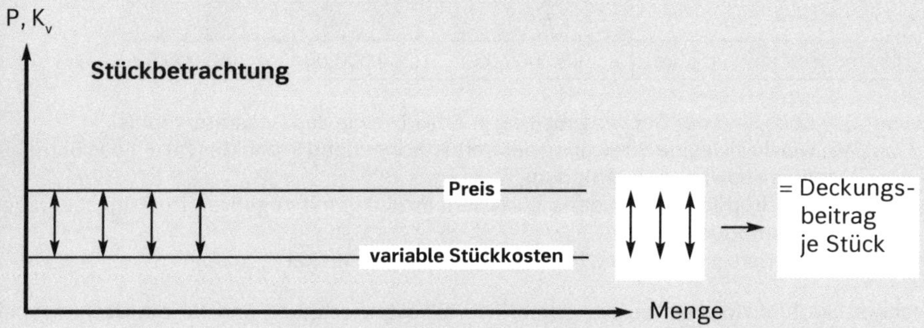

Vorteile der Deckungsbeitragsrechnung (Zusammenfassung)

- Ermittlung der absoluten Preisuntergrenze (= variable Kosten) möglich
- Verbesserte Entscheidungen bezüglich:
  - Hereinnahme
  - Streichung
  - Rangfolge der Produkte
- Verbesserte Wahlentscheidungen:
  - Produkt A oder B produzieren?
  - Eigenfertigung oder Fremdbezug?
- Entscheidung über Zusatzauftrag nur mit Deckungsbeitragsrechnung lösbar
- verbesserte Kostenkontrolle (i. d. R. nur variable Kosten vom Kostenstellenleiter beeinflussbar)
- verbesserte Gewinnplanung
- marktorientierte Preispolitik
- Kostenverursachungsprinzip verbessert
- In der Praxis hat sich eine Kombination von Voll- und Teilkostenrechnung bewährt.

Aufgaben

1. a) Ein Unternehmen hat im abgelaufenen Geschäftsjahr drei neue Artikel in sein Sortiment aufgenommen. Nach der ersten Periode liegen dazu aus der Buchhaltung folgende Zahlen vor:

	A	B	C
Erlöse (in Euro)	900.000,00	1.700.000,00	1.250.000,00
Gesamtkosten (in Euro)	850.000,00	1.350.000,00	1.360.000,00
Absatzmenge (in Stück)	30.000	30.000	35.000

Wie hoch ist das Betriebsergebnis je Produkt und insgesamt?

b) Das verlustbringende Produkt soll aus dem Sortiment genommen werden. Die Kostenanalyse liefert folgendes Bild:

Fixkosten (insgesamt): 850.000,00 EUR

	A	B	C
variable Kosten (in Euro)	650.000,00	1.200.000,00	860.000,00

ba) Wie hoch sind der Deckungsbeitrag je Artikel sowie das Gesamtergebnis?
bb) Wie würde sich eine Streichung des verlustbringenden Produktes (a) auf das Betriebsergebnis auswirken? Begründung.
bc) Welche Gründe könnten dafür sprechen, Produkte mit negativen Deckungsbeiträgen weiterzuproduzieren?
bd) Wie viel Euro betragen die Preisuntergrenzen der Artikel?

2. Nennen Sie fünf Argumente, die gegen die Vollkostenrechnung und für die Deckungsbeitragsrechnung sprechen.

3. Stellen Sie die Deckungsbeitragsrechnung grafisch dar (Gesamt- und Stückbetrachtung).

4. Die Mineralbrunnen AG kalkulierte bisher nur nach dem System der Vollkostenrechnung. Konkurrenzdruck und Konjunkturschwankungen zwingen die Geschäftsleitung zur Einführung der Deckungsbeitragsrechnung.

a) Eine Kundenbefragung ergab, dass neben dem Eigenprodukt Mineralwasser auch 15.000 Kästen Bier pro Jahr abgesetzt werden könnten.

Ermitteln Sie das voraussichtliche Betriebsergebnis mittels Deckungsbeitragsrechnung, wenn folgende Daten erwartet werden:

	Mineralwasser	**Bier**
Absatzmengen in Kästen	120.000	15.000
Verkaufspreis je Kasten in Euro	3,50	12,00
Variable Kosten je Kasten in Euro	1,81	
Einstandspreis je Kasten in Euro		6,00
Fixkosten des Betriebes in Euro	185.000,00	

b) Preiserhöhungen verteuern den Einstandspreis bei Bier je Kasten um 1,50 EUR. Gleichzeitig wäre ein Großabnehmer bereit, pro Jahr 30.000 Kästen Bier zu einem Preis von 8,00 EUR je Kasten abzunehmen.

ba) Soll die Mineralbrunnen AG diese Lieferverpflichtung eingehen?
Begründen Sie rechnerisch Ihre Entscheidung.
bb) Erläutern Sie, wie sich das Betriebsergebnis verändert.
bc) Warum wird in der Praxis dieses theoretische Ergebnis nicht zutreffen?

5. Eine Getränke-AG vertreibt die Fremdprodukte A, B, C und D. Folgende Zahlen liegen vor:

Produkte	A	B	C	D
Variable Kosten in Euro/100 Liter	100,00	100,00	100,00	100,00
Erlöse in Euro/100 Liter	200,00	170,00	270,00	285,00

a) Nennen Sie die Rangfolge der Produktförderung
aa) unter Vernachlässigung der Absatzmengen,
ab) wenn folgende Absatzmengen zugrunde gelegt werden:

Produkte	A	B	C	D
Verk.menge (in 100 Liter/Periode)	2.000	500	2.200	1.000

b) Der Kostenrechner schlägt vor, Produkte, die nur mit Verlust zu verkaufen sind, aus dem Sortiment zu nehmen. Nennen Sie drei Gründe, die dagegen angeführt werden könnten.
c) Erläutern Sie den Zusammenhang zwischen Teilkostenrechnung und Gewinnmaximierung.

6. Die Walter GmbH eröffnet ein Zweigwerk, in dem drei verschiedenartige Typen von Terrassentüren hergestellt werden. Aus der Kosten- und Leistungsrechnung dieses Werks sind folgende Angaben für das laufende Jahr bekannt (Annahme: linearer Gesamtkostenverlauf):

	Typ 1	Typ 2	Typ 3
maximale Absatzmenge	500 Stück	650 Stück	280 Stück
erzeugte und abgesetzte Menge	400 Stück	500 Stück	200 Stück
Nettoverkaufserlöse insgesamt	22.000,00 EUR	75.000,00 EUR	22.000,00 EUR
Fertigungsmaterial	2.800,00 EUR	6.400,00 EUR	1.800,00 EUR
Fertigungslöhne	3.660,00 EUR	4.500,00 EUR	2.350,00 EUR
sonstige variable Kosten	6.740,00 EUR	6.600,00 EUR	4.650,00 EUR
Selbstkosten insgesamt	111.400,00 EUR		

Ausländische Anbieter üben insbesondere beim Typ 1 ständig Druck auf die Verkaufspreise aus, sodass die GmbH gezwungen ist, ihre Preise nach unten anzupassen.

a) Um wie viel Prozent könnte bei gegebenen Kostenverhältnissen und der derzeitigen Nachfragemenge der Preis dieses Typs kurzfristig reduziert werden?
b) Erläutern Sie, wie sich Angebotspreise, die unterhalb der variablen Stückkosten liegen, langfristig auf die Passivseite der Bilanz des Unternehmens auswirken würden.

7. ALCON bietet u. a. drei Unterwasserlacke an. Diese werden in 10-Liter-Kanistern abgefüllt. Für das laufende Quartal liegen folgende Zahlen vor:

	AXXON	DELTA	XYLON
Erlös/Kanister	236,00 EUR	148,00 EUR	132,00 EUR
sonstige variable Kosten pro Kanister	72,00 EUR	16,00 EUR	34,00 EUR
geplante Menge	240 Kanister	300 Kanister	400 Kanister

Fertigungslohn pro Stunde: 20,00 EUR

Berechnen Sie den Gesamtdeckungsbeitrag für diese Produkte, wenn die geplanten Mengen auch tatsächlich abgesetzt werden können.

4.2 Prüfungsaufgaben

Prüfungsaufgaben Winter 2013/2014 (Aufgabe 1, teilweise)

1.3 Neben den Standardtüren stellt die Piller OHG verschiedene Fenstertypen her (**Anlage 3**). Herr Bullig ist der Meinung, dass in diesem Bereich eine Ausweitung der Produktion erreicht werden kann, obwohl von ausländischen Anbietern ein ständiger Preisdruck ausgeht.

1.3.1 Er beauftragt Sie, mithilfe der Teilkostenrechnung das momentane Betriebsergebnis zu berechnen und die Ergebnisse der einzelnen Fenstertypen zu analysieren.

1.3.2 Ein Kunde ist bereit, vom Fenstertyp II zusätzlich 200 Stück abzunehmen, wenn sich die Piller OHG auf eine Senkung des Verkaufspreises einlässt.

- Weisen Sie Herrn Bullig rechnerisch nach, um wie viel Prozent bei den gegebenen Kostenverhältnissen und der momentanen Nachfragemenge der Preis vom Fenstertyp II kurzfristig reduziert werden kann.
- Begründen Sie ihm zudem, wie sich diese Preissenkung für den Zusatzauftrag auf das Betriebsergebnis auswirkt.

Anlage 3

Informationen internes Rechnungswesen der Piller OHG

1. Halbjahr 2013

	Typ I	Typ II	Typ III
Kapazitätsgrenze	650 Stück	700 Stück	580 Stück
erzeugte und abgesetzte Menge	320 Stück	480 Stück	300 Stück
Nettoverkaufserlöse je Stück	48,00 EUR	60,00 EUR	95,00 EUR
Fertigungsmaterial insgesamt	4.720,00 EUR	5.880,00 EUR	3.500,00 EUR
Fertigungslöhne insgesamt	5.580,00 EUR	4.360,00 EUR	3.350,00 EUR
sonstige variable Gemeinkosten insgesamt	7.620,00 EUR	5.600,00 EUR	3.650,00 EUR
Fixkosten insgesamt	11.400,00 EUR		

Prüfungsaufgaben Sommer 2014 (Aufgabe 1, teilweise)

1.4 Für das Kinderrad „Stützi 100“ wurden für den April folgende Zahlen ermittelt:

	Stützi 100
Produktions- und Absatzmenge	1.500 Stück
Nettoerlös je Stück	40,00 EUR
Fertigungslöhne	15.000,00 EUR
Fertigungsmaterial	21.000,00 EUR
variable Gemeinkosten	18.000,00 EUR
produktbezogene Fixkosten	7.500,00 EUR

Errechnen Sie den Deckungsbeitrag je Stück und das Monatsergebnis für diesen Artikel. Erläutern Sie in diesem Zusammenhang den Vorteil einer Deckungsbeitragsrechnung im Vergleich zur bisher angewandten Vollkostenrechnung.

Prüfungsaufgaben Winter 2014/2015 (Aufgabe 1, teilweise)

Die BikesForFun GmbH ist ein mittelständischer Fahrradhersteller. Die Produktion der Fahrräder erfolgt im Hauptwerk in Rottweil für die Fahrradtypen „City“ und „Trial“. Im Zweigwerk in Oberndorf wird ausschließlich der Fahrradtyp „Race“ hergestellt. Nach Ihrer abgeschlossenen Ausbildung zum/zur Industriekaufmann/-frau werden Sie in der BikesForFun GmbH im Controlling und in der Finanzbuchhaltung eingesetzt.

1.4 Im Zweigwerk Oberndorf liegen der Controlling-Abteilung folgende Kalkulationsdaten für den Fahrradtyp „Race“ für den Vormonat September 2014 vor:

Kalkulationsdaten für September 2014 – Werk Oberndorf	
Listenverkaufspreis	601,00 EUR
Kundenskonto	3 %
Kundenrabatt	10 %
Absatzmenge in Stück	1.350 Stück
Gesamtkosten im Werk Oberndorf	697.909,50 EUR
Fixkosten im Werk Oberndorf	344.250,00 EUR

1.4.1 Wegen des rückläufigen Absatzes wird befürchtet, dass die Kosten des Typ „Race“ nicht mehr gedeckt werden können. Das Unternehmen muss aufgrund der aktuellen Wettbewerbssituation regelmäßig Kundenrabatt und -skonto gewähren.

Berechnen Sie die Menge von Typ „Race“, die mindestens produziert und abgesetzt werden müsste, um im Werk Oberndorf keinen Verlust zu machen. Beurteilen Sie das Ergebnis.

1.4.2 Die Geschäftsleitung beschließt, durch preispolitische Maßnahmen den Absatz des Typs „Race“ zu beleben. Für den laufenden Monat Oktober 2014 soll der Verkaufserlös den Selbstkosten je Stück des Vormonats entsprechen. Durch diese Maßnahme wird eine Absatzsteigerung auf 1.500 Stück im Monat erwartet.

Vergleichen Sie mithilfe der Deckungsbeitragsrechnung das Betriebsergebnis des Vormonats mit dem zu erwartenden Ergebnis des laufenden Monats und erläutern Sie, wie die Differenz zustande kommt.

(Hinweis: Sollten Sie die vorhergehende Teilaufgabe nicht gelöst haben, rechnen Sie für den Monat September 2014 mit einem Verkaufserlös (e) in Höhe von 522,50 EUR/St. und mit variablen Stückkosten (k_v) in Höhe von 259,80 EUR/St.)

Prüfungsaufgaben Sommer 2015 (Aufgabe 1, teilweise)

Die LaSo GmbH ist ein Handels- und Endmontagebetrieb für Werkzeug- und Gebrauchsartikel unterschiedlichster Art. Sie sind Mitarbeiter in der Abteilung Rechnungswesen der LaSo GmbH.

1.4 Seit einiger Zeit vertreibt die LaSo GmbH im Bereich Gartenwerkzeuge eine „Elektrische Heckenschere“ und einen „Elektrischen Rasentrimmer“. Die Verkaufszahlen, insbesondere des Artikels „Elektrischer Rasentrimmer“, sind weit hinter den Erwartungen zurückgeblieben und die Geschäftsleitung erwägt, diesen Artikel aus dem Sortiment zu nehmen.

Berechnen Sie den jeweiligen Deckungsbeitrag für beide Artikel, den Gesamtdeckungsbeitrag und das Betriebsergebnis für den Monat April. Interpretieren Sie das Ergebnis. Die erforderlichen Daten finden Sie in **Anlage 5**.

1.5 Um den Absatz anzukurbeln und auf das Produktprogramm aufmerksam zu machen, soll der Preis des elektrischen Rasentrimmers kurzfristig gesenkt werden.

Ermitteln Sie die kurzfristige Preisuntergrenze eines Rasentrimmers und erklären Sie, warum die LaSo GmbH den Rasentrimmer nicht dauerhaft zu diesem Preis anbieten sollte.

Anlage 5

April 2015	Elektrische Heckenschere	Elektrischer Rasentrimmer
Produktions- und Absatzmenge	1.100 Stück	450 Stück
Nettoverkaufserlös je Stück	122,00 EUR	109,00 EUR
Einzelkosten je Stück	78,00 EUR	67,00 EUR
variable Gemeinkosten je Stück	18,00 EUR	15,00 EUR
restliche fixe Gemeinkosten	21.500,00 EUR	

Prüfungsaufgaben Sommer 2016 (Aufgabe 1, teilweise)

Die Engel GmbH ist ein mittelständisches Unternehmen mit Sitz in Bretten, das Elektromotoren herstellt. Sie sind als Sachbearbeiter/-in in der Finanzbuchhaltung der Engel GmbH auch für Controllingaufgaben zuständig. Das Geschäftsjahr 2015/2016 der Engel GmbH endete am 31.03.2016.

1.4 Die Engel GmbH stellt neben Elektromotoren auch die Steuerungselemente Checker I, Checker II und Checker III her.

1.4.1 Die Firma Karl Baumann OHG schickt Ihnen dazu eine Anfrage vom 03.04.2016 (**Anlage 4**). Überprüfen Sie mithilfe der Deckungsbeitragsrechnung, ob dieser Zusatzauftrag angenommen werden kann. Vergleichen Sie dazu das Betriebsergebnis der Steuerungselemente ohne und mit der Annahme des Zusatzauftrags. Die erforderlichen Daten entnehmen Sie der **Anlage 5**.

1.4.2 Durch erhöhte Auftragseingänge im Mai 2016 werden die Kapazitäten einiger Maschinen voll ausgelastet sein. Ihre Abteilungsleiterin überlegt, welche Produkte vorrangig produziert werden sollen. Die Produktionszeiten für die Steuerungselemente sind etwa gleich lang.

Legen Sie eine Rangfolge der Produkte Checker I, Checker II und Checker III mithilfe der Daten aus **Anlage 5** fest und begründen Sie Ihre Entscheidung.

Anlage 4

Engel GmbH

Von: maxmaurer@karl-baumann-ohg.de
Gesendet: Montag, 03.04.2016
An: annalena.gutekunst@engel-gmbh.de
Betreff: **Anfrage Steuerungselement „Checker II“**

Sehr geehrte Frau Gutekunst,

für die Jubiläumsaktion eines Großkunden müssen wir unser langjähriges Erfolgsmodell, die Kreissäge „SAW IV Superstar“, günstiger anbieten. Bitte prüfen Sie, ob Sie uns hierfür 1.500 Stück des Steuerungselements „Checker II“ zu einem Netto-Listenpreis von 83,50 EUR/Stück anbieten können.

Mit freundlichen Grüßen

Max Maurer

Karl Baumann OHG

Anlage 5

	Steuerungselement Checker I	Steuerungselement Checker II	Steuerungselement Checker III
Nettoverkaufserlöse je Stück	67,20 EUR	97,60 EUR	130,40 EUR
variable Stückkosten	50,40 EUR	78,40 EUR	120,40 EUR
geplante Absatzmenge im April 2016	2.800 Stück	6.000 Stück	4.200 Stück
Kapazität pro Monat	3.000 Stück	8.000 Stück	5.400 Stück

Die Fixkosten im April betragen 165.000,00 EUR.

5 Kosten- und Leistungsrechnung IV: Prozesskostenrechnung

5.1 Probleme der traditionellen Kostenrechnung

Stofftelegramm

Die Gemeinkostenproblematik I

Herkömmliche Unterstellung: Die Gemeinkosten stehen in einem proportionalen Verhältnis zu den Einzelkosten. Sie werden daher mit einem **Zuschlagssatz** auf die Einzelkosten kalkulatorisch umgelegt.

Kritik hieran: Diese Art der Verrechnung entspricht nicht der tatsächlichen Kostenverursachung und führt zu falschen Kalkulationsergebnissen. → = **Verletzung des Kostenverursachungsprinzips**

Einzelkosten = 100 %
Gemeinkosten = x %

→ Zuschlagssatz $x = \frac{\text{Gemeinkosten}}{\text{Einzelkosten}} \cdot 100$

↓

Proportionalisierung der Gemeinkosten

Beispiel A:
- 1 Stück Fertigungsmaterial (MEK) kostet 1.000,00 EUR
- Materialgemeinkostenzuschlagssatz = 20 %

Annahme 1: Beschaffung von **1 Stück** Fertigungsmaterial; Kalkulation:

MEK	1.000,00 EUR
+ 20 % MGK	**200,00** EUR
kalkulierte Materialkosten	1.200,00 EUR

Annahme 2: Beschaffung von **100 Stück** Fertigungsmaterial; Kalkulation:

MEK (100 · 1.000 =)	100.000,00 EUR
+ 20 % MGK	**20.000,00** EUR
kalkulierte Materialkosten	120.000,00 EUR

Unrealistisch! Die einmalige Beschaffung von 100 Stück kann nicht das 100-Fache an Beschaffungskosten verursachen als die einmalige Bestellung von 1 Stück.

↓

neue Bezugsgrößen notwendig, z. B. **auftragsbezogene Tätigkeiten**

Beispiel B:
- 1 Stück Fertigungsmaterial X kostet 100,00 EUR
- 1 Stück Fertigungsmaterial Y kostet 10.000,00 EUR
- Materialgemeinkostenzuschlagssatz = 20 %

Annahme 1: Beschaffung von **1 Stück** Fertigungsmaterial X; Kalkulation:

MEK	1.000,00 EUR
+ 20 % MGK	**200,00** EUR
kalkulierte Materialkosten	1.200,00 EUR

Annahme 2: Beschaffung von **1 Stück** Fertigungsmaterial Y; Kalkulation:

MEK	10.000,00 EUR
+ 20 % MGK	**20.000,00** EUR
kalkulierte Materialkosten	12.000,00 EUR

Unrealistisch!
Die Beschaffung des wertvolleren Produkts kann nicht das 100-Fache an Beschaffungskosten verursachen als die Bestellung des weniger wertvollen Produkts.

↓

neue Bezugsgrößen notwendig, z. B. **auftragsbezogene Tätigkeiten**

Die Gemeinkostenproblematik II

Die Gemeinkosten werden im Verhältnis zu den Einzelkosten immer höher (veränderte Kostenstrukturen).

Entwicklung der Struktur der Fertigungskosten: stark steigende Zuschlagssätze

Gründe für die stark steigenden FGK-Zusschlagssätze (häufig auf über 1.000 %):
Mechanisierung und Automatisierung führen zu sinkenden Anteilen der Lohneinzelkosten (FEK) und steigenden Fertigungsgemeinkosten (FGK), z. B. Abschreibungen, Energiekosten, kalkulatorische Zinsen.

→ FEK sinken; FGK steigen → steigende FGK-Zuschläge → ungenaue Kalkulation!

Entwicklung der Struktur der Materialkosten: ebenfalls steigende Zuschlagssätze

Gründe für die steigenden MGK-Zuschlagssätze:
Rohstoffkosten (MEK) wurden im Laufe der Zeit eher geringer, die Materialgemeinkosten (MGK) für die Beschaffung und Lagerung sind durch höhere Personalkosten gestiegen.

→ MEK sinken; MGK steigen → steigende MGK-Zuschläge → ungenaue Kalkulation!

↓ ↓ ↓

Konsequenz:

- Aufgabe der Dominanz der Einzelkosten als oft ungeeignete Zuschlagsbasis
- Feststellung und Berücksichtigung der „wirklichen" Kostenverursachung

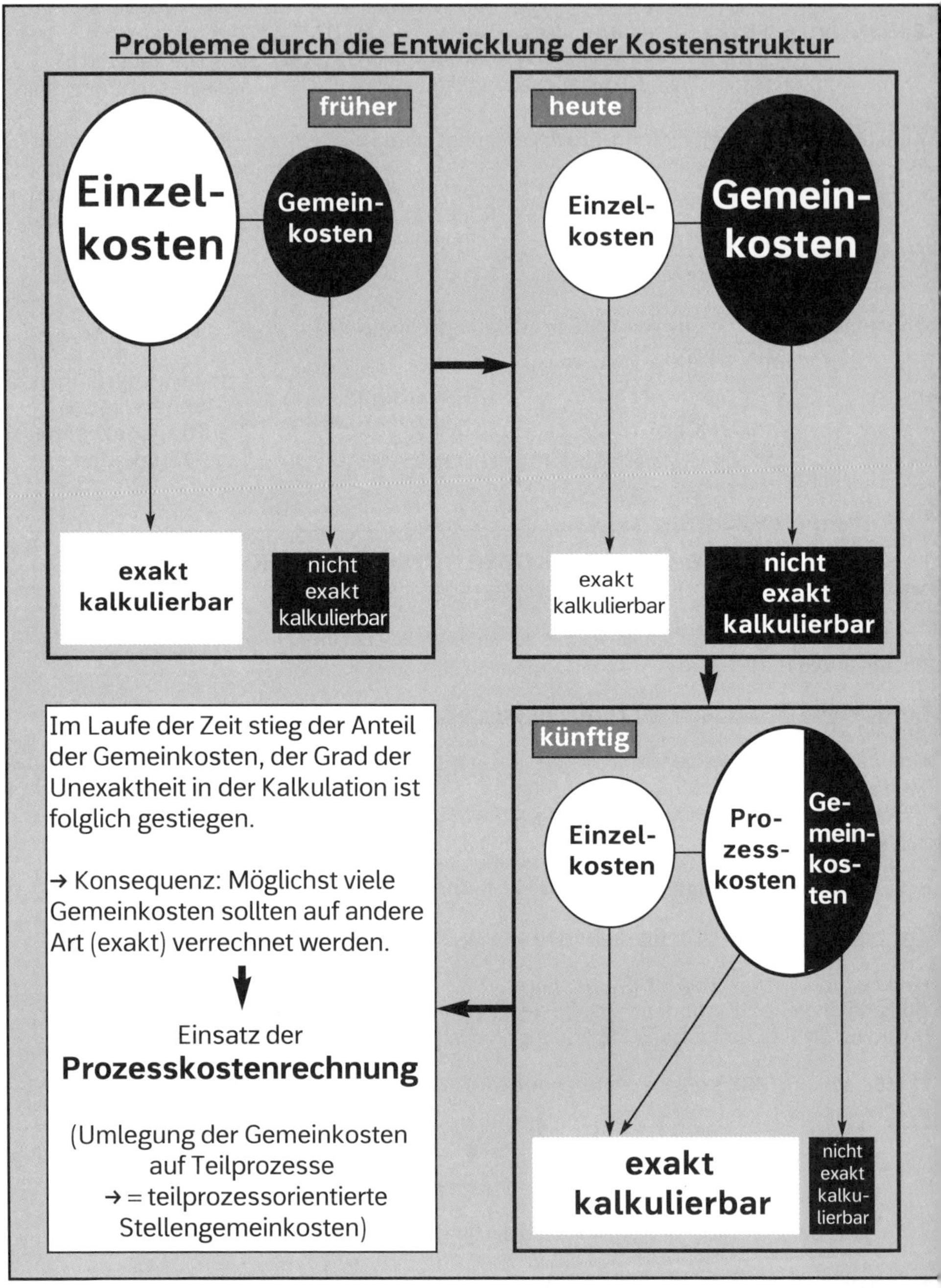

Aufgabe (Grundwissen)

Erklären Sie kurz die Gemeinkostenproblematik bei der traditionellen Kostenrechnung.

5.2 Allgemeines zur Prozesskostenrechnung

Stofftelegramm

- PKR = **neues Instrument** der Kostenrechnung
- Die PKR soll die Problematik der Verrechnung **wachsender Gemeinkostenanteile** beseitigen.
- In der PKR werden – sofern möglich – die Gemeinkosten mithilfe **mengenbezogener Prozesskostensätze** verrechnet. Die in der traditionellen Vollkostenrechnung übliche Gemeinkostenumlage mithilfe von Schlüsseln und die Verrechnung auf die Kostenträger mithilfe von prozentualen Zuschlagssätzen sollen so weit wie möglich vermieden werden.

Traditionelle Kostenrechnung:

MGK = MEK · Zuschlagssatz
FGK = FEK · Zuschlagssatz
VwGK = HKP · Zuschlagssatz
VtGK = HKU · Zuschlagssatz

→ Umstellung →

Prozesskostenrechnung:

prozessbezogene Gemeinkosten
=
Leistungsmenge · Prozesskostensatz

- **Hauptziel** der PKR: **verursachungsgerechte, genauere** Kostenverrechnung
- In der PKR werden die in einem Unternehmen erbrachten **Leistungen** als Prozesse definiert.
- Die PKR ist grundsätzlich als **Vollkostenrechnung** konzipiert.
- **Problem der Einführung** und Nutzung der PKK: Aufwendig! → Kosten und Nutzen abwägen
- **Aktuelle Situation in Deutschland:** Die PKR als eigenständiges Kostenrechnungssystem hat sich noch nicht in größerem Umfang durchgesetzt. Meist erfolgt ihre Anwendung als Ergänzung, nicht als Ersatz der traditionellen Vollkostenrechnung.
- Auch die PKR durchläuft – wie die traditionelle Kostenrechnung – die Teilgebiete der **Kostenarten-, Kostenstellen- und Kostenträgerrechnung**. Vor allem in der Kostenstellen- und Kostenträgerrechnung geht die PKR andere Wege.
- Bei der PKR sind die Gemeinkosten aktivitätsbezogen (nicht stellenbezogen).
- Bezugsgrößen in den Kostenstellen sind nicht die Einzelkosten, sondern die **Anzahl der bearbeiteten Vorgänge**.
- Die PKR gibt Antwort auf folgende Fragen:
  - Wo sind die Kosten angefallen?
  - Für welche Tätigkeiten sind Kosten angefallen?
- Auch bei der **Maschinenstundensatzrechnung** (= Vorläufer der PKR) wurde eine prozessbezogene Betrachtung der Kosten realisiert. Die Maschinenstundensatzrechnung ist jedoch nur auf den **Fertigungsbereich** begrenzt und ersetzt hier die PKR.
- PKR: Gemeinkostenverrechnung v. a. in den Bereichen **Beschaffung, Verwaltung + Vertrieb**

Aufgaben (Grundwissen)

1. Welches Hauptziel verfolgt die Prozesskostenrechnung?
2. Welche Problematik der traditionellen Kostenrechnung soll die Prozesskostenrechnung beseitigen?
3. Erklären Sie kurz die aktuelle Situation hinsichtlich Anwendung der Prozesskostenrechnung in Deutschland.

5.3 Aufbau einer Prozesskostenrechnung im Materialbereich

5.3.1 Vorgehensweise

Stofftelegramm

Annahme: Lediglich der **Materialbereich** soll auf die PKR umgestellt werden. Die restliche Kostenstruktur wird beibehalten.

Vereinfachter BAB				
Gemeinkosten	**Material**	**Fertigung**	**Verwaltung**	**Vertrieb**
Gehälter	120.000,00	.....	.....	.....
Abschreibungen	40.000,00	.....	.....	.....
Bürokosten	10.000,00	.....	.....	.....
Zinsen	80.000,00	.....	.....	.....
Summen	**250.000,00**	.....	.....	.....

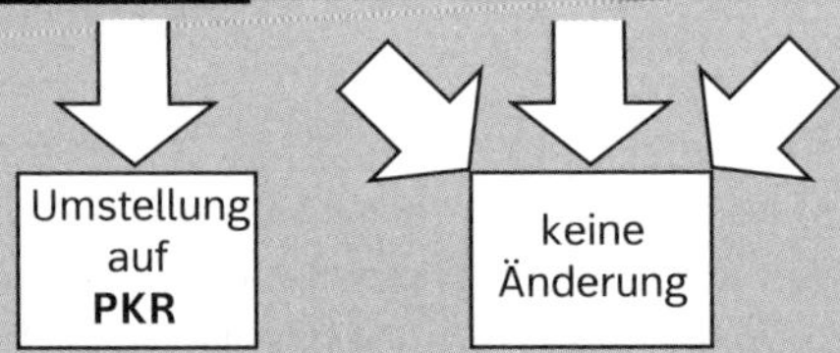

Vorgehensweise:

Ermittlung der Teilprozesse im Materialbereich

↓

Ermittlung der Gemeinkosten der Teilprozesse

↓

Festlegung der Kostentreiber für die Teilprozesse

↓

Umlage der Teilprozesse ohne Kostentreiber

↓

Ermittlung der Prozesskostensätze

↓

Prozesskostenkalkulation

5.3.2 Ermittlung der Teilprozesse im Materialbereich

Stofftelegramm

Vereinfachter BAB

Gemeinkosten	Material	Fertigung	Verwaltung	Vertrieb
Gehälter	120.000,00	.....	.....	.....
Abschreibungen	40.000,00	.....	.....	.....
Bürokosten	10.000,00	.....	.....	.....
Zinsen	80.000,00	.....	.....	.....
Summen	**250.000,00**	.....	.....	.....

→ die in der Kostenstelle ausgeübten **Tätigkeiten** (= **Aktivitäten**) = Ursache für die Entstehung der Gemeinkosten

Tätigkeit (Aktivität): jede ausgeführte Arbeit, die Gemeinkosten verursacht

Tätigkeitsanalyse für die Kostenstelle „Material“:
Bestimmung der anfallenden Einzelaktivitäten (Tätigkeiten)

Tätigkeit 1 | Tätigkeit 2 | Tätigkeit 3 | Tätigkeit 4 | Tätigkeit 5 | Tätigkeit 6

Tätigkeit 7 | Tätigkeit 8 | Tätigkeit 9 | Tätigkeit 10 | Tätigkeit 11 | Tätigkeit 12

▼

Zusammenfassung der Tätigkeiten zu sinnvollen

Tätigkeitsbündeln (**Teilprozessen**),

die jeweils zu einem **gemeinsamen Arbeitsergebnis** führen und für die eine **gemeinsame Maßgröße** gefunden werden kann.
Die Teilprozesse enthalten alle Tätigkeiten dieser Kostenstelle.

- Tätigkeit 1 | Tätigkeit 5 | Tätigkeit 11 → **Teilprozess A**
- Tätigkeit 2 | Tätigkeit 7 → **Teilprozess B**
- Tätigkeit 4 | Tätigkeit 6 | Tätigkeit 8 | Tätigkeit 10 → **Teilprozess C**
- Tätigkeit 3 | Tätigkeit 9 | Tätigkeit 12 → **Teilprozess D**

Kostenstelle Material	
Tätigkeiten	**Teilprozesse**
• Material in Empfang nehmen • Material prüfen • Materialbeschädigungen reklamieren • Einkaufsmeldungen an Einkaufsabteilung weiterleiten • Belege und Unterlagen verwalten	**Material annehmen**
• Materialeingang erfassen • Material einsortieren • Material pflegen • Bestände kontrollieren	**Material einlagern**
• Materialentnahmescheine erstellen bei Materialausgabe • Materialentnahmen bestätigen lassen • Materialentnahmescheine ablegen • Meldebestände beachten und Einkaufsabteilung benachrichtigen	**Material ausgeben**
• Organisieren • Problembereiche suchen und beheben • Wirtschaftlichkeit der Lagerhaltung beachten • Zusammenarbeit mit anderen, beteiligten Abteilungen	**Materialstelle leiten**

5.3.3 Ermittlung der Gemeinkosten der Teilprozesse

Stofftelegramm

Vereinfachter BAB				
Gemeinkosten	**Material**	**Fertigung**	**Verwaltung**	**Vertrieb**
Gehälter	120.000,00	.....	.....	.....
Abschreibungen	40.000,00	.....	.....	.....
Bürokosten	10.000,00	.....	.....	.....
Zinsen	80.000,00	.....	.....	.....
Summen	**250.000,00**	.....	.....	.....

Umgliederung der Gemeinkosten auf Teilprozesse

Kostenstelle Material	
Teilprozesse	**Teilprozesskosten**
Material annehmen	60.000,00
Material einlagern	40.000,00
Material ausgeben	100.000,00
Materialstelle leiten	50.000,00
Summe Materialgemeinkosten	**250.000,00**

5.3.4 Festlegung der Kostentreiber für Teilprozesse

Stofftelegramm

Frage: Wodurch werden die Kosten eines Teilprozesses verursacht?
Antwort: durch **Kostentreiber** (= Maßgrößen = Kosteneinflussfaktoren), z. B. Anzahl der Anlieferungen

Die 60.000,00 EUR Kosten für den Teilprozess „Material annehmen" hängen von der Anzahl der Anlieferungen (= Anzahl der **Aktivitäten** = Teilprozessmenge = **Kostentreiber**) ab. Es handelt sich um Kosten, die **proportional** zu der Anzahl der Kostentreiber verlaufen, vergleichbar mit den variablen Kosten. Fachausdruck für diese Kosten:

leistungsmengeninduzierte Prozesskosten → Abkürzung: **lmi-Kosten**

Für alle Teilprozesse müssen Kostentreiber bestimmt werden.

Kostenstelle Material			
Teilprozesse	**Teilprozess-kosten**	**Kostentreiber (Maßgrößen)**	**lmi/ lmn**
Material annehmen	60.000,00	Anzahl der Anlieferungen	lmi
Material einlagern	40.000,00	Anzahl der Einlagerungen	lmi
Material ausgeben	100.000,00	Anzahl der Ausgaben	lmi
Materialstelle leiten	50.000,00	[redacted]	lmn
Summe MGK	**250.000,00**		

} Maßgröße zuordenbar → **lmi-Prozesse**

keine Maßgröße fixierbar = **leistungsmengenneutrale Prozesskosten**
→ Abkürzung: **lmn-Kosten** bzw. **lmn-Prozesse**
→ **lmn-Kosten** (hier: 50.000,00 EUR) müssen auf die lmi-Teilprozesse **umgelegt** werden.
– Umlage: vgl. Kapitel 5.3.5 –

Merke

leistungsmengeninduzierte Teilprozesse (lmi-Teilprozesse)
↓
Die Kosten verlaufen proportional zu der Anzahl der Kostentreiber.

Analog: **variable Kosten**

leistungsmengenneutrale Teilprozesse (lmn-Teilprozesse)
↓
Die Kosten fallen unabhängig von der Leistungsmenge an.

Analog: **fixe Kosten**

5.3.5 Umlage der lmn-Prozesse

Stofftelegramm

Kostenstelle Material				
Teilprozesse	**Teilprozess-kosten**	**Kostentreiber (Maßgrößen)**	**lmi/ lmi**	**Teilprozesskosten nach Umlage**
Material annehmen	60.000,00	Anzahl der Anlieferungen	lmi	75.000,00
Material einlagern	40.000,00	Anzahl der Einlagerungen	lmi	50.000,00
Material ausgeben	100.000,00	Anzahl der Ausgaben	lmi	125.000,00
Materialstelle leiten	50.000,00	[redacted]	lmn	
Summe MGK	**250.000,00**			**250.000,00**

Umlage des lmn-Prozesses auf lmi-Teilprozesse
im Verhältnis der lmi-Teilprozesskosten
(siehe Nebenrechnung)

Kostenstelle Material: Nebenrechnung (Umlage)			
Teilprozesse	**Teilprozess-kosten**	**Umlage**	**Teilprozesskosten nach Umlage**
Material annehmen	60.000,00	15.000,00	75.000,00
Material einlagern	40.000,00	10.000,00	50.000,00
Material ausgeben	100.000,00	25.000,00	125.000,00
Summe MGK	**200.000,00**	**50.000,00**	**250.000,00**

200.000,00 = 50.000,00
60.000,00 = x

$$x = \frac{50.000,00}{200.000,00} \cdot 60.000,00 = 15.000,00$$

$$\frac{\text{lmn-Prozesskosten}}{\text{Summe lmi-Prozesskosten}} \cdot 60.000,00$$

→ Siehe Kapitel 5.3.6.

<u>**Alternativrechnung**</u>:

200.000,00 = 100 %
50.000,00 = x %

x = 25 %

→ 25 % von 60.000,00
= **15.000,00**

→ 25 % von 40.000,00
= **10.000,00**

→ 25 % von 100.000,00
= **25.000,00**

Die Umlage der lmn-Prozesskosten entspricht dem Wesen nach einer **Zuschlagskalkulation.** Diese **Schlüsselung** täuscht eine in Wirklichkeit nicht existierende Leistungsmengenabhängigkeit vor = **verbleibender (kleiner) Kritikpunkt an der Prozesskostenrechnung.**

5.3.6 Ermittlung der Prozesskostensätze

Stofftelegramm

Kostenstelle Material									
Teilprozesse	Teil-prozess-kosten	Kostentreiber (Maßgrößen)	lmi/lmn	Umlage	Teilprozess-kosten nach Umlage	Teilprozessmengen	Teilprozess-kostensatz vor Umlage	Umla-gesatz	Gesamt-prozess-kostensatz
Material annehmen	60.000,00	Anzahl Anlieferungen	lmi	15.000,00	75.000,00	5.000 Anlieferungen	12,0	3,0	15,0
Material einlagern	40.000,00	Anzahl Einlagerungen	lmi	10.000,00	50.000,00	4.000 Einlagerungen	10,0	2,5	12,5
Material ausgeben	100.000,00	Anzahl Ausgaben	lmi	25.000,00	125.000,00	8.000 Ausgaben	12,5	3,125	15,625
Materialstelle leiten	50.000,00	–	lmn	–	–	–	–	–	–
Summe MGK	**250.000,00**			50.000,00	**250.000,00**				

(1) (2) (3) (4) (5) (6) (7)

(3) = (1) + (2)

(5) = (1) : (4)

(6) = (2) : (4)

(7) = (5) + (6)

$$\textbf{Teilprozesskostensatz} = \frac{\textbf{Teilprozesskosten}}{\textbf{Teilprozessmenge}}$$

(7)

Gesamtprozesskostensatz

=

Teilprozesskostensatz

+

Umlagesatz

Nebenrechnung (vgl. Kapitel 5.3.5):

(2) $\text{Umlage (Material annehmen)} = \frac{\text{lmn-Prozesskosten}}{\text{Summe lmi-Prozesskosten}} \cdot 60.000$

(6) $\text{Umlagesatz} = 2 : 4 = \frac{\text{lmn-Prozesskosten}}{\text{Summe lmi-Prozesskosten}} \cdot \frac{60.000}{5.000}$

$$\textbf{Umlagesatz} = \frac{\textbf{lmn-Prozesskosten}}{\textbf{lmi-Prozesskosten}} \cdot \textbf{Teilprozesskostensatz}$$

Ermittlung der Prozesskostensätze: gekürztes Schema (Übersicht)

Kostenstelle Material							
Teilprozesse	Teilprozesskosten	Kostentreiber (Maßgrößen)	lmi/lmn	Teilprozessmengen	Teilprozesskostensatz vor Umlage	Umlagesatz	Gesamtprozesskostensatz
Material annehmen	60.000,00	Anzahl Anlieferungen	lmi	5.000	12,0	3,0	15,0
Material einlagern	40.000,00	Anzahl Einlagerungen	lmi	4.000	10,0	2,5	12,5
Material ausgeben	100.000,00	Anzahl Ausgaben	lmi	8.000	12,5	3,125	15,625
Materialstelle leiten	50.000,00	–	lmn	–	–	–	–
Summe MGK	250.000,00						

$$\text{Teilprozesskostensatz} = \frac{\text{Teilprozesskosten}}{\text{Teilprozessmenge}}$$

$$\text{Umlagesatz} = \frac{\text{lmn-Prozesskosten}}{\text{Summe lmi-Prozesskosten}} \cdot \text{Teilprozesskostensatz}$$

Gesamtprozesskostensatz = Teilprozesskostensatz + Umlagesatz

5.3.7 Ermittlung des Hauptprozesskostensatzes

Stofftelegramm

Vorbemerkungen:

- Die Prozesskostensätze werden lediglich für die Leistungen eingerechnet (kalkuliert), die ein Kunde tatsächlich in Anspruch nimmt.
- Im obigen Beispiel wurde die Kostenstelle **Material** in eine Prozesskostenrechnung „umgewandelt“ und entsprechende Prozesskostensätze ermittelt.
- Zwecks Kalkulation eines Kundenauftrags müssen auch die Prozesskosten der anderen, am Hauptprozess beteiligten (indirekten) Kostenstellen berücksichtigt werden.
- Es gibt Teilprozesse, die **je Kundenauftrag nur einmal** anfallen – unabhängig von der bestellten Menge (z. B. „Fertigstellung melden“) → **Prozesskostensatz je Kundenauftrag**
- Es gibt andere Teilprozesse, die in Abhängigkeit von der bestellten Menge anfallen (z. B. „Material annehmen“) → **Prozesskostensatz je Stück**
- Im folgenden Beispiel sind die Prozesskostensätze für die „materialfremden“ Prozesse vorgegeben.

Beispiel: Hauptprozess „Kundenauftrag bearbeiten“

Teilprozesse	Beteiligte prozessorientierte Kostenstelle	Prozesskostensatz je Kundenauftrag	Prozesskostensatz je Stück
Bestellung bearbeiten	Verwaltung	12,00 EUR	
Material annehmen	Material		15,00 EUR
Material einlagern	Material		12,56 EUR
Material ausgeben	Material		15,63 EUR
Fertigstellung melden	Vertrieb	8,00 EUR	
Fertigerzeugnis lagern	Vertrieb		3,00 EUR
Lieferschein erstellen	Verwaltung	1,50 EUR	
Fertigerzeugnis versandfertig machen	Vertrieb		7,81 EUR
Spediteur regeln	Vertrieb	2,50 EUR	
Fertigerzeugnis verladen	Vertrieb		9,00 EUR
		24,00 EUR	63,00 EUR

5.3.8 Prozesskostenkalkulation

Stofftelegramm

Der Kundenauftrag soll für 1 Stück und 100 Stück kalkuliert werden. Es wird unterstellt, dass alle o. g. Teilprozesse des Hauptprozesses in Anspruch genommen werden.

Weitere gegebene Größen:	Materialeinzelkosten (MEK) je Stück	7,00 EUR
	Fertigungseinzelkosten (FEK) je Stück	4,00 EUR
	Fertigungsgemeinkosten (FGK)	150 %

Kalkulationsschema	1 Stück		100 Stück	
Materialeinzelkosten MEK (kein MGK-Zuschlag)		7,00 EUR		700,00 EUR
Fertigungseinzelkosten FEK	4,00 EUR		400,00 EUR	
Fertigungsgemeinkosten FGK 150 %	6,00 EUR		600,00 EUR	
Fertigungskosten		10,00 EUR		1.000,00 EUR
Hauptprozesskostensatz je Kundenauftrag		24,00 EUR		24,00 EUR
Hauptprozesskostensatz je Stück		63,00 EUR		6.300,00 EUR
Selbstkosten		104,00 EUR		8.024,00 EUR
Selbstkosten je Stück bei 100-Stück-Auftrag				80,24 EUR

Vorteil der Kalkulation mit Prozesskostensätzen:

Lediglich die Fertigungsgemeinkosten werden proportionalisiert (Zuschlagssystem). Die restlichen Gemeinkosten werden mithilfe von Prozesskostensätzen auftragsgemäß – und damit **verursachungsgerechter** – kalkuliert.

Beim 100-Stück-Auftrag sinken die Stückkosten auf 80,24 EUR. Dies ist darauf zurückzuführen, dass die pro Auftrag nur **einmalig** anfallenden Gemeinkosten korrekterweise auch nur einmalig (also unabhängig von der Bestellmenge) verrechnet werden.

Letzteres wird aufgrund der Proportionalisierung der Gemeinkosten bei der traditionellen Kalkulation i. d. R. nicht berücksichtigt (abgesehen von eventuellen Mengenrabatten), die traditionelle Kostenrechnung ist somit häufig **falsch (nicht auftragsbezogen)**.

Aufgaben

1. a) Ergänzen Sie die Tabelle für die Kostenstelle **Material**.

Kostenstelle Material							
Teilprozesse	**Teilprozesskosten**	**Kostentreiber (Maßgrößen)**	**lmi/lmn**	**Teilprozessmengen**	**Teilprozesskostensatz vor Umlage**	**Umlagesatz**	**Gesamtprozesskostensatz**
Material annehmen	50.000,00	Anzahl Anlieferungen		4.000			
Material einlagern	70.000,00	Anzahl Einlagerungen		3.000			
Material ausgeben	120.000,00	Anzahl Ausgaben		6.000			
Materialstelle leiten	40.000,00	–		–			
Summe MGK	**280.000,00**						

b) Für den Hauptprozess „Kundenauftrag bearbeiten“ liegen folgende weitere Prozesskostensätze vor. Ergänzen Sie die Tabelle.

Beispiel: Hauptprozess „Kundenauftrag bearbeiten“			
Teilprozesse	**Beteiligte prozessorientierte Kostenstelle**	**Prozesskostensatz je Kundenauftrag**	**Prozesskostensatz je Stück**
Bestellung bearbeiten	Verwaltung	10,00 EUR	
Material annehmen	Material		(s. o.)
Material einlagern	Material		(s. o.)
Material ausgeben	Material		(s. o.)
Fertigstellung melden	Vertrieb	9,00 EUR	
Fertigerzeugnis lagern	Vertrieb		4,00 EUR
Lieferschein erstellen	Verwaltung	1,00 EUR	
Fertigerzeugnis versandfertig machen	Vertrieb		8,00 EUR
Spediteur regeln	Vertrieb	2,00 EUR	
Fertigerzeugnis verladen	Vertrieb		7,87 EUR

c) Der Kundenauftrag soll für 1 Stück und 1.000 Stück kalkuliert werden. Es wird unterstellt, dass alle o. g. Teilprozesse des Hauptprozesses in Anspruch genommen werden.

Weitere Daten:
- Materialeinzelkosten je Stück 20,00 EUR
- Fertigungseinzelkosten je Stück 8,00 EUR
- Fertigungsgemeinkostenzuschlagssatz 200 %

Ermitteln Sie die Selbstkosten für 1 Stück und 1.000 Stück.

2. a) Ergänzen Sie die Tabelle für die Kostenstelle **Vertrieb**.

Kostenstelle Vertrieb (FE = Fertigerzeugnisse; LS = Lieferscheine)							
Teilprozesse	**Teil-prozess-kosten**	**Kostentreiber (Maßgrößen)**	**lmi/ lmn**	**Teil-prozess-mengen**	**Teilprozess-kostensatz vor Umlage**	**Um-lage-satz**	**Gesamt-prozess-kostensatz**
FE lagern	120.000,00	Anzahl Anlieferungen		750			
LS erstellen	30.000,00	Anzahl Aktivitäten		400			
FE versandfertig machen	90.000,00	Anzahl Paletten		3.000			
Spediteur regeln	20.000,00	Anzahl Aktivitäten		300			
Abteilung leiten	60.000,00	–					
Summe MGK	**320.000,00**						

b) Für den Hauptprozess „Kundenauftrag bearbeiten" liegen folgende weitere Prozesskostensätze vor. Ergänzen Sie die Tabelle.

Beispiel: Hauptprozess „Kundenauftrag bearbeiten"			
Teilprozesse	**Beteiligte prozessorientierte Kostenstelle**	**Prozess-kostensatz je Kundenauftrag**	**Prozess-kostensatz je Stück**
Bestellung bearbeiten	Verwaltung	189,00 EUR	
Material annehmen	Material		74,50 EUR
Material einlagern	Material		61,00 EUR
Material ausgeben	Material		48,50 EUR
Fertigerzeugnis lagern	Vertrieb		(s. o.)
Lieferschein erstellen	Vertrieb	(s. o.)	
Fertigerzeugnis versandfertig machen	Vertrieb		(s. o.)
Spediteur regeln	Vertrieb	(s. o.)	
		◯	◯

c) Der Kundenauftrag soll für 1 Stück und 100 Stück kalkuliert werden. Es werden alle o. g. Teilprozesse des Hauptprozesses in Anspruch genommen. Weitere Daten:

- Materialeinzelkosten je Stück 300,00 EUR
- Fertigungseinzelkosten je Stück 120,00 EUR
- Fertigungsgemeinkostenzuschlagssatz 120 %
- Verwaltungsgemeinkostenzuschlagssatz (sonstige Verwaltungsgemeinkosten, bezogen auf die „Selbstkosten" vor Verrechnung dieser sonstigen VwGk) 15 %

Ermitteln Sie die Selbstkosten für 1 Stück und 100 Stück.

5.4 Bedeutung der Prozesskostenrechnung (Allokations-, Komplexitätseffekt)

Stofftelegramm

Der Allokationseffekt
(„Allokation“ = Zuteilung, Zuordnung)

Die Prozesskostenrechnung vermeidet die Proportionalisierung der Gemeinkosten mit der wertmäßigen Bezugsgröße (z. B. Fertigungsmaterial).

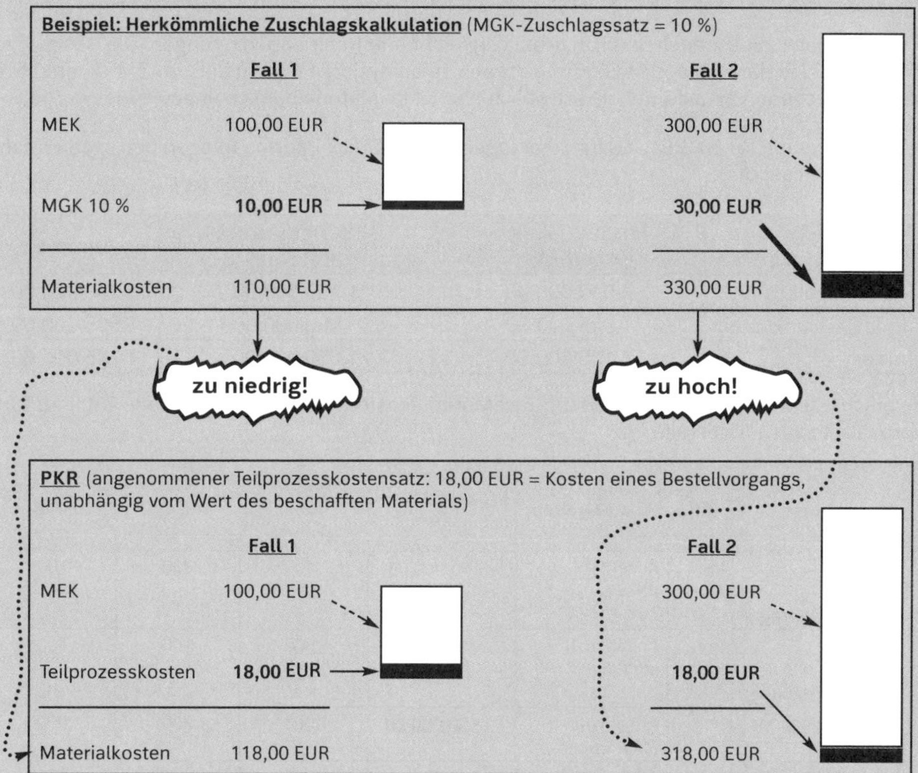

Der Komplexitätseffekt

Herkömmliche Zuschlagskalkulation: Zuschlagssätze aus Jahr 1 gelten für die Kostenplanung in den Jahren 2/3... Dies ist problematisch, wenn sich in den Jahren 2/3... der Komplexitätsgrad erhöht (Entstehung zusätzlicher Kostenarten, die in Periode 1 nicht vorhanden waren).

Prozesskostenrechnung: Die PKR bezieht sich auf einzelne Verrichtungen → bei höherer (niedrigerer) Komplexität werden höhere (niedrigere) Kosten verrechnet.

5.5 Prüfungsaufgaben

Prüfungsaufgaben Winter 2010/2011 (Aufgabe 1, teilweise)

Die GAFA GmbH, Pforzheim, war spezialisiert auf den Bau von Abfüllanlagen für die Getränkeindustrie. Vor vier Jahren hat das Unternehmen sein bisheriges Leistungsprogramm um das Geschäftsfeld „Pharma“ erweitert, in dem aufwendige Abfüllanlagen für die pharmazeutische Industrie hergestellt werden.

Die Ergebnisse der Vollkostenrechnung haben gezeigt, dass in den vergangenen Jahren hohe Stückgewinne bei den Pharmaanlagen erzielt wurden. Zu Beginn des Jahres 2009 beschloss die Geschäftsleitung daher, den Absatz und die Produktion im Geschäftsfeld „Pharma“ zu forcieren. Produktion und Absatz im Geschäftsfeld „Getränke“ werden aus Kapazitätsgründen verringert. Für 2009 hat die GAFA GmbH entsprechend einen hohen Gewinnzuwachs erwartet.

Der Gewinn sank 2009 jedoch deutlich, trotz vergleichbarer Rahmenbedingungen. Die Geschäftsleitung entschied daraufhin, den Gewinneinbruch zu analysieren und zu diesem Zweck eine Prozesskostenrechnung einzuführen. Diese soll zunächst im Materialbereich angewendet werden.

Die Materialkosten für 80 Stück Getränkeanlagen und 50 Stück Pharmaanlagen betrugen im Jahr 2009 (Angaben in Euro):

	Produktgruppe „Getränke“	Produktgruppe „Pharma“	Summe
Materialeinzelkosten	2.090.000,00	1.100.000,00	3.190.000,00
Materialgemeinkosten	1.045.000,00	550.000,00	1.595.000,00
Summe	3.135.000,00	1.650.000,00	4.785.000,00

Die verschiedenen Tätigkeiten innerhalb der Materialkostenstelle wurden im Jahr 2009 zu fünf Teilprozessen zusammengefasst:

Nr.	Prozess	Art	Kostentreiber	Prozesskosten in Euro	Prozessmenge gesamt	Prozessmenge „Getränke“	Prozessmenge „Pharma“
1	Material bestellen (Rahmenverträge)	lmi	Anzahl d. Abrufe	150.000,00	400	300	100
2	Material bestellen (Einzelbestellung)	lmi	Anzahl d. Bestellungen	400.000,00	500	100	400
3	Materialeingangskontrollen	lmi	Anzahl der Stichproben	150.000,00	1.000	200	800
4	Material lagern	lmi	Anzahl der Einlagerungen	750.000,00	1.000	600	400
5	Abteilung leiten	lmi	–	145.000,00	–	–	–
–	Summen	–	–	1.595.000,00			

1.1 Ermitteln Sie die leistungsmengeninduzierten (lmi) und die leistungsmengenneutralen (lmn) Prozesskostensätze sowie den Gesamtprozesskostensatz für die einzelnen Teilprozesse innerhalb der Kostenstelle Material **(Anlage 1)**.

1.2 Bestimmen Sie die Prozesskosten je Produktgruppe und je Stück **(Anlage 2)**.

1.3 Kalkulieren Sie für je eine Getränkeanlage und eine Pharmaanlage die Materialkosten gemäß der traditionellen Zuschlagskalkulation und stellen Sie diesem Ergebnis die Kalkulation mithilfe von Prozesskosten gegenüber.

Interpretieren Sie die Ergebnisse.

Hinweis: Sollten Sie 1.2 nicht gelöst haben, dann rechnen Sie bei der Produktgruppe „Getränke" mit Prozesskosten in Höhe von insgesamt 10.000,00 EUR je Stück und bei der Produktgruppe „Pharma" mit 15.900,00 EUR je Stück.

1.4 Erläutern Sie zwei weitere Vorteile der Prozesskostenrechnung gegenüber der Zuschlagskalkulation.

Anlage 1

Nr.	Prozess	lmi-Prozesskostensatz in Euro	lmn-Prozesskostensatz in Euro	Gesamtprozesskostensatz in Euro
1	Material bestellen (Rahmenverträge)			
2	Material bestellen (Einzelbestellung)			
3	Materialeingangskontrollen			
4	Material lagern			
5	Abteilung leiten	–	–	–

Anlage 2

Nr.	Prozess	Prozesskosten nach Umlage in Euro	Prozesskosten der Produktgruppe „Getränke" in Euro	Prozesskosten der Produktgruppe „Pharma" in Euro	Prozesskosten je Stück „Getränke" in Euro	Prozesskosten je Stück „Pharma" in Euro
1	Material bestellen (Rahmenverträge)					
2	Material bestellen (Einzelbestellung)					
3	Materialeingangskontrollen					
4	Material lagern					
	Summen:	–				

Prüfungsaufgaben Sommer 2012 (Aufgabe 1, teilweise)

Die Mayer KG fertigt Fenster für den privaten und öffentlichen Wohnungsbau. Die Produktion erfolgt im Hauptwerk in Backnang sowie in einem Zweigwerk in Waiblingen.

2. In ihrem Zweigwerk fertigt die Mayer KG hochwertige Verbundfenster aus Holz oder Kunststoff mit innen liegenden Jalousien. Während die Rahmen selbst hergestellt werden, werden die Verbundgläser samt Jalousien fremdbezogen.

   Ein Mitarbeiter der Kostenrechnung ermittelt für den Monat April 2012 folgende Zahlenwerte für den Materialbereich:

Kostenstelle	Hilfskostenstelle LAGER	Hauptkostenstelle MATERIAL HOLZ	Hauptkostenstelle MATERIAL KUNSTSTOFF
Gemeinkosten	60.000,00 EUR	72.000,00 EUR	82.000,00 EUR
Einzelkosten		60.000,00 EUR	70.000,00 EUR

   Die Gemeinkosten der Hilfskostenstelle werden im Verhältnis 3 : 2 auf die beiden Hauptkostenstellen Material verteilt.

2.1 Wodurch unterscheiden sich Hilfskostenstellen von Hauptkostenstellen?

2.2 Nennen Sie zwei Beispiele für die Gemeinkosten in der Hilfskostenstelle Lager.

2.3 Berechnen Sie nach der traditionellen Zuschlagskalkulation die Materialkosten für ein Holzfenster, wenn die Kosten für das Fertigungsmaterial eines Holzfensters 54,00 EUR betragen.

2.4 Für die Hilfskostenstelle Lager soll die Prozesskostenrechnung eingeführt werden **(Anlage 1).**

2.4.1 Es wurden für die einzelnen Teilprozesse die Prozessmengen ermittelt. Nennen Sie für die Teilprozesse „Wareneingangskontrolle“ und „Reklamationen melden“ jeweils einen möglichen Kostentreiber.

2.4.2 Wie hoch sind die Materialkosten für ein Holzfenster, wenn die Kosten der Hilfskostenstelle Lager prozessorientiert verrechnet werden? Jeder Teilprozess wird nur einmal durchlaufen **(Anlage 1).**

2.4.3 Welche Vorteile bietet die Prozesskostenrechnung gegenüber der traditionellen Zuschlagskalkulation?

Anlage 1

Kostenstelle Lager

Teilprozess	Teilprozessmengen	Teilprozesskosten lmi in Euro	Teilprozesskosten lmn in Euro	Teilprozesskostensatz in Euro	Umlagesatz in Euro	Prozesskostensatz in Euro
Wareneingangskontrolle	2.000	18.000,00				
Reklamationen melden	200	6.000,00				
Ware einlagern	1.800	12.000,00				
Warendisposition	1.900	12.000,00				
Abteilung leiten			12.000,00			
Summe		48.000,00	12.000,00			

Prüfungsaufgaben Winter 2015/2016 (Aufgabe 2, teilweise)

Die Karl Huber KG, Nusplingen, stellt Spritzgussteile für verschiedene Maschinenbauunternehmen her. Das Geschäftsjahr endete am 30.09.2015 mit einem unbefriedigenden Betriebsergebnis. Sie haben als Mitarbeiter der Abteilung Controlling die folgenden Aufgaben zu erledigen.

2.3 Ein Kunde hat 1.600 Schutzgehäuse angefragt. Kalkulieren Sie, zu welchem Listenverkaufspreis die angefragten Schutzgehäuse angeboten werden können. Alle notwendigen Kalkulationsdaten entnehmen Sie der **Anlage 8**.

2.4 Seit einigen Monaten bereiten Sie für die Huber KG die Prozesskostenrechnung für den Verwaltungs- und Vertriebsbereich vor.

- Ermitteln Sie für den Auftrag aus Aufgabe 2.3 die Selbstkosten mithilfe der Prozesskostenrechnung (**Anlage 9**).
- Vergleichen Sie Ihr Ergebnis mit den Selbstkosten aus Aufgabe 2.3 und begründen Sie die Abweichungen. Gehen Sie dabei auf den Degressions- und Allokationseffekt ein.

Anlage 8

Kalkulationsdaten			
Normal-Zuschlagssätze:		Verkaufszuschläge:	
Material	4 %	Kundenskonto	2 %
Fertigung	180 %	Kundenrabatt	8 %
Vertrieb	12 %		
Verwaltung	10 %	Gewinnzuschlag	6 %
Einzelkosten für den Auftrag:			
Materialeinzelkosten	24.000,00 EUR		
Fertigungseinzelkosten	40.000,00 EUR		
Sondereinzelkosten der Fertigung	16.000,00 EUR		

Anlage 9

Bereich	Hauptprozess	Anzahl der Hauptprozesse				Hauptprozesskostensatz
		Bis 100 Stück	101–500 Stück	501–1.000 Stück	Über 1.000 Stück	
Verwaltung und Vertrieb	HP 10 Bearbeitung Kundenauftrag	1	3	5	7	200,00 EUR

Restzuschlagssätze:

- Verwaltung 6 %
- Vertrieb 8 %

6 Kapitelübergreifende Prüfungsaufgaben Kosten- und Leistungsrechnung I–IV

Prüfungsaufgaben Sommer 2017 (Aufgabe 1)

Die Mobil AG produziert hochwertige Wohnmobile. Für das erste Quartal 2017 stellt die Finanzbuchhaltung das Ergebnis fest und leitet die Zahlen zur Aufbereitung an die Abteilung Controlling weiter. Nachdem Sie die Ausbildung als Industriekauffrau/-mann erfolgreich abgeschlossen haben, werden Sie in der Controllingabteilung eingesetzt. Herr Weber, Abteilungsleiter im Controlling, beauftragt Sie, die Zahlen für eine Besprechung mit der Geschäftsleitung aufzubereiten.

1.1 Ermitteln Sie das Unternehmensergebnis, das Abgrenzungsergebnis und das Betriebsergebnis (**Anlage 1** und **Anlage 2**).

1.2 Analysieren Sie aufgrund der ermittelten Ergebnisse die wirtschaftliche Situation des Unternehmens.

1.3 Erläutern Sie zwei mögliche Ursachen für den Unterschied zwischen bilanziellen und kalkulatorischen Abschreibungen.

In den letzten Jahren ist die Nachfrage nach Wohnmobilen für reisebegeisterte ältere Menschen stark gestiegen. Um den Gewinn zu erhöhen, hat daher die Mobil AG ein Wohnmobil für ältere Reisende entwickelt. Das Fahrzeug mit dem Namen „LionMobil" wurde bereits am Markt eingeführt. Herr Weber benötigt für die geplante Besprechung mit der Geschäftsleitung weitere Informationen über die Kosten des „LionMobil".

1.4 Kalkulieren Sie die Selbstkosten für das „LionMobil" (**Anlage 3**).

1.5 Ein Großhändler möchte eine größere Anzahl von Wohnmobilen vom Typ „LionMobil" zu einem Listenverkaufspreis von 39.000,00 EUR netto pro Stück kaufen (**Anlage 3**).

1.5.1 Begründen Sie mithilfe der Vollkostenrechnung, ob dieser Zusatzauftrag des Großhändlers angenommen werden soll. Berechnen Sie dazu auch den Gewinn/Verlust pro Wohnmobil.

1.5.2 Welche Entscheidung sollte die Mobil AG unter Anwendung der Teilkostenrechnung treffen? Ein rechnerischer Nachweis ist erforderlich.

Anlage 1

Ergebnistabelle Mobil AG 1. Quartal 2017 (in Euro)								
Rechnungskreis I			Rechnungskreis II					
Buchführung			Abgrenzungsrechnung				Kosten- und Leistungsrechnung	
			Neutrales Ergebnis		Kostenrechnerische Korrekturen			
Konto	Aufwendungen	Erträge	Neutrale Aufwendungen	Neutrale Erträge	Betriebliche Aufwendungen	Verrechnete Kosten	Kosten	Leistungen
Umsatzerlöse		10.100.000,00						
Erträge aus Beteiligungen		200.000,00						
Zinserträge		96.000,00						
Aufwendungen für Rohstoffe	6.100.000,00							
Löhne/Gehälter	2.025.000,00							
Arbeitgeberanteil Sozialversicherung	1.055.000,00							
Abschreibungen auf Sachanlagen	489.000,00							
Leasing	320.000,00							
Werbung	221.000,00							
Grundsteuer	37.000,00							
Zinsaufwendungen	143.000,00							
Summe	10.390.000,00	10.396.000,00						
	Unternehmensergebnis		Abgrenzungsergebnis: ______ EUR				Betriebsergebnis	

Anlage 2

Hinweise zur Ergebnistabelle:

- *Kalkulatorische Zinskosten: 223.000,00 EUR*
- *Kalkulatorische Abschreibung: 329.000,00 EUR*
- *In der Position Löhne/Gehälter ist eine Nachzahlung des vierten Quartals 2016 in Höhe von 25.000,00 EUR enthalten.*
- *Für den gleichen Zeitraum sind im Arbeitgeberanteil zur Sozialversicherung 5.000,00 EUR zu berücksichtigen.*
- *Die Position Grundsteuer enthält eine Steuernachzahlung in Höhe von 30.000,00 EUR, die das Geschäftsjahr 2016 betrifft.*

Anlage 3

Kalkulationsgrundlagen „LionMobil"	Gesamt	Anteil fix	Anteil variabel
Materialgemeinkostensatz	30 %	50 %	50 %
Fertigungsgemeinkostensatz	100 %	40 %	60 %
Verwaltungsgemeinkostensatz	10 %	100 %	
Vertriebsgemeinkostensatz	15 %	100 %	
Materialeinzelkosten	8.000,00 EUR		
Fertigungseinzelkosten	10.000,00 EUR		
Kundenrabatt	10 %		
Kundenskonto	2 %		

Hinweise zur Kalkulation:

- *Die Verwaltungs- und Vertriebsgemeinkosten beziehen sich jeweils auf die Herstellkosten der Produktion.*
- *Bestandsveränderungen sind nicht zu berücksichtigen.*

Prüfungsaufgaben Winter 2017/2018 (Aufgabe 1)

Sie sind Mitarbeiter in der Finanzbuchhaltung und im Controlling bei der Karl Schneider GmbH in Ettlingen. Das mittelständische Unternehmen hat sich auf die Produktion von Wohnwänden spezialisiert. Aufgrund des steigenden Kostendrucks am Markt will die Geschäftsleitung die Kostentransparenz erhöhen.

1.1 Ermitteln Sie die Selbstkosten für eine Wohnwand „Classic" nach der traditionellen Zuschlagskalkulation unter Berücksichtigung der Kalkulationsdaten in **Anlage 1.**

1.2 Die Geschäftsleitung möchte die Selbstkosten für die Wohnwand „Classic" künftig auf Basis der Prozesskostenrechnung kalkulieren, um Kostensenkungspotenziale aufzudecken.

1.2.1 Bestimmen Sie den Hauptprozesskostensatz für den Prozess „Material bestellen" unter Verwendung der **Anlage 2.**

1.2.2 Ermitteln Sie die Selbstkosten je Stück nach Einführung der Prozesskostenrechnung für Auftragsgrößen von 1 und 10 Wohnwänden „Classic". Die Kalkulationsdaten entnehmen Sie den **Anlagen 1 und 3.**

Hinweis: Wurde in Aufgabe 1.2.1 kein Ergebnis ermittelt, kalkulieren Sie mit einem Kostensatz von 339,00 EUR je Hauptprozess „Material bestellen".

1.2.3 Beschreiben Sie, warum sich die Selbstkosten je Stück in der Prozesskostenrechnung mit der Auftragsgröße verändern.

1.2.4 Um die Prozesskosten zu senken, schlägt ihr Abteilungsleiter vor, in Zukunft die Anzahl der Bestellvorgänge zu reduzieren.

Erläutern Sie je ein Argument, das für bzw. gegen diesen Vorschlag spricht.

1.3 Um unsere Produktpalette zu erweitern, plant die Karl Schneider GmbH die Neueinführung einer Schrankwand „Comfort". Bei der Festlegung des Nettolistenverkaufspreises orientiert sie sich an den Konkurrenzprodukten.

Berechnen Sie die maximale Höhe des eingesetzten Fertigungsmaterials je Schrankwand, um den geplanten Nettolistenverkaufspreis von 3.000,00 EUR realisieren zu können. Aus Vereinfachungsgründen gehen wir für die Gemeinkosten und die Prozesskosten von den bisherigen Sätzen aus (**Anlagen 3 und 4**).

Anlage 1: Kalkulationsdaten für eine Wohnwand „Classic"

Verbrauch von Fertigungsmaterial:	800,00 EUR
Zahlung von Fertigungslöhnen:	250,00 EUR

Normal-Zuschlagssätze

- Material 25 %
- Verwaltung 3 %
- Vertrieb 5 %
- Fertigung 120 %

Anlage 2: Schema zur Ermittlung des Hauptprozesskostensatzes „Material bestellen"

Teilprozess	Kostentreiber	Teilprozess-menge	Teilprozess-kosten (lmi) in Euro	Teilprozess-kosten (lmn) in Euro	Teilprozess-kostensatz (lmi) in Euro	Umlagesatz (lmn) in Euro	Prozess-kostensatz in Euro
Angebote einholen	**Angebote**	130	6.500,00				
Bestellung durchführen	**Bestellungen**	50	1.250,00				
Wareneingangs-kontrolle	**Kontrollen**	50	3.500,00				
Reklamationen melden	**Reklamationen**	10	1.000,00				
Ware einlagern	**Einlagerungen**	50	2.750,00				
Abteilung leiten				2.250,00			
Summe							

Anlage 3

Bereich	Hauptprozess	Anzahl der Hauptprozesse je Auftrag bei einer Menge von		Haupt-prozesskostensatz in Euro	Rest-Gemeinkosten-Zuschlagssatz
		1–5 Stück	6–10 Stück		
Material	Material bestellen	1	3	(siehe 1.2.1)	5 %
Verwaltung/ Vertrieb	Kundenauftrag abwickeln	1	2	124	–

Anlage 4: Kalkulationsdaten für Wohnwand „Comfort"

Skonto	2 %
Rabatt	5 %
Fertigungsgemeinkosten	120 %

Fertigungslöhne je Schrankwand „Comfort" 300,00 EUR

Wir kalkulieren mit einem Gewinnzuschlag von 20 %.

Die Prozesskosten und Restgemeinkosten für die Wohnwand „Comfort" und „Classic" sind identisch (**siehe Anlagen 1 und 3**).

Prüfungsaufgaben Sommer 2018 (Aufgabe 1, verändert)

Die Sapper GmbH ist eine Herstellerin von Möbeln. Sie sind als Auszubildende/-r momentan in der Finanzabteilung der Sapper GmbH beschäftigt.

1.1.1 Von Ihrem Vorgesetzten, Herrn Weil, erhalten Sie eine E-Mail (**Anlage 1**) mit den Daten zum Produktprogramm Esstische (**Anlage 2**).

Bearbeiten Sie die darin enthaltenen Arbeitsaufträge.

1.1.2 Ihr Abteilungsleiter, Herr Weil, möchte alle Produkte im Produktionsprogramm belassen. Notieren Sie für die Präsentation bei der Geschäftsleitung drei Argumente, die dafür sprechen.

1.2.1 Für die Polstergarnitur „Noventa 300" liegen die Daten aus der Abteilung Controlling vor (**Anlage 3**).

Ermitteln Sie den Listenverkaufspreis.

1.2.2 Es hat sich gezeigt, dass die Polstergarnitur „Noventa 300" aus konkurrenzbedingten Gründen höchstens zu einem Listenverkaufspreis von 1.400,00 EUR angeboten werden kann.

Ermitteln Sie die Auswirkungen auf den Gewinn in Euro und in Prozent.

Hinweis: Alle sonstigen Zuschlagssätze bleiben unverändert.

1.2.3 Begründen Sie, wie die langfristige Preisuntergrenze auf Basis der Teilkostenrechnung allgemein ermittelt wird.

Anlage 1

Von:	weil@sapper-gmbh.de
An:	azubi-fa@sapper-gmbh.de
Betreff:	Arbeitsauftrag

Liebe/-r Auszubildende/-r,

für eine Präsentation bei der Geschäftsleitung benötige ich die Aufarbeitung einiger Daten. Bitte geben Sie mir eine Empfehlung, wie mit dem Produktprogramm der Produktgruppe Esstische zu verfahren ist. Die Daten erhalten Sie aus dem Dateianhang (**Anlage 2**). Bitte zeigen Sie auch die Auswirkungen auf unser Betriebsergebnis auf.
Zudem haben wir eine Anfrage der Möbelhandelskette Futura bekommen. Diese möchte 150 Stück vom Esstisch Alina zum Nettopeis von 187,50 EUR und 200 Stück vom Esstisch Vanessa zum Nettopreis von 199,00 EUR geliefert bekommen. Bitte prüfen Sie die Annahme der Zusatzaufträge und die Auswirkung auf das Betriebsergebnis.

Mit freundlichem Gruß

Weil

Anlage 2

Auszug aus der Umsatzstatistik der Produktgruppe Esstische der Sapper GmbH vom April 2018

	Vanessa	Alina	Sarah
Umsatz in Euro	357.700,00	413.400,00	185.250,00
Variable Gesamtkosten in Euro	255.500,00	392.200,00	188.100,00
Produktions- und Absatzmenge in Stück	1.460	2.120	950
Kapazitätsauslastung in %	81,11	96,36	63,33
Fixe Kosten in Euro für Produktgruppe		72.000,00	

Anlage 3

Daten aus der Vollkostenrechnung für Noventa 300

Einzelkosten		**Kostenzuschlagssätze**	
Materialeinzelkosten	118,00 EUR	Materialgemeinkosten	15 %
Fertigungslöhne	324,00 EUR	Fertigungsgemeinkosten	150 %
Sondereinzelkosten der Fertigung	42,50 EUR	Verwaltungsgemeinkosten	12 %
		Vertriebsgemeinkosten	8 %

Sonstige Zuschläge	
Rabatt	10 %
Skonto	2 %
Gewinn	9 %

Prüfungsaufgaben Winter 2018/2019 (Aufgabe 1)

Die Schecke GmbH ist ein mittelständisches Unternehmen mit Sitz in Müllheim, das hochwertige Gartengeräte wie Heckenscheren und Aufsitzrasenmäher produziert. Sie sind als Sachbearbeiter/-in in der Finanzbuchhaltung des Unternehmens auch für Controllingaufgaben zuständig.

In einer Sitzung berichtete der Vertriebsleiter von der zunehmenden Konkurrenz aus Asien. Die Kunden erwarten die günstigeren Preise der Konkurrenz.

1.1 Um diesem zunehmenden Kostendruck zu begegnen, soll eine Analyse der Kostensituation durchgeführt werden.

Ermitteln Sie dazu die Ist-Gemeinkostenzuschlagssätze (**Anlage 2**) unter Berücksichtigung der Informationen aus **Anlage 1** für das 3. Quartal 2018.

1.2 Zur Verbesserung der Vollkostenrechnung möchte die Geschäftsleitung der Schecke GmbH wissen, wie hoch die Kostenabweichungen in den einzelnen Kostenstellen sind. Im Rahmen der Vorkalkulation wurden folgende Normal-Zuschlagssätze verwendet:

Materialgemeinkosten:	15 %
Fertigungsgemeinkosten:	160 %
Verwaltungsgemeinkosten:	6 %
Vertriebsgemeinkosten:	2 %

1.2.1 Ermitteln Sie die Kostenüber- bzw. Kostenunterdeckung je Kostenstelle in Euro.

1.2.2 Die Geschäftsleitung möchte die Ursachen für diese Kostenabweichungen erfahren.

Erläutern Sie für die Kostenstellen Material und Fertigung jeweils einen möglichen Grund für die festgestellte Abweichung.

1.3 Ihr Vorgesetzter möchte aus Gründen der Kostenkontrolle, dass Sie eine Nachkalkulation für den Aufsitzrasenmäher „Turbo 3000“ durchführen.

1.3.1 Ermitteln Sie im Rahmen der Nachkalkulation den Nettoverkaufspreis und den Stückgewinn für einen Aufsitzrasenmäher „Turbo 3000“. Berücksichtigen Sie Ihre Ergebnisse aus Aufgabe 1.1 sowie die Kalkulationsdaten aus **Anlage 3.**

Hinweis: Sollten Sie die Aufgabe 1.1 nicht gelöst haben, rechnen Sie mit nachfolgenden Ist-Zuschlagssätzen:

Materialgemeinkosten:	*18 %*
Fertigungsgemeinkosten:	*170 %*
Verwaltungsgemeinkosten:	*6,5 %*
Vertriebsgemeinkosten:	*2,5 %*

1.3.2 Die Konkurrenz aus Fernost bietet einen vergleichbaren Aufsitzrasenmäher für 2.100,00 EUR (netto) an.

Ermitteln Sie rechnerisch die Auswirkung auf den Gewinn in Euro und Prozent, wenn die Schecke GmbH zum gleichen Preis wie die Konkurrenz anbieten würde.

1.4 Der Vertriebsleiter hat zum Aufsitzrasenmäher „Turbo 3000“ einen Marktbericht mithilfe der Außendienstmitarbeiter erstellt **(Anlage 4)**.

1.4.1 Beschreiben Sie, welche Auswirkung die daraus erkennbare Entwicklung auf die Fixkosten hat. Schildern Sie in diesem Zusammenhang auch, welche Problematik bei Anwendung der Vollkostenrechnung im Hinblick auf die Festsetzung des Verkaufspreises besteht.

1.4.2 Der Vertriebsleiter beschließt, dass der Absatz des Aufsitzrasenmähers „Turbo 3000“ durch eine vorübergehende Sonderaktion angekurbelt werden soll.

Erläutern Sie, wie hoch der Angebotspreis mindestens sein muss.

Anlage 1: Angaben aus dem Controlling zum 3. Quartal 2018

Kostenarten	Summe der Gemeinkosten	Material	Fertigung	Verwaltung	Vertrieb
Materialgemeinkosten	248.700,00 EUR	30.000,00 EUR	218.700,00 EUR	–	–
Stromkosten	29.000,00 EUR	12.000 kWh	72.000,00 kWh	20.000 kWh	12.000 kWh
Miete	11.700,00 EUR	–	–	600 m²	300 m²
Hilfslöhne	45.500,00 EUR	8.500,00 EUR	37.000,00 EUR	–	–
Gehälter	90.000,00 EUR	9.000,00 EUR	29.000,00 EUR	42.000,00 EUR	10.000,00 EUR
Reparaturkosten	24.000,00 EUR	3 :	6 :	1 :	2
kalkulatorische Abschreibungen	32.300,00 EUR	3.500,00 EUR	16.000,00 EUR	8.300,00 EUR	4.500,00 EUR
Zuschlagsgrundlage		320.000,00 EUR	219.000,00 EUR	Herstellkosten der Rechnungsperiode	Herstellkosten des Umsatzes

Von der Schecke GmbH liegen außer den Informationen zur Verteilung der Gemeinkosten folgende Angaben vor:

Bestände	Unfertige Erzeugnisse	Fertige Erzeugnisse
Anfangsbestand (01.07.18)	120.000,00 EUR	110.000,00 EUR
Schlussbestand (30.09.18)	150.000,00 EUR	70.000,00 EUR

Anlage 2: Betriebsabrechnungsbogen für das 3. Quartal 2018 (Zahlen in Euro)

Kostenarten	Summe der Gemeinkosten	Material	Fertigung	Verwaltung	Vertrieb
Materialgemeinkosten	248.700,00				
Stromkosten	29.000,00				
Miete	11.700,00				
Hilfslöhne	45.500,00				
Gehälter	90.000,00				
Reparaturkosten	24.000,00				
kalkulatorische Abschreibungen	32.300,00				
Gesamtgemeinkosten	481.200,00				
Zuschlagsgrundlage					
Ist-Gemeinkostenzuschlagssätze (%)					

Anlage 3: Kalkulationsdaten Aufsitzrasenmäher Turbo 3000

Fertigungsmaterial	800,00 EUR
Fertigungslöhne	250,00 EUR
Gewinnzuschlag	20 %
Kundenskonto	3 %
Kundenrabatt	10 %

Anlage 4: Auszug des Marktberichts der Schecke GmbH

Absatzzahlen Aufsitzrasenmäher Turbo 3000 (in Stück)			
1. Quartal 2017	300	1. Quartal 2018	170
2. Quartal 2017	500	2. Quartal 2018	300
3. Quartal 2017	100	3. Quartal 2018	60
4. Quartal 2017	10	4. Quartal 2018 (Prognose)	5

Prüfungsaufgaben Sommer 2019 (Aufgabe 1)

Die VeloStar GmbH, Freiburg, produziert Fahrräder und E-Bikes, die ausschließlich über Fachhändler deutschlandweit vertrieben werden. Die zunehmende internationale Konkurrenz und der damit verbundene Preiswettbewerb erfordern ein hohes Maß an Kostentransparenz und -kontrolle. Als Assistent/-in des Geschäftsführers Finanzen und Controlling unterstützen Sie die Geschäftsleitung durch Aufbereitung und Analyse der Daten des internen Rechnungswesens in der marktgerechten Entscheidungsfindung.

1.1 Für die Vorbereitung der Kalkulation künftiger Kundenaufträge muss ein Betriebsabrechnungsbogen für den Monat März 2019 erstellt werden.

- Ergänzen Sie den Betriebsabrechnungsbogen in **Anlage 1** unter Berücksichtigung der Informationen aus dem internen Rechnungswesen aus **Anlage 2**.
- Ermitteln Sie die Ist-Zuschlagssätze. Runden Sie auf eine Dezimalstelle.

1.2 Begründen Sie, wodurch es bei den Ist-Zuschlagssätzen in den Kostenstellen Fertigung I und Fertigung II zu so deutlichen Unterschieden kommen kann.

1.3 Für die Kalkulation von Kundenaufträgen verwendet die VeloStar GmbH bisher folgende Normal-Gemeinkostenzuschlagssätze:

MGKZ: 27 %, FGKZ I: 81 %, FGKZ II: 162 %, VwGKZ: 8 %, VtGKZ: 11 %

Ermitteln Sie in einer Gesamtkalkulation nach folgendem Schema die Kostenabweichungen für den Monat März in den Kostenstellen.

Kalkulationsschema	Ist-Kosten (in Euro)	%	Normal-Kosten (in Euro)	Kostenüber-/-unterdeckung (in Euro)

Hinweis: Sollten Sie bei der Aufgabe 1.1 zu keiner Lösung gekommen sein, verwenden Sie folgende Ist-Gemeinkosten (in Euro):

MGK: 122.500,00; FGK I: 745.000,00; FGK II: 894.200,00; VwGK: 283.250,00; VtGK: 362.450,00

1.4 Beschreiben Sie zwei mögliche Ursachen der in 1.3 ermittelten Abweichungen im Fertigungsbereich.

1.5 Unter Verwendung der Ergebnisse des Betriebsabrechnungsbogens (Aufgabenteil 1.1) soll die Kalkulation für den Artikel „Kinderrad Speedy" überprüft werden.

1.5.1 Berechnen Sie den Listenverkaufspreis für ein „Kinderrad Speedy". Die benötigten Kalkulationsdaten entnehmen Sie **Anlage 3**.

1.5.2 Ein französischer Fahrradgroßhändler möchte 500 Exemplare des Artikels „Kinderrad Speedy" bestellen. Er ist bereit, 280,00 EUR (netto) je Stück zu zahlen. Gehen Sie davon aus, dass die Gemeinkosten den fixen Kosten entsprechen.

Prüfen Sie, ob die VeloStar GmbH diesen Zusatzauftrag annehmen sollte **(Anlage 3)**.

1.5.3 Aufgrund der zunehmenden Konkurrenz aus Fernost gerät der Markt für Kinderfahrräder immer stärker unter Druck. Die VeloStar GmbH versucht daher, neue Vertriebswege zu testen.

In einem Werksverkauf soll mit einem zweiwöchigen Aktionsangebot zunächst das „Kinderrad Speedy" Privatpersonen angeboten werden.

Erklären Sie, zu welchem Preis die VeloStar GmbH das „Kinderrad Speedy" mindestens anbieten sollte.

Anlage 1: Betriebsabrechnungsbogen März 2019 (in Euro)

	Allgemeine Hilfskostenstellen			Fertigungs-hilfsstelle				
	Energiezentrale	Fuhrpark	Material	Arbeitsvor-bereitung	Fertigung I	Fertigung II	Verwaltung	Vertrieb
Summe primäre Gemeinkosten	120.000,00	113.000,00	73.800,00	34.500,00	682.500,00	820.500,00	271.250,00	288.750,00
Umlage Energie-zentrale								
Zwischensumme								
Umlage Fuhrpark								
Zwischensumme								
Umlage Arbeitsvorbereitung								
Summe der Gemein-kosten								
Zuschlagsgrundlagen								
Zuschlagssätze in %								

Anlage 2

Interne Mitteilung

Kosteninformation 03/2019 VeloStar GmbH (vertraulich!)

Verbrauch Fertigungsmaterial	480.000,00 EUR
Fertigungslöhne I	900.000,00 EUR
Fertigungslöhne II	540.000,00 EUR

Bestandsveränderungen:

	Anfangsbestand	Schlussbestand
Unfertige Erzeugnisse	15.000,00 EUR	105.000,00 EUR
Fertige Erzeugnisse	60.000,00 EUR	30.000,00 EUR

Die Verteilung der Kosten der Energiezentrale erfolgt im Verhältnis 2 : 1 : 1 : 5 : 4 : 1 : 2.

Die Umlage der Kosten des Fuhrparks erfolgt nach gefahrenen Kilometern:
5.000 km, 0 km, 1.000 km, 2.000 km, 500 km, 7.500 km

Die spezielle Hilfskostenstelle Arbeitsvorbereitung wurde 125 Stunden für die Fertigungsstelle I und 225 Stunden für die Fertigungsstelle II tätig.

Zuschlagsgrundlagen:

Für Verwaltungsgemeinkosten:	Herstellkosten der Produktion
Für Vertriebsgemeinkosten:	Herstellkosten des Umsatzes

Anlage 3

Stammdaten „Kinderrad Speedy“:	
Selbstkosten:	311,45 EUR pro Stück
Fertigungsmaterial:	100,00 EUR pro Stück
Fertigungslöhne I:	50,00 EUR pro Stück
Fertigungslöhne II:	18,00 EUR pro Stück
Gewinnzuschlag:	20 %
Kundenskonto:	3 %
Kundenrabatt:	10 %
Optimale Losgröße:	80 Stück
Jährliche Produktionskapazität:	10.000 Stück
Geplante Auslastung in 2019:	75 %

Prüfungsaufgaben Winter 2019/2020 (Aufgabe 1)

Die ClimbingStar KG stellt kundenspezifische Spezialanfertigungen sowie Standardmodule für Kletterhallen her. Seit einiger Zeit werden die Angebotspreise für Standardmodule häufig von der Konkurrenz unterboten. Auf Basis der Zahlen des dritten Quartals 2019 will die ClimbingStar KG die Ursachen hierfür ermitteln. Sie werden daher als Sachbearbeiter/-in im Controlling mit folgenden Aufgaben betraut.

1.1 Die Abteilungsleiterin übermittelt Ihnen sämtliche Informationen für die Erstellung der Gesamtkalkulation für das dritte Quartal 2019 sowie die Daten der Normalkalkulation.

1.1.1 Die ClimbingStar KG geht davon aus, dass die Vertriebsgemeinkosten hauptsachlich durch den Absatz hervorgerufen werden.

Ermitteln Sie die Ist-Zuschlagssätze für das dritte Quartal 2019 (**Anlage 1**). Runden Sie die Ist-Zuschlagssätze auf zwei Kommastellen.

1.1.2 Im dritten Quartal 2019 wurden 5.000 Stück der Standardmodule hergestellt.

Ermitteln Sie für Ihre Abteilungsleiterin für diese Produktgruppe die Abweichung zwischen Ist-Gemeinkosten und Normal-Gemeinkosten mithilfe des Kostenträgerzeitblattes (**Anlage 2**). Runden Sie kaufmännisch auf volle Eurobeträge.

Hinweis: Sollten Sie die vorhergehende Teilaufgabe nicht gelöst haben, rechnen Sie mit folgenden Ist-Zuschlagssätzen: MGK 8 %; FGK 88 %; VwGK 12 %; VertGK 4 %.

1.1.3 Erklären Sie eine mögliche Ursache für die Kostenabweichung im Materialbereich.

1.2 Die erheblichen Kostenabweichungen sowie die daraus resultierenden hohen Angebotspreise bereiten der Abteilungsleitung große Sorge. Daher soll die Kostenrechnung verbessert werden. Versuchsweise soll die Materialkostenstelle mithilfe von Prozesskosten kalkuliert werden. Bei den anderen Kostenstellen wird weiterhin mit der traditionellen Zuschlagskalkulation gearbeitet.

1.2.1 Berechnen Sie die Prozesskostensätze für den Materialbereich (**Anlage 3**). Runden Sie die Prozesskostensätze auf zwei Kommastellen.

1.2.2 Kalkulieren Sie für 5.000 Stück Spezialanfertigungen und 5.000 Stück Standardmodule jeweils die Prozesskosten des Materialbereichs sowie die Prozesskosten je hergestelltem Stück (**Anlage 4**).

Hinweis: Sollten Sie die vorhergehende Teilaufgabe nicht gelöst haben, rechnen Sie mit folgenden Prozesskostensätzen nach Umlage: Materiallieferung prüfen 12,50 EUR, Schlechtleistungen rügen 42,30 EUR, Material einlagern 7,50 EUR, Material ausgeben 7,70 EUR.

1.2.3
- Stellen Sie für die Standardmodule die Materialgemeinkosten laut traditioneller Zuschlagskalkulation auf Normalkostenbasis aus Aufgabe 1.1.2 dem Ergebnis der Prozesskostenrechnung gegenüber.
- Erläutern Sie eine mögliche Ursache für die Abweichung.

1.2.4 Beurteilen Sie, ob die ClimbingStar KG durch die Kalkulation der Verkaufspreise mithilfe der Prozesskostenrechnung ihre Wettbewerbsfähigkeit erhöhen kann.

1.2.5 Kalkulieren Sie den Nettoverkaufspreis für ein Standardmodul. Nutzen Sie dabei den Prozesskostensatz je Standardmodul aus Aufgabe 1.2.2 (**Anlage 4**) in Verbindung mit folgenden Daten:

Kundenskonto	2 %
Kundenrabatt	5 %
Gewinn	15 %
FGK-Zuschlagssatz	85 %
Verwaltungs-GK-Zuschlagssatz	14 %
Vertriebs-GK-Zuschlagssatz	5 %
Fertigungsmaterial pro Standardmodul	240,00 EUR
Fertigungslöhne pro Standardmodul	192,00 EUR

Hinweis: Sollten Sie die Teilaufgabe 1.2.2 nicht gelöst haben, rechnen Sie mit einem Prozesskostensatz von 16,00 EUR je Standardmodul.

Anlage 1: BAB für das dritte Quartal 2019 in Euro

			Kostenbereiche			
Gemeinkostenarten	**Zahlen aus der Betriebsergebnisrechnung**	**Verteilungsgrundlagen**	**Material**	**Fertigung**	**Verwaltung**	**Vertrieb**
Hilfsstoffe	60.000,00	Entnahmescheine		50.000,00		10.000,00
Bertriebsstoffe	8.000,00	Entnahmescheine		3.000,00	3.000,00	2.000 00
Gehälter	1.090.000,00	Gehaltslisten	50.000,00	700.000,00	300.000,00	40.000,00
kalkulatorische Abschreibung	640.000,00	Anlagenkartei	40.000,00	480.000,00	80.000,00	40.000,00
Bürokosten	60.000,00	Schlüssel		20.000,00	30.000,00	10.000,00
Werbung	120.000,00	Rechnungen			40.000,00	80.000,00
betriebliche Steuern	200.000,00	Anlagewerte	30.000,00	100.000,00	50.000,00	20.000,00
kalkulatorische Zinsen	530.000,00	Vermögenswerte	70.000,00	300.000,00	80.000,00	80.000,00
kalkulatorischer Unternehmerlohn	300.000,00	Schätzung		100.000,00	200.000,00	
Summe der Gemeinkosten	3.008.000,00		190.000,00	1.753.000,00	783.000,00	282.000,00

Fertigungsmaterial	2.500.000,00 EUR
Fertigungslöhne	2.000.000,00 EUR
Mehrbestand unfertige Erzeugnisse (Standardmodule)	10.000,00 EUR

Anlage 2: Kostenträgerzeitblatt für die Produktgruppe Standardmodul (produzierte Menge: 5.000 Stück)

	Ist-Zuschlagssatz	Ist-Kosten	Normal-Zuschlagssatz	Normal-Kosten	Unterdeckung/ Überdeckung
MEK		1.200.000,00 EUR		1.200.000,00 EUR	
MGK			12 %		
FEK		960.000,00 EUR		960.000,00 EUR	
FGK			85 %		
HK der Periode					
Bestands-mehrung unfertige Standardmo-dule		10.000,00 EUR		10.000,00 EUR	
HK des Umsatzes					
VwGK			14 %		
VertGK			5 %		
Selbstkosten					

Anlage 3

Teilprozesse	Teilprozess-kosten	Kostentreiber	lmi/lmn	Teilprozess-mengen	Teilprozesskos-tensatz vor Umlage	Umlage-satz	Prozess-kostensatz nach Umlage
Materiallieferungen prüfen	50.000,00 EUR	Anzahl der Materialanlieferungen	lmi	5.100			
Schlechtleistungen rügen	40.000,00 EUR	Anzahl der Schlechtleistungen	lmi	1.200			
Material einlagern	24.000,00 EUR	Anzahl der Einlagerungen	lmi	4.000			
Material ausgeben	36.000,00 EUR	Anzahl der Materialausgaben	lmi	6.000			
Leitung der Materialstelle	40.000,00 EUR		lmn				
Summe Materialgemeinkosten	190.000,00 EUR						

Anlage 4

Prozesse	Prozess-kostensatz nach Umlage	Spezialanfertigungen			Standardmodule		
		Prozessmenge für 5.000 Stück	Prozesskosten für 5.000 Stück	Prozesskosten pro Stück	Prozessmenge für 5.000 Stück	Prozesskosten für 5.000 Stück	Prozesskosten pro Stück
Materiallieferungen prüfen		3.000			2.100		
Schlechtleistungen rügen		700			500		
Material einlagern		2.900			2.100		
Material ausgeben		2.900			2.100		
Summe Materialgemeinkosten							

7 Erstellung und Auswertung des Jahresabschlusses

7.1 Bestandteile des Jahresabschlusses einer Kapitalgesellschaft[1]

Stofftelegramm

Jahresabschluss der AG

Bilanz
- Gliederung: § 266 HGB
- Gliederung Vermögen nach Flüssigkeit und Schulden nach Fälligkeit

GuV
- Gliederung: § 275 HGB
- Staffelform (Vorteil: Erfolgslage leichter interpretierbar); s. u.

Anhang (§ 284 ff. HGB)
- Erläuterung einzelner Bilanz-/GuV-Positionen
- Angabe Bilanzierungs- und Bewertungsmethoden + Honorar Abschlussprüfer

Lagebericht (§§ 289, 289a HGB)
- Darstellung Geschäftsverlauf + Lage der AG
- Der Lagebericht soll auch eingehen auf:
  – erwartete Risiken und deren Absicherung
  – bedeutende Vorgänge nach Bilanzstichtag
  – voraussichtliche Entwicklung der Gesellschaft
  – Bereich Forschung und Entwicklung
  – internes Kontroll- und Risikomanagementsystem
  – Arbeitsweise von Vorstand und Aufsichtsrat (= **Corporate-Governance-Erklärung** für kapitalmarktorientierte Unternehmen)

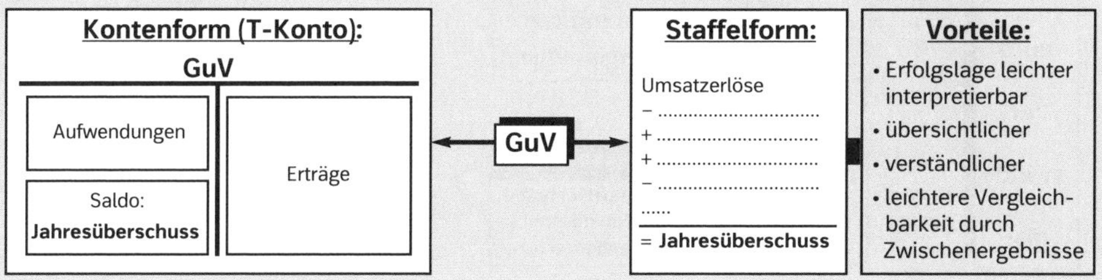

Aufgaben

1. Aus welchen Teilen besteht der Jahresabschluss der AG?
2. Wie werden Vermögen und Schulden gegliedert?
3. Welche Aufgaben hat a) der Anhang, b) der Lagebericht bei Kapitalgesellschaften?
4. Welche Vorteile hat die Staffelform der GuV im Vergleich zur Kontenform?

[1] *Ziele des Jahresabschlusses bzw. der Buchführung vgl. Steuerung und Kontrolle, Kapitel 2.1*

7.2 Die Bewertung (Ziele, Grundsätze); Exkurs: Währungsrechnen

Stofftelegramm

Bewertungsanlässe

- Bilanzierung (Information über Vermögen und Schulden)
- Gewinnermittlung (handels- und steuerrechtlich)
- Unternehmensverkauf
- Vergleich oder Insolvenz

Adressaten (Informationskreis) des Jahresabschlusses

- Eigentümer
- Geschäftsführer
- Gläubiger
- Finanzbehörden
- Öffentlichkeit (AG!)

Die Schutzfunktion der Bewertungsvorschriften

- **Teilhaberschutz:** Interesse an stabilen Gewinnausschüttungen (insbesondere Kleinaktionäre). Somit Schutz vor Unterbewertung des Vermögens (= Gewinnverringerung) notwendig.
- **Gläubigerschutz:** Interesse, dass Tilgungen problemlos möglich. Notwendig daher: Schutz vor zu hohen Gewinnausschüttungen. Vorsichtsprinzip!
- **Steuergerechtigkeit**

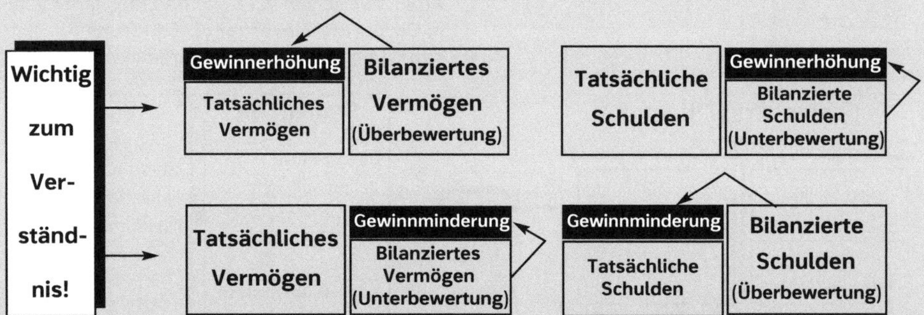

Bewertungsgrundsätze: Kurzdefinitionen

Vorsichtsprinzip
- Bewertung Vermögen: eher niedrigeren Wert ansetzen!
- Bewertung Schulden: eher höheren Wert ansetzen!

Anschaffungswertprinzip
- Anschaffungskosten dürfen **nie** überschritten werden!

Imparitätsprinzip
- Nicht realisierte **Gewinne** dürfen nicht ausgewiesen werden! (Realisationsprinzip!)
- Ausweis aller am Bilanzstichtag drohenden (noch nicht realisierten) **Verluste**!

↓ ↓

Ungleichbehandlung von Gewinnen und Verlusten („Imparität")

Niederstwert- und Höchstwertprinzip: siehe unten!

Bewertung des Vermögens

Niederstwertprinzip (NWP)

Strenges NWP

Niedrigerer Wert **muss** (streng!) angesetzt werden **(Pflicht).**

Anlagevermögen:
- bei voraussichtlich dauernder Wertminderung
- bei vorübergehender Wertminderung bei Sachanlagen

Umlaufvermögen: stets strenges NWP!

Gemildertes NWP

Niedrigerer Wert **darf** (gemildert) angesetzt werden **(Wahlrecht),** § 253 Abs. 3 S. 4 HGB**.**

Finanzanlagen: Außerplanmäßige Abschreibung bei vorübergehender Wertminderung

(Hinweis: Forderungen in Auslandswährung siehe nächste Seite)

Bewertung der Schulden — Höchstwertprinzip (HWP)

Von zwei möglichen Werten muss höherer angesetzt werden! (Ggf. höheren Erfüllungsbetrag ansetzen!)

Disagio (Damnum): Handelsrecht: Aktivierungswahlrecht (sofortige Aufwandsbuchung **oder** Aktivierung) als aktiver RA-Posten (fiktives Aktivum)/ Abschreibung über Laufzeit

(Hinweis: Verbindlichkeiten in Auslandswährung siehe nächste Seite)

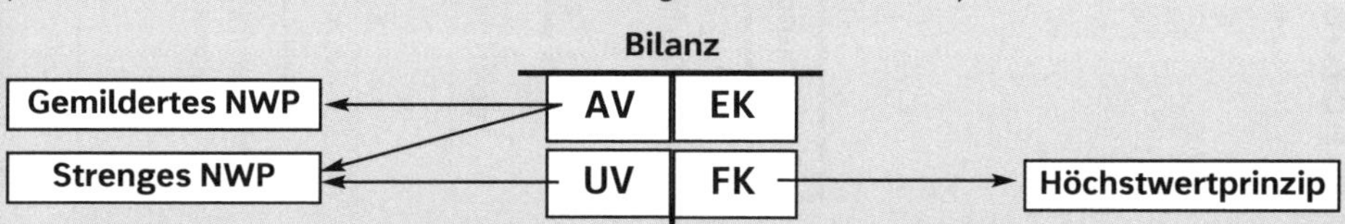

Forderungen in Fremdwährung

(Neue Bewertung nach dem seit 2010 geltenden **Bilanzrechtsmodernisierungsgesetz**)

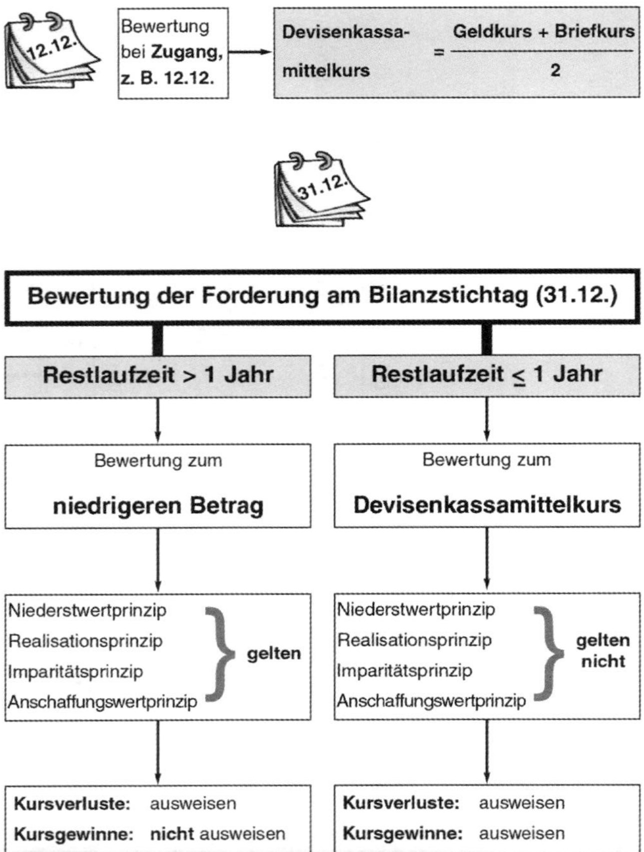

Verbindlichkeiten in Fremdwährung

(Neue Bewertung nach dem seit 2010 geltenden **Bilanzrechtsmodernisierungsgesetz**)

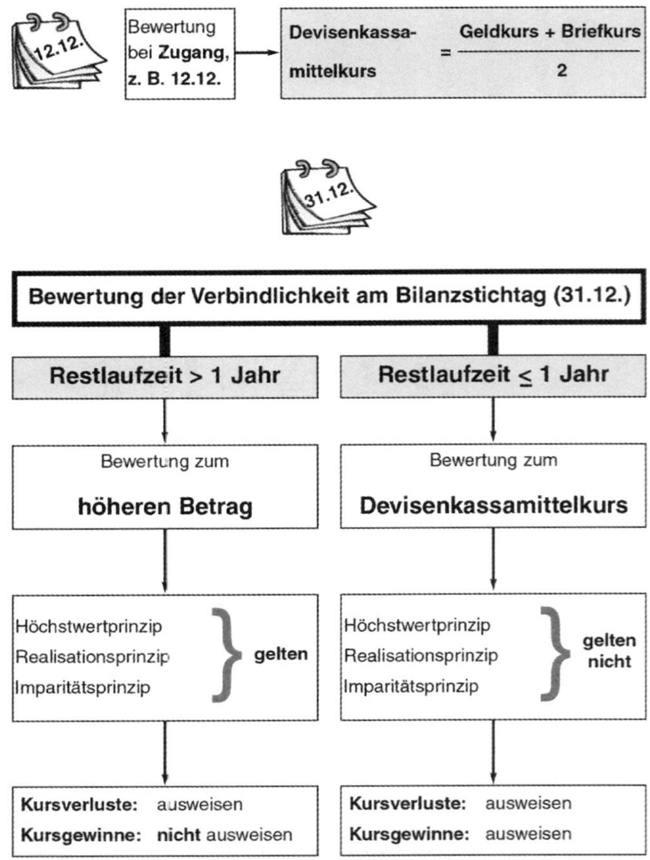

Aufgaben

1. Nennen Sie die beiden typischen Bewertungsanlässe.

2. Nennen Sie die wesentlichen Adressaten des Jahresabschlusses.

3. Erklären Sie die Begriffe Teilhaber- und Gläubigerschutz.

4. Wie wirken folgende Vorgänge auf den Gewinn?
   a) Unterbewertung des Vermögens
   b) Überbewertung des Vermögens
   c) Unterbewertung der Schulden
   d) Überbewertung der Schulden

5. a) Erklären Sie kurz das Vorsichtsprinzip.
   b) Welche Unterprinzipien umfasst das Vorsichtsprinzip? Erklären Sie diese kurz.

6. Welche Bewertungsprinzipien gelten für folgende Bilanzpositionen:
   a) Anlagevermögen, b) Umlaufvermögen, c) Schulden?

7. a) Erklären Sie den Begriff stille Rücklagen. Wie entstehen sie allgemein?
   b) In welchen Bilanzpositionen sind hohe stille Rücklagen enthalten? Begründung.
   c) Nehmen Sie kritisch Stellung zur Bildung stiller Rücklagen.

8. In einer Schuhfabrik waren am 31.12. noch 60 Paar Spezialschuhe im Lager, deren Herstellungskosten 62,00 EUR betrugen. Aufgrund von Preissteigerungen bei Leder beträgt ihr Wert am Bilanzstichtag 65,00 EUR. Ermitteln Sie für den gesamten Posten den Bilanzansatz. Begründung.

9. Begründen Sie, mit welchem Betrag der Bestand einer Handelsware per 31.12. unter folgenden Bedingungen zu bilanzieren ist:
   a) Bezugspreis: 25,00 EUR; Marktpreis 31.12.: 27,00 EUR
   b) Bezugspreis: 25,00 EUR; Marktpreis 31.12.: 24,00 EUR

10. a) Im August kauften wir aus Spekulationsgründen Aktien zum Kurs von 450,00 EUR. Wie sind die Aktien am 31.12. zu bewerten, wenn der Kurs auf 400,00 EUR gesunken ist? Begründung.
    b) Wie wäre a) zu beantworten, wenn eine langfristige Beteiligung an der AG vorliegt?

11. Die Warenverbindlichkeiten gegenüber unserem Lieferanten aus der Schweiz belaufen sich laut Rechnung vom 15.12. auf 200.000,00 CHF; Zahlungsziel: 4 Wochen.

    CHF-Kurs (Devisenkassamittelkurs) 15.12.: 1,45
    CHF-Kurs (Devisenkassamittelkurs) 31.12.: 1,50

    Ermitteln Sie den Wertansatz zum 31.12. in Euro. Begründung.

12. Am 31.12. ist eine Schuld (Rückzahlung nach 5 Jahren) von 120.000,00 USD zu bilanzieren. Der Dollarkurs betrug am Tag der Kreditaufnahme (01.07.) 1,25 und am 31.12. 1,35. Bilanzansatz in Euro?

13. Die Warenverbindlichkeiten beliefen sich bei Bilanzerstellung einschließlich 19 % Umsatzsteuer auf 416.500,00 EUR. Der Liquiditätsstand ist äußerst günstig, sodass alle ausstehenden Schulden mit einem Abzug von 3 % Skonto im neuen Jahr beglichen werden können. Als Bilanzansatz sind für die Verbindlichkeiten 404.005,00 EUR vorgesehen. Die Revisionsabteilung beanstandet diesen Wertansatz und spricht von einem Verstoß gegen das Imparitätsprinzip.

Erklären Sie dieses Prinzip am Beispiel der Verbindlichkeiten. Welcher Bilanzansatz ist in diesem Fall gültig?

14. Mit welchem Kurs sind die Bilanzwerte der Wertpapiere des Umlaufvermögens am 31.12. des Vorjahres bzw. am 31.12. diesen Jahres zu ermitteln? Kauf 17.04. Vorjahr: Kurs 386; 31.12. Vorjahr: Kurs 342; 31.12. dieses Jahr: Kurs 404

15. Ein unbebautes Grundstück, das wir für 220.000,00 EUR erworben hatten, hat durch seine günstige Lage inzwischen einen Verkehrswert von 280.000,00 EUR.
Mit welchem Wert ist es zu bilanzieren? Begründung.

16. Das Konto Wertpapiere des Umlaufvermögens enthält 50 Stück Aktien, Kaufkurs 315,00 EUR. Am Bilanzstichtag beträgt der Kurs 410,00 EUR. Zu welchem Kurs wird bilanziert? Begründung.

17. Vor sechs Monaten betrugen die Anschaffungskosten beim Kauf eines Grundstückes 500.000,00 EUR. Aufgrund der Veränderung der geplanten Straßenführung für einen Autobahnzubringer mindert sich der Grundstückswert um 150.000,00 EUR. Wie würden Sie das Grundstück bilanzieren? Begründung.

18. Das Prinzip der kaufmännischen Vorsicht ist der wichtigste handelsrechtliche Bewertungsgrundsatz. Erläutern Sie diesen Grundsatz an einem von Ihnen gewählten Beispiel.

19. Im Umlaufvermögen befinden sich 10 XY-Aktien, die im laufenden Geschäftsjahr zum Stückkurs von 240,00 EUR angeschafft und aktiviert wurden. Am 31.12. beträgt der Kurs 210,00 EUR. Ansatz 31.12.?

20. Warum gilt für die Bewertung des Vermögens das Niederstwertprinzip?

Exkurs: Währungsrechnen

Stofftelegramm

Wechselkurs = die Menge ausländischer Währungseinheiten, die man für einen Euro erhält

(Wie viel ausländ. Währungseinheiten erhält man für einen Euro?)

Beispiel: *USD-Kurs 1,03 → Kursgleichung: 1,00 EUR = 1,03 USD*

Briefkurs (= Verkaufskurs)	Anwendung:	Bank verkauft Euro
Geldkurs (= Kaufkurs)	Anwendung:	Bank kauft Euro
Devisenkassamittelkurs	Devisenkassamittelkurs = (Geldkurs + Briefkurs) : 2	

7.3 Kauf von Anlagen

Stofftelegramm

Die Anschaffungskosten

Kaufpreis (ohne USt.)	
+ Anschaffungsnebenkosten →	**Einmalige** Ausgaben im Zusammenhang mit der Anschaffung, z. B.: • Montagekosten • Transportkosten • Verpackungskosten • Notariatskosten • Grunderwerbsteuer (nicht: Grundsteuer!) • Zölle
– Anschaffungskostenminderungen →	Skonti, Rabatte, Boni
= **Anschaffungskosten** →	= **Aktivierungsbetrag** (Betrag auf Aktivkonto)

Aufgaben

1. Kauf einer Maschine auf Ziel: netto 30.000,00 EUR + 19 % USt.
   Transportkosten 700,00 EUR netto + 19 % USt.; Montagekosten 1.500,00 EUR + 19 % USt.
   a) Buchen Sie die Eingangsrechnung.
   b) Buchen Sie die Zahlung unter Abzug von 2 % Skonto.

2. Kauf eines **Lkw:**
   - Kaufpreis 120.000,00 EUR + 19 % USt.
   - Spezialaufbau 11.000,00 EUR + 19 % USt.
   - Anhängerkupplung 1.200,00 EUR + 19 % USt.
   - Überführungskosten 1.000,00 EUR + 19 % USt.
   - Zulassungskosten 400,00 EUR + 19 % USt.

   Wir überweisen den Gesamtbetrag unter Abzug von 2 % Skonto. Separat überweisen wir die Kfz-Steuer in Höhe von 1.600,00 EUR und die Haftpflichtversicherung in Höhe von 2.300,00 EUR.
   Tankfüllung: 500,00 EUR + USt.
   a) Ermitteln Sie die Anschaffungskosten.
   b) Buchen Sie den Kauf auf Ziel und buchen Sie die separaten Geschäftsvorfälle.
   c) Buchen Sie die Zahlung unter Abzug von 2 % Skonto.

3. Kauf eines **Betriebsgrundstücks.** Zahlung durch Banküberweisung.
   - Kaufpreis 400.000,00 EUR
   - 2 % Grunderwerbsteuer vom Kaufpreis
   - Maklergebühr 9.000,00 EUR + USt.
   - Kosten Grundbucheintrag 600,00 EUR
   - Kanalanschlusskosten 5.000,00 EUR + 19 % USt.
   - Grundsteuer 900,00 EUR

   Ermitteln Sie die Anschaffungskosten und buchen Sie den Sachverhalt.

4. Was versteht man unter **Aktivierung**?

5. Wie wird der **aktivierungspflichtige** Betrag beim Kauf von Anlagen ermittelt?

6. Erklären Sie den Begriff **„Anschaffungsnebenkosten“**. Nennen Sie fünf Beispiele.

7. Nennen Sie drei Beispiele für **Anschaffungskostenminderungen**.

8. Welche der folgenden Kosten sind **nicht** Bestandteil der **Anschaffungskosten**? Begründungen.
   a) Kfz-Versicherung
   b) Kfz-Steuer
   c) Transportversicherung
   d) Finanzierungskosten im Zusammenhang mit der Anschaffung
   e) Fundamentierungskosten
   f) Erschließungskosten
   g) Baugenehmigungsgebühr
   h) Grundsteuer
   i) Grunderwerbsteuer
   j) Umsatzsteuer

9. Warum ist der Wert eines **bebauten Grundstücks** in Boden- und Gebäudewert aufzuteilen?

10. Kauf eines **Betriebsgebäudes** am 01.09.03.
    - Kaufpreis Gebäude 216.000,00 EUR (enthaltener Grundstückswert 50.000,00 EUR)
    - Kosten für Notar und Makler (ohne USt.) 12.000,00 EUR
    - Grunderwerbsteuer 4.000,00 EUR
    - Grundsteuer 200,00 EUR
    - Abschreibungssatz 2 %

    Ermitteln Sie den Wertansatz zum 31.12.03. Begründung.

11. Am 01.11. kauften wir eine **Maschine** zum Rechnungspreis von 60.690,00 EUR einschließlich 19 % USt. Die Rechnung wurde unter Abzug von 3 % Skonto bezahlt. Weitere Angaben:
    - Nutzungsdauer 10 Jahre
    - Transportversicherung 230,00 EUR
    - Kontokorrentzinsen zur Finanzierung der Maschine 1.300,00 EUR
    - Montagekosten 1.600,00 EUR + USt.

    Wie lautet der Wertansatz, wenn der Gewinn so niedrig wie möglich ausfallen soll? (Annahme: maximaler degressiver Abschreibungssatz = 20 %)

12. Im Frühjahr wurde eine hydraulische **Stanzpresse** erworben.

Listenpreis netto	125.000,00 EUR
Kosten der Verpackung	8.000,00 EUR
Kosten der Versendung	2.500,00 EUR
Kosten für Versicherung	1.600,00 EUR
	137.100,00 EUR
+ 19 % USt.	26.049,00 EUR
Rechnungspreis	163.149,00 EUR

Der Rechnungsbetrag wurde Anfang Mai unter Abzug von 2 % Skonto überwiesen.

Bis zur Betriebsbereitschaft der Presse fielen noch weitere Kosten an:

Rollgeld netto	1.380,00 EUR
Fundamentierungskosten netto	3.800,00 EUR
Montagekosten (einschl. 19 % USt.)	833,00 EUR

Ermitteln Sie die Höhe der Anschaffungskosten.

13. Am 01.10. wurde eine neue **Verpackungsmaschine** in Betrieb genommen. Rechnungspreis inkl. 19 % USt. 107.100,00 EUR ab Werk.

    Der Rechnungsbetrag für die Maschine wurde unter Abzug von 3 % Skonto überwiesen.

    Im Zusammenhang mit der Anschaffung fielen noch folgende Kosten an (ohne Umsatzsteuer):

Fracht	1.400,00 EUR
Montagekosten	3.300,00 EUR
Kosten der Abteilung Einkauf für Angebotsprüfung usw.	2.100,00 EUR

a) Wie ist die Maschine zum 31.12. zu bewerten, wenn die Nutzungsdauer 10 Jahre beträgt? (Lineare Abschreibung)

b) Wie hoch wäre der Wertansatz, wenn man die Maschine „frei Haus" geliefert hätte?

14. Buchen Sie den Kauf eines Bohrautomaten auf Ziel:

Listenpreis	23.600,00 EUR
./. 10 % Messerabatt	2.360,00 EUR
	21.240,00 EUR
+ Fracht	600,00 EUR
	21.840,00 EUR
+ 19 % USt.	4.149,60 EUR
Rechnungsbetrag	25.989,60 EUR

Für die Aufstellung der Automaten waren Fremdarbeiten notwendig.
Es liegen Rechnungen vor über:
Elektrikerarbeiten:
netto 280,00 EUR + USt.
Maurerarbeiten:
netto 400,00 EUR + USt.

15. Eine Kleiderfabrik kaufte ein Grundstück, wobei folgende Kosten entstanden sind: Notariatsgebühren, Grunderwerbsteuer, Maklergebühren, Gebühr für Grundbucheintrag, Grundsteuer. Welche der aufgeführten Kosten gehören zu den Anschaffungskosten?

16. Wir kaufen einen Pkw im Wert von 27.000,00 EUR netto, Überführungskosten netto 450,00 EUR auf Ziel. Buchung?

17. Wie werden die zu aktivierenden Anschaffungskosten für ein Anlagegut berechnet?

7.4 Abschreibungen

Stofftelegramm

Abschreibungen

Zweck:
- Erfassung von Wertminderungen
- Verteilung der AHK auf Nutzungsdauer

Ursachen: Abnutzung, techn. Fortschritt, Schadensfälle, wirtschaftl. Entwertung ...

Planmäßige Abschreibungen: nur auf **abnutzbares** Anlagevermögen!

Abschreibungsbeginn bei beweglichen Anlagegütern:

Jan.	Feb.	März	April	Mai	Juni	Juli	Aug.	Sept.	Okt.	Nov.	Dez.

Abschreibung ab Monat des Erwerbs bzw. Fertigstellung (monatsgenau)

Beispiel

Die Anschaffungskosten einer am **a) 10.12., b) 10.06.** gekauften Maschine betragen 400.000,00 EUR. Nutzungsdauer: 8 Jahre. Abschreibungsmethode: 20 % linear.

Ermitteln Sie den Bilanzwert zum 31.12.

Lösung

a

Anschaffungskosten	400.000,00 EUR
./. **Abschreibung:** 20 % · 1 : 12 = 1,66... % von 400.000,00 EUR	= **6.667,00 EUR**
= Bilanzwert 31.12.	**393.333,00 EUR**

b

Anschaffungskosten	400.000,00 EUR
./. **Abschreibung:** 20 % · 7 : 12 = 11,66... % v. 400.000,00 EUR	**46.667,00 EUR**
= Bilanzwert 31.12.	**353.333,00 EUR**

Abschreibungsbeginn bei unbewegl. abnutzbaren Anlagegütern (v. a. Betriebsgebäude):

Abschreibung ab Monat der Bezugsfertigkeit. Bei Gebäuden Aufteilung der Anschaffungskosten auf Grundstück und Gebäude! (Nur Gebäude ist abschreibungsfähig!)

Abschreibungsverfahren:

1. lineare Abschreibung (gleich bleibende Abschreibungsbeträge)
2. degressive Abschreibung (fallende Abschreibungsbeträge)
   - Steuerliche Vorschrift: aktuell nicht erlaubt
   - handelsrechtlich erlaubt, solange der tatsächliche Wertverlust sachgerecht dargestellt wird
   - Wechsel zur linearen Methode zweckmäßig, sobald der lineare Abschreibungsbetrag für den Restwert den degressiven Abschreibungsbetrag übersteigt
   - Wechsel von der linearen zur degressiven Methode nicht erlaubt
   - Vorteile der degressiven Methode:
     - Zinsgewinn durch Steuerverschiebung
     - hoher Wertverlust im 1. Jahr besser berücksichtigt
     - jederzeitiger Wechsel zur linearen Methode möglich

Geringwertige Wirtschaftsgüter

Voraussetzungen:
- bewegliches, abnutzbares Anlagegut
- selbstständig bewertbar und nutzbar

bis 250,00 EUR Anschaffungskosten	→ Sofortaufwand bei Kauf
250,01 EUR–800,00 EUR AK	→ • Sofortaufwand bei Kauf → • Aktivierung bei Kauf auf Sammelkonto GWG • pauschale, lineare Abschreibung in 5 Jahren
800,01 EUR–1.000,00 EUR AK	→ • Aktivierung bei Kauf auf Sammelkonto GWG → • pauschale, lineare Abschreibung in 5 Jahren
oder	
alternativ für alle AK	→ Aktivierung + planmäßige Abschreibung

Hinweis: Die degressive Abschreibungsmethode sowie der Methodenwechsel sind momentan nicht im Lehrplan enthalten.

Aufgaben

1. a) Begründen Sie die Notwendigkeit von **Abschreibungen**.
   b) Wie wirken sich Abschreibungen erfolgsmäßig aus?
   c) Worin unterscheiden sich lineare und degressive Abschreibungen?
   d) Welcher steuerliche Zusammenhang hinsichtlich der Höhe des Abschreibungssatzes besteht zwischen linearer und degressiver Abschreibung?
   e) Welche Abschreibungsmethode kommt der Realität am nächsten? Begründung.
   f) Vergleichen Sie die degressive und lineare Abschreibungsmethode hinsichtlich ihrer erfolgsmäßigen Auswirkungen in den a) ersten, b) späteren Nutzungsjahren.

2. a) Welche Abschreibungsmethode würden Sie bevorzugen, wenn Ihre Bilanz und GuV in den nächsten Jahren aufgrund geplanter Kapitalaufnahmen eine hohe Kreditwürdigkeit ausstrahlen sollen? Begründung.
   b) Welche Abschreibungsmethode würden Sie bevorzugen, wenn sich das Unternehmen momentan im
   ba) Verlustbereich, bb) Gewinnbereich befindet? Begründung.

3. Weshalb schreibt die Finanzverwaltung Höchstsätze für die jährliche Abschreibung vor?

4. Was versteht man unter „AfA“?

5. Ermitteln Sie die linearen und degressiven Abschreibungssätze in folgenden Fällen:
   Nutzungsdauer: a) 10, b) 5, c) 8, d) 4, e) 20, f) 12 Jahre

6. Welche Daten enthält ein Abschreibungsplan?

7. Anschaffungskosten eines Lkw am 02.01.01: 40.000,00 EUR. Nutzungsdauer 8 Jahre. Erstellen Sie eine Abschreibungstabelle (lineare und degressive Abschreibung). Wechseln Sie bei der degressiven Methode zum optimalen Zeitpunkt zur linearen Methode. Degressive Abschreibung: 20 %

8. Wir haben im Januar 01 eine Büroeinrichtung, deren Nutzungsdauer 10 Jahre beträgt, für 100.000,00 EUR angeschafft. Buchwert vor dem Jahresabschluss 02: 90.000,00 EUR. Der Betrieb beabsichtigt eine degressive Abschreibung von 20 %.

   Nehmen Sie dazu Stellung. Ermitteln Sie den höchsten steuerrechtlich zulässigen AfA-Betrag.

9. Die Anschaffungskosten für eine Drehbank betrugen im Juli 75.000,00 EUR. Die Nutzungsdauer wird auf 15 Jahre geschätzt. Am Ende des Jahres hofft der Buchhalter, die unterste Wertgrenze der Drehbank mit folgender Buchung zu erreichen: Abschreibungen an Maschinen 22.500,00 EUR.

   Welche Einwendungen wird der Steuerberater erheben? Berichtigen Sie den Wertansatz.

10. Nennen Sie die Voraussetzungen zur Anerkennung als geringwertiges Wirtschaftsgut (GWG).

11. Erklären Sie die buchhalterische Behandlung der GWG.

12. Die Anschaffungskosten einer im Juli dieses Jahres gekauften Maschine betrugen 180.000,00 EUR, die geschätzte Nutzungsdauer 8 Jahre. Berechnen Sie den Buchwert zum 31.12. dieses Jahres nach linearer Abschreibung.

13. Weshalb haben die Finanzbehörden Höchstsätze für die jährliche AfA des Anlagevermögens festgelegt?

14. Warum sind Abschreibungen beim Anlagevermögen notwendig? Begründung.

15. Wodurch unterscheiden sich degressive und lineare Abschreibung?

16. Erläutern Sie, warum normalerweise Abschreibungen gemacht werden.

7.5 Verkauf von gebrauchten Anlagegütern

Stofftelegramm

Fall 1: Verkauf zum Buchwert

Verkauf einer gebrauchten Maschine, Buchwert **10.000,00** EUR, für **10.000,00** EUR + 19 % USt.

Buchungssatz:	240	Forderungen	11.900,00	an	5461	Erlöse AV	10.000,00
				an	480	Umsatzsteuer	1.900,00
	5461	Erlöse AV	10.000,00	an	07	Maschinen	10.000,00

Fall 2: Verkauf über Buchwert

Verkauf einer gebrauchten Maschine, Buchwert **10.000,00** EUR, für **12.000,00** EUR + 19 % USt.

Buchungssatz:	240	Forderungen	14.280,00	an	5461	Erlöse AV	12.000,00
				an	480	Umsatzsteuer	2.280,00
	5461	Erlöse AV	12.000,00	an	07	Maschinen	10.000,00
				an	546	Erträge AV	2.000,00

Fall 3: Verkauf unter Buchwert

Verkauf einer gebrauchten Maschine, Buchwert **10.000,00** EUR, für **7.000,00** EUR + 19 % USt.

Buchungssatz:	240	Forderungen	8.330,00	an	6961	Erlöse AV	7.000,00
				an	480	Umsatzsteuer	1.330,00
	6961	Erlöse AV	7.000,00	an	07	Maschinen	10.000,00
	696	Verluste AV	3.000,00				

Fall 4: Kauf Lkw – „Zahlung" mit altem Lkw

Kauf Lkw für 100.000,00 EUR + 19 % USt. Ein alter Lkw (Restbuchwert **25.000,00** EUR) wird für **35.000,00 EUR** + 6.650,00 EUR USt. in Zahlung gegeben. Restzahlung erfolgt durch Bankscheck.

Buchungssatz:	a)	084	Fuhrpark	100.000,00	an	44	Verbindlichkeiten	119.000,00
		260	Vorsteuer	19.000,00				
	b)	44	Verbindlichk.	119.000,00	an	5461	Erlöse AV	35.000,00
					an	480	Umsatzsteuer	6.650,00
					an	280	Bank	77.350,00
	c)	5461	Erlöse AV	35.000,00	an	084	Fuhrpark	25.000,00
					an	546	Erträge AV	10.000,00

Fall 5: Kauf Lkw – „Zahlung" mit altem Lkw

Kauf Lkw für 100.000,00 EUR + 19 % USt. Ein alter Lkw (Restbuchwert **25.000,00** EUR) wird für **20.000,00 EUR** + 3.800,00 EUR USt. in Zahlung gegeben. Restzahlung erfolgt durch Bankscheck.

Buchungssatz:	b)	44	Verbindlichk.	119.000,00	an	6961	Erlöse AV	20.000,00
					an	480	Umsatzsteuer	3.800,00
(wie Fall 4!)					an	280	Bank	95.200,00
		6961	Erlöse AV	20.000,00	an	084	Fuhrpark	25.000,00
		696	Verluste AV	5.000,00				

Aufgaben

1. Kauf eines Firmenwagens:

Listenpreis	65.000,00 EUR
– 10 % Rabatt	6.500,00 EUR
	58.500,00 EUR
+ Überführungskosten	700,00 EUR
	59.200,00 EUR
+ 19 % USt.	11.248,00 EUR
Rechnungsbetrag	70.448,00 EUR

Das Autohaus nimmt ein gebrauchtes Auto mit 11.900,00 EUR (einschließlich 19 % USt.) in Zahlung.

Buchwert: 8.000,00 EUR.

Den Restbetrag begleichen wir mit Banküberweisung.

2. Kauf eines Pkw netto

Kauf eines Pkw netto	55.000,00 EUR
+ Überführungskosten	800,00 EUR
+ 19 % USt.	10.602,00 EUR
	66.402,00 EUR

Wir geben einen gebrauchten Pkw (Buchwert 8.000,00 EUR) in Zahlung für 11.900,00 EUR (einschließl. 19 % USt.). Restzahlung durch Banküberweisung.

3. Wir kaufen einen neuen Gabelstapler auf Ziel zum Preis von 56.000,00 EUR + 19 % USt. Der alte Stapler hat einen Restbuchwert von 10.800,00 EUR und wird für 13.500,00 EUR in Zahlung genommen. Die Restzahlung erfolgt durch Banküberweisung.

4. a) Für die Produktion wird eine Hobelmaschine mit folgender Eingangsrechnung geliefert und vom Lieferanten installiert:

Hobelmaschine	24.800,00 EUR
Installationskosten	2.200,00 EUR
	27.000,00 EUR
+ 19 % USt.	5.130,00 EUR
	32.130,00 EUR

b) Rechnungsausgleich:

(1) Die alte Hobelbank mit einem Buchwert von 1.500,00 EUR wird für 2.000,00 EUR (netto) in Zahlung gegeben.

(2) Überweisung des Restbetrages vom Postgirokonto.

5. a) Rechnung der Firma Fritz:

Audi A6 „Globus"	48.000,00 EUR
mit Lendenwirbelstütze	165,00 EUR
Klimaanlage	3.105,00 EUR
	51.270,00 EUR
zuzüglich Umsatzsteuer 19 %	9.741,30 EUR
	61.011,30 EUR

Im Rahmen der Anschaffung fallen weitere Kosten für Überführung, Zulassung und Schilder in Höhe von 685,00 EUR (zuzüglich 19 % USt. = 130,15 EUR) an. Dieser Betrag wurde mit Bankscheck beglichen.

Für die Versicherung des Neufahrzeuges liegt ein Überweisungsauftrag über 263,80 EUR vor.

Buchen Sie den Sachverhalt.

b) Laut Aktennotiz der Firmenleitung wird bei Rechnungsausgleich in Absprache mit dem Autohaus ein Altfahrzeug (Buchwert 14.400,00 EUR) für 16.500,00 EUR zuzüglich 19 % USt. in Zahlung gegeben.

7.6 Bewertung von Vorräten

Stofftelegramm

Roh-, Hilfs- und Betriebsstoffe, Fremdbauteile, Handelswaren

- **Bewertungsgrundsatz Umlaufvermögen: strenges Niederstwertprinzip** (s. o.)
- **Problem:** Eine Einzelbewertung gleichartiger Vorräte ist arbeitsaufwendig! Daher erlaubt der Gesetzgeber eine Durchbrechung des Grundsatzes der Einzelbewertung bei gleichartigen Vorräten → best. Bewertungsvereinfachungsverfahren sind zulässig, z. B. gemäß § 240 Abs. 4 HGB: gewogener Durchschnitt

Beispiel (Rohstoffe):

Anfangsbestand:	800 kg zu je 7,50 EUR	
Zugang 1:	500 kg zu je 6,30 EUR	
Zugang 2:	900 kg zu je 6,40 EUR	
Endbestand:	**700 kg** zu je **??????**	→ **Wertansatz 31.12.?** ↓ ↓ ↓

Lösung mit gewogenem Durchschnitt:

800 kg zu je 7,50 EUR	=	6.000,00 EUR
500 kg zu je 6,30 EUR	=	3.150,00 EUR
900 kg zu je 6,40 EUR	=	5.760,00 EUR
2.200 kg	=	14.910,00 EUR
1 kg (Durchschnittspreis)		**6,78 EUR**
Wertansatz: 700 kg · 6,78 EUR =		**4.746,00 EUR**

Buchungen: (verbrauchsorientierte Buchung)

200 Rohstoffe

Soll		Haben	
AB	6.000	SB	4.746
		600	1.254
	6.000		6.000

600 Restaufwand

Soll		Haben	
	3.150	GuV	10.164
	5.760		
200	1.254		
	10.164		10.164

Schlussbilanz

Soll		Haben	
Rst.	4.746		

GuV

Soll		Haben	
RstA	10.164		

Annahme: Tagespreis 31.12. < Durchschnittswert → Ansatz des Tagespreises! (Strenges NWP)

Merke:

- Je höher der Schlussbestand angesetzt wird, umso niedriger ist der Rohstoffaufwand und umgekehrt.
- **Bei Preissteigerungen während des ganzen Jahres:**
  → Durchschnittswert < Tagespreis → Durchschnittswert ansetzbar
- **Bei Preissenkungen während des ganzen Jahres:**
  → Durchschnittswert > Tagespreis → Tagespreis ansetzen!

7.7 Bewertung FE/UFE zu Herstellungskosten

Stofftelegramm

Herstellungskosten in der Handelsbilanz (nach § 255 Abs. 1, 2 HGB)

§ 253 Abs. 1 HGB: „Vermögensgegenstände sind höchstens mit den Anschaffungs- oder Herstellungskosten ... anzusetzen.“

Die Herstellungskosten spielen eine Rolle bei:
- selbst erstellten Anlagen
- **unfertigen und fertigen Erzeugnissen**

Abkürzungen:
MEK = Materialeinzelkosten
MGK = Materialgemeinkosten
FEK = Fertigungseinzelkosten
FGK = Fertigungsgemeinkosten
SEKF = Sondereinzelkosten der Fertigung
VwGK = Verwaltungsgemeinkosten
nh = **nicht** herstellungsbezogen (allgemeine Verwaltungsgemeinkosten)
h = herstellungsbezogen

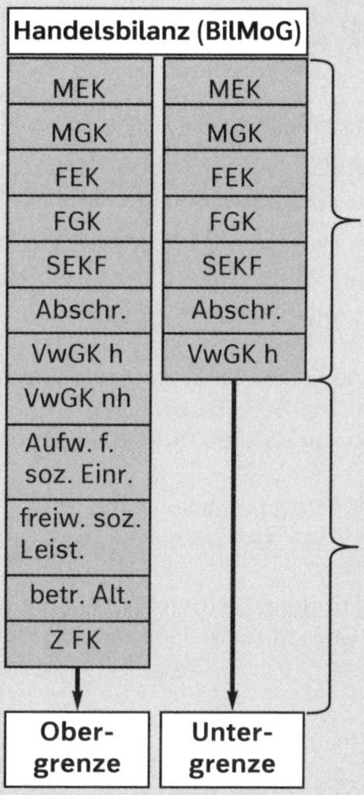

Kosten (Pflichtansatz), die durch die Herstellung verursacht sind.

Wahlrecht, d. h. entweder Aufwand oder Anlagevermögen bzw. FE/UFE

Verbot: Forschungs-, Vertriebskosten, Zinsen für Fremdkapital (Ausnahme s. o.)

Abschr. = Abschreibungen verursacht durch die Herstellung

Aufw. f. soz. Einr. = Aufwendungen für soziale Einrichtungen

freiw. soz. Leist. = freiwillige soziale Leistungen

betr. Alt. = betriebliche Altersvorsorge

Z FK = Zinsen Fremdkapital, welche für die Finanzierung der Herstellung anfallen

Hinweis: Bei der Ermittlung der Herstellungskosten ergeben sich eine Ober- und Untergrenze. Beim Wertansatz in der Bilanz ist die Ober- bzw. Untergrenze mit dem Marktpreis zu vergleichen.

Besonderheiten bei der Bewertung von selbst erstellten Anlagen und Fertigerzeugnissen:

Zu den **MGK und FGK** zählen auch folgende Aufwendungen:
- Lagerhaltung, Transport und Prüfung des Fertigungsmaterials
- Vorbereitung und Kontrolle der Fertigung
- Raumkosten, Betriebsleitung, Sachversicherungen usw.

Zu den Kosten der allgemeinen (nicht herstellungsbezogenen) **VwGK** gehören:
- Aufwendungen für Geschäftsleitung
- Aufwendungen für Einkauf und Wareneingang
- Aufwendungen für Personalbüro und Ausbildungswesen
- Aufwendungen für Buchführung, Betriebsabrechnung und Kalkulation

Aufwendungen für **soziale Einrichtungen** sind:
- Aufwendungen für die Kantine und Essenszuschüsse
- Freizeitgestaltungsmöglichkeiten für Arbeitnehmer (z. B. Tennisplätze)

Aufgaben

1. Welche Vermögensgegenstände sind mit Herstellungskosten zu bewerten?

2. **Herstellungskosten Anlagevermögen**
Die BPS GmbH hat auf ihrem Grundstück eine Lagerhalle mit eigenen Mitarbeitern erstellt. Folgende Kosten sind dabei angefallen:

Material:	250.000,00 EUR	Materialgemeinkosten	25 %
Löhne:	105.000,00 EUR	Fertigungsgemeinkosten inkl. Abschreibungen	87 %

Transport des Materials: 6.000,00 EUR
Verwaltungsgemeinkosten: 10.000,00 EUR, darin enthalten sind Kosten für Einkauf und Wareneingang 2.000,00 EUR und Aufwendungen für die Buchführung von 800,00 EUR.
Für die Finanzierung der Halle hat die BPS GmbH ein Darlehen von 250.000,00 EUR aufgenommen und Zinsen in Höhe von 12.500,00 EUR gezahlt.

a) Stellen Sie die Wertuntergrenze und -obergrenze nach § 255 HGB tabellarisch dar.
b) Ermitteln Sie die Herstellungskosten nach § 255 HGB, wenn die BPS GmbH das Vermögen möglichst hoch ausweisen möchte.
c) Die Halle wurde im September des Jahres fertiggestellt. Ermitteln Sie den Wertansatz am Ende des Jahres, wenn die BPS GmbH einen minimalen Gewinn ausweisen möchte. Nutzungsdauer der Halle: 50 Jahre

3. **Herstellungskosten Fertigerzeugnisse**
Die BPS GmbH stellt Gummimatten für den Fitnessbereich her. Der Lagerbestand vom 31.12. des Jahres ist zu bewerten. Im abgelaufenen Jahr wurden 20.000 Matten hergestellt. Folgende Kosten sind entstanden:

Material:	30.000,00 EUR	Materialgemeinkosten:	9.000,00 EUR
Fertigungslöhne:	85.000,00 EUR	Fertigungsgemeinkosten:	102.000,00 EUR
SEKF:	3.000,00 EUR	Abschreibungen:	2.700,00 EUR
VwGK:	13.200,00 EUR	VtGK:	15.000,00 EUR
VwGK, davon allg.:	7.400,00 EUR		
Freiwillige soziale Leistungen:	1.500,00 EUR		
Aufwendungen für Betriebskindergarten:	3.200,00 EUR		
Betr. Altersvorsorge:	800,00 EUR		

a) Stellen Sie die Wertuntergrenze und -obergrenze nach § 255 HGB tabellarisch dar.
b) Ermitteln Sie die Herstellungskosten nach § 255 HGB, wenn die BPS GmbH das Vermögen möglichst hoch ausweisen möchte.
c) Ermitteln Sie den Wertansatz am Ende des Jahres, wenn die BPS GmbH einen minimalen Gewinn ausweisen möchte.

4. Angenommen, das Unternehmen verzeichnet in diesem Jahr einen außergewöhnlich hohen Gewinn. Wird es bei der Bewertung der unfertigen und fertigen Erzeugnisse die Ober- oder Untergrenze wählen? Begründung.

5. Warum dürfen Vertriebskosten nicht Bestandteil der Herstellungskosten sein?

7.8 Zweifelhafte und uneinbringliche Forderungen

Hinweis: Laut Lehrplan sind lediglich uneinbringliche Einzelforderungen zu behandeln ohne zweifelhafte Forderungen. Aus praktikablen Gründen sind im Folgenden dennoch die zweifelhaften Forderungen einbezogen.

Aufgaben

1. a) Über das Vermögen unseres Kunden Günter Schock wurde am 13.10. das Insolvenzverfahren eröffnet. Unsere Forderung: 9.520,00 EUR (einschließlich 19 % USt.). Buchung?
   b) Am 31.12. erfahren wir, dass das Insolvenzverfahren mangels Masse abgelehnt wurde. Buchung 31.12.?
   c) Statt b: Am 27.12. überweist der Insolvenzverwalter nach Abschluss des Verfahrens 952,00 EUR. Buchung 27.12.?

2. Von einer zweifelhaften Forderung über 8.330,00 EUR (einschließlich 19 % USt.) sind 60 % uneinbringlich geworden. Buchung 31.12.?

3. Von einer zweifelhaften Forderung in Höhe von 4.025,00 EUR werden am 20.10. nach Abschluss des gerichtlichen Vergleichsverfahrens 2.415,00 EUR auf unser Bankkonto überwiesen. Wie lautet die Buchung am 20.10.?

4. Ein Insolvenzverfahren wurde im Vorjahr mangels Masse eingestellt. Wider Erwarten werden uns dieses Jahr 2.380,00 EUR einschließlich 19 % USt. überwiesen. Buchen Sie den Zahlungseingang.

5. Nennen Sie drei Vorfälle, die den Buchhalter veranlassen, eine Forderung auf das Konto „zweifelhafte Forderungen" umzubuchen.

6. In welche drei Arten lassen sich Forderungen hinsichtlich ihrer Bonität einteilen?

7. Nennen Sie drei Vorfälle, die zu einer uneinbringlichen Forderung führen.

8. Wie werden a) zweifelhafte, b) uneinbringliche Forderungen buchhalterisch behandelt?

9. Führt die Abschreibung einer uneinbringlichen Forderung zu einer Vorsteuer- oder Umsatzsteuerberichtigung? Begründung.

10. Eine zweifelhafte Forderung in Höhe von 26.180,00 EUR ist endgültig uneinbringlich.

11. Ein Kunde beantragt Eröffnung des Insolvenzverfahrens. Forderung: 46.000,00 EUR.

12. Bilden Sie für nachfolgende Geschäftsvorfälle die Buchungssätze.

    a) Unser Kunde Lustig hat am 24.01.20.. das amtliche Insolvenzverfahren beantragt. Unsere Forderung beläuft sich auf 6.300,00 EUR inkl. 19 % USt.

    b) Nach Abschluss des Verfahrens im November 20.. werden 3.780,00 EUR auf unserem Bankkonto gutgeschrieben.

7.9 Rückstellungen

Stofftelegramm

Rückstellungen	= **Verbindlichkeiten,** deren **Höhe oder Fälligkeit ungewiss** ist → **Schätzungen** notwendig	
Rückstellungen für: (§ 249 HGB)	• ungewisse Verbindlichkeiten • unterlassene Instandhaltungsaufwendungen (best. Voraussetzungen) • Gewährleistungen (best. Voraussetzungen)	
Bildung einer Rückstellung:	Aufwandskonto	an 39 Rückstellungen
Auflösung der Rückstellung: a) Ertragsfall (Rückstellung > Zahlung):	39 Rückstellungen	an 280 Bank an 5480 Erträge
b) Aufwandsfall (Rückstellung < Zahlung):	39 Rückstellungen entsprechendes Aufwandskonto	an 280 Bank

Aufgaben

1. Bei einem laufenden Rechtsstreit mit einem Kunden rechnen wir mit Verfahrenskosten in Höhe von 2.000,00 EUR. Buchung?

2. Aufgrund einer Betriebsprüfung müssen wir mit Gewerbesteuernachzahlungen für das vergangene Jahr rechnen. Geschätzter Betrag: 8.000,00 EUR.

   a) Buchung zum 31.12. vergangenen Jahres?

   b) Buchung dieses Jahr: Wir haben richtig geschätzt und überweisen 8.000,00 EUR

   c) Buchung dieses Jahr: Wir haben zu hoch geschätzt und überweisen nur 6.000,00 EUR

   d) Buchung dieses Jahr: Wir haben zu niedrig geschätzt und überweisen 9.000,00 EUR

3. Erklären Sie den Begriff „Rückstellungen“ allgemein.

4. In welchen Fällen müssen Rückstellungen gebildet werden?

5. Erklären Sie die Erfolgswirksamkeit der Rückstellungsbildung.

6. Inwiefern unterscheiden sich Rückstellungen von Rücklagen?

7. Welchem Zweck dienen Rückstellungen?

Angaben zum Abschluss am 31.12.:

8. Dringend notwendige Maschinenreparaturen können erst im Januar durchgeführt werden. Voraussichtliche Kosten ca. 9.000,00 EUR netto.

9. Wir rechnen mit einer Gewerbesteuernachzahlung über 9.000,00 EUR.

10. Wir rechnen für einen laufenden Prozess mit voraussichtlichen Gerichtskosten in Höhe von 4.500,00 EUR.

11. Die Reparaturarbeiten an der Werkstattbelüftung sind noch nicht abgeschlossen. Der Kostenvoranschlag lautet auf 1.400,00 EUR + 19 % USt. Bilden Sie die entsprechende Rückstellung.

12. Es werden Rückstellungen für Gewährleistungsansprüche in Höhe von 8.500,00 EUR gebildet.

13. a) Am Geschäftsgebäude der Ulrich-Riese OHG wurden im September 00 bauliche Mängel festgestellt, die Mitte Oktober repariert wurden. Aufgrund des Kostenvoranschlages in Höhe von 15.000,00 EUR zuzüglich 19 % USt. wurde im Geschäftsjahr 00/01 eine Rückstellung gebildet. Wie lautete der Buchungssatz für diese Rückstellung am 30.09.01 (= Geschäftsjahresende)?

    b) Die tatsächlichen Kosten der Reparatur beliefen sich auf 15.500,00 EUR zuzüglich 19 % USt. Buchen Sie die Bezahlung der Rechnung per Banküberweisung im November 01.

7.10 Bilanzaufbereitung und Bilanzanalyse

Stofftelegramm

Bilanzbereinigung = Berichtigung verschiedener Vermögens- und Kapitalposten, z. B.:

- **ausstehende Einlagen** mit Eigenkapital verrechnen
- **Bilanzverlust** vom Eigenkapital abziehen
- **Bilanzgewinn:** bei GmbH nicht ausgeschütteten Teil (Gewinnvortrag) dem Eigenkapital zurechnen
- **Rückstellungen** aufteilen in kurzfristige und langfristige Rückstellungen

(Hinweis: Der Begriff „Strukturbilanz" in Lit. nicht einheitlich definiert!)

Bilanzaufbereitung

= Zusammenfass. + Gruppierung der Bilanzpositionen

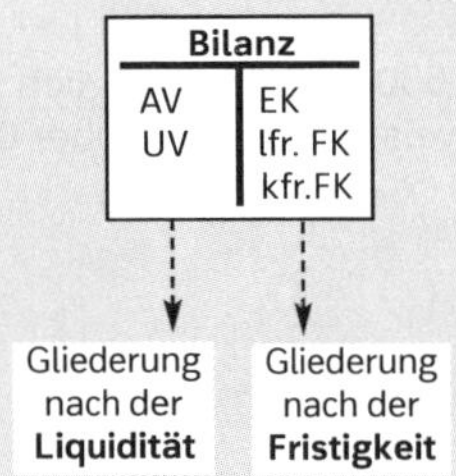

Erstellung eines **Bilanzaufbereitungs-schemas (Strukturbilanz)** z. B. wie nebenstehend:

Bilanzaufbereitungsschema = Strukturbilanz (z. B.)

	Berichtsjahr Tausend Euro	%	Vorjahr Tausend Euro	%	Zu-, Abnahme in Tausend Euro
Aktiva Sachanlagen Finanzanlagen					
Summe AV					
Vorräte Forderungen Flüssige Mittel					
Summe UV					
Summe Vermögen					
Passiva Gez. Kapital Rücklagen Gewinnvortrag					
Summe Eigenkapital					
Lfr. Fremdkapital Kfr. Fremdkapital					
Summe Fremdkapital					
Summe Kapital					

Die Bilanzstruktur

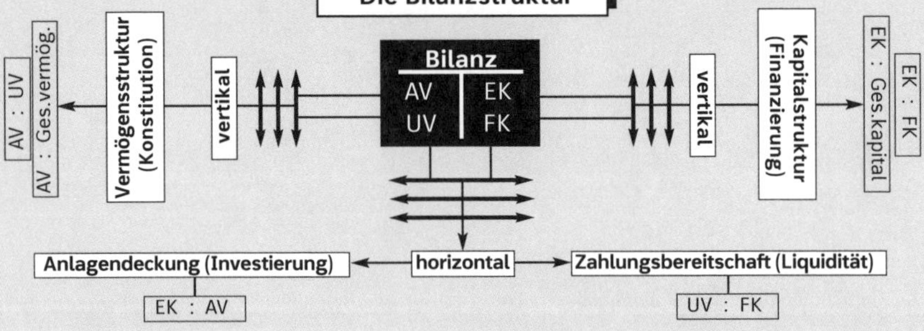

Bilanzkennzahlen

Hinweis: Verschuldungsgrad, Fremdkapitalquote und Anlageintensität werden im Lehrplan nicht mehr erwähnt.

Finanzierung (Kapitalstruktur)

Grad der finanziellen Unabhängigkeit (Eigenkap.quote) $= \frac{\text{EK} \cdot 100}{\text{Gesamtkapital}}$

Fremdkapitalquote $= \frac{\text{FK} \cdot 100}{\text{Gesamtkapital}}$

Verschuldungsgrad (Verschuldungskoeffizient) $= \frac{\text{FK} (\cdot 100)}{\text{Eigenkapital}}$

Konstitution (Vermögensstruktur)

Anlageintensität (-quote) $= \frac{\text{AV} \cdot 100}{\text{Gesamtvermögen}}$

Anmerkung:

Probleme eines hohen AV:

- hohe Fixkosten (Zwang zur Vollbeschäftigung)
- verminderte Anpassungsfähigkeit an Konjunkturschwankungen/Absatzrückgänge (unflexibel!)

Anmerkung: Je höher das EK, umso besser.
Vorteile eines hohen EK:
- große Haftsumme, hohe Kreditwürdigkeit
- Unabhängigkeit von Gläubigern
- Sicherheit in Krisenzeiten
- geringe Zins- + Tilgungsbelastung

Investierung (Anlagendeckung)

Deckungsgrad II $= \frac{(\text{Eigenkapital} + \text{langfristiges Fremdkapital}) \cdot 100}{\text{Anlagevermögen}}$

Anmerkung: Fristen zwischen Vermögen und Kapital sollten sich entsprechen. Das AV und der eiserne Bestand müssen mit EK + langfristigem Fremdkapital finanziert sein (**Goldene Bilanzregel**). Deckungsgrad **II** muss mindestens 100 % betragen!

Liquidität (Zahlungsbereitschaft)

Liquidität 2. Grades (einzugsbedingte Liquidität) $= \frac{(\text{flüssige Mittel} + \text{Forderungen}) \cdot 100}{\text{kfr. Verbindlichkeiten}}$

Anmerkung:
- flüssige Mittel = Bank + Kasse
- Kfr. Verb.: inkl. kurzfr. Rückstellungen und Dividende

Kritik:
- Vergangenheitszahlen (Bilanzstichtag weit zurückliegend)
- wichtige weitere Daten fehlen (Fälligkeiten, Kreditzusagen)
- leicht manipulierbar (Transaktionen am Bilanzstichtag!)

Geforderter Mindestwert:

Liquidität 2. Grades: 100 %

Rentabilitätskennziffern

Eigenkapitalrentabilität $= \frac{\text{Reingewinn} \cdot 100}{\text{durchschnittliches Eigenkapital}}$

Gesamtkapitalrentabilität $= \frac{(\text{Reingewinn} + \text{Zinsaufwendungen}) \cdot 100}{\text{durchschnittliches Gesamtkapital}}$

Umsatzrentabilität $= \frac{\text{Reingewinn} \cdot 100}{\text{Umsatzerlöse}}$

Hinweise:
- *durchschnittliches EK = (EK am Jahresanfang + EK am Jahresende laut Strukturbilanz) : 2*
- *durchschnittliches Gesamtkapital = (GK Jahresanfang + GK Jahresende laut Strukturbilanz) : 2*
- *Die Kennzahl „Return on Investment“ (ROI) wird häufig mit der Gesamtkapitalrentabilität gleichgesetzt.*

Cashflow-Analyse
Cashflow = Jahresüberschuss + Abschreibungen auf Anlagen + Zuführung zu lfr. Rückstellungen
Cashflow = augenblicklich **verfügbarer Betrag für** Dividendenzahlungen, Investitionen, Schuldtilgung ...
Cashflow = **Maßstab** für Ertragskraft, Selbstfinanzierungskraft, Kreditwürdigkeit, Expansionsfähigkeit

Aufgaben

1.

Reingewinn:	100.000,00 EUR	a) Eigenkapitalrentabilität?
Eigenkapital:	5.000.000,00 EUR	b) Gesamtkapitalrentabilität?
Fremdkapitalzinsen:	500.000,00 EUR	
Fremdkapital:	7.000.000,00 EUR	

2. Die Bilanz eines Industriebetriebes weist folgende Zahlen aus:

Aktiva	Bilanz		Passiva
Sachanlagen	660.000,00	Eigenkapital	460.000,00
Finanzanlagen	60.000,00	Langfristiges Fremdkapital	320.000,00
Roh-, Hilfs- und Betriebsstoffe	210.000,00	Kurzfristiges Fremdkapital	190.000,00
Forderungen	84.000,00	Langfristige Rückstellungen	101.000,00
Bank, Kasse	57.000,00		
	1.071.000,00		1.071.000,00

Ermitteln und beurteilen Sie den Deckungsgrad II, den Grad der finanziellen Unabhängigkeit, den Verschuldungsgrad, die einzugsbedingte Liquidität.

3. Erklären und begründen Sie den Begriff der Fristenparallelität.

4. a) Was versteht man unter optimalem Verschuldungsgrad? (Traditionelle und moderne Formulierung)
   b) Warum kann man keine allgemeine Aussage über den optimalen Verschuldungsgrad machen?

5. Welche Bedeutung hat generell die Höhe des Eigenkapitals?

6. Beurteilen Sie folgende Liquiditätskennziffer eines Unternehmens:

   Liquidität II (einzugsbedingte Liquidität) = 190 %

7. Inwiefern können Liquiditätskennziffern kritisiert werden?

8. Anlagenintensität der Unternehmen A: 30 %
   Anlagenintensität der Unternehmen B: 70 %

   Welche Nachteile hat Unternehmen B im Vergleich zu Unternehmen A?

9. Der Grad der finanziellen Unabhängigkeit ist bei einem Unternehmen innerhalb eines Jahres von 10 % auf 30 % gestiegen.

   a) Nennen Sie mögliche Ursachen dieser Entwicklung.
   b) Beurteilen Sie die obigen Prozentzahlen.

10. Handelt es sich bei der Formel zur Ermittlung des Deckungsgrades um eine Formel der horizontalen oder vertikalen Bilanzstruktur?

11. Beurteilen Sie folgende zwei Unternehmen mit folgenden Deckungsgraden:

    Unternehmen A: Deckungsgrad II = 100 %
    Unternehmen B: Deckungsgrad II = 170 %

12. a) Was versteht man unter Cashflow?
    b) Welche Aussagekraft hat der Cashflow?

13. Die Ulbrich-Riese OHG erwägt eine Beteiligung an der Weisser GmbH. Sie sind in dem verantwortlichen Projektteam und sollen die Jahresabschlussdaten der Weisser GmbH untersuchen und ein Votum gegenüber der Geschäftsleitung abgeben.

    Ihnen wurde folgende Teilaufgabe zugeteilt:
    Analyse von Anlagendeckungsgrad II, Eigenkapitalquote und Liquidität 2. Grades.

    a) Berechnen Sie die Kennzahlen jeweils für die vorherigen Jahre und das aktuelle Jahr und interpretieren Sie diese ausführlich. Gehen Sie dabei auch auf mögliche Gründe für die Änderungen ein.

    b) Die Ulbrich-Riese OHG will mit ihren Anlagen mindestens 15 % Eigenkapitalrendite erwirtschaften. Aus der Gewinn- und Verlustrechnung der Weisser GmbH ergibt sich ein Gewinn in Höhe von 96.000,00 EUR für das aktuelle Geschäftsjahr.

    Ist die Weisser GmbH diesbezüglich als Beteiligung für die Ulbrich-Riese OHG geeignet?

Strukturbilanz der Weisser GmbH

Werte in Euro

	Vorheriges Jahr	**Aktuelles Jahr**		**Vorheriges Jahr**	**Aktuelles Jahr**
Anlagevermögen			**Eigenkapital**	427.000,00	840.000,00
Grundstücke	1.500.000,00	1.600.000,00			
Techn. Anlagen	400.000,00	600.000,00	**Fremdkapital**		
			Verbindlichkeiten geg. Kreditinstituten, über ein Jahr Laufzeit	900.000,00	950.000,00
Umlaufvermögen					
Rohstoffe	150.000,00	100.000,00			
Forderungen aus Lieferungen und Leistungen	100.000,00	170.000,00	Verbindlichkeiten geg. Kreditinstituten, Laufzeit unter einem Jahr	700.000,00	500.000,00
Bankguthaben	20.000,00	7.000,00			
			Verbindlichkeiten aus Lieferungen und Leistungen	143.000,00	187.000,00
	2.170.000,00	2.477.000,00		2.170.000,00	2.477.000,00

14. Im Vorfeld der Gesellschafterversammlung der FUN KG werden Sie damit beauftragt, den Bericht des Abteilungsleiters vorzubereiten. Dazu legt Ihnen die Abteilungsleitung die aufbereitete Bilanz vor **(Anlage)**. Sie erhalten zusätzlich die Informationen, dass der Jahresüberschuss in beiden Jahren 2.500.000,00 EUR betrug und das Eigenkapital im Jahr 00 eine Höhe von 27,5 Mio. EUR hatte. Berechnen Sie für die Geschäftsjahre 01 und 02 die folgenden Kennzahlen (Rundung auf eine Dezimalstelle) und erläutern Sie jeweils deren Bedeutung:
    - Eigenkapitalquote
    - Liquiditätsgrad II
    - Anlagendeckungsgrad II
    - Eigenkapitalrentabilität

    Erstellen Sie aufgrund Ihrer Daten eine Beurteilung der Unternehmensentwicklung. Schlagen Sie zwei konkrete Maßnahmen vor, um den Liquiditätsgrad II zu verbessern.

Anlage

FUN KG

Aktiva	02	01	Passiva	02	01
A. Anlagevermögen			**A. Eigenkapital**	28,35	27,72
1. Grundstücke und Bauten	30,90	28,48	**B. Verbindlichkeiten**		
2. Maschinen	8,00	7,00	1. langfristige Verbindlichkeiten	17,00	12,41
3. Fuhrpark	4,00	3,00	2. kurzfristige Verbindlichkeiten	5,00	4,75
B. Umlaufvermögen					
1. Roh-, Hilfs- und Betriebsstoffe	4,95	4,00			
2. Unfertige Erzeugnisse	0,50	0,40			
3. Fertige Erzeugnisse	0,30	0,20			
4. Forderungen a. LL.	0,80	0,70			
5. Bank	0,80	1,00			
6. Kasse	0,10	0,10			
	50,35	**44,88**		**50,35**	**44,88**

Aufbereitete Bilanz zum 31.12.02 (in Mio. Euro)

7.11 Prüfungsaufgaben

Prüfungsaufgaben Winter 2016/2017 (Aufgabe 2)

Im Zuge Ihrer Tätigkeit in der Abteilung Rechnungswesen der SchmiKo GmbH bearbeiten Sie folgende Geschäftsvorfälle.

2.1 Die SchmiKo GmbH hat am 10.05.2016 eine Stanzmaschine bei der JP Technologie GmbH gekauft und folgende Rechnung (**Anlage 3**) erhalten.

Bilden Sie die Buchungssätze zum Kauf der Maschine und bei der Bezahlung am 23.05.2016.

2.2 Füllen Sie die Anlagenkarte (**Anlage 4**) für die neue Stanzmaschine vollständig aus und ermitteln Sie dabei den vorläufigen Abschreibungsplan für die ersten beiden Jahre der Nutzung.

2.3 Für die Produktion ihrer Möbel benötigt die SchmiKo GmbH Rundstahlrohre, die Preisschwankungen unterliegen. In den letzten beiden Monaten des Geschäftsjahres ist keine weitere Beschaffung des Rundstahlrohrs notwendig.

Berechnen Sie den voraussichtlichen Bilanzansatz für den Rohstoff Rundstahlrohre mit der Artikelnummer 886324 am 31.12.2016 nach dem gewogenen Durchschnittsverfahren (**Anlage 5**).

2.4 Begründen Sie, mit welchem Wert die Rundstahlrohre (Artikelnummer 886324) bilanziert werden müssten, wenn der Börsenpreis für Stahl am 31.12.2016 151,00 EUR je Tonne betragen würde.

Hinweis: Falls Sie in Aufgabe 2.3 zu keiner Lösung gekommen sind, dann gehen Sie von einem Bilanzansatz nach dem gewogenen Durchschnittsverfahren von 23.000,00 EUR aus.

2.5 Führen Sie zu den folgenden Geschäftsvorfällen die nötigen Buchungen durch.

2.5.1 Unser Kunde Müller Möbel KG hat uns am 05.08.2016 mitgeteilt, dass gegen ihn ein Insolvenzverfahren eingeleitet wurde und die SchmiKo GmbH vermutlich auf ihre Forderungen in Höhe von 11.900,00 EUR inkl. 19 % Umsatzsteuer verzichten muss. Mit Beendigung des Insolvenzverfahrens am 04.11.2016 wurde mit der Müller Möbel KG eine Vergleichsquote von 20 % vereinbart.

Nehmen Sie die erforderlichen Buchungen am 05.08.2016 und am 04.11.2016 vor.

2.5.2 Wegen eines Gerichtsverfahrens, dessen Ausgang ungewiss war, hatte die SchmiKo GmbH im Jahr 2015 Rückstellungen in Höhe von 8.000,00 EUR gebildet. Die SchmiKo GmbH wurde zur Zahlung von 9.500,00 EUR Prozesskosten verurteilt.

Buchen Sie die Banküberweisung am 30.10.2016.

Anlage 3

JP Technologie GmbH

Bodenseestr. 13, 78224 Singen

JP Technologie GmbH, Bodenseestr. 13, 78224 Singen

SchmiKo GmbH
Karlstr. 14
89073 Ulm

Rechnungsdatum: 10.05.2016
Rechnungsnummer: 411289
Kundennummer: 34873
Telefon: 0731 489620-022, Braun

Rechnung

Position	Beschreibung	Menge	Gesamtpreis in Euro
1	Stanzmaschine Typ: XLM 2300 inkl. Montage	1	750.000,00
	Rabatt 10 %		75.000,00
2	Fundament	1	20.000,00
		Summe (netto)	695.000,00
		USt. 19 %	132.050,00
		Summe (brutto)	**827.050,00**

Zahlungsbedingungen:
14 Tage 3 % Skonto auf den Rechnungsbetrag, 30 Tage netto

Mit freundlichen Grüßen

JP Technologie GmbH

P. Fischer

i. A. Paul Fischer

Bankverbindung: Deutsche Bank IBAN: DE58 7890 0050 6200 4789 89 BIC: DEUTDESS631	Gerichtsstand: Singen Handelsregister: HR B 58696 Geschäftsführer: Patrick Braun	Steuernr.: 46030/563862 USt-IdNr.: DE300586391 Finanzamt Singen

Anlage 4

Anlagekarte			
SchmiKo GmbH			
Bezeichnung:		Anlagekonto:	
Anschaffungsjahr:		Anschaffungsdatum:	
Anschaffungskosten in Euro:		**Lieferant:** Name: Anschrift:	
Nutzungsdauer/Jahre: 14 Jahre		Abschreibungsmethode: linear	
Jahr (31.12.)	**AfA-Satz in % p. a.**	**AfA in Euro**	**Restbuchwert in Euro**
2016			
2017			

Anlage 5

Lager-Kontoblatt SchmiKo GmbH **Stahlrohre 50 mm, Artikel-Nummer: 886324, Menge in Tonnen (t)**				
Datum	**Bewegung**	**Zugänge**	**Einstandspreis in Euro pro t**	**Bestand**
01.01.2016	Anfangsbestand		152,00	210 t
05.02.2016	Zugang	40 t	148,00	
10.06.2016	Zugang	90 t	142,00	
07.08.2016	Zugang	60 t	156,00	
16.10.2016	Zugang	110 t	162,00	
31.12.2016	Endbestand			150 t

Prüfungsaufgaben Sommer 2017 (Aufgabe 2)

Sie sind in der Finanzbuchhaltung der VEITH AG beschäftigt und arbeiten bei der Vorbereitung und Realisation von verschiedenen Bewertungsentscheidungen mit. Die VEITH AG stellt große Druckmaschinen her. Durch den Einzug der digitalen Medien sind die Umsätze der VEITH AG in den letzten Jahren rückläufig. Das Geschäftsjahr endet abweichend zum Kalenderjahr am 30.06.2017.

2.1 Die VEITH AG kaufte am 28.03.2017 beim Autohaus Seibel in Ravensburg einen neuen Firmenwagen für den Leiter der Vertriebsabteilung **(Anlage 4).**

2.1.1 Ermitteln Sie die Anschaffungskosten.

2.1.2 Führen Sie die notwendigen Buchungen bei Rechnungseingang durch.

2.1.3 Die betriebsgewöhnliche Nutzungsdauer des neuen Firmenwagens beträgt sechs Jahre.
- Ermitteln Sie den voraussichtlichen Bilanzansatz des neuen Firmenwagens (Aufgabe 2.1.1) zum Ende des Geschäftsjahres am 30.06.2017.
- Geben Sie den Buchungssatz für die Buchung der Abschreibung im aktuellen Geschäftsjahr an.

2.2 Aufgrund der angespannten Geschäftslage gibt der Vorstand der VEITH AG vor, die Bewertungsspielräume so auszunutzen, dass das Ergebnis möglichst hoch ausfällt.

2.2.1 Im April 2017 wurden zwei Druckmaschinen im Rahmen einer Sonderanfertigung für den Kunden LE-Verlag fertiggestellt. Im Juli 2017 sollen diese Druckmaschinen ausgeliefert werden. Für die Ermittlung des Bilanzansatzes zum 30.06.2017 wurden von der Kostenrechnung Informationen eingeholt **(Anlagen 5 und 6).**

Ermitteln und begründen Sie den Wertansatz für die zwei Druckmaschinen unter Berücksichtigung der Vorgaben des Vorstandes.

2.2.2 Für die Herstellung der Druckmaschinen verwendet die VEITH AG u. a. Feinkornbaustahl.
- Ermitteln Sie den Wert des Feinkornbaustahls nach der Methode des gewogenen Durchschnitts mithilfe der **Anlage 7**.
- Begründen Sie den Bilanzansatz des Feinkornbaustahls, wenn der Tagespreis am 30.06.2017 705,00 EUR/Tonne beträgt. Gehen Sie davon aus, dass zwischen dem 20.04.2017 und dem Bilanzstichtag keine Bestandsveränderungen stattfinden.

2.3 Zur Vorbereitung der Bilanzpressekonferenz werden verschiedene Bilanzkennzahlen ermittelt, um die wirtschaftliche Situation des Unternehmens zu verdeutlichen. Der Finanzvorstand befürchtet, dass diese Kennzahlen im Vergleich zur Branche schlecht ausfallen.

2.3.1 Berechnen und beurteilen Sie für das Geschäftsjahr 2016/17 folgende Bilanzkennzahlen **(Anlagen 8 und 9)**:
- Eigenkapitalquote
- Deckungsgrad II
- Liquidität I

(Rundung jeweils auf eine Nachkommastelle)

2.3.2 Erläutern Sie zwei konkrete Maßnahmen, wie die Situation verbessert werden kann.

Anlage 4

Autohaus Seibel

Autohaus Seibel, Industriestr. 11, 88212 Ravensburg

VEITH AG
Industriestr. 22
88212 Ravensburg

Rechnung

Kundennummer:	5519
Lieferschein-Nr.:	
Rechnungs-Nr.:	4717
Auftrags-Nr.:	12956

Ihre Zeichen,	Ihre Nachricht vom	Unsere Zeichen, unsere Nachricht vom	Telefondurchwahl,	Datum
		FT	0751 163-100	28.03.2017

Audi Q7 Fahrgestellnummer: VHT12599866789

1 Audi Q7 Listenpreis	90.000,00 EUR
Rabatt 10 % auf den Listenpreis	9.000,00 EUR
Überführung	500,00 EUR
Firmenaufschrift VEITH AG	1.000,00 EUR
Anhängerkupplung abnehmbar	350,00 EUR
Montage Anhängerkupplung	100,00 EUR
Zwischensumme	**82.950,00 EUR**
+ MwSt.	15.760,50 EUR
Gesamtbetrag	**98.710,50 EUR**
Auslagen:	
1. Tankfüllung inkl. MwSt.	35,70 EUR
Zulassungsgebühren lt. Beleg	50,00 EUR
Rechnungsbetrag:	**98.796,20 EUR**

Zahlungsbedingungen: zahlbar innerhalb von 30 Tagen ohne Abzug

	Kontakt		Bankverbindung	
Steuer-Nr. 35012/12345	Tel:	+49 751 123-000	Bank:	CC-Bank
USt-IdNr. DE830240054	Fax:	+49 751 123-101	Bankort:	Ravensburg
Finanzamt Ravensburg	E-Mail:	info@seibel.de	IBAN: DE30 7236 5090 0401 2034 09	
Handelsregister HRB 1586	Internet:	www.seibel.de	BIC: DEUTDEB1CDU	

Anlage 5

Kalkulationsdaten: zwei Druckmaschinen (Sonderanfertigung) Kunde LE-Verlag	
Materialeinzelkosten	200.000,00 EUR
Fertigungseinzelkosten	130.000,00 EUR
Materialgemeinkostensatz	25 %
Fertigungsgemeinkostensatz	110 %
Verwaltungsgemeinkostensatz	12 %
Vertriebsgemeinkostensatz	14 %

Anlage 6: Auszug aus dem HGB

§ 255 Bewertungsmaßstäbe

[...]

(2) Herstellungskosten sind die Aufwendungen, die durch den Verbrauch von Gütern und die Inanspruchnahme von Diensten für die Herstellung eines Vermögensgegenstands, seine Erweiterung oder für eine über seinen ursprünglichen Zustand hinausgehende wesentliche Verbesserung entstehen. Dazu gehören die Materialkosten, die Fertigungskosten und die Sonderkosten der Fertigung sowie angemessene Teile der Materialgemeinkosten, der Fertigungsgemeinkosten und des Werteverzehrs des Anlagevermögens, soweit dieser durch die Fertigung veranlasst ist. Bei der Berechnung der Herstellungskosten dürfen angemessene Teile der Kosten der allgemeinen Verwaltung sowie angemessene Aufwendungen für soziale Einrichtungen des Betriebs, für freiwillige soziale Leistungen und für die betriebliche Altersversorgung einbezogen werden, soweit diese auf den Zeitraum der Herstellung entfallen. Forschungs- und Vertriebskosten dürfen nicht einbezogen werden.

[...]

Anlage 7

Lagerkarte

Artikel-Nr. 200099
Artikelbezeichnung: Feinkornstahl, flach, 5 mm

Mindestbestand: 10
Höchstbestand: 150
Einheit: Tonne

Datum	Einkauf	Preis in Euro je Tonne	Entnahme	Lagerbestand
01.07.2016		702,00		50
15.08.2016	50	742,00		
24.09.2016			80	
09.11.2016	70	680,00		
15.12.2016			50	
28.01.2017	100	695,00		
01.03.2017			70	
20.04.2017	50	704,00		

Anlage 8

Aufbereitete Bilanz der VEITH AG für das Geschäftsjahr 2016/17 (in Mio. Euro)

Aktiva		**Passiva**	
A. Anlagevermögen		**A. Eigenkapital**	
I. Sachanlagen	83,4	I. Gezeichnetes Kapital	21,0
II. Finanzanlagen	16,4	II. Kapitalrücklage	3,4
		III. Gewinnrücklage	
Summe:	99,8	1. gesetzl. Rücklage	2,5
		2. andere Gewinnrücklagen	5,9
		IV. Jahresüberschuss	1,9
		Summe:	34,7
B. Umlaufvermögen			
I. Vorräte	50,1		
II. Forderungen a. LL.	44,3	**B. Langfristiges Fremdkapital**	
III. Wertpapiere	2,9	1. Pensionsrückstellungen	29,1
IV. Kasse, Bank	10,4	2. Verbindlichkeiten geg. Kreditinstituten	60,9
Summe:	107,7	Summe:	90,0
		C. Kurzfristiges Fremdkapital	
		1. sonst. Rückstellungen	36,2
		2. Verbindlichkeiten a. LL.	46,6
		Summe:	82,8
	207,5		207,5

Anlage 9

Branchendurchschnittswerte Anlagenbau	
Eigenkapitalquote	28,8 %
Deckungsgrad II	120,4 %
Liquidität I	21,1 %

Prüfungsaufgaben Winter 2017/2018 (Aufgabe 2)

In der Finanzbuchhaltung gehört es zu Ihren Aufgaben, die Geschäftsvorfälle zu erfassen sowie den Jahresabschluss vorzubereiten.

2.1 Die Karl Schneider GmbH erhält am 14.10.2017 eine Rechnung (**Anlage 5**).

2.1.1 Bilden Sie den Buchungssatz für den Rechnungseingang.

2.1.2 Wir überweisen den Rechnungsbetrag am 24.10.2017. Bilden Sie den Buchungssatz.

2.1.3 Die Entwicklung des Bestandes an Rosenholz-Brettern 200 cm × 20 cm wurde bis zum 08.10.2017 auf einer Lagerkarte dokumentiert (**Anlage 6**).

- Aktualisieren Sie den Zugang der Rosenholzbretter in der Lagerkarte. Es sind keine weiteren Zugänge bis zum Geschäftsjahresende geplant.
- Bewerten Sie den voraussichtlichen Endbestand zum 31.12.2017 nach dem gewogenen Durchschnittverfahren. Der Marktpreis am Bilanzstichtag wird voraussichtlich 192,00 EUR betragen.
- Erläutern Sie, wie sich die Bewertung auf das Unternehmensergebnis auswirkt.

2.2 Über unsere Schuldnerin, die Konrad Meise OHG, wurde das Insolvenzverfahren eröffnet. Unsere Forderung beläuft sich auf 3.808,00 EUR inkl. 19 % Umsatzsteuer.

2.2.1 Nehmen Sie die notwendige Buchung nach Eingang des Schreibens des Insolvenzverwalters am 30.10.2017 vor.

2.2.2 Nach Abschluss des Insolvenzverfahrens am 07.11.2017 erhalten wir eine Bankgutschrift in Höhe von 1.904,00 EUR.

Bilden Sie den Buchungssatz für diesen Vorgang.

2.3 Die Karl Schneider GmbH kauft am 02.10.2017 ein Grundstück für 265.000,00 EUR. Bei der Suche nach einem Grundstück war ein Makler tätig. Dieser stellt uns 3 % Courtage (Provision) auf den Kaufpreis zzgl. 19 % Umsatzsteuer in Rechnung. Die Grunderwerbsteuer beträgt 5 % des Kaufpreises. Zur Erstellung des Kaufvertrages stellt ein unabhängig bestellter Notar 1.325,00 EUR (zzgl. 19 % USt.) in Rechnung. Außerdem fallen für die Umschreibung des Eigentumswechsels im Grundbuch Gebühren in Höhe von 714,00 EUR an. An Grundsteuer werden im Oktober 165,00 EUR an die Gemeinde Ettlingen entrichtet.

2.3.1 Ermitteln Sie die Anschaffungskosten.

2.3.2 Die Grundbuchgebühren und die Maklercourtage wurden bar bezahlt. Bilden Sie die Buchungssätze. Alle weiteren Zahlungsvorgänge wurden über unser Bankkonto beglichen.

Bilden Sie für alle in **Anlage 7** ersichtlichen Vorgänge ebenfalls die Buchungssätze.

Anlage 5

Sägewerk Hirsch KG

Niederlassung Karlsruhe * Industriestraße 19 * 76135 Karlsruhe

☎ +49 721 99847-0

Karl Schneider GmbH
Am Hesselborn 24
76275 Ettlingen

Rechnungs-Nr. **45123**
Datum 12.10.2017

Sehr geehrte Damen und Herren,

vielen Dank für Ihren Auftrag!
Hiermit stellen wir Ihnen unsere Lieferung vom 11.10.2017 in Rechnung:

Art-Nr.	Artikelbezeichnung	Menge	Einzelpreis	Betrag
10006	Holzbretter Rosenholz 200 cm × 20 cm	200	204,00	40.800,00

Nettowarenwert	40.800,00
+ 19 % USt.	7.752,00
Rechnungsbetrag	**48.552,00**

Lieferung frei Haus
Zahlungsbedingung: 14 Tage 2,5 % Skonto, 30 Tage rein netto

Mit freundlichen Grüßen

i. A. Ayfer Bayri

Bank: Unternehmerbank Karlsruhe (IBAN DE75 6129 0120 0528 1810 05, BIC GENODES1KAR)
Sitz/Registergericht: Karlsruhe HRA 963
Steuer-Nr.: 47032/00178

Anlage 6

Lagerkarte Rosenholz-Bretter 200 cm × 20 cm				
	Datum	**Menge**		**Anschaffungskosten je Stück**
Anfangsbestand	01.01.2017	300		200,00 EUR
Entnahme	20.02.2017		250	
Zugang	15.03.2017	250		185,50 EUR
Zugang	08.08.2017	400		193,75 EUR
Entnahme	10.09.2017		500	
Zugang				
Endbestand				

Anlage 7

LS				
LS-Bank Stuttgart		**Auszug 78**	**Konto**	**24 999 111**
Tag	**Text**	**Wert**	**zu Lasten**	**zu Gunsten**
	Auszüge der Kontoumsätze			
02.10.	Kaufpreis Grundstück	02.10.	265.000,00	
...				
09.10.	Rechnung Notar	09.10.	1.576,75	
...				
31.10.	Monatsbescheid Grundsteuer Gemeinde Ettlingen	31.10.	165,00	
++++	**NEUER ZINSSATZ SEIT 01.10.: 10,25 %** **IBAN DE66 2405 0000 0024 9991 11** **BIC SOLADES1STG**			

Prüfungsaufgaben Sommer 2018 (Aufgabe 2)

Zu Ihren Aufgaben in der Finanzabteilung zählen auch das Buchen von Belegen und die Vorbereitung bzw. die Nachbereitung des Jahresabschlusses.

2.1 Ihnen wird eine Rechnung der Teufel GmbH vorgelegt **(Anlage 4)**.

2.1.1 Bilden Sie den Buchungssatz.

2.1.2 Bilden Sie den Buchungssatz für die Zahlung der Rechnung am 13.05.2018.

2.2 Aufgrund eines Gebäudeschadens in der Lagerhalle im Herbst 2017 wurden am Ende des Geschäftsjahres 5.000,00 EUR für die Reparatur zurückgestellt.

2.2.1
- Geben Sie den Buchungssatz zum Geschäftsjahresende 2017 an.
- Begründen Sie, wie sich der Sachverhalt auf das Betriebsergebnis ausgewirkt hat.

2.2.2 Am 02.05.2018 erhalten wir, nach erfolgter Reparatur, die Rechnung des Handwerkers über 5.500,00 EUR zuzüglich 19 % Umsatzsteuer.

Bilden Sie den Buchungssatz.

2.3 Von unserer Kundin Müller GmbH erhalten Sie ein Schreiben, in dem uns mitgeteilt wird, dass sich die Müller GmbH in Zahlungsschwierigkeiten befindet. Die Kundin bittet um einen Vergleich der noch ausstehenden Rechnungen (**Anlage 5**). Ihr Unternehmen geht darauf ein und einigt sich mit der Müller GmbH auf eine Vergleichsquote von 30 %.

Bilden Sie den Buchungssatz für den Forderungsausfall.

2.4 Die Geschäftsleitung beauftragt Sie, den Jahresabschluss 2017 (**Anlage 6**) auszuwerten.

2.4.1 Berechnen und beurteilen Sie die Liquidität 1. und 2. Grades des Unternehmens im Jahr 2017.

2.4.2 Unterbreiten Sie der Geschäftsleitung drei Vorschläge zur Verbesserung der Liquidität.

2.4.3
- Berechnen Sie die Umsatz- und Gesamtkapitalrentabilität.
- Vergleichen Sie Ihre Ergebnisse mit den Branchenwerten aus **Anlage 7.**

Anlage 4

Teufel GmbH

Teufel GmbH – Rostocker Str. 27 – 71083 Herrenberg

Rechnung

Sapper GmbH
Nagolder Str. 15
72181 Felldorf

Kundennummer: 56887
Lieferschein-Nr.: 32108
Rechnungs-Nr.: 34506

Ihre Zeichen, Ihre Nachricht vom	Unsere Zeichen, unsere Nachricht vom	Telefondurchwahl,	Name	Datum
2018-04-24	bt	-337	Beiter	2018-05-03

Sehr geehrte Damen und Herren,

aufgrund unserer Lieferung vom 25.04.2018 stellen wir Ihnen Folgendes in Rechnung:

Nr.	Beschreibung	Menge	VK-Preis	Rabatt		Betrag
1	Möbelbeschläge XR-100	1.000	524,36 EUR	5 %		498,14 EUR
2	Verpackung	1	4,50 EUR			4,50 EUR
	Nettobetrag					502,64 EUR
	Umsatzsteuer				19 %	95,50 EUR
	Rechnungsbetrag					**598,14 EUR**

Zahlungsbedingungen: 14 Tage 2 % Skonto, 30 Tage netto

Vielen Dank für den Auftrag.

Mit freundlichem Gruß
Teufel GmbH

i. A. Beiter

	Kontakt		Bankverbindung	
Rostocker Str. 27	Tel:	+49 7032 837 0	Bank:	Sparkasse
71083 Herrenberg	Fax:	+49 7032 837 60	Bankort:	Tübingen
Geschäftsführer Lars Teufel	E-Mail:	info@teufel-herrenberg.de	IBAN	DE36 6415 0020 0001 7583 96
HRB 67492	Internet:	www.teufel-herrenberg.de	BIC	SOLADES1TUB

Anlage 5

Offene Posten-Liste

Debitor Müller GmbH Kd.-Nr. 125467

Rechnung	Datum	Verzug	Mahnung	Bezahlt	Offen
32542	12.11.17	114 Tage	3	0	1.235,66
32611	24.11.17	101 Tage	3	0	2.453,21
38561	03.02.18	63 Tage	2	0	1.785,13
Anzahl der Posten		**3**			**5.474,00**

Anlage 6

Aktiva	verkürzte Bilanz Sapper GmbH zum 31.12.2017 (in Euro)		Passiva
Gebäude und Grundstücke	1.240.000,00	Stammkapital[1]	1.500.000,00
Technische Anlagen	800.000,00	Jahresüberschuss	185.590,00
Fuhrpark	340.000,00	Langfr. Verb. ggü. Kredit-instituten	1.301.880,00
Betriebsausstattung	640.040,00	Verb. a. LL.	626.150,00
Roh-, Hilfs- u. Betriebsstoffe	182.000,00		
Erzeugnisse	130.000,00		
Forderungen	245.920,00		
Bank	20.760,00		
Kasse	14.900,00		
Bilanzsumme	3.613.620,00	Bilanzsumme	3.613.620,00

[1] Entspricht dem durchschnittlichen Kapital des Geschäftsjahres

Aufwendungen	GuV Sapper GmbH zum 31.12.2017 (in Euro)		Erträge
Aufwendungen für RHB	1.580.400,00	Umsatzerlöse	3.845.240,00
Aufwendungen für Instandhaltung	82.000,00		
Löhne und Gehälter	1.875.000,00		
Abschreibungen	69.250,00		
Zinsaufwand	53.000,00		
Jahresüberschuss	185.590,00		
	3.845.240,00		3.845.240,00

Anlage 7

Kennzahlen der Möbelindustrie für das Jahr 2017

Umsatzrentabilität:	5,21 %
Gesamtkapitalrentabilität:	6,41 %
Eigenkapitalquote:	24,36 %

Prüfungsaufgaben Winter 2018/2019 (Aufgabe 2)

Bei der Schecke GmbH wird der Jahresabschluss vorbereitet. Sie werden zur Unterstützung des Buchhaltungsteams herangezogen und bearbeiten die folgenden Vorgänge.

2.1 Am Ende des Monats Oktober 2018 weisen die Konten Vorsteuer (2600) und Umsatzsteuer (4800) folgende aufsummierten Beträge (in Euro) aus:

Soll	2600	Haben
340.000,00		60.000,00

Soll	4800	Haben
40.000,00		680.000,00

Bilden Sie die Buchungssätze zum 30.10.2018 und zum 10.11.2018. Die Zahllast wird durch Banküberweisung beglichen.

2.2 Die Schecke GmbH kauft am 14.11.2018 eine Lagerhalle mit Grundstück. Ihr Vorgesetzter übergibt Ihnen eine E-Mail **(Anlage 5)** sowie einen Kontoauszug **(Anlage 6)** zur Bearbeitung mit den nachfolgenden Arbeitsaufträgen.

2.2.1 Ermitteln Sie die Anschaffungskosten für die Lagerhalle und für das Grundstück.

2.2.2 Bilden Sie alle mit dem Kauf in Zusammenhang stehenden Buchungssätze.

2.2.3 Die Nutzungsdauer für das Gebäude beträgt 50 Jahre. Die Abschreibung erfolgt linear.

Buchen Sie die planmäßige Abschreibung für das Jahr 2018.

2.3 Die Schecke GmbH hat derzeit Forderungen in Höhe von 38.675,00 EUR (brutto) gegenüber ihrem Kunden, der Webewr OHG. Am 11.12.2018 informiert uns der Insolvenzverwalter, dass das Insolvenzverfahren gegen unseren Kunden abgeschlossen ist. Daraufhin erfolgt eine Bankgutschrift der Weber OHG in Höhe von 7.735,00 EUR bei der Schecke GmbH.

Nehmen Sie alle erforderlichen Buchungen vor.

2.4 Ein Auszubildender wendet sich mit einer Frage an Sie: Er bittet Sie, ihm die notwendigen Buchungen im Zusammenhang mit Rückstellungen zu erklären. Sie verdeutlichen das Vorgehen anhand des folgenden Beispiels aus der Vergangenheit.

2.4.1 Zum Ende des Jahres 2017 musste eine Rückstellung für Gewerbesteuernachzahlung in Höhe von 5.000,00 EUR gebildet werden.

Erstellen Sie den Buchungssatz für die Bildung der Rückstellung zum 31.12.2017.

2.4.2 Im März 2018 erhielt die Schecke GmbH den Steuerbescheid über die noch zu zahlende Gewerbesteuer für 2017 in Höhe von 4.500,00 EUR. Der fällige Steuerbetrag wurde im April 2018 überwiesen.

Bilden Sie den Buchungssatz.

2.5 Nachdem alle Bilanzpositionen zum Jahresabschluss vorläufig bewertet wurden, ergibt sich eine Strukturbilanz zum 31.12.2018 (**Anlage 7**). Um eine bessere Übersicht über die aktuelle Lage des Unternehmens zu erhalten, bittet Sie die Geschäftsleitung, Kennzahlen zur Beurteilung der Unternehmenssituation zu ermitteln.

- Berechnen Sie nachvollziehbar die Eigenkapitalquote, den Anlagendeckungsgrad II und die Eigenkapitalrentabilität (Rundung auf zwei Nachkommastellen).
- Beurteilen Sie Ihre Ergebnisse unter Berücksichtigung von **Anlage 8.**

Anlage 5: Auszug E-Mail

Von:	geschaeftsleitung@schecke.de
An:	fibu@schecke.de
Datum:	15.11.2018
Betreff:	Kauf Grundstück mit Lagerhalle

An die Finanzbuchhaltung,

wir möchten Sie darüber informieren, dass der Kauf des Grundstücks mit Lagerhalle erfolgreich abgeschlossen wurde.
Wir möchten Sie nun bitten, die im Zusammenhang mit der Finanzbuchhaltung stehenden Aufgaben durchzuführen.
Dafür möchten wir Ihnen folgende Informationen zukommen lassen.

Kaufdatum: 14.11.2018
Kaufpreis Grundstück mit Lagerhalle: 600.000,00 EUR
Größe des Grundstücks beträgt 300 m^2
Preis pro m^2: 400,00 EUR
Grunderwerbsteuer: 30.000,00 EUR
Maklerprovision für den Käufer: 15.470,00 EUR einschließlich 19 % USt.
Grundsteuer: 6.300,00 EUR

Mit freundlichen Grüßen
Thomas Schecke
Geschäftsleitung

Schecke GmbH
79379 Müllheim
Mobil: 0170 4959512

Anlage 6: Kontoauszug

Privatbank Müllheim

Kontoauszug 36

Privatbank Müllheim | UST-ID DE258542116 | Blatt 5

Datum	Erläuterungen	Betrag (Euro)
	Wert: 16.11.2018	1.127.841,72 +
15.11.2018	Lastschrift Grundstück mit Lagerhalle Re.Nr. 176	600.000,00 –
15.11.2018	Maklerprovision	15.470,00 –
15.11.2018	Grundsteuer	6.300,00 –
15.11.2018	Grunderwerbsteuer	30.000,00 –

Schecke GmbH

Ihre IBAN: DE28 3682 6041 0022 6200 09
SWIFT-BIC: PBMUEGVOKVF
www.privatbank-müllheim.de

Anlage 7: Strukturbilanz

Aktiva — Strukturbilanz der Schecke GmbH zum 31.12.2018 — Passiva

Aktiva		Passiva	
I. Anlagevermögen		I. Eigenkapital	1.850.000,00
1. Sachanlagen	2.350.000,00	II. Fremdkapital	
2. Finanzanlagen	300.000,00	1. langfristig	
II. Umlaufvermögen		Bankdarlehen	1.650.000,00
1. Vorräte	555.000,00	Rückstellungen	110.000,00
2. Ford. a. L.L.	350.000,00	2. kurzfristig	
3. Flüssige Mittel	216.000,00	Verb. a. L.L.	141.000,00
		sonstige Verb.	20.000,00
	3.771.000,00		3.771.000,00

Das Eigenkapital zum 01.01.2018 betrug 1.686.500,00 EUR.

Anlage 8: Brancheninformation

Laut Auskunft des Brancheninformationsdienstes Businessdata weisen vergleichbare Unternehmen unserer Branche durchschnittlich folgende Werte aus:

- EK-Rentabilität: 11,6 %
- Anlagendeckungsgrad I: 87,4 %
- Anlagendeckungsgrad II: 152,8 %
- EK-Quote: 48,9 %

Prüfungaufgaben Sommer 2019 (Aufgabe 2, teilweise)

Im Rahmen Ihrer Tätigkeit bei der VeloStar GmbH in Freiburg sind Sie zeitweise auch in der Finanzbuchhaltung beschäftigt und dort für das Tagesgeschäft und den Jahresabschluss zuständig.

2.3 Zurzeit ist eine Auszubildende in Ihrer Abteilung eingesetzt. Im Rahmen eines Lehrgesprächs zeigen Sie ihr alle Schritte vom Kauf bis zum Verkauf eines Anlagegutes an einem Beispiel aus der Vergangenheit.

2.3.1 Die VeloStar GmbH kaufte am 05.04.2017 eine Verpackungsmaschine (**Anlage 7**). Die Nutzungsdauer der Verpackungsmaschine beträgt 13 Jahre.

Stellen Sie die Buchungssätze für den Kauf der Verpackungsmaschine am 05.04.2017 sowie deren Bezahlung per Banküberweisung am 14.04.2017 dar. Es wurde Skonto in Höhe von 3 % in Anspruch genommen.

2.3.2 Ermitteln Sie die Abschreibungsbeträge und den jeweiligen Buchwert am Ende des ersten und zweiten Jahres bei linearer Abschreibung.

2.3.3 Die Verpackungsmaschine wurde am 20.12.2018 zum Preis von 69.000,00 EUR (netto) verkauft.

Bilden Sie alle erforderlichen Buchungssätze für den Verkauf und den Jahresabschluss.

Hinweis: Sollten Sie in Aufgabenteil 2.3.2 zu keiner Lösung gekommen sein, gehen Sie von einem Restbuchwert in Höhe von 68.000,00 EUR aus.

2.4 Die Bilanzprüfung des Jahresabschlusses von 2018 ergab Unstimmigkeiten bei der Bewertung von drei Bilanzpositionen der VeloStar GmbH. Sie werden gebeten, den Wertansatz erneut zu ermitteln.

2.4.1 In der Lagerdatei (**Anlage 8**) sind der Anfangsbestand sowie die Zugänge und Entnahmen des Fahrradreinigers „SoftCare“ für das Jahr 2018 erfasst.

Ermitteln Sie den Schlussbestand zum 31. Dezember 2018 und bewerten Sie diesen nach dem Verfahren des gewogenen Durchschnitts.

2.4.2 Die VeloStar GmbH sichert ihren Kunden auf alle Produkte eine Garantie von 36 Monaten zu. Im letzten Jahr wurden Produkte im Wert von 2.000.000,00 EUR umgesetzt. Erfahrungsgemäß rechnet die VeloStar GmbH damit, dass Garantieleistungen in Höhe von 3 % des Jahresumsatzes in Anspruch genommen werden.

Bilden Sie den Buchungssatz zur Bildung der Rückstellung zum 31.12.2018.

2.4.3 Zum Jahresende 2018 hat die VeloStar GmbH noch 180 Stück des Artikels „Kinderrad Speedy“ auf Lager. Die Herstellungskosten pro Fahrrad betrugen 240,00 EUR, der Verkaufspreis zum 31.12.2018 lag bei 300,00 EUR. In der Bilanz von 2018 wurden die Fahrräder mit 54.000,00 EUR bewertet.

Begründen Sie, ob dieser Ansatz zulässig war.

Anlage 7

Klaus Maschinen AG

Karlsruher Str. 39 • 77656 Offenburg

VeloStar GmbH
Dammstraße 20
79098 Freiburg

05.04.17
Kundennummer: 6655
Rechnungsnummer: 49871

Rechnung

Pos.	Bezeichnung	
1	Verpackungsmaschine X35 abzüglich 10 % Rabatt	87.000,00 EUR 8.700,00 EUR
2 3	Transport und Entladung Montage und Inbetriebnahme	900,00 EUR 800,00 EUR
	Zwischensumme zzgl. 19 % Umsatzsteuer	80.000,00 EUR 15.200,00 EUR
Rechnungsbetrag (inkl. USt.)		95.200,00 EUR

Zahlungsbedingungen: innerhalb von 10 Tagen 3 % Skonto auf Position 1, sonst 30 Tage ohne Abzug

Vielen Dank für Ihren Auftrag.

Mit freundlichen Grüßen

M. Blust
Klaus Maschinen AG

Sitz und Registergericht:
Offenburg HRB 82 594
USt-IdNr. DE603488692
St-Nr. 302/637

Geschäftsführung:
Frank König

Bankverbindung:
Volksbank Offenburg
IBAN: DE40 54521 0005 4015 3801 22

Anlage 8: Lagerbestandskarte Fahrradreiniger „SoftCare“

Vorgang	Menge (in Liter)	Preis je 1 Liter (in Euro)
01.01. Anfangsbestand	300	14,33
11.03. Zugang	120	12,67
24.05. Entnahme	184	
17.06. Zugang	230	13,54
27.09. Entnahme	310	

Prüfungsaufgaben Winter 2019/2020 (Aufgabe 2)

Die Wiedemann GmbH ist ein europaweit agierender Zulieferer für den Maschinenbau. Nach Ihrer abgeschlossenen Ausbildung zur/zum Industriekauffrau/Industriekaufmann werden Sie in der Abteilung Finanzbuchhaltung der Wiedemann GmbH eingesetzt. Zu Ihren Aufgaben gehören das Bearbeiten von diversen Geschäftsfällen und die Unterstützung der Abteilungsleiterin. Das Geschäftsjahr entspricht dem Kalenderjahr.

2.1 Aufgrund des zunehmenden Konkurrenzdrucks plant die Geschäftsleitung der Wiedemann GmbH eine neue Produktlinie. Dazu benötigt sie Fremdkapital.

2.1.1 Zur Vorbereitung einer möglichen Finanzierung werden Sie gebeten, die Jahresabschlüsse der Wiedemann GmbH zu analysieren.

- Berechnen Sie dazu die von der Geschäftsleitung gewünschten Kennzahlen (**Anlagen 5–8**). Runden Sie auf eine Kommastelle.
- Erläutern Sie die Bedeutung jeder einzelnen Kennzahl.
- Beurteilen Sie darüber hinaus jede ermittelte Kennzahl. Verwenden Sie dazu jeweils ein sinnvolles Kriterium.

2.1.2
- Erläutern Sie, welcher Aspekt Ihrer Analyse aus Sicht eines Kreditgebers besonders problematisch ist.
- Schlagen Sie eine konkrete Maßnahme vor, mit der dieser Aspekt verbessert werden könnte.

2.2 Für die Fertigung der neuen Produktlinie wird am 13. September 2019 eine neue Walzmaschine gekauft.

2.2.1 Erstellen Sie den Buchungssatz für die Anschaffung der neuen Maschine (**Anlage 9**).

2.2.2 Aufgrund eines Mangels erhält die Wiedemann GmbH einen Nachlass (**Anlage 10**).

Erstellen Sie den Buchungssatz.

2.2.3 Die mit der Anschaffung verbundene Zahlung erfolgt am 27. September 2019 per Banküberweisung.

Bilden Sie den Buchungssatz.

2.2.4 Ergänzen Sie die Anlagenkartei (**Anlage 11**) für die Walzmaschine. Die Nutzungsdauer der Walzmaschine beträgt zehn Jahre, die Abschreibung erfolgt linear.

2.3 Unser Kunde Schnitt e. K. hat am 7. Oktober 2019 das Insolvenzverfahren beantragt. Die Wiedemann GmbH hat eine offene Forderung in Höhe von 9.758,00 EUR gegenüber diesem Kunden. Das Insolvenzverfahren wird am 29. Oktober 2019 mangels Masse eingestellt.

Bilden Sie die Buchungssätze für den gesamten Geschäftsfall.

Anlage 5

Gewinn- und Verlustrechnung der Wiedemann GmbH in Tausend Euro		
	2018	**2017**
Umsatzerlöse	1.698	1.721
Sonstige betriebliche Erträge	70	57
Materialaufwand	769	742
Personalaufwand	460	445
Abschreibungen Sachanlagen	24	26
Sonstige betriebliche Aufwendungen	401	433
Zinsaufwendungen	36	26
Jahresüberschuss	**78**	**106**

Anlage 6

Strukturbilanz der Wiedemann GmbH in Tausend Euro		
Aktiva	**2018**	**2017**
Sachanlagen	294,4	276,7
Finanzanlagen	134,1	104,6
Anlagevermögen	**428,5**	**381,3**
Vorräte	132,8	158,2
Forderungen aus Lieferungen und Leistungen	275,7	221,4
Liquide Mittel	1,4	3,7
Umlaufvermögen	**409,9**	**383,3**
Summe	**838,4**	**764,6**
Passiva		
Gezeichnetes Kapital	254,4	247,1
Rücklagen	65	50
Eigenkapital	**319,4**	**297,1**
Rückstellungen für Pensionen	14,7	13,6
Sonstige Rückstellungen für Altersteilzeit und Sterbegelder	81,2	96,1
Rückstellungen	**95,9**	**109,7**
Langfristige Verbindlichkeiten gegenüber Kreditinstituten	37,7	20,9
Verbindlichkeiten aus Lieferungen und Leistungen	385,4	336,9
Verbindlichkeiten	**423,1**	**357,8**
Summe	**838,4**	**764,6**

Anlage 7

Kennzahlenübersicht		
Kennzahlen	**2018**	**2017**
Eigenkapitalquote		
Liquidität 2. Grades		
Eigenkapitalrentabilität		X
Cashflow		X

Anlage 8: Auszug aus dem Brancheninformationsdienst „Montan"

INFORMATIONSDIENST

Aktuelle Vergleichswerte der metallverarbeitenden Industrie in Deutschland

Fluktuationsquote	1,6 %
Eigenkapitalquote	31,4 %
Arbeitsunfälle je tausend Mitarbeiter	2,4 %
Cashflow	mind. 15 % der Verbindlichkeiten
Marktzinssatz bei Hausbanken	7,8 %
Export	68,3 %

Anlage 9

Sorto GmbH

Sorto GmbH, Bächlestr. 15, 73230 Kirchheim unter Teck

Rechnung

Wiedemann GmbH
Industriestr. 24
78050 Villingen-Schwenningen

Kundennummer: 5341
Lieferschein-Nr.: 7777
Rechnungs-Nr.: 6400
Auftrags-Nr.: 2340

Ihr Zeichen	Ihre Nachricht	Unser Zeichen	Unsere Nachricht	Datum
HK	09.09.2019	SG		13.09.2019

Walzmaschine WalzoFox M1

1 Walzmaschine WalzoFox M1	50.000,00 EUR
Erstausrüstung Kühlmittel (2.000 Liter)	3.700,00 EUR
Montagekosten	7.000,00 EUR
Zwischensumme	**60.700,00 EUR**
Zuzüglich 19 % Umsatzsteuer	11.533,00 EUR
Gesamtbetrag	**72.233,00 EUR**

Zahlungsbedingungen: zahlbar innerhalb von 30 Tagen ohne Abzug

Vielen Dank für Ihren Auftrag.

Freundliche Grüße

i. A. Svenja Funke VK3

Bankverbindung
Deutsche Bank
IBAN: DE30 7237 6090 0501 2044 09
BIC: DEUTDEB1CDU

Gerichtsstand Kirchheim
Amtsgericht Kirchheim/Teck HRB 2354
Steuer-Nr.: 3494 347 234
USt-IdNr.: DE342920342

Geschäftsführerin:
Anette Grieshaber

Anlage 10

Sorto GmbH

Sorto GmbH, Bächlestr. 15, 73230 Kirchheim unter Teck

Wiedemann GmbH
Industriestr. 24
78050 Villingen-Schwenningen

Preisnachlass

Kundennummer: 5341
Lieferschein-Nr.: 7777
Rechnungs-Nr.: 6400
Auftrags-Nr.: 2340

Ihr Zeichen	Ihre Nachricht	Unser Zeichen	Unsere Nachricht	Datum
HK	23.09.2019	SG		25.09.2019

Preisnachlass zur Rechnung Nr. 6400

Sehr geehrte Frau Köhler,

aufgrund Ihrer Mängelrüge gewähren wir Ihnen auf die Walzmaschine WalzoFox M1 einen Preisnachlass in Höhe von 10 % auf den Warenwert.

Mit freundlichen Grüßen

i. A. Svenja Funke VK3

Bankverbindung
Deutsche Bank
IBAN: DE30 7237 6090 0501 2044 09
BIC: DEUTDEB1CDU

Gerichtsstand Kirchheim
Amtsgericht Kirchheim/Teck HRB 2354
Steuer-Nr.: 3494 347 234
USt-IdNr.: DE342920342

Geschäftsführerin:
Anette Grieshaber

Anlage 11

Anlagenkartei	**Wiedemann GmbH**
Bezeichnung: *Walzmaschine WalzoFox M1*	Anlagekonto:
	Anschaffungsdatum:
Anschaffungskosten in Euro:	**Lieferant:** *Sorto GmbH* *Bächlestr. 15* *73230 Kirchheim unter Teck*
Nutzungsdauer/Jahre: *10 Jahre*	Abschreibungsmethode: *linear*

Jahr (31.12.)	AfA in Euro	Restbuchwert in Euro
2019		
2020		

Prüfungsaufgaben komplett Sommer 2021 bis Sommer 2023

1 Prüfungsaufgaben Steuerung und Kontrolle Sommer 2021

Aufgabe 1

Ausgangssituation

Die Fit-Geräte GmbH aus Tuttlingen ist ein Hersteller von Sportgeräten. Seit fünf Jahren ist das Unternehmen auf dem umkämpften Zulieferermarkt für Fitnessstudios aktiv.
Nach Ihrer Ausbildung sind Sie als Sachbearbeiter/-in in der Abteilung Rechnungswesen/Controlling beschäftigt.

1.1 Ihnen liegt die Ergebnistabelle zur sachlichen Abgrenzung für das vergangene Quartal vor (**Anlage 1**).
Die Geschäftsleitung möchte von Ihnen wissen, warum es bei den Abschreibungen auf Sachanlagen zu Abweichungen in der Spalte „Kostenrechnerische Korrekturen" kommt.

- Beschreiben Sie zwei mögliche Ursachen für diese Abweichung.
- Erklären Sie, welchem Zweck die sachliche Abgrenzung dient.
- Unterscheiden Sie in diesem Zusammenhang die Begriffe Unternehmensergebnis und Betriebsergebnis.

1.2 Im Rahmen der Preisfindung sind noch folgende vorbereitende Tätigkeiten notwendig.

1.2.1 Die in der Ergebnistabelle ermittelten Gemeinkosten sollen anhand eines quartalsbezogenen Betriebsabrechnungsbogens (BAB) verteilt werden. Für das 1. Quartal 2021 wurde der BAB bereits teilweise erstellt (**Anlage 2**). Weitere Informationen aus dem Rechnungswesen entnehmen Sie der **Anlage 3**.

- Vervollständigen Sie den BAB.
- Berechnen Sie die Gemeinkostenzuschlagssätze und die Selbstkosten.

1.2.2 Die Fit-Geräte GmbH erhält eine Anfrage einer Fitnessstudio-Kette, ob Klimmzugstationen mit einem Rabatt von 10 % auf den Listenverkaufspreis (netto) in Höhe von 180,00 EUR/Stück geliefert werden können.

Berechnen Sie den Einkaufspreis, den die Fit-Geräte GmbH höchstens für das Fertigungsmaterial bezahlen darf. Berücksichtigen Sie dazu **Anlage 4** sowie die Ergebnisse aus 1.2.1.

Hinweis:
Sollten Sie in Aufgabe 1.2.1 kein Ergebnis ermittelt haben, gehen Sie von folgenden Zuschlagssätzen aus: Materialgemeinkosten 25 %, Fertigungsgemeinkosten 150 %, Verwaltungsgemeinkosten 14 %, Vertriebsgemeinkosten 12 %.

1.2.3 Für das nächste Quartal rechnet die Unternehmensleitung der Fit-Geräte GmbH mit einem Auftragsrückgang um 4 %.

Erläutern Sie die Folgen einer Preisfindung auf Basis der Zuschlagskalkulation bei sinkendem Beschäftigungsgrad.

1.3 Die Fit-Geräte GmbH produziert in einem Zweigwerk Faszienrollen. Aufgrund der wachsenden Konkurrenz aus Asien möchte die Geschäftsleitung bei der Preisfestsetzung flexibel reagieren können. Daher ist zunächst die Preisuntergrenze festzulegen.

1.3.1
- Ermitteln Sie unter Berücksichtigung von **Anlage 5** die kurzfristige Preisuntergrenze.
- Beschreiben Sie zwei Gefahren, die beim Verkauf in Höhe der kurzfristigen Preisuntergrenze bestehen.

1.3.2 Laut Vertriebsabteilung kann die Fit-Geräte GmbH im Monat Mai 13.000 Faszienrollen absetzen, wenn der Verkaufspreis auf 10,95 EUR gesenkt wird. Die Geschäftsleitung interessiert nun die Auswirkungen der Preissenkung auf den Betriebsgewinn.

- Berechnen Sie die Betriebsergebnisse für die Monate April und Mai (**Anlage 5**).
- Begründen Sie, ob die Preissenkung im Mai vorgenommen werden soll.

Sollten Sie in Aufgabe 1.3.1 kein Ergebnis ermittelt haben, gehen Sie für den Monat Mai von Gesamtkosten in Höhe von 132.000,00 EUR und variablen Kosten von 5,00 EUR aus.

Aufgabe 2

Ausgangssituation

Die Schaefer KG ist ein mittelständischer Industriebetrieb mit Sitz in Sigmaringen.

Nach Ihrer Ausbildung sind Sie als Sachbearbeiter/-in in der Finanzbuchhaltung eingesetzt. Zu Ihren Aufgaben gehören das Erfassen von Geschäftsfällen und die Vorbereitung des Jahresabschlusses.

2.1 Da Sie neu in der Abteilung sind, musste für Sie eigens ein neuer Arbeitsplatz in der Verwaltung eingerichtet werden. Dafür wurden diverse Vermögensgegenstände angeschafft.

2.1.1 Erstellen Sie für beide Eingangsrechnungen (**Anlagen 6 und 7**) den Buchungssatz. Gehen Sie davon aus, dass vorhandene Bewertungsspielräume so ausgenutzt werden können, dass das Unternehmensergebnis möglichst gering ausfällt. Berücksichtigen Sie auch die **Anlagen 8 und 9**.

2.1.2 Erstellen Sie den Buchungssatz für die Bezahlung des PCs (**Anlage 7**) am 5. Mai 2021.

2.2 Zur Vorbereitung des Jahresabschlusses ermitteln Sie für verschiedene Bilanzpositionen den Wertansatz. Das Geschäftsjahr der Schaefer KG endet zum 30. Juni 2021.

2.2.1 Ermitteln Sie die Abschreibungsbeträge für die angeschafften Vermögensgegenstände aus **Anlage 6 und 7** zum Geschäftsjahresende.

2.2.2 Die Schaefer KG verwendete bis einschließlich April 2021 Kupfer für einen Teil ihrer Produkte. Zum Jahresabschluss muss nun der Wertansatz für das noch im Lager verbliebene Kupfer ermittelt werden. Am 30. Juni 2021 wird der Marktpreis für Kupfer gemäß der aktuellen Preisliste voraussichtlich 6,22 EUR/kg betragen.

- Berechnen Sie die durchschnittlichen Anschaffungskosten des Kupferschlussbestandes anhand des gewogenen Durchschnittsverfahrens **(Anlage 10)**.
- Begründen Sie, zu welchem Wert Sie das Kupfer am Bilanzstichtag ansetzen.

2.2.3 Die Schaefer KG importierte am 29. April 2021 Fertigteile aus den USA im Wert von 8.000,00 USD. Als Zahlungsziel wurde der 31. Juli 2021 vereinbart.
Bei Kauf lag der Devisenkassamittelkurs bei 1,0948 USD/EUR, am Bilanzstichtag wird der Kurs voraussichtlich bei 1,0955 USD/EUR liegen.

Begründen Sie, mit welchem Wert die Verbindlichkeit am Jahresabschluss zu bilanzieren ist.

2.2.4 Ihnen liegt ein Kostenvoranschlag für die Renovierung der Geschäftsräume über 22.610,00 EUR inklusive 19 % Umsatzsteuer vor. Die Arbeiten werden voraussichtlich erst im Herbst 2021 durchgeführt, sodass eine Rückstellung gebildet werden muss. Der Ihnen zugeteilte Auszubildende möchte in diesem Zusammenhang zudem wissen, wie die Rückstellung bei Rechnungsstellung im Herbst aufgelöst wird.

- Erstellen Sie den Buchungssatz für die Bildung der Rückstellung zum Geschäftsjahresende.
- Erstellen Sie den Buchungssatz für die Auflösung der Rückstellung. Zur Veranschaulichung nehmen Sie dabei an, dass das beauftragte Unternehmen 23.800,00 EUR brutto in Rechnung stellt und Sie diesen Betrag per Banküberweisung begleichen.

Anlage 1: Auszug aus der Ergebnistabelle der Fit-Geräte GmbH (1. Quartal 2021)/alle Werte in Euro

Rechnungskreis I				Rechnungskreis II					
Finanzbuchhaltung (Buchführung)				Abgrenzungsbereich				KLR	
				Unternehmensbezogene Abgrenzung		Kostenrechnerische Korrekturen			
Konto-Nr.	Kontobezeichnung	Aufwand	Ertrag	Aufwand	Ertrag	Aufwand	Ertrag	Kosten	Leistungen
5000	Umsatzerlöse für Erzeugnisse		2.350.000,00						2.350.000,00
5490	andere periodenfremde Erträge		85.200,00		85.200,00				
5710	Zinserträge		2.700,00		2.700,00				
6000	Aufwendungen für Rohstoffe	401.400,00						401.400,00	
6130	Instandhaltung & Reparatur	36.604,00						36.604,00	
6200	Löhne	256.600,00		20.000,00				236.600,00	
6300	Gehälter	646.000,00						646.000,00	
6440	Aufwendungen für Altersversorgung	34.000,00						34.000,00	
6500	Abschreibungen auf Sachanlagen	32.400,00				32.400,00	37.100,00	37.100,00	

Anlage 2: Auszug aus dem Betriebsabrechnungsbogen der Fit-Geräte GmbH (1. Quartal 2021)

Gemeinkostenarten	Zahlen aus der Betriebsergebnisrechnung	Kostenstellen				
		Allgemeine Hilfs-kostenstelle (AHK)	Material	Fertigung	Verwaltung	Vertrieb
Zwischensumme der Gemeinkosten	682.604,00	38.000,00	69.500,00	348.250,00	118.562,50	108.291,50
Aufwendungen für Altersversorgung	34.000,00					
Abschreibungen	37.100,00					
Zwischensumme						
Umlage AHK						
Summe Gemeinkosten						

Anlage 3: Informationen aus dem Rechnungswesen

Für den BAB sind noch folgende Kostenverteilungen vorzunehmen:

Aufwendung für Altersversorgung nach Beschäftigtenzahl	5 Personen / 15 Personen / 61 Personen / 17 Personen / 2 Personen
Abschreibung im Verhältnis	1 : 1 : 8 : 3 : 1

Die Allgemeine Hilfskostenstelle (AHK) ist im Verhältnis 1 : 8 : 3 : 2 umzuverteilen.

Verbrauch von Fertigungsmaterial: 401.375,00 EUR
Fertigungslöhne: 236.600,00 EUR

Bestände:

	Unfertige Erzeugnisse	Fertige Erzeugnisse
Anfangsbestand	140.000,00 EUR	90.000,00 EUR
Endbestand	165.000,00 EUR	75.000,00 EUR

Zuschlagsgrundlagen:

Verwaltungsgemeinkosten	Herstellkosten der Rechnungsperiode
Vertriebsgemeinkosten	Herstellkosten des Umsatzes

Anlage 4: Kalkulationsdaten aus der Vollkostenrechnung

Einzelkosten: Fertigungslöhne: 26,00 EUR
Sondereinzelkosten der Fertigung: 4,81 EUR

Sonstige Zuschläge: Skonto: 2 %
Gewinn: 8 %

Anlage 5: Daten zum Produkt „Faszienrolle“

Nettoverkaufserlös: 12,95 EUR/Stück

Monat	Kapazitätsauslastung	Gesamtkosten
März	10.200 Stück	120.000,00 EUR
April	8.800 Stück	111.600,00 EUR

Anlage 6

Max Muffler KG
Büroeinrichtungen Mengen

Max Muffler, Pappelweg 34, 88512 Mengen

Schaefer KG
Laizerstr. 85
72488 Sigmaringen

Rechnung/Barverkauf

Kundennummer: 56878
Lieferschein-Nr.: 1124
Rechnungs-Nr.: 3457
Datum: 30.04.2021

Sehr geehrte Damen und Herren,

folgende Artikel wurden von uns geliefert:

Art.-Nr.	Artikelbezeichnung	Menge	Einzelpreis	Betrag
14485	Schreibtisch Modell „Kreativ“	1	899,00	899,00 EUR
13445	Drehstuhl	1	249,00	249,00 EUR
		Nettobetrag		1.148,00 EUR
		zzgl. 19 % USt.		218,12 EUR
		Rechnungsbetrag		**1.366,12 EUR**

Betrag dankend erhalten. Die Ware wurde bei unserer Außendienstmitarbeiterin Fr. Weber bei Lieferung bar bezahlt.

Vielen Dank für Ihren Auftrag.

i. A. Schneider

Max Muffler KG, Büroeinrichtungen Mengen
Amtsgericht Sigmaringen HRA 1856
Geschäftsführung: Axel Schreiber
USt.-IdNr.: DE14225588488 – Steuernummer: 845/568795

Kontoverbindungen:
Kkasse Sigmaringen
IBAN: DE19 6535 1050 0000 1234 56
BICSOLADES1SIG

Anlage 7

CPU-Computer GmbH & Co. KG

CPU-Computer GmbH & Co. KG, Bahnstraße 14, 86336 München
Schaefer KG
Laizerstr. 85
72488 Sigmaringen

Registergericht München HRA 54375
USt.-IdNr.: DE 104785402
StNr.: 070/143356
Bahnstr. 14
86336 München
Telefon: 089 1566674

Kontoverbindungen:
Hausbank München
IBAN: DE45 6452 2250 0000 8415 20
BIC: SUHLUS2MUC

Rechnung Nr. 1455/03

Datum: 28.04.2021

Sehr geehrte Damen und Herren,

wir erlauben uns, folgende Position in Rechnung zu stellen:

Position	Art.-Nr.	Bezeichnung	Menge	Einzelpreis	Gesamtpreis
1	5568	PC „Cube“ EX126	1	1.150,00 EUR	1.150,00 EUR

Warenwert netto	**1.150,00**
zzgl. 19 % USt.	**218,50**
Rechnungsbetrag in Euro	**1.368,50**

Lieferung frei Haus.

Vielen Dank für Ihren Auftrag.

i. A. Gudrun Zimmermann

Zahlungsbedingungen; 14 Tage, 2 % Skontoabzug bzw. 30 Tage netto.

Bitte bei Zahlungen und Schriftwechsel stets die Rechnungsnummer mit angeben.
Die Ware bleibt bis zur endgültigen Bezahlung Eigentum der CPU-Computer GmbH & Co. KG.

Anlage 8

Fundstelle	Anlagegüter	Nutzungsdauer in Jahren
6	**Betriebs- und Geschäftsausstattung**	
6.1	Wirtschaftsgüter der Werkstätten-, Labor- und Lagereinrichtungen	14
6.2	Wirtschaftsgüter der Ladeneinrichtungen	8
6.13.1	Fernsprechnebenstellenanlagen	10
6.13.2.2	Mobilfunkendgeräte	5
6.13.3	Textendeinrichtungen (Faxgeräte u. ä.)	6
6.14.1	Adressiermaschinen, Kuvertiermaschinen, Frankiermaschinen	8
6.14.3.1	Großrechner	7
6.14.3.2	Workstations, Personalcomputer, Notebooks und deren Peripheriegeräte (Drucker, Scanner, Bildschirme u. ä.)	3
6.14.4	Foto-, Film-, Video- und Audiogeräte (Fernseher, CD-Player, Recorder, Lautsprecher, Radios, Verstärker, Kameras, Monitore u. ä.)	7
6.14.7	Registrierkassen	6
6.14.8	Schreibmaschinen	9
6.14.10	Vervielfältigungsgeräte	7
6.15	Büromöbel	13
6.16	Verkaufstheken	10
6.19.1	Stahlschränke	14
6.19.2	Panzerschränke, Tresore	23

Anlage 9: Auszug aus dem Einkommensteuergesetz § 6 „Bewertung“ (EStG)

(2) Die Anschaffungs- oder Herstellungskosten oder der nach Absatz 1 Nummer 5 bis 6 an deren Stelle tretende Wert von abnutzbaren beweglichen Wirtschaftsgütern des Anlagevermögens, die einer selbständigen Nutzung fähig sind, können im Wirtschaftsjahr der Anschaffung, Herstellung oder Einlage des Wirtschaftsguts oder der Eröffnung des Betriebs in voller Höhe als Betriebsausgaben abgezogen werden, wenn die Anschaffungs- oder Herstellungskosten, vermindert um einen darin enthaltenen Vorsteuerbetrag (§ 9b Absatz 1), oder der nach Absatz 1 Nummer 5 bis 6 an deren Stelle tretende Wert für das einzelne Wirtschaftsgut 800 Euro nicht übersteigen. Ein Wirtschaftsgut ist einer selbständigen Nutzung nicht fähig, wenn es nach seiner betrieblichen Zweckbestimmung nur zusammen mit anderen Wirtschaftsgütern des Anlagevermögens genutzt werden kann und die in den Nutzungszusammenhang eingefügten Wirtschaftsgüter technisch aufeinander abgestimmt sind. Das gilt auch, wenn das Wirtschaftsgut aus dem betrieblichen Nutzungszusammenhang gelöst und in einen anderen betrieblichen Nutzungszusammenhang eingefügt werden kann. Wirtschaftsgüter im Sinne des Satzes 1, deren Wert 250 Euro übersteigt, sind unter Angabe des Tages der Anschaffung, Herstellung oder Einlage des Wirtschaftsguts oder der Eröffnung des Betriebs und der Anschaffungs- oder Herstellungskosten oder des nach Absatz 1 Nummer 5 bis 6 an deren Stelle tretenden Werts in ein besonderes, laufend zu führendes Verzeichnis aufzunehmen. Das Verzeichnis braucht nicht geführt zu werden, wenn diese Angaben aus der Buchführung ersichtlich sind.

(2a) Abweichend von Absatz 2 Satz 1 kann für die abnutzbaren beweglichen Wirtschaftsgüter des Anlagevermögens, die einer selbständigen Nutzung fähig sind, im Wirtschaftsjahr der Anschaffung, Herstellung oder Einlage des Wirtschaftsguts oder der Eröffnung des Betriebs ein Sammelposten gebildet werden, wenn die Anschaffungs- oder Herstellungskosten, vermindert um einen darin enthaltenen Vorsteuerbetrag (§ 9b Absatz 1), oder der nach Absatz 1 Nummer 5 bis 6 an deren Stelle tretende Wert für das einzelne Wirtschaftsgut 250 Euro, aber nicht 1 000 Euro übersteigen. Der Sammelposten ist im Wirtschaftsjahr der Bildung und den folgenden vier Wirtschaftsjahren mit jeweils einem Fünftel gewinnmindernd aufzulösen. Scheidet ein Wirtschaftsgut im Sinne des Satzes 1 aus dem Betriebsvermögen aus, wird der Sammelposten nicht vermindert. Die Anschaffungs- oder Herstellungskosten oder der nach Absatz 1 Nummer 5 bis 6 an deren Stelle tretende Wert von abnutzbaren beweglichen Wirtschaftsgütern des Anlagevermögens, die einer selbständigen Nutzung fähig sind, können im Wirtschaftsjahr der Anschaffung, Herstellung oder Einlage des Wirtschaftsguts oder der Eröffnung des Betriebs in voller Höhe als Betriebsausgaben abgezogen werden, wenn die Anschaffungs- oder Herstellungskosten, vermindert um einen darin enthaltenen Vorsteuerbetrag (§ 9b Absatz 1), oder der nach Absatz 1 Nummer 5 bis 6 an deren Stelle tretende Wert für das einzelne Wirtschaftsgut 250 Euro nicht übersteigen. Die Sätze 1 bis 3 sind für alle in einem Wirtschaftsjahr angeschafften, hergestellten oder eingelegten Wirtschaftsgüter einheitlich anzuwenden.

Anlage 10: Auszug Lagerkarte Rohstoffe

Lagerkarte: Kupfer		Artikel-Nr. 1425	Rohstoff
Datum	**Lagerbewegungen**	**Menge in kg**	**Nettopreis in Euro/kg**
1. Juli 2020	Anfangsbestand	325	5,37
25. September 2020	Entnahme	275	xxxx
15. Oktober 2020	Zugang	200	5,74
18. Dezember 2021	Entnahme	180	xxxx
15. Januar 2021	Zugang	130	6,01
29. April 2021	Entnahme	195	xxxx

2 Prüfungsaufgaben Betriebswirtschaft – Geschäftsprozesse Sommer 2021

Aufgabe 1 (verändert)

Ausgangssituation

Die ROPADA GmbH mit Sitz in Freiburg stellt nachhaltige Kleidung „Made in Germany" her. Sie arbeiten nach Ihrer abgeschlossenen Berufsausbildung als Industriekaufmann/-kauffrau bei der ROPADA GmbH im Verkauf.
Dort sind Sie zuständig für die Bearbeitung der Kundenanfragen und -aufträge sowie deren Zahlungsabwicklung. Da die ROPADA GmbH in diesem Jahr ein Qualitätszertifikat erhalten möchte, müssen Sie auch hierfür Tätigkeiten übernehmen.

1.1 Am 01.03.2021 erhalten Sie eine Anfrage als E-Mail-Anhang (**Anlage 1**) von Ihrem Kunden Kleidomania GmbH über 1.600 T-Shirts der Marke „BASIC Nova". Die Ware ist in ausreichender Menge im Lager verfügbar.

Erstellen Sie ein Angebot (**Anlage 4**) für die Kleidomania GmbH unter Berücksichtigung der kundenspezifischen Konditionen (**Anlagen 2 und 3**).

1.2 Am 02.03.2021 antwortet Ihnen Frau Stecker von der Kleidomania GmbH per E-Mail auf Ihr Angebot. In dieser Bestellung wurde die Farbe von „Rosa" auf „Apricot" geändert (**Anlage 10**).

- Begründen Sie, ob diese Änderung noch möglich ist.
- Erklären Sie, wann bzw. wie der Kaufvertrag zustande kommt.

1.3 Aufgrund der anstehenden Prüfung für das Qualitätszertifikat möchte die Geschäftsleitung ereignisgesteuerte Prozessketten (EPK) für diverse Standardprozesse im Unternehmen einführen.

1.3.1 Begründen Sie die Notwendigkeit zunehmender Standardisierung von Prozessen anhand von drei Argumenten.

1.3.2 Es kommt immer wieder vor, dass Kunden wie die Kleidomania GmbH die unterbreiteten Angebote der ROPADA GmbH ändern. Aus diesem Grund möchte Ihr Abteilungsleiter, dass Sie die EPK für den Prozess „Von der Kundenanfrage zum Kundenauftrag" (**Anlage 5**) so anpassen, dass

- sowohl Bestellungen gemäß Angebot als auch
- Bestellungen mit Angebotsänderungen

abgebildet werden.

Vervollständigen Sie die EPK (**Anlage 6**) entsprechend.

1.4 Die Lieferung der T-Shirts an die Kleidomania GmbH wurde von Ihnen termingerecht veranlasst und fakturiert. Am 15.03.2021 erhalten Sie eine Mängelrüge (**Anlage 7**) von der Kleidomania GmbH.

1.4.1 Nachdem der Kaufvertrag zwischen der ROPADA GmbH und der Kleidomania GmbH zustande kam, haben Sie alle notwendigen Dokumente angefertigt.

Erstellen Sie den Buchungssatz für die Ausgangsrechnung.

1.4.2 Prüfen Sie anhand der gesetzlichen Bestimmungen (**Anlage 8**), ob die Voraussetzungen für die Geltendmachung der Gewährleistungsansprüche der Kleidomania GmbH erfüllt sind.

1.4.3 Begründen Sie anhand der gesetzlichen Bestimmungen (**Anlage 8**), ob die Kleidomania GmbH das geforderte Recht geltend machen kann.

1.4.4 Nach einem Gespräch haben Sie sich mit der Kleidomania GmbH auf die Minderung des Rechnungsbetrags um 20 % geeinigt.

Erstellen Sie den Buchungssatz.

1.5 Am 16.03.2021 erstellen Sie eine korrigierte Rechnung, die der Kleidomania GmbH am selben Tag per E-Mail zugeht. Am 02.05.2021 hat die Kleidomania GmbH die Rechnung noch nicht beglichen.

1.5.1
- Prüfen Sie anhand der gesetzlichen Bestimmungen (**Anlage 8**), ob die ROPADA GmbH berechtigt ist, Verzugszinsen von der Kleidomania GmbH zu verlangen.
- Berechnen Sie gegebenenfalls die Verzugszinsen, die sich bis zum 02.05.2021 ergeben (**Anlagen 8 und 9**).

Hinweis: Sollten Sie bei den Aufgaben 1.1 und 1.4.4 keine Ergebnisse ermittelt haben, rechnen Sie mit einem Rechnungsbetrag von 30.000,00 EUR.

1.5.2 Nach einiger Zeit erhalten Sie die Nachricht, dass die Kleidomania GmbH insolvent ist und die Ware bereits weiterverkauft wurde.

Erläutern Sie, wie sich die ROPADA GmbH bereits bei Vertragsabschluss gegen dieses Risiko hätte absichern können.

Anlage 1

Kleidomania GmbH

ROPADA GmbH
Brauneggerstr. 52
79106 Freiburg

Industriestraße 25
78120 Furtwangen
Tel.: 07723 998777-0
Fax: 07723 998777-99
E-Mail: info@kleidomania.de
Web: www.kleidomania.de
Steuernummer: 23634545761

Furtwangen, 01.03.2021

Anfrage

Sehr geehrte Damen und Herren,

wir bedanken uns für die bisherige reibungslose Zusammenarbeit und sind heute an folgenden Artikeln interessiert:

Artikelnummer	Anzahl	Artikelbezeichnung	Farbe
221053	1.600 Stück	T-Shirt „BASIC Nova“	Rosa

Wir bitten Sie rasch um ein Angebot über die angegebene Menge. Wir benötigen die Ware am 10.03.2021. Bei günstigen Lieferungs- und Zahlungsbedingungen stellen wir Folgeaufträge für dieses Produkt in Aussicht.

Mit freundlichen Grüßen

Stecker
i. A. Ursula Stecker
Einkauf Kleidomania GmbH

Geschäftsführer:
Hans Kaufmann
Sitz der Gesellschaft:
Furtwangen

Handelsregister:
Amtsgericht Furtwangen
HRB 53697

Bankverbindung:
Stadtbank Furtwangen
IBAN DE57 5149 0200 3548 1258 04

Anlage 2

80/00587 Kleidomania GmbH – Debitorenkarte

Allgemein | Kommunikation | Fakturierung | Zahlung | Lieferung | Außenhandel

Debitor Nr.	80/00587		
Debitorname 1.	Kleidomania GmbH	Saldo	0,00
Debitorname 2.		Kreditlimit	80.000,00
Adresse 1.	Industriestr. 25	Verkäufercode	
Adresse 2.			
PLZ/Ort	78120 Furtwangen		
Ländercode	DE		
Kontakt	Frau Ursula Stecker		

Debitor | Verkauf | Hilfe

80/00587 Kleidomania GmbH – Debitorenkarte

Allgemein | Kommunikation | Fakturierung | Zahlung | Lieferung | Außenhandel

Ausgleichsmethode	Offener Posten
Zlg.-Bedingungscode	00000
Mahnmethodencode	INLAND

Zahlungsbedingungen

Code	Skontotage	Skonto %	Zahlungsziel	Beschreibung
00000	0T	0	0T	Sofortige Zahlung netto Kasse
00030	0T	0	30T	30 Tage Zahlungsziel
00060	0T	0	60T	60 Tage Zahlungsziel
08230	8T	2	30T	8 Tage 2 % Skonto oder 30 Tag
08260	8T	2	60T	8 Tage 2 % Skonto oder 60 Tag
08330	8T	3	30T	8 Tage 3 % Skonto oder 30 Tag
08360	8T	3	60T	8 Tage 3 % Skonto oder 60 Tag
10230	10T	2	30T	10 Tage 2 % Skonto oder 30 Ta
10260	10T	2	60T	10 Tage 2 % Skonto oder 60 Ta
10330	10T	3	30T	10 Tage 3 % Skonto oder 30 Ta

OK | Abbrechen | Hilfe

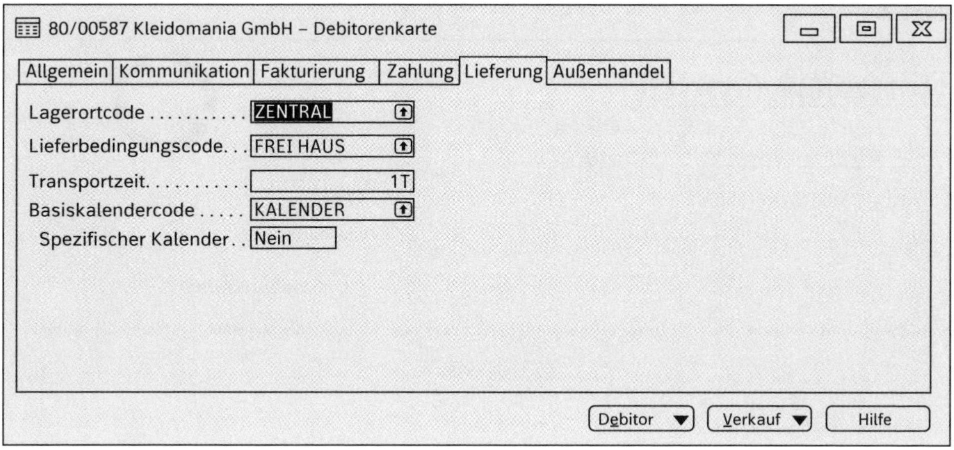

Anlage 3

Auszug aus der Artikeldatei

Artikel-Nr.	Bezeichnung	Stückpreis in Euro	Rabatt
221053	BASIC Nova	25,00	ab 1.000 Stück 15 %

Anlage 4

ROPADA GmbH

ROPADA GmbH, Brauneggerstr. 52, 79106 Freiburg

Kundennummer:

Ihr Zeichen, Ihre Nachricht vom | Unser Zeichen, unsere Nachricht vom | Telefondurchwahl, Name | Datum

20xx-xx-xx

Geschäftsräume	Kontakt	Bankverbindung
Brauneggerstr. 52 79106 Freiburg Geschäftsführer: Frank Kessler Amtsgericht Freiburg HRB 92826	Tel.: +49 761 2323-0 Fax: +49 761 2323-00 E-Mail: info@ropada.de Internet: www.ropada.de	Bank: Pbank Freiburg Bankort: Freiburg IBAN: DE89 2154 0000 1588 4555 00

Anlage 5: EPK „Von der Kundenanfrage zum Kundenauftrag“

Information:
xor = exklusives Oder
∧ = und
∨ = oder

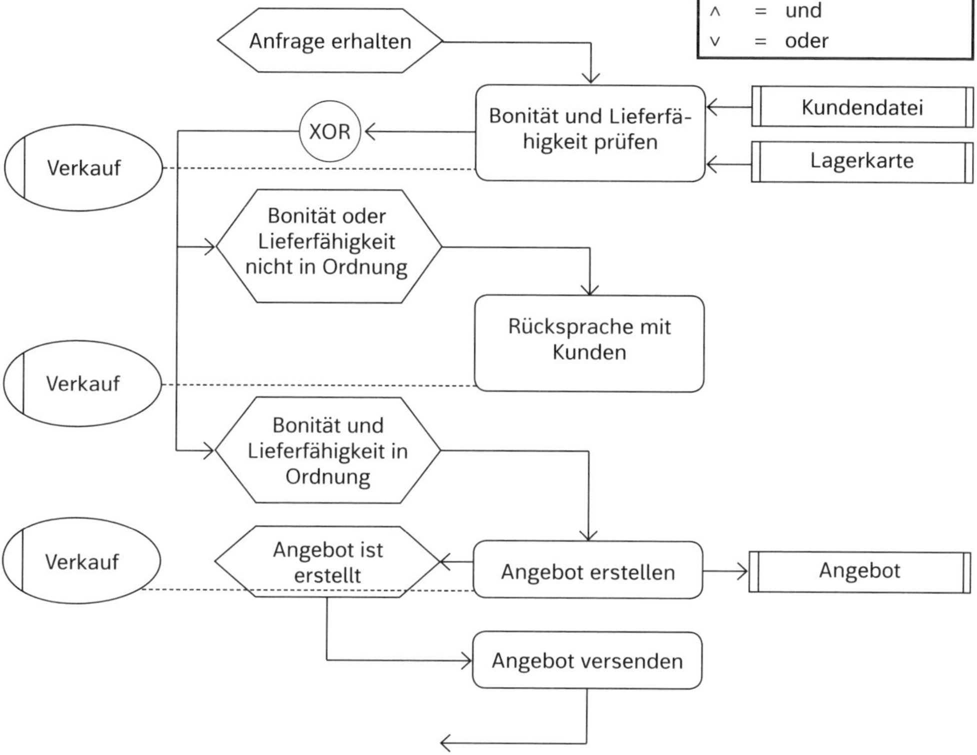

***

Platz zum Vervollständigen (siehe Anlage 6)

***

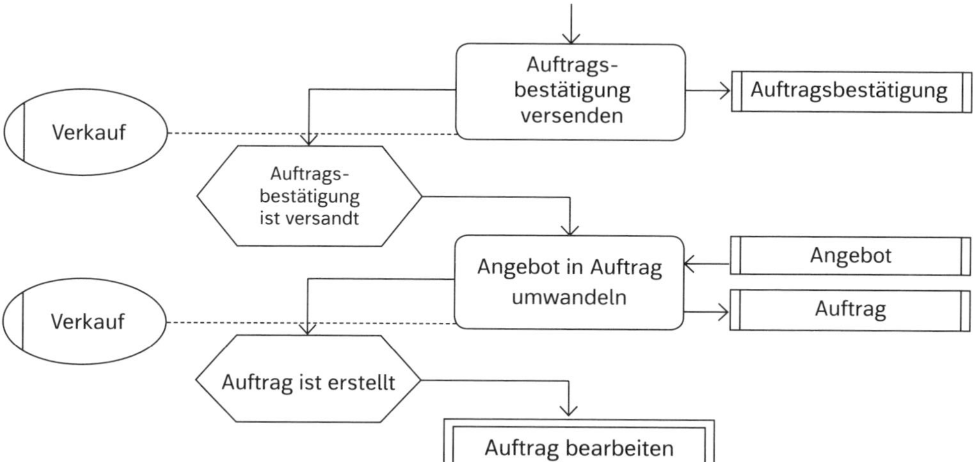

Anlage 6 zu Aufgabe 1.3.2

Auszug der EPK „Von der Kundenanfrage zum Kundenauftrag" zum Vervollständigen

Information:

xor	=	exklusives Oder
∧	=	und
∨	=	oder

(...)

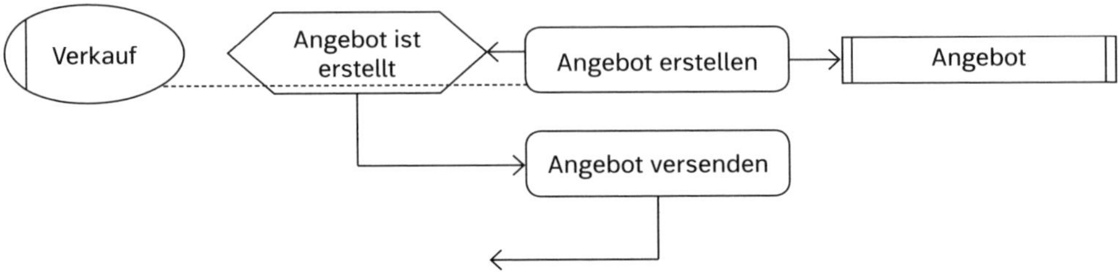

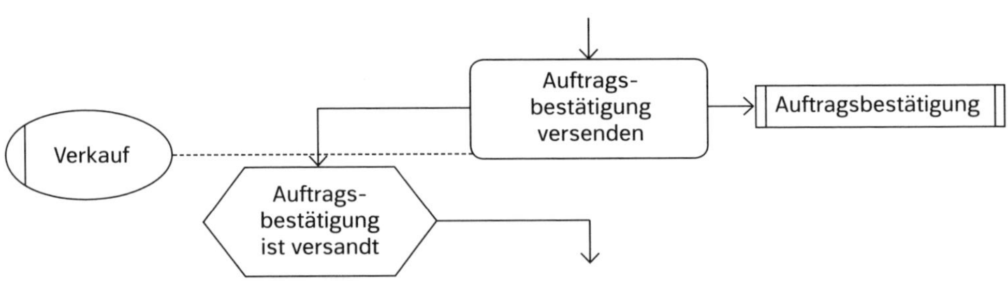

(...)

Anlage 7

E-Mail	
Von:	stecker@kleidomania.de
An:	pruefling@ropada.de
Datum:	15.03.2021
Betreff:	Mängelrüge – Auftrag vom 02.03.2021

Sehr geehrte/-r Frau/Herr <Nachname des Prüflings>,

mit Bedauern mussten wir heute feststellen, dass Ihre Lieferung vom 10.03.2021 zum Teil mit Mängeln behaftet ist.

Unsere Einzelhändler haben heute mitgeteilt, dass sich die Reißverschlüsse bei einem Großteil der T-Shirts nicht richtig öffnen lassen. Dies haben die Kunden im Einzelhandel heute bei der Anprobe bemerkt. Bei einer stichprobenartigen Prüfung der Ware unsererseits am 10.03. konnten wir diesen Mangel nicht feststellen.

Wir haben uns dazu entschieden, die Ware dennoch zu behalten und als Mangelware zu einem günstigeren Preis anzubieten. Deshalb fordern wir von Ihnen eine Minderung des Rechnungsbetrags um 25 %.

Wir hoffen, dass wir weiterhin eine gute Zusammenarbeit pflegen können.

Mit freundlichen Grüßen

Stecker
i. A. Ursula Stecker
Einkauf Kleidomania GmbH

Anlage 8: Auszug aus dem Bürgerlichen Gesetzbuch (BGB)

§ 271 Leistungszeit

(1) Ist eine Zeit für die Leistung weder bestimmt noch aus den Umständen zu entnehmen, so kann der Gläubiger die Leistung sofort verlangen, der Schuldner sie sofort bewirken.
(2) Ist eine Zeit bestimmt, so ist im Zweifel anzunehmen, dass der Gläubiger die Leistung nicht vor dieser Zeit verlangen, der Schuldner aber sie vorher bewirken kann.

§ 286 Verzug des Schuldners

(1) Leistet der Schuldner auf eine Mahnung des Gläubigers nicht, die nach dem Eintritt der Fälligkeit erfolgt, so kommt er durch die Mahnung in Verzug. Der Mahnung stehen die Erhebung der Klage auf die Leistung sowie die Zustellung eines Mahnbescheids im Mahnverfahren gleich.
(2) Der Mahnung bedarf es nicht, wenn
1. für die Leistung eine Zeit nach dem Kalender bestimmt ist,
2. der Leistung ein Ereignis vorauszugehen hat und eine angemessene Zeit für die Leistung in der Weise bestimmt ist, dass sie sich von dem Ereignis an nach dem Kalender berechnen lässt,

3. der Schuldner die Leistung ernsthaft und endgültig verweigert,
4. aus besonderen Gründen unter Abwägung der beiderseitigen Interessen der sofortige Eintritt des Verzugs gerechtfertigt ist.

(3) Der Schuldner einer Entgeltforderung kommt spätestens in Verzug, wenn er nicht innerhalb von 30 Tagen nach Fälligkeit und Zugang einer Rechnung oder gleichwertigen Zahlungsaufstellung leistet; dies gilt gegenüber einem Schuldner, der Verbraucher ist, nur, wenn auf diese Folgen in der Rechnung oder Zahlungsaufstellung besonders hingewiesen worden ist. Wenn der Zeitpunkt des Zugangs der Rechnung oder Zahlungsaufstellung unsicher ist, kommt der Schuldner, der nicht Verbraucher ist, spätestens 30 Tage nach Fälligkeit und Empfang der Gegenleistung in Verzug.
(4) Der Schuldner kommt nicht in Verzug, solange die Leistung infolge eines Umstands unterbleibt, den er nicht zu vertreten hat.
(5) Für eine von den Absätzen 1 bis 3 abweichende Vereinbarung über den Eintritt des Verzugs gilt § 271a Absatz 1 bis 5 entsprechend.

§ 288 Verzugszinsen und sonstiger Verzugsschaden

(1) Eine Geldschuld ist während des Verzugs zu verzinsen. Der Verzugszinssatz beträgt für das Jahr fünf Prozentpunkte über dem Basiszinssatz.
(2) Bei Rechtsgeschäften, an denen ein Verbraucher nicht beteiligt ist, beträgt der Zinssatz für Entgeltforderungen neun Prozentpunkte über dem Basiszinssatz.
(3) Der Gläubiger kann aus einem anderen Rechtsgrund höhere Zinsen verlangen.
(4) Die Geltendmachung eines weiteren Schadens ist nicht ausgeschlossen.
(5) Der Gläubiger einer Entgeltforderung hat bei Verzug des Schuldners, wenn dieser kein Verbraucher ist, außerdem einen Anspruch auf Zahlung einer Pauschale in Höhe von 40 Euro. Dies gilt auch, wenn es sich bei der Entgeltforderung um eine Abschlagszahlung oder sonstige Ratenzahlung handelt. Die Pauschale nach Satz 1 ist auf einen geschuldeten Schadensersatz anzurechnen, soweit der Schaden in Kosten der Rechtsverfolgung begründet ist.
(6) Eine im Voraus getroffene Vereinbarung, die den Anspruch des Gläubigers einer Entgeltforderung auf Verzugszinsen ausschließt, ist unwirksam. Gleiches gilt für eine Vereinbarung, die diesen Anspruch beschränkt oder den Anspruch des Gläubigers einer Entgeltforderung auf die Pauschale nach Absatz 5 oder auf Ersatz des Schadens, der in Kosten der Rechtsverfolgung begründet ist, ausschließt oder beschränkt, wenn sie im Hinblick auf die Belange des Gläubigers grob unbillig ist. Eine Vereinbarung über den Ausschluss der Pauschale nach Absatz 5 oder des Ersatzes des Schadens, der in Kosten der Rechtsverfolgung begründet ist, ist im Zweifel als grob unbillig anzusehen. Die Sätze 1 bis 3 sind nicht anzuwenden, wenn sich der Anspruch gegen einen Verbraucher richtet.

§ 323 Rücktritt wegen nicht oder nicht vertragsgemäß erbrachter Leistung

(1) Erbringt bei einem gegenseitigen Vertrag der Schuldner eine fällige Leistung nicht oder nicht vertragsgemäß, so kann der Gläubiger, wenn er dem Schuldner erfolglos eine angemessene Frist zur Leistung oder Nacherfüllung bestimmt hat, vom Vertrag zurücktreten.
(2) Die Fristsetzung ist entbehrlich, wenn
1. der Schuldner die Leistung ernsthaft und endgültig verweigert,
2. der Schuldner die Leistung bis zu einem im Vertrag bestimmten Termin oder innerhalb einer im Vertrag bestimmten Frist nicht bewirkt, obwohl die termin- oder fristgerechte

Leistung nach einer Mitteilung des Gläubigers an den Schuldner vor Vertragsschluss oder auf Grund anderer den Vertragsabschluss begleitenden Umstände für den Gläubiger wesentlich ist, oder
3. im Falle einer nicht vertragsgemäß erbrachten Leistung besondere Umstände vorliegen, die unter Abwägung der beiderseitigen Interessen den sofortigen Rücktritt rechtfertigen.

(3) Kommt nach der Art der Pflichtverletzung eine Fristsetzung nicht in Betracht, so tritt an deren Stelle eine Abmahnung.
(4) Der Gläubiger kann bereits vor dem Eintritt der Fälligkeit der Leistung zurücktreten, wenn offensichtlich ist, dass die Voraussetzungen des Rücktritts eintreten werden.
(5) Hat der Schuldner eine Teilleistung bewirkt, so kann der Gläubiger vom ganzen Vertrag nur zurücktreten, wenn er an der Teilleistung kein Interesse hat. Hat der Schuldner die Leistung nicht vertragsgemäß bewirkt, so kann der Gläubiger vom Vertrag nicht zurücktreten, wenn die Pflichtverletzung unerheblich ist.
(6) Der Rücktritt ist ausgeschlossen, wenn der Gläubiger für den Umstand, der ihn zum Rücktritt berechtigen würde, allein oder weit überwiegend verantwortlich ist oder wenn der vom Schuldner nicht zu vertretende Umstand zu einer Zeit eintritt, zu welcher der Gläubiger im Verzug der Annahme ist.

§ 434 Sachmangel
(1) Die Sache ist frei von Sachmängeln, wenn sie bei Gefahrübergang die vereinbarte Beschaffenheit hat. Soweit die Beschaffenheit nicht vereinbart ist, ist die Sache frei von Sachmängeln,
1. wenn sie sich für die nach dem Vertrag vorausgesetzte Verwendung eignet, sonst
2. wenn sie sich für die gewöhnliche Verwendung eignet und eine Beschaffenheit aufweist, die bei Sachen der gleichen Art üblich ist und die der Käufer nach der Art der Sache erwarten kann.

Zu der Beschaffenheit nach Satz 2 Nr. 2 gehören auch Eigenschaften, die der Käufer nach den öffentlichen Äußerungen des Verkäufers, des Herstellers (§ 4 Abs. 1 und 2 des Produkthaftungsgesetzes) oder seines Gehilfen insbesondere in der Werbung oder bei der Kennzeichnung über bestimmte Eigenschaften der Sache erwarten kann, es sei denn, dass der Verkäufer die Äußerung nicht kannte und auch nicht kennen musste, dass sie im Zeitpunkt des Vertragsschlusses in gleichwertiger Weise berichtigt war oder dass sie die Kaufentscheidung nicht beeinflussen konnte.
(2) Ein Sachmangel ist auch dann gegeben, wenn die vereinbarte Montage durch den Verkäufer oder dessen Erfüllungsgehilfen unsachgemäß durchgeführt worden ist. Ein Sachmangel liegt bei einer zur Montage bestimmten Sache ferner vor, wenn die Montageanleitung mangelhaft ist, es sei denn, die Sache ist fehlerfrei montiert worden.
(3) Einem Sachmangel steht es gleich, wenn der Verkäufer eine andere Sache oder eine zu geringe Menge liefert.

§ 437 Rechte des Käufers bei Mängeln
Ist die Sache mangelhaft, kann der Käufer, wenn die Voraussetzungen der folgenden Vorschriften vorliegen und soweit nicht ein anderes bestimmt ist,
1. nach § 439 Nacherfüllung verlangen,
2. nach den §§ 440, 323 und 326 Abs. 5 von dem Vertrag zurücktreten oder nach § 441 den Kaufpreis mindern und

3. nach den §§ 440, 280, 281, 283 und 311a Schadensersatz oder nach § 284 Ersatz vergeblicher Aufwendungen verlangen.

§ 439 Nacherfüllung

(1) Der Käufer kann als Nacherfüllung nach seiner Wahl die Beseitigung des Mangels oder die Lieferung einer mangelfreien Sache verlangen.

(2) Der Verkäufer hat die zum Zwecke der Nacherfüllung erforderlichen Aufwendungen, insbesondere Transport-, Wege-, Arbeits- und Materialkosten zu tragen.

(3) Hat der Käufer die mangelhafte Sache gemäß ihrer Art und ihrem Verwendungszweck in eine andere Sache eingebaut oder an eine andere Sache angebracht, ist der Verkäufer im Rahmen der Nacherfüllung verpflichtet, dem Käufer die erforderlichen Aufwendungen für das Entfernen der mangelhaften und den Einbau oder das Anbringen der nachgebesserten oder gelieferten mangelfreien Sache zu ersetzen. § 442 Absatz 1 ist mit der Maßgabe anzuwenden, dass für die Kenntnis des Käufers an die Stelle des Vertragsschlusses der Einbau oder das Anbringen der mangelhaften Sache durch den Käufer tritt.

(4) Der Verkäufer kann die vom Käufer gewählte Art der Nacherfüllung unbeschadet des § 275 Abs. 2 und 3 verweigern, wenn sie nur mit unverhältnismäßigen Kosten möglich ist. Dabei sind insbesondere der Wert der Sache in mangelfreiem Zustand, die Bedeutung des Mangels und die Frage zu berücksichtigen, ob auf die andere Art der Nacherfüllung ohne erhebliche Nachteile für den Käufer zurückgegriffen werden könnte. Der Anspruch des Käufers beschränkt sich in diesem Fall auf die andere Art der Nacherfüllung; das Recht des Verkäufers, auch diese unter den Voraussetzungen des Satzes 1 zu verweigern, bleibt unberührt.

(5) Liefert der Verkäufer zum Zwecke der Nacherfüllung eine mangelfreie Sache, so kann er vom Käufer Rückgewähr der mangelhaften Sache nach Maßgabe der §§ 346 bis 348 verlangen.

§ 441 Minderung

(1) Statt zurückzutreten, kann der Käufer den Kaufpreis durch Erklärung gegenüber dem Verkäufer mindern. Der Ausschlussgrund des § 323 Abs. 5 Satz 2 findet keine Anwendung.

(2) Sind auf der Seite des Käufers oder auf der Seite des Verkäufers mehrere beteiligt, so kann die Minderung nur von allen oder gegen alle erklärt werden.

(3) Bei der Minderung ist der Kaufpreis in dem Verhältnis herabzusetzen, in welchem zur Zeit des Vertragsschlusses der Wert der Sache in mangelfreiem Zustand zu dem wirklichen Wert gestanden haben würde. Die Minderung ist, soweit erforderlich, durch Schätzung zu ermitteln.

(4) Hat der Käufer mehr als den geminderten Kaufpreis gezahlt, so ist der Mehrbetrag vom Verkäufer zu erstatten. § 346 Abs. 1 und § 347 Abs. 1 finden entsprechende Anwendung.

Auszug aus dem Handelsgesetzbuch (HGB)

§ 377

(1) Ist der Kauf für beide Teile ein Handelsgeschäft, so hat der Käufer die Ware unverzüglich nach der Ablieferung durch den Verkäufer, soweit dies nach ordnungsmäßigem Geschäftsgange tunlich ist, zu untersuchen und, wenn sich ein Mangel zeigt, dem Verkäufer unverzüglich Anzeige zu machen.

(2) Unterlässt der Käufer die Anzeige, so gilt die Ware als genehmigt, es sei denn, dass es sich um einen Mangel handelt, der bei der Untersuchung nicht erkennbar war.
(3) Zeigt sich später ein solcher Mangel, so muss die Anzeige unverzüglich nach der Entdeckung gemacht werden; anderenfalls gilt die Ware auch in Ansehung dieses Mangels als genehmigt.
(4) Zur Erhaltung der Rechte des Käufers genügt die rechtzeitige Absendung der Anzeige.
(5) Hat der Verkäufer den Mangel arglistig verschwiegen, so kann er sich auf diese Vorschriften nicht berufen.

Anlage 9: Basiszinssatz nach § 247 BGB

Der aktuelle Stand des Basiszinssatzes muss im Bundesanzeiger veröffentlicht werden. Hierzu ist die Deutsche Bundesbank gemäß § 247 Abs. 2 BGB gesetzlich verpflichtet. In der nachstehenden Tabelle ist der jeweils relevante Stand des Basiszinssatzes aufgeführt.

Aktueller Stand	Gültig ab
–0,88 %	01.01.2021
–0,88 %	01.07.2020

Quelle: Vgl. Deutsche Bundesbank: Basiszinssatz nach § 247 BGB. In: www.bundesbank.de/de/bundesbank/organisation/agb-und-regelungen/basiszinssatz-607820 [31.03.2023].

Anlage 10

Auszug aus dem Bürgerlichen Gesetzbuch (BGB)

§ 145 Bindung an den Antrag
Wer einem anderen die Schließung eines Vertrags anträgt, ist an den Antrag gebunden, es sei denn, dass er die Gebundenheit ausgeschlossen hat.

§ 146 Erlöschen des Antrags
Der Antrag erlischt, wenn er dem Antragenden gegenüber abgelehnt oder wenn er nicht diesem gegenüber nach den §§ 147 bis 149 rechtzeitig angenommen wird.

§ 147 Annahmefrist
(1) Der einem Anwesenden gemachte Antrag kann nur sofort angenommen werden. Dies gilt auch von einem mittels Fernsprechers oder einer sonstigen technischen Einrichtung von Person zu Person gemachten Antrag.
(2) Der einem Abwesenden gemachte Antrag kann nur bis zu dem Zeitpunkt angenommen werden, in welchem der Antragende den Eingang der Antwort unter regelmäßigen Umständen erwarten darf.

§ 148 Bestimmung einer Annahmefrist
Hat der Antragende für die Annahme des Antrags eine Frist bestimmt, so kann die Annahme nur innerhalb der Frist erfolgen.

§ 149 Verspätet zugegangene Annahmeerklärung

Ist eine dem Antragenden verspätet zugegangene Annahmeerklärung dergestalt abgesendet worden, dass sie bei regelmäßiger Beförderung ihm rechtzeitig zugegangen sein würde, und musste der Antragende dies erkennen, so hat er die Verspätung dem Annehmenden unverzüglich nach dem Empfang der Erklärung anzuzeigen, sofern es nicht schon vorher geschehen ist. Verzögert er die Absendung der Anzeige, so gilt die Annahme als nicht verspätet.

§ 150 Verspätete und abändernde Annahme

(1) Die verspätete Annahme eines Antrags gilt als neuer Antrag.

(2) Eine Annahme unter Erweiterungen, Einschränkungen oder sonstigen Änderungen gilt als Ablehnung verbunden mit einem neuen Antrag.

§ 151 Annahme ohne Erklärung gegenüber dem Antragenden

Der Vertrag kommt durch die Annahme des Antrags zustande, ohne dass die Annahme dem Antragenden gegenüber erklärt zu werden braucht, wenn eine solche Erklärung nach der Verkehrssitte nicht zu erwarten ist oder der Antragende auf sie verzichtet hat. Der Zeitpunkt, in welchem der Antrag erlischt, bestimmt sich nach dem aus dem Antrag oder den Umständen zu entnehmenden Willen des Antragenden.

Aufgabe 2

Ausgangssituation

Die ERGON GmbH mit Sitz in Lörrach fertigt Büromöbel sowie Einrichtungszubehör. Die Produkte werden europaweit nachgefragt. Für das Unternehmen steht die Kundenorientierung an erster Stelle. Daher hat sich die ERGON GmbH zum Ziel gesetzt, sehr kurze Lieferzeiten bei hervorragender Qualität zu garantieren und gleichzeitig flexibel auf Kundenwünsche zu reagieren. Um diesen Ansprüchen gerecht zu werden, wird das Prozessmanagement ständig analysiert und weiterentwickelt. Seit kurzem sind Sie in der Abteilung Fertigungssteuerung als Sachbearbeiter/-in eingesetzt und finden heute die folgenden Aufträge an Ihrem Arbeitsplatz.

2.1 Das Produkt Garderobenständer Public (Artikelnummer: 220015) wurde im letzten Monat neu eingeführt.

2.1.1 Ergänzen Sie den vorliegenden Strukturbaum **(Anlage 1)**
- um die benötigten Stückzahlen **(Anlage 2)** und
- um die erforderlichen Dezimalminuten (dmin) für die einzelnen Baugruppen **(siehe Anlage 3)**.

2.1.2
- Notieren Sie für die Materialdisposition alle Baugruppen der **Anlage 1**.
- Erklären Sie, was unter einer Baugruppe zu verstehen ist.

2.1.3 Ihnen liegt ein Auftrag der Maier Möbel KG über 200 Garderobenständer Public vor.

Folgende Informationen sind Ihnen gegeben:
- In der Produktion wird von Montag bis Freitag jeweils acht Stunden pro Tag gearbeitet.
- Mit der Montage der übergeordneten Baugruppe wird erst begonnen, wenn die Stückzahlen der untergeordneten Baugruppe vollständig gefertigt sind. Ausnahme ist die

Montage der Krone (Artikel 210102). Diese kann parallel zur Montage der anderen Baugruppen der Stufen eins bis drei erfolgen.
- Alle Fremdbezugsteile sind vorrätig.

Berechnen Sie für diesen Auftrag
- die Fertigungszeit in Dezimalminuten,
- die Anzahl der Arbeitstage.

*Hinweis: Sollten Sie Aufgabe 2.1.1 nicht gelöst haben, greifen Sie auf **Anlage 2** zurück.*

2.1.4 Kurzfristig müssen für den A-Kunden Weinsdorfer Möbel GmbH 140 Kronen (Artikelnummer 210102) als Ersatzteillieferung gefertigt werden.

Ermitteln Sie, um wie viele Arbeitstage sich dadurch die Fertigstellung des Auftrags der Maier Möbel KG verschiebt.

2.2 Die Geschäftsleitung überlegt, den Fertigungsbereich der ERGON GmbH neu zu organisieren. Dazu sollen Sie die derzeit angewandte Werkstattfertigung untersuchen und Alternativen bewerten.

- Nennen Sie zwei Vorteile der Werkstattfertigung.
- Analysieren Sie im Hinblick auf die Ausgangssituation, ob ein Wechsel zur Inselfertigung oder zur Fließfertigung für die ERGON GmbH sinnvoll wäre.

2.3 Ab kommendem Monat wird die Arbeit in der Montageabteilung neu organisiert. Dazu erfolgen u. a. Rationalisierungsmaßnahmen:
- In den einzelnen Fertigungsstufen wird parallel gearbeitet, um die Montagezeiten zu verkürzen.
- Die Bereitstellung der Montageteile und Fertigungskomponenten erfolgt nach dem Kanban-System.

Um die Akzeptanz bei der Belegschaft zu erhöhen, soll im Intranet darüber informiert werden.

2.3.1 Erklären Sie in einer Information an die Belegschaft zwei Ziele, die mit Rationalisierungsmaßnahmen in einem Unternehmen verfolgt werden.

2.3.2
- Beschreiben Sie den Material- und Informationsfluss im Kanban-System.
- Nennen Sie zwei Vorteile für das Unternehmen durch die Einführung eines Kanban-Systems.
- Erläutern Sie zwei Voraussetzungen für die Einführung des Kanban-Systems.

2.3.3 In einem Gespräch mit dem Produktionsleiter erfahren Sie, dass nach Einführung der Rationalisierungsmaßnahmen 200 Stück des Garderobenständers Public bereits nach 30 Stunden fertiggestellt werden können. Er spricht von einer Verdopplung der Produktivität im Hinblick auf die hergestellten Garderobenständer pro Stunde.

Überprüfen Sie seine Aussage, indem Sie die Produktivitätssteigerung in Prozent berechnen. Zuvor lag die Produktivität bei 3,57 Stück pro Stunde.

2.4 Sie betreuen in Ihrer Abteilung den Auszubildenden Paul Birlin, der sich gerade in der Berufsschule mit dem Thema Produktionscontrolling befasst. Da Herr Birlin dabei noch

einige Schwierigkeiten hat, helfen Sie ihm beispielhaft anhand der Kostensituation des Garderobenständers Public.
Die Herstellung des Garderobenständers Public verursacht fixe Gesamtkosten in Höhe von 800.000,00 EUR und variable Stückkosten von 120,00 EUR.

2.4.1 Verdeutlichen Sie den Unterschied zwischen fixen und variablen Kosten anhand der Herstellung des Garderobenständers Public.

2.4.2 Im Jahr 2020 betrug der Nettobarverkaufspreis für den Garderobenständer Public 352,00 EUR/Stück.

- Berechnen Sie die Gewinnschwelle für 2020.
- Erklären Sie, was man unter der Gewinnschwelle versteht.
- Stellen Sie Ihre Ergebnisse grafisch in einer Skizze dar.

2.4.3 Seit Januar 2021 müssen aufgrund eines neuen Tarifvertrages höhere Entgelte bezahlt werden. Dies betrifft sowohl die Gehälter als auch die Löhne.

Begründen Sie, welche Auswirkungen die Tariferhöhung auf die Gewinnschwelle hat.

Anlage 1

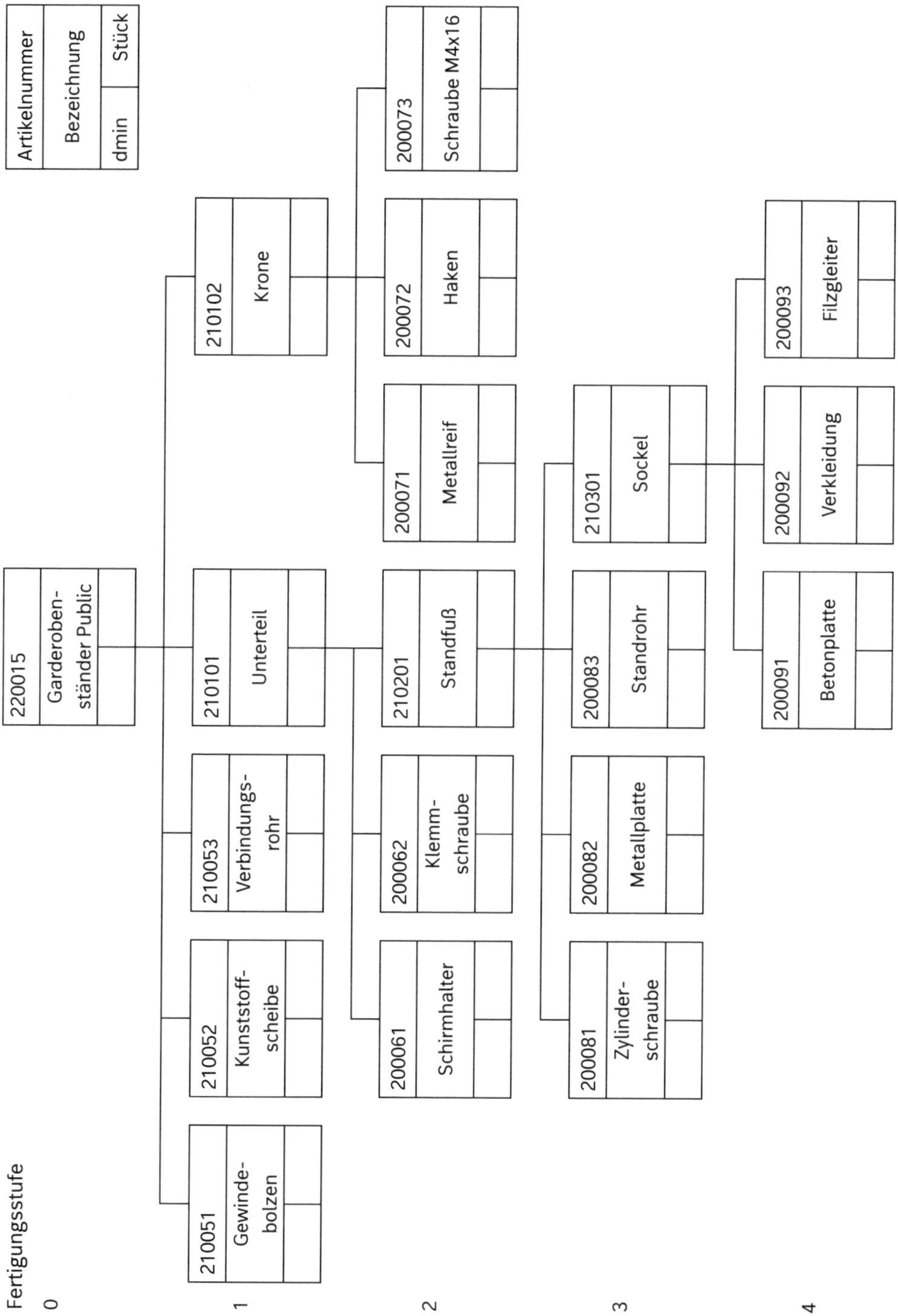
Fertigungsstufe
0
1
2
3
4
Artikelnummer
Bezeichnung
dmin
Stück
220015
Garderoben-ständer Public
210051
Gewinde-bolzen
210052
Kunststoff-scheibe
210053
Verbindungs-rohr
210101
Unterteil
210102
Krone
200061
Schirmhalter
200062
Klemm-schraube
210201
Standfuß
200071
Metallreif
200072
Haken
200073
Schraube M4x16
200081
Zylinder-schraube
200082
Metallplatte
200083
Standrohr
210301
Sockel
200091
Betonplatte
200092
Verkleidung
200093
Filzgleiter

Anlage 2

220015 Garderobenständer Public – Baukastenstückliste

Allgemein

Nr. 220015

Beschreibung. . . . Garderobenständer Public

Einheitencode. . . . STÜCK

Status. . . . . . . Zertifiziert

Art	Nr.	Beschreibung	Komponentenmenge	Einheitencode	Vorlaufzeit
Artikel	210101	Unterteil	1	STÜCK	
Artikel	200051	Gewindebolzen	1	STÜCK	1T
Artikel	200052	Kunststoffscheibe	1	STÜCK	1T
Artikel	200053	Verbindungsrohr	1	STÜCK	1T
Artikel	210102	Krone	1	STÜCK	

210101 Unterteil – Baukastenstückliste

Allgemein

Nr. 210101

Beschreibung. . . . . Unterteil

Einheitencode. . . . . STÜCK

Status. . . . . Zertifiziert

Art	Nr.	Beschreibung	Komponentenmenge	Einheitencode	Vorlaufzeit
Artikel	210101	Standfuß	1	STÜCK	
Artikel	200061	Schirmhalter	1	STÜCK	1T
Artikel	200062	Klemmschraube	2	STÜCK	1T

210201 Standfuß – Baukastenstückliste

Allgemein

Nr. 210201

Beschreibung. . . . . Standfuß

Einheitencode . . . . STÜCK

Status. . . . . Zertifiziert

Art	Nr.	Beschreibung	Komponentenmenge	Einheitencode	Vorlaufzeit
Artikel	210301	Sockel	1	STÜCK	
Artikel	200081	Zylinderschraube	1	STÜCK	1T
Artikel	200082	Metallplatte	1	STÜCK	1T
Artikel	200083	Standrohr	1	STÜCK	1T

210301 Sockel – Baukastenstückliste

Allgemein

Nr. 210301

Beschreibung. . . . . Sockel

Einheitencode . . . . STÜCK

Status. . . . . Zertifiziert

Art	Nr.	Beschreibung	Komponentenmenge	Einheitencode	Vorlaufzeit
Artikel	200091	Betonplatte	1	STÜCK	1T
Artikel	200092	Verkleidung	1	STÜCK	1T
Artikel	200093	Filzgleiter	5	STÜCK	1T

210102 Krone – Baukastenstückliste

Allgemein

Nr. 210102

Beschreibung. . . . . Krone

Einheitencode . . . . STÜCK

Status. . . . . Zertifiziert

Art	Nr.	Beschreibung	Komponentenmenge	Einheitencode	Vorlaufzeit
Artikel	200071	Metallreif	1	STÜCK	1T
Artikel	200072	Haken	6	STÜCK	1T
Artikel	200073	Schraube M4x16	12	STÜCK	1T

Anlage 3

220015 Montage Garderobenständer – Arbeitsplan

Allgemein

Nr. 220015

Beschreibung. . . . . Montage Garderobenständer

Art . . . . Seriell

Status. . . . . Zertifiziert

Art	Nr.	Arbeitsgangnr.	Beschreibung	Rüstzeit	Bearbeitungszeit	Weitergabemen
Arbeitspla	750	10	Verbindungsrohr auf Unterteil...	0	10	1T
Arbeitsplatz	750	20	Krone aufsetzen	0	2	1T
Arbeitsplatz	800	30	Endkontrolle	0	3	1T

210101 Montage Unterteil – Arbeitsplan

Allgemein

Nr. 210101

Beschreibung. . . . . Montage Unterteil

Art . . . . Seriell

Status. . . . . Zertifiziert

Art	Nr.	Arbeitsgangnr.	Beschreibung	Rüstzeit	Bearbeitungszeit	Weitergabemen
Arbeitspl…	730	10	Schirmhalter am Standfuß bef…	0	4	

210201 Montage Standfuß – Arbeitsplan

Allgemein

Nr. 210201

Beschreibung. . . . . Montage Standfuß

Art . . . . Seriell

Status. . . . . Zertifiziert

Art	Nr.	Arbeitsgangnr.	Beschreibung	Rüstzeit	Bearbeitungszeit	Weitergabemen
Arbeitspl…	720	10	Standrohr auf Sockel schrauben	0	6	

210301 Montage Sockel – Arbeitsplan

Allgemein

Nr. 210301

Beschreibung. . . . . Montage Sockel

Art . . . . Seriell

Status. . . . . Zertifiziert

Art	Nr.	Arbeitsgangnr.	Beschreibung	Rüstzeit	Bearbeitungszeit	Weitergabemen
Arbeitspl…	710	10	Filzgleiter auf Betonplatte aufk…	0	1	
Arbeitsplatz	710	20	Verkleidung über Betonplatte z…	0	2	

210102 Montage Krone – Arbeitsplan

Allgemein

Nr. 210102

Beschreibung. . . . . Montage Krone

Art . . . . Seriell

Status. . . . . Zertifiziert

Art	Nr.	Arbeitsgangnr.	Beschreibung	Rüstzeit	Bearbeitungszeit	Weitergabemen
Arbeitspl…	740	10	Haken an Metallreif schrauben	0	10	

3 Prüfungsaufgaben Steuerung und Kontrolle Winter 2021/2022

Aufgabe 1

Ausgangssituation

Die MoSa-Tec KG ist ein Automobilzulieferer aus dem Großraum Stuttgart und stellt Getriebe und Bremsen für unterschiedliche Automobilhersteller her.

Sie sind in der Abteilung Controlling tätig und wurden mit der Kostenanalyse des dritten Quartals 2021 betraut. Im Speziellen haben Sie folgende Arbeitsaufträge zu bearbeiten:

1.1 Die Geschäftsleitung möchte wissen, wie hoch der Gewinn im dritten Quartal 2021 ausgefallen ist, und bittet Sie um eine Auswertung.

1.1.1 Vervollständigen Sie die Abgrenzungstabelle in **Anlage 1** unter Berücksichtigung der Informationen aus **Anlage 2**.

1.1.2 Für die anstehende Abteilungssitzung sollen Sie die Ergebnisse der Abgrenzungsrechnung aufbereiten. Folgende Arbeitsaufträge haben Sie dazu erhalten:

- Beschreiben Sie den Erfolg der betrieblichen Tätigkeit des Unternehmens im dritten Quartal 2021.
- Erläutern Sie eine Ursache für die Abweichung zwischen bilanziellen und kalkulatorischen Zinsen.

1.2 Auf Basis der Zahlen des dritten Quartals (**Anlage 1**) sollen neue Kalkulationsgrundlagen ermittelt werden.

1.2.1
- Vervollständigen Sie den bereits teilweise bearbeiteten Betriebsabrechnungsbogen (**Anlagen 3, 4 und 5**).
- Berechnen Sie die Gemeinkostenzuschlagssätze.

1.2.2 Der ursprüngliche Verkaufspreis der Bremse „Ultimate X05" betrug 998,00 EUR.

Berechnen Sie für die neuen Kalkulationsdaten den zukünftigen Verkaufspreis für die Bremse. Verwenden Sie **Anlage 5** und berücksichtigen Sie dabei Ihre Ergebnisse aus Aufgabenteil 1.2.1.

Hinweis: Sollten Sie in Aufgabenteil 1.2.1 keine Lösung ermittelt haben, gehen Sie von folgenden Gemeinkostenzuschlagssätzen aus: Material: 20 %, Fertigung: 58 %, Verwaltung: 5 %, Vertrieb: 2 %.

1.3 Um weiterhin konkurrenzfähig zu bleiben, hat die MoSa-Tec KG unter anderem das Zehn-Gang-Automatikgetriebe „Comfort T10" neu entwickelt. Mit der Produktion wurde zum 1. September 2021 begonnen. Der Listenverkaufspreis beträgt 2.800,00 EUR netto. Die fixen Kosten belaufen sich auf 200.000,00 EUR/Monat.

Ein Stammkunde ist bereit, im November 35 Getriebe für eine Kleinserie zu beziehen, wenn wir ihm einen Stückpreis in Höhe von 2.100,00 EUR netto anbieten.

Prüfen Sie, ob der Zusatzauftrag angenommen werden soll. Berücksichtigen Sie die Informationen in **Anlage 6**.

Aufgabe 2

Ausgangssituation

Nach Ihrer Ausbildung arbeiten Sie in der Abteilung Rechnungswesen der Centrotecnic GmbH Karlsruhe, einem Hersteller von Elementen für die Ladungssicherung bei Lkws. Zu Ihren Aufgaben gehören neben dem Tagesgeschäft auch sämtliche Tätigkeiten zur Vorbereitung des Jahresabschlusses.

In diesem Zusammenhang bearbeiten Sie heute die folgenden Vorgänge:

2.1 Am 5. November 2021 kaufte die Centrotecnic GmbH eine CNC-Fräsmaschine.

2.1.1 Die Rechnung der Kerle Maschinenfabrik KG ging Ihnen gestern zu (**Anlage 7**).

Erstellen Sie den Buchungssatz für den Rechnungseingang.

2.1.2 Sie überweisen am 12. November 2021 die Rechnung.

Erstellen Sie den Buchungssatz für die Bezahlung der Rechnung.

2.1.3 Sie werden damit beauftragt, die Anlagenkarte auszufüllen (**Anlagen 8 und 9**).

- Berechnen Sie nachvollziehbar die Abschreibungsbeträge für die Jahre 2021 und 2022.
- Ergänzen Sie die freien Felder.

2.2 Im Jahr 2020 wurde für eine anstehende Gerichtsverhandlung eine Rückstellung in Höhe von 52.000,00 EUR gebildet. Der Prozess fand am 4. November 2021 statt.

2.2.1 Erläutern Sie die Auswirkung der Rückstellung auf den Erfolg der Centrotecnic GmbH im Geschäftsjahr 2020.

2.2.2 Die tatsächlichen Prozesskosten beliefen sich auf 60.000,00 EUR netto. Die Rechnung wurde am 4. November sofort per Banküberweisung bezahlt.

Erstellen Sie den Buchungssatz für die Auflösung der Rückstellung.

2.3 Es steht die Vorbereitung des Jahresabschlusses zum 31. Dezember 2021 an.

2.3.1 Aufgrund fallender Einkaufspreise möchte die Geschäftsleitung wissen, mit welchem Wert die Handelsware Sicherungsnetz „Cargo“ in der Bilanz voraussichtlich anzusetzen ist. Die Abteilungsleitung vermutet, dass sich der Marktpreis für das Sicherungsnetz am 31. Dezember 2021 auf 138,00 EUR einpendeln wird.

- Ermitteln Sie mithilfe von **Anlage 10** den wahrscheinlichen Bilanzansatz nach dem gewogenen Durchschnittsverfahren.
- Begründen Sie Ihr Ergebnis.

2.3.2 Zum Ende des Geschäftsjahres 2021 wird der Spanngurt „MasterFix“ aus dem Programm genommen. Der Restlagerbestand wird erst im neuen Geschäftsjahr ausgeliefert. Aus diesem Grund muss der Bilanzansatz des Spanngurtes ermittelt werden.

Berechnen Sie die Herstellungskosten des Spanngurtes „MasterFix“ unter der Vorgabe, dass die Centrotecnic GmbH einen möglichst hohen Gewinn ausweisen möchte (**Anlagen 11 und 12**).

Anlage 1

Ergebnistabelle MoSa-Tec KG 3. Quartal 2021 (Werte in Euro)									
Rechnungskreis I				Rechnungskreis II					
Konten der Finanzbuchhaltung		GuV-Rechnung		Unternehmensbezogene Abgrenzungen		Kostenrechnerische Korrekturen		Kosten- und Leistungsrechnung	
		Aufwendungen	Erträge	Neutrale Aufwendungen	Neutrale Erträge	Verrechnete Aufwendungen	Verrechnete Kosten	Kosten	Leistungen
5000	Umsatzerlöse fert. Erz.		8.500.000						
5220	Bestandsveränderung fert. Erz.	150.000							
5430	Sonstige betriebliche Erträge		98.000						
5710	Zinserträge		74.500						
6000	Aufwendungen für Rohstoffe	2.800.000							
6130	Instandhaltung/Reparaturen	120.000							
6200	Löhne	1.550.000							
6400	Soziale Abgaben	750.000							
6500	Abschreibungen auf Sachanlagen	680.000							
6800	Büromaterial	65.000							
6880	Spenden	25.000							
6960	Verluste aus dem Abgang von Vermögensgegenständen	21.000							
7510	Zinsaufwendungen	146.000							
Summe		6.307.000	8.672.500						
Salden									
Ergebnis									

Anlage 2: Ergänzende Angaben zur Abgrenzungsrechnung

- Das durchschnittlich betriebsnotwendige Kapital beträgt 13,5 Mio. EUR. Im Rahmen der Datenaufbereitung setzte das Controlling den kalkulatorischen Zinssatz auf 6 % p. a. fest.
- Durch einen nicht versicherten Sturmschaden musste das Dach einer Lagerhalle für 45.000,00 EUR repariert werden.
- Die kalkulatorischen Abschreibungen betragen im dritten Quartal 728.000,00 EUR.
- Im Bereich Löhne/Gehälter sind Nachzahlungen aus dem zweiten Quartal in Höhe von 58.000,00 EUR enthalten.
- Der kalkulatorische Unternehmerlohn beträgt pro Jahr 115.000,00 EUR.

Anlage 3: Betriebsabrechnungsbogen

Betriebsabrechnungsbogen der MoSa-Tec KG 3. Quartal 2021						
		Kostenstellen				
	Kantine	I. Material	II. Fertigung	Kfm. Ausbildung	III. Verwaltung	IV. Vertrieb
Zwischensummen	180.000,00	560.420,00	767.625,00	56.868,00	206.254,00	78.083,00
Summe der Gemeinkosten						

Anlage 4: Informationen zur Umlage der Hilfskostenstellen

	Kantine	I. Material	II. Fertigung	Kfm. Ausbildung	III. Verwaltung	IV. Vertrieb
Mitarbeitende	–	10	60	5	15	10
Auszubildende	–	–	–	–	3	1
Fläche	1.000 qm	360 qm	4.000 qm	120 qm	450 qm	150 qm

Anlage 5

Daten internes Rechnungswesen MoSa-Tec KG	
Materialeinzelkosten	2.800.000,00 EUR
Fertigungseinzelkosten	1.492.000,00 EUR
Kundenskonto	2 %
Rabatt	5 %
Vertreterprovision	4,50 %
Gewinn	8,50 %
Materialeinzelkosten Bremse „Ultimate X05“ (pro Stück)	360,00 EUR
Fertigungseinzelkosten Bremse „Ultimate X05“ (pro Stück)	250,00 EUR

Anlage 6: Informationen zum Automatikgetriebe „Comfort T10“

Allgemeine Informationen:

- optimale Losgröße: 25 Stück
- Durchlaufzeit: 8,5 Stunden
- monatliche Produktionskapazität: maximal 250 Stück
- Fließfertigung auf Produktionsstraße B

Kostensituation 2021:

Monate	Menge in Stück	Gesamtkosten in Euro
September	175	462.500,00
Oktober	195	492.500,00

Plandaten:

- Auslastung November 2021: 80 %
- nächster Revisionstermin: Januar 2022
- nächste TÜV-Überprüfung: September 2022

Anlage 7: Rechnung

Kerle Maschinenfabrik KG

Oberlohnstr. 12
76131 Karlsruhe

Tel.: 0721 2311-0
Fax: 0721 2311-1
E-Mail: mueller@kerle.de

Centrotecnic GmbH
Daxlanderstr. 17
76185 Karlsruhe

Rechnungsdatum: 05.11.2021
Kunden-Nr.: 21587
Bestell-Nr.: 1821-57

Rechnung Nr. 52/02

Artikelbezeichnung	**Menge**	**Betrag**
CNC-Fräse Hightech B	1	4.560,00 EUR
abzüglich 3 % Sonderrabatt		136,80 EUR
zuzüglich Frachtkosten		152,00 EUR
zuzüglich Montage- und Installationskosten durch unser Montage- u. Aufbauteam		250,00 EUR
zuzüglich Schmierstoffe	1	99,00 EUR
zuzüglich 19 % Umsatzsteuer		935,60 EUR
Rechnungsbetrag		**5.859,80 EUR**

Zahlungsbedingung: 10 Tage 3 % Skonto auf den Rechnungsbetrag, 30 Tage netto

Bankverbindung:
Bank: Volksbank Karlsruhe
BIC: GENODE61KA1
IBAN: DE23 6619 0000 1251 1788 96

Handelsregister: HRA 432255
USt-IdNr: DE1895230004
Steuer-Nr.: 45555/3321576

Anlage 8: AfA-Tabelle

AfA-Tabelle
Maschinenbau

Die Tabelle gilt für alle Anlagegüter, die nach dem 31.12.2000 angeschafft oder hergestellt worden sind.

Fundstelle	Anlagegüter	Nutzungsdauer in Jahren
1	Spanende Werkzeugmaschinen	
1.1	Drehmaschinen/Drehautomaten	
1.1.1	Horizontal-Drehmaschinen	
1.1.1.1	– CNC/NC	6
1.1.1.2	– ohne CNC/NC	8
1.2	Bohrmaschinen	
1.2.1	– CNC/NC	7
1.2.2	– ohne CNC/NC	8
1.3	Fräsmaschinen	
1.3.1	– CNC/NC	7
1.3.2	– ohne CNC/NC	8

Anlage 9: Anlagenkarte

Centrotecnic GmbH		
Anlagenkarte		
Inventar-Nr. 051884		
Bezeichnung CNC-Fräsmaschine Hightech B		**Hersteller** Kerle KG
Anschaffungsdatum 05.11.2021		**Abschreibungsmethode** linear
Anschaffungskosten in Euro		**Nutzungsdauer in Jahren**
Bilanzstichtag	**Abschreibung in Euro**	**Buchwert in Euro**
31.12.2021		
31.12.2022		

Anlage 10: Lagerbestandskarte zum Artikel Sicherungsnetz „Cargo“

Artikelbezeichnung *Sicherungsnetz „Cargo“*		**Artikelnummer** *SC301*			
Datum	**Beleg**	**Zugänge**	**Abgänge**	**Menge in Stück**	**Einstandspreis je Stück in Euro**
1. Januar	Übertrag	–	–	350	155,00
19. Januar	ME05	–	Abgang	270	x
8. Februar	LS71	Zugang	–	500	162,00
10. März	ME10	–	Abgang	460	x
13. Mai	LS80	Zugang	–	600	160,00
21. Juni	ME13	–	Abgang	680	x
12. August	LS88	Zugang	–	300	145,00
7. Oktober	ME25	–	Abgang	290	x
3. November	LS10	Zugang	–	450	139,00
31. Dezember					

Anlage 11: Informationen zum Spanngurt „MasterFix“ im Geschäftsjahr 2021

Einzelkosten:

Fertigungsmaterial	240.000,00 EUR
Fertigungslöhne	80.000,00 EUR
Sondereinzelkosten der Fertigung	7.000,00 EUR

Gemeinkosten:

Forschungskosten	12.000,00 EUR
Angemessene Teile der Materialgemeinkosten	24.000,00 EUR
Angemessene Teile der Fertigungsgemeinkosten	33.000,00 EUR
Angemessene Teile der Kosten der allgemeinen Verwaltung	51.000,00 EUR
Vertriebsgemeinkosten	27.000,00 EUR
Aufwendungen für die betriebliche Kindertagesstätte	112.000,00 EUR

Anlage 12

Auszug aus dem Handelsgesetzbuch (HGB)

§ 255 HGB Bewertungsmaßstäbe

(1) Anschaffungskosten sind die Aufwendungen, die geleistet werden, um einen Vermögensgegenstand zu erwerben und ihn in einen betriebsbereiten Zustand zu versetzen, soweit sie dem Vermögensgegenstand einzeln zugeordnet werden können. Zu den Anschaffungskosten gehören auch die Nebenkosten sowie die nachträglichen Anschaffungskosten. Anschaffungspreisminderungen, die dem Vermögensgegenstand einzeln zugeordnet werden können, sind abzusetzen.

(2) Herstellungskosten sind die Aufwendungen, die durch den Verbrauch von Gütern und die Inanspruchnahme von Diensten für die Herstellung eines Vermögensgegenstands, seine Erweiterung oder für eine über seinen ursprünglichen Zustand hinausgehende wesentliche Verbesserung entstehen. Dazu gehören die Materialkosten, die Fertigungskosten und die Sonderkosten der Fertigung sowie angemessene Teile der Materialgemeinkosten, der Fertigungsgemeinkosten und des Werteverzehrs des Anlagevermögens, soweit dieser durch die Fertigung veranlasst ist. Bei der Berechnung der Herstellungskosten dürfen angemessene Teile der Kosten der allgemeinen Verwaltung sowie angemessene Aufwendungen für soziale Einrichtungen des Betriebs, für freiwillige soziale Leistungen und für die betriebliche Altersversorgung einbezogen werden, soweit diese auf den Zeitraum der Herstellung entfallen. Forschungs- und Vertriebskosten dürfen nicht einbezogen werden.

(2a) Herstellungskosten eines selbst geschaffenen immateriellen Vermögensgegenstands des Anlagevermögens sind die bei dessen Entwicklung anfallenden Aufwendungen nach Absatz 2. Entwicklung ist die Anwendung von Forschungsergebnissen oder von anderem Wissen für die Neuentwicklung von Gütern oder Verfahren oder die Weiterentwicklung von Gütern oder Verfahren mittels wesentlicher Änderungen. Forschung ist die eigenständige und planmäßige Suche nach neuen wissenschaftlichen oder technischen Erkenntnissen oder Erfahrungen allgemeiner Art, über deren technische Verwertbarkeit und wirtschaftliche Erfolgsaussichten grundsätzlich keine Aussagen gemacht werden können. Können Forschung und Entwicklung nicht verlässlich voneinander unterschieden werden, ist eine Aktivierung ausgeschlossen.

(3) Zinsen für Fremdkapital gehören nicht zu den Herstellungskosten. Zinsen für Fremdkapital, das zur Finanzierung der Herstellung eines Vermögensgegenstands verwendet wird, dürfen angesetzt werden, soweit sie auf den Zeitraum der Herstellung entfallen; in diesem Falle gelten sie als Herstellungskosten des Vermögensgegenstands.

(4) Der beizulegende Zeitwert entspricht dem Marktpreis. Soweit kein aktiver Markt besteht, anhand dessen sich der Marktpreis ermitteln lässt, ist der beizulegende Zeitwert mit Hilfe allgemein anerkannter Bewertungsmethoden zu bestimmen. Lässt sich der beizulegende Zeitwert weder nach Satz 1 noch nach Satz 2 ermitteln, sind die Anschaffungs- oder Herstellungskosten gemäß § 253 Abs. 4 fortzuführen. Der zuletzt nach Satz 1 oder 2 ermittelte beizulegende Zeitwert gilt als Anschaffungs- oder Herstellungskosten im Sinn des Satzes 3.

4 Prüfungsaufgaben Betriebswirtschaft – Geschäftsprozesse Winter 2021/2022

Aufgabe 1

Ausgangssituation

Die GISNOR KG ist ein mittelständischer Hersteller von elektrischen Kebab-Grills mit Sitz in Heidenheim. Der elektrische Kebab-Grill überzeugt mit seiner energiesparenden Konstruktion und ist sowohl für den professionellen Gebrauch in Imbissen als auch für Vereinsfeste geeignet.

Sie arbeiten als Sachbearbeiter/-in in der GISNOR KG in einem Team aus Kollegen und Kolleginnen, welches Investitions- und Finanzierungsentscheidungen des Komplementärs Lucas Bühringer vorbereitet.

1.1 Im laufenden Geschäftsjahr 2021 beträgt der Absatz des elektrischen Kebab-Grills 1.200 Geräte. Davon werden ein Drittel bei Vereinsfesten und zwei Drittel für gewerbliche Zwecke eingesetzt. Die Absatzprognosen für das kommende Jahr 2022 versprechen einen Zuwachs von 20 % in der Nutzung bei Vereinsfesten und 12 % in der gewerblichen Nutzung der Grillgeräte, Tendenz steigend.

Aufgrund des altersbedingten Verschleißes einer Biegemaschine und der steigenden Nachfrage nach den Grillgeräten ist für November 2021 die Anschaffung einer neuen, leistungsfähigeren Schwenkbiegemaschine erforderlich. Zur Auswahl stehen zwei vergleichbare Modelle von zwei Anbietern (**Anlagen 1 und 2**).

Aufgrund einer besonderen Biegetechnik verursacht das Modell „Bull-2X" der Dalfi GmbH höhere variable Materialkosten (**Anlage 3**).

Begründen Sie auf Basis der Kostenvergleichsrechnung, für welche Investitionsalternative Sie sich entscheiden. Beziehen Sie die erwarteten Absatzsteigerungen sowie die kritische Menge in Ihre Entscheidung mit ein.

1.2 Herr Bühringer entscheidet sich für die Maschine der Dalfi GmbH.

Die Liquiditätslage der GISNOR KG ist im Moment sehr angespannt. Zur Finanzierung der Schwenkbiegemaschine wird unter anderem über ein endfälliges Festdarlehen diskutiert (**Anlage 4**). Alternativ wurde ein Leasingangebot mit folgenden Bedingungen eingeholt: Die Grundmietzeit der Leasingvariante entspricht der Kreditlaufzeit vom 01.11.2021 bis zum 31.10.2026. Die monatliche Leasingrate beträgt 1.080,00 EUR, es besteht keine Verlängerungsoption.

1.2.1
- Erarbeiten Sie einen Finanzierungsvorschlag (**Anlage 5**) für Herrn Bühringer, indem Sie die Liquiditätsbelastungen der beiden Alternativen vergleichen. Beachten Sie den Finanzplan der GISNOR KG für die kommenden sechs Monate (**Anlage 6**).
- Geben Sie zwei weitere Argumente an, die für Ihren Vorschlag sprechen.

1.2.2 Als mögliche Alternative zur Fremdfinanzierung bringen Sie die offene Selbstfinanzierung ins Spiel. Der Gewinn des Geschäftsjahres 2021 wird auf 98.400,00 EUR geschätzt. Die vorläufige Gewinnverteilung zwischen dem Komplementär Lucas Bühringer und der Kommanditistin Anne Nielsen können Sie der Tabelle in **Anlage 7** entnehmen.

- Geben Sie zwei Argumente an, die im Vergleich zur Kreditfinanzierung für die offene Selbstfinanzierung sprechen.
- Prüfen Sie, ob die Möglichkeiten der offenen Selbstfinanzierung durch Herrn Bühringer zur Finanzierung der neuen Maschine ausreichen würden.

1.2.3 Die Kommanditistin Anne Nielsen wäre bereit, zusätzlich ihren Gewinnanteil als endfälliges Darlehen mit einer Laufzeit von fünf Jahren zu einem Zinssatz von 2,5 % p. a. zur Verfügung zu stellen.

Vergleichen Sie den effektiven Jahreszinssatz des Darlehensangebots der Bank Raimer Heidenheim eG **(Anlage 4)** mit dem Angebot von Anne Nielsen.

1.2.4 Der Komplementär Bühringer beschließt, das Darlehensangebot der Bank Raimer Heidenheim eG anzunehmen.

Die Maschine wird zur Absicherung des Kredits an die Bank sicherungsübereignet. Der vereinbarte Beleihungssatz beträgt 60 %. Da hiermit keine vollständige Absicherung der Kredithöhe möglich ist, kann Herr Bühringer seinen langjährigen Geschäftspartner Heiko Hieber als Bürgen gewinnen. Sie sollen die Vereinbarung zwischen Herrn Bühringer und Herrn Hieber vorbereiten.

- Stellen Sie die Besitz- und Eigentumsverhältnisse am Tag der Lieferung anhand einer Abbildung dar, wenn die neue Schwenkbiegemaschine sicherungsübereignet wird.
- Geben Sie an, für welchen Anteil (in Euro) Herr Hieber bürgen müsste.
- Erklären Sie das Wesen und die vertraglichen Vereinbarungen einer selbstschuldnerischen Bürgschaft.
- Beschreiben Sie ein Risiko, das im Falle einer Insolvenz der GISNOR KG für Herrn Hieber besteht. Geben Sie an, ob die Rechtsform der GISNOR KG eine Auswirkung auf das Risiko des Bürgschaftsnehmers hat.

1.2.5
- Beschreiben Sie anhand der darlehensfinanzierten Anschaffung der Schwenkbiegemaschine den bilanziellen Zusammenhang zwischen Investition und Finanzierung.
- Erstellen Sie zur Veranschaulichung den Buchungssatz für die Anschaffung der Maschine.

1.3 Herr Bühringer trifft auf einer Fachmesse seinen Studienfreund Miran Velic. Das Geschäftsmodell der GISNOR KG sagt Herrn Velic sehr zu. Er signalisiert Herrn Bühringer, dass er gern vorhandenes Kapital in die GISNOR KG für weitere Investitionen einbringen möchte. Er könnte sich gut vorstellen, als weiterer Komplementär oder Kommanditist in die GISNOR KG einzusteigen.

1.3.1 Beschreiben Sie diese Art der Finanzierung in Bezug auf die Rechtsstellung der Kapitalgeber und die Mittelherkunft.

1.3.2 Notieren Sie jeweils zwei Nachteile für die GISNOR KG, wenn Herr Velic als Komplementär bzw. als Kommanditist ins Unternehmen einsteigt.

1.3.3 Für Herrn Bühringer kommt nur eine Beteiligung von Herrn Velic als Kommanditist infrage.

Erklären Sie, wie sich die Aufnahme von Herrn Velic als neuer Kommanditist auf die Eigenkapitalquote der GISNOR KG auswirken würde.

Anlage 1

Dalfi GmbH

GISNOR KG
Herrn Lucas Bühringer
Im Revier 4
89518 Heidenheim

Name: Dominik Cappone
Telefon: +49 7433 121121
Telefax: +49 7433 121123
E-Mail: info@dalfi.de
Internet: www.dalfi.de

Bank: LS-Bank Stuttgart
IBAN: DE98600200500024999111
BIC: SOLADES1STG

Kunden-Nr.: 24003
Datum: 10.09.2021

Verkaufsangebot Nr.: 21002

Sehr geehrte Damen und Herren,

den Artikel bieten wir Ihnen wie folgt an:

Artikel-Nr.	Beschreibung	Menge	Einheit	Preis in Euro	Rabatt in %	Betrag in Euro
20005	Schwenkbiegemaschine „Bull-2X“	1	Stück	64.000,00	10	57.600,00
					Zwischensumme	57.600,00
					MwSt.	10.944,00
					Summe	68.544,00

Die Leistungsfähigkeit der Maschine beträgt 1.600 Stück pro Jahr.

Zahlungsbedingungen: 14 Tage nach Rechnungsdatum ohne Abzug
Lieferbedingungen: frei Haus
Liefertermin: 1. November 2021

Wir freuen uns auf Ihren Auftrag.

Mit freundlichen Grüßen

i. A. Dominik Cappone

Handelsregister: HRB 966 | Geschäftsführung: | Steuer-Nr.: 53050/00954
Geschäftszeiten: Mo-Fr 08:00-16:00 Uhr | Niklas Ismann | USt-ID-Nr.: DE12344567

Anlage 2

Mäckle OHG

Ihr Profi der Fertigungstechnik

Marco Ehmig
+49 7229 141521
+49 7229 5251239
Mäckle@OHG.de

Kunden-Nr.: 24099
Datum: 8. September 2021

GISNOR KG
Herrn Bühringer
Im Revier 4
89518 Heidenheim

Angebots-Nr.: 3402/22

Sehr geehrter Herr Bühringer,

die von Ihnen angefragte Maschine bieten wir gemäß unten stehenden Daten an:

ARTIKEL	KENNUNG	MENGE	EINHEIT	PREIS IN EURO	RABATT IN %	BETRAG IN EURO
2611	Schwenkbiegemaschine TBL 2520	1	Stück	70.663,53	15	60.064,00
					Nettosumme	60.064,00
					MwSt.	11.412,16
					Summe	71.476,16

Unsere Zahlungsbedingung lautet: 60 Tage Ziel
Wir liefern: frei Haus
am: 01.11.2021

Die Schwenkbiegemaschine TBL 2520 erbringt eine maximale Jahresleistung in Höhe von 1.400 Stück.

Wir freuen uns auf Ihre verbindliche Bestellung und verbleiben

mit freundlichen Grüßen

ppa. Marco Ehmig

Bank:	Sparkasse Pforzheim	Handelsregister:	HRA 966	Geschäftsführung:
IBAN:	DE98600200500058999 9178	Steuer-Nr.:	53050/00954	Bernd Rukwid
BIC:	SOLADES1PFZ	USt-IdNr.:	DE1233851	

Anlage 3

Interne Daten zur Vorbereitung der Investitionsentscheidung	Bull-2X Dalfi GmbH	TBL 2520 Mäckle OHG
variable Kosten pro Kebab-Grill	315,00 EUR	309,00 EUR
sonstige zusätzliche fixe Gesamtkosten (ohne kalkulatorische Abschreibung und Zinsen)	17.250,00 EUR	25.000,00 EUR
kalkulatorischer Zinssatz	2 %	
Nutzungsdauer	8 Jahre	

Anlage 4

Darlehensvertrag *Investitionszweck, gewerblich*	**Zur bankinternen Bearbeitung:** **Nr.**
Darlehensnehmer (Name, Anschrift, Geburtsdatum) GISNOR KG Im Revier 4 89518 Heidenheim vertreten durch Herrn Lucas Bühringer Geb.: 01.04.1977	**Bank (Firma, Postanschrift)** Bank Raimer Heidenheim eG Öllinger-Str. 27 89518 Heidenheim

Angebot der Bank Raimer Heidenheim eG an oben genannte/-n Darlehensnehmer/-in:

1. **Höhe des Darlehens:** 60.000,00 EUR
2. **Allgemeine Bezeichnung der Darlehensverwendung:** Investitionszweck
3. **Soll-Zins:** Das Darlehen ist ab dem Tag der Auszahlung mit 1,5 % jährlich zu verzinsen.
4. **Zinsfälligkeit:** Die Soll-Zinsen sind am Ende eines jeden Monats zu entrichten.
5. **Auszahlungsmodalitäten:** Disagio 4 % Auszahlung: 96 %
6. **Darlehensrückzahlung und Laufzeit:** Die Laufzeit des Darlehens beginnt mit der Darlehensaufnahme am 01.11.2021 und endet mit der einmaligen Rückzahlung des vollen Darlehensbetrages am 31.10.2026.

Das Darlehen kann erst in Anspruch genommen werden, wenn sämtliche vertraglichen Bedingungen erfüllt sind, die vorgesehenen Sicherheiten bestellt wurden, die Bank die Ordnungsmäßigkeit der vorgesehenen Sicherheiten geprüft hat und deren Bestellung nicht mehr widerrufbar ist.

Anlage 5

Beträge in Euro				Liquiditätsbelastung	
Zeitraum	Darlehensbetrag	Zinsen	Tilgung	Kredit	Leasing
2021 (Nov. – Dez.)					
2022					
2023					
2024					
2025					
2026 (Jan. – Okt.)					
Summe					

Anlage 6

Kurzfristiger Finanzplan der kommenden 6 Monate (Beträge in Euro)	Nov 21	Dez 21	Jan 22	Feb 22	März 22	Apr 22
liquide Mittel zu Beginn des Monats	328,40	-2.309,81	51,99	-336,20	130,42	597,05
Einnahmen						
Umsatzerlöse, brutto	74.546,00	74.546,00	85.481,90	85.481,90	85.481,90	85.481,90
– Rabatte und Skonti	3.727,30	3.727,30	4.274,09	3.419,28	3.419,28	3.419,28
Umsatzerlöse, netto	70.818,70	70.818,70	81.207,80	82.062,62	82.062,62	82.062,62
Mieten	3.950,00	3.950,00	4.100,00	4.100,00	4.100,00	4.100,00
Zinsen	592,44	592,44	592,44	592,44	592,44	592,44
Verkaufserlös aus Anlagevermögen	0,00	5.000,00	0,00	0,00	0,00	0,00
Summe Einzahlungen	**75.361,14**	**80.361,14**	**85.900,24**	**86.755,06**	**86.755,06**	**86.755,06**
Auszahlungen						
Löhne und Gehälter	27.500,00	27.500,00	29.150,00	29.150,00	29.150,00	29.150,00
Sozialabgaben	5.314,38	5.314,38	5.633,24	5.633,24	5.633,24	5.633,24
Materialeinkauf	38.845,00	38.845,00	45.060,20	45.060,20	45.060,20	45.060,20
Zins und Tilgung	2.400,00	2.400,00	2.400,00	2.400,00	2.400,00	2.400,00
Strom, Wasser	2.750,50	2.750,50	2.830,80	2.830,80	2.830,80	2.830,80
Versicherungen, Steuern, Abgaben, Beiträge	1.189,47	1.189,47	1.214,20	1.214,20	1.214,20	1.214,20
Summe Ausgaben	**77.999,35**	**77.999,35**	**86.288,44**	**86.288,44**	**86.288,44**	**86.288,44**
Über-(+)/Unter(-)deckung des laufenden Monats	–2.638,21	2.361,80	–388,19	466,62	466,62	466,62
Bestand an liquiden Mitteln am Ende des Monats	**-2.309,81**	**51,99**	**-336,20**	**130,42**	**597,05**	**1.063,67**
Kontokorrentkredit der Hausbank: 20.000,00 EUR zu 8,9 % Zinsen p. a.						

Anlage 7

Vorläufige Gewinnverteilung der GISNOR KG (alle Beträge in Euro)

Gesell-schafter	Anfangs-kapital	4 % Vordivi-dende	Tätigkeits-vergütung	Rest-gewinn 3 : 1	Gesamter Gewinnan-teil	Schluss-kapital
Hr. Bühringer	650.000,00	26.000,00	38.400,00	17.100,00	81.500,00	693.100,00
Fr. Nielsen	280.000,00	11.200,00		5.700,00	16.900,00	280.000,00
Summen	930.000,00	37.200,00	38.400,00	22.800,00	98.400,00	973.100,00

Aufgabe 2

Ausgangssituation

Sie arbeiten sich als Industriekaufmann/-frau bei der Gundert GmbH an Ihrem neuen Arbeitsplatz als Einkaufssachbearbeiter/-in ein. Ihr Arbeitgeber stellt industrielle Rührwerke her.

2.1 Die Gundert GmbH überprüft regelmäßig die Beschaffungsprozesse auf ihre Wirtschaftlichkeit. Aus diesem Grund wird eine ABC-Analyse im Bereich Milchrührwerke durchgeführt.

- Führen Sie die ABC-Analyse durch **(Anlage 1)**.
- Leiten Sie auf Basis der ABC-Analyse zwei begründete Empfehlungen für die Beschaffung des Fremdbezugsteils MR03 Elektromotor ab.

2.2 Für das Fremdbezugsteil MR03 Elektromotor haben Sie verschiedene Angebote eingeholt **(Anlagen 2 und 3)**.

2.2.1 Entscheiden Sie sich anhand eines quantitativen Angebotsvergleichs in tabellarischer Form für eines der beiden Angebote.

2.2.2 Ihr Kollege Maier bemängelt, dass Sie bei den Lieferanten den gesamten Jahresbedarf an Elektromotoren verhandelt haben. Seiner Meinung nach ist es sinnvoller, häufiger im Jahr Angebote einzuholen und bei verschiedenen Lieferanten zu bestellen.

Begründen Sie anhand dreier Aspekte, weshalb Ihre Herangehensweise sinnvoll ist.

2.2.3 Die Elektromotoren werden zukünftig bei der maagtechnik GmbH bezogen. Kollege Maier möchte wissen, wie viele Elektromotoren er bestellen soll.

- Ermitteln Sie tabellarisch die optimale Bestellmenge anhand der **Anlagen 4 und 5**.
- Erläutern Sie Herrn Maier die Lösung des Zielkonflikts der Beschaffung anhand einer Skizze.

2.3 Sie haben das Angebot der maagtechnik GmbH **(Anlage 2)** angenommen. Am 08.11.2021 trifft die Lieferung zusammen mit der Rechnung ein. Eine erste Prüfung hat ergeben, dass die Inhalte von Angebot und Rechnung übereinstimmen.

2.3.1 Erstellen Sie den Buchungssatz für den Rechnungseingang der maagtechnik GmbH.

2.3.2 Der Gundert GmbH steht der zu zahlende Betrag aufgrund von Liquiditätsschwierigkeiten erst zum Ende des Zahlungszieles zur Verfügung.

Prüfen Sie, ob es für die Gundert GmbH vorteilhaft ist, einen kurzfristigen Kontokorrentkredit bei ihrer Hausbank in Anspruch zu nehmen, um das Skonto ausnutzen zu können. Der aktuelle Überziehungszinssatz beträgt 9,3 % p. a.

2.3.3 Bilden Sie den Buchungssatz für die Begleichung der Rechnung am 22.11.2021.

2.4 Im Laufe der Zeit stößt die Lagerkapazität an ihre Grenzen.

2.4.1 Ihr Kollege Maier schlägt vor, die teilweise nur halb gefüllten Regale mit verschiedenen Artikeln zu füllen. Er behauptet, durch diesen Wechsel der Lagerorganisation vom Festplatz- zum Freiplatzsystem könnten sofort mehr Artikel gelagert werden.

Beurteilen Sie anhand von zwei Kriterien, ob ein Wechsel vom Festplatz- zum Freiplatzsystem sofort möglich ist.

2.4.2 Um die Lagerkapazität kurzfristig zu erhöhen, wurde in der Vergangenheit des Öfteren ein Fremdlager in Anspruch genommen.

Beschreiben Sie zwei Nachteile, die damit verbunden sind.

2.4.3 Darüber hinaus ist Kollege Maier begeistert von der Just-in-time-Beschaffung: „Dadurch können wir den Lagerplatz komplett einsparen, es fallen keine Lagerkosten mehr an und wir können höhere Gewinne erzielen."

Beurteilen Sie, ob die Aussage von Herrn Maier zutreffend ist.

Anlage 1: ABC-Analyse

Artikel-nummer	Jahresbedarf in Stück	Einstandspreis in Euro	Verbrauchswert in Euro	Wertanteil in %	Rang
MR01	200	800,00			
MR02	1.400	150,00			
MR03	600	1.600,00			
MR04	6.500	6,00			
MR05	2.100	15,00			
MR06	15.000	3,00			
MR07	10.000	45,00			
MR08	4.500	120,00			
Summe					

Rang	Artikelnummer	Wertanteil in %	Wertanteil in % kumuliert	Einordnung ABC

Einteilung in ABC-Güter:
- Wertanteil A-Güter: ca. 80 %
- Wertanteil B-Güter: ca. 15 %
- Wertanteil C-Güter: ca. 5 %

Anlage 2

maagtechnik GmbH

maagtechnik GmbH, Klosterstraße 32, 01594 Stauchitz

Gundert GmbH
Industriegebiet 11
65432 Tannenstett

Ihre Zeichen, Ihre Nachricht v.	Unsere Zeichen, unsere Nachricht v.	Telefon	Datum
	Sp	035268 184739-113	29.10.2021

Angebot Nr.: 256894

Sehr geehrte Damen und Herren,

bei einer jährlichen Abnahmemenge von 600 Elektromotoren schlagen wir sechs Teillieferungen zu folgenden Konditionen vor:

Nr.	Beschreibung	Menge	Einzelpreis	Gesamtpreis
158694	Elektromotor	100 St.	1.600,00 EUR	160.000,00 EUR

– 5 % Rabatt	8.000,00 EUR
+ Versand (6,40 EUR/St.)	640,00 EUR
= Gesamtbetrag netto	152.640,00 EUR
+ 19 % USt.	29.001,60 EUR
= Gesamtbetrag brutto	181.641,60 EUR

Unsere Zahlungsbedingungen: 14 Tage 2 % Skonto auf den Warenwert, 30 Tage Ziel

Wir freuen uns auf Ihren Auftrag.

Mit freundlichen Grüßen

Paolo Spinosa
Paolo Spinosa, maagtechnik GmbH

Sitz der Gesellschaft:
Klosterstraße 32
01594 Stauchitz
Tel.: 035268 184739-1

Bankverbindung:
HSCB
DE10 0023 0000 0235 0260 12

Geschäftsführer:
Vincente Liccione

Anlage 3

Wirbel KG

Singener Straße 3
78315 Radolfzell
Tel.: 07732 5454-01
Fax: 07732 5454-12

Wirbel KG – Singener Straße 3 – 78315 Radolfzell

Gundert GmbH
Industriegebiet 11
65432 Tannenstett

Ihr Zeichen:	pr
Ihre Nachricht vom:	25.10.2021
Unser Zeichen:	mm
Unsere Nachricht vom:	28.10.2021
Name:	Michael Müller
Telefon:	07732 5454-01
Telefax:	07732 5454-12
E-Mail:	michaelmueller@wirbelkg.de
Datum:	28.10.2021

Angebot

Sehr geehrte Damen und Herren,

gerne bieten wir Ihnen folgende Artikel an:

Artikel	Preis in Euro pro Stück (zzgl. MwSt.)
Elektromotor W-18A-3	1.530,00
Transportkosten	59,00
Gesamtbetrag (zzgl. MwSt.)	**1.589,00**

Wir freuen uns auf Ihre Antwort.

Mit freundlichen Grüßen

Michael Müller

Michael Müller

Geschäftsräume
Singener Straße 3
Gesellschafter: Michael Müller, Bernd Wagner
Amtsgericht Konstanz HRA 4547

Kontakt
Tel.: +49 (0) 7732 5454-01
Fax: +49 (0) 7732 5454-12
Mail: info@wirbelkg.de
Internet: www.wirbelkg.de

Bankverbindung
Bank: Zell-Bank
Bankort: Radolfzell
BIC: GENODEZZ345
IBAN: DE04 8785 0500 6365 9874 32

Anlage 4

Anzahl der Bestellungen	Bestellmenge in Stück	Bestellkosten in Euro	Durchschn. Lagerbestand in Stück	Durchschn. Lagerbestand in Euro	Lagerhaltungskosten in Euro	Gesamtkosten in Euro
2						
4						
6						
8						
10						

Anlage 5

Interne Mitteilung

An die Beschaffungsabteilung

Bitte beachten Sie die folgende Vorgehensweise bei der Bestellung der Motoren:

Berücksichtigen Sie den Einstandspreis aus Ihrem Angebotsvergleich.
(Hinweis: Sollten Sie beim Angebotsvergleich keinen Einstandspreis ermittelt haben, dann rechnen Sie mit einem alternativen Einstandspreis von 1.500,00 EUR.)

Die internen Kosten pro Bestellung liegen bei 350,00 EUR, der Lagerhaltungskostensatz beträgt 2,0 %.

Wir haben einen Jahresbedarf von 600 Stück kalkuliert.

5 Prüfungsaufgaben Steuerung und Kontrolle Sommer 2022

Aufgabe 1

Ausgangssituation

Die HARO KG ist ein Fertigungsbetrieb für Werkzeugartikel unterschiedlichster Art mit Sitz in Balingen. Sie sind als Industriekaufmann/Industriekauffrau in der Abteilung Rechnungswesen eingesetzt.

1.1 Das bisherige Transportfahrzeug wird abgestoßen und ein elektrisch betriebener Transporter angeschafft.

1.1.1 Erstellen Sie den Buchungssatz für die Eingangsrechnung (**Anlage 1 und 2**).

1.1.2 Die Rechnung für den neuen E-Transporter wird am 03.05.2022 per Banküberweisung bezahlt.

Erstellen Sie den notwendigen Buchungssatz.

1.2 Am 03.05.2022 wird das bisherige Transportfahrzeug der HARO KG für 21.000,00 EUR netto bar verkauft (**Anlage 2 und 3**).

- Ermitteln Sie den Buchwert des Fahrzeugs am 03.05.2022.
- Erstellen Sie die Buchungssätze, die sich durch den Verkauf des gebrauchten Transportfahrzeugs ergeben.

1.3 Am 04.05.2022 hat ein Mitarbeiter mit dem neuen Transportfahrzeug einen Unfall. Der Wert des Fahrzeugs wird dauerhaft um 5.000,00 EUR gemindert (**Anlage 2**).

- Erstellen Sie den notwendigen Buchungssatz.
- Begründen Sie, warum diese Buchung notwendig ist.

1.4 Ihr Vorgesetzter bittet Sie, mithilfe der **Anlage 4** die Umsatzsteuervoranmeldung vorzubereiten.

- Berechnen Sie die Zahllast bzw. den Vorsteuerüberhang für den Monat April.
- Analysieren Sie Ihr Ergebnis aus betriebswirtschaftlicher Sicht.

1.5 Zu Ihren Aufgaben gehört auch die Debitorenbuchhaltung.

1.5.1 Sie erhalten heute die Information, dass über das Vermögen des Kunden Friedrich Kunst e. K. das Insolvenzverfahren eröffnet wurde. Unsere Forderungen gegenüber der Friedrich Kunst e. K. betragen 6.354,60 EUR.

Erstellen Sie den Buchungssatz zur Insolvenzeröffnung.

1.5.2 Gegenüber dem Kunden Weber OHG besteht eine offene Forderung in Höhe von 24.577,09 EUR. Da sich der Kunde trotz intensiver Bemühungen weigert, die Forderung zu zahlen, zieht die HARO KG vor Gericht. Mit einem Urteil wird jedoch erst im Februar 2023 gerechnet. Für die entstehenden Anwaltskosten liegt ein Kostenvoranschlag vor (**Anlage 5**).

- Erstellen Sie den Buchungssatz.
- Begründen Sie, warum diese Buchung vorgenommen werden muss.

Aufgabe 2

Ausgangssituation

Aufgrund des immer stärker werdenden Konkurrenzdrucks kommt der Kosten- und Leistungsrechnung bei der HARO KG eine immer größere Bedeutung zu. Dazu wurde in der Abteilung Rechnungswesen der neue Arbeitszweig Controlling eingerichtet, in dem Sie derzeit als Industriekaufmann/Industriekauffrau eingesetzt werden.

2.1 Die Kosten für das erste Quartal 2022 sind zu analysieren.

2.1.1 Berechnen Sie in der Ergebnistabelle (**Anlage 6**) für das erste Quartal 2022

- das Unternehmensergebnis,
- das neutrale Ergebnis und
- das Betriebsergebnis.

Berücksichtigen Sie dazu auch die Angaben in **Anlage 7**.

2.1.2 Beurteilen Sie das Betriebsergebnis.

2.2 Für die Preiskalkulation werden aktuelle Zuschlagssätze benötigt.

Vervollständigen Sie den Betriebsabrechnungsbogen der HARO KG (**Anlage 8**) mithilfe der Angaben aus **Anlage 9**.

2.3 Bei der HARO KG stehen Preisverhandlungen mit dem Rohstofflieferanten an. Für das Produkt „Schraubendreher-Set" wird ein Listenverkaufspreis (netto) in Höhe von 35,00 EUR pro Set verlangt.

Ermitteln Sie den Einkaufspreis, den die HARO KG höchstens für das Fertigungsmaterial bezahlen darf.

Verwenden Sie hierfür die Gemeinkostenzuschlagssätze aus Aufgabe 2.2 und die weiteren Angaben aus **Anlage 10**.

Hinweis: Sollten Sie in Aufgabe 2.2 kein Ergebnis ermitteln können, gehen Sie von folgenden Gemeinkostenzuschlagssätzen aus: 25 % Materialgemeinkosten, 69 % Fertigungsgemeinkosten, 13 % Verwaltungsgemeinkosten, 14 % Vertriebsgemeinkosten.

2.4 Zum Sortiment gehört auch der Artikel „Rohrpresse Flex".

2.4.1 Für diesen Artikel liegt eine Kundenanfrage vor. Ein deutschlandweit agierender Sanitärhandel eröffnet in Stuttgart einen neuen Standort und möchte dafür einmalig 50 Rohrpressen zum Sonderpreis von 16,00 EUR bestellen. Der Liefertermin liegt im Juni 2022.

Begründen Sie unter Verwendung der **Anlage 11**, ob dieser Auftrag angenommen werden soll.

2.4.2 Auf künftige Kundenanfragen soll schneller reagiert werden.

Begründen Sie, zu welchem Verkaufspreis die Rohrpresse Flex mindestens angeboten werden muss.

2.5 Für die Produktgruppe „Wasserwaage Exacta" liegen die Absatzzahlen aus dem Monat April 2022 vor (**Anlage 12**).

- Bestimmen Sie die Wirtschaftlichkeit der Produktgruppe.
- Begründen Sie, welche Empfehlung Sie zum Produktprogramm aussprechen würden.
- Erklären Sie, wie sich Ihre Empfehlung auf den Betriebsgewinn auswirkt.

Anlage 1: Rechnung

AHG ***Autohandelsgesellschaft mbH***

Lange Str. 5 · 72336 Balingen

HARO KG
Im Industriegebiet 11
72336 Balingen

Rechnungsdatum:	26.04.2022
Bestell-Nr.:	110550
Kunden-Nr.:	38271
Rechnung Nr.:	**5394**

Pos.	Hersteller & Typ	Farbe	Kfz-Ident-Nr.	Preis in Euro
1	Cermedes Spurter, Pritsche, Modell 3 L1, Ausführung: Elektro	weiß	V610183	31.250,00
2	Werbeaufdruck			450,00
3	Überführung			150,00
4	Tankfüllung			55,00
5			5 % Rabatt auf Kfz	1.562,50
				30.342,50
			zzgl. 19 % USt.	5.765,08
			Gesamtbetrag	**36.107,58**

Zahlungsbedingungen: 14 Tage 2 % Skonto auf Position 1, 30 Tage ohne Abzug

Anlage 2: Auszug aus dem Handelsgesetzbuch (HGB)

§ 249 Rückstellungen

(1) Rückstellungen sind für ungewisse Verbindlichkeiten und für drohende Verluste aus schwebenden Geschäften zu bilden. Ferner sind Rückstellungen zu bilden für

1. im Geschäftsjahr unterlassene Aufwendungen für Instandhaltung, die im folgenden Geschäftsjahr innerhalb von drei Monaten, oder für Abraumbeseitigung, die im folgenden Geschäftsjahr nachgeholt werden,
2. Gewährleistungen, die ohne rechtliche Verpflichtung erbracht werden.

§ 253 Zugangs- und Folgebewertung

(3) Bei Vermögensgegenständen des Anlagevermögens, deren Nutzung zeitlich begrenzt ist, sind die Anschaffungs- oder die Herstellungskosten um planmäßige Abschreibungen zu vermindern. Der Plan muss die Anschaffungs- oder Herstellungskosten auf die Geschäftsjahre verteilen, in denen der Vermögensgegenstand voraussichtlich genutzt werden kann. Kann in Ausnahmefällen die voraussichtliche Nutzungsdauer eines selbst geschaffenen immateriellen Vermögensgegenstands des Anlagevermögens nicht verlässlich geschätzt werden, sind planmäßige Abschreibungen auf die Herstellungskosten über einen Zeitraum von zehn Jahren vorzunehmen. Satz 3 findet auf einen entgeltlich erworbenen Geschäfts- oder Firmenwert entsprechende Anwendung. Ohne Rücksicht darauf, ob ihre Nutzung zeitlich begrenzt ist, sind bei Vermögensgegenständen des Anlagevermögens bei voraussichtlich dauernder Wertminderung außerplanmäßige Abschreibungen vorzunehmen, um diese mit dem niedrigeren Wert anzusetzen, der ihnen am Abschlussstichtag beizulegen ist. Bei Finanzanlagen können außerplanmäßige Abschreibungen auch bei voraussichtlich nicht dauernder Wertminderung vorgenommen werden.

§ 255 Bewertungsmaßstäbe

(1) Anschaffungskosten sind die Aufwendungen, die geleistet werden, um einen Vermögensgegenstand zu erwerben und ihn in einen betriebsbereiten Zustand zu versetzen, soweit sie dem Vermögensgegenstand einzeln zugeordnet werden können. Zu den Anschaffungskosten gehören auch die Nebenkosten sowie die nachträglichen Anschaffungskosten. Anschaffungspreisminderungen, die dem Vermögensgegenstand einzeln zugeordnet werden können, sind abzusetzen.

(2) Herstellungskosten sind die Aufwendungen, die durch den Verbrauch von Gütern und die Inanspruchnahme von Diensten für die Herstellung eines Vermögensgegenstands, seine Erweiterung oder für eine über seinen ursprünglichen Zustand hinausgehende wesentliche Verbesserung entstehen. Dazu gehören die Materialkosten, die Fertigungskosten und die Sonderkosten der Fertigung sowie angemessene Teile der Materialgemeinkosten, der Fertigungsgemeinkosten und des Werteverzehrs des Anlagevermögens, soweit dieser durch die Fertigung veranlasst ist. Bei der Berechnung der Herstellungskosten dürfen angemessene Teile der Kosten der allgemeinen Verwaltung sowie angemessene Aufwendungen für soziale Einrichtungen des Betriebs, für freiwillige soziale Leistungen und für die betriebliche Altersversorgung einbezogen werden, soweit diese auf den Zeitraum der Herstellung entfallen. Forschungs- und Vertriebskosten dürfen nicht einbezogen werden.

(2a) Herstellungskosten eines selbst geschaffenen immateriellen Vermögensgegenstands des Anlagevermögens sind die bei dessen Entwicklung anfallenden Aufwendungen nach Absatz 2. Entwicklung ist die Anwendung von Forschungsergebnissen oder von anderem Wissen für die Neuentwicklung von Gütern oder Verfahren oder die Weiterentwicklung von Gütern oder Verfahren mittels wesentlicher Änderungen. Forschung ist die eigenständige und planmäßige Suche nach neuen wissenschaftlichen oder technischen Erkenntnissen oder Erfahrungen allgemeiner Art, über deren technische Verwertbarkeit und wirtschaftliche Erfolgsaussichten grundsätzlich keine Aussagen gemacht werden können. Können Forschung und Entwicklung nicht verlässlich voneinander unterschieden werden, ist eine Aktivierung ausgeschlossen.

(3) Zinsen für Fremdkapital gehören nicht zu den Herstellungskosten. Zinsen für Fremdkapital, das zur Finanzierung der Herstellung eines Vermögensgegenstands verwendet wird, dürfen angesetzt werden, soweit sie auf den Zeitraum der Herstellung entfallen; in diesem Falle gelten sie als Herstellungskosten des Vermögensgegenstands.

(4) Der beizulegende Zeitwert entspricht dem Marktpreis. Soweit kein aktiver Markt besteht, anhand dessen sich der Marktpreis ermitteln lässt, ist der beizulegende Zeitwert mit Hilfe allgemein anerkannter Bewertungsmethoden zu bestimmen. Lässt sich der beizulegende Zeitwert weder nach Satz 1 noch nach Satz 2 ermitteln, sind die Anschaffungs- oder Herstellungskosten gemäß § 253 Abs. 4 fortzuführen. Der zuletzt nach Satz 1 oder 2 ermittelte beizulegende Zeitwert gilt als Anschaffungs- oder Herstellungskosten im Sinn des Satzes 3.

Anlage 3: Anlagenkarteikarte 01.01.2022

84003 · Transporter Kastenwagen

Allgemein

Nr.	84003	Klassencode	SACH
Beschreibung	Transporter Kastenwagen	Sachgruppencode	F-PARK

AfA-Buch

AfA-Buchcode	ABSCHREIB	AfA-Startdatum	01.01.2019
Buchungsgruppe	F-PARK	Nutzungsdauer in Jahren	9,00
AfA-Methode	Linear	Enddatum der Nutzungsdauer	31.12.2027
		Buchwert	29.088,00
		Mehrere AfA-Bücher hinzufügen	

Anlage 4: Auszug aus dem Hauptbuch der HARO KG

S	260 Vorsteuer		H
04.04.	4.578,07		
13.04.	5.733,71		
28.04.	3.008,11		

S		480 Umsatzsteuer	H
		06.04.	4.501,39
		11.04.	2.173,14
		19.04.	847,00
		27.04.	5.102,93

Anlage 5: Kostenvoranschlag

Tel.: 07433 998777-0
Fax.: 07433 998777-99
E-Mail: info@ra-auer.de

Rechtsanwalt Auer, Schimperstr. 25, 72336 Balingen

HARO KG
Im Industriegebiet 11
72336 Balingen

Balingen, 02.05.2022

Kostenvoranschlag

Sehr geehrte Damen und Herren,

wir bedauern, dass Sie mit Ihrem Kunden Weber OHG bisher keine Einigung erzielen konnten. Wie vereinbart werden wir Sie daher zur Durchsetzung Ihrer berechtigten Ansprüche gerne anwaltlich vor dem Landgericht Stuttgart vertreten.

Für die angesetzten Verhandlungstage sowie das Erstellen von Schriftsätzen werden Ihnen voraussichtlich Anwaltskosten in Höhe von

3.200,00 EUR (zzgl. 19 % Umsatzsteuer)

entstehen. Bitte haben Sie dafür Verständnis, dass der exakte Betrag erst nach Abschluss des Gerichtsverfahrens im Februar 2023 ermittelt werden kann.

Neben den von Ihnen bereits übersandten Unterlagen benötigen wir noch Ihren bisherigen Schriftverkehr mit dem beklagten Kunden Weber OHG.

Sollten Sie vor Prozessbeginn noch Fragen haben, stehen wir Ihnen jederzeit gerne zur Verfügung.

Mit freundlichen Grüßen

Stecker
i. A. Uwe Stecker
Rechtsanwaltsgehilfe

Kanzlei Auer – Ihr Spezialist für Vertragsrecht
Inhaber: Dr. jur. Klaas Auer
Partner: Aysenur Yildirim, Rechtsanwältin
Harald Weber, Rechtsanwalt

Bankverbindung:
Stadtbank Balingen
IBAN: DE98 1234 0504 0367 8058 04

Anlage 6: Ergebnistabelle der HARO KG für das 1. Quartal 2022 (Werte in Euro)

Rechnungskreis I				Rechnungskreis II					
Finanzbuchführung				Kosten- und Leistungsrechnung					
Erfolgsbereich				Abgrenzungsbereich				Betriebsergebnisbereich	
				Unternehmensbezogene Abgrenzungen		Kostenrechnerische Korrekturen			
Konto-Nr.	Kontobezeichnung	Aufwand	Ertrag	Neutraler Aufwand	Neutraler Ertrag	Betrieblicher Aufwand	Verrechnete Kosten	Kosten	Leistungen
5000	Umsatzerlöse für Erzeugnisse		450.000,00						
5200	Bestandsveränderungen		30.000,00						
5710	Zinserträge		1.800,00						
6000	Aufwendungen von Rohstoffen	134.000,00							
6020	Aufwendungen von Hilfsstoffen	83.000,00							
6200	Löhne	88.000,00							
6300	Gehälter	34.000,00							
6500	Abschreibung auf Sachanlagen	28.086,00							
6700	Mieten	5.500,00							
6960	Verluste aus dem Abgang von Vermögensgegenständen	3.300,00							
7510	Zinsaufwendungen	3.400,00							
Untern.lohn									
Summen									
Ergebnis									

Anlage 7: E-Mail der Abteilungsleiterin

Von: hammermoser@haro.kg
An: controlling@haro.kg
Betreff: Informationen zur Ergebnistabelle

Sehr geehrte Damen und Herren,

bitte berücksichtigen Sie bei der Erstellung der Ergebnistabelle folgende Angaben für das erste Quartal 2022:

- Die kalkulatorischen Zinsen betragen 3.600,00 EUR.
- Die kalkulatorischen Abschreibungen sind um 3.000,00 EUR höher als die bilanziellen Abschreibungen.
- Der kalkulatorische Unternehmerlohn beläuft sich auf 10.000,00 EUR.

Bei Fragen können Sie mich gerne kontaktieren.

Mit freundlichen Grüßen

gez. Hammermoser

Anlage 8: Auszug aus dem Betriebsabrechnungsbogen der HARO KG für das 1. Quartal 2022 (Werte in Euro)

Gemeinkostenarten	Zahlen aus der Betriebsergebnisrechnung	Kostenstellen				
		Allgemeine Hilfskostenstelle (AHK)	Material	Fertigung	Verwaltung	Vertrieb
Zwischensumme der Gemeinkosten	107.100,00	7.140,00	21.420,00	42.840,00	14.280,00	21.420,00
Gehälter	34.000,00					
Abschreibungen	31.086,00					
Zwischensumme						
Umlage AHK						
Summe Gemeinkosten						
Zuschlagsgrundlage						
Gemeinkostenzuschlagssätze						

Anlage 9: Informationen aus dem Rechnungswesen

Für den BAB sind noch folgende Kostenverteilungen vorzunehmen:

Gehälter im Verhältnis	1 Mitarbeiter/1 Mitarbeiter/1 Mitarbeiter/4 Mitarbeiter/ 3 Mitarbeiter
Abschreibung im Verhältnis	0 : 2 : 5 : 3 : 1

Die Allgemeine Hilfskostenstelle (AHK) ist im Verhältnis 2 : 2 : 3 : 3 umzuverteilen.

Verbrauch von Fertigungsmaterial:	134.000,00 EUR
Fertigungslöhne:	88.000,00 EUR
Bestandsveränderungen:	siehe Ergebnistabelle **(Anlage 6)**

Zuschlagsgrundlagen:

Verwaltungsgemeinkosten:	Herstellkosten der Rechnungsperiode
Vertriebsgemeinkosten:	Herstellkosten des Umsatzes

Anlage 10: Kalkulationsdaten aus der Vollkostenrechnung

Einzelkosten:	Fertigungslöhne:	7,50 EUR
Sonstige Zuschlagssätze:	Kundenskonto:	2 %
	Vertreterprovision:	3 %
	Kundenrabatt:	12 %
	Gewinnzuschlag:	10 %

Anlage 11

	Rohrpresse Flex
Monatliche Fertigungskapazität	180 Stück
Optimale Losgröße	25 Stück
Geplante Produktionsmenge Juni 2022	120 Stück
Nettoverkaufserlöse je Stück (in Euro)	18,00
Variable Stückkosten (in Euro)	13,50
Fixe Kosten (in Euro)	137.000,00

Anlage 12

Wasserwaage Exacta	Mini (30 cm)	Midi (60 cm)	Maxi (90 cm)
Variable Kosten je 100 Stück (in Euro)	970,00	1.020,00	1.060,00
Nettoverkaufserlöse je 100 Stück (in Euro)	900,00	1.200,00	1.480,00
Absatz im Monat April 2022 (in Stück)	1.100	2.100	1.400

6 Prüfungsaufgaben Betriebswirtschaft – Geschäftsprozesse Sommer 2022

Aufgabe 1

Ausgangssituation

Sie machen eine Ausbildung zum Industriekaufmann/zur Industriekauffrau beim Spielwarenhersteller MöVi GmbH in Villingen-Schwenningen und sind momentan verantwortlich für den Leistungserstellungsprozess der „TischTennisBox“, welche zu Beginn des dritten Quartals neu in den Handel kommen soll.

Die TischTennisBox besteht zum Großteil aus Baugruppen des Produkts „SpielsachenBox“, soll aber mit ihren Erweiterungen, neben der Aufbewahrung von Spielsachen, auch als Mini-Tischtennisplatte für das Kinderzimmer dienen.

Bei der TischTennisBox wird in den ersten zwölf Monaten mit einem Absatz von monatlich 3.000 Stück gerechnet – eine Kapazitätserweiterung ist hierbei nicht erforderlich.

1.1 Bisher werden die Produkte der MöVi GmbH zweimal im Jahr gefertigt. Im Zuge der Fertigungsplanung soll die Erhöhung der Fertigungshäufigkeit der TischTennisBox (Artikelnummer: 20012021) überprüft werden.

1.1.1 Begründen Sie, welche Kosten sich durch die Erhöhung der Fertigungshäufigkeit verändern.

1.1.2 Ermitteln Sie mithilfe der Artikelkarte **(Anlage 2)** die optimale Losgröße für den Jahresbedarf der TischTennisBox. Verwenden Sie die Tabelle in **Anlage 1**.

1.1.3 Bei der Vorstellung Ihres Ergebnisses wird dieses von Ihrem Kollegen kritisch hinterfragt.

Beschreiben Sie drei Kritikpunkte an der Ermittlung der optimalen Losgröße.

1.2 Bevor mit der Produktion begonnen werden kann, müssen noch Stücklisten erstellt werden.

1.2.1 Erstellen Sie mithilfe des Strukturbaums in **Anlage 3**

- die Baukastenstückliste für die Baugruppe TischTennisBox (Artikelnummer: 20012021),
- die Strukturstückliste für den Artikel TischTennisBox (Artikelnummer: 20012021).

1.2.2 Beschreiben Sie vier Vorteile, die sich aus dem Baukastenprinzip für die MöVi GmbH ergeben.

1.3 Für die erste Serie sollen 3.000 TischTennisBoxen hergestellt werden. Die Abteilung Beschaffung möchte von Ihnen wissen, welche Einzelteile noch beschafft werden müssen.

Da für alle anderen Produkte der MöVi GmbH die Fertigungsaufträge schon eingeplant sind, können Sie die aktuellen disponierbaren Lagerbestände (DLB) der Baugruppen und Einzelteile für die Produktionsplanung der TischTennisBox einplanen.

- Führen Sie in **Anlage 3** die Brutto- und Nettobedarfsrechnung für alle Baugruppen und Einzelteile durch. Nutzen Sie hierfür die **Anlage 4**.
- Begründen Sie, wie viel von dem Artikel Holz (1 cm) mit der Artikelnummer 20011505 für diese Serie beschafft werden muss.

1.4 Die Auslieferung der TischTennisBoxen soll am Morgen des 27.06.2022 erfolgen, um den Termin des Verkaufsstarts im Handel am 01.07.2022 einhalten zu können. Sie sollen den Produktionsprozess anhand des Strukturbaums in **Anlage 3** planen.

Ermitteln Sie das spätestmögliche Datum, an dem mit der Produktion bzw. mit den Bestellungen bei den Lieferanten begonnen werden muss. Nutzen Sie hierzu die **Anlagen 5 und 6**.

1.5 Ihr Abteilungsleiter soll an einer Vorstandssitzung zum Thema „Ganzheitliche Rationalisierungskonzepte" teilnehmen. Zur Vorbereitung auf diese Sitzung bittet er Sie, die Inhalte der verschiedenen Konzepte zusammenzufassen.

Beschreiben Sie exemplarisch zwei ganzheitliche Rationalisierungskonzepte.

Anlage 1

Anzahl der Lose	Losgröße (in Stück)	Rüstkosten (in Euro)	Ø Lagerbestand (in Stück)	Ø Lagerbestandswert (in Euro)	Lagerhaltungskosten (in Euro)	Gesamtkosten (in Euro)
2						
4						
6						
12						

Anlage 2

20012021 – TischTennisBox — **Artikelkarte**

Allgemein | Fakturierung | **Produktion** | Planung | Lager

Nr.	20012021	Jahresbedarf in Stück	36.000
Herstellkosten in Euro je Stück	25,00	Rüstkosten in Euro	750,00
		jährlicher Lagerhaltungskostensatz	8 %

Anlage 3

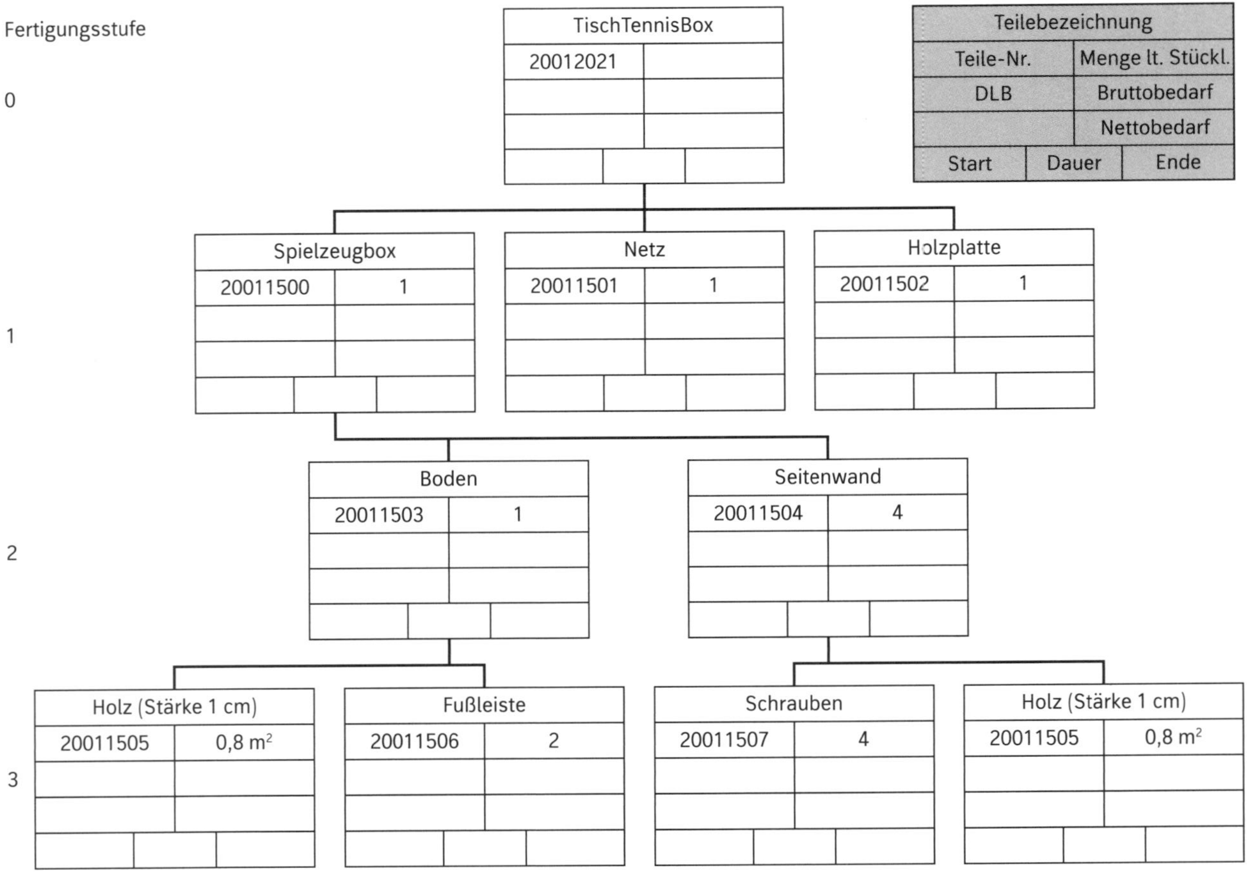
Fertigungsstufe
0
1
2
3
Teilebezeichnung
Teile-Nr.
Menge lt. Stückl.
DLB
Bruttobedarf
Nettobedarf
Start
Dauer
Ende
TischTennisBox
20012021
Spielzeugbox
20011500
1
Netz
20011501
1
Holzplatte
20011502
1
Boden
20011503
1
Seitenwand
20011504
4
Holz (Stärke 1 cm)
20011505
0,8 m²
Fußleiste
20011506
2
Schrauben
20011507
4
Holz (Stärke 1 cm)
20011505
0,8 m²

Anlage 4

20012021 – TischTennisBox — **Artikelkarte**

Allgemein | Fakturierung | Produktion | Planung | **Lager**

Nr.	20012021	Bestellbestand	0
Beschreibung	TischTennisBox	Verfügbarer Lagerbestand	0
Basiseinheitencode	Stück	Reservierter Bestand	0
Effektiver Lagerbestand	0	Sicherheitsbestand	0

20011500 – Spielzeugbox — **Artikelkarte**

Allgemein | Fakturierung | Produktion | Planung | **Lager**

Nr.	20011500	Bestellbestand	0
Beschreibung	Spielzeugbox	Verfügbarer Lagerbestand	2.500
Basiseinheitencode	Stück	Reservierter Bestand	200
Effektiver Lagerbestand	2.800	Sicherheitsbestand	100

20011501 – Netz — **Artikelkarte**

Allgemein | Fakturierung | Produktion | Planung | **Lager**

Nr.	20011501	Bestellbestand	0
Beschreibung	Netz	Verfügbarer Lagerbestand	0
Basiseinheitencode	Stück	Reservierter Bestand	0
Effektiver Lagerbestand	0	Sicherheitsbestand	0

20011502 – Holzplatten — **Artikelkarte**

Allgemein | Fakturierung | Produktion | Planung | **Lager**

Nr.	20011502	Bestellbestand	0
Beschreibung	Holzplatten	Verfügbarer Lagerbestand	0
Basiseinheitencode	Stück	Reservierter Bestand	0
Effektiver Lagerbestand	0	Sicherheitsbestand	0

20011503 – Boden — **Artikelkarte**

Allgemein | Fakturierung | Produktion | Planung | **Lager**

Nr.	20011503	Bestellbestand	0
Beschreibung	Boden	Verfügbarer Lagerbestand	450
Basiseinheitencode	Stück	Reservierter Bestand	50
Effektiver Lagerbestand	600	Sicherheitsbestand	100

Zu Anlage 4

20011504 – Seitenwand — Artikelkarte

Allgemein | Fakturierung | Produktion | Planung | **Lager**

Nr.	20011504	Bestellbestand	0
Beschreibung	Seitenwand	Verfügbarer Lagerbestand	1.800
Basiseinheitencode	Stück	Reservierter Bestand	150
Effektiver Lagerbestand	2.150	Sicherheitsbestand	200

20011505 – Holz (1 cm) — Artikelkarte

Allgemein | Fakturierung | Produktion | Planung | **Lager**

Nr.	20011505	Bestellbestand	0
Beschreibung	Holz (1 cm)	Verfügbarer Lagerbestand	110
Basiseinheitencode	m^2	Reservierter Bestand	390
Effektiver Lagerbestand	800	Sicherheitsbestand	300

20011506 – Fußleiste — Artikelkarte

Allgemein | Fakturierung | Produktion | Planung | **Lager**

Nr.	20011506	Bestellbestand	60
Beschreibung	Fußleiste	Verfügbarer Lagerbestand	0
Basiseinheitencode	Stück	Reservierter Bestand	100
Effektiver Lagerbestand	200	Sicherheitsbestand	100

20011507 – Schrauben — Artikelkarte

Allgemein | Fakturierung | Produktion | Planung | **Lager**

Nr.	20011507	Bestellbestand	2.000
Beschreibung	Schrauben	Verfügbarer Lagerbestand	3.000
Basiseinheitencode	Stück	Reservierter Bestand	1.000
Effektiver Lagerbestand	4.500	Sicherheitsbestand	500

Anlage 5

Artikelnummer	Bezeichnung	Herstell- bzw. Wiederbeschaffungszeit
20012021	TischTennisBox	600 Stück/Tag
20011500	Spielzeugbox	250 Stück/Tag
20011501	Netz	5 Tage
20011502	Holzplatte	300 Stück/Tag
20011503	Boden	50 Stück/Tag
20011504	Seitenwand	100 Stück/Tag
20011505	Holz (Stärke 1 cm)	10 Tage
20011506	Fußleiste	6 Tage
20011507	Schrauben	3 Tage

Anlage 6

	April						Mai						Juni					
	KT	BKT	KT	BKT	KT	BKT	KT	BKT	KT	BKT	KT	BKT	KT	BKT	KT	BKT	KT	BKT
Mo			11	70	25	78			9	88	23	98			6		20	115
Di			12	71	26	79			10	89	24	99			7	107	21	116
Mi			13	72	27	80			11	90	25	100			8	108	22	117
Do			14	73	28	81			12	91	26				9	109	23	118
Fr	1	64	15		29	82			13	92	27	101			10	110	24	119
Sa	2		16		30				14		28				11		25	
So	3		17				1		15		29				12		26	
Mo	4	65	18				2	83	16	93	30	102			13	111	27	120
Di	5	66	19	74			3	84	17	94	31	103			14	112	28	121
Mi	6	67	20	75			4	85	18	95			1	104	15	113	29	122
Do	7	68	21	76			5	86	19	96			2	105	16		30	123
Fr	8	69	22	77			6	87	20	97			3	106	17	114		
Sa	9		23				7		21				4		18			
So	10		24				8		22				5		19			

Hinweis: *KT* = *Kalendertag*
BKT = *Betriebskalendertag*

Aufgabe 2

Ausgangssituation

Die Schulzplast GmbH als Automobilzulieferer mit Sitz in Heilbronn produziert Kunststoffteile für die Innenverkleidung von Fahrzeugen. Die Belegschaft besteht aus 150 Beschäftigten. Das Unternehmen hat einen Betriebsrat. Sie sind Mitarbeiter/-in der Personalabteilung der Schulzplast GmbH.

2.1 Ihre Abteilungsleiterin, Frau Münch, beauftragt Sie, die personellen Veränderungen für den Produktionsbereich Türschwellenverkleidung darzustellen (**Anlage 1**).

Ermitteln Sie in einer tabellarischen Übersicht den Nettopersonalbedarf für das Jahr 2023 differenziert nach den Stellen Bereichsleiter, Fachkraft und angelernte Hilfskraft.

2.2 Die Schulzplast GmbH möchte sich von drei Angestellten trennen. Ihre Abteilungsleiterin lässt Ihnen die Unterlagen zu den drei Sachverhalten zukommen (**Anlage 2**).

- Prüfen Sie unter Angabe der entsprechenden gesetzlichen Grundlage (**Anlage 9**), ob und ggf. wann eine Kündigung der Angestellten durch die Schulzplast GmbH rechtlich wirksam ist.
- Prüfen Sie jeweils, welche Auswirkungen Ihre Ergebnisse auf die Personalbedarfsplanung 2023 haben.

2.3 Für die Neubesetzung der Bereichsleitung im Produktionsbereich Türschwellenverkleidung liegen sowohl interne als auch externe Bewerbungen vor.

2.3.1 Begründen Sie anhand von zwei Argumenten, ob Sie die Stelle der Bereichsleitung mit einer unternehmensexternen oder mit einer unternehmensinternen Arbeitskraft besetzen wollen.

2.3.2 Nachdem Sie mit den eingeladenen Bewerbern die Vorstellungsgespräche geführt haben, kommen vier von ihnen in die engere Auswahl. Für die Entscheidung liegen Ihnen die Stellenbeschreibung (**Anlage 3**) sowie Ihre Notizen aus dem Vorstellungsgespräch (**Anlage 4**) vor.

Ermitteln Sie mithilfe der Entscheidungsbewertungstabelle (**Anlage 5**) den besten Bewerber.

2.4 Eine neu eingestellte Arbeitskraft möchte wissen, wie hoch das Nettogehalt ausfällt, wenn ein Bruttogehalt von 6.011,00 EUR im Monat vereinbart wurde. Die neue Arbeitskraft ist gesetzlich krankenversichert, Kirchenmitglied, kann einen ganzen Kinderfreibetrag geltend machen und wird in der Lohnsteuerklasse 4 veranlagt.

2.4.1 Ermitteln Sie das Nettogehalt unter Berücksichtigung der **Anlagen 6 und 7**.

2.4.2 Erstellen Sie die bei der Gehaltsabrechnung anfallenden Buchungen einschließlich der Arbeitgeberanteile zur Sozialversicherung.

2.5 Das Kunststoffprodukt Türschwellenverkleidung weist häufiger Qualitätsmängel auf. Dies führt zu steigenden Reklamationen durch die Kundschaft. Der/die neue Bereichsleiter/-in möchte die Qualitätsprobleme unbedingt angehen. Als Erstes möchte er/sie prüfen, ob sich eine Umstellung von Akkordentlohnung auf Prämienentlohnung unter Kosten- und Qualitätsaspekten eignet.

2.5.1 Stellen Sie bei dem Produkt Türschwellenverkleidung die Lohnkosten für ein verkaufsfähiges Stück bei Akkordentlohnung und bei Prämienentlohnung gegenüber. Gehen Sie von einer Normalleistung aus. Verwenden Sie hierzu die Daten aus **Anlage 8**.

2.5.2 Bewerten Sie die geplante Umstellung von Akkord- auf Prämienentlohnung anhand von jeweils zwei Aspekten aus Arbeitgebersicht sowie Arbeitnehmersicht.

2.5.3 Die Geschäftsleitung stimmt der Umstellung von Akkord- auf Prämienentlohnung zu.

Erklären Sie, was bei der Umsetzung dieser Maßnahme bei der Schulzplast GmbH rechtlich zu beachten ist (**Anlage 9**).

Anlage 1

An...	personalabteilung@schulzplastgmbh.com
Cc...	
Bcc...	
Betreff:	Nettopersonalbedarfsplanung im kommenden Jahr

Liebe Kolleginnen und Kollegen,

wie ich Ihnen bereits mitgeteilt habe, möchte ich Sie bitten, für das kommende Jahr den Nettobedarf für die Personalplanung im Produktionsbereich Türschwellenverkleidung zu ermitteln. Hierfür liegen aktuell folgende Informationen vor:

Der Bereichsleiter des Produktionsbereiches Türschwellenverkleidung, Herr Krauss, verlässt nächstes Jahr auf eigenen Wunsch das Unternehmen. Die Neubesetzung dieser Bereichsleiterstelle hat für uns höchste Priorität.

Bei den Facharbeitern gibt es derzeit 35 Vollzeitstellen, die alle besetzt sind. Im kommenden Jahr werden drei Stellen hinzukommen. Des Weiteren ist zu berücksichtigen, dass nächstes Jahr zwei Mitarbeiter in Rente gehen. Es ist vorgesehen, dass eine Auszubildende in dieser Abteilung übernommen wird.

Im Produktionsbereich Türschwellenverkleidung werden aktuell vier Teilzeitkräfte mit jeweils einer 50-Prozent-Stelle sowie drei Vollzeitkräfte als angelernte Hilfskräfte beschäftigt. Hier ist in Zukunft mit einem Bedarf von zwei weiteren Stellen zu rechnen. Eine Kollegin in Vollzeit hat angekündigt, dass sie in Elternzeit gehen wird, und eine Hilfskraft mit einer 50-Prozent-Stelle wird uns auf eigenen Wunsch verlassen.

Freundliche Grüße

Isabel Münch

Abteilungsleiterin Personal
Schulzplast GmbH

Anlage 2

Sachverhalt 1

Auszug aus der Personalakte Frau Greis

Beschäftigt seit:	15.06.2011
Geburtsdatum:	30.01.1969
Abteilung:	Produktionsbereich Türschwellenverkleidung seit 15.06.2011

Leistungsbeurteilung 12.11.2021

Im Produktionsbereich Türschwellenverkleidung kommt seit einem Jahr eine neue halbautomatische Spritzgussmaschine zum Einsatz. Diese wird über einen Touchscreen bedient. Trotz mehrerer Schulungen und ausreichender Zeit zum Einarbeiten ist Frau Greis – als Fachkraft – nicht in der Lage, die Maschine fehlerfrei zu bedienen. Dies führte in der Vergangenheit mehrfach zu Produktionsausfällen.
Das Angebot der Schulzplast GmbH vom 01.10.2021, auf eine andere Stelle innerhalb der Produktion zu wechseln, lehnte Frau Greis mit Schreiben vom 05.10.2021 ab.

Sachverhalt 2

An...	personalabteilung@schulzplastgmbh.com
Cc...	
Bcc...	
Betreff:	Meldung eines Diebstahls

Sehr geehrte Personalabteilung,

bei der heutigen Stichprobenkontrolle, 31.03.2022, am Ausgang der Werkhalle 3 mussten wir leider feststellen, dass Frau Schnapp unberechtigterweise Werkzeuge bei sich trug.

Wir haben die Werkzeuge sichergestellt, sie liegen in unserem Büro.

Freundliche Grüße

Kevin Meier

Security Schulzplast GmbH

Auszug aus dem Kündigungsschreiben

Schulzplast GmbH · Industriestraße 105 · 74072 Heilbronn

Frau Petra Schnapp
In den Hecken 12
74076 Heilbronn

18.04.2022

Kündigung

Sehr geehrte Frau Schnapp,

hiermit kündigen wir das bestehende Arbeitsverhältnis als angelernte Hilfskraft, geschlossen am 01.08.2020, fristlos und aus wichtigem Grund. Sie wurden am 31.03.2022 in einer Stichprobenkontrolle des Diebstahls überführt. Dieses Verhalten hat dazu geführt, dass ich in Sie als Arbeitnehmerin kein Vertrauen mehr haben kann.

Sachverhalt 3

Telefonnotiz	**An:** Isabel Münch **Datum:** 27.04.2022
Erfasst von: Marissa Müller	**Anliegen von:** Herr Schmidt, Bereichsleiter Produktion Türverkleidung (Durchwahl 4286)
Anliegen: Mitarbeiter Herr Müdlich	

- Herr Müdlich ist seit acht Jahren im Unternehmen als Fachkraft beschäftigt.
- Eigentlich war Herr Schmidt mit den Leistungen von Herrn Müdlich zufrieden.
- Seit etwa sechs Monaten erscheint Herr Müdlich häufig zu spät zur Arbeit.
- Herr Schmidt ist der Meinung, dass er lange genug die Möglichkeit hatte, sein Verhalten zu ändern.
- Herr Schmidt möchte ihm zum Monatsende kündigen und einen neuen Mitarbeiter einstellen.

→ Kündigung möglich?

Anlage 3

Stellenbeschreibung

Stellenbezeichnung: Bereichsleitung (m/w/d) im Produktionsbereich Türschwellenverkleidung

Stelleninhaber/-in ist unterstellt: der Geschäftsleitung

Anforderungen an den Stelleninhaber/die Stelleninhaberin:

- mehrjährige Berufserfahrung in leitender Position
- Erfahrung in der Automobilzulieferindustrie
- abgeschlossenes Studium im Bereich Werkstofftechnik
- Teamfähigkeit sowie soziale Kompetenz
- sicherer Umgang mit der integrierten Unternehmenssoftware „PAS“
- allgemeine EDV-Kenntnisse im Office-Bereich
- verhandlungssichere Englischkenntnisse, weitere Sprachkenntnisse vor allem in Spanisch und/oder Russisch von Vorteil

Aufgaben des Stelleninhabers/der Stelleninhaberin:

- Leitung des Bereiches Türschwellenverkleidung
- Koordination der Produktgestaltung und Produktinnovation
- Ansprechpartner/-in für Großkunden im Automobilbereich
- Führung der Mitarbeitenden sowie Auswahl neuer Mitarbeiter/-innen im Produktionsbereich
- Ansprechpartner/-in für die Geschäftsleitung und andere Abteilungen
- Budgetplanung sowie Kostenkontrolle für den Produktionsbereich
- häufige Dienstreisen zu unserer Kundschaft im Ausland

Anlage 4

Informationen zu den Bewerbern auf die Stelle der Bereichsleitung im Produktionsbereich

Frau Maier:

- 39 Jahre, verheiratet
- Diplomstudium in Werkstofftechnik mit einem befriedigenden Ergebnis absolviert
- gute Englischkenntnisse und sehr gute Französischkenntnisse
- beherrscht Office-Programme sicher
- leitete bisher eine Gruppe von 16 Mitarbeitenden in einem Unternehmen der Automobilzulieferindustrie
- besitzt viel Projekterfahrung
- Dienstreisen sind nach rechtzeitiger Absprache möglich.

Herr Scholz:

- 28 Jahre, verheiratet
- Berufseinsteiger mit einem sehr guten Masterstudium in Werkstofftechnik
- beherrscht Englisch verhandlungssicher und hat gute Spanisch- und Russischkenntnisse
- sehr gute EDV-Kenntnisse im Office-Bereich sowie Programmiererfahrung
- arbeitete schon mit der integrierten Unternehmenssoftware „PAS“ im Rahmen eines halbjährigen Praktikums

Herr Schuster:

- 48 Jahre, verheiratet
- Ausbildung als staatlich geprüfter Techniker der Fachrichtung Werkstofftechnik
- regelmäßige Teilnahme an Fortbildungen
- sehr gute Englischkenntnisse sowie gute Kenntnisse in Portugiesisch und Spanisch
- war bisher Bereichsleiter mit Personalverantwortung in einem Unternehmen der Solarbranche
- mehrjährige Erfahrung in der Nutzung der integrierten Unternehmenssoftware „PAS“
- gute allgemeine EDV-Kenntnisse auch im Office-Bereich

Anlage 5

	Bewerber/-in						
Entscheidungskriterien	**Gewichtung**						
1.							
2.							
3.							
4.							
	100						

Bewertung

0 Kriterium gar nicht erfüllt
1 Kriterium wenig erfüllt
2 Kriterium ausreichend erfüllt
3 Kriterium überwiegend erfüllt
4 Kriterium vollständig erfüllt

Anlage 6: Gesetzliche Sozialversicherung 2022

	Beitragssatz	**Beitragsbemessungsgrenze**
Krankenversicherung	Allgemeiner Beitragssatz 14,6 %	4.837,50 EUR
Zusatzbeitrag der Krankenkasse des Arbeitnehmers	1,1 %	
Pflegeversicherung	3,05 % Kinderlosenzuschlag ab dem 23. Lebensjahr 0,35 %	4.837,50 EUR
Rentenversicherung	18,6 %	Alte Bundesländer: 7.050,00 EUR Neue Bundesländer: 6.750,00 EUR
Arbeitslosenversicherung	2,4 %	Alte Bundesländer: 7.050,00 EUR Neue Bundesländer: 6.750,00 EUR

Anlage 7: Lohnsteuertabelle

Kinderfreibetrag				0		0,5		1		1,5		2		2,5
ab Euro	StK	Steuer	SolZ	KiStr	SolZ	KiStr	SolZ	KiStr	SolZ	KiStr	SolZ	KiStr	SolZ	KiStr
6.003,00														
	1	1.341,33	–	107,30	–	95,62	–	84,36	–	73,58	–	63,30	–	53,51
	2	1.274,50	–	–	–	90,43	–	79,40	–	68,84	–	58,79	–	49,22
	3	850,50	–	68,04	–	59,66	–	51,54	–	43,68	–	36,04	–	28,65
	4	1.341,33	–	107,30	–	101,43	–	95,62	–	89,92	–	84,36	–	78,91
	5	1.810,75	47,33	144,86	–	–	–	–	–	–	–	–	–	–
	6	1.847,08	51,65	147,76	–	–	–	–	–	–	–	–	–	–
6.006,00														
	1	1.342,41	–	107,39	–	95,70	–	84,44	–	73,66	–	63,38	–	53,58
	2	1.275,66	–	–	–	90,52	–	79,48	–	68,93	–	58,86	–	49,29
	3	851,33	–	68,10	–	59,73	–	51,61	–	43,73	–	36,10	–	28,72
	4	1.342,41	–	107,39	–	101,52	–	95,70	–	90,01	–	84,44	–	78,99
	5	1.811,91	47,47	144,95	–	–	–	–	–	–	–	–	–	–
	6	1.848,16	51,78	147,85	–	–	–	–	–	–	–	–	–	–
6.009,00														
	1	1.343,66	–	107,49	–	95,80	–	84,53	–	73,75	–	63,46	–	53,66
	2	1.276,83	–	–	–	90,61	–	79,56	–	69,01	–	58,94	–	49,37
	3	852,16	–	68,17	–	59,80	–	51,68	–	43,80	–	36,15	–	28,77
	4	1.343,66	–	107,49	–	101,62	–	95,80	–	90,10	–	84,53	–	79,08
	5	1.813,16	47,61	145,05	–	–	–	–	–	–	–	–	–	–
	6	1.849,41	51,93	147,95	–	–	–	–	–	–	–	–	–	–
6.012,00														
	1	1.344,83	–	107,58	–	95,89	–	84,62	–	73,84	–	63,54	–	53,74
	2	1.278,00	–	–	–	90,70	–	79,65	–	69,09	–	59,02	–	49,44
	3	853,00	–	68,23	–	59,86	–	51,73	–	43,85	–	36,22	–	28,82
	4	1.344,83	–	107,58	–	101,71	–	95,89	–	90,19	–	84,62	–	79,16
	5	1.814,25	47,74	145,13	–	–	–	–	–	–	–	–	–	–
	6	1.850,58	52,07	148,04	–	–	–	–	–	–	–	–	–	–
6.015,00														
	1	1.345,91	–	107,67	–	95,98	–	84,70	–	73,92	–	63,62	–	53,82
	2	1.279,16	–	–	–	90,79	–	79,73	–	69,17	–	59,10	–	49,52
	3	853,83	–	68,30	–	59,93	–	51,80	–	43,92	–	36,28	–	28,89
	4	1.345,91	–	107,67	–	101,80	–	95,98	–	90,28	–	84,70	–	79,25
	5	1.815,41	47,88	145,23	–	–	–	–	–	–	–	–	–	–
	6	1.851,66	52,20	148,13	–	–	–	–	–	–	–	–	–	–

Quelle: IMACC – Ratgeber für Finanzen, Steuern & Gehalt: Allgemeine Monats-Lohnsteuertabelle 2021. In: www.imacc.de/Steuertabelle/Lohnsteuertabellen/2021/LoSt_2021_WEST_8_ohnePKV_Monat.pdf [31.03.2023], S. 402, gekürzt.

Anlage 8

Produktionsdaten Türschwellenverkleidung

Vorgesehene Fertigungszeit für ein Werkstück: 12 Minuten

Daten Akkordentlohnung Türschwellenverkleidung

Grundlohn je Arbeitsstunde:	12,50 EUR
Akkordzuschlag:	2,50 EUR
Durchschnittliche Ausschussquote bisher:	20 %

Vorgaben Prämienentlohnung Türschwellenverkleidung

Stundenlohn:	13,00 EUR
Prämie für jedes Gutstück*:	0,50 EUR
erwartete Ausschussquote:	5 %

*Gutstück: produziertes Teil, welches kein Ausschuss ist

Anlage 9

Auszüge aus dem Bürgerlichen Gesetzbuch (BGB)

§ 621 Kündigungsfristen bei Dienstverhältnissen

Bei einem Dienstverhältnis, das kein Arbeitsverhältnis im Sinne des § 622 ist, ist die Kündigung zulässig,

1. wenn die Vergütung nach Tagen bemessen ist, an jedem Tag für den Ablauf des folgenden Tages;
2. wenn die Vergütung nach Wochen bemessen ist, spätestens am ersten Werktag einer Woche für den Ablauf des folgenden Sonnabends;
3. wenn die Vergütung nach Monaten bemessen ist, spätestens am 15. eines Monats für den Schluss des Kalendermonats;
4. wenn die Vergütung nach Vierteljahren oder längeren Zeitabschnitten bemessen ist, unter Einhaltung einer Kündigungsfrist von sechs Wochen für den Schluss eines Kalendervierteljahrs;
5. wenn die Vergütung nicht nach Zeitabschnitten bemessen ist, jederzeit; bei einem die Erwerbstätigkeit des Verpflichteten vollständig oder hauptsächlich in Anspruch nehmenden Dienstverhältnis ist jedoch eine Kündigungsfrist von zwei Wochen einzuhalten.

§ 622 Kündigungsfristen bei Arbeitsverhältnissen

(1) Das Arbeitsverhältnis eines Arbeiters oder eines Angestellten (Arbeitnehmers) kann mit einer Frist von vier Wochen zum Fünfzehnten oder zum Ende eines Kalendermonats gekündigt werden.

(2) Für eine Kündigung durch den Arbeitgeber beträgt die Kündigungsfrist, wenn das Arbeitsverhältnis in dem Betrieb oder Unternehmen

1. zwei Jahre bestanden hat, einen Monat zum Ende eines Kalendermonats,
2. fünf Jahre bestanden hat, zwei Monate zum Ende eines Kalendermonats,
3. acht Jahre bestanden hat, drei Monate zum Ende eines Kalendermonats,
4. zehn Jahre bestanden hat, vier Monate zum Ende eines Kalendermonats,
5. zwölf Jahre bestanden hat, fünf Monate zum Ende eines Kalendermonats,

6. 15 Jahre bestanden hat, sechs Monate zum Ende eines Kalendermonats,
7. 20 Jahre bestanden hat, sieben Monate zum Ende eines Kalendermonats.

(3) Während einer vereinbarten Probezeit, längstens für die Dauer von sechs Monaten, kann das Arbeitsverhältnis mit einer Frist von zwei Wochen gekündigt werden.

[...]

§ 623 Schriftform der Kündigung

Die Beendigung von Arbeitsverhältnissen durch Kündigung oder Auflösungsvertrag bedürfen zu ihrer Wirksamkeit der Schriftform; die elektronische Form ist ausgeschlossen.

§ 624 Kündigungsfrist bei Verträgen über mehr als fünf Jahre

Ist das Dienstverhältnis für die Lebenszeit einer Person oder für längere Zeit als fünf Jahre eingegangen, so kann es von dem Verpflichteten nach dem Ablauf von fünf Jahren gekündigt werden. Die Kündigungsfrist beträgt sechs Monate.

§ 625 Stillschweigende Verlängerung

Wird das Dienstverhältnis nach dem Ablauf der Dienstzeit von dem Verpflichteten mit Wissen des anderen Teiles fortgesetzt, so gilt es als auf unbestimmte Zeit verlängert, sofern nicht der andere Teil unverzüglich widerspricht.

§ 626 Fristlose Kündigung aus wichtigem Grund

(1) Das Dienstverhältnis kann von jedem Vertragsteil aus wichtigem Grund ohne Einhaltung einer Kündigungsfrist gekündigt werden, wenn Tatsachen vorliegen, auf Grund derer dem Kündigenden unter Berücksichtigung aller Umstände des Einzelfalles und unter Abwägung der Interessen beider Vertragsteile die Fortsetzung des Dienstverhältnisses bis zum Ablauf der Kündigungsfrist oder bis zu der vereinbarten Beendigung des Dienstverhältnisses nicht zugemutet werden kann.

(2) Die Kündigung kann nur innerhalb von zwei Wochen erfolgen. Die Frist beginnt mit dem Zeitpunkt, in dem der Kündigungsberechtigte von den für die Kündigung maßgebenden Tatsachen Kenntnis erlangt. Der Kündigende muss dem anderen Teil auf Verlangen den Kündigungsgrund unverzüglich schriftlich mitteilen.

Auszug aus dem Betriebsverfassungsgesetz (BetrVG)

§ 85 Behandlung von Beschwerden durch den Betriebsrat

(1) Der Betriebsrat hat Beschwerden von Arbeitnehmern entgegenzunehmen und, falls er sie für berechtigt erachtet, beim Arbeitgeber auf Abhilfe hinzuwirken.

(2) Bestehen zwischen Betriebsrat und Arbeitgeber Meinungsverschiedenheiten über die Berechtigung der Beschwerde, so kann der Betriebsrat die Einigungsstelle anrufen. Der Spruch der Einigungsstelle ersetzt die Einigung zwischen Arbeitgeber und Betriebsrat. Dies gilt nicht, soweit Gegenstand der Beschwerde ein Rechtsanspruch ist.

(3) Der Arbeitgeber hat den Betriebsrat über die Behandlung der Beschwerde zu unterrichten. § 84 Abs. 2 bleibt unberührt.

§ 87 Mitbestimmungsrechte

(1) Der Betriebsrat hat, soweit eine gesetzliche oder tarifliche Regelung nicht besteht, in folgenden Angelegenheiten mitzubestimmen:

1. Fragen der Ordnung des Betriebs und des Verhaltens der Arbeitnehmer im Betrieb;
2. Beginn und Ende der täglichen Arbeitszeit einschließlich der Pausen sowie Verteilung der Arbeitszeit auf die einzelnen Wochentage;
3. vorübergehende Verkürzung oder Verlängerung der betriebsüblichen Arbeitszeit;
4. Zeit, Ort und Art der Auszahlung der Arbeitsentgelte;
5. Aufstellung allgemeiner Urlaubsgrundsätze und des Urlaubsplans sowie die Festsetzung der zeitlichen Lage des Urlaubs für einzelne Arbeitnehmer, wenn zwischen dem Arbeitgeber und den beteiligten Arbeitnehmern kein Einverständnis erzielt wird;
6. Einführung und Anwendung von technischen Einrichtungen, die dazu bestimmt sind, das Verhalten oder die Leistung der Arbeitnehmer zu überwachen;
7. Regelungen über die Verhütung von Arbeitsunfällen und Berufskrankheiten sowie über den Gesundheitsschutz im Rahmen der gesetzlichen Vorschriften oder der Unfallverhütungsvorschriften;
8. Form, Ausgestaltung und Verwaltung von Sozialeinrichtungen, deren Wirkungsbereich auf den Betrieb, das Unternehmen oder den Konzern beschränkt ist;
9. Zuweisung und Kündigung von Wohnräumen, die den Arbeitnehmern mit Rücksicht auf das Bestehen eines Arbeitsverhältnisses vermietet werden, sowie die allgemeine Festlegung der Nutzungsbedingungen;
10. Fragen der betrieblichen Lohngestaltung, insbesondere die Aufstellung von Entlohnungsgrundsätzen und die Einführung und Anwendung von neuen Entlohnungsmethoden sowie deren Änderung;
11. Festsetzung der Akkord- und Prämiensätze und vergleichbarer leistungsbezogener Entgelte, einschließlich der Geldfaktoren;
12. Grundsätze über das betriebliche Vorschlagswesen;
13. Grundsätze über die Durchführung von Gruppenarbeit; Gruppenarbeit im Sinne dieser Vorschrift liegt vor, wenn im Rahmen des betrieblichen Arbeitsablaufs eine Gruppe von Arbeitnehmern eine ihr übertragene Gesamtaufgabe im Wesentlichen eigenverantwortlich erledigt;
14. Ausgestaltung von mobiler Arbeit, die mittels Informations- und Kommunikationstechnik erbracht wird.

(2) Kommt eine Einigung über eine Angelegenheit nach Absatz 1 nicht zustande, so entscheidet die Einigungsstelle. Der Spruch der Einigungsstelle ersetzt die Einigung zwischen Arbeitgeber und Betriebsrat.

§ 90 Unterrichtungs- und Beratungsrechte

(1) Der Arbeitgeber hat den Betriebsrat über die Planung

1. von Neu-, Um- und Erweiterungsbauten von Fabrikations-, Verwaltungs- und sonstigen betrieblichen Räumen,
2. von technischen Anlagen,
3. von Arbeitsverfahren und Arbeitsabläufen einschließlich des Einsatzes von Künstlicher Intelligenz oder
4. der Arbeitsplätze

rechtzeitig unter Vorlage der erforderlichen Unterlagen zu unterrichten.

(2) Der Arbeitgeber hat mit dem Betriebsrat die vorgesehenen Maßnahmen und ihre Auswirkungen auf die Arbeitnehmer, insbesondere auf die Art ihrer Arbeit sowie die sich daraus ergebenden Anforderungen an die Arbeitnehmer so rechtzeitig zu beraten, dass Vorschläge und Bedenken des Betriebsrats bei der Planung berücksichtigt werden können. Arbeitgeber und Betriebsrat sollen dabei auch die gesicherten arbeitswissenschaftlichen Erkenntnisse über die menschengerechte Gestaltung der Arbeit berücksichtigen.

§ 91 Mitbestimmungsrecht
Werden die Arbeitnehmer durch Änderungen der Arbeitsplätze, des Arbeitsablaufs oder der Arbeitsumgebung, die den gesicherten arbeitswissenschaftlichen Erkenntnissen über die menschengerechte Gestaltung der Arbeit offensichtlich widersprechen, in besonderer Weise belastet, so kann der Betriebsrat angemessene Maßnahmen zur Abwendung, Milderung oder zum Ausgleich der Belastung verlangen. Kommt eine Einigung nicht zustande, so entscheidet die Einigungsstelle. Der Spruch der Einigungsstelle ersetzt die Einigung zwischen Arbeitgeber und Betriebsrat.

§ 92 Personalplanung
(1) Der Arbeitgeber hat den Betriebsrat über die Personalplanung, insbesondere über den gegenwärtigen und künftigen Personalbedarf sowie über die sich daraus ergebenden personellen Maßnahmen einschließlich der geplanten Beschäftigung von Personen, die nicht in einem Arbeitsverhältnis zum Arbeitgeber stehen, und Maßnahmen der Berufsbildung anhand von Unterlagen rechtzeitig und umfassend zu unterrichten. Er hat mit dem Betriebsrat über Art und Umfang der erforderlichen Maßnahmen und über die Vermeidung von Härten zu beraten.
(2) Der Betriebsrat kann dem Arbeitgeber Vorschläge für die Einführung einer Personalplanung und ihre Durchführung machen.
(3) Die Absätze 1 und 2 gelten entsprechend für Maßnahmen im Sinne des § 80 Abs. 1 Nr. 2a und 2b, insbesondere für die Aufstellung und Durchführung von Maßnahmen zur Förderung der Gleichstellung von Frauen und Männern. Gleiches gilt für die Eingliederung schwerbehinderter Menschen nach § 80 Absatz 1 Nummer 4.

§ 102 Mitbestimmung bei Kündigungen
(1) Der Betriebsrat ist vor jeder Kündigung zu hören. Der Arbeitgeber hat ihm die Gründe für die Kündigung mitzuteilen. Eine ohne Anhörung des Betriebsrats ausgesprochene Kündigung ist unwirksam.
(2) Hat der Betriebsrat gegen eine ordentliche Kündigung Bedenken, so hat er diese unter Angabe der Gründe dem Arbeitgeber spätestens innerhalb einer Woche schriftlich mitzuteilen. Äußert er sich innerhalb dieser Frist nicht, gilt seine Zustimmung zur Kündigung als erteilt. Hat der Betriebsrat gegen eine außerordentliche Kündigung Bedenken, so hat er diese unter Angabe der Gründe dem Arbeitgeber unverzüglich, spätestens jedoch innerhalb von drei Tagen, schriftlich mitzuteilen. Der Betriebsrat soll, soweit dies erforderlich erscheint, vor seiner Stellungnahme den betroffenen Arbeitnehmer hören.
[...]

Auszug aus dem Kündigungsschutzgesetz (KSchG)

§ 1 Sozial ungerechtfertigte Kündigungen

(1) Die Kündigung des Arbeitsverhältnisses gegenüber einem Arbeitnehmer, dessen Arbeitsverhältnis in demselben Betrieb oder Unternehmen ohne Unterbrechung länger als sechs Monate bestanden hat, ist rechtsunwirksam, wenn sie sozial ungerechtfertigt ist.
(2) Sozial ungerechtfertigt ist die Kündigung, wenn sie nicht durch Gründe, die in der Person oder in dem Verhalten des Arbeitnehmers liegen, oder durch dringende betriebliche Erfordernisse, die einer Weiterbeschäftigung des Arbeitnehmers in diesem Betrieb entgegenstehen, bedingt ist.
[...]
(3) Ist einem Arbeitnehmer aus dringenden betrieblichen Erfordernissen im Sinne des Absatzes 2 gekündigt worden, so ist die Kündigung trotzdem sozial ungerechtfertigt, wenn der Arbeitgeber bei der Auswahl des Arbeitnehmers die Dauer der Betriebszugehörigkeit, das Lebensalter, die Unterhaltspflichten und die Schwerbehinderung des Arbeitnehmers nicht oder nicht ausreichend berücksichtigt hat; auf Verlangen des Arbeitnehmers hat der Arbeitgeber dem Arbeitnehmer die Gründe anzugeben, die zu der getroffenen sozialen Auswahl geführt haben. In die soziale Auswahl nach Satz 1 sind Arbeitnehmer nicht einzubeziehen, deren Weiterbeschäftigung, insbesondere wegen ihrer Kenntnisse, Fähigkeiten und Leistungen oder zur Sicherung einer ausgewogenen Personalstruktur des Betriebes, im berechtigten betrieblichen Interesse liegt. Der Arbeitnehmer hat die Tatsachen zu beweisen, die die Kündigung als sozial ungerechtfertigt im Sinne des Satzes 1 erscheinen lassen.
[...]

7 Prüfungsaufgaben Steuerung und Kontrolle Winter 2022/2023

Aufgabe 1

Ausgangssituation

Die Snow-Fire GmbH ist ein mittelständisches Unternehmen mit Hauptsitz in Wiesloch, welches Wintersportartikel herstellt. Das Geschäftsjahr endete am 30.09.2022. Es ist ein Gespräch mit der Geschäftsleitung über das abgeschlossene vierte Quartal (01.07. bis 30.09.2022) geplant.

Als Sachbearbeiter/-in sind Sie in der Finanzabteilung beschäftigt und dort auch für Controllingaufgaben zuständig. Zur Vorbereitung des Gesprächs bittet Sie die Abteilungsleitung, folgende Arbeitsaufträge zu erledigen:

1.1 Der Betriebsabrechnungsbogen (BAB) für das vierte Quartal wurde teilweise erstellt (**Anlage 1**).

- Vervollständigen Sie den BAB mithilfe der Informationen in **Anlage 2**.
- Ermitteln Sie die Ist-Gemeinkostenzuschlagssätze (Rundung auf eine Nachkommastelle).

1.2 Die Gewinnmarge des neu eingeführten Artikels „Snowboard X-Change" soll geprüft werden.

1.2.1 Das Snowboard wurde zu einem Netto-Listenverkaufspreis von 380,00 EUR angeboten. Es wurde auf Basis der Normalkosten mit 10 % Rabatt und 2 % Skonto kalkuliert. Die Selbstkosten wurden mit 270,00 EUR angesetzt.

Berechnen Sie den geplanten Gewinnzuschlag in Euro und Prozent.

1.2.2 Analysieren Sie, ob ein zufriedenstellender Gewinn erzielt wurde. Berücksichtigen Sie dazu Ihre Ergebnisse aus Aufgabe 1.1 und **Anlage 3**.

Hinweis:

Sollten Sie in Aufgabe 1.1 kein Ergebnis ermittelt haben, gehen Sie von folgenden Ist-Gemeinkostenzuschlagssätzen aus: Materialgemeinkosten 24 %, Fertigungsgemeinkosten 202 %, Verwaltungsgemeinkosten 14 %, Vertriebsgemeinkosten 11 %.

Sollten Sie in Aufgabe 1.2.1 kein Ergebnis ermittelt haben, gehen Sie von einem Barverkaufspreis von 338,00 EUR aus.

1.3 Für das anstehende Quartalsgespräch mit der Geschäftsleitung wird die Kostenentwicklung der verschiedenen Kostenstellen untersucht.

Zunächst wird die Kostenstelle Fertigung untersucht. Es wurde mit einem Normal-Gemeinkostenzuschlagssatz von 190 % im Fertigungsbereich kalkuliert.

- Berechnen Sie die Kostenabweichung in Euro unter Verwendung von **Anlage 1 und 2**.
- Erklären Sie, welche Art von Kostenabweichung hier vorliegt.
- Nennen Sie zwei mögliche Ursachen dieser Kostenabweichung.

Hinweis:

Sollten Sie im BAB kein Ergebnis ermittelt haben, verwenden Sie den Hinweis in Aufgabe 1.2.2.

1.4 Im Zweigwerk Walldorf werden Skischuhe gefertigt. Die Produktionsstätte hat in der Vergangenheit rote Zahlen geschrieben. Daher wurden zu Beginn des vierten Quartals die Verkaufspreise erhöht.

1.4.1 Überprüfen Sie rechnerisch und in übersichtlicher Weise, ob im vierten Quartal wieder ein positives Ergebnis erzielt wurde (**Anlage 4**).

1.4.2 Am 30. Oktober fragte ein Großhändler 300 Paar Skischuhe für eine Werbeaktion an. Er ist bereit, für den Skischuh Snow 400,00 EUR oder für den Skischuh Power 480,00 EUR zu zahlen.

Prüfen Sie, für welchen Skischuh dem Großhändler ein Angebot unterbreitet werden soll.

Aufgabe 2

Ausgangssituation

Bei der Snow-Fire GmbH wird neben dem Tagesgeschäft der Jahresabschluss zum 30.09.2022 erstellt. Sie unterstützen die Abteilung Finanzbuchhaltung und bearbeiten die folgenden Vorgänge.

2.1 Die Snow-Fire GmbH kauft am 02.09.2022 ein Bürogebäude mit Grundstück. Der Wert des Grundstückes beträgt ein Drittel des Gesamtwertes des Bürogebäudes mit Grundstück. Dazu liegt Ihnen ein Kontoauszug (**Anlage 5**) vor.

2.1.1 Erstellen Sie alle Buchungssätze, die im Zusammenhang mit dem Kauf der Immobilie stehen.

2.1.2 Ermitteln Sie die Anschaffungskosten für das Bürogebäude und für das Grundstück (**Anlagen 5 und 6**).

2.1.3 Die Abschreibung im Zusammenhang mit dem Kauf des bebauten Grundstücks ist vorzunehmen. Es wird mit einer betriebsgewöhnlichen Nutzungsdauer von 50 Jahren gerechnet. Die Abschreibung erfolgt linear.

Erstellen Sie den Buchungssatz für die planmäßige Abschreibung für das abgelaufene Geschäftsjahr zum 30.09.2022.

2.1.4 Nach Bezug des Bürogebäudes finden Grabungsarbeiten zur Verlegung von Glasfaserkabeln statt. Hierbei wird eine dauerhafte Verseuchung des Bodens festgestellt. Nach Begutachtung durch einen Sachverständigen im November wird der reine Grundstückswert inkl. aller anteiligen Nebenkosten auf 100.000,00 EUR geschätzt.

Begründen Sie unter Verwendung von **Anlage 6** die Auswirkungen des Gutachtens auf das Unternehmensergebnis zum 30.09. des Folgejahres.

Hinweis:

Sollten Sie in Aufgabe 2.1.2 keine Werte ermittelt haben, gehen Sie von folgenden Anschaffungskosten aus: Bürogebäude = 651.000,00 EUR, Grundstück = 330.000,00 EUR.

2.2 Die Snow-Fire GmbH kaufte am 05.07.2022 – von einem Lieferanten aus der Schweiz – Rohstoffe im Wert von 55.000,00 CHF. Es wurde dazu ein Lieferantenkredit mit einer Laufzeit von zwölf Monaten in Anspruch genommen. Folgende Devisenkassamittelkurse wurden notiert:

- am 05.07.2022: 1,0771 CHF/EUR,
- am 30.09.2022: 1,0823 CHF/EUR.
- Ermitteln Sie den Wertansatz der Währungsverbindlichkeit zum 30.09.2022 (**Anlage 6**).
- Begründen Sie, wie sich diese Folgebewertung zum 30.09.2022 auf den Erfolg des Unternehmens auswirkt.

2.3 Die Snow-Fire GmbH plante für Anfang September 2022 Instandhaltungsmaßnahmen am Geschäftsgebäude. Der Kostenvoranschlag beläuft sich auf 20.000,00 EUR (netto). Aufgrund von Terminschwierigkeiten des Handwerksbetriebs musste die Instandhaltungsmaßnahme verschoben werden.

2.3.1 Zum Geschäftsjahresende wird deshalb eine Rückstellung gebildet.

Erstellen Sie den Buchungssatz.

2.3.2 Die Instandhaltungsmaßnahme wird Ende Oktober 2022 durchgeführt und beläuft sich laut Eingangsrechnung auf 22.000,00 EUR zuzüglich 19 % USt.

Erstellen Sie den Buchungssatz zur Bezahlung der Rechnung per Überweisung.

2.4 Die Umsatzsteuervoranmeldung ist für den 31.10.2022 durchzuführen. Ihnen liegen die gebuchten Beträge auf den beiden Konten vor (**Anlage 7**).

- Schließen Sie die Konten in **Anlage 7** ab.
- Erstellen Sie die erforderlichen Buchungssätze zum 31. Oktober und 10. November 2022.

Anlage 1: Betriebsabrechnungsbogen der Snow-Fire GmbH für das 4. Quartal 2022 (Juli bis September)

Gemeinkostenarten	Zahlen der Kosten- und Leistungsrechnung	Kostenstellen				
		Allgemeine Hilfskostenstelle Kantine	Material	Fertigung	Verwaltung	Vertrieb
Zwischensumme der Gemeinkosten	325.000,00	30.000,00	24.500,00	180.000,00	50.000,00	40.000,00
Energieaufwendungen	72.000,00					
Zwischensumme						
Umlage Kantine						
Summe Gemeinkosten						

Anlage 2: Informationen aus dem Rechnungswesen für das 4. Quartal 2022

Verbrauch Fertigungsmaterial	160.000,00 EUR
Fertigungslöhne	110.000,00 EUR

Kostenverteilung:

Verteilung der Energieaufwendungen im Verhältnis	1 : 1 : 3 : 1 : 2
Verteilung der Hilfskostenstelle Kantine im Verhältnis	1 : 2 : 2 : 1

Zuschlagsgrundlagen:

Verwaltungsgemeinkosten	Herstellkosten der Rechnungsperiode
Vertriebsgemeinkosten	Herstellkosten des Umsatzes

Bestandsveränderungen:

	01.07.2022	30.09.2022
Bestand an unfertigen Erzeugnissen	11.000,00 EUR	41.000,00 EUR
Bestand an fertigen Erzeugnissen	92.000,00 EUR	12.000,00 EUR

Anlage 3: Kalkulationsdaten aus der Vollkostenrechnung

Produkt	Snowboard X-Change	
Einzelkosten	Material	60,00 EUR
	Fertigungslöhne	50,00 EUR

Anlage 4

	Skischuh Ice	Skischuh Snow	Skischuh Power
Nettoverkaufserlös pro Paar in Euro	350,00	410,00	500,00
Fertigungslöhne pro Paar in Euro	60,00	70,00	90,00
Fertigungsmaterial pro Paar in Euro	75,00	89,00	105,00
Sonstige variable Kosten pro Paar	120,00	130,00	180,00
Abgesetzte Menge 4. Quartal	1.000 Paar	800 Paar	850 Paar
Kapazität pro Quartal	1.000 Paar	1.100 Paar	1.200 Paar
Fixkosten 4. Quartal Produktionsstätte Walldorf in Euro	250.000,00		

Anlage 5: Kontoauszug

Sparbank Heidelberg

Datum	Text		Kontoauszug 1234 Blatt 6
			Betrag (EUR)
		Wert: 02.09.2022	**1.700.203,54 +**
02.09.2022	Lastschrift Bürogebäude mit Grundstück, Flurstücknummer: 125, Re. Nr. 456		900.000,00 –
02.09.2022	Maklerprovision (brutto) für Flurstücknummer: 125		42.840,00 –
02.09.2022	Grundsteuer Flurstücknummer: 125		9.500,00 –
02.09.2022	Grunderwerbssteuer Flurstücknummer: 125		45.000,00 –
		Wert:	**702.863,54 +**

DE35 6725 0020 0031 2345 08
BIC: SOLADES1HDB
www.sparbank-heidelberg.de

Anlage 6: Auszug aus dem Handelsgesetzbuch (HGB)

§ 253 Zugangs- und Folgebewertung

(1) Vermögensgegenstände sind höchstens mit den Anschaffungs- oder Herstellungskosten, vermindert um die Abschreibungen [...] anzusetzen. Verbindlichkeiten sind zu ihrem Erfüllungsbetrag und Rückstellungen in Höhe des nach vernünftiger kaufmännischer Beurteilung notwendigen Erfüllungsbetrages anzusetzen. [...]
(2) Rückstellungen mit einer Restlaufzeit von mehr als einem Jahr sind abzuzinsen mit dem ihrer Restlaufzeit entsprechenden durchschnittlichen Marktzinssatz, [...]
(3) Bei Vermögensgegenständen des Anlagevermögens, deren Nutzung zeitlich begrenzt ist, sind die Anschaffungs- oder die Herstellungskosten um planmäßige Abschreibungen zu vermindern. Der Plan muss die Anschaffungs- oder Herstellungskosten auf die Geschäftsjahre verteilen, in denen der Vermögensgegenstand voraussichtlich genutzt werden kann. [...] Ohne Rücksicht darauf, ob ihre Nutzung zeitlich begrenzt ist, sind bei Vermögensgegenständen des Anlagevermögens bei voraussichtlich dauernder Wertminderung außerplanmäßige Abschreibungen vorzunehmen, um diese mit dem niedrigeren Wert anzusetzen, der ihnen am Abschluss-

stichtag beizulegen ist. Bei Finanzanlagen können außerplanmäßige Abschreibungen auch bei voraussichtlich nicht dauernder Wertminderung vorgenommen werden.
(4) Bei Vermögensgegenständen des Umlaufvermögens sind Abschreibungen vorzunehmen, um diese mit einem niedrigeren Wert anzusetzen, der sich aus einem Börsen- oder Marktpreis am Abschlussstichtag ergibt. Ist ein Börsen- oder Marktpreis nicht festzustellen und übersteigen die Anschaffungs- oder Herstellungskosten den Wert, der den Vermögensgegenständen am Abschlussstichtag beizulegen ist, so ist auf diesen Wert abzuschreiben.

Anlage 7

S 2600 Vorsteuer	H
35.800,00	4.500,00

S 4800 Umsatzsteuer	H
14.200,00	85.500,00

8 Prüfungsaufgaben Betriebswirtschaft – Geschäftsprozesse Winter 2022/2023

Aufgabe 1

Ausgangssituation

Die Holzbau Müller GmbH ist ein mittelständisches Unternehmen der Baubranche. Neben Vorleistungen für Zimmereibetriebe vertreibt die Holzbau Müller GmbH komplette Einfamilienhäuser in Modulbauweise.

Das Unternehmen ist voll ausgelastet. Seit einiger Zeit hat die Holzbau Müller GmbH große Probleme, hochwertiges Schnittholz zu beschaffen. Der Geschäftsführer und alleinige Gesellschafter Walter Müller hat entschieden, eine Sägeanlage auf dem bestehenden Betriebsgelände zu errichten. Dadurch soll die Holzbau Müller GmbH, trotz angespannter finanzieller Situation, langfristig von den Zulieferern des Schnittholzes unabhängig werden. Die Sägeanlage soll Anfang Januar 2023 angeschafft werden.

Sie sind als Assistent der Geschäftsleitung damit beauftragt, Herrn Müller bei den anstehenden Entscheidungen zu unterstützen.

1.1 Zunächst ist der Kapitalbedarf festzulegen (**Anlage 1**).

1.1.1 Berechnen Sie den Gesamtkapitalbedarf für die geplante Errichtung der Sägeanlage anhand der vorgegebenen Plandaten (**Anlage 1**).

1.1.2 Der ermittelte Kapitalbedarf für das Umlaufvermögen erscheint dem Geschäftsführer Walter Müller zu hoch.

Erläutern Sie zwei konkrete Maßnahmen, mit denen die Holzbau Müller GmbH die Kapitalbindungsdauer für das Umlaufvermögen reduzieren kann.

1.2 Der Geschäftsführer Walter Müller hat für die Finanzierung der Sägemaschine GT 3000 (**Anlage 1**) bereits ein Finanzierungsangebot der Sparbank AG sowie ein Leasingangebot der Südleasing AG eingeholt.

- Begründen Sie mithilfe der **Anlagen 2–4**, für welchen Finanzierungsvorschlag sich die Holzbau Müller GmbH entscheiden soll.
- Erläutern Sie je zwei Vorteile der beiden Finanzierungsarten unabhängig von der Liquiditätsbelastung.
- Begründen Sie anhand von zwei Argumenten, weshalb Leasing i. d. R. teurer ist als eine Kreditfinanzierung.

1.3 Der Geschäftsführer möchte aus geschäftspolitischen Gründen in den nächsten drei Geschäftsjahren einen möglichst hohen Gewinn ausweisen. Das Geschäftsjahr entspricht dem Kalenderjahr.

Beurteilen Sie die zwei Finanzierungsalternativen im Hinblick auf deren Auswirkungen auf den Gewinn anhand eines rechnerischen Nachweises (**Anlagen 1–4**).

1.4 Die Sägemaschine GT 3000 soll mit dem angebotenen Kredit der Sparbank AG fremdfinanziert werden.

Prüfen Sie, ob die geforderten Kreditsicherheiten in ausreichender Höhe bereitgestellt werden können (**Anlagen 1, 2, 5 und 6**).

1.5 Prüfen Sie, welche weitere Möglichkeit der Kreditsicherung Herrn Müller zur Verfügung steht.

1.6 Da es für die Holzbau Müller GmbH zunehmend schwierig wird, Fremdmittel zu beschaffen, werden weitere Maßnahmen zur Stärkung der Eigenkapitalquote gesucht.

Beurteilen Sie drei Möglichkeiten, die Eigenkapitalquote der Holzbau Müller GmbH durch Beteiligungs- bzw. Selbstfinanzierung zu stärken.

Anlage 1

Eckdaten der Geschäftsleitung für die Vorplanung:

Kosten für bauliche Anlagen laut Kostenvoranschlag:	1.200.000,00 EUR
Anschaffungskosten Sägemaschine GT 3000:	490.000,00 EUR

Betriebsgewöhnliche Nutzungsdauer der Sägemaschine lt. AfA-Tabelle: 7 Jahre

Der eiserne Bestand an Stammholz zur Herstellung des Schnittholzes soll einen Tagesverbrauch von 60 Betriebstagen umfassen.

Im laufenden Betrieb rechnen wir mit folgenden täglichen Ausgaben:

Fertigungslöhne:	900,00 EUR
Rohstoffverbrauch:	1.300,00 EUR
Fertigungsgemeinkosten:	250,00 EUR
Materialgemeinkosten:	200,00 EUR
Verwaltungs- und Vertriebsgemeinkosten:	120,00 EUR

Geplante Kapitalbindungsdauer:

Durchschnittliches Lieferantenziel:	30 Tage
Lagerdauer der Rohstoffe (Stammholz):	20 Tage
Produktionsdauer:	1 Tag
Lagerdauer der Fertigerzeugnisse (Schnittholz):	8 Tage
Durchschnittliches Kundenziel:	60 Tage

Anlage 2

Sparbank AG

Sparbank AG, Paradiesweg 20, 70499 Stuttgart

Müller Holzbau GmbH
Herrn Müller
Industriestraße 25
72622 Nürtingen

Telefon: (0711) 32178-0
Fax: (0711) 32178-100

Ihre Zeichen, Ihre Nachricht vom		Unsere Zeichen, unsere Nachricht vom	Telefondurchwahl, Name		Datum
Mr	12.10.2022	LB	-412	Hr. Leib	19.10.2022

Ihre Darlehensanfrage

Sehr geehrter Herr Müller,

gerne unterbreiten wir Ihnen ein Finanzierungsangebot für Ihr Investitionsvorhaben (Sägemaschine GT 3000).

Den Darlehensbetrag stellen wir gerne als Annuitätendarlehen ab 2. Januar 2023 mit einer jährlichen Rate von 133.549,87 EUR für die Darlehenslaufzeit von vier Jahren bereit.

Der gebundene Sollzinssatz beträgt 2,70 % p. a., Auszahlung zu 98 %, Zins- und Tilgungszahlungen erfolgen jeweils jährlich nachträglich.

Die genannten Konditionen gelten vorbehaltlich einer ausreichenden Besicherung durch dingliche Sicherheiten.

Wir akzeptieren Grundschulden auf inländische Grundstücke bis 80 % des von unserem Gutachter ermittelten Beleihungswertes. Alternativ ist die Sicherungsübereignung der zu finanzierenden Anlagen bis maximal 50 % des Anschaffungswertes möglich.

An die angebotenen Konditionen halten wir uns bis 30 Tage nach Angebotsdatum gebunden.

Gerne unterbreiten wir Ihnen auch ein geändertes Angebot, falls unser Vorschlag nicht Ihren Wünschen entspricht.

Mit freundlichen Grüßen

Kevin Leib

Anlage 3

Südleasing AG, Lise-Meitner-Straße 1 – 5, 76135 Karlsruhe

Müller Holzbau GmbH
Herrn Müller
Industriestraße 25
72622 Nürtingen

Ihre Zeichen, Ihre Nachricht vom		Unsere Zeichen, unsere Nachricht vom	Telefondurchwahl, Name	Datum
Mr	12.10.2022	RB	-211, Frau Baier	20.10.2022

Leasingangebot für Sägemaschine GT 3000

Sehr geehrte Damen und Herren,

wunschgemäß unterbreiten wir Ihnen ein Leasingangebot für die beschriebene Sägemaschine GT 3000.

Aufgrund der angegebenen Maschinendaten bieten wir ab 02.01.2023 wie folgt an:

> Monatliche Leasingrate: 11.400,00 EUR
> Keine Leasing-Sonderzahlung erforderlich!
> Grundmietzeit: 4 Jahre, danach Kaufoption zum kalkulierten Restwert.

Gerne unterbreiten wir Ihnen auch weitergehende Leistungsangebote.

Wir freuen uns auf Ihre Antwort.

Mit freundlichen Grüßen

Manuela Baier

Anlage 4

Vorlage Tilgungsplan für Annuitätendarlehen				
Jahr	**Darlehen in Euro**	**Zinsen in Euro**	**Tilgung in Euro**	**Rate in Euro**
1				
2				
3				
4				
Summe				

Vergleich der Liquiditätsbelastung:

Jahr	Annuitätendarlehen	Leasing
	Ausgaben in Euro	Ausgaben in Euro
1		
2		
3		
4		
Summe		

Anlage 5

<table>
<tr><td colspan="4" align="center">Holzbau Müller GmbH</td></tr>
<tr><td colspan="2" rowspan="3">Gesprächsnotiz</td><td colspan="2" align="center">Gesprächspartner</td></tr>
<tr><td>Firma</td><td>Sparbank AG</td></tr>
<tr><td>Kontakt</td><td>Herr Leib</td></tr>
<tr><td>Gesprächsort</td><td>Geschäftsführung</td><td>Telefon</td><td>+49 711 32178-412</td></tr>
<tr><td>Datum, Tag</td><td>Donnerstag, 27.10.2022</td><td>Fax</td><td>+49 711 32178-100</td></tr>
<tr><td>Zeit</td><td>11:55 Uhr</td><td>E-Mail</td><td>kevin.leib@sparbank.de</td></tr>
<tr><td>Betreff</td><td colspan="3">Beleihungswert unseres Firmengrundstücks</td></tr>
<tr><td colspan="4">Herr Leib hat telefonisch mitgeteilt, dass ihm das aktuelle Wertgutachten seines Kollegen über unser Firmengrundstück vorliegt. Der Gutachter schätzt den Beleihungswert des bebauten Firmengrundstückes auf 5.100.000,00 EUR. In diesem Wert sind die neuen baulichen Anlagen für die Sägeanlage bereits enthalten.</td></tr>
</table>

Anlage 6

<table>
<tr><td colspan="4">Amtsgericht Nürtingen   Grundbuch von Nürtingen   Blatt 1843   Dritte Abteilung</td></tr>
<tr><td>Laufende Nummer der Eintragung</td><td>Laufende Nummer der belasteten Grundstücke im Bestandsverzeichnis</td><td>Betrag</td><td>Hypotheken, Grundschulden, Rentenschulden</td></tr>
<tr><td>1</td><td>2</td><td>3</td><td>4</td></tr>
<tr><td>1</td><td>1</td><td>2.800.000,00</td><td>Zweimillionenachthunderttausend Euro Grundschuld ohne Brief für die Kreditbank AG, Ulm. Jahreszinssatz 15 vom Hundert. Einmalige Nebenleistung von 5 vom Hundert. Der jeweilige Eigentümer ist der sofortigen Zwangsvollstreckung nach § 800 ZPO unterworfen.
Unter Bezug auf die Bewilligung vom 28.03.2016 eingetragen am 05.04.2016.
Wassmer   Stolze</td></tr>
<tr><td>2</td><td>1</td><td>1.200.000,00</td><td>Einemillionzweihunderttausend Euro Grundschuld ohne Brief für die Novabank AG, Stuttgart. Jahreszinssatz 12 vom Hundert. Einmalige Nebenleistung von 5 vom Hundert. Der jeweilige Eigentümer ist der sofortigen Zwangsvollstreckung nach § 800 ZPO unterworfen.
Unter Bezug auf die Bewilligung vom 25.03.2021 eingetragen am 29.03.2021.
Bowoden   Wassmer</td></tr>
</table>

Aufgabe 2

Ausgangssituation

Die Novelo GmbH entwickelt und produziert Fahrräder für den Einzelhandel (Fachhandel). Das Sortiment des Unternehmens umfasst Rennräder, Mountainbikes ohne Akku und E-Bikes. Immer wieder drängen neue Anbieter und Fahrradtypen auf den Wachstumsmarkt „Fahrräder". Die Abteilung Marktforschung der Novelo GmbH hat aus diesem Grund eine Marktanalyse durchgeführt.

Sie arbeiten im Projektteam „Marktanalyse und Konsequenzen" bei der Novelo GmbH.

2.1 In einem ersten Schritt bereiten Sie die Ergebnisse der Marktanalyse für eine Besprechung mit der Geschäftsführung vor (**Anlage 1**).

- Veranschaulichen Sie die Ergebnisse der Marktanalyse in einer Vier-Felder-Matrix (Portfolio-Matrix).
- Analysieren Sie das aktuelle Produktportfolio der Novelo GmbH.

2.2 Die Geschäftsführung hat entschieden, das Gravelbike als vierten Fahrradtyp in das Sortiment der Novelo GmbH aufzunehmen.

- Begründen Sie anhand von zwei Argumenten, warum es für die strategische Ausrichtung der Novelo GmbH sinnvoll ist, das Gravelbike in das Sortiment aufzunehmen.
- Erklären Sie, in welchem Feld der Vier-Felder-Matrix sich das Gravelbike bei Aufnahme in das Sortiment der Novelo GmbH befinden wird (**Anlage 1**).
- Beschreiben Sie drei Probleme, die bei der Aufnahme des Gravelbikes in das Produktionsprogramm auftreten könnten.

2.3 Die Geschäftsleitung möchte die im Jahr 2023 geplanten kommunikationspolitischen Maßnahmen für das Gravelbike in Höhe von 2 Millionen EUR aus laufenden Gewinnen des Jahres 2023 finanzieren.

2.3.1 Durch eine Preiserhöhung beim Rennrad soll eine entsprechende Gewinnsteigerung erzielt werden (**Anlage 2**).

Prüfen Sie rechnerisch, ob dies möglich ist (**Anlage 3**).

2.3.2 Beschreiben Sie zwei mögliche kommunikationspolitische Maßnahmen, die das Gravelbike bei den Endkunden bekannt machen könnten.

2.4 Das Vertriebsgebiet Süddeutschland wird in Ost und West aufgeteilt. Die Geschäftsleitung fordert die Einstellung eines Handlungsreisenden für das Gebiet Süddeutschland Ost.

2.4.1 Begründen Sie anhand von zwei Aspekten, was für den Einsatz von Handlungsreisenden im Vergleich zu anderen Absatzmittlern bei der Novelo GmbH spricht.

2.4.2 Der sehr gut geeignete Bewerber, Herr Schmitt, unterbreitete im Vorstellungsgespräch mit der Personalleiterin, Frau Onur, seine Gehaltsvorstellungen **(Anlage 4)**.

Zunächst ist unklar, welcher Gehaltsvorschlag für die Novelo GmbH die kostengünstigere Alternative ist.

Prognostizierte Umsatzzahlen für das Einsatzgebiet von Herrn Schmitt im Jahr 2023:

Szenario 1: Umsatz 1.500.000,00 EUR
Szenario 2: Umsatz 2.000.000,00 EUR

- Ermitteln Sie den Umsatz, bei dem die Kosten für die beiden Gehaltsvorschläge gleich hoch sind.
- Berechnen Sie die voraussichtlichen Jahresgehälter von Herrn Schmitt für Szenario 1 und Szenario 2.
- Begründen Sie, warum der Gehaltsvorschlag 1 bei steigendem Umsatz die teurere Variante ist.

2.4.3 Erläutern Sie, inwiefern die Gehaltsvorschläge von Herrn Schmitt Einfluss auf die Höhe der Kosten bei der Novelo GmbH haben.

2.5 Aufgrund des wachsenden Anteils des Onlinehandels auf dem Fahrradmarkt überlegt die Geschäftsführung der Novelo GmbH, ob sie Electronic Commerce (E-Commerce) für private Endkunden einführt.

2.5.1 Erarbeiten Sie jeweils einen Vor- und einen Nachteil der Einführung von E-Commerce für die folgenden Anspruchsgruppen:

- Fachhändler
- private Endkunden
- Novelo GmbH

2.5.2 Unterbreiten Sie einen begründeten Vorschlag, ob Sie die Einführung von E-Commerce für private Endkunden befürworten oder nicht.

Anlage 1

Gesendet: Mittwoch, 7. September 2022 um 09:30 Uhr **Novelo GmbH**
Von: leonarda.greco-marktforschung@novelo.de
An: „Abteilungsleitung Marketing“ <marketing@novelo.de>
Betreff: Produktportfolio und Marktanalyse
Anhang: Umsatzzahlen Fahrradbranche, Zahlen zum Produktportfolio

Liebe Kolleginnen und Kollegen,

im Anhang erhalten Sie die ausgewerteten Daten unserer Marktanalyse. Außerdem die aktuellen Zahlen zu unserem Produktportfolio, die wir in Zusammenarbeit mit der Abteilung Controlling erstellt haben.

Freundliche Grüße

Leonarda Greco

Marktforschung Novelo GmbH

Anhang E-Mail
Umsatzzahlen der Fahrradbranche in Deutschland der Jahre 2020 und 2021 (Auszug):

Fahrräder	2020 Angaben in Mrd. Euro	2021 Angaben in Mrd. Euro
E-Bikes	2,40	3,12
Rennräder	1,20	1,32
Mountainbikes ohne Akku	0,96	1,00
Gravelbikes[1]	0,64	0,77
Kinderfahrräder	0,32	0,37
Lastenfahrräder	0,32	0,37
Sonstige (z. B. Klappräder)	0,40	0,44

Anhang E-Mail
Zahlen zum Produktportfolio der Novelo GmbH 2021:

Novelo GmbH	Umsätze der Novelo GmbH in Mio. Euro	Relativer Marktanteil im Vergleich zum größten Konkurrenten (geschätzt)
Rennräder	100	1,3
Mountainbikes ohne Akku	25	0,5
E-Bikes	175	1,5
gesamt	300	

[1] *Gravelbike: komfortables Fahrrad für schnelles Fahren auf der Straße und unbefestigten Wegen (kombiniert die Vorzüge eines Rennrads und eines Mountainbikes)*

Anlage 2

Gesendet:	Mittwoch, 14. September 2022 um 10:30 Uhr	**Novelo GmbH**
Von:	carlo.sisic-aussendienst@novelo.de	
An:	„Marketing“ <marketing@novelo.de>	
Betreff:	Rückmeldung Preise Rennradmodell Race 1000	

Liebe Kolleginnen und Kollegen,

in den letzten Monaten ist mir aufgefallen, dass die Fachhändler bei unserem umsatzstarken Rennradmodell „Race 1000“ gar nicht mehr versuchen, den Preis zu verhandeln. Das Modell scheint bei den Endkunden so beliebt zu sein, dass sie bereit sind, auch höhere Preise der Fachhändler zu akzeptieren. Bitte prüfen Sie die Möglichkeit einer Preiserhöhung. Die Fachhändler meinen, die Endkunden würden sicher bis zu 1.500,00 EUR brutto für das Rad bezahlen.

Vielen Dank!

Mit freundlichem Gruß

Carlo Sisic

Außendienst

Anlage 3: Interne Daten

Notizen: Daten zur möglichen Preiserhöhung (ab Januar 2023) **Novelo GmbH**
Rennradmodell „Race 1000“

Daten	Vor der Preiserhöhung	Nach der Preiserhöhung
Selbstkosten	564,75 EUR	564,75 EUR
Gewinn	112,95 EUR	267,42 EUR
Kundenskonto	2 %	2 %
Kundenrabatt	15 %	15 %
Listenverkaufspreis netto	813,56 EUR	999,00 EUR

Wir gehen von konstanten Absatzzahlen aus; auch nach der Preiserhöhung werden im Jahr 2023 15.000 Stück verkauft. Rabatt- und Skontosatz können nicht verändert werden (s. o.).

Anlage 4

Novelo GmbH	**Gesprächsnotiz** **26.10.2022**
Gesprächs-teilnehmende	*Personalleiterin: Frau Onur* *Bewerber: Herr Schmitt*
Anlass	*Vorstellungsgespräch mit Herrn Schmitt für die Stelle eines Handlungsreisenden im Gebiet „Süddeutschland Ost"*
Zusammenfassung	*Bewerber hat zwei Gehaltsvorschläge unterbreitet:* *Vorschlag 1: 2.000,00 EUR (monatliches Fixgehalt) und 2,0 % Umsatzprovision,* *Vorschlag 2: 3.500,00 EUR (monatliches Fixgehalt) und 1,0 % Umsatzprovision.* *Bewerber ist für die ausgeschriebene Stelle sehr gut geeignet und sollte nach Abklärung der Gehaltsforderung eingestellt werden.*
Schriftführer/-in:	*Frau Onur*

9 Prüfungsaufgaben Steuerung und Kontrolle Sommer 2023

Aufgabe 1

Ausgangssituation

Die SiTiRi GmbH ist ein junges, erfolgreiches Unternehmen in Bretten, das sich auf Fahrrad-Sonderanfertigungen (u. a. Liegefahrräder und Lastenfahrräder) spezialisiert hat. Darüber hinaus sind auch Mountainbikes, Trekkingfahrräder und E-Bikes im Produktionsprogramm. Nach Ihrer Ausbildung sind Sie als Industriekaufmann/Industriekauffrau in der Abteilung Rechnungswesen tätig.

1.1 Aufgrund zunehmender Konkurrenz befürchtet die Geschäftsleitung einen Gewinnrückgang. Daher soll die Kostensituation analysiert werden.

1.1.1 Sie werden gebeten die Gemeinkostenzuschlagssätze neu zu berechnen.

- Vervollständigen Sie dazu den bereits angefangenen Betriebsabrechnungsbogen (**Anlage 1**) und berücksichtigen Sie die Informationen aus Anlage 2.
- Berechnen Sie die Ist-Gemeinkostenzuschlagssätze auf eine Dezimale gerundet. Berücksichtigen Sie die Informationen aus **Anlage 1 und Anlage 2**.

1.1.2 Beim Vergleich der in 1.1.1 neu berechneten Gemeinkostenzuschlagssätze mit den bisherigen wurde im Materialbereich festgestellt, dass dieser Zuschlag erheblich gestiegen ist.

Begründen Sie, wodurch es zu dieser Abweichung zwischen Ist- und Normalgemeinkostenzuschlagssatz kommen kann.

1.2 Von der HeRi Fahrradgroßhandlung liegt eine Anfrage über 12 E-Bikes „Easy Rider“ vor.

Berechnen Sie unter Berücksichtigung von **Anlage 3** den Listenverkaufspreis für ein Rad „Easy Rider“.

Hinweis: Sollten Sie in der Aufgabe 1.1.1 zu keiner Lösung gelangt sein, verwenden Sie folgende Ist-Gemeinkostenzuschlagssätze: Material: 20 %, Fertigung I: 110 %, Verwaltung: 6 %, Vertrieb: 7 %.

1.3 Die HeRi Fahrradgroßhandlung hat unser Angebot aus Aufgabenteil 1.2 abgelehnt, weil die Konkurrenz ein vergleichbares Fahrrad günstiger anbietet.

Die Geschäftsleitung vermutet, dass die kalkulierten Gemeinkosten nicht den tatsächlich angefallenen Gemeinkosten entsprechen. Daher überlegt sie, in Zukunft die Prozesskostenrechnung anzuwenden.

1.3.1 Sie werden beauftragt, exemplarisch für die Kostenstelle Material die Prozesskostenrechnung einzuführen.

Berechnen Sie den Hauptprozesskostensatz für den Prozess „Material bestellen“ (**Anlage 4**).

1.3.2 Die Geschäftsleitung bittet Sie, die Anfrage der HeRi Fahrradgroßhandlung über 12 E-Bikes „Easy Rider" noch einmal auf Basis der Prozesskostenrechnung zu kalkulieren.
- Ermitteln Sie die Herstellkosten für 12 E-Bikes unter Verwendung der **Anlagen 3, 4 und 5**.
- Vergleichen Sie Ihr Kalkulationsergebnis mit dem Ergebnis aus Aufgabe 1.2.
- Begründen Sie, weshalb die Prozesskostenrechnung zu einem anderen Ergebnis kommt als die Vollkostenrechnung.
- Nennen Sie einen Grund, der gegen die Einführung der Prozesskostenrechnung spricht.

Hinweis: Wurde in der Aufgabe 1.3.1 kein Ergebnis bestimmt, kalkulieren Sie mit einem Hauptprozesskostensatz von 240 EUR.

1.4 Da es sich bei der HeRi Fahrradgroßhandlung um einen besonders wichtigen Kunden handelt, will die Geschäftsleitung diesen Kunden mit einem einmaligen, individuellen Sonderangebot über 140 Stück des E-Bike „Easy Rider" auf Basis der Teilkostenrechnung überzeugen.

Ermitteln Sie mit Hilfe der **Anlage 3** den Verkaufspreis, den die SiTiRi mindestens für ein E-Bike „Easy Rider" verlangen muss, ohne Verlust zu erwirtschaften.

1.5 Die Geschäftsleitung überlegt, andere Großhändler mit einem Rahmenvertrag an sich zu binden. Dazu soll eine Werbemaßnahme zum E-Bike „Easy Rider" durchgeführt werden. Die Marketingabteilung prognostiziert, dass dadurch 370 Fahrräder zusätzlich abgesetzt werden können.

Berechnen Sie zu welchem Preis das E-Bike mindestens angeboten werden muss, damit die Kosten der Werbemaßnahme in Höhe von 1.036.000 EUR gedeckt sind.

Aufgabe 2

Ausgangssituation

Sie arbeiten als Sachbearbeiter/-in der Abteilung Rechnungswesen. Sie sind für die Vorbereitungen des kommenden Jahresabschlusses zuständig und haben folgende Aufträge zu erledigen. Die Geschäftsleitung möchte aus Imagegründen einen möglichst hohen Gewinn ausweisen.

Das Geschäftsjahr endet zum 30.06.2023.

2.1 Die SiTiRi GmbH verwendet für die Herstellung ihrer Mountainbikes, Trekkingfahrräder und E-Bikes Aluminiumrohre und erhält eine neue Lieferung.

2.1.1 Erstellen Sie den Buchungssatz für die vorliegende Rechnung (**Anlage 6**).

2.1.2 Erstellen Sie den Buchungssatz für die Überweisung der Rechnung am 25.04.2023.

2.1.3 Zum Jahresabschluss muss der Wertansatz für die noch im Lager verbliebenen Aluminiumrohre ermittelt werden. Am 30. Juni wird der Marktpreis für Aluminium gemäß der aktuellen Preisliste voraussichtlich 9,10 EUR/m betragen.
- Aktualisieren Sie den Zugang der Aluminiumrohre in der Lagerkarte (**Anlagen 6 und 7**). Weitere Zugänge sind bis zum 30. Juni nicht vorgesehen.
- Ermitteln Sie die durchschnittlichen Anschaffungskosten der Aluminiumrohre anhand des gewogenen Durchschnittsverfahrens (**Anlage 7**).
- Begründen Sie, zu welchem Wert Sie die Aluminiumrohre in der Bilanz ansetzen.

2.2 Die SiTiRi GmbH hat 20 Liegefahrräder auf Lager.

- Ermitteln Sie den Bilanzansatz der 20 Liegefahrräder (**Anlagen 8 und 9**).
- Begränden Sie lhre Bewertungsentscheidung.

2.3 Die SiTiRi GmbH hat am 25. Februar Lastenfahrräder an einen Großkunden im Wert von 29.750,00 EUR einschließlich 19 % Umsatzsteuer auf Ziel geliefert. Am 26. April erfährt die Geschäftsleitung, dass das Amtsgericht den Antrag des Kunden auf Eröffnung des Insolvenzverfahrens mangels Masse abgelehnt hat.

2.3.1 Erstellen Sie den erforderlichen Buchungssatz am 26. April.

2.3.2 Begründen Sie, welche Auswirkung der Voragang auf das Unternehmensergebnis der SiTiRi GmbH hat.

2.4 Die SiTiRi GmbH hat einen Wasserschaden in der Lagerhalle. Es liegt ein Kostenvoranschlag für die Renovierung über 14.280,00 EUR netto vor. Der angefragte Bauunternehmer hat die Sanierung für den Juli 2023 zugesagt.

- Erstellen Sie den Buchungssatz zum Geschäftsjahresende.
- Begründen Sie die Notwendigkeit der Buchung aus Sicht des Handelsrechts.

2.5 Die SiTiRi GmbH importierte am 17. Oktober 2022 Fertigteile aus Großbritannien im Wert von 280.500 GBP. Als Zahlungsziel wurde der 12. Juli 2023 vereinbart.

Beim Kauf lag der Devisenkassamittelkurs bei 0,878 GBP/EUR. Am Bilanzstichtag wird der Wert voraussichtlich bei 0,869 GBP/EUR liegen.

Begründen Sie, mit weichem Wert die Verbindlichkeit am Geschäftsjahresende zu bilanzieren ist.

Anlage 1

Betriebsabrechnungsbogen für die Monate Januar, Februar, März der SiTiRi GmbH – alle Angaben in EUR

	Allgemeine Hilfskos-tenstelle Kantine	Material	Fertigungshilfs-kostenstelle Arbeitsvorbereitung	Fertigung I	Fertigung II	Verwaltung	Vertrieb
Summe Gemeinkosten vor Umlage	42.000,00	70.680,00	30.000,00	429.600,00	339.000,00	106.800,00	132.082,00
Umlage Kantine							
Zwischensumme							
Umlage Arbeitsvor-bereitung							
Zwischensumme							

Anlage 2

Informationen aus dem internes Rechnungswesen der SiTiRi GmbH

Umlage Kantine:	1:1:2:3:2:3	
Umlage Arbeitsvorbereitung:	2:3	
Einzelkosten:	Fertigungsmaterial	358.400,00 EUR
	Fertigungslöhne I	375.000,00 EUR
	Fertigungslöhne II	280.000,00 EUR
	Sondereinzelkosten der Fertigung	22.000,00 EUR
Unfertige Erzeugnisse:	AB 192.000,00 EUR	
	EB 168.000,00 EUR	

Zuschlagsgrundlage für die Verwaltungsgemeinkosten: Herstellkosten der Rechnungsperiode
Zuschlagsgrundlage für die Vertriebsgemeinkosten: Herstellkosten des Umsatzes

Anlage 3

Internes Rechnungswesen der SiTiRi GmbH – Kalkulationsdaten für das Modell „Easy Rider"

Die Produktion erfolgt ausschließlich in Fertigungsstelle I.

Einzelkosten:	Verbrauch von Fertigungsmaterial	1.600 EUR
	Fertigungslöhne (Fertigung I)	250 EUR
	Sondereinzelkosten der Fertigung:	42 EUR

Variable Anteile an den Gemeinkosten je Stück: 384,96 EUR
Fixe Anteile an den Gemeinkosten je Stück: 278,31 EUR

Kundenskonto:	2 %
Kundenrabatt:	3 %
Gewinnzuschlag:	16 %

Anlage 4

Schema zur Ermittlung des Hauptkostensatzes „Material beschaffen“

Teilprozess	Kostentreiber	Teilprozess-menge	Teilprozess-kosten (Imi) in EUR	Teilprozess-kosten (Imn) in EUR	Teilprozess-kostensatz (Imi) in EUR	Teilprozess-kostensatz (Imn) in EUR	Prozesskosten-satz in EUR
Angebote einholen	**Angebote**	400	32.000,00				
Bestellung durchführen	**Bestellungen**	250	5.000,00				
Prüfung der Ware	**Anzahl der Kontrollen**	280	14.000,00				
Ware einlagern	**Anzahl der Einlagerungen**	200	11.000,00				
Abteilung leiten				8.680,00			
Summe							

Anlage 5

Bereich	Hauptprozess	Anzahl der Hauptprozesse je Auftrag bei einer Menge von		
		1 – 6 Stück	7 – 12 Stück	13 – 80 Stück
Material	Material beschaffen	1	2	3

Anlage 6

Metallfabrik KaBa GmbH

Metallfabrik KaBa GmbH – Postfach 12 58 39 – 70178 Stuttgart

SiTiRi GmbH
Industriestraße 20
75015 Bretten

Ihr Zeichen: St
Ihre Nachricht vom: 09.04.23
Unser Zeichen: Wa
Unsere Nachricht vom: 12.04.23

Name: Herr Wagner
Telefon: 0711 99123-0
Telefax: 0711 99123-20
E-Mail: peter.wagner@metall-kaba.de
Datum: 18.04.2023

Rechnung Nr. 25488-2023

Sehr geehrte Frau Stein,

Vielen Dank für Ihren Auftrag!

Hiermit stellen wir Ihnen die am 18.04.2023 gelieferten Aluminiumrohre in Rechnung.

Artikel-Nr.	**Bezeichnung**	**Menge**	**Einzelpreis**	**Betrag**
143582	Aluminiumrohre 100 cm x 4 cm	600	9,34 EUR	5.604,00 EUR
	Transportkosten			200,00 EUR
			Nettowert	5.804,00 EUR
			+ 19 % USt	1.102,76 EUR
			Rechnungsbetrag	**6.906,76 EUR**

Zahlungsvereinbarungen: 10 Tage 2 % Skonto auf den Warenwert; 30 Tage ohne Abzug

Mit freundlichen GruRen

Peter Wagner

Hausanschrift:	Kommunikationsdaten:	Geschäftsführer/-in:	Gerichtsstand Stuttgart	Bankverbindung:
Metallfabrik KaBa GmbH	Telefon: 0711 99123-0	Martin Wenzel	HRB 3380 Stuttgart	Stuttgarter Vereinsbank
Hallbrunner Str. 172	Telefax: 0711 99123-20	Tanja Schneider	Steuer-Nr.: 1430671722	IBAN DE89 3704 0044 0532 0130 00
70178 Stuttgart	E-Mail: service@metall-kaba.de		USt.-IdNr.: DE 183631402	SWIFT-Code 1122 49 22 123

Anlage 7

Lagerkarte Aluminiumrohre				
	Datum	Menge in m		Anschaffungskosten je m
Anfangsbestand	01.07.2022	500		9,50 EUR
Zugang	02.09.2022	800		9,20 EUR
Entnahme	05.10.2022		1.000	
Zugang	18.11.2022	1.100		8,80 EUR
Zugang	14.01.2023	400		9,00 EUR
Entnahme	24.03.2023		900	
Zugang				
Endbestand	30.06.2023			

Anlage 8

Informationen aus dem Controlling zu 20 Liegefahrrädern „Speedy"

Einzelkosten:	
Fertigungsmaterial	20.000 EUR
Fertigungslöhne	8.800 EUR
Werteverzehr des Anlagevermögens	1.400 EUR
Gemeinkosten:	
Angemessene Teile der Materialgemeinkosten	2.000 EUR
Angemessene Teile der Fertigungsgemeinkosten	6.000 EUR
Angemessene Teile der Kosten der allgemeinen Verwaltung	1.800 EUR
Aufwendungen für die betriebliche Altersversorgung	900 EUR
Vertriebsgemeinkosten	650 EUR
Forschungskosten	320 EUR

Anlage 9: Auszug aus dem Handelsgesetzbuch (HGB)

§ 255 HGB Bewertungsgrundsätze

(1) Anschaffungskosten sind die Aufwendungen, die geleistet werden, um einen Vermögensgegenstand zu erwerben und ihn in einen betriebsbereiten Zustand zu versetzen, soweit sie dem Vermögensgegenstand einzeln zugeordnet werden können. Zu den Anschaffungskosten gehören auch die Nebenkosten sowie die nachträglichen Anschaffungskosten. Anschaffungspreisminderungen, die dem Vermögensgegenstand einzeln zugeordnet werden können, sind abzusetzen.

(2) Herstellungskosten sind die Aufwendungen, die durch den Verbrauch von Gütern und die Inanspruchnahme von Diensten für die Herstellung eines Vermögensgegenstandes, seine Erweiterung oder für eine über seinen ursprünglichen Zustand hinausgehende wesentliche Verbesserung entstehen. Dazu gehören die Materialkosten, die Fertigungskosten und die Sonderkosten der Fertigung sowie angemessene Teile der Materialgemeinkosten, der Fertigungsgemeinkosten und des Werteverzehrs des Anlagevermögens, soweit dieser durch die Fertigung veranlasst ist. Bei der Berechnung der Herstellungskosten dürfen angemessene Teile der Kosten der allgemeinen Verwaltung sowie angemessene Aufwendungen für soziale Einrichtungen des Betriebs, für freiwillige soziale Leistungen und für die betriebliche Altersversorgung einbezogen werden, soweit diese auf den Zeitraum der Herstellung entfallen. Forschungs- und Vertriebskosten dürfen nicht einbezogen werden.

(2a) Herstellungskosten eines selbst geschaffenen immateriellen Vermögensgegenstands des Anlagevermögens sind die bei dessen Entwicklung anfallenden Aufwendungen nach Absatz 2. Entwicklung ist die Anwendung von Forschungsergebnissen oder von anderem Wissen für die Neuentwicklung von Gütern oder Verfahren oder die Weiterentwicklung von Gütern oder Verfahren mittels wesentlicher Änderungen. Forschung ist die eigenständige und planmäßige Suche nach neuen wissenschaftlichen oder technischen Erkenntnissen oder Erfahrungen allgemeiner Art, über deren technische Verwertbarkeit und wirtschaftliche Erfolgsaussichten grundsätzlich keine Aussagen gemacht werden können. Können Forschung und Entwicklung nicht verlässlich voneinander unterschieden werden, ist eine Aktivierung ausgeschlossen.

(3) Zinsen für Fremdkapital gehören nicht zu den Herstellungskosten. Zinsen für Fremdkapital, das zur Finanzierung der Herstellung eines Vermögensgegenstandes verwendet wird, dürfen angesetzt werden, soweit sie auf den Zeitraum der Herstellung entfallen; in diesem Falle gelten sie als Herstellungskosten des Vermögengegenstandes.

(4) Der beizulegende Zeitwert entspricht dem Marktpreis. Soweit kein aktiver Markt besteht, anhand dessen sich der Marktpreis ermitteln lässt, ist der beizulegende Zeitwert mit Hilfe allgemein anerkannter Bewertungsmethoden zu bestimmen. Lässt sich der beizulegende Zeitwert weder nach Satz 1 noch nach Satz 2 ermitteln, sind die Anschaffungs- oder Herstellungskosten gemäß § 253 Abs. 4 fortzuführen. Der zuletzt nach Satz 1 oder 2 ermittelte beizulegende Zeitwert gilt als Anschaffungs- oder Herstellungskosten im Sinn des Satzes 3.

10 Prüfungsaufgaben Betriebswirtschaft – Geschäftsprozesse Sommer 2023

Aufgabe 1: Leistungserstellungsprozesse planen, steuern und kontrollieren

Ausgangssituation

Die Outdoor Family & Fun GmbH ist ein mittelständisches Unternehmen aus Königsbach-Stein nahe Pforzheim mit rund 200 Beschäftigten.
Das Produktionsprogramm umfasst hochwertige Spielplatzgeräte wie Spielhäuser und ähnliches sowohl für den Einzelhandel als such für öffentliche Spielplätze. Das Unternehmen legt sehr großen Wert auf eine hohe Qualität und Sicherheit seiner Produkte.

Es wird an 5 Tagen (Montag — Freitag) in Werkstättenfertigung produziert.

Sie sind Sachbearbeiter/Sachbearbeiterin in der Produktionsplanung.

1.1 Aufgrund des 100-jährigen Bestehens des Unternehmens soll das traditionelle Kinderspielhaus „Holzzauber“ einen Relaunch erhalten und heißt zukünftig „MagicWood“. Die Abteilung Produktentwicklung hat das bestehende Design überarbeitet. Die Baugruppe „Balkenkonstruktion“ (Art.-Nr. 501-080) wurde in der eigenen Fertigung mit aufwendigen, modernen Schnitzereien aufgewertet (Balkenkonstruktion mit Schnitzereien Art.-Nr. 501-040).

1.1.1 Die Abteilung Einkauf bittet um Informationen bezüglich der Beschaffung der benötigten Teile.

Erstellen Sie mithilfe der Erzeugnisstruktur (**Anlage 1**) eine Mengenübersichtsstückliste.

1.1.2 Die Geschäftsführerin, Frau Ohmer, plant eine erste Ausbringungsmenge von 250 Stück.
- Führen Sie eine Brutto- und Nettobedarfsrechnung für alle Baugruppen und Einzelteile durch (**Anlage 1**). Nutzen Sie für weitere Information die Anlage 2.
- Notieren Sie die zu beschaffenden Werkstoffe mit den jeweiligen Mengenangaben zur Weiterleitung an die Abteilung Einkauf.

1.1.3 Beschreiben Sie 2 Auswirkungen, die die Veränderung der Baugruppe „Balkenkonstruktion mit Schnitzereien“ auf die Produktionsplanung hat.

1.1.4 Erklären Sie, welchen Vorteil die Werkstättenfertigung gegenübe einer Fließfertigung hat, wenn Veränderungen an der Balkenkonstruktion vorgenommen werden.

1.2 Neben den Spielhäusern produziert das Unternehmen Matschtische.
Die Stadtverwaltung Pforzheim hat im Rahmen der Stadterneuerung geplant, die Spielplätze im Stadtgebiet zu modernisieren und hat 100 Matschtische bestellt.

1.2.1 Von der Stadtverwaltung Pforzheim wurde als Liefertermin der 01.06.2023 vorgegeben.
- Prüfen Sie, anhand einer grafischen Darstellung, ob der gewünschte Liefertermin eingehalten werden kann. Berücksichtigen Sie die **Anlagen 3 und 4**.
- Verfassen Sie eine E-Mail an Ihren Vorgesetzten ab der Betreff-Zeile, in der Sie über Ihr Ergebnis informieren.

1.2.2 Die Auslieferung der 100 Matschtische wird termingerecht erfolgen.

Ihnen liegen 2 weitere Aufträge vor:
- Auftrag Baumarkt Miluan KG: 30 Matschtische, Liefertermin: 06.06.2023
- Auftrag Geiger Spielbedarf GmbH: 25 Matschtische, Liefertermin 22.06.2023

Die Controllingabteilung übermittelt Ihnen folgende Daten:
- Verkaufspreis je Matschtisch: 180 EUR
- Lagerhaltungskostensatz: 10 % p. a.
- Rüstkosten: 50 EUR

Hinweis: Freie Kapäzitaten sind vorhanden.

- Ermitteln Sie die Gesamtkosten für die 2 Alternativen:
  - Bündelung der 3 Aufträge zu einem Los
  - Alle Aufträge werden einzeln gefertigt.

  Berücksichtigen Sie die **Anlagen 3 und 4**.
- Berechnen Sie die Kosteneinsparung in Prozent.

1.3 Die gestiegenen Rohstoffpreise führen zu einem zunehmenden Preisdruck auf dem Markt. Die Geschäftsführerin Sandra Ohmer möchte die strategische Ausrichtung des Unternehmens überdenken und sich künftig auf weniger Produkte in der Herstellung konzentrieren.

Frau Ohmer beauftragt Sie zu prüfen, ob bei dem Produkt Klettergerüst ein Fremdbezug kostengünstiger ist.

1.3.1 Ihnen liegen folgende Daten vor:
Eigenfertigung

- fixe Kosten: 40.000 EUR
- variable Stückkosten: 475 EUR
- Verkaufspreis (netto): 800 EUR

Absatzzahlen

2021	2022	Prognose für 2023	Prognose für 2024
290 Stück	270 Stück	295 Stück	310 Stück

Der Lieferant bietet uns das Klettergerüst zu 680 EUR (netto) an. Zudem gewährt er uns einen Rabatt in Höhe von 10 % und einen Skontoabzug von 2,5 % bei Zahlung innerhalb von 10 Tagen.

Beurteilen Sie anhand der Daten das Vorhaben von Frau Ohmer.

1.3.2 Frau Ohmer besteht darauf, den Fremdbezug auszuweiten.

- Beschreiben Sie 3 mögliche Risiken, die bei einem Fremdbezug bestehen.
- Formulieren Sie je eine Maßnahme, wie man das jeweilige Risiko minimieren könnte.

Anlage 1: Erzeugnisstruktur Spielhaus MagicWood

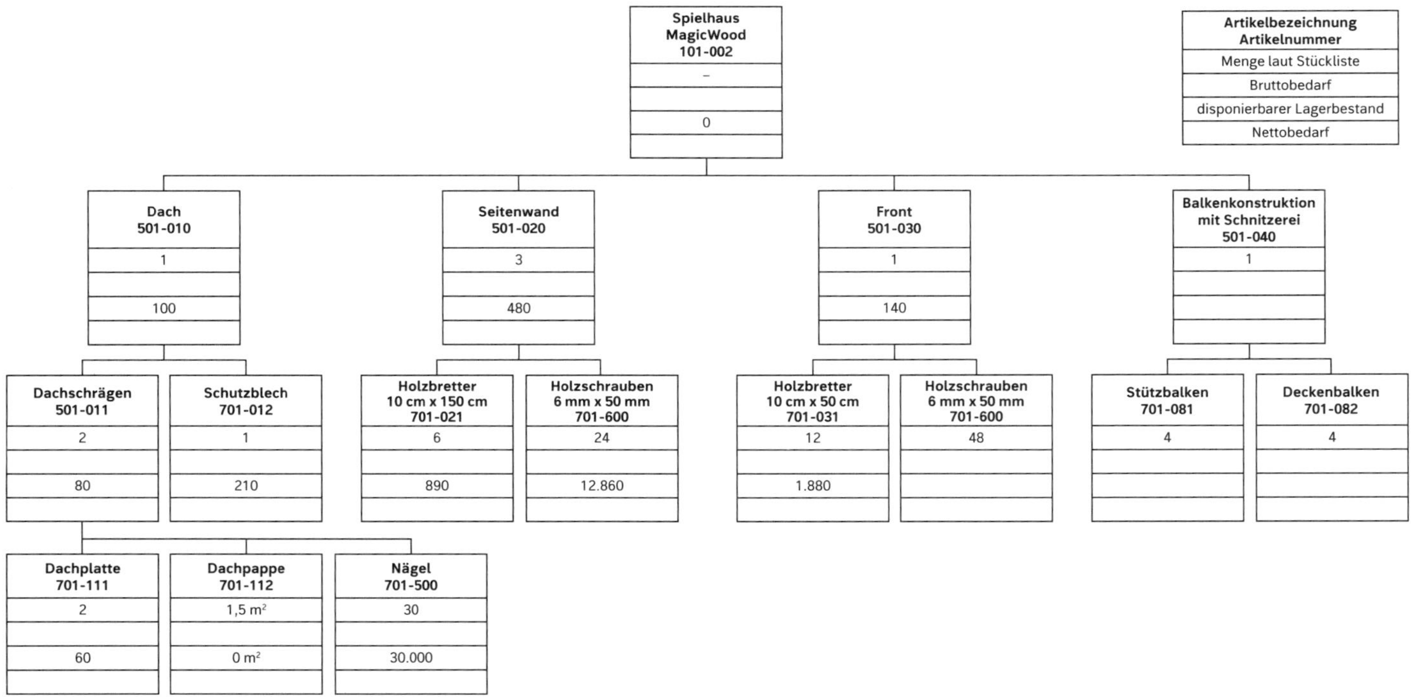

Anlage 2

Artikelkarte

Artikelbezeichnung	Balkenkonstruktion mit Schnitzerei		
Artikelnummer	501 - 040		
Lagernummer	Lager A	Lagerplatz	1001/22 - 1
Einheit	Stück		
Effektiver Lagerbestand	10	Sicherheitsbestand	10
Bestellbestand	0	Reservierter Bestand	0

Artikelkarte

Artikelbezeichnung	Stützbalken		
Artikelnummer	701 - 081		
Lagernummer	Lager A	Lagerplatz	1051/22 - 6
Einheit	Stück		
Effektiver Lagerbestand	12	Sicherheitsbestand	4
Bestellbestand	0	Reservierter Bestand	0

Artikelkarte

Artikelbezeichnung	Deckenbalken		
Artikelnummer	701 - 082		
Lagernummer	Lager B	Lagerplatz	2301/90 - 5
Einheit	Stück		
Effektiver Lagerbestand	12	Sicherheitsbestand	4
Bestellbestand	0	Reservierter Bestand	0

Anlage 3: E-Mail

An ...	produktionsplanung@outdoorfamilyandfun.com	11.05.2023 - 8:23 Uhr
Cc ...		
Bcc ...		
Betreff:	Prüfung Liefertermin Stadtverwaltung Pforzheim - Auftrags-Nr. 711-4	
Anhang:		

Sehr geehrter Mitarbeiter,
sehr geehrte Mitarbeiterin,

unserem Vertriebsleiter, Herr Hirschmann, liegt eine Bestellung der Stadt Pforzheim über 100 Matschtische vor.

Nach Rücksprache mit den zuständigen Abteilungsleitern habe ich die benötigten Zeiten für die erforderlichen Arbeitsgänge zusammengetragen:
- Materialbeschaffung Rohstoffe: 8 Arbeitstage
- Materialbeschaffung Hilfsstoffe: 6 Arbeitstage
- Durchlaufzeit: 6 Arbeitstage
- Qualitätskontrolle: 1 Arbeitstag
- Versand: 1 Arbeitstag

Bitte prüfen Sie, ob der gewünschte Liefertermin am 01.06.2023 eingehalten werden kann.

Freundliche Grüße

Outdoor Family & Fun GmbH

Michael Schulze
Abteilungsleiter Produktionsplanung

Telefon: +49 7232 6543-00
Telefax: +49 7232 6543-10
E-Mail: michael.schulze@outdoorfamilyandfun.de
Internet: www.outdoorfamilyandfun.de

Postanschrift: Postfach 10 04 53, 75203 Königsbach-Stein
Sitz/Hausanschrift: Steingässle 7, 75203 Königsbach-Stein
Geschäftsführerin: Sandra Ohmer
Handelsregister: HRB 564298 beim Amtsgericht Pforzheim

Anlage 4: Kalenderauszug

Mai 2023						
Mo	Di	Mi	Do	Fr	Sa	So
01	02	03	04	05	06	07
08	09	10	11	12	13	14
15	16	17	18	19	20	21
22	23	24	25	26	27	28
29	30	31				

Juni 2023						
Mo	Di	Mi	Do	Fr	Sa	So
			01	02	03	04
05	06	07	08	09	10	11
12	13	14	15	16	17	18
19	20	21	22	23	24	25
26	27	28	29	30		

Aufgabe 2: Investition und Finanzierung

Ausgangssituation

Das mittelständische Unternehmen AluSchuck KG aus Heilbronn stellt hochwertige und langlebige Trinkflaschen aus Aluminium her.

Die AluSchuck KG lässt die Flaschen aktuell in China produzieren und per Containerschiff nach Deutschland transportieren. Aufgrund von globalen Lieferengpässen konnte die AluSchuck KG viele Kundenaufträge nicht planmäßig erfüllen. Die Unternehmensleitung hat daraufhin entschieden, dass im September 2023 eine Fließ-Press-Maschine zur Produktion der Alutrinkflaschen angeschafft werden soll. Diese Investition beläuft sich auf 480.000 EUR netto.

Sie sind Mitarbeiter/Mitarbeiterin in der Abteilung Controlling & Finanzen und sollen die notwendigen Finanzierungsentscheidungen vorbereiten.

2.1 Beschreiben Sie jeweils 2 Chancen und Risiken, die mit der Rückverlagerung der Produktion von China nach Deutschland verbunden sind.

2.2 Als erstes müssen die finanziellen Möglichkeiten der AluSchuck KG betrachtet werden.

Prüfen Sie in übersichtlicher Form, ob die liquiden Mittel der AluSchuck KG Ende August 2023 für die Anschaffung der Fließ-Press-Maschine ausreichen (**Anlage 1**).

2.3 Zur Finanzierung der neuen Maschine wurden Kreditangebote bei der V-Bank Heilbronn und der D-Bank Stuttgart eingeholt. Die wichtigsten Informationen hat eine Kollegin aus dem Projektteam für Sie zusammengefasst (**Anlage 2**).

2.3.1 Sie befassen sich zuerst mit den verlangten Kreditsicherheiten.

- Prüfen Sie, ob die AluSchuck KG die geforderte Kreditsicherheit erbringen kann (**Anlage 3**).
- Beschreiben Sie die Entstehung und die rechtlichen Auswirkungen einer Sicherungsübereignung

2.3.2 Im Anschluss beschöftigen Sie sich mit der Liquiditätsbelastung.

- Erstellen Sie in **Anlage 4** die Tilgungspläne fiir die beiden Kreditangebote.
- Begründen Sie, welches Kreditangebot Sie auf Basis der Liquiditätsbelastung empfehlen.

2.3.3 Die Komplementäre möchten zusätzlich die Kreditkosten in ihre Entscheidung einbeziehen.

Vergleichen Sie hierzu die effektiven Jahreszinssätze der beiden Kreditangebote (**Anlage 2**).

2.4 Da das Zinsniveau aktuell eher hoch ist, sollen alternative Finanzierungsformen geprüft werden, bevor der Kreditvertrag abgeschlossen wird. Ziel der Überprüfung soll sein, die Kredithöhe und die damit verbundenen Kreditkosten zu reduzieren.

2.4.1 Der Komplementär Herr Buchmann schlägt vor, die Aktien der „Fritz Aluminium AG“ zu verkaufen.

- Ermitteln Sie, wie viel Euro Zinsen beim Darlehen der Kredit D-Bank Stuttgart gespart werden könnten, wenn die Aktien jetzt verkauft werden (**Anlage 5**).
- Diskutieren Sie den Verkauf der Aktien.
- Beschreiben Sie die hier vorliegende Finanzierungsart.

2.4.2 Friedrich Bauke, ein ehemaliger Kollege von Herrn Schuck, ist vom Erfolg des Vorhabens der AluSchuck KG überzeugt und möchte sich mit 500.000 EUR an dem Unternehmen beteiligen.
Die bisherigen Komplementäre Schuck und Buchmann sind jedoch nicht bereit, ihn als Komplementär aufzunehmen. Sie bieten Herrn Bauke nur eine Beteiligung als Kommanditist an.

- Beschreiben Sie 2 Gründe, die die Komplementäre zu dieser Entscheidung bewogen haben.
- Belegen Sie rechnerisch anhand einer Kennzahl, dass sich die Kapitalstruktur durch die Beteiligung von Herrn Bauke verbessert (**Anlage 3**).

2.4.3 Beschreiben Sie 2 Vorteile einer Beteiligungsfinanzierung gegenüber einer langfristigen Fremdfinanzierung (Darlehen).

2.5 Für die Zukunft ist geplant, die nächste Maschine über Abschreibungsrückflüsse zu finanzieren.

2.5.1 Beschreiben Sie die Wirkungsweise der Finanzierung aus Abschreibungsrückflüssen.

2.5.2 Erklären Sie, weshalb es riskant ist, wenn die Komplementäre der AluSchuck KG ausschließlich auf die Finanzierung aus Abschreibungsrückflüssen setzen.

Anlage 1: Informationen aus der Buchhaltung

Buchhaltung	
Datum:	10. April 2023
Betreff:	Liquiditätsprüfung Investition Fließ-Press-Maschine

Plandaten für Finanzplanung bis Ende August 2023:
- Der aktuelle Kassenbestand beträgt 35.000 EUR.
- Das aktuelle Bankguthaben beträgt 85.000 EUR.
- Bis Ende August werden laut Rahmenvertrag noch Rohstoffe im Wert von 850.000 EUR eingekauft. Die Lieferanten gewähren uns durchschnittlich 3 % Skonto.
- Es werden Einnahmen aus dem Verkauf von Erzeugnissen in Höhe von 1.920.000 EUR erwartet.
- Zukünftig wird von einer jährlichen Steigerung von 15 % ausgegangen.
- Es werden noch Gehaltszahlungen in Höhe von 830.000 EUR fällig.
- Es bestehen Zins- und Tilgungsverpflichtungen in Höhe von 105.000 EUR.
- Weitere Einzahlungen fallen voraussichtlich in Höhe von 212.000 EUR an.
- Die weiteren auszahlungswirksamen Aufwendungen belaufen sich auf 490.000 EUR.

Anlage 2: Kreditangebote

An:	controlling@aluschuck.de
Betreff:	Kreditangebote der Banken

Hallo liebe Mitarbeiterin, hallo lieber Mitarbeiter,

anbei sende ich Ihnen die Zusammenfassung der zwei Angebote unserer Partner-Banken für die Finanzierung der Fließ-Press-Maschine in Höhe von 480.000 EUR netto zu:

V-Bank Heilbronn:

Zinssatz (nominal): 5,5 % p. a.
- Laufzeit: 3 Jahre
- Für Zins und Tilgung fällt jährlich ein Gesamtbetrag in Höhe von 177.913,96 EUR an.

D-Bank Stuttgart:
- Zinssatz (nominal): 4 % p. a., Disagio: 5 %
- Laufzeit: 3 Jahre
- Die Tilgung erfolgt komplett am Ende der Laufzeit.

Beide Banken fordern, dass der volle Kreditbetrag durch eine Sicherungsübereignung abgesichert wird. Die Banken rechnen mit einem Beleihungssatz von 50 % der Anschaffungskosten der Maschine bzw. 50 % des Bilanzwertes.

Far Sie zur Information:
Es wurden bereits Maschinen im Wert von 90.000 EUR sicherungsübereignet. Der Fuhrpark sowie die Betriebs- und Geschäftsausstattung stehen für eine Sicherungsübereignung nicht zur Verfügung.

Mit freundlichen Grullen

Frau Both

Anlage 3: Bilanz der AluSchuck KG

Bilanzauszug

der AluSchuck KG vom 30.04.2023

Aktiva		**Passiva**	
Anlagevermögen		**Eigenkapital**	
Grundstücke und Gebäude	1.800.000 EUR	Komplementär Schuck	1.500.000 EUR
Maschinen	700.000 EUR	Komplementär Buchmann	1.200.000 EUR
Fuhrpark	350.000 EUR	Kommanditist Leidig	400.000 EUR
BGA	220.000 EUR		
Finanzanlagen		**Fremdkapital**	
Aktien	150.000 EUR	Verb. ggü. KI	600.000 EUR
		Verb. aus Lieferung und Leistung	300.000 EUR
Umlaufvermögen			
Vorräte	500.000 EUR		
Ford. aus Lieferung und Leistung	150.000 EUR		
Bank	80.000 EUR		
Kasse	50.000 EUR		
	4.000.000 EUR		4.000.000 EUR

Anlage 4: Tilgungspläne der Kreditangebote

Darlehen V-Bank Heilbronn				
Jahr	(Rest-)Kreditbetrag	Zinsen	Tilgung	Liquiditätsbelastung
1				
2				
3				
Summe				

Darlehen D-Bank Stuttgart				
Jahr	(Rest-)Kreditbetrag	Zinsen	Tilgung	Liquiditätsbelastung
1				
2				
3				
Summe				

Anlage 5: Chart

Kursverlauf der Aktie der Fritz Aluminium AG von Ende 2018 bis Anfang Mai 2023
Kauf von 1 000 Aktien der Fritz Aluminium AG im Januar 2019 zu einem Preis von 95 EUR/Aktie

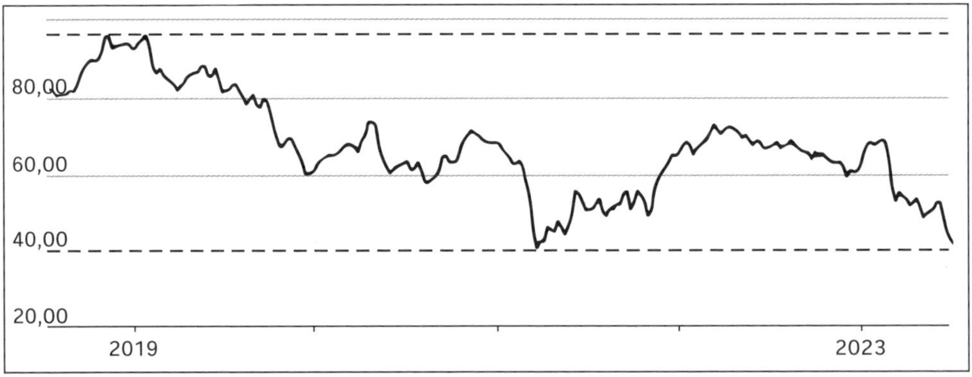

Bildquellenverzeichnis

Microsoft Deutschland GmbH, München: 252.1.
OKS Group, Delhi: 10.1, 10.2, 11.1, 11.2, 14.1, 17.1, 18.1, 21.1, 23.1, 26.1, 27.1, 29.1, 30.1, 31.1, 32.1, 33.1, 34.1, 36.1, 37.1, 38.1, 43.1, 44.1, 45.1, 48.1, 48.2, 48.3, 48.4, 49.1, 50.1, 56.1, 60.1, 64.1, 65.1, 66.1, 69.1, 70.1, 70.2, 71.1, 72.1, 73.1, 74.1, 75.1, 76.1, 77.1, 77.2, 78.2, 79.1, 80.1, 80.2, 81.1, 82.1, 85.1, 89.1, 90.1, 94.1, 95.1, 96.1, 98.1, 100.1, 103.1, 103.2, 107.1, 108.1, 113.1, 114.1, 115.1, 121.1, 123.1, 126.1, 128.1, 134.1, 140.1, 154.1, 156.1, 156.2, 162.1, 164.1, 165.1, 165.2, 166.1, 167.1, 167.2, 168.1, 169.1, 170.1, 171.1, 178.1, 179.1, 180.2, 185.1, 187.1, 188.1, 191.1, 197.1, 197.2, 198.1, 198.2, 199.1, 202.1, 203.1, 208.1, 212.1, 213.1, 213.2, 214.1, 218.1, 218.2, 218.3, 219.1, 226.1, 246.1, 255.1, 256.1, 257.1, 259.1, 260.1, 261.1, 265.1, 266.1, 270.1, 270.2, 271.1, 274.1, 278.1, 280.1, 281.1, 284.1, 307.1, 308.1, 321.1, 321.2, 322.1, 346.1, 347.1, 348.1, 349.1, 350.1, 351.1, 352.1, 360.1, 361.1, 362.1, 362.2, 364.1, 367.1, 368.1, 370.1, 371.1, 374.1, 380.1, 381.1, 382.1, 384.1, 384.2, 384.3, 392.1, 393.1, 415.1, 417.1, 424.1, 426.1, 428.1, 429.1, 431.1, 432.1, 434.1, 439.1, 463.1, 463.2, 464.1, 465.1, 465.2, 465.3, 466.1, 471.1, 476.1, 477.1, 482.1.
Roman Bold & Black, Köln: Titel.
stock.adobe.com, Dublin: ajr_images 352.2; crimson 546.1; Photocreo Bednarek 552.1; Svjatoslav 553.1.
Stollfuß Verlag – Zweigniederlassung der Lefebvre Sarrut GmbH, Bonn: 230.1, 230.2, 238.1.
YPS – York Publishing Solutions Pvt. Ltd.: 16.1, 52.1, 54.1, 54.2, 54.3, 54.4, 55.1, 55.2, 55.3, 55.4, 57.1, 59.1, 59.2, 59.3, 59.4, 60.2, 60.3, 61.1, 68.1, 78.1, 83.1, 132.1, 132.2, 132.3, 133.1, 133.2, 133.3, 133.4, 136.1, 136.2, 136.3, 159.1, 176.1, 180.1, 227.1, 228.1, 358.1, 366.1, 372.1, 373.1, 373.2, 373.3, 373.4, 373.5, 375.1, 375.2, 433.1, 524.1, 524.2, 525.1, 538.1, 538.2, 538.3, 539.1, 539.2, 539.3, 540.1, 540.2, 540.3, 540.4, 566.1, 573.1, 574.1, 575.1, 575.2, 575.3, 575.4, 575.5, 576.1, 576.2, 576.3, 576.4, 620.1, 621.1, 621.2, 621.3.

Schulkontenrahmen Industrie

AKTIVA		PASSIVA		ERTRÄGE
Anlagevermögen	Umlaufvermögen			

AKTIVA

Anlagevermögen

0 Kontenklasse
IMMATERIELLE VERMÖGENSGEGENSTÄNDE UND SACHANLAGEN

00 Ausstehende Einlagen
01 Aufwendungen für Ingangsetzung
Immaterielle Vermögensgegenstände
02 Konzessionen, gewerbliche Schutzrechte und ähnliche Rechte und Werte sowie Lizenzen an solchen Rechten und Werten
03 Geschäfts- oder Firmenwert
Sachanlagen
05 Grundstücke, grundstücksgleiche Rechte und Bauten einschließlich der Bauten auf fremden Grundstücken
07 Technische Anlagen und Maschinen
- 070 Technische Anlagen
- 071 Maschinen

08 Andere Anlagen, Betriebs- und Geschäftsausstattung
- 080 Andere Anlagen
- 082 Werkzeuge
- 083 Lager- und Transporteinrichtungen
- 084 Fuhrpark
- 085 Betriebsausstattung
- 087 Geschäftsausstattung
- 089 Geringwertige Wirtschaftsgüter

09 Geleistete Anzahlungen und Anlagen im Bau
- 090 Geleistete Anzahlungen auf Sachanlagen
- 095 Anlagen im Bau

1 Kontenklasse
FINANZANLAGEN

13 Beteiligungen
15 Wertpapiere des Anlagevermögens
16 Sonstige Finanzanlagen (z. B. Darlehensforderungen)

Umlaufvermögen

2 Kontenklasse
UMLAUFVERMÖGEN UND AKTIVE RECHNUNGSABGRENZUNG

20 Roh-, Hilfs- und Betriebsstoffe und Fremdbauteile
- 200 Rohstoffe und Fremdbauteile
  - 2001 Bezugskosten
  - 2002 Preisnachlässe und Rücksendungen
  - 2003 Liefererskonti
  - 2004 Liefererboni
- 202 Hilfsstoffe Untergliederung wie 200
- 203 Betriebsstoffe Untergliederung wie 200
- 204 Sonstiges Material z. B. Verpackungsmaterial Untergliederung wie 200

21 Unfertige Erzeugnisse
22 Fertige Erzeugnisse und Waren
- 220 Fertige Erzeugnisse
- 221 Handelswaren Untergliederung wie 200

23 Geleistete Anzahlungen auf Vorräte
24 Forderungen
- 240 Forderungen aus Lieferungen und Leistungen
- 241 Zweifelhafte Forderungen
- 245 Wechselforderungen (Besitzwechsel)

26 Sonstige Vermögensgegenstände
- 260 Vorsteuer
- 263 Sonstige Forderungen an Finanzbehörden
- 264 Vorauszahlung Sozialversicherung
- 265 Forderungen an Mitarbeiter (z. B. Vorschüsse)
- 269 Sonstige Forderungen (Jahresabgrenzung)

27 Wertpapiere des Umlaufvermögens
28 Flüssige Mittel
- 280 Guthaben bei Kreditinstituten (Bank)
- 282 Kasse

29 Rechnungsabgrenzung
- 290 Aktive Rechnungsabgrenzung (Jahresabgrenzung)
- 291 Disagio

PASSIVA

3 Kontenklasse
EIGENKAPITAL, WERTBERICHTIGUNGEN UND RÜCKSTELLUNGEN

30 Eigenkapital/Gezeichnetes Kapital
Bei Einzelkaufleuten:
- 300 Eigenkapital
  - 3001 Privat

Bei Personengesellschaften:
- 300 Kapital A
  - 3001 Privat A
- 301 Kapital B
  - 3011 Privat B
- 307 Kommanditkapital C
- 308 Kommanditkapital D

Bei Kapitalgesellschaften:
- 300 Gezeichnetes Kapital (Grundkapital/Stammkapital)

31 Kapitalrücklage
32 Gewinnrücklagen
- 321 Gesetzliche Rücklage
- 322 Rücklage für eigene Anteile
- 323 Satzungsmäßige Rücklagen
- 324 Andere Gewinnrücklagen

33 Ergebnisverwendung
- 332 Ergebnisvortrag aus früheren Perioden
- 335 Bilanzergebnis (Bilanzgewinn/Bilanzverlust)
- 339 Ergebnisvortrag auf neue Rechnung

34 Jahresüberschuss/Jahresfehlbetrag
35 Sonderposten mit Rücklageanteil
36 Wertberichtigungen
- 361 Wertberichtigungen zu Sachanlagen
- 367 Einzelwertberichtigung zu Forderungen
- 368 Pauschalwertberichtigungen zu Forderungen

37 Rückstellungen für Pensionen und ähnliche Verpflichtungen
38 Steuerrückstellungen
39 Sonstige Rückstellungen (z. B. für Gewährleistung)

4 Kontenklasse
VERBINDLICHKEITEN UND PASSIVE RECHNUNGSABGRENZUNG

41 Anleihen
42 Verbindlichkeiten gegenüber Kreditinstituten
43 Erhaltene Anzahlungen auf Bestellungen
44 Verbindlichkeiten aus Lieferungen und Leistungen
45 Wechselverbindlichkeiten (Schuldwechsel)
48 Sonstige Verbindlichkeiten
- 480 Umsatzsteuer
- 483 Sonstige Verbindlichkeiten gegenüber Finanzbehörden (z. B. abzuführende Lohnsteuer)
- 484 Verbindlichkeiten gegenüber Sozialversicherungsträgern
- 486 Verbindlichkeiten aus vermögenswirksamen Leistungen
- 489 Sonstige Verbindlichkeiten (Jahresabgrenzung)

49 Passive Rechnungsabgrenzung (Jahresabgrenzung)

ERTRÄGE

5 Kontenklasse
ERTRÄGE

50 Umsatzerlöse
- 500 Umsatzerl. f. Erzeugn. und Leist.
  - 5001 Preisnachlässe und Rücksendungen
  - 5002 Kundenskonti
  - 5003 Kundenboni
- 501 Umsatzerlöse für Handelswaren Untergliederung wie 500

52 Erhöhung oder Verminderung des Bestandes an unfert. und fert. Erzeugn.
- 521 Bestandsveränderungen an unfertigen Erzeugnissen
- 522 Bestandsveränderungen an fertigen Erzeugnissen

53 Andere aktivierte Eigenleistungen
54 Sonstige betriebliche Erträge
- 540 Erträge aus Vermietung und Verpachtung
- 541 Provisionserträge
- 542 Unentgeltliche Wertabgaben
- 543 Andere sonst. betriebliche Erträge
- 544 Erträge aus Werterhöhungen von Gegenständen des Anlagevermögens (Zuschreibungen)
- 545 Erträge aus der Auflösung oder Herabsetzung von Wertberichtigungen auf Forderungen
- 546 Erträge aus dem Abgang von Sachgegenständen des Sachanlagevermögens
  - 5461 Erlöse aus dem Abgang von Gegenständen des Sachanlagevermögens bei Buchgewinn (Verrechnung mit Konto 546)
- 547 Erlöse aus direkt abgeschriebenen Forderungen
- 548 Erträge aus der Auflösung oder Herabsetzung von Rückstellungen
- 549 Andere periodenfremde Erträge

55 Erträge aus Beteiligungen
56 Erträge aus anderen Finanzanlagen
57 Sonstige Zinsen und ähnliche Erträge
- 571 Zinserträge
- 573 Diskonterträge
- 578 Erträge aus Wertpapieren des Umlaufvermögens

58 Außerordentliche Erträge

AUFWENDUNGEN			ERGEBNISRECHNUNG	
6 **Kontenklasse** **BETRIEBLICHE AUFWENDUNGEN**		7 **Kontenklasse** **WEITERE AUFWENDUNGEN**	8 **Kontenklasse** **ERGEBNISRECH-NUNG**	9 **Kontenklasse** **KOSTEN- UND LEISTUNGS-RECHNUNG**
60 Aufwendungen für Roh-, Hilfs- und Betriebsstoffe und für bezogene Waren 600 Aufwendungen für Rohstoffe und Fremdbauteile (Fertigungsmaterial) 6001 Bezugskosten 6002 Preisnachlässe und Rücksendungen 6003 Lieferskonti 6004 Lieferboni 602 Aufwendungen für Hilfsstoffe Untergliederung wie 600 603 Aufwendungen für Betriebsstoffe Untergliederung wie 600 604 Aufwendungen für sonst. Material (z. B. Verpackungsmaterial) Untergliederung wie 600 605 Aufwendungen für Energie und Treibstoffe Untergliederung wie 600 608 Aufwendungen für Handelswaren Untergliederung wie 600 61 Aufwendungen für bezogene Leistungen 610 Fremdleistungen für Erzeugnisse 613 Instandhaltung und Reparaturen 614 Frachten und Fremdlager 615 Vertriebsprovisionen 617 Sonstige Aufwendungen für bezogene Leistungen 62 Löhne 63 Gehälter 64 Soziale Abgaben und Aufwendungen für Altersversorgung und Unterstützung 640 Arbeitgeberanteil zur Sozialversicherung 642 Beiträge zur Berufsgenossenschaft 644 Aufwendungen für Altersversorgung 649 Aufwendungen für Unterstützung 65 Abschreibungen 650 Abschreibungen auf Sachanlagen 651 Abschreibungen auf immaterielle Vermögensgegenstände des Anlagevermögens 652 Abschreibungen für Aufwendungen der Ingangsetzung 653 Abschreibungen auf Vermögensgegenstände des Umlaufvermögens, soweit diese die üblichen Abschreibungen überschreiten 654 Abschreibungen auf geringwertige Wirtschaftsgüter	66 Sonstige Personalaufwendungen 67 Aufwendungen für die Inanspruchnahme von Rechten und Diensten 670 Mieten, Pachten 671 Leasing 675 Kosten des Geldverkehrs 677 Rechts- und Beratungskosten 679 Sonstige Aufwendungen für die Inanspruchnahme von Rechten und Diensten 68 Aufwendungen für Kommunikation 680 Büromaterial 682 Gebühren 685 Reisekosten 686 Bewirtung und Repräsentation 687 Werbung 688 Spenden 689 Sonstige Aufwendungen für Kommunikation 69 Aufwendungen für Beiträge und Sonstiges sowie Wertkorrekturen und periodenfremde Aufwendungen 690 Versicherungsbeiträge 692 Beiträge zu Wirtschaftsverbänden und Berufsvertretungen 693 Verluste aus Schadensfällen 695 Abschreibungen auf Forderungen 6951 Abschreibungen auf Forderungen wegen Uneinbringlichkeit 6952 Einstellung in Einzelwertberichtigungen 6953 Einstellung in Pauschalwertberichtigungen 696 Verluste aus dem Abgang von Gegenständen des Sachanlagevermögens 6961 Erlöse aus dem Abgang von Gegenständen des Sachanlagevermögens bei Buchverlust (Verrechnung mit Konto 696) 698 Zuführung zu Rückstellungen für Gewährleistung 699 Periodenfremde Aufwendungen	70 Betriebliche Steuern 702 Grundsteuer 703 Kraftfahrzeugsteuer 707 Verbrauchsteuern 708 Sonstige betriebliche Steuern 709 Steuernachzahlungen/-rückerstattungen bei betrieblichen Steuern 74 Abschreibungen auf Finanzanlagen und auf Wertpapiere des Umlaufvermögens 75 Zinsen und ähnliche Aufwendungen 751 Zinsaufwendungen 753 Diskontaufwendungen 76 Außerordentliche Aufwendungen 77 Steuern vom Einkommen und Ertrag 770 Gewerbesteuer 771 Körperschaftsteuer 772 Kapitalertragsteuer 779 Steuernachzahlungen/-rückerstattungen bei Steuern vom Einkommen und Ertrag	80 Eröffnung/Abschluss 800 Eröffnungsbilanz 801 Schlussbilanz 802 G+V	Vorgesehen für die buchhalterische Abwicklung der Kosten- und Leistungsrechnung